『세종실록』 속의
대마도·일본 기사
2

편자

이근우(李根雨, Rhee, Kun Woo)_ 서울대 동양사학과 졸업, 한국학대학원 석·박사 졸업. 현재 부경대 사학과 교수 및 대마도연구센터 소장. 저서로는 『전근대한일관계사』, 『고대왕국의 풍경』, 『훈민정음은 한글인가』, 『대한민국은 유교공화국이다』, 『조선지도 속의 대마도』가 있으며, 역서로는 『한국수산지』 1·3, 『일본서기』 상·중·하, 『속일본기』 1·2·3·4, 『영의해』 상·하, 『조선사료 속의 대마도』가 있다.

공미희(孔美熙, Kong, Mi Hee)_ 부경대 대학원 문학박사. 현재 부경대 HK 연구교수. 연구논문으로는 「근대 이문화 교류공간으로서의 항구도시 부산」이 있다.

『세종실록』 속의 대마도·일본 기사 2

초판인쇄 2019년 10월 15일 **초판발행** 2019년 10월 30일
편자 이근우·공미희 **펴낸이** 박성모 **펴낸곳** 소명출판 **출판등록** 제13-522호
주소 06643 서울시 서초구 서초중앙로6길 15, 1층
전화 02-585-7840 **팩스** 02-585-7848 **전자우편** somyungbooks@daum.net **홈페이지** www.somyong.co.kr

값 43,000원 ⓒ 이근우·공미희, 2019
ISBN 979-11-5905-444-0 93910

이 책은 2017년 대한민국 교육부와 한국연구재단의 지원을 받아 수행된 연구임 (NRF-2017S1A6A3A01079869).

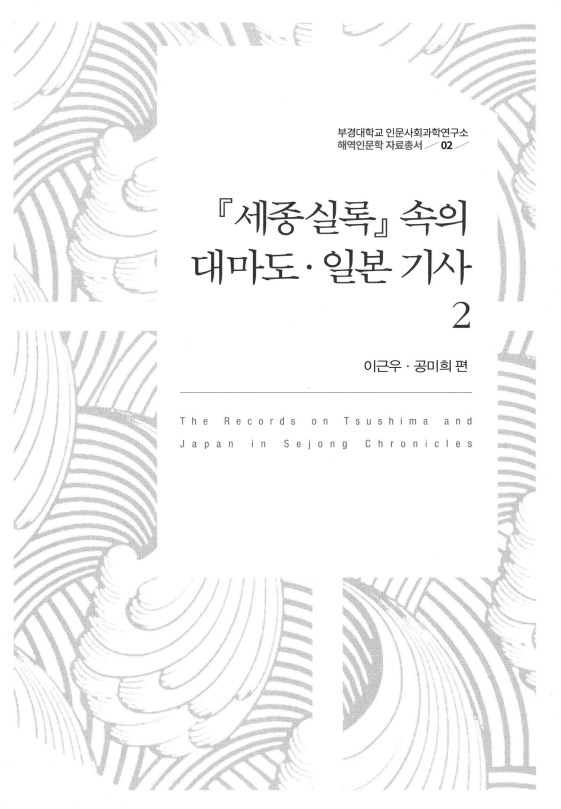

부경대학교 인문사회과학연구소
해역인문학 자료총서 / 02 /

『세종실록』 속의 대마도 · 일본 기사 2

이근우 · 공미희 편

The Records on Tsushima and
Japan in Sejong Chronicles

일러두기

- 이 책에서 인용한『조선왕조실록』의 원문 및 번역문은 고전번역원 및 국사편찬위원회가 인터넷상에 공개한 것을 인용하였다. 그러나 번역문은 그대로 사용하지 않고 구두점 및 오역과 오류를 수정하였다.
- 주석은『한국민족대백과사전』(한국학중앙연구원),『한국고전용어사전』(세종대왕기념사업회),『조선시대 대일외교 용어사전』(한국학중앙연구원),『조선왕조실록 전문사전』(한국학중앙연구원)을 많이 참고하였다.
- 『조선왕조실록』을 출전으로 하는 자료는 본문과 각주의 문장 끝에서 '태종 4-2-1-1'과 같이 나타내었다. 태종 4년 2월 1일 1번째 기사라는 뜻이다.
- 『조선왕조실록』 원문의 문장기호를 그대로 쓰기도 하고, 일부 수정하기도 하였다. 인용문 표시를 위한 콜론(:)은 쉼표로 바꾸고, 나열을 나타내는 기호는 가운뎃점(·)을 사용하였다. 원문에서 2줄로 된 割註는【 】기호를 그대로 썼다.
- 주석은 앞에 있는 주석을 참조하는 방식과 같은 내용의 주석을 다시 다는 방식을 병용하였다. 자료가 연원일 순으로 배열되어 있어, 앞의 주석을 찾는 것이 크게 어렵지 않을 것으로 판단하였다.
- '여기에만 보인다'는『조선왕조실록』과 고전번역원 DB 전체에서도 해당 기사에만 보인다는 뜻이다.

　부경대학교 인문사회과학연구소와 해양인문학연구소는 해양수산 교육과 연구의 중심이라는 대학의 전통과 해양수도 부산의 지역 인프라를 바탕으로 바다를 중심으로 하는 인간 삶에 대한 총체적 연구를 지향해 왔다. 바다와 인간의 관계에서 볼 때, 아주 오랫동안 인간은 육지를 근거지로 살아왔던 탓에 바다가 인간의 인식 속에 자리잡게 된 것은 시간적으로 길지 않았다. 특히 이전 연근해에서의 어업활동이나 교류가 아니라 인간이 원양을 가로질러 항해하게 되면서 바다는 본격적으로 인식의 대상을 넘어서 연구의 대상이 되었다. 그래서 현재까지 바다에 대한 연구는 주로 과학기술이나 해양산업 분야의 몫이었다. 하지만 인간이 육지만큼이나 빈번히 바다를 건너 이동하게 되면서 바다는 육상의 실크로드처럼 지구적 규모의 '바닷길 네트워크'를 형성하게 되었다. 그리고 이 해상실크로드를 따라 사람, 물자, 사상, 종교, 정보, 동식물, 심지어 병균까지 교환되게 되었다.

　이제 바다는 육지만큼이나 인간의 활동 속에 빠질 수 없는 대상이다. 바다와 인간의 관계를 인문학적으로 점검하는 학문은 아직 정립되지 못했지만, 근대 이후 바다의 강력한 적이 인간이 된 지금 소위 '바다의 인문학'을 수립해야 할 시점에 이르렀다. 하지만 바다의 인문학은 소위 '해양문화'가 지닌 성격을 규정하는 데서 시작하기보다 더 현실적인 인문학적 문제에서 출발해야 한다. 그것은 한반도 주변의 바다를 둘러싼 동북아 국제관계에서부터 국가, 사회, 개인 일상의 각 층위에서 심화되고 있는 갈등과 모순들 때문이다. 이것은 근대 이후 본격화된 바닷길 네트워크를 통해서 대두되었다. 곧 이질적 성격의 인간 집단과 문화가 접촉, 갈등, 교섭해 오면서 동양과 서양, 내셔널과 트랜스내셔널, 중앙과 지방의 대립 등이 해역海域 세계를 중심으로 발생했던 것이다.

다시 말해 해역 내에서 인간(집단)이 교류하며 만들어내는 사회문화와 그 변용을 그 해역의 역사라 할 수 있으며, 그 과정의 축적이 현재의 상황으로 나타난다고 할 수 있다. 따라서 해역의 관점에서 동북아를 고찰한다는 것은 동북아 현상의 역사적 과정을 규명하고, 접촉과 교섭의 경험을 발굴, 분석하여 갈등의 해결 방식을 모색토록 하며, 향후 우리가 나아가야 할 방향을 제시해주는 하나의 방법이라고 할 수 있다. 개방성, 외향성, 교류성, 공존성 등을 해양문화의 특징으로 설정하여 이를 인문학적 자산으로 상정하고 또 외화하는 바다의 인문학을 추구하면서도, 바다와 육역陸域의 결절 지점이며 동시에 동북아 지역 갈등의 현장이기도 한 해역을 연구의 대상으로 삼아 실제적으로 현재의 갈등과 대립을 해소하는 방안을 강구하고, 나아가 바다와 인간의 관계를 새롭게 규정하는 '해역인문학'을 정립할 필요성이 여기에 있다.

이러한 인식 하에 본 사업단은 바다로 둘러싸인 육역들의 느슨한 이음을 해역으로 상정하고, 황해와 동해, 동중국해가 모여 태평양과 이어지는 지점을 중심으로 동북아해역의 역사적 형성 과정과 그 의의를 모색하는 "동북아해역과 인문네트워크의 역동성 연구"를 제안한다. 이를 통해 우리는 첫째, 육역의 개별 국가 단위로 논의되어 온 세계를 해역이라는 관점에서 다르게 사유하고 구상할 수 있는 학문적 방법과 둘째, 동북아 현상의 역사적 맥락과 그 과정에서 축적된 경험을 발판으로 현재의 문제를 해결하고 향후의 방향성을 제시하는 실천적 논의를 도출하고자 한다.

부경대 인문한국플러스사업단이 추구하는 소위 '(동북아)해역인문학'은 새로운 학문을 창안하는 일이다. '해역인문학' 총서 시리즈는 이와 관련된 연구 성과를 집약해서 보여줄 것이고, 또 이 총서의 권수가 늘어가면서 '해역인문학'은 그 모습을 드러낼 수 있을 것으로 기대한다. 끝으로 '해역인문학총서'가 인간과 사회를 다루는 학문인 인문학의 발전에 기여할 수 있는 하나의 씨앗이 되기를 희망한다.

부경대 인문한국플러스사업단 단장 손동주

　『세종실록 속의 대마도·일본 기사』1에 이어서 2권을 출간하게 되었다. 시간적인 범위는 세종 7년부터 세종 15년까지다. 서기로는 1425년(일본 연호로 응영應永 33년)에서 1433년(영향永享 6년) 사이이다. 이 기간 동안 대마도·일본 및 왜구 관련 내용, 그리고 왜구의 진압을 위한 조선 수군의 동향에 관한 기사를 뽑았다.

　1권의 권두에는 『세종실록』에 자주 등장하는 인물을 중심으로 한 해설을 실었다. 2권의 권두에는 교역물품에 관한 간단한 해설을 실었다. 세종 대는 실로 다양한 물품들이 조선과 일본 사이에서 교역되었는데, 이 작업을 통해서 중요한 사실 두 가지를 알게 되었다.

　첫째는 조선의 대장경이 대거 일본 열도로 건너갔다는 사실이다. 실정막부室町幕府의 장군을 비롯하여 지방의 유력자들도 앞다투어 대장경을 요청하였고, 심지어 대장경판 자체를 요구하기도 하였다. 1425년(세종 7)에 실정막부의 4대장군인 족리의지足利義持는 호암虎巖과 범령梵齡이라는 두 승려를 보내어 이례적으로 많은 물품을 바치면서 대장경을 청구하였다. 세종은 대장경판이 조종祖宗 때부터 내려온 것이고 한 벌밖에 없기 때문에 줄 수 없다고 거절하였다. 6대 장군 족리의교足利義敎 역시 대장경 2부를 요구하였고, 세종은 중국 대장경판으로 인쇄된 대장경 2부를 보냈다.

　조선이 유교를 숭상하면서 불경을 쉽게 일본에 내주었고, 일본도 남북조의 긴 내란이 끝나고 안정기에 접어들면서 대장경에 대한 관심이 높아진 결과로 일본이 조선의 대장경을 빈번하게 요구하게 된 것이다.

그래서 세조 대에 이르면 대장경 50부를 미리 인쇄해 놓고, 대일 외교에 활용하였을 정도이다. 현재에도 일본에 여러 부의 고려대장경이 존재하며, 그중에는 이색의 발문이 붙어 있는 것도 있다. 또한 세조 대에 인쇄한 대장경도 있을 것이다.

이와 더불어 실정막부의 장군들을 조선이 일본 국왕으로 인식하고 있다는 사실도 주목할 만하다. 실정막부의 장군도 천황의 신하이므로, 일본의 국왕이 누구냐는 일본 내부에서 민감한 사안이었다고 할 수 있다. 실정막부 3대 장군 족리의만足利義滿은 명의 건문제와 영락제로부터 일본 국왕으로 인정 혹은 책봉되었고, 명과의 통교에 필요한 감합부勘合符도 받게 되었다. 이후 실정막부 장군은 대외적으로는 일본 국왕을 자처할 수 있게 되었다. 그러나 조선에 보내는 국서에서는 '일본국日本國 원源 아무개'라고 하였다. 예를 들어 족리의만은 '일본국 원도전源道詮'이라고 하였다. 이에 대해서 조선은 실정막부 장군을 국왕으로 간주하고, 장군이 보낸 사신을 국왕사國王使라고 기록하고 이를 극진히 대접하였다.

두 번째는 동남아시아의 물산이 광범위하게 조선에 유입되었다는 점이다. 그중에는 유럽인들이 아시아로 가는 길을 찾기 위하여, 아프리카 남단을 돌기도 하고 대서양을 건너게 만든 물산들이 포함되어 있었다. 대표적인 예로 육두구肉荳蔲와 정향丁香을 들 수 있다. 특히 육두구와 정향은 15세기 당시 몰루카 제도에서만 자생하였다. 중국 상인들에 의하여 동아시아는 물론이고, 인도를 거쳐 유럽까지도 유통되었다. 신드바드의 모험에도 등장하는 인도의 바스라는 바로 육두구 등 동남아시아의 오지에서 생산되는 향료 교역의 중심지였다. 엘리자베스 1세의 시대인 16세기 후반에는 유럽에서 육두구가 흑사병을 예방할 수 있다고 믿고 약으로 복용하기도 하였다.

조선에서는 태종 대부터 정향이나 육두구에 관한 기록이 나오며, 처음에는 중국으로부터 들어왔으나 세종 대에는 일본 및 유구국으로부터 들어오게 된다. 육두구가 가장 집중적으로 나타나는 시기는 세종 대이다. 그 이후에는 성종 대에 유구국 사신이 가지고 온 사례가 한차례 보이고, 중종 대에는 중국에서 육두구를 구하려고 했으나 구하지 못했다는 사실만 기록되어 있다. 이처럼 16세기 초반에 이르러 중국에서도 육두구를 구할 수 없게 된 것은 포르투갈이 육두구가 자생하는 지역을 무력으로 장악하면서, 기존의 육두구 유통 체계가 붕괴된 결과로 생각된다. 조선에서 육두구를 어떻게 썼는지는 자세하지 않다.

한편 정향은 육두구보다 빈번하게 나타나고, 그 쓰임새도 자세히 알 수 있다. 고기를 말리는 데 배합하여 정향포라는 육포를 만들기도 하고, 옷의 냄새를 없애는 데 쓰기도 하였다(제1부 제2장 '일본의 교역물품' 참조). 그러나 정향 역시 중종 대 이후에는 그 기사가 급감한다. 이 역시 몰루카 제도의 상황 변화와 맞물려 있다. 정조 대에 다시 정향이 나타나는데, 이는 조선의 사신이 청에 들어가서 네덜란드 사람과 그들이 바친 물품에 대한 이야기를 적은 것이다(정조 19-윤2-22-1).

이처럼 『조선왕조실록』에는 19세기 중엽까지 몰루카 제도에서만 생산되던 정향과 육두구가 나타나고, 또 포르투갈이 몰루카 제도를 점령하면서 정향과 육두구가 보이지 않게 된다. 유럽인의 동남아시아 진출의 결과가 당시 유통되던 물품의 동향에 고스란히 반영되고 있는 것이다.

세종 대의 육두구와 정향의 이동경로를 좀더 자세히 살펴보면, 필리핀, 인도네시아 등에 진출해 있는 중국인들이 육두구와 정향을 확보하여, 이를 다시 중국이나 유구국으로 유통시켰다. 유구국에서는 이를 직접 조선에 가져오기도 하고, 박다博多의 상인들과 거래하였다. 박다의 상인들은 이를 다시 조선으로 가지고 온 것이다. 결국 유구를 매개로 하여 몰루카 제도의 향신료들이 조선으로 들어오게 된 것이다.

박다는 그 당시 교역의 중심지였다. 박다에 거점을 둔 종금宗金(1권 1부 '중요인물' 참조)이나 도안道安 같은 인물은 조선·일본·유구를 넘나드는 사람들이었다. 원래 조선인으로 왜인이 되었다가 다시 조선에서 활동한 김원진金元珍/金源珍과 같은 인물도 있었다. 도안은 유구의 국왕사로 등장하고, 조선으로부터 도서圖書를 받았다. 김원진은 조선 및 비주 태수肥州太守를 자처하는 원의源義라는 왜구 우두머리의 사자로도 등장한다.

1450년대 이후가 되면, 박다 상인 중 도안은 유구의 위탁을 받아 아예 유구의 조선 외교를 대행하였다. 그는 유구로부터 지급받은 관복을 입고 유구의 국서를 지참하고, 유구 국왕의 신하의 자격으로 조선을 왕래하였다. 종금이나 도안과 같은 상인들이 유구를 찾은 이유는 바로 정향이나 육두구같은 물산을 유구에서 입수할 수 있었기 때문이다. 이렇게 유구의 조선 외교를 대행하게 된 박다의 상인들은 점차 유구 국왕의 요구 없이도 가짜 유구 사절 즉 위사僞使를 만들어 조선과 교역하였다. 세종 대는 동남아시아와의 교역이라는 측면에서 주목할 만한 시대이며, 실로 다양한 물산이 유입되고 있었다는 사실을 새삼 확인할 수 있게 되었다. 자료의 정리가 주는 묘미이기도 하다.

이 책은 사실 여러 사람들의 협업을 통해서 완성된 것이다. 특히 부경대학교 사학과 학생들이 1학년에 처음 듣게 되는 역사 자료해설이라는 과목에서, 첫 해에는 『조선왕조실록』의 대마도·일본 관련 기사를 발췌하고, 다시 간단한 주석을 달면서 그 내용을 이해하도록 하고, 다음해에는 좀 더 자세한 주석을 달도록 하고 빠진 기사가 없는지도 확인하는 식으로 기초 자료를 모아 왔다. 이렇게 자료를 모은 다음, 학생들이 『조선왕조실록』의 내용을 이해하면서 달았던 주석은 긴요한 것만 두고 나머지는 삭제하고, 다음으로 구체적인 설명이 필요한 부분에 다시 주석을 달았다. 그 작업을 반복하면서, 태조·정종·태종 대의 대마도·일본 관련 기사 한 권을 간행하였고(『조선사료 속의 대마도』, 한국해양재단, 2013), 작년에 『세종실록』을 다룬 1권을 간행하였다. 이 지면을 빌어 과도한 요구를 마다하지 않고 『조선왕조실록』을 읽으면서 성실하게 자료를 조사하여 준 학부 1학년 학생들에게 감사드린다.

또 원문과 번역문을 대조하면서, 원문의 구두점과 번역문의 구두점이 일치하는지를 일일이 확인하여 바로잡아준 대마도연구센터 양수영 학생에게도 감사드린다. 이 구두점을 확인하게 된 이유는 소명출판의 윤소연 선생님의 지적 때문이었다. 원문과 번역문의 구두점이 다르다는 사실을 알려주셨다. 소중한 지적이었다. 그밖에도 글자 하나 놓치지 않고 치밀하게 교정을 보아주신 점에 깊이 감사드린다. 끝으로 이 책의 출간을 지원해 주신 부경대학교 HK+ 사업단 단장 손동주 교수님께도 감사드린다. 출판사들의 어려운 사정으로 팔리지 않을 책은 출판하기 쉽지 않은 상황인데, 손동주 교수님의 도움으로 출간할 수 있게 되었다.

2019.10

대마도연구센터 소장 이근우

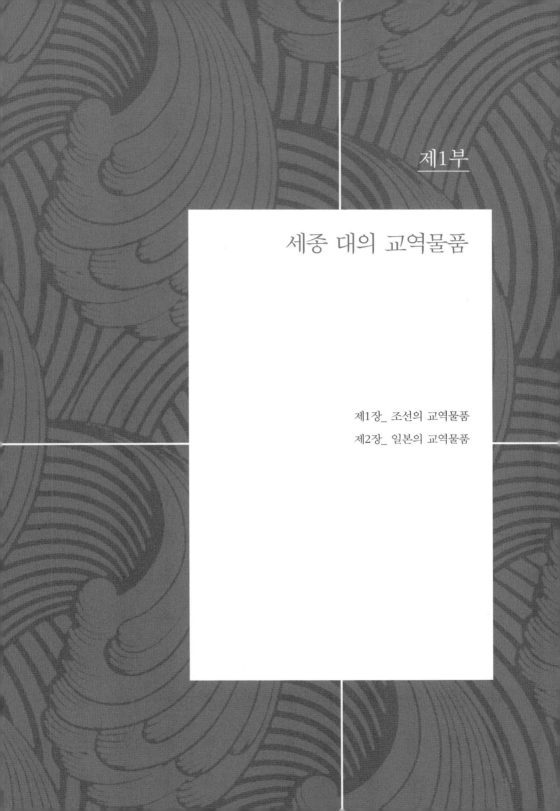

제1부

세종 대의 교역물품

제1장
조선의 교역물품

    조선은 주변국들과 교역하면서 여러 가지 물품을 교역하였다. 특히 『세종실록』은 당시 교역한 물품의 종류와 양, 그리고 그에 대한 회사품까지 상세하게 기록하고 있다. 그 속에는 『대반야경』 팔만대장경과 불경류, 쌀·콩과 같은 곡물류, 면포·비단·마포·저포 등의 포목류, 유황·납·주석·주홍과 같은 광물류, 소목·침향·빈랑자 등과 같은 목재 및 약재류에 이르는 다양한 물품들이 있었다. 일부 품목은 유구국·섬라국을 비롯하여 몰루카제도에서 자생하는 향신료도 포함되어 있었다. 이를 통하여 세종의 시대에 광범위한 지역의 물품이 교역되었음을 알 수 있다. 그래서 주요 교역물품의 종류를 책머리에 소개해 두고자 한다.

1) 정포正布

품질이 좋은 베를 말한다. 조선시대에 관리의 녹봉으로 주던 오승포五升布를 달리 이르던 말이기도 하며, 잡세로 거두던 품목의 하나이기도 하다. 보통 5승升에서 5승 35척尺 정도가 기준이 되었는데, 오승이란, 다섯 새升(팔십가닥의 날실), 곧 사백 가닥의 날실이 폭幅이 되게 짠 것이다. 1423년 1월에 전 구주탐제九州探題 삽천만뢰澁川滿賴, 源道鎭가 예조에 서신을 보내어 사로잡힌 왜인을 돌려준 데 대하여 사례하고, 아울러 사종寺鍾을 청구하면서 예물을 바쳤다. 예조 판서 김여지金汝知는 사종은 구하는 대로 들어주지 못한다는 내용의 답신과 함께 정포 1천 40백 50필을 대신 보내주었다. 또 같은 해 2월에는 일본국의 하송포下松浦 지좌志佐와 일기수壹岐守 원중源重이 사람을 보내 토산물을 바쳤는데, 우리나라에서는 정포 4백 70필을 주어 보냈다. 이후에도 일본에서 보내는 예물에 대한 답례로 정포가 주로 사용되었다.[1]

조선 전기에는 일본이 면화를 재배하지 못했기 때문에 정포의 가치가 높았으나, 후기에는 일본에서 목면을 직조하게 되면서 그 가치가 하락하였다.

2) 채화석彩花席

물을 들인 왕골을 겹쳐가며 엮은 후에 무늬를 따라 잘라낸 꽃돗자리를 말한다. 좌식 생활을 주로 하던 우리나라에서는 일찍부터 중요한 공산품으로 여겨져 신라 때에는 이미 채화석의 생산을 담당하는 관청이

---

1 『조선시대 대일외교 용어사전』.

있었다. 고려 초부터는 외국에까지 널리 알려졌으며 인삼과 더불어 중요한 수출품 또는 선사품이 되었다. 화문석花紋席, 용수초지석龍鬚草地席, 오채용문석五彩龍紋席, 용문염석龍紋簾席, 오조용문석五爪龍紋席, 만화석滿花席, 각색세화석各色細花席, 잡채화석雜彩花席, 황화석黃花席, 화석花席 등으로 불리기도 하지만 무늬나 만드는 방법에서 조금씩 차이가 있기도 하다. 대일외교에서는 통신사절단을 통해 조선에서 일본으로 전해졌다.[2]

조선시대에는 태종 대에 처음 보인다. 1402년에 일본국 대상大相에게 보낸 물품 중에 만화방석 만화침석 등과 함께 잡채화석이 보인다(태종 2-6-6-1). 이후 명의 황제나 황세자에게 보내는 물품에도 채화석이 보인다(세종 즉-9-8-5). 주로 중국에 방물로 보낸 만화석이나 만화방석보다는 하급 물품으로 생각된다.

3) 대장경大藏經

대장경은 모든 불교경전의 집대성을 뜻하며, 일체경一切經이라고도 한다. 중국 당나라 때 불교경전 전체의 목록이 작성됐고, 송대인 983년 황제의 명령으로 처음으로 대장경이 제작됐다. 이후 여러 종류 대장경이 만들어졌으나, 고려가 1011년 제작에 착수한 초조대장경이 착수 시점으로 보면, 역사상 두 번째 대장경에 해당한다.

팔만대장경은 재조대장경이라고도 부르며, 1236년 시작해 1251년 완성하였다. 분량은 1,511부, 6,802권, 8만 1,258판이고, 쪽수로는 16만 쪽에 이른다. 당시 책은 한 면에 인쇄해 반으로 접어 만들었기에, 요즘 책으로

---

2 『조선시대 대일외교 용어사전』.

따지면 400쪽 책 8,000권에 해당한다. 따라서 일본 국왕사 규주가 대장경 전질이 7,000권이라 한 것은 팔만대장경 규모를 정확히 언급한 셈이다.

현재 일본에 남아 있는 고려대장경은 모두 9사례이다. 가장 오래된 것은 고려 말 우왕 때인 1381년 인쇄된 것으로 일본 경도京都의 대곡대학大谷大學에 있다. 이 대장경에는 이색의 발문이 붙어 있다.

조선시대에 인쇄된 사례로는 일본 금강봉사金剛峰寺의 고려대장경이 있는데, 6,285첩帖으로 구성돼 있다. 고야산 금강봉사는 일본 진언종의 총본산으로 1200년 역사를 가진 절이다. 이 팔만대장경 인쇄본은 원래 대마도에 있던 것으로 동경東京 증상사增上寺에 소장돼 있는 대장경은 한꺼번에 50부를 인쇄한 사실과 관련된 발문이 붙어 있어 세조 3년 1458년에 인쇄한 것임을 알 수 있다. 이 절은 덕천德川 막부 장군가의 보리사이다.

경도 상국사相國寺에 있는 대장경 역시 세조 3년에 인쇄된 것이다. 상국사는 실정막부 장군가의 보리사이다. 이처럼 현재 일본에는 15곳에 고려대장경이 전해지는데, 그중 9곳의 대장경이 조선 전기 일본으로 갔다.

무엇보다도 당시 일본은 대장경을 만들지 못했다. 중국 송대에 최초로 대장경이 만들어진 후 그 인쇄본은 비슷한 시기 고려와 일본에 전해졌다. 일본에서 이를 바탕으로 대장경 경판을 판각하려 했으나, 성공하지 못했다. 일본이 최초로 대장경을 완성한 것은 17세기 후반이다. 이처럼 대장경이 출현한 10세기 이후 일본은 700년간 스스로 대장경판을 만들지 못했기에, 유교를 국시로 하는 조선에 와서 대장경을 요구한 것이다.

그뿐 아니다. 팔만대장경은 송과 거란이 제작한 대장경의 내용을 교정한 것으로 그 우수성이 널리 알려져 있었다. 일찍이 일본 정토종 승려 인징(1645~1711)은 고려대장경의 우수성을 지적하였고, 일본 근대에 만들어진 대일본교정축쇄대장경縮刷大藏經이나 대정 연간에 만든 신수 대장경新修大藏經 역시 팔만대장경을 바탕으로 만든 것이다. 경도 북야사에 전하는 일체경은 1412년 불경 전체를 필사한 것인데, 그 저본 중 하나가 역시 팔만대장경이라는 사실이 밝혀졌다. 인쇄된 팔만대장경을 얻지 못하자, 대장경 인쇄본을 모두 베껴 쓰는 방식을 택한 것이다. 이 일체경은 일본 필사본 일체경의 최후를 장식하는 사례이다.

일본은 대장경의 인쇄본을 얻으려 하는 데 그친 것이 아니다. 심지어 팔만대장경 경판 자체를 요구했다. 이미 출가하여 승려 신분이던 실정 막부의 4대 장군 족리의지足利義持는 팔만대장경판에 대한 강한 집착이 있었던 것으로 보인다. 그래서 규주圭籌와 범령梵齡이라는 승려를 보내 이를 요청했다. 그러나 조선으로서는 유일한 대장경의 판목이므로 그 요청을 들어줄 수 없었다. 그러자 규주 등은 족리의지에게 무력을 행사해서 대장경판을 빼앗자는 내용을 담은 문서를 보내려 하였다. 이 사실이 미리 발각되었고, 조선은 외교 문제로 비화하는 것을 막고자 깊이 추궁하지는 않았다.

이 사건을 통해 일본이 대장경판을 확보하려 한 의욕이 얼마나 강했는지 확인할 수 있다. 세종은 이에 대해 밀교대장경판, 주화엄경판과 같은 경판을 비롯해 대장경 1부를 규주에게 주었다. 이렇게 다른 여러 경판과 불경을 전하러 일본으로 건너간 송희경 일행은 현재의 시모노세키에서 무려 55일간 체류하는 등, 족리의지는 고려대장경판을 받지 못한 것에 강한 불만을 표시했다.

일본이 대장경을 요구하는 것은 65회에 이르고, 이에 따라서 많게는 44장藏 즉 팔만대장경 전부가 44차례에 걸쳐 일본에 전래된 것으로 본다.

제2장

일본의 교역물품

1) 주홍朱紅

주홍은 색의 이름이기도 하고 주홍색을 내는 염료나 안료를 뜻하기도 한다. 일찍부터 알려진 주홍색 염료는 시리아와 지중해 지방 등에서 자생하는 털가시나무Holm Oak에 붙어사는 연지벌레(일명 키르미즈)에서 추출한 것이다. 『구약성경』에서는 성전의 휘장, 대제사장의 의복, 왕이나 귀족의 의복에 사용되었다.

이에 대해서 동아시아 사회에서는 크게 두 가지의 재료가 있었는데, 하나는 진사辰砂이고 다른 하나는 인공적인 유화수소硫化水銀, HgS이다. 진사는 주사朱砂, 경면주사鏡面朱砂, 단사丹砂, 광명사光明砂라고도 하며 영어명은 시나발cinnabar이다. 자연 상태에서 존재하는 황화수은이고 수은을 정제하는 데 사용하거나 안료로 사용한다. 후자는 은주銀朱라고 하며, 유황과 수은에서 인공적으로 만들어진 화합물이다. 영어명은 버밀리언Vermilion이다. 진사를 분말로 가공한 것도 버밀리언이라고도 한다.

그러나 진사의 붉은색이 은주의 붉은색보다 더 붉고, 은주는 엷다.

한편 조선에서는 일본에서 나는 왜주홍倭朱紅과 중국에서 나는 당주홍唐朱紅을 구별하였다. 그중에서 특히 왜주홍이 더욱 선명한 붉은빛을 띠었다고 한다. 대마도 도주가 보내는 연례송사年例送使 중 1특송사一特送使가 예조참의에게 서계書契와 함께 주홍 2근을 진헌하였는데, 주홍 8근의 대목代木은 2동 28필로, 1근에 16필로 하였다.[1]

조선에서는 은주를 주홍으로 인식한 사례가 확인된다.[2] 주홍은 안료로 널리 사용되었으나, 세종 대에는 진상품 이외에는 주홍을 쓰지 못하도록 하였다.[3] 어보를 찍을 때 인주 역시 당주홍을 사용하였으며, 이를 중국에 사신으로 갈 때 화원들이 구입해 왔다.[4] 또한 전문箋文 이외에는 주홍으로 도장을 찍는 것을 금지하기도 하였다.[5] 비문을 새기고 그 안에 주홍을 채워 넣는 경우도 있었다.[6] 과거시험의 답안을 옮겨 쓰는 주초朱草에도 중국에서는 주홍을 사용하였으나, 조선은 주홍 대신 주토朱土를 사용하였으므로 글씨가 희미한 단점이 있다고 하였다.[7] 그밖에도 위엄을 드러내기 위한 각종 기물에 주홍을 칠하기도 하였다. 예를 들어 왕이 타는 교자[8]·운검雲劍,[9] 상장의례에 사용하는 간자竿子·경갑鏡

---

1 『조선시대 대일외교 용어사전』, '주홍(朱紅)'. 세종 대에 1근에 2.2필이 지급된 예가 있는데, 이는 목면의 품질과 가치가 하락했기 때문인 것으로 생각된다.
2 『중종실록』 중종 16-7-6-1. "至銅漆·銀朱等語, 世珍曰, 銀朱, 乃朱紅也."
3 『세종실록』 세종 1-6-11-2. "戶曹啓, 進上外, 禁用朱紅." 및 세종 11-2-5-7. "一, 進上服御外, 朱紅着漆及紫斜皮禁止."
4 『승정원일기』 인조 6-5-26-36. "又以尙衣院言啓曰, 安寶朱紅, 戶曹例於赴京畫員處, 給價貿來矣."
5 『세종실록』 세종 1-7-20-5. "中外箋文外, 禁用朱紅打印."
6 『승정원일기』 인조 17-12-2-12. "朴守弘, 以迎接都監言啓曰, 鄭譯出來言, 碑閣完畢然後, 以泥金塡字乎? 以朱紅塡字乎?"
7 『명종실록』 명종 8-6-9-1. "朱草, 中國則用朱紅, 我國則用朱土, 土色甚淺, 人不能視."
8 『세종실록』 「五禮」 "嘉禮 小輦. 赤質, 漆以朱紅, 畫用黃金."
9 『세종실록』 「五禮」 "軍禮 兵器 劍. 一曰雲劍, 其鞘裹以魚皮, 漆用朱紅."

匣,[10] 공신에게 내린 말다래,[11] 사신을 영접할 때 군사들이 쓰는 투구와 창에 주홍을 사용하였다가, 이를 금하였다.[12] 사신을 접대하는 기명으로 은반 대신 주홍반으로 쓰자고 논의한 바가 있다.[13] 또 문소전 광효전 후릉 헌릉에 사용하는 탁자에도 주홍을 사용한 예가 확인된다.[14]

이처럼 조선시대에 주홍은 여러 가지 중요한 기물에 두루 사용하였는데, 조선에서 생산되지 않는 물품이었다.[15] 그 때문에 왜관에서는 일본인들이 가져온 금은 및 소목 등과 더불어 왜주홍을 거래하는 일이 잦았다. 성종 대에 금 1돈文目에 면포 약 2.5필이었고, 주홍은 1근에 약 2.2필이었다.[16] 당시 일본에서 면포가 생산되지 않아 조선에서 수입했던 점을 생각하면, 금과 주홍이 중요한 교역품이었던 것으로 볼 수 있다.

2) 소목蘇木/단목丹木

열대 지역에 자생하는 콩과에 속하는 상록교목으로 높이가 5~9m까

10 『문종실록』 문종 즉-3-3-9. "昭憲王后喪葬儀軌, 載竿子鏡匣皆用朱紅着漆."
11 『세조실록』 세조 6-2-3-1. "特賜允成內廐鞍具馬一匹, 其鞍有金畫龍・朱紅貼・紅毛前後榮之飾."
12 『세종실록』 세종 7-3-5-2. "傳旨, 今後使臣迎接時, 軍士朱紅頭具, 毋得着持, 自今勿更造作." 세종 7-10-30-3. "傳旨工曹, 自今進上朱漆器器外, 各司新造器皿, 除朱紅, 皆用黑漆." 세종 12-10-15-4. "上謂代言等曰, 李蕆嘗言, '迎使臣時, 軍粧朱槍, 年久無色, 請改造.' 予思之, 朱紅非本國之産, 雖用朱紅, 豈得耀軍威於使臣之見乎? 予見甲士所着朱紅兜牟, 甚爲無色, 莫若黑漆之儉質而有光也. 槍與兜牟, 皆用黑漆, 隨毁隨補, 如有無色者, 罪當該官, 其以此意論諸兵曹."
13 『세종실록』 세종 13-7-22-2. "命知申事安崇善, 議于政府諸曹曰, 得免歲貢金銀之後, 去年使臣初來宴享時, 花裙用金銀與否, 議諸大臣, 或曰, '可代以他物', 或曰, '可仍舊用之.' 予從仍舊之議, 然金銀器皿, 尙仍舊用之, 似乎不可, 欲代用朱紅盤, 旣已命造, 今宴使臣, 用銀盤乎? 用朱盤乎?"
14 『세종실록』 세종 12-9-8-3. "文昭殿, 廣孝殿, 厚陵, 獻陵卓子, 漆以朱紅全漆."
15 『세조실록』 세조 10-8-6-4. "兵曹啓, 大小人員箭幹竝以朱紅爲飾, 然朱紅非我國所産, 雨雪則易致剝落, 請及秋等講武皆令漆之. 從之."
16 『성종실록』 성종 19-윤1-27-5. "宗貞國特送職宣辭, 其答書曰, 今承華札, 仍審佳勝, 開慰. 所獻禮物, 謹啓收訖. 將士宜正布十疋・縣布六十疋及所示貿易黃金價綿布六千二百二十二疋・朱紅價綿布四百九十四疋二十六尺九寸, 付回价, 惟照領. 但前此我殿下嘉足下忠款, 特遣宣慰使往慰, 今見示意, 使官於交際之間不無失中. 具由擬啓, 殿下已悉之. 然足下與我國, 情好已久, 而殿下待足下恩禮益隆. 若此使价之小失, 何足介懷? 幸勿見訝. 餘冀順序自玉."

지 자란다. 심재와 뿌리를 염료와 약재로 쓰였다. 단목은 소목의 약재 명칭이기도 하고 이칭이기도 하다. 『청장관전서靑莊館全書』 사물편의 두 주頭註에, 단목은 곧 '소목인데 붉은 색 염료로 쓰일 만하다. 해도海島에 소방국蘇方國이 있는데, 그 나라에서 이 나무가 생산된다. 꽃은 노랗고 열매는 푸르다가 익으면 검다'고 하였다. 소방목蘇枋木, 적목赤木, 홍자紅紫라고도 한다. 단목은 태종 때부터 일본과 교역한 주요 물품 중의 하나이다. 우리나라에서 산출되지 않았으므로 전적으로 왜객의 매매에 힘입어 국용國用에 제공되었다. 세종 때에는 9년간에 7만여 근이 수입되기도 하였다. 1447년에는 일본 사신이 가지고 오는 예물이 많고 그중에서도 단목처럼 무거운 물건은 큰 짐이 되니 포소浦所에 두었다가 공가公家에서 쓰는 것을 제하고 나머지를 왜관 사무역 예에 따라 매매하기로 관리 방식을 정하기도 하였다. 그러나 신유한申維翰의 『해유록海游錄』에 의하면, '단목 등은 다 일본의 토산이 아니라 중국의 복건福建 또는 절강浙江에서 나거나 혹은 남만 여러 나라에서 나는 것들이다. 이것을 그 나라 바다 상인들이 장기도에 내왕하여 금은과 무역해 가기 때문에 일본 사람들이 그것을 얻어다가 동래에 팔곤 하는데, 우리나라 사람들은 이것을 일본의 특산물이라고 부른다'고 하였다. 단목은 매년 5745근이 유입되었는데, 이 중 365근은 공무역품이고 5380근은 진상품이다. 단목 3근에 대목代木은 1필로 하였다. 1418년에 이키 만호壹岐萬戶 미치나가道永가 사람을 보내어 단목 1백 근을 바치고 미곡米穀을 요구하였으며, 1421년 11월에는 전 규슈탄다이九州探題 시부카와 미쓰요리澁川滿賴가 편지와 함께 단목 1천 근을 보내오는 등 이후로도 꾸준히 공무역이나 진상품으로 유입되었다.[17]

3) 울금鬱金

생강과에 속하는 다년생 초본식물로 심황深黃 · 울금蔚金 · 을금乙金 · 걸금乞金 · 천을금川乙金 · 옥금玉金 · 울금초鬱金蕉 · 금모세金母蛻 · 황제족黃帝足 등이라고도 한다. 열대아시아 원산으로 우리나라 · 인도 · 인도네시아 · 중국 · 대만 · 일본 등에 분포한다. 조선시대에는 전주부 임실현任實縣에서 생산되는 것이 좋았다고 한다. 가을부터 덩이뿌리를 채취하여 염색용은 5~7일간 일광에 건조시키고 약재는 쪄서 일광에 건조시킨다. 특히 염료로서의 울금은 중국에서 많이 사용한 것으로 추측된다. 마르코 폴로는 예로부터 중히 여기는 울금이 중국 복건성福建省에 있다 하였고, 명나라 때의 『통아』에서는 울금으로 황색을 염색한다고 하였으며, 『삼국지』에도 왜인이 울금을 헌납하였다는 기록이 있다. 미얀마에서는 승려복을 울금으로 염색하였다. 『산림경제』에서는 "모양이 매미 배 같고 좋은 것은 향이 심하지 않고 가벼우며 울금주는 능히 높고 먼 곳까지도 술기운이 미치므로 강신降神에 사용한다"고 하였고, 『규합총서』와 『상방정례』에는 염색법이 기록되어 있다.[18]

4) 오매목烏梅木

치매목緇梅木이라고도 하며, 태국 등지에서 생산되는 목재이다. 자단紫檀처럼 단단하고 목질이 치밀하여 물에 가라앉는다. 중국에서는 젓가락을 만들기 좋은 목재로 촉감이 좋고 견고하여 내구성이 뛰어난 것으로 여겼다. 조선에서는 오매패烏梅牌를 만드는 데 사용하였다. 예를 들

---

17 『조선시대 대일외교 용어사전』, '단목(丹木)'.
18 『조선시대 대일외교 용어사전』.

어 태종은 효령군과 충녕군에게 선소오매패宣召烏梅牌를 주었는데, 천지天地 두 글자의 왼쪽 편 반을 주었다.[19] 선소오매패는 임금이 대군大君이나 의정 대신議政大臣·삼군 대장三軍大將·병조 판서兵曹判書 등의 관원을 비밀리 부를 때 사용하는 명소부命召符로서, 오매패·오매부烏梅符라고도 한다. 태종이 효령군 등에게 준 오매패의 경우는 태종이 천지天地로 나눈 패의 오른쪽 부분을 명령을 내릴 때 함께 전달하면, 효령군 쪽에서 좌우를 맞추어 보고 태종의 명령임을 확인하는 것이다.

경연에 서책을 들여갈 때에도 중관中官이 오매부를 보여준 다음에 들여가도록 하였다.[20] 이처럼 선소패를 오매목으로 만드는 이유는 소재 자체가 희귀한 것이므로 모조품을 만들기 어렵기 때문이다. 오매목 이외에는 상아로 원패를 만들기도 하였다.[21]

『경국대전』에서는 오매패를 선전표신宣傳標信이라고 하였고, 모양은 둥글고 한 면에는 선전宣傳이라고 쓰고, 다른 한 면에는 어압御押이라고 하여 국왕의 수결手決을 두었다고 한다. 태종·세종 때의 절부切符 형식이 아니라 왕명을 전달하는 패의 형태로 바뀐 것으로 생각된다.

연산군 때는 매를 다루는 내응방內鷹坊에 속한 내응사內鷹師들에게 지급하기 위하여 오매목으로 만든 원패를 1,000개나 만들도록 하였다. 이는 왕명을 전달하는 목적이 아니라, 원패를 가진 자가 내응사라는 사실을 입증하기 위한 것이었다.[22]

---

19 『태종실록』 태종 9-11-29-2. "織紋騶虞旗成. 中軍朱雀, 左軍靑龍, 右軍白虎. 上御便殿, 用行信寶爲誌, 賜宣召烏梅牌于孝寧君·忠寧君, 以天地兩字左半. 上謂近臣曰, 國家設新法, 初則喧沸, 其終末有成效. 今所定騶虞織紋旗之法, 宜令中外通知."

20 『세종실록』 세종 25-7-17-8. "集賢殿啓, 經筵書冊入內時, 中官齎烏梅符, 宣傳後乃入. 東宮書冊入內, 請以黃楊爲符, 一依大內例用之."

21 『세종실록』 세종 즉위년 8-24-4. "上命尙衣院, 加造象牙圓牌十二·烏梅牌三十."

5) 장뇌樟腦

녹나무의 가지·잎·뿌리를 수증기에 증류하고 냉각시켜 만드는 반투명의 결정체. 녹나무에서 얻은 장뇌유樟腦油를 냉각시켜 석출한 무색의 덩어리로, 독특한 향기가 있으며, 물에 잘 녹지 않는다. 조선의 경우 목침이나 연장을 만들어 귀신을 쫓을 때 쓰거나, 건축 재료·불상·목어木魚 등을 만들기도 하였다. 또한 장뇌는 막힌 것을 뚫어주는 작용이 강해 의식을 잃었을 때나 토사·복통에 약재로 사용되며, 종기·피부궤양·악창·옴·버짐·가려움증에 외용하기도 한다. 용뇌향龍腦香·조뇌潮腦·소뇌韶腦·뇌자腦子라고도 한다.[23]

일본의 전 구주탐제 원도진源道鎭이 세종 3년에 처음으로 장뇌 5근을 바쳤다(세종 3-11-6-6). 이후 원도진 이외에도 다다량덕웅多多良德雄이 태종이 승하한 후 장뇌 10근을 바쳤다(세종 5-10-15-3).

6) 소합향蘇合香

소합향나무의 수지를 원료로 하여 만든 향 또는 약재이다. 소합향나무(조록나무과)는 낙엽 활엽 교목으로, 높이는 10미터 정도이며, 재목材木은 질이 좋아서 마호가니 대용으로 쓰고 나무의 진은 향료나 약재로 쓴다. 초여름에 수피에 목부木部까지 상처를 내고 분비되는 것을 정제하여 소합향을 얻는다. 약재로서는 정신을 맑게 하고 혈액순환을 촉진하므로 중풍, 흉복부통증, 협심증, 관상동맥질환 등에 사용한다. 또 벌레

---

22 『연산군일기』 연산 10-4-12-7, "傳曰, 以烏梅木造圓牌一千, 一面初行刻內鷹師, 中行刻鷹坊食治山行, 終行刻千字文各一字, 其一面則又以篆書, 前面三行字, 造火印着下."
23 『조선시대 대일외교 용어사전』.

에 물렸을 때, 기관지천식, 만성기관지염 등에도 쓰이며 각종 피부질환에 외용된다. 이때는 소합유 즉 기름 형태로 사용한 것으로 보인다. 한편 소합향원을 만드는 원료로 쓰였다.

소합향원은 기氣로 인한 모든 질병을 다스리는 데 사용하는 처방이다. 송대宋代 『화제방和劑方』・『증주태평혜민화제국방增註太平惠民和劑局方』에 수록되어 있고, 우리나라에서는 『동의보감』 내경편內景篇의 기와 잡병편雜病篇의 사수邪祟, 『제중신편濟衆新編』・『방약합편方藥合篇』 등 여러 의서에 수록되어 있다. 처방은 백출白朮・목향木香・침향沈香・사향麝香・정향丁香・안식향安息香・백단향白檀香・주사朱砂・수비水飛・서각犀角・가자피訶子皮・향부자香附子・필발蓽撥 각 두 냥兩, 소합유蘇合油・유향乳香・용뇌龍腦 각 한 냥을 가루로 하여 안식향고安息香膏로 이겨서 봉밀환을 만들되 매 한 냥으로 40알을 만들고 1회에 2, 3알씩을 맑은 물・온수・온주溫酒 또는 생강을 끓인 물에 복용한다. 이 방문에서 용뇌를 넣으면 용뇌소합원龍腦蘇合元, 용뇌를 빼면 사향소합원麝香蘇合元이 된다. 이 약제의 효능은 모든 기담氣痰과 중기中氣・상기上氣・기역氣逆・기울氣鬱・기통氣痛 등의 증세를 다스린다고 한다.

7) 필발蓽發

후춧과의 풀. 또는 그 말린 열매. 높이는 1m 정도이며, 봄에 흰 꽃이 피고 열매는 늦여름에 맺는다. 특이한 향이 있고 맛은 매우며 성질은 뜨겁다. 한방에서 이질 또는 설사에 효험이 있는 약재로 쓰이고, 약리작용으로 억균 작용, 항경련 작용, 피부혈관확장 작용, 항산화작용, 항심근허혈 및 항심박이상 작용, 고지혈강하 작용 등이 보고되었다.[24]

필발은『세종실록』에만 두 차례 보인다. 처음은 세종 2년(1421)에 도도웅환都都熊丸이 단목, 호초, 필발, 서각 등을 보냈으나, 조선에서는 이를 받아들이지 않았다.[25] 두 번째는 1421년 4월에 대마도 왜구의 우두머리였던 조전좌위문태랑早田左衛門太郞이 사람을 보내, 용뇌·서각·육두구와 함께 필발80근斤 등을 바쳤다. 이제 조선 측에서는 면포 70필로써 회사하였다.[26] 이후『조선왕조실록』에서 필발에 관한 기사는 보이지 않는다.

8) 정향丁香

정향나무는 열대 상록성 아교목으로 인도네시아 서쪽의 몰루카 제도가 원산지이며, 현재는 탄자니아의 잔지바르섬, 인도네시아의 수마트라, 브라질, 말레이시아, 필리핀, 베트남, 중국 남부 등에서도 생산된다. 우리나라에서 자생하는 정향나무와 혼동하는 경우가 있으나, 이는 물푸레나무과의 정향나무이고, 정향을 만드는 나무는 도금양과 정향나무桃金孃科, Syzygium aromatica로 식물분류상 전혀 다르다.

꽃봉오리는 정향이라고 하고 다 핀 꽃을 말린 것은 모정향이라고 한다. 꽃봉오리가 못처럼 생겼고 향이 있으므로 정향이라고 하는데 영어 명칭인 클로브clove도 역시 못이라는 뜻이다. 아주 강한 향기가 나기 때문에 백리향百里香이라고도 한다.

---

24 『조선시대 대일외교 용어사전』, '필발(蓽發)'.
25 『세종실록』세종 2-11-15-3. "初, 都都熊丸遣使進丹木四百斤·胡椒百五十斤·蓽發五十斤·犀角一對, 國家却之, 且不禮其使, 至是乃還."
26 『세종실록』세종 3-4-16-3. "對馬島 左衛門大郎遣人獻龍腦四兩·犀角二斤·蓽發八十斤·肉荳蔲三十斤, 回賜縣布七十匹."

정향 분말이나 정향유를 식용, 약용하며 방부제로도 사용한다. 맛과 향이 강하고 매우며 혀를 마비시킬 정도이고 성질은 따뜻하다.

정향은 위가 차서 생기는 구토를 비롯하여 위암, 복통, 소화불량 및 성기능 강화, 잇몸 질환 등에 쓰인다. 약리 작용으로 위액 분비 촉진, 진통, 항경련, 항염, 항산화, 항혈전, 항균, 구충, 혈압 강하 작용 등이 보고되었다.

다른 이름으로 정자丁子, 주병화酒瓶花, 정향화丁香花, 정자향丁子香, 야정향野丁香, 소황수小黃樹, 백화목百花木, 만산향滿山香, 노구화露球花, 계정향桂丁香, 계설향鷄舌香, 공정향公丁香 등이 있다.

『조선왕조실록』에서 1401년에 명이 태종에게 답례로 보낸 물품 중에서 처음으로 나타난다.[27] 명이 조선의 말을 교역하고자 보낸 여러 가지 약재 중에 정향이라는 이름이 보이기도 한다.[28]

그러나 정향은 약재로만 쓰인 것이 아니라, 고기를 오래 보관하고 맛을 내기 위한 향신료로도 사용되었다. 태종 대에 말린 노루, 말린 사슴, 생고기와 함께 정향포丁香脯가 보인다.[29] 정향포는 동남아시아에서 산출되는 정향 가루 혹은 정향 기름으로 조리한 육포이다. 어포라고 본 경우도 있으나, 정향은 주로 육류에 사용하는 향신료이다. 이러한 정향포는 진상품으로서 국가의 제사나 대궐의 잔치에 사용하였다. 특히 진

---

27 『태종실록』 태종 1-9-1-1. "頒賜國王文綺絹各六匹·藥材木香二十斤·丁香三十斤·乳香一十斤·辰砂五斤"
28 『태종실록』 태종 1-9-1-2. "藥材·木香·乳香·丁香·黃蓮·丹砂·澹礬·川芎·縮砂·肉豆·蔲良·姜白·花蛇."
29 『태종실록』 태종 4-9-19-2. "一, 前監務朴甸陳言內, 各道四時進膳, 不可廢也. 然監司以任意多少定數, 分定諸州, 若乾獐·乾鹿·丁香脯·生肉等物, 督令輸納" 이를 정향과 포로 나누어 번역한 사례가 있으나, 『조선왕조실록』의 다른 사례를 찾아보면 오역임을 알 수 있다. 정향포는 동남아시아에서 산출되는 정향 가루 혹은 정향 기름으로 조리한 육포이다. 어포라고 본 경우도 있으나, 정향은 주로 육류에 사용하는 향신료이다.

풍정^{進豐呈}에 정향포를 사용하였음을 확인할 수 있다.[30] 정향포는 그 크기가 커서 민간에서 사용하는 중포^{中脯}의 규모로 바꾸도록 하였다.[31] 정향포를 진상하기 위해서는 지방에서는 사냥꾼을 데리고 짐승을 사냥하기도 하였다.[32]

이처럼 태종 대까지는 중국을 통하여 정향이 유입되었으나, 세종 대에 들어서 비로소 일본을 통하여 정향이 들어오기 시작한다. 1418년에 일기도^{一岐島} 만호 도영^{道永}이 정향 15근 등을 바치고 미곡을 요구하였다.[33] 이후 주로 유구국을 통해서 정향이 조선으로 들어왔다.[34]

중국에서는 기원전 3세기에 황제를 알현하려는 자는 입냄새를 없애기 위하여 정향을 씹도록 하였다. 이후 정향은 인도양에서 인도와 대륙 및 아프리카 사이의 무역에 종사하는 오만의 상인과 선원들에 의하여 거래되었다. 유럽에는 중국 상인들이 스리랑카를 경유하여 비단과 함께 정향을 소개하였고, 6~7세기경에는 귀족들 사이에서 귀중한 대접을 받았다. 원산지에서는 오랫동안 그 가치를 모르고 있었기 때문에 오랫동안 중국인들이 원산지를 숨긴 채 교역하여 이익을 얻었다. 대항해시대에 이르러 후추, 육두구와 함께 향료무역의 중심적인 상품이 되었으며, 일반에도 유통되기에 이르렀다.

---

30 『승정원일기』 인조 8-3-22-13. "金慶徵, 以司饔院都提調言啓曰, 進豐呈饌案床缺入饌品, 所盛太略, 非但觀瞻埋沒, 其中丁香脯代片脯 (…後略…)"

31 『태종실록』 태종 12-5-19-3. "(…前略…) 一日, 進上丁香脯, 體制甚大, 州郡病之. 願自今一如民間中脯之例, 量宜定數."

32 『태종실록』 태종 15-5-17-4. "杖知錦山郡事宋希璟一百. 希璟使郡吏, 率獵人而畋, 欲以爲供上丁香脯, 而郡吏二人私其獸不進, 怒而杖之, 二人皆死, 其家訟冤故也."

33 『세종실록』 세종 즉-9-18-3. "一岐萬戶道永遣人獻丹木一百斤・白磻三十斤・胡椒二十斤・訶子二十二斤・良薑三十斤・丁香十五斤, 仍求米穀"

34 유구국이 확보한 정향을 하카타 상인들이 구입하여 조선과 교역하기도 하였다.

유럽인들은 정향의 원산지를 1511년에 이르러 알게 되었다. 포르투칼인 안토니오 데 아브레우와 프란시스코 세라운이 반다제도를 발견한 것이다. 이후 1770년에 프랑스가 모리셔스에서 정향의 재배에 성공하였고 이후 잔지바르 등으로 확산되었다.

9) 육두구肉荳蔲

인도네시아 몰루카제도가 원산지인 육두구나무의 열매이다. 육두구나무는 약 20m까지 자라며, 잎은 어긋나고 긴 타원형이며 가장자리가 밋밋하고 두껍다. 꽃은 암수딴그루로서 꽃잎이 없고 꽃받침은 3개로 갈라지며 노란빛을 띤 흰색이고 향기가 난다. 수술 9~12개, 암술 1개이다.

열매는 핵과核果로서 길이 4~6cm이다. 성숙하면 살구같이 보이며 안에 종자가 들어 있다. 성숙하면 붉은빛을 띤 노란색 껍질이 벌어져서 안쪽에 갈빗대처럼 갈라진 종의種衣[35]가 보이는데, 종자를 육두구, 종의를 메이스mace라고 한다. 영어 이름인 넛멕이란 사향 향기가 나는 호두라는 뜻이다. 번식은 대부분 종자로 하고 고온 다습한 기후에서 잘 자란다.

육두구는 말려서 방향성 건위제·강장제 등으로 쓴다. 서양에서는 메이스와 함께 향미료로 사용한다. 육두구와 메이스의 최대 산지는 인도네시아이며, 메이스는 특히 생선 요리·소스·피클·케첩 등에 많이 쓴다.

1512년 포르투갈 사람들이 몰루카제도에서 발견하여 독점해 왔으나, 점차 네덜란드·프랑스·영국 등으로 퍼져 나갔다. 인도네시아·말레

---

35 가종피(假種皮)라고도 한다. 열매의 껍질 안에 다시 껍질처럼 들어있는 조직을 말한다.

이반도 등의 열대 지방에 분포한다.

10) 백랍白蠟

표백하여 하얗게 만든 밀랍. 벌집을 뜨거운 물로 녹여 굳게 하면 황갈색의 황랍이 된다. 이것을 다시 녹이고 냉수에 서서히 넣어서 작은 알갱이로 만든 다음 가끔 물을 더 부어 주면서 햇빛에 두면 백랍을 얻는다. 백랍초나 환약의 제조에 쓰고, 생사·직물·기구 등에 광택이 나게 하거나 지혈·진통·사마귀를 다스리는 데 쓴다. 조선시대 통신사행 때에는 삼사신三使臣이 사예단私禮單으로 준비하여 에도 막부의 노중老中에게 20근斤, 집사執事에게 15근, 근시近侍와 서경윤西京尹에게 각각 백랍 10근씩 선물하였다. 1719년 통신사행 때에는 주로 4인에게 각각 백랍 15근을 선물하기도 하였다.[36]

11) 심황深黃

생강과에 속하는 다년생 초본식물인 울금鬱金에서 채취한다. 뿌리줄기와 덩이줄기를 약재, 식용, 착색제 등으로 사용하는데, 이것을 심황이라고 한다. 조선시대에는 심황의 값이 싸고 선명하게 염색되므로 반홍색磻紅色 염색에 이용하였다. 약용으로는 이담利膽·건위健胃·소종消腫의 효능이 있어 소화불량·위염·간염·담낭 및 담도염 등에 치료제로 쓰인다. 울금蔚金·을금乙金·걸금乞金·천을금川乙金·옥금玉金·울금초鬱金蕉·금모세金母蛻·마술馬迷·황제족黃帝足이라고도 한다. 1418년 12월

---

36 『조선시대 대일외교 용어사전』.

에 축전수筑前守 장친가藏親家가 사람을 보내 백반白磻 1백 근 등을 바쳤으므로 흑색 세마포細麻布 20필과 면포縣布 1백 20필을 내려 주었다. 그보다 먼저 1417년 5월에는 왜사倭使가 바치는 심황을 받아들이지 않도록 한 일이 있는데, 이는 황색 사용을 금한 때문이었다.

12) 침향沈香

향료로 쓰는 향나무. 또는 향료로 쓰는 나무에서 나는 점도가 높은 액체, 수지樹脂. 생목生木 또는 고목枯木을 땅 속에 묻어 수지가 많은 부분 줄기의 상처나 단면에서 흐르는 수지를 침향이라 하여 예부터 귀중한 향료로 사용하였다. 침수沈水·침수향沈水香이라고도 한다. 1649년에 인조가 승하한 후 장군의 명으로 대마도 도주 종의성宗義成이 조위차왜弔慰差倭를 보냈다. 이때 예조참의에게 침향 3근 등을 진헌하였다. 1652년에는 덕천가광德川家光이 죽고 종의성 에도에 다녀온 후에 조위역관의 파견을 요청하였다. 이에 문위행問慰行을 파견하였고, 예조참의가 도주에게 침향 1근을 주었다. 1683년에 장군의 후계자가 죽었으므로 문위행을 보내 조문하도록 하였는데, 예조참의가 도주에게 침향 1근을 내려주었다.

13) 육계肉桂

5, 6년 이상 자란 계수나무의 두꺼운 껍질을 이른다. 통계筒桂, 옥계玉桂, 날계辣桂, 대계大桂, 균계菌桂, 계桂, 모계牡桂, 유계柳桂, 육계피肉桂皮, 관계官桂, 목계木桂, 자계紫桂라고도 한다. 맛은 맵고 달며 성질은 뜨겁다. 허리와 무릎 연약증, 양기 부족, 설사, 구토, 산후어혈복통, 종기, 피부 궤양 등의 증상에 약재로 쓰기도 하며, 특이한 향이 있어 향목으로도 사

용한다. 1640년에 대마도 도주 종의성宗義成이 에도에 다녀왔음을 알리며 역관의 파견을 요청하였다. 이에 조선에서는 문위행問慰行을 파견하였고, 도주는 답서와 함께 육계 20근을 선물하였다.

14) 백반白礬

명반明礬을 구워서 정제한 것이다. 무색 투명한 결정인 명반은 황산 알루미늄과 황산칼륨의 복염複鹽으로, 매염제・제지製紙에 쓰인다. 특히 모직물이나 실크 염색에는 꼭 필요한 물질인데, 백반은 명반보다 그 효과가 크다. 1418년 9월에 일기壹岐 만호萬戶 도영道永이 사람을 보내 백반 30근 등을 바치고 미곡米穀을 요구한 일이 있으며, 같은 해 12월에는 축전수筑前守 장친가藏親家가 사람을 보내 백반 1백 근을 올렸다. 이에 조선은 흑색 세마포細麻布 20필과 면포 1백 20필을 보내 주었다. 또 1419년 2월에는 대마도의 종만무宗滿茂가 사람을 보내 경상도 수군절제사에게 양곡을 꾸어 달라고 청하면서 백반 68근을 바쳤다는 장계가 올라와서 백미 20석을 주게 하였다.

15) 백동白銅

구리, 아연, 니켈의 합금을 말한다. 니켈을 10~30% 함유하여 은백색을 띠며, 연성延性이 뛰어나고 가공성이 좋아 화폐나 장식품 따위에 쓴다. 그중에서도 니켈을 15% 함유한 것의 색이 가장 밝으며 주로 장식품을 만드는 데 사용한다. 1421년 8월에 일본의 전 구주탐제九州探題 우무위右武衛 삽천만뢰澁川滿賴, 澁川道鎭, 源道鎭가 사람을 보내 원경왕태후元敬王太后의 상喪을 조문하고, 백동 60근을 바쳤다. 또 1425년 9월에는 대마도 도주 종정성宗貞盛이 사람을 보내 백동 등의 물품을 바치므로, 정포 85필을 내주었다.

16) 유황硫黃

광택이 있는 노란색 결정체의 비금속 원소로 화약의 원료가 된다. 유황은 맛과 냄새가 없고 자연 상태에서는 순수한 황, 또는 황화물이나 황산염의 형태로 존재한다. 한의학에서는 천연산 황을 융해하여 잡질雜質을 제거한 뒤에 약재로 사용한다. 황黃, 석류황石硫黃, 석류황石流黃, 석류황石留黃, 유황硫, 황요사黃硇砂, 황아黃芽, 석류적石硫赤이라고도 한다. 서긍徐兢의 『고려도경』에 의하면 '고려는 산이 깊어서 유황이 산출된다'고 하여, 우리나라에서도 이미 오래전부터 채취하였음을 알 수 있다. 실제로 1030년 왕순王詢이 사절단을 파견하면서 유황 등의 물품을 조공으로 바친 기록이 있다.

이규경도 우리나라에 유황의 생산지가 많다고 하였지만 일본에서 나는 유황의 품질이 좋다고 품평하였다. 우리나라에 일본의 유황이 들어오기 시작한 것은 세종 즉위년인 1418년경으로 추정되며 그 이후로도 일본의 사절단을 통해 꾸준히 유입되었다. 성종 대에는 유황이 군기軍器의 재료로 나라에서 중요하게 쓰이는 물품임을 인식하고 함길도나 경상도 청풍군, 경주, 광주 등 국내의 생산지를 끊임없이 발굴하였고 일본의 유황과 비교해보기도 하였다. 그러나 성능이 비슷하기는 해도 일본 유황의 품질이 더 낫다고 하여, 1500년대부터 대일 공무역의 주된 물품이 되었다.

특히 최무선의 화포 기술을 보유하고 있었던 우리나라에서 화약의 재료가 되는 유황의 무역은 민감한 일이었다. 화포에 대한 기밀이 일본으로 유출될 것을 염려하여 오례五禮에서 군례軍禮를 빼야 한다거나 아예 화포를 보여주는 일조차 없어야 한다고도 하였다. 이와 비슷한 의미로 모든 군기에 관한 물건들은 사사로이 매매하는 것을 금하였는데, 이 때문에 오히려 잠상의 밀무역이 성행하기도 하였다. 이에 그동안은 유황을 쓰시마 측이 에도에서 구하여 사던 것을, 1659년부터는 문위행問慰行을 통하여 무역하도록 하였다.

17) 서각犀角

무소, 즉 코뿔소의 뿔. 또는 활을 만드는데 쓰이는 궁각弓角의 하나. 서우각犀牛角이라고도 한다. 서각은 결이 곱고, 누른빛이나 검은빛의 꽃무늬가 있다. 술잔이나 활을 만드는 데 쓰이거나 끝 부분을 가루로 만들어 약재로 사용하기도 한다. 조선은 오래전부터 각궁角弓이라 하여 코뿔소의 뿔이나 쇠뿔, 양뿔 등을 재료로 활을 만들었는데, 이 활은 주변국에서 상품上品으로 인정받았다. 1420년에 대마도 도주 종정성宗貞盛이 서신과 함께 서각 1개를 보낸 것을 비롯하여 1421년에는 대마도의 도만호都萬戶 좌위문태랑左衛門太郎이 서각 한 쌍을, 일기수壹岐守 원중源重 또한 서각 한 쌍을 바쳤다. 1423년에도 구주탐제九州探題 삽천의준澁川義俊이 서각 3개를 바쳤고, 1482년에 무로마찌 막부 장군 족리의정足利義政이가 서각 1개를 선물하는 등 일본이 보내는 예물에 자주 포함되었다.

18) 수우각水牛角

검은 빛이 나는 물소의 뿔로, 활이나 관복에 착용하는 허리띠의 재료로 쓰임. 흑각黑角이라고도 한다. 물소뿔, 대나무 등의 여러 재료를 가지고 만든 우리나라의 대표적인 활을 각궁角弓이라고 하는데, 각궁의 주재료가 흑각이다. 이 때문에 흑각은 중국이나 일본을 통해 들여오는 중요한 물품이었고 일본이 예물로 바치는 물품에도 포함되었다.

신유한은 『해유록』에서 흑각이 일본의 특산물인 것으로 알고 있지만, 사실은 중국의 복건福建이나 절강浙江 또는 남만의 여러 나라에서 나는 것이고 일본 사람들이 흑각을 금은과 무역한 후 동래東萊에서 팔아서 생긴 오해라고 하였다. 흑각은 통신사행을 통해 일본이 올리는 공무역품의 하나로, 흑각 400개에 해당하는 대목代木은 흑각 하나 당 3필로 정하였다. 흑각의 간품看品은 훈도와 별차가 병방비장兵房裨將과 함께 개시대청開市大廳에 가서 동쪽 벽에서 서쪽을 향하여 서서, 여러 대관代官과 더불어 서로 읍하고 실시하였다. 대마도에서 세견제1선송사歲遣第一船送使가 올 때에는 예조참의에게 보내는 서계書契와 함께 공무역 품목으로 흑각 400통桶을 지참하였는데, 처음에는 297통이었으나 점차 그 크기가 작아진 까닭에 103통을 더하여 모두 400통이 된 것이다.

19) 곽향藿香

꿀풀과에 속하는 1년생 초본식물 배초향排草香의 지상부地上部로 만든 약재이다. 토곽향土藿香, 배초향排草香이라고도 한다. 배초향의 줄기는 높이가 20~30cm이며, 온몸에 털이 있다. 잎은 달걀 모양이고 톱니가 있으며, 7~9월에 입술 모양의 연한 붉은색 꽃이 총상總狀 화서로 핀다. 약재로서 특이한 향기가 있고 성질은 매우며 약간 따뜻하다. 소화 장애를 동반한 감기, 여름철 식체로 인한 구토, 설사, 구취, 옴이나 버짐 등에 효과가 있다. 1423년 1월에 구주탐제九州探題 원의준源義俊이 곽향藿香 40근 등의 토산물을 올리며 국상國喪을 애도하였다. 원의준은 또 예조에 글을 올려 사로잡혀 온 대마도 사람을 돌려보내기를 청할 때와 1423년 대장경을 구청할 때, 그리고 1425년 회례사를 호송할 때에도 곽향 등을 올렸다. 조선에서는 회례물로 정포를 보내 주었다.

20) 정향피丁香皮

정향나무의 껍질을 말한다. 꽃봉오리를 말린 정향과 마찬가지로 나무의 껍질도 약재로 쓴다. 심장과 배꼽 사이의 중초中焦가 냉하여 배꼽 위가 아픈 증세나 설사, 치통 등을 치료하는 데 효과가 있다. 1423년 10월에 축전관사筑前管事 평만경平滿景이 서신과 함께 정향피 1백 근 등의 예물을 올리면서 말안장을 청구하였다. 예조좌랑 성염조成念祖는 말안장 제조에는 시간이 걸리기 때문에 즉시 응하지 못하고, 다만 정포 6백 90필을 돌아가는 사람에게 보낸다고 회신하였다.

21) 절부折敷

네모난 모양으로 만든 넓고 평평한 기물. 절부는 네모난 모양으로 만든 쟁반을 가리킨다. 네 귀의 모를 모두 부드럽게 굴린 것과, 네모반듯한 것, 다리가 달린 것 등이 있다. 반盤은 그릇 따위를 올려놓을 수 있는 널빤지盤와 다리가 달린 작고 나지막한 가구이다. 다리의 수와 길이는 다양하며 다리가 없는 것도 있다. 한 손에 들고 이동하기 쉬운 수반手盤, 다과 또는 술을 나를 때 사용하는 발 없는 쟁반 따위를 통틀어 이르는 말이다. 1493년 8월에 '대내대중대부大內大中大夫 좌경조윤左京兆尹 겸 방

장풍축사주태수防長豐筑四州太守 '다다량정홍多多良政弘'이라고 칭한 자가 원숙서당元叔西堂이라는 승려를 보내 크고 작은 절부반折敷盤 40편片 등을 선물하였다. 정홍은 서계에서, 1490년 겨울에 일본에 보내준 불경과 물품에 대한 감사 인사를 하고 다시 동전銅錢 5천 관貫과 목면木棉 5천 단端을 요청하였다.

22) 마황麻黃

마황과의 상록 관목 또는 그 줄기로 만든 약재이다. 용사龍沙, 비상卑相, 비염卑鹽이라고도 한다. 나무의 높이는 30~70cm이며, 줄기는 가늘고 곧게 서고 원기둥꼴의 가지가 많이 갈라진다. 줄기에 뚜렷한 마디가 많고, 비늘 같은 얇은 잎이 1쌍씩 달린다. 뿌리는 나무처럼 단단하며 붉은빛을 띤 갈색이다. 약재로서 발한·해열·진해·이뇨제의 효능이 있고 열병과 천식치료에 사용한다. 또는 부종을 동반하는 사지관절염에 염증을 제거하면서 통증을 가라앉히고 굴신을 원활하게 도와주는 약재로 쓰기도 한다. 대표적인 처방으로는 감기의 발한, 해열제로 쓰이는 마황탕과 해소에 쓰이는 마향감석탕麻香甘石湯이 있다. 조선 후기에 일본에서는 대마도에서 사용되는 물품이나 에도막부에서 요청한 각종 물품을 조선 측에 요구하였고, 오랫동안 외교적이거나 무역의 성격을 띤 물품교류가 활발하게 이루어졌다. 그러나 점점 그 횟수가 잦아지고 요구하는 물종이 번잡해지면서 요청 전례가 없던 것은 거절하기도 하였고, 수량을 줄여서 보내기도 하였다. 이 과정에서 둘 사이에 흥정을 담당하던 훈도訓導나 역관譯官 등이 상벌을 받는 일도 생겼다. 물품의 조달은 해당 관청에서 직접 조달하거나 물품이 생산되는 각 지역에 분정分定하였다. 1673년 1월에 부특송

사선副特送使船 3척이 다대포多大浦에 표류하다가 왜관에 당도하였다. 이들 일행은 정관正官 전중선좌위문田中善左衛門, 藤成久과 부관副官 고세신우위문高勢新右衛門, 平成友, 도선주都船主 등심창藤諶昌 등이었으며, 에도에서 사용할 약재로 마황 20근 등을 구청하였다. 요구하는 수량이나 종류가 과하여 방색防塞하였으나, 대마도주가 긴요하게 사용할 물건이라고 간절히 청하여 20근을 10근으로 줄인 후 무역을 허락하였다.

23) 빈랑자檳榔子

종려나뭇과의 상록 교목인 빈랑나무의 열매를 말하며, 빈랑檳榔이라고도 한다. 나무의 높이는 25m 이상 자라고, 열매는 3cm 정도의 타원형이며, 노란색·오렌지색·홍색 등을 띤다. 열매 껍질을 약용하는데, 빈랑에는 타닌과 알칼로이드가 들어 있어 설사·피부병·두통 등에 사용한다. 또 흉복부의 팽만 증상을 완화시키고 대소변을 잘 보게 하며, 살충제, 또는 염료로 쓰이기도 한다. 1418년 10월에 일본의 축전筑前 성석관부石城官府 평만경平滿景이 사람을 보내 빈랑 2근 등을 보냈으므로, 조선에서는 무명 1백 50필 등을 하사하였다. 또 1421년 8월에는 일기壹岐 만호萬戸 도영道永이 빈랑 15근을 바쳤고, 1423년 10월에는 대마도 도주 종정성宗貞盛가 사람을 보내 빈랑 1백 26근 등의 물품을 바치기도 하였다.

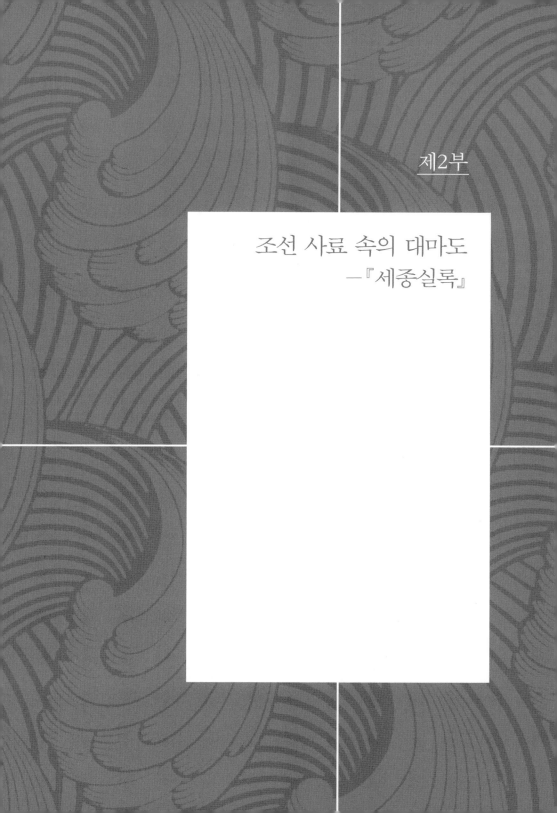

제2부

조선 사료 속의 대마도
—『세종실록』

세종 7년
(1425 乙巳/일본 응영(應永) 33年)

1月 6日(丁丑) 4번째 기사

일본 구주 도원수 원의준이 여러 물품을 바치니 판서 신상이 답서하다

日本九州都元帥源義俊遣人獻硫黃三千斤, 銅一千斤, 丹木一千斤, 鑞一百斤, 陳皮·靑皮·良薑·蓬莪朮·甘草·藿香, 光絹·扇子·犀角·朱槃等物, 兼奉書禮曹曰, "專使道經下邑, 謹已發船護送." 禮曹判書申商答書曰, 回禮使往還, 厚接護送, 深以爲感. 正布八百匹, 就付回价.

일본 구주 도원수都元帥 원의준源義俊[1]이 사람을 보내어 유황硫黃[2] 3천 근, 동銅 1천 근, 단목丹木[3] 1천 근, 납鑞[4] 1백 근, 진피陳皮[5]·청피靑皮[6]·양강良

1　도진(道鎭)은 삽천만뢰(澁川滿賴)의 계명(戒名)이고 삽천의준(澁川義俊)의 아버지로 구주탐제직을 의준에게 물려주었다. 1권 제1부 「중요인물」, '삽천만뢰' 참조.
2　흑색화약의 재료이다. 권두 「교역물품」, '유황' 참조.
3　콩과에 속하는 상록교목인 소방목을 말하며, 약재와 염료로 사용하였다. 권두 「교역물품」, '소목' 참조.
4　주석으로 생각된다. 납은 연(鉛)으로 따로 보이기 때문이다.
5　귤나무의 껍질을 말린 것으로, 약재로 쓴다.
6　청귤의 껍질을 말린 것으로 약재로 쓴다.

薑[7] · 봉아출蓬莪朮[8] · 감초甘草[9] · 곽향藿香,[10] 광견光絹[11] · 선자扇子,[12] 서각犀角,[13] 주반朱盤[14] 등의 물품을 바치고, 아울러 예조에 글을 올려서 말하기를,

"귀국의 사절의 행차가 우리 지역下邑[15]을 지나가게 되었으므로 삼가 배를 내어 호송하였습니다"

하였다. 예조 판서 신상申商이 답하기를,

"회례사의 왕복 길에 후히 접대하고 호송해 주시니 깊이 감사합니다. 정포 8백 필을 돌아가는 사객에게 부칩니다"

하였다.

1월 6日(丁丑) 5번째 기사

일본 축주부 종금이 누금주선자 · 납철 등의 물품을 바치니 이에 답례하다

日本筑州府宗金使人獻鏤金酒旋子 · 鑞鐵等物, 回賜正布一百九十匹.

일본 축주부筑州府[16] 종금宗金[17]이 사람을 보내어 누금주선자鏤金酒旋

---

7 생강의 한 종류, 중국의 광동성, 광서성에서 나는 다년생 약초이다.

8 아출(莪朮, Curcuma zedoaria)의 뿌리줄기. 기의 순환을 촉진시키고 엉긴 피를 풀며 체한 음식물을 제거하고 통증을 완화시키는 약재이다.

9 콩과에 속하는 다년생 초본식물로, 뿌리는 건조시켜서 한약재로 사용하는데, 그 맛이 달기 때문에 감초라 한다. 시베리아 · 몽고 및 중국 북부에서 자라는 식물로, 『세종실록』「지리지」에는 함경도와 전라도에서 재배한다고 하였다. 줄기는 1m 정도로 곧추 자라며, 뿌리는 땅속 깊이 들어간다. 모든 약물과 배합이 잘 되어 중화작용을 하므로, 어느 자리에나 빠짐없이 끼어드는 사람을 일컬어 '약방의 감초', '약재에 감초', '탕약에 감초'라는 속담이 생겼다(『한국민족문화대백과』).

10 꿀풀과에 속하는 1년생 초본식물인 배초향의 지상부로 만든 약재이다. 권두 「교역물품」 '곽향' 참조.

11 견사를 평직 방식으로 직조한 것이다. 가는 2가닥의 날줄과 보통 굵기의 1가닥 씨줄을 평직으로 직조하여 부드럽고 가벼우며 독특한 광택이 난다. 일본의 대표적인 견직물이다.

12 접부채를 말한다.

13 무소의 뿔이다. 결이 곱고, 누른빛이나 검은빛의 꽃무늬가 있음. 술잔 따위를 만든다.

14 붉은 칠을 한 쟁반이라는 뜻이다. 붉은 옷칠을 한 목제 그릇으로 생각된다.

15 당시 축전(筑前)의 박다(博多) 현재의 후쿠오카(福岡)를 가리킨다.

16 축전국(筑前國) 즉 현재의 복강(福岡, 후쿠오카) 일원을 관할하는 관사를 의미하지만, 그 실체는 명확하지 않다. 종금은 대우씨(大友氏)와 관할하는 식빈(息濱)의 대관(代官)이었을 가

子[18]와 납철鑞鐵[19] 등의 물품을 바쳐 왔으므로, 정포 1백 90필을 답례로 하사하였다.

1月 9日(庚辰) 5번째 기사
일본 구주 전 총관 원도진 등이 토산물을 바치니 답례하다

日本九州前摠管源道鎭遣人獻土物, 仍求人蔘・苧麻布・虎豹皮, 回賜道鎭正布六百六十匹, 白苧布・黑麻布各十匹, 彩花席十張, 人蔘五十觔, 虎豹皮各二領. 石城管事平滿景・對馬島左衛門大郎・宗彦七・筑州平方式部丞行吉等亦使人獻土物, 回賜滿景正布二百八十匹, 大郎一百四十匹, 彦七七十匹, 行吉十二匹.

일본 구주의 전 총관摠管[20] 원도진源道鎭[21]이 사람을 보내어 토산물을 바치고, 아울러 인삼과 저마포苧麻布와 호・표피를 청구해 왔으므로, 도

능성이 있다.

17 실정시대(室町時代) 중기 박다(博多)의 승려이자 상인이며 흥리왜인(興利倭人)이다. 종금(宗金)은 처음에는 구주탐제 삽천만뢰(澁川滿賴, 澁川道鎭, 源道鎭)의 부하였다가, 나중에 대우씨(大友氏)의 관하에서 주로 무역을 담당하였다. 1419년 대마도 정벌 이후에 송희경(宋希璟)이 사신으로 갔을 때 접대했으며 막부와의 사이에서 중개 역할을 하였다. 1420년에는 박다에서 경도까지 조선회례사(朝鮮回禮使)와 동행하였고, 이때 해적에게 상승료(上乘料)로 7관(貫)을 지불하고 조선의 회례사 일행을 무사히 통과시킨 일도 있었다. 실정 막부의 6대 장군 족리의교(足利義敎)와 사파씨(斯波氏)・삽천씨(澁川氏)・대우씨(大友氏)・소이씨(少貳氏) 등의 사절(使節)이 되어 조선과의 무역을 대행하였고, 1425년에는 수도서인(受圖書人)이 되었다. 1426년에 사람을 보내 도서(圖書)를 내려준 것에 사례하였고, 1428년 1월에는 사적으로 무역을 청하여 성사되기도 하였다. 그러나 1428년 7월에는 9대 대마도주 종정성(宗貞盛)의 도항인으로 방문하였다가 서계에 진상하는 물품이 기록되어 있지 않고, 별폭에 도서(圖書)가 찍혀있지 않으며, 글자의 획도 서계와 다르다는 이유로 진헌을 거부당하였다. 1권 제1부「중요인물」 '종금' 참조.
18 누금은 금속을 파내고 그 안에 다른 금속 등을 집어넣거나 혹은 금가루를 뿌리는 가공기법을 말한다. 주선자는 주전자이다. 주선자는 술을 돌리는 기구라는 뜻이고 주전자는 술을 데우는 기구라는 뜻이다. 금속으로 된 주전자의 표면을 파내고 다른 색 혹은 다른 재질의 금속을 상감하여 장식한 것이다.
19 주석(朱錫)으로 생각된다. 납으로 이해하는 경우가 있으나 이는 잘못이다.
20 구주탐제(九州探題)라는 관직명을 조선에서 이해하기 쉽도록 총관이라고 칭한 것이다.
21 1권 제1부「중요인물」 '원도진' 참조.

진에게 정포正布[22] 6백 60필, 백저포白苧布 · 흑마포黑麻布 각각 10필, 채화석彩花席[23] 10장, 인삼 50근, 호 · 표피 각각 2령領을 답례로 내렸다. 석성[24] 관사石城管事 평만경平滿景[25]과 대마도의 좌위문대랑左衛門大郎,[26] 종언칠宗彦七[27]과 축주筑州의 평방平方[28] 식부승式部丞[29] 행길行吉[30] 등이 또

22 품질이 좋은 베로, 조선시대에 관리의 녹봉으로 주던 오승포(五升布)이다. 권두 「교역물품」 '정포' 참조.

23 왕골을 여러 가지 색깔로 물들여 무늬가 생기도록 짠 자리를 말한다. 권두 「교역물품」 '채화석' 참조.

24 고려와 몽골 연합군의 정벌로 북구주의 중심 지역인 박다(博多, 현재의 후쿠오카시)가 소실되었다(1274). 재침에 대비하여 박다 연안부에 방어용 석담을 세웠는데 이를 원구방루(元寇防壘)라고 부른다. 이 석담 때문에 박다를 석성(石城)이라고도 부르게 되었다.

25 평만경(平萬景)이라고도 표기하며, 박다 석성 지역의 통교자이다. 축주(筑州) 석성부관사(石城府管事, 세종 1-6-1-4), 서해로(西海路) 민부소보(民部少輔, 세종 2-5-19-4), 축주부(筑州府) 석성현사(石城縣使) 민부소보(民部少輔, 세종 3-7-5-2), 원도진관하(源道鎭管下, 세종 5-9-28-2) 등으로 보인다. 구주탐제를 지낸 삽천만뢰(澁川滿賴, 源道鎭)의 이름 만(滿)을 습명(襲名)한 인물로 생각된다.
평만경이 조선과 직접 통교하게 된 것은 기해동정을 단행하기 직전이다. 1419년 6월 1일에 사람을 보내어 토물을 바치고 만경이라는 인장을 요구하였고, 조선이 이를 받아들여 수도서인이 되었다. 또한 기해동정이 대마도만을 정벌한 일이라는 것을 설명하기 위하여 파견된 송희경을 삽천만뢰와 삽천의준의 사자로서 융숭하게 대접하였고 또한 송희경의 호송을 담당하였다. 평만경은 피로인 송환에도 적극적으로 협조하여, 북구주 지역에서 삽천만뢰에 다음가는 교역상의 지위를 획득하였다. 삽천씨 무역의 실질적인 담당자는 평만경 및 종금과 같은 무역상들이었다. 田中健夫, 『中世海外交涉史の硏究』, 東京大出版會, 1959(초판)/2002(제6쇄), pp.40~42

26 대마도 왜구의 우두머리로, 조전씨(早田氏)이다. 세종 1-1-3-3, 세종 1-10-17-3, 세종 3-9-1-3, 세종 13-10-11-3 및 1권 제1부 「중요인물」 '조전좌위문대랑' 참조.

27 종정무(宗貞茂)의 아들 종성국(宗盛國)으로 생각된다. 언칠은 대대로 전해지는 이름 즉 습명(襲名)이다. 종성국의 아들은 종언칠정국(宗彦七貞國), 손자는 종언칠정수(宗彦七貞秀) · 종언칠성정(宗彦七盛貞)이다. 1권 제1부 「중요인물」 '종언칠' 참조.

28 평방씨(平方氏)의 시조인 길구(吉久)는 명에서 건너온 위천(魏天)의 아들로 족리의지(足利義持)의 사절로 기해동정 직후에 조선에 사신으로 파견된 바 있다(『老松堂日本行錄』). 『해동제국기』 「일본국기」에 의하면, 섭진주(攝津州) 병고진(兵庫津)에 민부위(民部尉) 평방충길(平方忠吉)이라고 하는 도서(圖書)를 받은 사람이 있었다.

29 행길(行吉)의 무가관위(武家官位)로, 식부(式部)라는 관인의 인사를 관장하는 관사의 차관을 뜻한다. 식부위(式部尉)와 같다.

30 1425년에 축주(筑州) 평방(平方) 식부승(式部丞) 행길(行吉)로 보이고(세종 7-1-9-5), 1426년에 축전주 냉천진 평방 식부위 행길과 그 아들 차랑오랑이 보이고(세종 8-11-16-2), 같은 해 평방행길이 사신의 왕래를 도왔으므로 그 아들 이랑고라(二郎古羅)에게 옷 두 벌을 하사하였다는 내용이 보인다(세종 8-12-4-2).

사신을 보내어 토산물을 바쳐 왔으므로, 만경에게는 정포 2백 80필, 대랑에게는 1백 40필, 언칠에게는 70필, 행길에게는 12필을 답례로 하사하였다.

1月 15日(丙戌) 5번째 기사
전라도 경차관의 보고에 따라 옮겨온 사람들의 군역을 정하여 보고하도록 하다

兵曹據全羅道敬差官報啓, "曾奉敎旨, '他道移來人, 除推刷, 各於見住處已定役外, 當時無役者, 各分才品, 三丁爲一戶, 於侍衛·別牌·騎船分定, 其在前所居各道各官地名役處, 開寫啓聞.' 敬此, 已令各官推刷. 然更看詳前項移來之人, 雖是壯實, 能射御有才者, 乃緣流離, 弓馬不齊, 衣服不完, 觸寒取試爲難. 請於各色人內, 本無軍役, 新白丁則須令點考定役, 其餘人侍衛牌則侍衛, 別牌則別牌, 船軍則船軍, 各從前役, 若各軍奉足及在前無役者則定爲奉足, 姓名年甲·原居州名里號·前役有無與今新定軍役, 開具啓聞." 從之.

병조에서 전라도 경차관敬差官의 보고에 의거하여 아뢰기를,

"일찍이 교지를 받들기를, '타도에서 옮겨온 사람들은 모두 찾아내어 각기 현재 살고 있는 곳에서 이미 군역軍役이 정하여진 자를 제외하고, 당시에 군역이 없는 자는 각기 재품才品으로 나누어 3정丁으로 1호戶를 삼아 시위侍衛·별패別牌·기선騎船에 나누어 정하고, 그전에 거주하던 각도 각 고을의 지명과 역을 지는 곳을 문서로 아뢰어라' 하셨습니다. 이를 공경히 받들어, 이미 각 (지역의) 관원으로 하여금 조사하도록 하였습니다. 그러나 다시 앞에서 말한 옮겨온 사람들을 자세히 살펴보건대, 비록 장건하고 활쏘기와 말타기에 재능이 있는 자라도, 떠돌아다니느

라 활과 말이 갖추어지지 못하고, 의복이 온전하지 못하여 추위를 무릅쓰고 시험을 치르기는 어렵습니다. 청컨대, 각 고을에 있는 사람 중에 본래 군역이 없는 신백정新百丁[31]은 모름지기 점검 상고하여 군역을 정하도록 하고, 그 나머지 사람들은, 시위패侍衛牌[32]이면 시위, 별패別牌[33]이면 별패, 선군船軍이면 선군으로 각기 종래의 역에 종사하도록 하고, 각 군의 봉족奉足이었거나 종전에 군역이 없던 자는 봉족으로 정하여, 성명·연령과 원래 살던 지역 이름·마을 이름과 이전 역의 유무와, 지금 새로 정한 군역을 갖추어 보고하여 아뢰도록 하소서"
하니, 그대로 따랐다.

1月 15日(丙戌) 6번째 기사
화약의 점검을 위해 선상 기계를 회계안에 기재하도록 하다

兵曹據慶尙道敬差官呈啓, "各官火藥則暫無着霾, 各浦火藥着霾無氣者頗多. 此必常載船上, 不能點火之所致也. 使國家用功最重之物, 將爲無用, 奚可哉? 謹與處置使試於兵船內, 當炊飯火爐上樓板之下作架, 塗之以泥, 置藥其上, 使受火氣, 霾濕不侵, 甚爲便易. 然人心無

---

31 유랑 천민의 하나로 원래 양수척(楊水尺)·수척(水尺)·무자리라고 하였다. 관적(貫籍)과 부역이 없고 떠돌아다니면서 사냥 도축 유기 제조를 업으로 삼았다. 1423년(세종 5)에 재인(才人)과 함께 백정이라고 개칭하였고, 새로 백정이라는 이름을 갖게 되었다 하여 신백정이라고 부른 것이다.

32 고려 말~조선 초 중앙군의 기간을 이룬 병종이다. 고려 말 이래 기선군(騎船軍)과 함께 양인 농민으로 구성된 국방의 주담당 병종으로 일명 시위군이라고도 하였다. 각 도절제사는 직접 관할 지역의 관아에 공문을 띄워 모든 군정을 골라서 뽑아 서울에 올라오도록 했고 이렇게 해서 상경하는 군사를 시위패라 하였다. 이들은 사병적 성격을 띠면서 동시에 국방 병력으로 중앙의 주요한 군사력의 일부를 형성하였다.

33 별패란 시위패의 상층부를 이루는 기병으로 각 지방에서 번상하였는데, 경기도 350인, 충청도 700인, 전라·영안·강원도 각 450인, 상주·진주·풍해·평안도 각 400여 인 등 도합 4,000인이었다.

恒, 若不檢擧, 必不遵行. 請於船上機械會計內, 幷令載錄, 常時點考,
以爲恒式." 命如所啓, 幷他道行移.

　병조에서 경상도 경차관의 보고에 의거하여 아뢰기를,

　"각 관아의 화약은 조금도 매霉[34]가 부착한 것이 없으나, 각 포浦에 있
는 화약은 매가 부착하여 기운이 없는 것이 많습니다. 이는 필시 항상
배 위에 적재하고 있으므로 점화하지 못하게 된 것입니다. 나라에서 용
도와 공효가 가장 중요한 물건을 장차 무용지물이 되게 한다면 어찌 옳
겠습니까. 삼가 처치사處置使[35]와 더불어 시험하기를, 병선 안에서 밥을
짓는 화로 위의 누판樓板 아래에 시렁을 만들고, 진흙을 바르고서, 화약
을 그 위에 놓아 화기를 받도록 하였더니, 매습霉濕이 침투하지 않아 매
우 편리하였습니다. 그러나 인심이 무상하여 만약 검사 적발하지 않으
면 반드시 준행하지 않을 것입니다. 청컨대, 선상 기계 회계船上機械會計
안에 아울러 기재하게 하여 상시 점검 상고하는 것을 일정한 법으로 삼
도록 하소서"

하니, 명하기를,

　"아뢴 바와 같이 하고, 아울러 타도에도 알리도록 하라"

하였다.

34　매나 매습은 흑색화약이 물기를 빨아들여 굳거나 덩어리지는 것을 말한다. 초석, 숯, 황을 써
서 만드는 흑색화약은 물에 약하다. 질산염이 물을 빨아들이는 성질이 있기 때문이다. 물에
매우 취약해서 비가 오면 사실상 사용이 불가능하다. 물기를 빨아들여 덩어리가 된 흑색화약
은 반드시 폐기해야 한다.

35　도안무처치사(都按撫處置使)를 말한다. 1466년에 수군절도사 즉 수사로 개칭하였다.『세종실
록』「지리지」에는 "우도 수군 도안무처치사(右道水軍都按撫處置使)는 거제(巨濟) 오아포(吾
兒浦)에 있다.【병선 28척, 군사 2천 6백 1명이다.】예전에는 제포(薺浦)에 있었는데, 금상(今上)
원년 기해에 대마도를 쳐서 파하고 처치사를 이곳으로 옮기도록 명하였다. 또 가배량(加背
梁)・견내량(見乃梁) 등지의 만호로 하여금 옥포(玉浦)로 옮겨 지키게 하였으니, 이른바 그 목
구멍을 틀어막은 것이다"라고 하였다.

2月 23日(癸亥) 4번째 기사

갈이도에 왜적이 나타나자 김시도와 전만호 등이 무찌르므로 옷을 상으로 주다

慶尙右道處置使李順蒙遣鎭撫金時道馳啓, "今月十六日, 倭賊二
十餘人共乘一船, 潛泊於渴伊島, 鎭撫副司正金時道·前萬戶張敏·
學生鄭德生等領戰艦三艘追捕, 斬首十三級, 餘皆投溺." 上賜時道衣
二領, 命兵曹, 捕倭軍士論功行賞.

경상우도 처치사慶尙右道處置使 이순몽李順蒙이 진무鎭撫36 김시도金時道
를 보내어 급히 보고하기를,

"금월 16일에 왜적 20여 명이 한 척의 배를 타고, 몰래 갈이도渴伊島37
에 정박하고 있는 것을, 진무 부사정副司正 김시도와 전 만호萬戶 장민張敏
과 학생 정덕생鄭德生 등이 전함戰艦 3척을 이끌고 추격 나포하여 적의 머
리 13급級을 베니, 나머지는 모두 바다에 뛰어들었습니다"

하였다. 임금이 시도時道에게 옷 두 벌을 하사하고, 병조에 명하여 왜적
을 잡은 군사의 공을 논하여 상을 주게 하였다.

---

36 조선 초기에는 중앙군의 군령을 맡은 삼군진무소(三軍鎭撫所)나 오위진무소(五衛鎭撫所)의
도진무(都鎭撫)가 있었듯이, 왕명을 받들어 외방에서 군사를 지휘하는 장수인 병마도절제사,
수군도안무처치사(水軍都安撫處置使)의 밑에도 도진무를 두었다.
1466년(세조 12)의 관제 개혁에서 병마도절제사도진무는 병마우후, 수군도안무처치사도진
무는 수군우후로 각각 개칭되었다. 이로부터 도원수·원수 등으로 출정하는 장수 밑에서 군
령을 담당하는 직책의 호칭 역시 도진무에서 우후로 바뀌게 되었다.

37 『성종실록』에 다음과 같이 내·외갈리도(內外葛里島)가 보인다(성종 17-11-22-3). 갈리도는
욕지도와 노대도 주변에 있었다. 대마도에서 남해 미조항에 이르는 항로를 설명하면서, 욕지
도(欲知島)·마도(馬島)·내갈리도(內葛里島)·외갈리도(外葛里島)·대로대도(大勞大
島)·소로대도(小勞大島)·내거차리도(內巨次里島)·외거차리도(外巨次里島)·둔미도(芚
彌島)를 지나 남해 미조항에 이른다고 하였다. 갈리도는 욕지도와 노대도 사이에 있었던 셈
인데, 그 사이에는 사이도와 모도가 있다.

2月 24日(甲子) 4번째 기사

일본 사신을 사오십 명으로 조절하여 서울에 보내도록 예조에서 하다

禮曹啓, "今慶尚道監司馳報, '對馬島倭人吾羅時羅進告, '日本國王使臣船, 去正月二十七日, 到對馬島.' 請宣慰使照依前例, 預先差遣.' 去癸卯年國王使臣儻從來京者一百三十七人, 其數過多, 驛路受弊, 令監司, 自今多不過四五十人上送." 從之.

예조에서 아뢰기를,

"방금 경상도 감사가 급히 보고하기를, '대마도의 왜인 오라시라吾羅時羅[38]가 와서 고하기를, '일본 국왕의 사신의 배가 지난 정월 27일 대마도에 도착하였습니다'라고 하였습니다. 청컨대, 선위사宣慰使[39]를 전례에 비추어 미리 임명하여 파견하소서' 하였습니다. 지난 계묘년에는 일본 국왕 사신[40]의 수종隨從으로 서울에 온 자가 137명이었는데, 그 수효가 과다하여 역로驛路[41]에서 적지 않은 폐해를 입었으니, 감사로 하여금 이제부터는 많아도 사오십 명을 넘지 못하게 하여 올려 보내도록 하소서"

하니, 그대로 따랐다.

02月 25日(乙丑) 4번째 기사

도내 각 포 병선의 이박에 대한 편의 여부를 조목별 열거하여 병조에서 아뢰다

全羅道監司據兵曹關啓, "道內各浦兵船移泊便否, 臣與都節制使

---

38 대마도 도주 종정성(宗貞盛)의 수하로 생각된다(세종 23-2-11-1, 세종 26-5-12-2).
39 조선시대 외국의 사신(使臣)이 입국하였을 때 그 노고를 위문하기 위하여 파견한 관리이다.
40 1423년이다.
41 역이 설치된 도로 혹은 역마(驛馬)가 지나다니는 길이라는 뜻이다. 중앙과 지방을 신속하게 연결하기 위하여 일정한 간격으로 말을 비치한 역을 설치하고, 말을 갈아타면서 빨리 이동할 수 있도록 하였다.

文孝宗訪問, 條列以聞.

一, 左道內禮·突山相距不遠, 而兩浦兵船聚泊未便. 順天府長省浦見泊突山萬戶兵船四隻, 移泊於龍門浦, 其龍門見泊都萬戶兵船, 移泊於左道中央呂島, 都萬戶循環防禦爲便.

一, 會寧浦萬戶兵船所泊長興府召麻浦, 潮退則水淺, 故兵船未易出入, 周浦則倭賊初程, 且田地沃饒, 召麻浦兵船四隻, 移泊於周浦爲便.

一, 康津縣高助訥伊見泊馬島萬戶兵船四隻, 移泊於本縣垣浦, 則佐谷·都示等十一村及七陽·大丘居民安心土著.

一, 右道黔毛浦都萬戶兵船九隻, 移泊於咸平, 垣串之見泊臨淄萬戶兵船四隻革罷, 分屬於防禦緊要左道都萬戶營及水營爲便."

命下政府六曹議之, 僉曰, "依啓施行." 從之.

전라도 감사가 병조의 관문에 의하여 아뢰기를

"도내 각 포 병선의 이박^{移泊}에 대한 편의 여부에 대하여, 신이 도절제사^{都節制使42} 문효종^{文孝宗}과 더불어 현지를 방문 시찰하고, 이를 조목별로 열거하여 보고합니다.

1. 좌도^{左道}의 내례^{內禮43}와 돌산^{突山44}은 서로의 거리가 멀지 않아서 양포의 병선이 모여서 머무르기가 불편하고, 순천부 장성포^{長省浦45}에 현재

---

42 조선 초기에 2품이상의 재상이 임명되던 군직(軍職)으로, 고려시대의 도병마사(都兵馬使)나 병마사(兵馬使)를 조선시대에 들어와서 고쳐 부른 호칭이다(세종 5-11-22-4).

43 순천부의 동쪽 49리에 있었으며, 원래 만호를 두었으나 성종 대에는 전라좌도 수군절도사영이 있었다(『신증동국여지승람』「전라도」「순천부」). 『세종실록』「지리지」에서도 내례(內禮)가 순천부(順天府) 남쪽 며포(旀浦)에 있다고 하였다. 현재의 위치는 전라남도 여수시 국동으로 전해지고 있다.

44 돌산은 돌산도에 있던 포구로 순천 일대를 방어하는 데 중요한 곳이었다. 돌산도는 순천부의 동쪽 117리 되는 바다 가운데 있으며 둘레 135리이고 목장이 있었다. 또한 돌산포성·돌산도 봉수 등이 있었다(『신증동국여지승람』「전라도」「순천부」).

45 순천부의 동쪽 60리에 있다고 하였다(『신증동국여지승람』「전라도」「순천부」).

머무르고 있는 돌산 만호^{突山萬戶}의 병선 4척은 용문포^{龍門浦}⁴⁶에 이박 시키고, 그 용문포에 현재 머무르고 있는 도만호^{都萬戶}⁴⁷의 병선은 좌도의 중앙인 여도^{呂島}⁴⁸에 이박 시켜, 도만호가 순환하면서 방어하는 것이 편리하겠습니다.

1. 회령포⁴⁹ 만호^{會寧浦萬戶}의 병선이 머무르고 있는 장흥부의 소마포^{召麻浦}⁵⁰는 조수가 물러가면 물이 얕아지기 때문에 병선의 출입이 용이하지 않고, 주포^{周浦}⁵¹는 왜적이 밟는 첫 길이요, 또 토지가 비옥하고 많아서, 소마포의 병선 4척을 주포로 이박 시키는 것이 편리하겠습니다.

1. 강진현^{康津縣} 고조눌이^{高助訥伊}⁵²에 현재 머무르고 있는 마도⁵³ 만호

---

46 순천부의 동쪽 55리에 있다고 하였다(『신증동국여지승람』「전라도」「순천부」). 장성포는 부의 동쪽 60리에 있다고 하였다.

47 고려 말~조선 초의 수군 지휘관을 가리킨다. 고려의 도만호는 1300년 이후에 설치된 순군만호부(巡軍萬戶府)의 직제에서 확인된다. 1374년 무렵 고려의 수군(水軍)이 재건되면서부터 도만호는 만호와 확실히 구별되어 나타난다. 이때 각 도 수군의 최고지휘관으로서 병선을 관령(管領)하고, 그 아래의 만호·천호(千戶)·영선두목인(領船頭目人) 등 수군 지휘관들을 통솔하였다. 조선시대에 들어와서는 1398년과 1413년의 두 차례에 걸쳐 정비된 수군 관직에는 보이지 않지만, 『세종실록』「지리지」에 의하면, 충청좌우도도만호(忠淸左右道都萬戶)·경상도염포도만호(慶尙道鹽浦都萬戶)·경상도가배량도만호(慶尙道加背梁都萬戶)·전라좌우도도만호(全羅左右道都萬戶) 등이 있어, 왜구의 침탈이 극심하여 해상방어가 특히 중시되었던 충청도·경상도·전라도에 각각 2명씩 배치되었음이 확인된다. 1457년 진관(鎭管) 체제를 편성함에 있어서는 수군의 경우 주진(主鎭)에 수군절도사, 거진(巨鎭)에 첨절제사(僉節制使), 제진(諸鎭)에 만호를 각각 배치하였다. 그러나 이후 『경국대전』에 그 존재가 나타나지 않는 것으로 보아 그 사이에 폐지된 것으로 여겨진다(『조선시대 대일외교 용어사전』). 수군절도사가 충청·전라·경상도에 각각 2원이었던 점에서 도만호와 체제가 비슷하지만, 이 기사에서 도병사영과 수영이 함께 나오는 것으로 보아 수군첨절제사에 해당하는 것으로 보인다.

48 흥양현의 북쪽 59리에 있었으며 수군 만호 1인을 두었다(『신증동국여지승람』「전라도」「흥양현」).

49 회령포는 현재 장흥군 회진면으로 볼 수 있다. 그러나 조선 전기의 회령포는 포구의 이름이 아니라 수군 부대의 이름이다. 그렇기 때문에 회령포 만호가 소마포에 머무르고 있다고 할 수 있는 것이다. 회령포의 수군은 1422년에 병선 4척으로 새로 설치한 것이다(세종 4-11-22-3). 그런데 1425년에는 회령포의 수군이 소마포에 주둔하고 있었으나, 다시 주포로 이동시킨 것이다. 이처럼 회령포 수군은 처음 수군 부대가 설치될 당시의 명칭을 가지고 포구를 이동하며 주둔하였다.

50 여기에만 보인다.

51 주포는 장흥부의 남쪽에 있었으며, 회령포 수군이 주둔하게 되었다. 병선은 중선 4척과 별선 4척, 군사 472명과 뱃사공 4명을 거느렸다(『세종실록』「지리지」「전라도」).

52 병선을 원포로 이박시켜서 좌곡과 칠량, 그리고 대구의 백성들을 안심하고 토착시킬 수 있다

^{馬島萬戶}의 병선 4척을 본현 원포^{垣浦54}에 이박 시키면, 좌곡^{佐谷55} · 도시^{都示56} 등 11개의 촌락 및 칠양^{七陽57} · 대구^{大丘58}에 거주하는 백성들이 안심하고 정착할 것입니다.

1. 우도^{右道} 검모포^{黔毛浦59}의 도만호^{都萬戶} 병선 9척은 함평^{咸平}으로 이박 시키고, 원곶^{垣串60}에 현재 머무르고 있는 임치⁶¹ 만호^{臨淄萬戶}의 병선 4척은 폐지하고, 방어에 긴요한 좌도의 도만호 영^{都萬戶營}과 수영^{水營}에 나누어 예속시키는 것이 편리하겠습니다"

하였다. 이를 정부와 육조에 명하여 의논하게 하였는데, 모두 아뢰기를,

"아뢴 대로 시행하도록 하소서"

하니, 그대로 따랐다.

고 한 사실로 보아, 고조눌이는 좌곡 · 칠량 · 대구 지역과 거리가 먼 강동면이나 강진읍과 같이 내륙에 가깝게 위치해 있었거나 아니면 서쪽에 위치해 있을 것으로 생각된다.

53 전라남도 강진군 마량면 마량리에 강진 마도진 만호성지가 남아 있다. 그러나 조선 전기의 마도 수군이 주둔한 곳과 동일한 지 알 수 없다.

54 강진현의 남쪽 57리에 남원포(南垣浦)가 있다고 하였다.

55 좌곡(佐谷)이라는 지명은 강진군 백도면의 좌일(佐日)이라는 이름으로 바뀌어 전하고 있었으나 현재는 강진이 아니라 인근 해남군 북일면 면소재지인 용일리에 편입되었다.

56 여기에만 보인다. 좌곡 · 대구 등과 함께 나오는 것으로 보아 현재의 강진군 중 강진만의 동쪽 즉 장흥군 쪽에 붙어 있는 지역으로 생각된다.

57 전라도 강진현에 속한 칠양(七陽)은 원래 소(所)였으며, 현아 소재지로부터 남동쪽 15리에 있다고 하였다(『신증동국여지승람』「전라도」,「강진현」). 현재는 칠량면이라고 불리며 전라남도 강진군 남동쪽 끝에 위치하고 있다.

58 현재의 강진군 대구면 일대로 생각된다. 현재는 대구(大口)로 표기하는데, 이는 공자의 이름을 기휘한 것으로 보인다.

59 현재의 전라북도 부안군에 있었던 포구이다. 부안현 남쪽 51리에 있었다고 한다. 수군첨절제사가 있는 임치진이 검모포, 법성포, 다경포, 목포, 어란포, 군산포, 남도포, 금갑도를 관할하였다(『신증동국여지승람』「전라도」).

60 함평현 서쪽에 있던 포구로 전라우도 도만호의 병선이 머무는 곳이다. 중선 8척, 별선 10척, 군사 1,055명 뱃사공 9명을 거느렸다(『세종실록』「지리지」「전라도」).

61 전라남도 영광군의 옛지명이다.

거제현의 이전과 수호군 증원을 병조에서 의논하여 시행하다

兵曹啓, "謹將慶尙道監司及敬差官李自直所啓道內巨濟縣移設及本縣守護加定便否, 曹與政府·諸曹同議, 條列以啓.

一, 今巨濟縣治所, 誠爲不可. 農場狹隘, 人物不得聚居, 地卑水潤, 三面山壓, 難於守護. 又況賊船易入, 變在不測. 因此, 人物不得安心, 朝夕難保, 殆非長久之地也. 唯古邑地形, 可以置邑, 非唯農圃之場廣且膏腴, 倭賊亦不得突入, 人物聚居, 實有利益. 請於今年秋節, 築城移縣.

一, 萬一海寇侵突, 各浦兵船, 非全爲巨濟守護, 諸處追逐應變, 則巨濟一縣孤虛單弱, 誠爲可慮. 請限本縣人物阜盛, 於在前守護軍一百名加二百名, 其二百名以附近各官新白丁與陸軍, 相換定屬, 分四番赴防." 命依議得施行.

병조에서 아뢰기를,

"삼가 경상도 감사와 경차관敬差官 이자직李自直이 보고한 바, 도내 거제현巨濟縣62의 이전과 본현의 수호군守護軍 증원에 대한 편의 여부를 가지고 본조에서 의정부 및 여러 조曹와 더불어 같이 의논하여 이를 열거하여 아룁니다.

1. 현재의 거제현 관청 소재지는 진실로 불가한 곳입니다. 농사지을 땅이 협소하여 사람들이 모여서 살 수 없고, 지대가 낮고 습하며, 삼면에 산이 가까이 있어 지키기 곤란합니다. 또 적의 배가 쉽게 들어올 수 있어 변란을 예측하기 어렵습니다. 이로 인하여 사람들이 안심하지 못

---

62 거제도를 행정구역으로 하는 현이었으나 1271년에 왜구의 침입으로 내륙인 거창군 가조현으로 피난하였다. 1422년(세종 4)에 거제현이 수복되었고, 1423년에 거제읍성(고현성)을 완성하였다.

하고 있고, 아침저녁 사이도 지키기 어려우니, 자못 이곳은 장구한 땅이 못됩니다. 오직 고읍古邑의 지형은 읍을 설치할 만합니다. 농사지을 땅이 넓고 기름질 뿐 아니라, 왜적도 역시 돌입할 수 없어 사람들이 모여 사는데 실로 이익이 있을 것입니다. 청컨대, 금년 가을철에 성을 쌓고 현을 옮기도록 하소서.

1. 만일에 해구海寇[63]가 침입하면, 각 포浦의 병선이 모두 거제의 수호만을 위하여 만든 것이 아닌지라, 모든 곳에 쫓아다니며 사변에 대응하다 보면, 거제의 한 고을이 고립되어 단약單弱할 것이니, 실로 우려할 일입니다. 청컨대, 본현의 사람과 물화가 많아지면, 종전 수호군 1백 명에다 2백 명을 더하고, 그 2백 명은 부근 각 고을의 신백정新白丁[64] · 육군과 서로 교환하여 배속시키고, 4번으로 나누어서 부방赴防하도록 하소서"

하니, 논의하여 얻은 계책대로 시행하라고 명하였다.

3月 7日(丁丑) 3번째 기사
이권 등이 욕지도에 출현한 왜적을 섬멸하니 공을 논하여 상을 주다

慶尙右道處置使啓, "二月二十一日, 倭船一隻, 自連花島到欲知島, 令鎭撫李權·黃允厚·副司正金乙萬分道追逐. 至外麻屹頭斬二級, 又射殺十二人, 餘六人投溺. 遂取倭船, 令金乙萬帶來間, 戰時火箭留船底, 會大風火起, 所載賊倭及兵器船隻盡燒. 唯倭頭一·環刀

---

63 바다 도적 즉 왜구를 말한다.
64 유랑 천민의 하나로 원래 양수척(楊水尺)·수척(水尺)·무자리라고 하였다. 관적(貫籍)과 부역이 없고 떠돌아다니면서 사냥 도축 유기 제조를 업으로 삼았다. 1423년(세종 5)에 재인(才人)과 함께 백정이라고 개칭하였고, 새로 백정이라는 이름을 갖게 되었다 하여 신백정이라고 부른 것이다.

二・槍一, 授黃允厚以進." 命兵曹, 戰卒論功行賞.

경상 우도 처치사慶尙右道處置使[65]가 아뢰기를,

"2월 21일에 왜선 1척이 연화도蓮花島[66]로부터 욕지도欲知島[67]에 이르므로, 진무鎭撫[68] 이권李權・황윤후黃允厚, 부사정副司正 김을만金乙萬으로 하여금 길을 나누어 추격하게 하였습니다. 외마흘두外廗屹頭[69]에 이르러 (왜구의) 머리 2급級을 베고, 또 12인을 사살하니, 나머지 6인은 물에 뛰어들었습니다. 드디어 왜선을 취하여 김을만으로 하여금 끌어오게 하였는데, 싸울 때 쏜 화전火箭이 배 바닥에 남아 있다가 마침 큰 바람에 불이 일어나, 실어두었던 왜적의 머리와 병기와 선척이 다 불탔습니다. 다만 왜적의 머리 하나와 환도 2자루와 창 1자루를 황윤후에게 주어 바칩니다"

하니, 병조에 명하여 싸움에 참여한 군사들의 공을 논하여 상을 주라고 하였다.

---

65 도안무처치사(都安撫處置使)를 말한다. 1466년에 수군절도사 즉 수사로 개칭하였다.

66 현재 경상남도 통영시에 속해있는 섬으로 매물도의 서쪽, 욕지도의 동쪽, 비진도의 서남쪽에 위치한다.

67 현재 경상남도 통영시에 속해있는 섬으로, 연화도의 서쪽, 사량도의 남쪽에 위치한다.

68 조선 초기에는 중앙군의 군령을 맡은 삼군진무소(三軍鎭撫所)나 오위진무소(五衛鎭撫所)의 도진무(都鎭撫)가 있었듯이, 왕명을 받들어 외방에서 군사를 지휘하는 장수인 병마도절제사, 수군도안무처치사(水軍都安撫處置使)의 밑에도 도진무를 두었다.
1466년(세조 12)의 관제 개혁에서 병마도절제사 도진무는 병마우후, 수군도안무처치사 도진무는 수군우후로 각각 개칭되었다. 이로부터 도원수・원수 등으로 출정하는 장수 밑에서 군령을 담당하는 직책의 호칭 역시 도진무에서 우후로 바뀌게 되었다.

69 여기에만 보인다.

3月 13日(癸未) 3번째 기사

왜인에게 피로되었던 한인 서거부를 요동으로 풀어 주게 하다

差僉知司譯院事趙忠佐, 解送被倭漢人徐車夫于遼東, 賜車夫衣服·
笠靴·苧麻布.

첨지사역원사僉知司譯院事 조충좌趙忠佐를 파견하여 왜인에게 사로잡혔
던 한인漢人 서거부徐車夫[70]를 요동으로 돌려보냈는데, 거부에게 의복과
갓笠·목화靴와 저포·마포 등을 하사하였다.

3月 17日(丁亥) 2번째 기사

일본 국왕의 사신이 타고 오는 배의 일꾼에게 양료를 주다

禮曹據慶尙道監司關啓, "今來日本國王使臣上副官人所坐船格人,
依癸卯年例給糧料, 其餘帶來各船格人, 勿許幷給. 若請幷給, 答以無
國家之命, 難以擅便." 從之.

예조에서 경상도 감사의 관문에 의하여 아뢰기를,

"이번에 오는 일본 국왕의 사신단 중에서 상上·부副 관인이 타고 오
는 배의 격인格人[71]은 계묘년[72]의 예에 의하여 양료糧料[73]를 주고, 그 나
머지 데리고 오는 각 배의 격인은 주지 않아야 할 것입니다. 만약 아울
러 같이 줄 것을 청하면, 대답하기를, 국가의 명령이 없으므로 마음대

---

70 여기에만 보인다. 1419년 6월에 명의 요동 금주위에 왜가 침입하였다. 이 왜구들이 요동으로
   가는 길에 도두음곶 비인현 연평도 백령도 등을 침입하였으므로, 태종이 기해동정을 단행하
   였다. 서거부는 이 무렵 요동에서 사로잡혔을 가능성이 있다.
71 노를 젓거나 방향타를 잡는 등 배를 모는 일을 맡은 사람들을 말하며, 일본인인 경우는 격왜
   (格倭)라고도 하였다.
72 1423년(세종 5)이다.
73 해로를 왕복하는 데 필요한 양식을 말한다.

로 하기 어렵다고 하겠습니다"

하니, 그대로 따랐다.

3月 21日(辛卯) 2번째 기사

대마주의 좌위문대랑이 토산물을 바치고 일본 국왕의 사신이 올 것을 알리다

對馬州左衛門大郎使人來獻土物, 兼報日本國王使臣之來, 回賜正布一百二十匹及燒酒二十瓶.

대마주의 좌위문대랑^{左衛門大郎}74이 사람을 보내어 토산물을 바치고, 겸하여 일본 국왕의 사신이 오는 것을 보고해 왔으므로, 정포 1백 20필과 소주 20병을 답례로 하사하였다.

3月 25日(乙未) 1번째 기사

일본 구주의 전 절도사 원도진이 토산물을 바치니 답례하다

日本九州前節度使源道鎭使人獻土宜, 求『大般若經』, 回賜正布一百九十匹及經一部.

일본 구주의 전 절도사^{節度使}75 원도진^{源道鎭}76이 사객을 보내어 토산물을 바치고『대반야경^{大般若經}』77을 구하므로, 정포 1백 90필과『대반야경』 1부^部를 답례로 내려주었다.

---

74 대마도 왜구의 우두머리이자 수직왜인이다. 1권 제1부「중요인물」, '조전좌위문태랑' 참조.
75 원도진(澁川義俊)의 원래 관직이었던 구주탐제(九州探題)를 조선 측에서 이해하기 쉽도록 절도사라고 한 것이다.
76 1권 제1부「중요인물」, '삽천의준' 참조.
77 반야(般若)를 설명한 여러 경전(經典)을 집성한 불경이다. 전 구주탐제 원도진은 왜구의 금압과 왜구에게 끌려간 조선인의 송환에 협력한 공로를 인정하여, 요청하는 물품을 거의 모두 지급하였다. 고려판 대반야경은 현재의 나가사키현 잇키시의 안국사(安國寺)에 고려대장경 초조본(初雕本)이 전한다. 대마도 장송사(長松寺)에도 안국사와 같은 고려판『대반야경』이 있다.

3月 25日(乙未) 2번째 기사

일본 일기주의 지주 원조신중이 토산물을 바치다

日本一岐州知主源朝臣重遣人獻土物, 回賜正布一百三十匹.

일본 일기주一岐州[78]의 지주知主[79] 원조신중源朝臣重[80]이 사람을 보내어 토산물을 바쳐 왔으므로, 정포 1백 30필을 내려 주었다.

4月 1日(庚子) 4번째 기사

예조에서 전국의 불경 판본을 보존·관리하는 대책을 아뢰다

禮曹啓, "日本國王及諸島土主求佛經板者頗多, 今京外革去寺社及無僧寺社所藏金銀字經·印寫諸經及諸經板子, 無識之徒或偸取·或破毀, 將來塞請爲難. 京中則令禪敎兩宗, 外方則令所在官守令考察收頓, 移置僧人聚居寺社, 其各寺見在諸經及板數, 明白置簿傳掌, 具錄以聞." 從之.

예조에서 아뢰기를,

"일본 국왕과 여러 섬의 영주土主들이 불경의 판본을 구하는 자가 꽤 많은데, 요즈음 서울과 지방의 폐지된 절들과 중이 없는 절간에 비치해 두었던 금·은으로 쓴 불경과 인쇄하거나 붓으로 쓴 갖가지 불경과 여

---

78 대마도와 구주 사이에 위치한 일기도를 말한다.
79 전체를 맡아 다스린다는 뜻으로 도주(島主)에 해당한다. 원중(源重)은 일기주(壹岐州) 태수(太守)라고도 자처하였다(세종 3-8-3-5). 그러나 일기도는 송포(松浦) 지역의 여러 세력이 분할지배하는 곳이었으므로, 한 사람이 섬 전체를 다스린 것은 아니다.
80 하송포(下松浦) 지좌(志佐)를 거점으로 하는 지좌씨(志佐氏) 일족의 우두머리이다. 무가관위는 일기수(壹岐守)인데, 『조선왕조실록』에는 일기주 태수로 보인다. 세종 3년에 대마도 좌위문대랑과 함께 사자를 파견한 이후(세종 3-8-3-5), 세종 6년까지 여섯 차례에 걸쳐 조선에 사자를 파견하였다(세종 6-10-6-7). 아버지는 원조(源調)이고 아들은 원의(源義)이다. 조신(朝臣)은 가격(家格)을 나타내는 성(姓, 카바네)이다.

러 불경 경판을 무식한 자들이 훔쳐가고 혹은 파손하여, 앞으로 청하는 것을 들어주기 어렵겠습니다. 서울 안에서는 선禪·교敎 양종兩宗에게 시키고, 외방에서는 소재지의 고을 수령을 시켜 두루 조사하고 살펴 거둬 모아서, 중들이 모여 있는 절에 옮겨 두게 하고, 그리고 현재 각 절에 있는 여러 경문과 경판의 수효를 명백하게 장부에 올려 관리해, 자세히 기록하여 주문奏聞하게 하소서"

하니, 그대로 따랐다.

4月 10日(己酉) 2번째 기사

예조가 왜국 사신의 숙배 절차에 관하여 아뢰다

禮曹啓倭使肅拜節次, "各司序立後, 奉禮郞及通事引倭使入班於西班三品之上序立, 通贊唱班齊, 中禁傳嚴. 通贊唱鞠躬, 殿下陞殿, 百官及倭使一時行禮如常儀訖. 通贊唱禮畢. 通事引倭使升殿進見後, 引降復位. 通贊唱鞠躬, 殿下入內, 通事引倭使就宴次, 百官以次出."

예조에서 왜국 사신의 숙배하는 절차를 아뢰기를,

"각 관사가 차례로 선 뒤에 봉례랑奉禮郞[81]과 통사通事[82]가 왜국 사신을 인도하여 들어와서 서반 3품 자리 위에 차례로 서게 하고, 통찬이 '반班[83]이 갖추어졌습니다'라고 창하고 중금中禁[84]이 엄숙하라고 알린다.[85] 통찬

---

81 조선 초기의 관직. 조회·의례 등의 일을 관장하던 각문(閤門)의 종6품직으로 정원은 10인이었다.
82 역관 특히 왜어역관(倭語譯官)이다. 국왕 알현을 위한 의례의 절차를 전달하고 설명하기 위하여 역관이 동행한 것이다.
83 정전(正殿) 앞에 동반(東班)과 서반(西班)으로 나누어 품계석이 있고, 관인들이 품계에 맞추어 제자리에 정렬하여 선 상태를 반이 갖추어졌다고 한 것이다.
84 중금(中禁)은 15세가 된 용모가 단정하고 목소리가 맑은 남자를 뽑아 중요 의례를 보조하는 일을 맡았다. 정원은 20명이었으나, 세조 대에 폐지되었다.
85 원문은 전엄(傳嚴)이다. 왕이 나와 옥좌에 오르므로 관인들에게 엄숙하라고 중금이 알리는

이 '국궁鞠躬'[86]이라 창하면, 전하는 전殿에 오르고, 백관과 왜국 사신은 일시에 행례하기를 보통 때의 의식과 같이 한다. 이를 마치고 통찬이 '예를 마쳤습니다'라고 창하면, 통사가 왜국 사신을 인도하여 전상에 올라가서 나아가 뵌 후 인도하여 내려가서 자리로 돌아간다. 통찬이 '국궁'이라 창하면, 전하는 내전으로 들어가고, 통사는 왜국 사신을 인도하여 연회하는 자리로 나아가고, 백관은 차례로 물러 나간다"

하였다.

4月 12日(辛亥) 1번째 기사

일본국 사신 서당·범령 등이 대장경 판본을 청하는 일본 국왕의 글을 바치다

日本國王使臣西堂·梵齡等奉進國王書, 其書曰, "日本國道詮奉書朝鮮國王殿下. 前歲航海所需者, 『大藏』之板也, 而頒以『華嚴』等板, 雖非素志, 先暫留之. 故今重發專使虎巖西堂·副使梵齡藏主, 再諭懇志. (…中略…) 土宜銀扇一百把·佩刀五十箇·練緯十五匹."

上御勤政殿, 受西堂等拜, 仍命前來, 西堂等二人入殿內西南俯伏. 上曰, "險路好來爲喜." 西堂啓曰, "上路日多, 恐不得來拜於殿下, 如今無恙來見, 爲感." 上曰, "書內事, 予已見之, 若等回還時, 予當詳悉親諭." 西堂更啓曰, "老僧以再請經板, 不得已而來." 上曰, "路遠身勞, 姑去歇息, 予再見親諭." 梵齡啓曰, "回禮使朴熙中到本國時, 帶去船軍一名, 逃留本國, 如今領還." 上曰, "已知." 命饋于東廊. 逃留船軍, 淸道郡人朴奉也, 坐杖一百, 徒三年.

것이다.

86 윗사람이나 영위(靈位) 앞에서 상체를 굽히는 것이다.

일본 국왕의 사신 서당西堂[87]과 범령梵齡[88] 등이 그 국왕의 글을 받들어 올리니, 그 글에 말하기를,

"일본국 도전道詮[89]은 조선국왕 전하께 글월을 받들어 올립니다. 지난해 바다를 건너갈 때에 청구한 것은 『대장경』의 판본이었는데, 『화엄경』 등의 판본을 주셨으니, 비록 원래 바라던 것은 아니었지만 우선 잠시 받아 두었습니다. 이제 거듭 전사專使[90] 호암서당虎巖西堂과 부사 범령장주梵齡藏主를 보내어 간절한 뜻을 다시 말씀드립니다. (…중략…) 토산물로 은부채 1백 자루와 차는 칼 50개와 비단 15필을 바칩니다"

하였다. 임금이 근정전에 나아가 서당 등의 배례를 받은 후 앞으로 오라고 명하니, 서당 등 두 사람이 전 안으로 들어가, 전 안 서남쪽에서 부복俯伏하였다. 임금이 말하기를,

"험한 길에 잘 와서 기쁩니다"

하니, 서당 등이 아뢰기를,

"길을 떠난 지 여러 날이 되어 능히 와서 전하를 뵙지 못하게 되지 않을까 염려하였는데, 이제 탈 없이 와서 뵈오니 감격스럽습니다"

하였다. 임금이 말하기를,

---

87 서당은 선종 사원에서 다른 사원에서 주지의 자리를 물러난 승려를 일컫는 말이다. 선승에 대한 존칭으로 쓰인다. 세종 6년 12월 17일조에 범령과 함께 서당 중윤(中允)이 보이고, 7년 4월 12일조에는 서당 호암(虎巖)이 보인다. 따라서 이 기사의 서당도 승려의 이름이 아니라 승려의 소임이나 신분을 말하는 것이다.

88 범령 장주(梵齡藏主). 장주는 불경을 보관하는 경장을 관리한다는 뜻으로 승려의 소임이다. 범령은 여러 차례 일본 국왕사로 조선에 파견되었으며, 1432년에 국왕사의 정사로 왔다가 부산포에서 죽었다(세종 14-5-4-7).

89 실정막부 4대장군 족리의지(足利義持)의 법호이다.

90 조선시대 일본이나 대마도·유구국(流球國)·부상국(扶桑國) 등에서 국왕의 즉위나 승하의 일이 있을 때, 교역을 위해 토산물을 바치러 올 때, 불경을 구하거나 표류해 온 이들을 돌려보낼 때 등의 특별한 일을 처리하기 위해 보내는 사신을 말한다.

"편지에서 말한 일은 내가 이미 보았으니, 그대들이 돌아갈 때에 내가 마땅히 자세하게 일러 주겠노라"

하니, 서당 등이 다시 아뢰기를,

"노승이 다시 경판을 청구하기 위하여 부득이하게 왔습니다"

하였다. 임금이 말하기를,

"길이 멀어서 몸이 피곤할 것이니 우선 가서 쉬면, 내가 다시 보고 친히 이르리라"

하였다. 범령이 또 아뢰기를,

"회례사回禮使[91] 박희중朴熙中[92]이 본국에 왔을 때에 데리고 왔던 선군船軍 한 명이 도망하여 본국에 머물러 있는 것을 이번에 데리고 왔습니다"

하니, 임금이 말하기를,

"이미 알고 있다"

하고, 동랑東廊에서 접대하라고 명하였다. 도망하여 머물렀다는 선군은 청도군淸道郡 사람 박봉朴奉이었는데, 이를 곤장 1백에 3년 도형에 처하였다.

---

91 일본 국왕(실정 막부 장군)이 사신을 파견한 것에 대한 답례로 파견한 사신을 말한다. 회례사는 1410년(태종 10) 이전에는 구주탐제 대내전 대마도주 등에게 파견되었으나, 그 이후에는 막부 장군에게만 파견되었다.

92 조선 전기의 문신으로 전라도 경차관 시절 벽골제를 수축했고 병조정랑, 이조정랑, 영암군수, 전농시소윤, 예문관직제학, 남원부사 등을 지냈다. 1422년 10월 회례사(回禮使)로서 부사 이예(李藝)·서장관 오경지(吳敬之)·통사(通事) 윤인보(尹仁甫) 등과 함께 일본 국왕사 회례와 피로인 쇄환 회례 및 대장경 하사를 위해 일본에 건너갔다. 길을 떠나기에 앞서 옷 한 벌과 모관(毛冠)·갓(笠)·신(靴)·약품 등을 하사받았다. 왜구를 막고 포로를 쇄환한 공으로 예문관직제학(藝文館直提學)에 올랐다. 1424년 3월 26일 좌사간(左司諫) 박관(朴冠) 등이 상소를 올려, 박희중이 일본에 사신 가서 오직 이익만 탐하고 중국인 등 사람들을 몰래 거느리고 와서 자기의 종으로 삼는 등 폐단이 많다고 탄핵을 청하여, 직제학에서 파직되었다. 『해동필원(海東筆苑)』에 이름이 오를 정도로 명필가였다(『조선시대 대일외교 용어사전』).

일본국 부사 범령이 일인들의 본국 송환과 전별시를 청하다

日本國副使釋梵齡奉書禮曹,

"一, 攝州兵庫人四郎三郎曾蒙賜歸於本國, 其婦與子, 猶未得歸. 婦名佐伊馬都·子名伊治毛時也. 彼二人夢寐森然而在目, 深望歸國. 故四郎三郎今來居乃伊浦, 仰冀同蒙恩赦.

一, 對馬舟越人名彌耶次郎, 其母年踰八旬, 而只一子. 以久抑留貴國, 母切念甚於渴人思水·寒者求衣, 凡坐臥晨夕, 懷玆在玆, 獨語獨笑如狂. 若一朝終命, 恐成冤鬼, 速賜歸以慰愚婦蓄念, 是卽洪慈之最也.

一, 對馬人左衛門三郎, 壬寅之冬, 賜恩歸, 其子馬多承今在輦下. 彼母深願見子, 冀同蒙歸國之命.

一, 小衲所居之室, 號松泉幽處. 壬寅之臘, 予求篆書向之四字, 遂命鄭陟, 令篆書賜之, 持歸國, 以爲珍藏焉. 小衲自壬寅至今玆乙巳四歲之中, 三奉使, 前三年, 以諒陰不求贐行之詩, 于今已畢, 冀令善詩之士題松泉幽處, 送予歸國之行, 或長篇·或七言·或五言·或八句, 各以所長令作之, 深望深望. 冀善圖爲幸甚."

上命上項倭人, 兵曹考倭案刷還, 贐行詩, 藝文館掌之, 令文臣製述贈之.

일본국 부사副使 중僧 범령梵齡[93]이 예조에 글월을 보내어 말하기를,

---

93 1423년부터 여러 차례 대장경의 구청 등을 목적으로 일본 국왕사로 조선에 건너온 승려이다(세종 5-12-25-1, 세종 5-12-27-7, 세종 6-1-1-1, 세종 6-1-2-1 등). 흔히 범령 장주(梵齡藏主)로 보이는데, 장주는 불경을 보관하는 경장을 관리한다는 뜻으로 승려의 소임이다. 1432년에 국왕사의 정사로 왔다가 부산포에서 죽었다(세종 14-5-4-7).

"1. 섭주攝州⁹⁴ 병고兵庫 사람 사랑삼랑四郎三郎⁹⁵은 벌써 본국으로 돌아가라는 은택을 받았는데, 그 아내와 자식은 아직도 돌아가라는 허락을 받지 못했습니다. 아내의 이름은 좌이마도佐伊馬都⁹⁶요, 자식의 이름은 이치모시伊治毛時⁹⁷인데, 저 두 사람은 자다가도 꿈속에서 삼삼하게 눈에 나타나 보여 본국으로 돌아가기만을 바라고 있습니다. 그리하여 사랑삼랑이 이제 내이포乃伊浦⁹⁸에 와서 있으며 함께 은사恩赦 입기만을 바라고 있습니다.

1. 대마도 주월舟越⁹⁹ 사람으로 미야차랑彌耶次郎¹⁰⁰이란 사람이 있는

---

94 현재 일본 효고현(兵庫縣) 일대를 말한다.
95 성종 대에 왜사정(倭司正) 사랑삼랑이 보이는데(성종 10-10-1-1) 동일인물인지 알 수 없다.
96 여기에만 보인다.
97 여기에만 보인다.
98 현재의 경상남도 진해시 웅천동에 있던 포구의 이름이다. 이곳에는 왜인들이 거주할 수 있는 왜관이 있었다. 역학훈도(譯學訓導) 1명을 두어 관왜(館倭)를 접대하도록 하였고, 일본어를 익히는 왜학생도(倭學生徒) 10명을 두었다. 조선 초기에 왜구 회유책의 일환으로 남해안 지역의 어느 포소에서건 자유로이 무역을 할 수 있도록 하였으나, 이것이 조선에 경제적 부담과 군사적 위험 요인이 되자 1407년 흥리왜인(興利倭人)의 개항장을 부산포(釜山浦)와 내이포(乃而浦, 薺浦) 2개 항으로 한정하였다. 1419년 쓰시마정벌을 계기로 왜관(倭館)을 모두 폐쇄하였다가 쓰시마도주의 간청에 의해 1426년에는 다시 제포·염포·부산포 세 곳을 허락하였다. 왜인들의 상주를 불허하였으나 그들이 상주를 간청하므로 포구마다 왜관(倭館)을 설치하여 60여 명 정도만 거주하도록 하였다. 그러나 왜인들의 상주인구가 점점 늘어 제포에만 500여 호에 이르게 되었고, 내국인과 충돌이 잦게 되자 왜인들의 단속을 강화하게 되었다. 1510년에 왜인들이 쓰시마의 원병과 함께 난을 일으켜 제포첨사(薺浦僉使) 김세조(金世釣)를 살해하고 제포와 웅천(熊川)을 점령하는 삼포왜란이 일어났다. 정부에서 급히 토벌군을 보내 왜인 300여 명을 참획(斬獲)하여 제포성을 복구하였다. 그 뒤 한동안 왜인들의 거주를 허가하지 않다가 부산포와 함께 이들의 거류를 허가하였다. 제포진은 하나의 큰 성으로서 주위가 4,000여 척이나 되었다. 조선 초기에는 우도수군첨절제사영(右道水軍僉節制使營)이 있어 안골포(安骨浦), 사량(蛇梁), 당포(唐浦), 영등포(永登浦), 옥포(玉浦), 평산포(平山浦), 적량(赤梁) 등을 관할하였으나, 뒤에 절제사영이 부산 쪽으로 옮겨짐에 따라 수군만호가 남게 되었다. 군사적으로 매우 중요시되던 곳으로 제포 앞 바다에는 가덕도(加德島)가 있어 임진왜란 때 원균(元均)과 왜군이 격전을 벌였던 곳이다. 제포는 웅천과 창원을 방어하고 마산포의 조운(漕運)을 돕는 구실을 하였다. 1908년에 창원부에 편입되었다가 1973년에 창원군에서 진해시로 편입되었다. 문종 대까지는 내이포가 쓰였고 단종 대 이후에는 주로 제포라고 하였다. 성종 대에 해동제국기가 편찬되면서 다시 내이포라는 용어가 보인다. 내이는 냉이라는 뜻이므로 냉이 '薺'라는 한자로 표기된 것이다(『조선시대 대일외교 용어사전』, '제포').

데, 팔순이 넘은 노모의 외아들입니다. 오랫동안 귀국에 억류되어 있으므로, 그 어미의 간절한 생각은 목마른 사람이 물을 생각하는 것보다도, 추운 자가 옷 구하는 것보다도 심하여, 앉으나 누우나, 새벽이나 밤이나 아들 생각만 하면서, 미친 사람처럼 혼자 중얼거리고 혼자 웃습니다. 만약 하루아침에 숨이 끊어진다면 원한 품은 귀신이 될까 두려우니, 빨리 돌아가게 해 주셔서 어리석은 여자의 깊이 맺힌 마음을 위로하게 하시면, 이는 곧 자애하신 어진 덕이 가장 클 것입니다.

1. 대마도 사람 좌위문삼랑이란 사람은 임인년 겨울에 은택을 베풀어 주시어 그 자식 마다승馬多承[101]은 아직도 서울 안에 있으므로 저의 어미가 자식 보기를 깊이 바라니 함께 본국으로 돌아가라는 은명恩命을 입기를 바랍니다.

1. 소승이 거처하는 방을 '송천유처松泉幽處'라고 일컫는데, 임인년 섣달에 제가 전자篆字로 쓴 넉자를 구하니, 정척鄭陟에게 명하여 전자로 써 주셔서, 가지고 나라로 돌아가서 보배로 여겨 간직해 두었습니다. 소승이 임인년부터 지금 을사년까지 4년 동안에 세 번 사명을 받들고 왔는데, 전 3년에는 상중喪中이셨으므로 전별하는 시詩를 청구하지 못하였으나, 이제는 이미 상기를 마치셨으니, 시를 잘하는 선비를 시켜서 '송천유처'라는 제목으로 나의 귀국하는 길을 보낸다는 뜻으로, 혹 장편이거나, 혹 칠언, 혹 오언이거나, 팔구거나 간에 각각 잘할 수 있는 것으로 짓

---

99 대마도의 지명으로 선월(船越)이라고도 표기하며, 소선월(小船越)과 대선월(大船越)이 있다. 대마도의 중간 부분에서 육지가 좁아져서 배를 끌어서 반대쪽으로 옮길 수 있었기 때문에 붙은 지명이다. 일본에서는 도처에 선월이라는 지명이 보인다. 기해동정 당시에 조선군이 이곳에 목책을 세우고 왜선의 왕래를 막았다.

100 여기에만 보인다.

101 마다이라(馬多而羅, 麻多而羅)와 동일인물로 생각된다(세종 7-5-2-4, 세종 20-3-16-1).

게 하여 주시기를 깊이깊이 바라오니, 잘 주선하여 주시면 매우 다행일까 합니다"

하였다. 임금께 아뢰니, 임금이 위에 말한 왜인들은 병조에서 왜안倭案[102]을 상고하여 찾아서 돌려보내고, 청구한 송별시는 예문관에서 맡아서 문신文臣들에게 시켜 지어 보내 주라고 명하였다.

4月 25日(甲子) 1번째 기사
곤복과 면류관 차림으로 여러 신하와 함께 성절을 축하하는 표문에 절하다

上服袞冕, 率世子以下群臣, 拜聖節賀表, 賜進賀使判左軍都摠制府事孟思誠衣笠靴套. 就差通事僉知司譯院事趙忠佐, 管押被倭虜漢人李三官解遼東, 賜三官衣帽苧麻布.

왕이 곤복과 면류관 차림으로 세자 이하의 여러 신하를 거느리고 성절을 축하하는 표문에 절하고, 진하사進賀使 판좌군도총제부사判左軍都摠制府事 맹사성孟思誠에게 옷과 갓과 신을 하사하였다. 통사通事 첨지사역원사僉知司譯院事 조충좌趙忠佐를 시켜 왜에게 포로가 되었던 한인漢人 이삼관李三官을 압송하여 요동으로 보내게 하고, 삼관에게 옷과 모자와 모시와 베를 하사하였다.

4月 26日(乙丑) 1번째 기사
조회에 일본 사신이 참현하니 동랑에서 음식 대접을 하라고 하다

受朝. 日本使臣西堂・梵齡等參見, 命饋于東廊.

---

[102] 병조에서 조선에 거주하는 왜인을 관리하기 위하여 작성한 장부이다. 특히 기해동정 당시 붙잡아 온 왜인을 어디에 안치하였는지를 기록하였다.

조회를 받았다. 일본 사신 서당西堂[103]·범령梵齡[104] 등이 참현參見하니, 동랑東廊에서 음식 접대를 하라고 명하였다.

4月 26日(乙丑) 6번째 기사
충청도 은진현 이덕의 절개에 대해 정문을 세우고 복호하게 하다

忠淸道 恩津縣住李思敬女名李德者, 船軍文成奇之妻也. 歲己亥, 成奇戍庇仁浦, 適有倭賊入寇, 成奇與戰敗死. 李德聞之, 卽至其所, 數日號泣, 求屍不得, 乃以紙錢招魂, 還家作位版, 設於廳事, 朝夕設奠, 哭不絶聲. 終制之後, 父母憐其早寡, 將欲奪志, 李德聞而痛哭曰, "繄是位版, 實我之匹. 雖至於死, 誓無他心." 常服素衣, 不食酒肉, 切切而哀, 朝夕上食者七年. 至是事聞, 命旌門復戶.

충청도 은진현恩津縣에 사는 이사경李思敬의 딸 이덕李德이라는 여자는 선군船軍 문성기文成奇의 아내였다. 기해년에 성기가 비인포庇仁浦를 지키고 있을 때, 마침 왜적이 들어와 노략질하므로, 성기가 더불어 싸우다가 패하여 죽었다. 이덕이 소식을 듣고 즉시 그 곳으로 가서 수일 동안 울고 부르짖으면서 시체를 찾다가 찾지 못하고, 지전紙錢으로 혼을 불러서 집으로 돌아와 위패를 만들어 대청에 배설하고 조석으로 전을 드리고 곡하기를 그치지 아니하였다. 상기가 끝난 뒤에 부모가 젊어서 과부

---

103 서당은 선종 사원에서 다른 사원에서 주지의 자리를 물러난 승려를 일컫는 말이다. 선승에 대한 존칭으로 쓰인다. 세종 6년 12월 17일조에 범령과 함께 서당 중윤(中允)이 보이고, 7년 4월 12일조에는 서당 호암(虎巖)이 보인다. 따라서 이 기사의 서당도 승려의 이름이 아니라 승려의 소임이나 신분을 말하는 것이다.

104 범령 장주(梵齡藏主). 장주는 불경을 보관하는 경장을 관리한다는 뜻으로 승려의 소임이다. 범령은 여러 차례 일본 국왕사로 조선에 파견되었으며, 1432년에 국왕사의 정사로 왔다가 부산포에서 죽었다(세종 14-5-4-7).

된 것을 불쌍히 여겨서 장차 그 뜻을 굽혀 개가시키려 하니, 이덕이 듣고 통곡하며 말하기를,

"저기 저 위패는 실로 나의 배필이니, 비록 내가 죽게 되더라도 맹세코 다른 마음이 없을 것이라"

하였다. 항상 소복을 입고 술과 고기를 먹지 않고, 간절하게 서러워하며 아침저녁으로 음식을 올린 지 무려 7년이나 되었다. 이때에 이르러 그 사실이 알려져, 명하여 정문旌門을 세우고 복호復戶하게 하였다.

5月 1日(庚午) 5번째 기사
일본 사신 중태가 억류된 일본인 14명을 풀어 주기를 청하다

日本國王使送上官人中兌私請, "對馬舟越人源三郎·太郎·四郎, 對馬西泊人衛門四郎, 筑前州博多人巖次郎, 對馬西泊人慶珣首座女妙仁·子乙王, 志高浦兵衛四郎, 鶴房坂浦左衛門四郎, 伊勢房土依次郎·三郎, 肥前州松浦孫三郎, 對馬志高足常祐, 伽羅洲女恵等十四名, 曾被留貴國, 今欲率還本土." 上命兵曹考倭案刷還.

일본 국왕 사신단의 상관인上官人[105]인 중태中兌[106]가 사사로이 청하기를,

"대마도 주월舟越[107] 사람 원삼랑源三郎·태랑사랑太郎四郎[108]과 대마도 서박西泊[109] 사람 위문사랑衛門四郎[110]과 축전주筑前州 박다博多[111] 사람 암차

---

105 조선에 온 일본 사신 가운데 우두머리 즉 정사를 말한다. 중윤(중태)은 전사(專使), 범령은 부사(副使)로 보인다.
106 세종 7-5-1-5, 세종 7-5-11-2, 세종 7-5-11-3의 '중태' 참조. 중태와 중윤 어느 한 쪽이 오기일 것이다.
107 현재 대마도의 후나코시(船越)를 말한다.
108 태랑사랑이 한 사람의 이름이다. 1438년에 종무직(宗茂直)이 보낸 사람 중에 대랑사랑(大郎四郎)이 보이는데, 동일인물일 가능성이 있다(세종 20-9-21-1).
109 현재 대마도의 니시도마리(西泊)를 말한다.
110 1438년에 종정성(宗貞盛)이 위문사랑이라는 인물을 파견하였다(세종 20-2-21-1).

랑巖次郎[112]과 대마도 서박 사람 경순慶珣[113]과 수좌녀首座女 묘인妙仁[114]과 아들 을왕乙王[115]과 지고포志高浦[116] 병위사랑兵衛四郎[117]과 학방판포鶴房坂浦[118] 좌위문사랑左衛門四郎[119]과 이세방토伊勢房土[120] 의차랑삼랑依次郎三郎[121]과 비전주肥前州[122]의 송포松浦[123] 손삼랑孫三郎[124]과 대마對馬 지고志高[125] 족상우足常祐[126]와 가라주伽羅洲[127] 여덕女惠[128] 등 14인이 이전부터 귀국에 억류되어 있는데, 이제 데리고 같이 본토로 돌아가고자 합니다"하니, 임금이 병조에 명하여 왜안倭案을 상고하여 찾아서 돌려보내게 하였다.

---

111 현재 후쿠오카현 후쿠오카시 하카타를 말한다.
112 여기에만 보인다.
113 여기에만 보인다.
114 여기에만 보인다.
115 여기에만 보인다.
116 대마도의 지명으로 생각되는데 『해동제국기』에 보이는 시다포(時多浦)와 음이 유사하다.
117 1434년에 경주 사람 박부존의 처 도도온(都都溫)을 일본으로부터 데려온 상인으로 병위사랑이 보이고(세종 16-1-25-3), 1436년에는 종정성(宗貞盛)이 보낸 사람 중에 병위사랑이 보이며(세종 18-5-6-4), 1437년에는 종무직(宗茂直)의 보낸 사람 중에 병위사랑이 보인다(세종 19-12-19-1). 다만 이들이 모두 동일인물인지는 알 수 없다.
118 여기에만 보인다. 학방(鶴房, 쓰루보)은 일본의 성씨 중 하나이다.
119 이후 종정성(宗貞盛)이 보낸 사람 중에 좌위문사랑이 보인다(세종 18-12-26-8, 세종 20-7-4-2, 세종 20-7-15-3, 세종 20-9-2-2, 세종 26-6-7-3).
120 이세국으로 추측됨. 이세국은 지금의 미에 현 중앙의 대부분에 해당한다.
121 여기에만 보인다.
122 구주 중서부에 있던 비전국(肥前國)을 말한다. 현재의 사가현(佐賀縣)과 나가사키현(長崎縣)과 대체로 일치한다.
123 광의로는 구주의 당진시(唐津市)로부터 평호시(平戶市)에 이르는 넓은 지역을 가리키고, 협의로는 북송포반도와 동송포반도 일대를 말한다. 고려 말~조선 초 왜구의 근거지 중 한 곳이었다.
124 1431년 일기주(一岐州) 본거포(本居浦)에 살고 있는 등칠(藤七)이 토산물을 바쳤을 때 손삼랑을 돌려 보냈다(세종 13-7-6-3).
125 앞의 지고포와 같은 곳으로 생각된다.
126 여기에만 보인다.
127 대마도의 카라스(唐洲)이다. 『해동제국기』에서는 가라수포(加羅愁浦)라고 하였다.
128 여기에만 보인다.

5월 2일(辛未) 4번째 기사

왜인 이지시라와 마다이라에 대한 조치를 보고한 경상도 감사의 계

慶尙道監司啓, "己亥年分置倭人伊只時羅, 曾爲宜寧姜孫奇婢夫, 前年還歸本土, 今更出來, 自願居生, 率倭人麻多而羅等來, 竝囚於昌原府." 命伊只時羅還付姜孫奇, 麻多而羅自願安置, 給田地種子, 限新穀成熟, 給糧料.

경상도 감사가 아뢰기를,

"기해년에 나누어 배치한 왜인 이지시라伊只時羅129가 일찍이 의령 사람 강손기姜孫奇 집의 비부婢夫130가 되었더니, 전년에 본 고향으로 돌아갔다가 이제 다시 와서 여기서 살기를 자원하면서 왜인 마다이라麻多而羅131 등을 거느리고 왔기에 모두 창원부에 가두었습니다"

하였다. 이지시라는 도로 강손기에게 돌려주고, 마다이라는 안치하기를 자원한다 하니, 토지와 종자를 주어 농사짓게 하고, 햇곡이 성숙할 때까지 먹을 양식을 주게 하였다.

5월 6일(乙亥) 3번째 기사

일본의 사신에게 명주·모시·베 등을 하사하다

賜日本國王使送上副官人紬苧麻布各三匹·雜綵花席五張·人蔘五斤, 都船主紬二匹·苧麻布各一匹, 副船主押物紬苧布各一匹.

---

129 여기에만 보인다.
130 계집종의 지아비를 말한다.
131 마다이라는 우차랑(又次郞, 마타지로)이라는 일본 인명을 음사한 것으로 보인다. 1437년에는 육랑차랑이 우차랑을 보내어 토산물을 바쳤고(세종 19-3-16-2), 1438년에 마다이라 등이 와서 토산물을 바쳤다(세종 20-3-16-1).

일본국에서 사신으로 보낸 상上·부副 관인에게 명주와 모시와 베 각 3필과 잡채화석 5장과 인삼 5근씩을 하사하고, 도선주都船主[132]에게는 명주 2필과 모시·베 한 필을, 부선주와 압물押物[133]에게는 명주·모시·베 각 한 필을 하사하였다.

5月 8日(丁丑) 5번째 기사
전라도의 병선 등에 자호를 고치고, 봄·여름에 회계를 시행하게 하다

兵曹據全羅道水軍處置使牒啓, "濟州所造鼻居刀船二十八隻, 本營及左右道各浦今春加造船二十二隻, 元兵船八十四隻, 曾加造四十隻. 鼻居刀船四十九隻, 孟船二十六尺, 請改字號, 春夏等會計施行." 從之.

병조에서 전라도 수군 처치사[134]의 공문에 의거하여 아뢰기를,

"제주도에서 만든 비거도선鼻居刀船[135] 28척과 본영과 좌우도 각 포구에서 올 봄에 추가로 만든 배 22척과 본래 있었던 병선 84척과 전에 추가로 만든 40척과 비거도선 49척과 맹선孟船[136] 26척에 대하여 자호字號

---

132 배의 소유주를 말하는데, 1423년과 1424년의 도선주는 구준(久俊)이라는 사람이었으며, 직접 세종을 알현하기도 하였다(세종 6-1-1-1, 세종 6-1-28-1). 이 기사의 도선주도 구준일 가능성이 있다.

133 일본 국왕(실정막부 장군)이 보낸 물품을 운반해 오는 일을 책임진 사람이다. 조선에서도 압물·압물관이라고 하였다.

134 도안무처치사(都按撫處置使)를 말한다. 1466년에 수군절도사 즉 수사로 개칭하였다.

135 통나무 등으로 만든 작고 빠른 배이다. 고기를 잡기도 하고 왜구의 배를 추격하기도 하였다. 그러나 무기를 싣지 않아서 사로잡힐 위험이 있었다. 이에 검선(劍船)을 만들고 비거도선 2~3척과 함께 움직이도록 하였다. 또한 통나무로 만든 비거도선을 대선이나 맹선 등에 싣고 다니는 방안을 논의하기도 하였다(세종 12-5-19-3). 거도선은 거룻배라는 뜻이고, 비는 배앞이 코처럼 뾰족하다고 해서 붙은 이름으로 보인다. 큰 배에 올려두는 거룻배는 현거도선(懸居舠船)이라고 하였다.

136 조선 전기에 조선 수군이 운용한 병선 중 하나이다. 대선(大船)은 150인이 타고, 중맹선(中猛船)은 80인이 타고, 초마선(哨馬船)은 50인이 탄다고 하였다(『동문선』 권63 「上鄭相國書」(李詹) 맹선은 대맹선 중맹선 소맹선 세 종류가 있었으며 대맹선은 수백 명, 작은 배는 수십 명이 탄 것으로 보는 견해도 있다.

를 고치고, 봄과 여름 등에 회계를 시행하게 하소서"

하니, 그대로 따랐다.

5月 9日(戊寅) 3번째 기사

일본 대마주 금해의 경수라는 여자 포로를 돌려보내게 하다

梵齡奉書禮曹曰, "對馬州 金海人女兒慶秀者, 己亥歲被擄, 今在京師爲奴, 伏請恩救歸本國. 右女兒, 年今三十四歲." 禮曹以啓, 上命兵曹, 考倭案刷還.

범령梵齡[137]이 예조에 글월을 올려 말하기를,

"경수慶秀[138]라는 대마주 금해金海의 한 여자가 기해년에 포로가 되어 이제 서울에서 종이 되어 있으니, 은혜로 풀어 주셔서 본국으로 돌아가게 해주시기를 엎드려 청합니다. 그 여자는 지금 나이 34세입니다"

하였다. 예조에서 이를 아뢰니, 임금이 병조에 명하여 왜안倭案을 조사하여 찾아 보내라고 하였다.

5月 9日(戊寅) 4번째 기사

범령의 시권에 붙인 제학 윤회의 발문

梵齡求跋所帶詩卷, 命藝文提學尹淮塞請. 其詞曰, "日本齡上人銜國王之命, 來聘者三, 涉海通好, 其志勤矣. 觀其骨淸而心寂, 蕭然有出塵之想, 蓋釋林之秀也. 今以其國人所贈詩若干篇出示, 求跋其尾,

---

137 범령 장주(梵齡藏主). 장주는 불경을 보관하는 경장을 관리한다는 뜻으로 승려의 소임이다. 범령은 여러 차례 일본 국왕사로 조선에 파견되었으며, 1432년에 국왕사의 정사로 왔다가 부산포에서 죽었다(세종 14-5-4-7).

138 여기에만 보인다.

讀之琅然可愛. 信乎橐中之珍, 而亦足以焜耀山門矣. 是爲跋."

범령이 가지고 왔던 시권詩卷에 발문跋文을 구하므로, 예문제학藝文提學 윤회尹淮에게 명하여 그 청하는 것을 들어 주게 하였다. 그 글에 이르기를, "일본의 영상인齡上人[139]이 국왕의 사명使命을 받들고 우리나라에 온 것이 세 번으로, 바다를 건너 화친함을 통하니 그 뜻이 성실하도다. 그 모습을 보니 맑고 마음이 한적하여, 소연히 진세塵世 밖으로 나갈 생각이 있는 듯하니, 이는 대개 석림釋林 중에 빼어난 사람이었다. 이제 나라 사람들이 준 시 몇 편을 내어 보이고 그 끝에 쓸 발문을 구하거늘, 읽어보니 맑고 고우며 산뜻하고 쟁쟁하여 사랑할 만합니다. 참으로 주머니 속의 보배요, 또한 족히 산문을 빛나게 할 만합니다. 이에 발문을 적노라" 하였다.

5月 11日(庚辰) 2번째 기사
일본 국왕에게 전하는 회답의 글을 왜국 사신에게 주다

上御勤政殿, 倭使中兌·梵齡等四十餘人拜辭. 上副价陞殿內西南俯伏, 上曰, "隣好已久, 所求經板如可與之, 奚待再請? 此乃祖宗所傳, 非予所敢專擅, 其意備在回書." 中兌等啓曰, "謹如敎復命." 上曰, "時熱路險, 幸好去." 命饋之. 賜中兌虎肉虎膽虎骨, 從其請也. 其回書曰, "朝鮮國王姓某奉復日本國殿下. 使至惠書, 獲審動止康裕, 仍承嘉貺, 欣感殊深. 所需『大藏經』板, 只是一本, 且予祖宗所傳, 不可從命, 前書已盡, 惟照恕之. 不腆土宜, 具如別幅. 時候向熱, 冀順序

---

139 일본 국왕사의 부사로 온 범령(凡齡)을 높인 말이다. 승명의 영(齡)과 승려에 대한 존칭인 상인(上人)을 합친 말이다.

多福. 黑麻布・紅苧布・細綿紬各十五匹, 人蔘一百斤, 虎豹皮各五領, 雜彩花席二十張, 滿花席十五張, 各色斜皮十領."

임금이 근정전에 나아가니, 왜국 사신 중태와 범령 등 40여 인이 절하여 하직하였다. 상사와 부사는 전 안에 올라와 서남쪽에 부복하니, 임금이 말하기를,

"이웃에서 좋게 지냄이 이미 오래였으며, 구하는 경판經板을 줄 수가 있으면 어찌 두 번 청하기를 기다리겠느냐마는, 그것은 조종 때로부터 전래하는 것이기 때문에 내가 감히 마음대로 할 것이 못되므로, 그 뜻을 회답하는 편지에 갖추어 적었노라"

중태 등이 아뢰기를, "하교하신 대로 복명하겠습니다"
라고 하였다. 임금이,
"날이 덥고 길이 험하다. 잘 돌아갈 수 있으면 다행이겠다"
하였다. 음식을 잘 대접하라고 명하고, 호랑이 고기와 호랑이 쓸개와 호랑이 뼈를 중태에게 하사하니, 그의 청을 따른 것이었다. 그 회답하는 글에 말하기를,

"조선 국왕 성명 모某는 일본 국왕 전하[140]에게 받들어 회답합니다. 사신이 와서 글월을 전하여 귀체가 안강하심을 살폈고, 또 아름답게 주시는 것을 받으니 기쁘고 감사함이 특별히 깊습니다. 구하시는 『대장경』판은 단지 한 벌이 있을 뿐이고, 또 나의 조종이 전해 주신 것이라 청하시는 대로 따를 수 없음은 전번 편지에 이미 다 말하였으니, 오직 살펴 용서하십시오. 변변하지 못한 토산물은 별폭과 같습니다. 기후가 차

---

140 실정막부의 장군을 말한다. 이때는 제6대 장군 족리의교(足利義敎, 재임 1423～1429)가 재임하였다.

차 더워지니 때를 따라 다복^{多福}하시기 바랍니다. 검은 마포·붉은 저포·가는 명주 각 15필, 인삼 1백 근, 호·표피 각 5장, 잡채화석[141] 20장, 만화석 15장, 각색 사피^{各色斜皮} 10장"

이라고 하였다.

5月 11日(庚辰) 3번째 기사
사신 범령을 보내는 시권서와 여러 사람이 지은 시의 내용

送日本梵齡詩卷序, "日本氏, 國於扶桑之域, 政簡民淳, 故其俗專尙浮屠, 參訪之人, 因奉使而遊列國者, 前後相望, 唐·宋以來, 有若奝然·寂照及榮督之徒是已. 我殿下卽位之初, 有倪上人·祐文溪之徒, 繼踵而來, 亦皆韻釋也. 今齡上人亦因求法, 自歲壬寅至乙巳四年之中, 奉使於我者三矣. 殿下嘉其義, 命有司郊勞館待加等. 上人年芳而學碩, 形臞而神腴, 粲粲淸立, 望之如出壑之氷, 盛之玉壺也. 一日, 以其所扁松泉幽處, 請於縉紳先生曰, '歲壬寅, 特蒙篆書之賜, 予固珍藏, 願贈一言以終惠焉.' 於是, 朝中文士咸詩之矣, 而俾予序.

予惟人有所好, 各從其類, 淵明之愛菊, 以其隱逸, 奈耶之愛楊, 以有五利, 其他徽之之竹·遠公之蓮, 皆有所好. 今上人以松泉自扁, 果何所取歟? 若以吾儒之說言之, 聖人於松有歲寒後凋之語, 於泉有不舍晝夜之嘆, 未識上人之所取, 亦猶是歟? 無亦以淸淨之道, 有感於類而愛之乎? 想夫千巖萬壑, 一間蘭若, 松風灑面, 泉水澄心, 頓除熱惱, 一段淸涼之境, 有不可以言語形容者焉. 觀其蒼蒼貞幹, 傲雪凌

霜, 貫四時閱千秋而不改柯易葉, 則有上人得堅固力金剛不毀之節
矣. 泠泠活水注玉涵, 雲根一派達千里, 無滯形拘迹, 則有上人洞開
眞源, 浩入性海之妙矣. 上人所取 其在是歟? 予觀上人, 奉辭我朝, 辭
命之不差, 聘享之有儀, 周旋升降, 皆中法度, 眞所謂墨名而儒行者
歟! 將以我國家禮樂文物之盛·交隣懷遠之道, 達之於其國, 使兩國
之間, 講好息民, 至于千萬世, 而不替也無疑矣. 是爲記. 洪熙元年五
月日, 集賢殿修撰永嘉權採書."

作詩者數十人. 亨齋李稷詩,"禪師遁世絶相尋, 松茂泉甘地更深. 齋
罷從容煎活水, 講餘瀟灑對淸陰. 眞如自是無增減, 參透何曾異古今?
益鍊五門高着眼, 明明佛祖有傳心."

芙蓉亭權弘詩,"最愛齡上人, 卜居在深谷. 蒼松蔭道傍, 淸泉出巖曲.
向壁悟無生, 求詩至萬軸. 拙句强自書, 深愧煩良覯."

郊隱鄭以吾詩,"師心本愛靜, 更此占佳境. 巖松鬱相重, 石泉甘且冷.
蒼蒼貫歲寒, 混混令人省. 應憐世上人, 不識山中景. 飛空碎玉聲, 帶月
散淸影. 連年過海遊, 利涉彈指頃. 天涯望孤舟, 猿鶴亦延頸."

上命承文院事權孟孫, 將詩卷與之, 且餞于漢江. 孟孫乃中兌·梵
齡遠接宣慰使也. 梵齡受詩, 喜謝.

일본국 법령을 보내는 시권서詩卷序에,

"일본은 부상扶桑[142] 지역에 나라를 세우고, 정치는 간단하고 백성은
순박한지라, 그 풍속이 오로지 불교를 숭상하여, 도를 구하는 사람들이
매양 사명使命을 받들고, 거듭해서 열국列國을 유람하는 자가 앞뒤를 이

---

142 해가 돋는 동쪽 바다의 큰 뽕나무에서 솟아오른다고 하여, 동쪽 지역이나 동쪽에 있는 나라
를 나타낼 때 쓰인다.

어 끊어지지 아니하였으니 당나라, 송나라 이래로 조연^{奝然}143과 적조^寂
^照144·영예^{榮叡}145의 무리가 그들이었다. 우리 전하께서 즉위하시던 당
초에 예 상인^{倪上人}146과 우문계^{祐文溪}147의 일행이 서로 잇따라 들어오
니, 이들이 또한 모두 운치 있는 중이었다. 이제 영 상인^{齡上人}이 역시 법
을 구하려고 임인년부터 을사년에 이르기까지 4년 동안에 사명을 띠고
우리나라에 온 것이 세 번째라, 전하께서 그 의기를 아름답게 보시고 유
사에 명하시어, 교외에서 맞이하여 위로하고 사관^{使館}에서 등을 높여 대
접하게 하시었다. 상인^{上人}은 나이 젊고 학문이 깊으며, 형모^{形貌}는 파리
하나 정신은 영발하여 명랑하고 청수하니, 바라보면 산골에서 나온 얼
음을 옥병에 담아 놓은 것 같았다. 하루는 그의 송천유처^{松泉幽處}라는 편
액^{扁額}을 진신선생^{縉紳先生}들에게 청하기를, '지난해 임인년에 특히 전자

---

143 일본 평안시대의 승려(938~1016)로 송으로 건너가 황제를 알현하고 대장경을 받아 가지고 왔
다. 동대사(東大寺)를 중심으로 활동하였으며, 속성(俗姓)은 진(秦)이고 법제대사(法濟大師)라
고도 불렸다. 983년에 송으로 건너가 천태산(天台山)과 오대산(五臺山)을 순례하였고, 태종으로
부터 대사라는 호와 대장경을 받았다.

144 평안시대의 승려(962~1034)이다. 속명은 대강정기(大江定基)이며, 문장과 화가(和歌)에 뛰
어나 도서두(圖書頭)·삼하수(三河守)를 역임하였다. 삼하수로 부임할 때 본래 부인과 이혼
하고 다른 여성을 데리고 갔는데 그곳에서 새 부인이 죽자 비예산(比叡山)에서 출가하여 천
태교학과 밀교 등을 배웠다. 1003년에 송으로 건너가 소주(蘇州)의 승록사(僧錄司)에 임명되
었고 진종황제로부터 자의(紫衣)와 원통대사(圓通大師)라는 호를 받았다. 또한 천태산(天台
山) 지례(知禮)로부터 원신(源信)이 부탁한 천태종의문(天台宗疑問) 27조에 대한 회답을 얻
었다. 일본으로 귀국하려고 하였으나, 정위(丁謂)라는 사람의 요청으로 소주(蘇州) 오문사
(吳門寺)에 머물렀다. 이후 일본으로 돌아오지 못하고 항주(杭州)에서 죽었다.

145 내량시대의 승려(?~749)로 흥복사(興福寺)에 머물면서 법상교학(法相教學)을 배웠다. 733년
에 출가자에게 정식으로 수계할 수 있는 전계사(傳戒師)를 초청하기 위하여 보조(普照)와 함께
당에 거너갔다. 당에서는 낙양(洛陽) 대복선사(大福先寺)에거 구족계(具足戒)를 받고 도선(道
璿)에게 일본으로 가 줄 것을 청하였다. 당에 머문 지 10년만에 양주(揚州) 대명사(大明寺)의
감진(鑑眞)을 배알하고 일본으로 가줄 것을 청하였다. 749년에 병으로 단주(端州) 용흥사(龍興
寺)에 죽었다.

146 양예(亮倪)를 말한다. 1420년 기해동정 직후에 조선의 대마도 공격의 진의를 파악하기 위하
여 일본 국왕사로 파견되어 왔다. 대장경을 요청하였다.

147 여기에만 보인다.

篆字로 써서 하사하신 것을 받아, 내가 진실로 진중하게 간직하니, 원컨 대 한 말―言을 주셔 끝내 은혜가 되게 하소서' 하니, 이에 조정안의 문사들이 모두 시를 짓고, 또 나를 시켜 서문序文을 쓰게 하니, 나는 생각하건대, 사람마다 좋아하는 것이 있으니 그 유類에 따라 다르다. 도연명이 국화를 사랑함은 그 은일隱逸인 까닭이요, 내야柰耶가 버들을 사랑함은 다섯 가지 이익이 있는 까닭이요, 그 밖에 왕휘지王徽之의 대와 진나라 원공원공遠公의 연꽃은 모두 좋아하는 바가 있어서 그런 것이다. 이제 상인이 송천松泉으로 편액을 하였으니 과연 무엇을 취하였음일까. 만약 우리 유교의 말로 이르면, 소나무에는 날씨가 차도 뒤에 이운다는 성인의 말씀이 있고, 샘은 낮과 밤을 쉬지 않는다는 탄식이 있었으니, 알 수는 없으나 상인의 취한 바가 역시 이와 같은 뜻이었던가. 그렇지 않으면 불교는 청정한 도이니, 역시 유가 같음에 느낌이 있어 사랑함이었는가. 생각하건대, 천암만학千巖萬壑에 한 간의 절蘭若로 솔바람은 얼굴을 씻어 주고, 샘물은 마음을 깨끗하게 하여 뜨거운 번뇌를 선뜻 식혀주니, 한조각 청량한 경개를 말로는 이루 형용할 수 없도다. 저 솔의 푸르고 푸른 곧은 줄기가 눈을 이기고 서리를 업신여기며, 사시四時를 통하고 천년을 겪어도 가지를 갈지 않고 잎을 바꾸지 아니함을 보건대, 상인의 견고한 힘과 금강金剛같이 깨어지지 않는 절개가 있는 듯하다. 좔좔 흐르는 활수活水는 물구덩이 돌 뿌리에 쏟아 부어 한 줄기가 천 리를 갈 때, 물체에 막히지 않고 자취에 걸리지 않음을 보면, 이는 곧 상인의 진리의 근원을 활짝 열고 호연浩然하게 이성理性의 바다로 들어가는 묘리가 있는 듯하니, 상인의 취한 점이 여기에 있는 것인가도 싶도다. 내가 보건대, 상인이 사명을 받들고 우리 조정에 와서 언사辭命에 틀림이 없고 예절聘享에 법칙이 있어, 행동과 절차가 다 법도에 맞으니, 참으로 이름은 묵墨이면서 행실은 유儒라고 할지로다. 우리나라의 예악과 문물의 융성한 것과 이웃을 사귀고 먼 데를 친하게 하는 도리를 가지고 자기 나라에 전달하여, 두 나라 사이가 화목하고, 백성을 편히 쉬게 하여, 천만 세대에 이르도록 변함이 없게 할 것에 의심 없으니, 이에 이를 적노라. 홍희洪熙 원년 5월 모일 집현전 수찬集賢殿修撰 영가永嘉 권채權採는 쓰노라"

하였다. 또 시를 지은 사람이 수십 인인데, 그중에 형재亨齋 이직李稷의 시에는,

"선사는 세상을 피하여, 서로 찾는 이가 끊어졌는데, 솔은 무성하고 샘은 달며, 땅이 더욱 깊숙하도다. 재齋를 마치니 조용히 샘물을 끓이고, 강경을 끝내고 쇄락하게 맑은 그늘을 바라보누나. 진리는 원래 증감增減이 없나니, 뚫어 앎이 어찌 고금古今이라 다르리오. 오문五門을 더욱 단련하여 높은 데 두면, 밝고 밝은 부처님의 마음으로 전함이 있으리"

하였고, 부용정芙蓉亭 권홍權弘의 시는,

"가장 좋을 사 영 상인이 깊은 골에 집을 잡았도다. 푸른 은솔길 옆에 그늘을 던지고, 맑은 샘은 바위 모퉁이에서 흐른다. 벽을 향하여 무상無常을 깨닫고 시를 구하니 만축萬軸에 이르도다. 치졸한 시를 억지로 써서 알아보는 눈만 괴롭게 하네"

하였고, 교은郊隱 정이오鄭以吾의 시는,

"대사가 본래 고요함을 사랑하여서 다시 이 좋은 지경을 점령했구나. 바위 위에 빽빽한 솔은 서로 포개어 있고, 돌 틈의 샘물은 달고도 차다. 검푸른 빛은 추위를 겪어도 씩씩하고, 쉼 없이 좔좔 흐르는 것은 사람의 마음을 깨우치네. 세상 사람들은 산중의 이 경치를 모르는 것을 응당

불쌍히 여기리라. 옥을 부수는 소리 공중에 나르는 듯 맑은 그림자 달빛에 흩어진다. 해마다 바다 건너 놀러오니 건너가는데 손가락 튀기는 사이로세. 하늘가에 외로운 배 돌아오기를 바라노라. 원숭이와 학도 모두 고개를 늘이누나"

하였다.

임금이 승문원사承文院事 권맹손權孟孫에게 명하여 시권詩卷을 가져다주게 하고, 또 한강에서 전송하게 하였다. 이는 맹손이 중태와 범령의 원접선위사遠接宣慰使이었던 까닭이었다. 범령이 시를 받고 기뻐 감사하였다.

5月 14日(癸未) 5번째 기사
대마주의 좌위문대랑이 토산물을 바치다. 일본 국왕이 죽어 정포를 주다

對馬州 左衛門大郎使人獻土物, 仍求虎皮席子, 兼報日本國皇帝國王薨逝, 回賜正布五十匹.

대마주의 좌위문대랑左衛門大郎**148**이 사람을 시켜 토산물을 바치고, 거듭해서 호피와 자리를 청구하였다. 겸하여 일본국 황제 국왕이 죽은 것을 보고하므로**149** 정포 50필을 하사하였다.

6月 9日(丁未) 2번째 기사
장천 부원군 이종무의 졸기

長川府院君 李從茂卒. 從茂, 全羅道 長水縣人. 自少善射御. 辛酉, 隨父擊海寇於江原道有功, 還拜精勇護軍. 丁丑, 爲瓮津萬戶, 倭寇

---

148 대마도 왜구의 우두머리이다. 1권 제1부 「중요인물」 '조전좌위문태랑' 참조.
149 실정막부 5대 장군인 족리의량(足利義量, 1407~1425)이다.

突入圍城, 從茂拒戰, 陞僉節制使, 入爲上將軍. 庚辰, 賜翊戴佐命功
臣之號, 陞通原君, 義州等處兵馬節制使. 永樂丙戌, 封長川君, 兼右
軍摠制. 辛卯, 以賀正使入朝, 丁酉, 拜議政府參贊·判右軍都摠制府
事. 己亥, 征對馬島, 以從茂爲三軍都體察使, 領舟師討罪而還, 授議
政府贊成事. 尋貶祥原, 庚子, 召還, 爲長川君, 踰年拜府院君, 癸卯
秋, 以謝恩使赴京, 還貶于果川. 乙巳, 復爲長川府院君, 至是卒, 享年
六十六. 訃聞, 命內臣致弔, 仍賜賻物, 輟朝三日. 諡襄厚, 甲胄有勞
襄, 思慮不爽厚. 性朴實. 子昇平·德平·士平.

　장천 부원군長川府院君 이종무李從茂가 죽음을 맞이하였다. 종무는 전
라도 장수현 사람으로 젊어서부터 활을 잘 쏘고 말을 잘 달렸다. 신유
년에 아버지를 따라 강원도에서 바다의 도적을 토벌하여 공이 있으므
로, 돌아와 정용 호군精勇護軍에 임명되었다. 정축년에 옹진 만호甕津萬戶
가 되었는데, 마침 왜구가 갑자기 들어와서 성을 포위하므로, 종무가
막아 싸웠으며, 첨절제사僉節制使로 승진되었다가 들어와서 상장군上將軍
이 되었다. 경진년에 익대 좌명 공신翊戴佐命功臣의 호를 받고 통원군通原
君에 책봉되었고, 의주義州 등지의 병마절제사로 승진되었다. 영락永樂
병술년에 장천군長川君을 봉하고 우군 총제를 겸하였다. 신묘년에 하정
사賀正使로 명나라에 갔었고, 정유년에 의정부 참찬議政府參贊으로 판우군
도총제 부사가 되었다. 기해년에 대마도를 정벌할 때[150]에 종무從茂로
삼군 도체찰사三軍都體察使를 삼아 주사舟師를 거느리고 가서 토죄討罪하
고 돌아오니, 의정부 찬성사를 제수하였다. 얼마 후에 상원祥原으로 좌

---

150 1419년에 있었던 기해동정을 말한다.

천되었다가, 경자년에 불리어 돌아와서 장천군長川君이 되었고, 이듬해에 부원군으로 승진되었고, 계묘년 가을에 사은사謝恩使로 북경에 갔다가 돌아와서 과천으로 좌천되고, 을사년에 다시 장천 부원군이 되었다가 이 때에 이르러 죽으니 향년 66세이다. 부고가 올라가니 내관을 시켜 조상하고, 또 부의를 하사하고 조회를 3일간 정지하였다. 시호를 양후襄厚라 하였으니, 갑주甲胄로 공로가 있음이 양襄이요, 생각함이 어둡지 아니함이 후厚이다. 성질이 순박하고 진실하였다. 아들은 이승평李昇平·이덕평李德平·이사평李士平 셋이 있다.

6月 14日(壬子) 6번째 기사
왜구와 싸우다 전사한 박원보의 아들 박덕중에게 관직을 제수하다

學生朴德中上言, "父元寶, 去戊子年爲槍浦萬戶, 倭寇入侵, 力戰死之. 伏望推恩錄後." 命下吏曹, 吏曹啓, "今詳元寶戰死的實, 請依成憲, 除德中職." 從之.

학생 박덕중朴德中이 아뢰기를,

"아비 박원보朴元寶가 지나간 무자년에 창포[151] 만호槍浦萬戶가 되었을 때, 왜구가 침략해 들어왔으므로 힘껏 싸우다가 전사하였습니다. 엎드려 바라옵건대, 은택을 미루시어 후손을 등용하게 하소서"

하니, 명하여 이조로 내려 보내니, 이조에서 아뢰기를,

"이제 자세히 조사해보니 원보의 전사함이 알맞으니, 규정된 법에 의거하여 덕중에게 관직을 내리소서"

---

151 1397년(태조6)에 창포 만호 박용수를 가두었다는 기사(태조6-8-25-4)와 이 기사에서만 보인다.

하니, 그대로 따랐다.

6月 17日(乙卯) 7번째 기사
죽은 장천 부원군 이종무에게 사제하는 교서

賜祭于卒長川府院君 李從茂. 其教書曰, "委質宣力, 節不渝於險夷, 褒德報功, 恩克篤於終始. 此古今通義, 而國家恒規. 惟卿禀沈雄之質, 有寬重之量. 早習武藝, 號爲選鋒. 屢受禦侮之權, 頗騰制敵之譽. 遂遭遇於昭考, 久宿衛於潛藩. 逮至凶姦構亂之時, 克成翊戴佐命之烈, 或平禍亂, 以安宗祊, 蔚有豐功, 載諸盟府. 自是厥後, 眷顧益隆. 安撫南北則民賴以寧, 節制東西則賊不敢肆. 常典禁兵, 參贊廟算. 以至統三軍而徂征島寇, 奉使節而再入天庭. 如斯效忠於累朝, 何止出奇於三捷? 誠干城之將, 社稷之臣也. 俾陞崇班, 庸酬偉績. 方期壽考, 共享隆平, 夫何患疽, 遽爾長逝? 永惟勳舊之臣, 曷勝畫傷之懷? 爰命禮官, 就陳薄奠. 於戲! 脩短有期, 慨長城之忽隳, 弔恤特加, 慰壯魄之不昧."

죽은 장천 부원군 이종무李從茂에게 제사를 하사하였으니, 그 교서에 이르기를,

"몸을 바쳐 힘을 쓰되 험난하거나 편안하거나 절개가 변함이 없었으니, 덕을 표창하고 공을 갚는 데는 은택이 처음부터 끝까지 두터워야 할 것이라. 이는 고금을 통한 의리요, 국가의 떳떳한 법규이다. 오직 경은 깊고 억센 기질을 타고나서 너그럽고 무거운 도량이 있었다. 일찍이 무예를 익혀 선봉選鋒이란 이름을 얻게 되었고, 침입을 막아낼 권한을 여러 번 받았으며, 적을 잘 제어한다는 명예가 꽤 높았다. 그리하여 드디어 소고昭考의 알아주심을 얻게 되어 오랫동안 잠저潛邸에 모시었다. 흉

하고 간사한 무리들이 난리를 꾸밀 때를 당하여 능히 익대 좌명翊戴左命의 공을 이루었다. 혹은 화란禍亂을 평정하여 종사宗社를 편안하게 하니, 장하게도 풍성한 공이 맹부盟府에 기록되어 있다. 이로부터 그 뒤에는 사랑하시고 돌보심이 더욱 높으셨으며, 남방과 북방의 안무사가 되어, 백성은 힘입어서 편안하였고, 동쪽 서쪽의 절제사가 되어, 도적이 감히 발호하지 못하였다. 항상 금병禁兵을 거느렸고 정부 계획에 참예하였었다. 삼군을 통솔하고 섬 오랑캐를 토벌하였으며, 사절使節을 받들고 두 번이나 중국에 들어갔다. 이같이 여러 조에 충성을 바쳤으니 어찌 지혜를 내어 세 번 전쟁에 승첩한 것에만 그쳤으랴. 진실로 간성干城의 장수요, 사직社稷의 신하였다. 높은 반열에 올려서 위대한 훈공을 보답하였다. 바야흐로 수하고 건강하여 같이 융성하고 태평한 세월을 누리고자 하였더니, 어찌하여 종창으로 갑자기 길이 갔는가. 오직 공이 높고 오랜 신하를 생각하니, 이 슬프고 아픈 심회를 어찌 이길 수 있으리오. 이에 예관을 명하여 나아가서 간략한 제전을 베풀게 하노라. 슬프도다. 수명의 장단이 기한이 있을 것이나, 장성長城이 갑자기 무너졌음을 탄식하며 조상하고 도와줌을 특별히 더하여 씩씩한 넋의 어둡지 않음을 위로하노라"

라고 하였다.

7月 11日(戊寅) 7번째 기사
탑포 병선을 배 정박하기에 적당하다는 이유로 오아포로 옮기게 하다

兵曹據慶尙道處置使牒啓, "塔浦非徒風水險惡, 下碇不駐, 兵船難以依泊, 吾兒浦則藏風泊船最宜. 請塔浦兵船, 竝移泊於吾兒浦." 從之.

병조에서 경상도 처치사處置使[152]의 보고서에 의거하여 아뢰기를,

"탑포塔捕[153]는 풍랑이 험악하여 닻을 내려도 멈추지 않으므로 병선을 정박하기가 어렵고, 오아포吾兒浦[154]는 바람이 막혀서 배를 정박하기에 가장 적당합니다. 탑포 병선을 오아포로 옮기기를 청합니다"

하니, 그대로 따랐다.

7월 15일(壬午) 10번째 기사
일본 축전주 태재 종정징이 귀한 물건과 약재를 바치다

筑前州太宰宗貞澄使人獻大刀・山水畫圖疊・卓子・屛風・銅提子・犀角・丹木・硫黃・諸色藥材, 回賜正布一百七十匹.

일본의 축전주 태재筑前州太宰 종정징宗貞澄[155]이 사람을 보내어 큰 칼과 산수화 도첩・탁자・병풍・구리 주전자・서각犀角・단목・유황과 여러 가지 약재를 바치므로, 정포 1백 70필을 회사하였다.

---

152 도안무처치사(都按撫處置使)를 말한다. 1466년에 수군절도사 즉 수사로 개칭하였다.
153 송변현(松邊縣)에 있으며 목장이 있다고 하였다(『신증동국여지승람』 「경상도」 「거제현」). 경상우수영은 웅천의 내이포, 창원의 합포, 거제의 산련포와 탑포를 거쳐 1419년에 오아포로 옮겨졌다고 하여, 거제도의 포구이고 일시 경상우수영이 있었던 곳임을 알 수 있다(『각사등록』 해제).
154 경상도 거제현에 있던 포구이다. 세종 대에는 경상우도 수군 도안무처치사가 거제 오아포에 있었는데, 병선 28척, 군사 2601명이었다. 원래 제포에 있었으나 기해동정 직후에 옮겼다. 가배량 견내량 등지의 만호와 함께 왜구의 길목을 막기 위한 것이었다(『세종실록』 「지리지」 「경상도」). 특히 거제도는 왜구들이 왕래하는 길목이었으므로, 오아포를 비롯하여, 영등포・옥포・조라포・지세포・율포 등에 수군 군영 및 보(堡)를 두었다(『신증동국여지승람』 「경상도」 「거제현」).
155 종정무의 동생으로 축전주수(筑前州守)를 자칭하였다. 세종 7-7-15-10, 세종 9-6-29-2, 세종 11-3-27-3, 세종 12-6-11-2, 세종 13-5-6-2의 '종정징' 참조.

7月 25日(壬辰) 4번째 기사

왜인을 물리친 염간 황복지·김갓달 등에게 공패 수여·부역을 면하게 하다

兵曹據慶尚右道水軍處置使報啓, "葛伊島等處捕倭時, 二等成功
鹽干黃福只·金加叱達等十三名, 請依己亥年東征時賞功例, 功牌成
給, 己身除役." 從之.

병조에서 경상우도 수군水軍 처치사處置使의 보고에 의거하여 아뢰기를,

"갈이도葛伊島156 등지에서 왜인을 잡을 때에, 2등으로 공을 세운 염간
鹽干157 황복지黃福只·김갓달金加叱達 등 13명을 기해년에 동정東征할 때
상공賞功한 예에 따라 공패功牌를 만들어 주고, 본인이 살아있는 동안은
부역을 면제해 주기를 청합니다"

하니, 그대로 따랐다.

---

156 대마도에서 남해 미조항에 이르는 항로가 욕지도(欲知島)·마도(馬島)·내갈리도(內葛里
島)·외갈리도(外葛里島)·대로대도(大勞大島)·소로대도(小勞大島)·내거차리도(內巨次
里島)·외거차리도(外巨次里島)·둔미도(芚彌島)를 지나 남해 미조항에 이른다고 하였다
(성종 17-11-223). 갈리도는 욕지도와 노대도 사이에 있는 섬으로 생각된다

157 염간은 조선 초기 정종 1년(1399)에 나타난다. 그러나 실제로는 고려 후기이래로 세습적으
로 공역(貢役)을 부담하였던 염호에서 유래되었다고 볼 수 있다. 조선 초기에 특정 물자를 공
납하던 부류를 칭간자(稱干者, 干이라는 칭호가 붙던 사람)라 하면서 염간도 정역 부담자가
되어 자염에 종사하게 되었던 것이다. 염간은 염업에 종사해 소금의 판매 수입으로 생활하던
사람들로서 매년 봄·가을 일정액의 염세(鹽稅)를 소속 염창(鹽倉)에 납부할 의무가 있었으
나, 부역(賦役)은 면제되었다. 염간은 신역(身役)으로서 염역(鹽役)을 부담하므로, 고액의 염
세가 부과되어 사염(私鹽, 私干)보다 세납액이 많았다. 이들의 세납액은 세종 초 대체로 20석
(石)이었으며, 세종 말에는 10석으로 유지되었다. 그러다가, 성종연간에 8석으로 인하되었으
며, 사간(私干)은 4석으로 고정되었다. 염간의 역인 염세의 납부는 단순히 염세의 공출에 그
치는 것이 아니라, 염세의 수운(輸運)과 손실분까지 부담해야 했으므로 과중한 것이었다. 다
만, 부방(赴防)에 동원되는 경우에 공염(貢鹽)을 면제받기도 하였다. 한편, 이들의 염세는 국
가재정과 군자(軍資)에 충당되었다. 군량미를 조달하기 위해서 선군(船軍)을 동원하기도 하
였으며, 염간들이 구황염(救荒鹽)을 생산하기도 하였다.

8月 17日(癸未) 4번째 기사

지현사 손이순의 청에 따라 거제현의 오양역을 복구하다

復立巨濟縣 烏壤驛, 從知縣事孫以恂之請也. 初自固城 松道驛至
巨濟縣七十里, 至玉浦·永登各浦, 又加遼隔, 松道之馬多困斃, 故置
此驛.

거제현의 오양역^{烏壤驛}<small>158</small>을 복구하였으니, 지현사<small>知縣事</small> 손이순<small>孫以恂</small>
의 청을 따른 것이었다. 당초에 고성<small>固城</small>의 송도역<small>松道驛</small><small>159</small>에서 거제현
까지가 70리이고, 거기서 옥포<small>玉浦</small>·영등<small>永登</small> 각 포까지는 또 요원<small>遼遠</small>하
므로, 송도역 말이 많이 시달려서 죽게 되는 까닭으로 이 역을 설치하게
된 것이었다.

8月 18日(甲申) 1번째 기사

병조에서 올린 흉년으로 인한 경기도 선군의 결원을 해결하기 위한 방안

兵曹與議政府·諸曹同議啓, "近因年歉, 京畿·江原道人物流移于
全羅·忠淸道者甚多. 緣此, 京畿船軍闕額之數, 至於七百三十二名,
海門防禦虛疎, 誠爲可慮. 去甲辰年, 全羅道敬差官吳寧老推刷本道
各官到接流移人物壯丁, 摠七千一百三十八名. 請其中抽農業有實者,
以三丁爲一戶, 定爲正軍奉足, 中分其數, 其一半與上道元屬船軍和
會, 各於附近各浦推移定屬, 其定屬餘數, 與忠淸道各官到接流移人

---

158 오양역(烏壤驛)은 현아의 서쪽 34리 지점에 있으며, 홍치(弘治) 경신년에 이 역에 보루(堡壘)
를 설치하였는데, 돌로 성을 쌓았다. 둘레는 2천 1백 50척이고, 높이는 15척이다. 권관(權管)
을 두어서 방수(防守)한다고 하였다(『신증동국여지승람』「경상도」「거제현」). 현재 경상남
도 거제시 사등면 오량리로 생각된다.
159 고성현 현아에서 북쪽 2리에 있다고 하였다(『신증동국여지승람』「경상도」「고성현」). 현재
의 고성 읍내로 생각된다.

物壯丁四百八十名和會於忠淸道各浦, 各以附近定屬, 又其定屬餘數, 於京畿各浦, 依上項推移充定, 俾無闕額. 其一半與下道元屬船軍和會, 各於附近各浦, 推移定屬, 餘數於慶尙道附近各浦元屬船軍和會定屬, 其餘數於巨濟縣船軍推移定屬, 與其元屬船軍內遠處住人和會, 分三番赴防, 以均其役." 從之.

병조에서 의정부와 여러 조와 함께 논의하여 아뢰기를,

"근래에 흉년으로 인하여 경기도와 강원도 사람이 전라도와 충청도로 옮겨 간 자가 매우 많습니다. 이 때문에 경기도 선군船軍은 결원이 732명이나 되어서 해변 방어가 매우 허소虛疎하니 진실로 염려됩니다. 지난 갑진년에 전라도 경차관敬差官 오영로吳寧老가 본도 각 고을에 이리저리 떠돌다 옮겨 다니며 사는 장정을 조사하니, 총 7,138명이었습니다. (그런즉) 그중에서 농업이 유실有實한 자를 뽑아서 장정 3인씩으로써 1호戶로 잡아 정군 봉족奉足으로 하여, 호수를 반분하여 한쪽 반분은 상도上道에 원래부터 소속된 선군船軍과 섞어 부근 각 포에 소속을 배정하고, 그 배정한 나머지 수는 충청도 각 고을에 떠들어와서 사는 장정 4백80명과 섞어서 충청도 각 포에 소속을 배정하고, 또 그 나머지는 경기도 각 포에 위와 같은 방식으로 배정 충당하여 결원이 없도록 합니다. 그리고 그 한쪽 반분은 하도下道에 원래부터 소속된 선군과 섞어 부근 각 포에 소속을 배정하고, 배정한 나머지 수는 경상도 부근 각포에 원래부터 소속된 선군과 섞어 소속을 배정하고, 또 나머지 수는 거제현 선군으로 소속을 배정하여, 원래부터 소속된 선군으로 먼 곳에 거주하는 사람과 섞고, 3교대로 나누어 부방赴防하게 하여 역役을 고르게 하도록 하기를 청합니다"

하니, 그대로 따랐다.

8月 25日(辛卯) 2번째 기사

대마도 좌위문대랑이 토산물을 바치다

對馬島左衛門大郎使人獻土物.

대마도 좌위문대랑左衛門大郎[160]이 사람을 시켜 토산물을 바쳤다.

9月 19日(乙卯) 1번째 기사

일본국 원도진과 종정성이 각각 물품을 바치다

日本國源道鎭使人獻蘇木·鉛鐵·象牙·硫黃·藥材等物, 回賜正
布二百二十匹. 宗貞盛使人獻硫黃·白銅·藥材等物, 回賜正布八十
五匹.

일본국 원도진源道鎭[161]이 사람을 시켜 소목蘇木[162]·연철鉛鐵[163]·상
아·유황·약재 등 물품을 바치므로, 정포 2백 20필을 주었다. 종정성宗
貞盛[164]이 사람을 시켜 유황·백동·약재 등 물품을 바치므로, 정포 85

---

160 대마도 왜구의 우두머리이다. 1권 제1부 「중요인물」 '조전좌위문태랑' 참조.
161 전 구주탐제 삽천만뢰(澁川滿賴)이다. 1권 제1부 「중요인물」 '삽천만뢰' 참조.
162 소방목(蘇枋木)·적목(赤木)·홍자(紅紫)·단목(丹木)·홍목(紅木)·적목(赤木)이라고도
    하였다. 동인도와 말레이반도 등 열대 지역의 나무이며 조선에서는 나지 않아서 세종 대에는
    9년 간 7만 근을 수입하기도 하였다. 목재의 부위에 따라 한약재와 염료로 사용한다. 특히 황
    갈색이 강하고 광택이 있으며 염색이 잘되고 화려한 홍색을 얻을 수 있었다. 『임원경제지』에
    서는 소목의 목홍색(木紅色)이 명반(明礬)에 의하여 홍색으로 발색된다고 하였다.
163 금·은·납이 섞여 있는 광물을 말한다. 1503년에 김감불이 김검동과 함께 단천에서 산출되
    는 연철에서 은을 분리하는 제련법을 개발하였다고 한다. 연철을 탄소가 적게 함유한 철로
    이해한 것은 연철(鍊鐵)로 오해한 것이다. 연과 철로 나누어 해석한 것은 철을 수입한 셈이
    되므로, 받아들이기 어렵다.
164 대마도주 종정무(宗貞茂)의 아들 도도웅환(都都熊丸)이다(1385~1452). 1418년 아버지가 죽
    자 대마도 수호직을 이어받았다. 1419년에 기해동정(己亥東征)을 겪었다. 1441년 대마도인
    들이 조선의 고초도 해상에서 고기를 잡을 수 있는 고초도 금약을 맺었고, 1443년에 계해약

필을 주었다.

10月 8日(癸酉) 3번째 기사

일본국 준주 태수 원성의 처 융선이 방물을 바치다.

日本國駿州太守源省妻融仙使人請還人口, 仍獻琉璃瓶白銅·丹木
等物, 回賜正布二百匹.

일본국 준주[165] 태수駿州太守 원성源省[166]의 처 융선融仙[167]이 사람을 보
내어 포로 된 인구를 돌려보내기를 청하고, 유리병·백동·단목 등 물
건을 바치니, 정포 2백 필을 사례하였다.

10月 9日(甲戌) 6번째 기사

왜인에게 발부해 준 노인을 기한이 지난 뒤에 곧 거두게 하다

禮曹據慶尙道監司關啓, "對馬島興利倭船主所溫田知持已經行販路
引, 汎濫再來. 請本道人路引例, 於行販後, 隨卽收取, 以防冒濫." 從之.

예조에서 경상도 감사의 관문에 의거하여 아뢰기를,

"대마도의 장사하는 왜선의 선주船主 소온전지所溫田知[168]가 이미 기한

조를 맺었다. 주군가(主君家)인 소이씨(少貳氏)의 세력이 약화되자 조선과의 교역권을 장악
함으로써 대마도를 효율적으로 지배하고자 하였으며, 마찬가지로 조선과의 교역에 관심을
가진 대내씨(大內氏)와 대립하였다. 1권 제1부 「중요인물」, '종정성' 참조.
165 현재의 시즈오카현(淨岡縣) 일대를 지칭하는 고대 이래의 지역 명칭인 준하국(駿河國)을 뜻한다.
166 준주태수는 준하국(駿河國)의 국수(國守)라는 뜻이지만, 실제 관직이 아니고 무가의 위상을
나타내는 무가관위(武家官位)이다. 원성은 북구주 서단의 전평(田平)을 근거로 한 세력의 우두
머리로 준주태수(駿州太守, 駿河國의 國守)를 자칭하였다. 따라서 준주태수(駿州太守)·목(牧)
으로 자처하는 사람들이 원래는 송포(松浦) 지역의 전평 혹은 일기도(一岐島)에 거점을 둔 세력임
을 알 수 있다.
167 원성의 처·후실·가실 등으로 나타나며, 몇 차례에 조선에 사람을 보내어 통교하였다(세종
6-5-20-4, 세종 7-10-16-5, 세종 10-1-12-5, 세종 11-6-18-4, 세종 11-9-8-4).
168 소온(所溫)은 종(宗)의 음사(音寫)일 가능성이 있다. 소온전지 이외에도 소온사야문(所溫沙也

이 지난 노인路引[169]을 가지고 마음대로 다시 옵니다. 본도本道 사람 노인
路引의 예대로 기한이 지난 뒤에는 곧 거두어서 함부로 이용하는 것을
방지하도록 하소서"
하니, 그대로 따랐다.

10月 13日(戊寅) 2번째 기사
일본국 원도진·평상가·종금이 토산물을 바치다
日本國源道鎭·平常嘉·宗金使人來獻土宜.
일본국 원도진源道鎭·평상가平常嘉[170]·종금宗金[171]이 사람을 보내어
토산물을 바쳤다.

10月 13日(戊寅) 5번째 기사
왜 객인이 바치는 물건은 다 헌납하게 하라고 명하다
傳旨禮曹, "自今倭客人所獻之物, 除專不用外, 毋分品秩, 竝皆許納."
예조에 전달하기를,
"지금부터 왜객인이 바치는 물건은 전연 쓰지 못할 것 외에는 품질을
분별하지 말고 다 헌납을 허락하라"

文, 세종 21-9-16-4), 소온히코파지(所溫皮古破知, 宗彦八) 등이 있다(성종 7-11-4-1, 성종 8-9-30-2
등) . 소온히코파지는 도주의 친족이고(성종 7-11-4-1), 도주와 성이 같은 근친이라고 하였다(성
종 8-9-30-2).
169 대마도주가 발행하는 도항증명서를 말한다.
170 미작태수(美作太守, 美作守)라는 무가관위를 가지고 이 시기에 구주지역에서 활동한 인물로는
안예국(安藝國) 소전(沼田)을 영지로 하는 소조천칙평(小早川則平) 입도상가(入道常嘉, 美作
守)가 있다. 세종 즉-10-13-4, '미작태수' 참조(세종 5-5-25-4, 세종 6-6-20-3, 세종 7-10-13-2, 세종
8-1-4-4, 세종 9-1-19-7, 세종 10-3-1-2, 세종 10-7-10-4, 세종 10-8-26-5)
171 박다의 승려 겸 상인이다. 세종 7-1-6-5, '종금' 주석 및 1권 제1부 「중요인물」 '종금' 참조.

하였다.

10月 16日(辛巳) 5번째 기사

좌위문오랑 · 우위문대랑 등을 일본국 준주태수의 후실 융선에게 돌려보내다

禮曹啓, "今駿州太守後室融仙請還左衛門五郎 · 衛門大郎等二名, 請考其倭案刷還." 從之.

예조에서 아뢰기를,

"지금 (일본국) 준주 태수駿州太守[172]의 후실後室 융선融仙[173]이 좌위문오랑左衛門五郎[174] · 우위문대랑右衛門大郎[175] 등 두 사람을 돌려보내 주기를 청하니, 왜안倭案[176]을 떠올려 돌려보내기를 청합니다"

하니, 그대로 따랐다.

10月 16日(辛巳) 9번째 기사

경차관 허성의 계에 따라 거제도 사월포에 읍성을 만들게 하다

敬差官許誠啓, "臣與慶尙道監司 · 都節制使入巨濟島, 看審邑城可當之地. 沙月浦, 人民所居各里不遠, 如有賊變, 易以聚會入堡, 賊船隱泊諸島隔遠, 人民農場亦近, 可作邑城, 以奠民居." 從之.

---

172 준주태수(駿州太守)를 자칭하는 전평전(田平殿) 원성(源省)이다.
173 전평(田平) 원성(源省)의 부인으로 여러 차례 조선과 통교하였다.
174 전평전 원성의 부인인 융선이 1427년에 조선으로 도망쳐 머물고 있는 자신의 백성이라고 하였다. 이후 일본으로 돌아간 좌위문오랑은 여러 차례 조선에 파견되었다. 성종 대에 조선에서 피살된 인물로도 좌위문오랑이 보이지만 동일인물인지는 알 수 없다(세종 7-10-16-5, 세종 10-1-12-5, 세종 12-11-2-2, 세종 18-7-16-5, 세종 19-7-21-2, 세종 19-10-16-2, 세종 20-3-7-5).
175 1422년(세종 4)에도 우위문대랑이 보이는데 종언륙 등과 함께 토산물을 바친 주체로 등장하기 때문에 이 기사의 우위문대랑과 동일인물은 아닌 것으로 보인다.
176 향화 왜인 등 조선에 거주하게 된 왜인에 대하여 기록한 장부로 병조에서 관리하였다.

경차관敬差官 허성許誠이 계하기를,

"신이 경상 감사 도절제사都節制使와 같이 거제도에 들어가서 읍성으로 적당한 곳을 살펴보았습니다. 사월포沙月浦[177]는 인민들이 사는 여러 마을과 그리 멀지 아니하여 만일 외적이 갑자기 들어오더라도 사람들이 모이기가 쉽고 보堡에 들어오는 적선賊船이 여러 섬에 숨어 있으므로 인민들과 멀리 떨어져 있고 농장도 가까우니, 읍성을 만들어 백성들을 살게 할 만합니다"

하니, 그대로 따랐다.

10月 18日(癸未) 2번째 기사

왜인 종금에게 도서를 만들어 주다.

命造給宗金圖書, 因其請也. (…後略…)

명하여 왜인 종금宗金[178]에게 도서圖書[179]를 만들어 주니, 그의 청에 따

---

177 거제도의 사월포는 여기에만 보인다.
178 박다의 승려이자 상인이다. 1권 제1부 「중요인물」 '종금' 참조.
179 조선정부가 일본 통교자를 통제하기 위하여 쓰시마도주 등에게 통교 증명으로 발급해 준 구리 도장. 조선에서는 관인(官印)을 인장(印章), 사인(私印)을 도서(圖書)라고 하여 서로 구분했으며, 도서는 인면(印面)에 사용자의 실명이나 성명을 새겨 넣은 구리로 만든 도장이다. 도서를 발급받은 일본인은 수도서인(受圖書人)이라 불렸다. 발급 이유는 통교권자가 아닌 사람이 통교권자를 사칭하면서 통교하는 것을 방지하려는 것이었다. 즉 조선통교권자의 특권을 보호받을 목적으로 일본이 조선정부에 청원하여 발급하게 되었다. 그 시원은 확실하지 않으나 1418년(세종 즉위년)에 일본의 요청으로 예조에 명하여 만들도록 한 것으로 추정된다. 도장을 도서라고 부른 유래는, 도서(圖書)에 도장을 찍어서 소유자를 표시하던 관습에서 비롯된 것이라고 한다. 조선에서는 무절제한 왜인의 출입을 제한하기 위하여 도서가 찍힌 서계(書契)를 가져오는 수도서인(受圖書人)이나 수도서선(受圖書船)에 한하여 각 포소(浦所)에서 통상을 허락했다. 도서를 만들면 이를 찍어 각 포소의 독(櫝, 나무로 짠 궤짝)에 넣어 보관해 두고, 도서를 받은 왜인이 오면 그것을 꺼내 확인하도록 했는데, 절대로 대출·차용을 허용하지 않았다. 도서는 쓰시마 도주가 물품 지급을 요청할 때, 사청(私請)인 경우는 종(宗)이라는 성명 위에 찍고, 사청이 아닌 경우는 직함 위에 찍도록 되어 있었다. 가장 중요한 경우세 번 찍은 삼착도서(三着圖書)부터 이착도서(二着圖書)·일착도서(一着圖書)의 순으로 용건의 중요도에 따라 날인횟수가 달랐으며, 찍힌 수에 따라 지급하는 양곡의 수량도 달랐다.

른 것이다. (…후략…)

10月 18日(癸未) 3번째 기사
울산 읍성의 관리와 백성은 새 성으로 옮기고, 절제사는 구읍성을 지키게 하다

慶尙道監司據左道節制使關及蔚山郡人民等狀啓, "兵使以爲, '內廂新城旣大, 必合入蔚山郡吏民, 可以保守. 況本郡軍資·義倉, 亦已移設於新城之內, 而吏民安土重遷, 迨今仍住舊城. 萬有不虞, 兩城守護爲難. 令入吏民於新城, 破其舊邑城, 以絶吏民安土之心.' 蔚山吏民以爲, '若郡合入內廂新城, 則守令吏卒, 朝夕祗謁元戎, 無時支對使客, 不唯廢事, 供億爲難.' 乞依右道例, 節制使領軍處新營城, 郡守處於舊邑城, 依舊分治軍民爲便."

命下兵曹, 與議政府·諸曹同議. 議云, "蔚山邑城居住吏民, 竝移處新營城, 而節制使領軍馬, 戍於舊邑城, 如有賊變, 或合入新城固守, 或出兵追賊, 臨時應變可也. 其舊邑城, 請如把截口子例勿毁." 從之.

경상 감사가 좌도^{左道} 절제사의 관문과 울산군 인민들의 등장^{等狀}180에 의거하여 아뢰기를,

"병사^{兵使}는 말하기를, '내상^{內廂}181의 새 성城이 이미 크게 수축되었으

도서의 사용범위는 점차 확대되어 거추급(巨酋級) 왜사(倭使)나 규슈지방(九州地方)의 왜인에게까지 쓰시마 도주의 저도서를 받아오도록 함에 따라 쓰시마 도주의 권한도 그 만큼 확대되었다. 쓰시마 도주가 죽으면 그 아들에게 계승을 허락했는데, 왜인의 출입을 제한하자 왜인들은 빈번히 위조·변조하는 폐단이 나타났다(『조선시대 대일외교 용어사전』). 종금은 도서를 받은 왜인 중에 이른 사례이다.

180 조선시대 여러 사람이 연명(連名)하여 관부에 올리는 소장(訴狀)이나 청원서·진정서를 말한다. 소지(所志)한 사람의 이름으로 올리지만, 등장은 여러 사람의 이름으로 올리는 점이 다르다. 뎨김(題音)이나 제사(題辭)를 받은 등장은 관부의 처분·판결을 받은 증거 자료로서 등장을 올린 사람들에 의하여 소중히 보존되었다.

181 조선시대 각도 도절제사(都節制使)의 군영(軍營)을 말한다. 이 기사에서도 경상좌도 도절제

니 반드시 울산군을 합쳐 넣어야 하겠으며 그래야만 관리와 백성들을 보호해 지킬 수 있겠다. 더구나 본군의 군수 물자 창고도 이미 새 성안으로 옮겼는데 관리와 백성들은 지금까지 편히 살던 곳을 옮기기를 어려워해서 아직도 구성舊城에 머물고 있다. 이러다가 만약 뜻밖의 사변이라도 일어나게 되면 두 성을 수호하기가 어려울 것입니다. 관리와 백성들을 새 성으로 들어가게 하고, 구읍舊邑의 성은 헐어버리어 관리와 백성들이 고향을 떠나기 싫어하는 마음을 끊게 하여야 한다'고 하며 울산의 관리와 백성들은 말하기를, '만약 군郡이 내상內廂의 새 성으로 합하게 되면 수령과 이속吏屬들이 아침저녁으로 장군에게 문안해야 하며, 때 없이 윗손님을 접대하여야 하므로 일을 못하게 될 뿐 아니라 사람 치다꺼리하기에 곤란하였다' 하니, 우도右道의 예에 의하여 절제사는 군사를 거느리고 새 성에 있게 하고 군수는 구읍의 성에 있게 하여 예전대로 군軍과 민民을 나누어 다스리기에 편리하도록 하기를 원합니다"

하니, 명하기를,

"병조에 내리어 의정부와 여러 조曹로 더불어 함께 의논하라"

하였더니, 의논하여 이르기를,

"울산 읍성에 거주하는 관리와 백성은 모두 새 성으로 옮겨 살게 하고 절제사는 군마軍馬를 거느리고 구읍성에서 지키다가, 만일 외적의 사변이 있게 되면 새 성으로 합해 들어가서 굳게 지키거나 혹은 군사를 출동하여 적을 추격하거나 하여 임기응변하는 것이 좋겠습니다. 구읍성은 파절구자把截口子182의 예와 같이 헐지 마소서"

사가 울산 병영성을 새로 개축한 사실과 관련하여 언급하고 있다.
182 여기에만 보인다. 이름으로 보아 여진족 방면에 성을 쌓으면서 새로운 성과 기존의 성을 병

하니, 그대로 따랐다.

11月 1日(丙申) 2번째 기사

일본 구주의 원도진과 축주의 평방 식부승 선행이 물건을 바치다

日本九州源道鎭使人獻珠·犀角·象牙·蘇木等物, 回賜正布一百
三十匹. 筑州平方式部丞宣行使人獻銅鉛·扇子·蘇木·明礬等物, 回
賜正布九十匹.

일본 구주의 원도진源道鎭이 사람을 보내어 구슬·서각犀角·상아·소
목蘇木¹⁸³ 등 물건을 바치니, 정포 1백 30필을 회사하였다. 축주筑州의 평방
平方¹⁸⁴ 식부승式部丞¹⁸⁵ 선행宣行¹⁸⁶이 사람을 보내어 동銅·연鉛·부채·
소목·명반明礬 등 물건을 바치니, 정포 90필을 회사하였다.

11月 8日(癸卯) 9번째 기사

병선 한 척마다 육물 세 가지씩만 갖추게 하다

兵曹據全羅道處置使牒啓, "兵船每一艘, 陸物各備五件, 已曾立法.

치시켰던 것으로 생각된다.
183 소방목(蘇枋木)·단목(丹木)·적목(赤木)·홍자(紅紫)라고도 하며, 학명은 'Caesalpinia sapp
an L'이다. 목재의 부위에 따라 한약재와 염료로 사용한다. 열대 지역의 나무이며 조선에서는
나지 않아서 세종 대에는 9년 간 7만 근을 수입하기도 하였다. 권두 「교역물품」 '소목' 참조.
184 평방씨(平方氏)의 시조인 길구(吉久)는 명에서 건너온 위천(魏天)의 아들로 족리의지(足利義
持)의 사절로 기해동정 직후에 조선에 사신으로 파견된 바 있다(『老松堂日本行錄』). 『해동제국
기』「일본국기」에 의하면, 섭진주(攝津州) 병고진(兵庫津)에 민부위(民部尉) 평방충길(平方忠
吉)이라고 하는 도서를 받은 사람이 있었다. 그러나 이 기사의 평방선행은 축주에 있다고 하였다.
185 관인의 인사관리를 관할하는 식부(式部)의 차관이라는 뜻이다.
186 평방행길과 동일인물로 생각된다. 평방행길에 관해서는, 1425년에 축주(筑州) 평방(平方) 식부
승(式部丞) 행길(行吉)로 보이고(세종 7-1-9-5), 1426년에 축전주 냉천진 평방 식부위 행길과 그
아들 차랑오랑이 보이고(세종 8-11-16-2), 같은 해 평방행길이 사신의 왕래를 도왔으므로 그 아들
이랑고라(二郎古羅)에게 옷 두 벌을 하사하였다는 내용이 보인다(세종 8-12-4-2).

然五件之備, 非徒船軍之苦, 至於行船時, 一船所乘軍人, 共載衣糧與
公私軍器衣甲. 緣此載重, 陸物雖一件, 尙未盡載, 常置陸庫, 非唯上
漏下濕, 歲久則蟲損不用, 隨令船軍充數, 有弊無益. 其中船上最緊碇
及攬索外, 其餘器械, 每船各備三件, 則船軍營備便易, 苦役稍歇, 而
器械亦無不足之患. 請自今依上項預備, 會計施行." 從之.

병조에서 전라도 처치사處置使의 첩보牒報에 의거하여 아뢰기를,

"병선 한 척마다 육물陸物**187** 다섯 가지씩 각각 갖추기로 이미 법을 세
웠습니다. 그러나 다섯 가지씩 갖추는 일은 선군船軍의 괴로움이 될 뿐
더러, 행선行船할 때 한 배에 탄 군인과 함께 의복·양식 및 공사公私의
군기·갑옷 등을 싣습니다. 이 때문에 짐이 무거워서 육물은 비록 한
가지라도 오히려 다 싣지 못하여 항상 육지의 창고에 두게 되니, 위로는
새고 밑으로는 젖을 뿐 아니라, 오래되면 벌레가 먹어 쓰지 못하게 되
고, 따라서 선군으로 하여금 그 수를 채우게 하니, 폐만 있고 이익이 없
습니다. 그중에 배에서 가장 요긴한 닻碇과 고댓줄攬索 외에 나머지 기구
들은 배마다 각각 세 가지씩만 갖추면, 선군들이 간수하기가 편리하고,
노역도 좀 줄고, 기구도 부족될 염려가 없을 것입니다. 앞으로는 이제
아뢴 대로 예비 계산하여 시행하기를 청합니다"
하니, 그대로 따랐다.

---

187 육물은 배를 운용하는 데 필요한 물품을 말한다. 정(釘, 못), 고(藁, 볏짚), 죽(竹), 저(苧, 돛 제
작), 절판(折板, 판자), 절주(折柱, 기둥), 범연(帆筵, 돛 제작) 등을 말한다. 처음에는 이들 물
품 중 여섯 가지를 육물(六物)이라고 불렀다. 그 후 그밖 물품도 모두 육물(陸物)이라고 했다.

11月 14日(己酉) 7번째 기사

평만경과 원창청이 각각 구리·주석·약재 등의 물품을 바치다

平滿景使人獻銅錫·硫黃·蘇木等物, 回賜正布三百八十匹. 源昌淸使人獻犀角·蘇木·硫黃·銅·藥材等物, 回賜正布一百四十匹.

평만경^{平滿景}188이 사람을 시켜 구리·주석·유황·소목189 등을 바치니, 정포 3백 80필을 회사하였다. 원창청^{源昌淸}190이 사람을 보내어 서각^{犀角}·소목·유황·구리·약재 등 물품을 바치니, 정포 1백 40필을 사례하였다.

---

188 평만경(平萬景)이라고도 표기하며, 박다(博多) 석성(石城) 지역의 통교자이다. 축주(筑州) 석성부관사(石城府管事, 세종 1-6-1-4), 서해로(西海路) 민부소보(民部少輔, 세종 2-5-19-4), 축주부(筑州府) 석성현사(石城縣使) 민부소보(民部少輔, 세종 3-7-5-2), 원도진관하(源道鎭管下, 세종 5-9-28-2) 등으로 보인다. 구주탐제를 지낸 삽천만뢰(澁川滿賴, 源道鎭)의 이름 만(滿)을 습명(襲名)한 인물로 생각된다.
  평만경이 조선과 직접 통교하게 된 것은 기해동정을 단행하기 직전이다. 1419년 6월 1일에 사람을 보내어 토물을 바치고 만경이라는 인장을 요구하였고, 조선이 이를 받아들여 수도서인이 되었다. 또한 기해동정이 대마도만을 정벌한 일이라는 것을 설명하기 위하여 파견된 송희경을 삽천만뢰와 삽천의준의 사자로서 융숭하게 대접하였고 또한 송희경의 호송을 담당하였다. 평만경은 피로인 송환에도 적극적으로 협조하여, 북구주 지역에서 삽천만뢰에 다음가는 교역상의 지위를 획득하였다. 삽천씨 무역의 실질적인 담당자는 평만경 및 종금과 같은 무역상들이었다. 田中健夫, 『中世海外交涉史の硏究』, 東京大出版會, 1959(초판)/2002(6쇄), pp.40∼42.
189 한약재와 염료로 사용되는 목재이다. 권두 「교역물품」 '소방' 참조
190 세종 즉위년 10월 14일(경인) 5번째 기사 및 10월 29일(을사) 1번째 기사에 보이는 길견창(吉見昌) 및 길견창청(吉見昌淸)과 동일인물로 보인다. 태종 대에는 비주(肥州) 태수(太守) 원창청(源昌淸)으로도 보인다. 길견씨는 구주탐제(九州探題) 삽천씨(澁川氏)의 피관(被官)이며 원창청은 비전(肥前) 수호대(守護代)를 지냈다. 즉 그는 구주탐제의 비전수호(肥前守護)라는 직책을 대신하여 수행하는 부하였던 것이다. 그러므로 자신의 지위를 다소 과장하여 비전태수(肥前太守)·비주태수(肥州太守)를 자칭한 것이다. 그런데 원창청에 대하여 능주태수(能州太守)·웅주자사(熊州刺史)라고 기록한 예가 있다. 실록에는 일본의 관직명으로 능주(能州)와 웅주(熊州)는 오직 원창청과 관련되어 사용되었고, 다른 용례가 없다. 따라서 능주와 웅주는 모두 비주(肥州)의 오기라고 할 수 있다. 이는 글자가 유사한 데서 생긴 오류로 생각된다.

11月 20日(乙卯) 3번째 기사

무릉도 입항 때 파선되어 죽은 강원도 수군의 초혼제를 지내게 하였다

傳旨禮曹, 戶曹, "茂陵入歸時, 敗船物故江原道船軍, 招魂致祭致賻." 金麟雨云, "漂向日本." 上以謂敗船, 故有是命.

예조와 호조에 전지傳旨하여, 무릉도에 들어갈 때 배가 부서져서 사망한 강원도 수군水軍의 초혼제招魂祭를 지내게 하고, 치제致祭하고 치부致賻하게 하였다. 김인우金麟雨[191]가 일본으로 표류하였다고 말하였으므로, 임금이 배가 부서져서 (모두 죽었다고) 생각하였기 때문에 이렇게 명령한 것이다.

11月 22日(丁巳) 6번째 기사

해주에 영진을 이설하는 문제

黃海道敬差官啓, "海州營鎭移設便否, 臣與監司一同更審. 都節制使營, 舊在海州城內. 今又加設海州鎭, 則一城內竝置營鎭, 實爲未便. 且賊船來泊於遠浦, 則不及應變必矣. 州治之南六十餘里, 有地名唐釜, 各浦·各島中央防禦要害之地也. 於此築城, 使鎭節制使來往防禦何如?"

命下政府·六曹共議. 領敦寧柳廷顯·領議政李稷等諸大臣會議啓曰, "唐釜之地, 雖合設鎭, 若海州牧使兼節制使來往考察, 則非特戌禦虛疎, 海州民政, 亦且陵夷. 請罷附近一縣監, 置節制使於唐釜, 以海州

---

191 태종 대에 삼척 사람으로 울릉도에 들어간 백성을 되돌아오게 하기 위해서 안무사에 임명되었다(『신증동국여지승람』「울진현」). 김인우가 울릉도에 두 차례에 걸쳐서 울릉도에 들어갔다고 한다(『연려실기술』卷之十七「변어전고」). 태종과 세종 때 각각 울릉도에 들어간 것으로 생각된다.

鎭軍移屬防禦爲便." 上曰, "待丙午年秋成行之."

황해도 경차관敬差官이 아뢰기를,

"해주에 영진營鎭을 이설移設하는 것이 편리한지 않을지를 신이 감사와 함께 다시 심사하여 보니, 도절제사都節制使의 영문營門이 예로부터 해주성 내에 있습니다. 지금 또 해주진海州鎭을 더 설치한다면 한 성내에 영진營鎭을 함께 두게 되어 실로 적당하지 않습니다. 또 적선賊船이 와서 먼 포구浦口에 정박하게 되면 급변에 미쳐 대응할 수 없을 것은 필연必然의 사세입니다.[192] 주치州治의 남쪽 60리 남짓한 곳에 이름을 당부唐釜[193]라고 하는 땅이 있으니, 여러 포구와 여러 섬의 중앙으로서 방어의 요해지입니다. 여기에다가 성을 쌓고 해주진의 절제사로 하여금 왔다갔다 하면서 방어하게 함이 어떠하겠습니까"

하였다. 의정부와 육조에 내려 보내어 함께 의논하게 하라고 명하였다. 영돈녕 유정현과 영의정 이직李稷 등 여러 대신들이 회의하여 아뢰기를,

"당부라는 땅이 비록 진영을 설치하기에 합당하나, 만약 해주 목사로 하여금 절제사를 겸임하게 하여 왔다갔다 하면서 살피게 한다면, 특히 지켜 방어하는 일이 허술할 뿐 아니라, 해주의 백성에 대한 정사도 또한 쇠퇴하게 될 것입니다. 청하옵건대 부근의 한 현감縣監을 폐지하고 당부에 절제사를 두어 해주진의 군사를 옮겨다가 예속시킨다면 방어에

---

192 1419년 5월에 서해안 도두음곶과 비인현을 공격한 왜구들이 북상하여 해주 백령도 등에 나타났기 때문에 이곳의 방어를 강화하기 위한 논의로 생각된다.
193 황해도 장연현에 있던 지역이다. 당부진(唐釜鎭)과 영강현(永康縣)을 통합하여 영강진(永康鎭)이라 하였고, 영강은 사신이 오가는 중앙 지점이므로 그 관사를 철폐하지 않고 금동역이라 하였다(세종 8-1-17-3). 당부가 해주의 남쪽 60리에 있고 여러 포구와 섬의 중앙이라고 하였는데, 그런 조건을 충족시키는 곳은 용매도(龍媒島)와 용유도(龍游島)이다. 그중 용매도에 진동(鎭洞)이라는 지명이 남아 있다. 당부는 제기의 이름이기도 하므로, 지형이 당부를 닮았기 때문에 붙은 이름으로 생각된다.

편리하겠습니다"

하였다. 임금이 말하기를,

"병오년 가을을 기다려 시행하라"

하였다.

12月 28日(癸巳) 2번째 기사
무릉도에 들어갈 때 표류했던 수군 평해인 장을부 등이 일본국으로부터 돌아오다

茂陵島入歸時, 飄風船軍平海人張乙夫等回自日本國言, "初, 船軍四十六人乘坐一船, 隨按撫使金麟雨向本島, 忽颺作船敗, 同船三十六人皆溺死. 我等十人移坐小舠, 飄至日本國石見洲長濱登岸, 飢困不得行, 匍匐至五里餘, 得泉飲水, 因倒江邊, 有一倭因漁來見, 率歸一僧寺, 與餠茶粥醬以食之, 領赴順都老. 順都老見我等衣曰, '朝鮮人也.' 嗟嘆再三, 給口糧·衣袴, 留三十日, 日三供頓, 臨送設大宴, 執盞親勸曰, '厚慰爾等, 乃爲朝鮮殿下耳.' 給行糧百石, 差人二十護送. 至對馬島, 亦留一月, 都萬戶左衛門大郎三設宴勞之曰, '非爲爾等, 敬殿下如此耳.' 又差人護送回來."

石見洲長濱因幡守致書禮曹曰, "今年九月, 貴國人十名, 飄風到此, 卽時治船護送, 回付對馬島都萬戶轉送. 兼進環刀二柄·丹木一百斤·朱紅四面·盤二十·胡椒十斤."

左衛門大郎致書禮曹曰, "今石見洲長濱因幡守知小人交通貴國, 送還飄風貴國人十名, 令小人轉送, 卽令修船護送. 細在船主."

무릉도^{茂陵島}194에 들어갈 때 바람에 표류하였던 수군水軍인 평해平海

사람 장을부張乙夫[195] 등이 일본국으로부터 돌아와서 말하기를,

"처음에 수군 46인이 한 배에 타고 안무사安撫使 김인우金麟雨[196]를 수행하여 무릉도를 향해 갔다가, 갑자기 태풍이 일어나 배가 부서지면서 같은 배에 탔던 36인은 다 익사하였습니다. 우리들 10인은 작은 배에 옮겨 타서 표류하여 일본국 석견주石見州[197]의 장빈長濱[198]에 이르러 언덕에 올라갔으나, 주리고 피로하여 걸을 수가 없으므로, 기어서 5리 남짓한 곳에 이르렀을 때 샘을 만나 물을 마시고 피곤하여 강가에 쓰러졌더니, 한 왜인이 고기 잡으러 왔다가 보고 한 절로 데리고 가서 떡과 차와 죽과 장을 주어 먹게 한 뒤에 순도로順都老[199]에게 데리고 갔습니다. 순도로가 우리들의 옷을 보고 말하기를, '조선 사람이로구나' 하고 두세 번 한숨지어 한탄하고, 양식과 웃옷과 바지를 주었습니다. 30일 동안을 머물렀는데, 날마다 하루 세 번씩 음식 대접을 하였으며, 떠날 때에는 큰 잔치를 베풀고 잔을 들어 친히 권하면서 말하기를, '너희들을 후하게 위로하는 것은 곧 조선의 전하를 위하기 때문이다'라고 하고, 여행 중의 양식 1백 석을 주고, 사람 20인을 보내어 호송하였습니다.[200] 대마도에

---

194 울릉도를 말한다.

195 여기에만 보인다.

196 삼척 사람으로 두 차례에 걸쳐 안무사가 되어 울릉도에 들어간 주민들을 송환하는 일을 맡았다.

197 석견국을 말한다. 석견국(石見國, 이와미노쿠니)은 우리나라 동해에 면한 곳으로 현재의 도근현(島根縣, 시마네켄) 중에서 출운시(出雲市)를 제외한 지역이다. 서쪽에서부터 해안부의 익전시(益田市)・빈전시(濱田市)・대전시(大田市)와 내륙 산간부로 구성된다.

198 현재의 시마네현(島根縣) 서부의 하마다시(濱田市) 일대이다. 이곳은 주포씨(周布氏)의 관할 영역이다. 1권 제1부 「중요인물」 '석견국 주포씨' 참조.

199 장빈(長濱, 나가하마)의 영주는 주포씨(周布氏)이고 주포를 '스후'라고 하고, 존칭인 전(殿)을 '도노'라고 하므로, '스후도노'・'스우도노'라는 말을 듣고 '순도로'라고 음사(音寫)한 것으로 생각된다. 關周一,『中世日本海域史の研究』, 吉川弘文館, 2002, p.156.

200 장빈 인번수가 김인우 일행을 돌려보낸 것은 단순한 표류민의 구조가 목적이 아니라, 조선과 통교할 수 있는 기회를 마련하고자 한 것으로 볼 수 있다. 당시 조선은 표류민을 송환해 주면 많은 회사품으로 보답하였다. 위의 책, p.156.

이르러서 또한 1개월을 머물렀는데, 도만호^{都萬戶} 좌위문대랑^{左衛門大}

郞²⁰¹이 세 번 연회를 열어 위로하면서 말하기를, '너희들을 위하는 것이

아니라, 전하를 존경하여 이렇게 할 뿐이다'라고 하였고, 또한 사람을

보내어 호송하여 주었습니다"

하였다. 돌아올 때는 석견주^{石見州} 장빈^{長濱}의 인번수^{因幡守202}가 예조에

글을 보내어 말하기를,

 "금년 9월에 귀국인 10명이 풍랑에 표류하여 여기에 이르렀으므로,

즉시 배를 수리하게 하고 호송하여 대마도 도만호^{都萬戶203}에게 돌려보

내어 그 곳에서 다시 호송하게 합니다. 겸하여 환도 2자루, 단목^{丹木204} 1

백 근, 주홍색 네모반^{四面盤} 20개, 호초^{胡椒} 10근을 바칩니다"

하였다. 좌위문대랑도 예조에 글을 보내어 말하기를,

 "지금 석견주 장빈의 인번수가 소인^{小人}이 귀국과 교통^{交通}하고 있는

것을 알고 풍랑에 표류한 귀국인 10명을 송환하여 소인으로 하여금 다

시 귀국에 호송하게 하였으므로, 즉시 배를 수리하게 하여 호송합니다.

자세한 사연은 선주^{船主}에게 전하였습니다"

하였다.

---

201 대마도 왜구의 우두머리이자 수직왜인이었다. 1권 제1부 「중요인물」, '조전좌위문태랑' 참조.

202 현재의 도토리현(鳥取縣) 동부에 해당하는 인번국(因幡國)의 국수(國守)라는 뜻이다. 주포
  겸중(周布兼仲)이며 출가하여 관심(觀心)이라는 법명을 쓰게 되어 『세종실록』에서는 등관심
  (藤觀心)으로 보인다.

203 조전좌위문태랑을 말한다. 1권 제1부 「중요인물」, '조전좌위문태랑' 참조.

204 소방목(蘇枋木)·적목(赤木)·홍자(紅紫)라고도 하며, 학명은 'Caesalpinia sappan L'이다.
  목재의 부위에 따라 한약재와 염료로 사용한다. 열대 지역의 나무이며 조선에서는 나지 않아
  서 세종 대에는 9년 간 7만 근을 수입하기도 하였다. 권두 「교역물품」 '소목' 참조.

세종 8년

(1426 丙午/일본 응영(應永) 34年)

1月 1日(丙申) 1번째 기사

임금이 망궐례를 행하고 근정전에서 조하를 받다

上以冕服, 率世子及百官, 行望闕禮 以遠遊冠絳紗袍, 御勤政殿, 受群臣朝賀. 倭人・野人及回回僧徒亦隨班. 議政府進表裏鞍馬, 諸道進箋及方物. (…後略…)

임금이 면복冕服[1] 차림으로 세자와 백관을 거느리고 망궐례[2]를 행하고, 원유관遠遊冠[3]과 강사포絳紗袍[4] 차림으로 근정전에 나아가 여러 신하의 조하朝賀[5]를 받았다. 왜인・야인[6]・회회[7]승도回回僧徒들도 신하들의

1　조선시대의 임금의 정복(正服)이다. 곧 면류관(冕旒冠)과 곤룡포(袞龍袍)를 의미한다.
2　고려시대나 조선시대에 설날과 동짓날 그리고 중국황제의 생일에 왕을 비롯한 문무관원, 종친 등이 중국의 궁궐이 있는 쪽을 향해서 드리는 예를 말한다.
3　임금이 조하(朝賀)에 나갈 때 쓰던 관을 말한다.
4　고려시대부터 대한제국시기까지 왕이나 왕세자, 왕세손의 원유관복(遠遊冠服)을 대표하는 붉은색 상의. 원유관복은 왕과 왕세자가 신하들로부터 조하를 받을 때 입는 옷을 말한다.
5　경축일에 신하들이 조정에 나아가 임금에게 하례하던 일을 말한다.
6　조선 초기에서 중기에 걸쳐 압록강과 두만강 이북에 살던 여진족의 통칭이다.
7　이슬람교를 신봉하던 아라비아와 페르시아 지역 및 중앙아시아 지역을 지칭하던 용어이다. 당대(唐代) 이래로 아라비아와 페르시아 지역은 대식국(大食國)으로 불리었다. 이후 요대에

반열에 따라 나왔다. 의정부에서 옷의 겉감과 안찝[8]과 안장 갖춘 말을 올리고, 여러 도에서는 전문과 방물을 올렸다. (…후략…)

1月 1日(丙申) 2번째 기사
경회루에서 연회를 베풀다

御慶會樓下設宴, 宗親・政府・六曹・異姓諸君・諸大臣・六代言 入侍. 中宮御內殿設宴, 諸宮主・公主入侍. 賜女妓・樂師・瞽師・宴 幣有差, 賜酒肉于入直軍士, 以及賤者, 分饋倭・野人于東西廊.

경회루 아래에 나아가 연회를 베풀었는데, 종친・정부・육조・성이 다른 여러 군君과 여섯 대언[9]이 들어와 모셨다. 중궁은 내전에서 연회를 베풀었는데, 여러 궁주・공주가 들어와 모셨다. 여기女妓와 악사와 고 사瞽師[10]들에게 연폐宴幣[11]를 차등 있게 주고, 당직으로 들어온 군사에게

중앙아시아의 민족을 부르는 회회(回回)라는 말이 있었는데, 이는 회흘(回紇, 위구르)의 어음이 전화한 것이었다. 기왕의 대식국 사람, 즉 아라비아와 페르시아 사람이나 중앙아시아의 회회 사람 중에는 공통적으로 이슬람교 신자들이 많았다. 이에 따라 원나라 때인 12세기부터는 대식이라는 명칭이 회회라는 명칭으로 대체되었고 나아가 이슬람교의 명칭 역시 회회교(回回敎)로 바뀌었으며 이슬람과 관련된 사람이나 물품에도 회회인(回回人)・회회승(回回僧)・회회청(回回靑)・회회력(回回曆) 등 회회가 관칭(冠稱)되었다.
조선왕조가 건국된 후에는 중・근동 측 기록뿐만 아니라 우리나라 기록에도 회회 상인들의 우리나라 출입에 관한 내용이 나타나지 않는다. 그 이유는 대체로 15세기 이후 유럽의 스페인과 포르투갈이 주도하는 지리상의 발견시대로 접어들면서, 지금까지 교량적 무역을 담당하던 아랍 무역권이 급격히 쇠퇴한 것과 동북아시아의 정세 변동에 따른 것으로 보인다.
그러나 조선왕조의 등장과 함께 회회 상인의 출입은 사라졌다고 해도 문화적 교류는 중국을 통하여 계속되었다. 그 예로 세종 대에 편찬된 역법서(曆法書)인 『칠정산외편(七政算外篇)』이 있는데, 이는 바로 이슬람의 역법인 회회력을 소개한 것이었다(『세종실록』「칠정산내외편(七政算內外篇)」). 또한 조선시대 백자 중에서 가장 보편적이며 미술적인 가치 또한 높은 청화백자(靑華白磁)에 사용되는 푸른색 안료를 회회청이라고 하였는데, 이는 푸른색 안료의 원산지가 회회였기 때문이다. 『조선왕조실록 전문사전』.

8 옷의 안감을 말한다.
9 왕명의 출납을 담당하는 관리로 뒤에 승지로 바뀐다.
10 조선시대 궁중의 내연(內宴)에서 관현합주나 가무의 반주를 맡았던 맹인으로 관현맹(管絃盲), 고악(瞽樂) 또는 고사(瞽師) 등으로 불리었다.

도 술과 고기를 내렸으니, 그 몫이 천한 사람들에게까지 미쳤다. 왜인과 야인은 동편과 서편 행랑에서 나누어 먹이게 하였다.

1月 3日(戊戌) 1번째 기사
대마도의 시라삼보라·사이문구로 등 남녀 14명을 내이포에 거주하게 하다

禮曹據慶尙道監司關啓, "對馬島時羅三甫羅·沙伊文仇老等男婦十四名, 到乃而浦, 自稱, '本土無族親可依, 過活爲難, 願居貴國海邊, 釣魚賣酒, 以資生業.' 請從自願, 俾居乃而浦." 從之.

예조에서 경상도 감사의 공문關에 의하여 아뢰기를,

"대마도의 시라삼보라時羅三甫羅[12]·사이문구로沙伊文仇老[13] 등 남녀 14명이 내이포乃而浦[14]에 이르러, 스스로 이르기를, '본토에는 아무도 의지할 만한 친척이 없어서 생활해 나가기가 곤란하오니, 귀국 해변에 살면서 고기도 잡고 술도 팔아서 생활을 해 나가기를 원한다' 하오니, 그들이 원하는 것을 들어주어, 내이포에 거주하게 하소서"

라고 하니, 이에 따랐다.

---

11 궁중 또는 각 관아의 잔치 때에 참여한 예기(藝妓)나 하인에게 주던 금품. 조선 후기에는 금지하였다.
12 일본 인명 삼랑사랑(四郞三郞, 시로사부로)을 한자 음가로 옮긴 것이다. 대마도에서 생활하기 어렵다는 이유로 조선에 귀화를 청한 왜인으로서 일본에 사신으로 보내졌을 때 한 행동으로 보아 왜구였을 가능성도 있다.
13 여기에만 보인다. 일본 인명 좌위문구랑(左衛門九郞, 자에몬구로)을 한자 음가로 옮긴 것이다.
14 현재 경상남도 진해시 웅천동 일대이다. 내이포(乃而浦)는 제포(薺浦)라고도 표기하며 우리말의 '냉이'를 뜻하는 한자 '제(薺)'와 '포(浦)'가 합쳐진 말이다. 조선 전기에 제포왜관이 있던 곳이기도 하다. 내이포는 문종 대까지 보이다가 이후는 주로 제포라는 명칭을 사용하였다. 성종 대 일시적으로 내이포가 나타나는데, 이는 『해동제국기』가 편찬되면서 일시적으로 영향을 준 것으로 생각된다.

1月 4日(己亥) 4번째 기사

일본의 원창청·평상가가 사람을 시켜 토산물을 바치다

日本源昌淸使人, 獻硫黃·丹木·犀角·光絹·藥材等物, 回賜正布一百四十匹. 平常嘉使人獻土宜, 回賜正布.

일본의 원창청源昌淸[15]이 사람을 시켜 유황·단목[16]·서각[17]·광견光絹[18]·약재 등을 올리니, 답례로 정포[19] 140필을 내려 주고, 평상가平常嘉[20]도 사람을 시켜 토산물을 올리니, 답례로 정포를 내려 주었다

1月 14日(己酉) 4번째 기사

충청도 비인현의 방어를 강화하다

兵曹據忠淸道兵馬都節制使牒呈, 與議政府六曹同議啓, "庇仁縣, 北距藍浦鎭四十五里, 左道都萬戶兵船泊立處十五里. 南距舒川浦兵船泊立處三十里. 雖相距不遠, 最爲要害之地, 前屬守護軍一百五十二名, 似爲單弱. 乞庇仁附近各官, 刷無役丁壯五十人加屬, 依營鎭軍例, 常時則分四番守護." 從之.

병조에서 충청도 병마 도절제사의 첩정에 의거하여 의정부, 육조와

---

15 원창청은 길견원창청(吉見源昌淸)으로도 보이므로, 길견씨(吉見氏)이고, 길견씨는 구주탐제(九州探題) 삽천씨(澁川氏)의 피관(被官)이다. 원창청은 비전(肥前) 수호대(守護代)를 지냈다. 1권 제1부 「중요인물」, '길견창청/원창청' 참조.
16 열대 지역에 자생하는 나무로 소방목(蘇枋木)·적목(赤木)·홍자(紅紫)라고도 하며, 목재의 부위에 따라 한약재와 염료로 사용한다. 권두 「교역물품」 '소목' 참조.
17 무소과 동물인 무소의 뿔을 말한다. 권두 「교역물품」 '서각' 참조.
18 광견(光絹)은 일본이 보낸 물품이므로, 일본의 비단으로 보아야 한다. 비단실을 사용하여 날줄과 씨줄을 교차시키면서 짜는 이른바 평직 비단을 광견이라고 한다. 특히 날줄을 2가닥으로 한 것은 우이중(羽二重, 하부타에)이라고 하며, 부드럽고 가벼우며 광택이 있다. 그래서 일본에서는 옷을 만드는 최고의 소재로 여겼다. 다만 우이중은 근세 이후의 직물로 알려져 있다.
19 ㅂ품질이 좋은 목면을 말한다. 권두 「교역물품」 '정포' 참조.
20 세종 8-10-13-2, '평상가' 참조.

함께 의논하여 아뢰기를,

"비인현庶仁縣21은 북으로 남포진藍浦鎭까지가 45리이며, 좌도 도만호左道都萬戶22의 병선이 정박해 있는 곳이 15리이며, 남으로 서천포舒川浦의 병선이 정박한 곳까지 30리입니다. 비록 서로의 거리는 멀지 않으나, 가장 중요한 지역인데, 전 수호군守護軍 1백 52명을 배치시킨 것으로는 빈약할 듯합니다. 바라옵건대 비인庶仁 부근에 있는 여러 고을에서 현역이 없는 장정 50명을 추가 배치하고, 영營과 진鎭의 군대의 예에 의하여 평상시에는 4번番으로 나누어서 수호하게 하소서"
하니, 그대로 따랐다.

1月 18日(癸丑) 3번째 기사
내이포와 부산포 이외에 울산의 염포에서도 무역을 허가하기로 하다

對馬島左衛門大郎, 使三未三甫羅來朝, 奉書于禮曹曰, "本島無田地, 請給巨濟島農田一區, 使人耕稼資生. 且商泊只許乃而浦·富山浦兩處, 到泊販賣, 請通泊左右道各浦, 任意行販."

佐郎愼幾答書云, "諭給巨濟土地, 居民開墾已盡, 難以塞請. 兼諭商船往來處, 謹將轉啓, 在前來泊乃而·富山兩浦外, 蔚山·鹽浦, 亦許販賣. 惟照."

---

21 현재 충청남도 서천군 비인면에 있던 조선시대의 행정구역이다. 15세기에 호수가 166호, 인구가 651명이었다. 군정은 시위군(侍衛軍) 4명, 수호군(守護軍) 28명, 선군(船軍) 57명이었다. 토지는 1,622결인데, 이 가운데 논이 1/3이 조금 넘었다. 1419년 5월에 왜구들이 도두음곶의 수군진을 공격한 다음 비인현성을 공격하였다. 당시 현감 송호생이 분전하고 응원군이 도착하여 왜구들이 포위를 풀고 물러났다. 이 왜구가 기해동정의 단서가 되었다.

22 이때 충청좌도 도만호는 도두음곶에 있었다(세종 1-5-7-2). 현재의 충청남도 서천군 서면 마량리이다. 도만호는 고려 말 조선 초의 수군 지휘관으로, 수군절도사와 수군첨절제사에 해당하였다.

대마도의 좌위문대랑左衛門大郎**23**이 삼미삼보라三末三甫羅**24**를 보내어
내조來朝하여 예조에 글월을 올리기를,

　　"우리 섬에는 토지가 없사오니 거제도에 있는 농토 한 자리를 주어
사람들로 하여금 농사를 지어서 생활을 유지하게 하여 주십시오. 상선
商船이 정박하는 곳은 다만 내이포乃而浦**25**와 부산포富山浦**26** 두 곳에만 와

---

23 대마도 왜구의 우두머리이자 수직왜인이다. 1권 제1부 「중요인물」 '조전좌위문태랑' 참조.

24 일본 인명 좌위문삼랑(左衛門三郎, 자에몬사브로)을 음가로 표기한 것이다. 기해동정 때 붙잡
혀 온 왜인으로 조전좌위문대랑과 일족일 가능성이 있다. 조전좌위문대랑의 아들인 육랑차랑
(六郎次郎) 및 여매시라(汝每時羅, 右衛門四郎)와 함께 명을 노략질하려고 한 사례가 있기 때문
이다(세종 21-2-4-2). 이후 삼미삼보라 송환에 대한 논의 과정을 거쳐서(세종 2-5-16-1, 세종
2-11-1-2), 세종 3년에는 삼미삼보라와 등차랑에게 집과 양식 노비를 지급하였다(세종 3-7-20-2).
그런데 세종 5년에는 삼미삼보라와 등차랑이 대마도에서 사람을 보내 토물을 바친 것으로 보아
세종 3년 이후에 대마도로 돌아간 것으로 보인다(세종 5-6-3-2). 세종 8년에 좌위문대랑이 삼미
삼보라를 보내어 거제도에 농토를 지을 수 있도록 해 줄 것과 경상 좌우도의 각 항구에서 마음대
로 무역할 수 있도록 해 줄 것을 요구하였다(세종 8-1-18-3).『조선왕조실록』에는 여러 명의 삼미
삼보라가 보이는데, 이는 좌위문삼랑(左衛門三郎)이라는 흔한 이름이기 때문일 것이다.

25 현재 경상남도 진해시 웅천동 일대이다. 내이포(乃而浦)는 제포(薺浦)라고도 표기하며 우리
말의 '냉이'를 뜻하는 한자 '제(薺)'와 '포(浦)'가 합쳐진 말이다. 조선 전기에 제포왜관이 있었
던 곳이기도 하다. 내이포는 문종 대까지 보이다가 이후는 주로 제포라는 명칭을 사용하였
다. 성종 대 일시적으로 내이포가 나타나는데, 이는『해동제국기』가 편찬되면서 일시적으로
영향을 준 것으로 생각된다.

26 경상도 동래도호부의 동평현(東平縣) 남쪽에 위치한 조선시대의 포구 이름이며, 왜인들이 머
물며 교역할 수 있는 왜관이 설치되었다. 부산포(富山浦)·부산항(釜山港)으로 일컫기도 한
다. 조선시대 왜인에 대한 회유책으로 개항한 웅천(熊川)의 제포(薺浦), 울산의 염포(鹽浦)와
함께 삼포(三浦)로 일컬어졌다. 부산포에 왜학역학원(倭學譯學院)을 설치하여 역학훈도(譯
學訓導) 1명을 두어 관왜(館倭)를 접대하였고, 10명의 왜학생도(倭學生徒)를 가르치도록 하
였다. 또한 왜관(倭館)인 부산관(釜山館)에 일이 있을 경우에는 왜학교회(倭學敎誨)나 당상
관을 차송하기도 하였다. 지리적으로 일본과 가까워 일찍부터 군사시설을 강화하여 세종 때
좌도수군도안무처치사(左道水軍都按撫處置使) 본영(本營)을 두었고, 부산포진 첨사(僉使)
가 다스리는 부산진성(釜山鎭城) 안에는 130여 명의 상주군(常駐軍)과 6척의 군선(軍船)이
있었다. 또한 위급사항을 알리는 군사시설 부산참(釜山站)이 있었고, 왜관의 비용을 쓰기 위
하여 동래·울산·기장에서 수납한 세미(稅米)를 보관하였던 부산창(釜山倉)이 있었다. 부
산포는 부산개시(釜山開市)를 통하여 일본과의 무역이 가장 밀접하게 이루어졌던 곳이다.
곧 왜관의 개시대청(開市大廳)에서 조선상인과 일본 관리나 상인들 간에 사적인 거래인 개시
(開市)가 성황이었다. 세종 때 허가한 왜관은 부산진의 성 밖에 울타리를 치고 살도록 하였는
데, 그 수가 늘어 중종 때 300여 명에 달하였다. 1510년 삼포왜란이 일어나 부산포진 첨사 이
우증(李友曾)이 살해된 뒤 왜관을 폐쇄시켰다가, 1678년에 왜관을 초량(草梁)으로 옮겨서 설
치하였다. 1592년 4월 임진왜란이 일어나면서 부산진성은 왜군의 첫 공격 지점이 되었으며,

서 무역하도록 제한을 하였는데, 이것도 좌우도左右道의 각지의 항구에 마음대로 다니며 무역할 수 있도록 허가하여 주소서"

하였다. 이에 대하여 좌랑佐郎27 신기愼幾가 답서를 보내기를,

"거제도에 있는 농토를 요청한 건에 대하여는, 거주민이 모두 다 개간했기 때문에 요청을 들어줄 수 없습니다. 상선이 정박하는 장소에 대하여는, 삼가 나라에 보고를 드리어 과거에 지정되었던 내이포와 부산포이외에 울산의 염포鹽浦28에서도 무역을 허가하기로 하였습니다. 그리아십시오"

하였다.

이때 부산첨사 정발(鄭撥)이 순직하였다. 임진왜란이 끝날 무렵 이순신이 부산포해전에서 왜선 100여 척을 침몰시키는 대승을 거두었다. 1907년 부산부(釜山府)가 설치되면서 부산포는 동래에서 분리되었다(『조선시대 대일외교 용어사전』 부산포).

27 고려 말 조선시대 육조(六曹)의 속사(屬司)에서 정랑을 도와 실무를 맡았던 정6품의 관직을 말한다.

28 현재의 울산광역시 북구 염포동에 있던 포구로 조선시대에 일본인들이 머물며 교역할 수 있는 왜관을 두었다. 고려 때에는 지울주군사(知蔚州郡事), 조선시대에는 울산군(蔚山郡)의 관할 하에 있었고, 염포진(鹽浦鎭)이 설치되어 있다. 소금밭이 많아 '소금 나는 갯가'에서 지명이 유래하였다. 차왜가 한양을 갈 때 염포에 상륙하여 언양・경주・안동을 거쳐 가도록 정하여, 염포는 좌로(左路)의 시발지이기도 하다. 1426년 부산포(富山浦)・제포(薺浦)와 함께 삼포(三浦)로 불리며, 일본인의 거류 지역으로 왜관(倭館)이 설치되어 일본에서 건너온 사자들의 접대와 숙박은 물론 조일 양국 간의 무역이 이루어졌다. 따라서 우어청(偶語廳)은 외방인 염포에 왜학생도(倭學生徒) 6인을 두었다. 삼포의 개항 당시 염포의 왜인의 수를 60명으로 한정하였는데, 1510년 삼포왜란이 일어날 당시에는 120여 명이 상주하고 있었다. 삼포왜란 직후 조선은 삼포를 폐쇄하여 왜인과의 교통을 끊고 방비를 엄중히 하였다. 1512년 쓰시마도주의 통교 간청으로 임신약조(壬申約條)를 체결하였다. 이때 왜인의 삼포 거주를 허락하지 않고 삼포 중 제포만 개항하면서 염포는 폐쇄되었다(『조선시대 대일외교 용어사전』 '염포').

1月 21日(丙辰) 4번째 기사

일본국의 수온도로·등원뢰구·원조신귀구 등이 유황·단목·백반 등을 바치다

日本國愁溫都老·藤原賴久·源朝臣貴久等, 使人來獻硫黃·丹木·白磻(礬)·珠鑞·刀槍·皮張等物, 回賜正布二百四十匹.

일본국의 수온도로^{愁溫都老}29·등원뢰구^{藤原賴久}30·원조신귀구^{源朝臣貴久}31 등이 사람을 보내어 유황·단목^{丹木}32·백반^{白磻}·주립^{珠鑞}33·칼·창·피물 등을 바치니, 답례로 정포^{正布}34 2백 40필을 내려 주었다.

1月 21日(丙辰) 10번째 기사

예조에서 올린 왜에서 온 사람에 대한 조석 공대의 기준을 따르다

禮曹啓, "舊例倭客人上副官人船主押物一時供給, 白米一升五合·黃豆二升, 伴從人, 白米一升·豆一升五合. 今來倭客人, 以供億甚薄, 未得飽食, 爲言者有之, 非國家厚賓旅之意, 此不可聞於外國也. 請自今倭客人上副官人·船主·押物朝夕支待, 依野人例, 一時白米二

---

29 장빈(長濱, 나가하마)의 영주는 주포씨(周布氏)이고 주포를 '스후'라고 하고, 존칭인 전(殿)을 '도노'라고 하므로, '스후도노'·'스우도노'라는 말을 듣고 '순도노'라고 음사(音寫)한 것으로 생각된다(關周一, 『中世日本海域史の研究』, 吉川弘文館, 2002, p.156). 이 기사의 수온도노의 온(溫)은 뒤에 오는 한자를 탁음으로 만드는 기능을 갖고 있으므로 수오도노가 되고, 이는 순도노와 발음이 가깝다. 따라서 동일인물을 가능성이 있다.

30 이집원뢰구(伊集院賴久, 15세기 말~16세기 초반)를 가리킨다. 살마국(薩摩國)을 중심으로 한 도진씨(島津氏)의 일족이자 그 중신(重臣)의 지위에 있었던 인물이다. 1413년에서 1417년에서 벌어진 도진씨 내부의 가독(家督) 다툼으로 유명하다. 태조 4년부터 보이며 살마주수(薩摩州守, 태종 6-11-1-2), 이집원우진(伊集院寓鑛, 세종 9-1-19-4) 등으로 보인다.

31 이름은 원귀구(源貴久)·등원귀구(藤原貴久)이고 원구풍의 아들이다(세종 5-10-27-4). 살마주 태수라고 자칭하기도 하였다(세종 25-11-17-5).

32 콩과의 작은 상록교목(常綠喬木)으로 한약재와 염료로 쓴다. 권두 「교역물품」 '소목' 참조.

33 여기에만 보인다. 납을 구슬 모양으로 만든 물품으로 생각된다.

34 품질이 좋은 목면이다. 권두 「교역물품」 '정포' 참조.

升・造米黃豆各五升, 伴從人, 依前上副官人例支待." 從之.

예조에서 아뢰기를,

"과거의 예에 왜倭에서 들어오는 사람에 대하여 상관인上官人[35]과 부관인副官人[36]과 압물押物[37]에게는 한 끼에 쌀 1되 5홉・콩 2되씩을, 반종인伴從人[38]에게는 쌀 1되・콩 1되 5홉씩을 지급했습니다. 지금 온 왜인들은 공급하는 액수가 너무 박하여 배부르게 먹을 수 없다고 말하는 자가 있사오니, 이것은 국가에서 외국에서 오는 사람들을 후대하는 본의가 아니오며, 다른 나라에 소문을 내서는 안될 일입니다. 지금부터는 왜에서 온 사람에 대하여, 상관인・부관인・선주・압물에 대한 조석 공대는 야인에게 지급하는 예에 의하여 한 끼에 쌀 2되, 현미玄米와 콩 5되씩으로 하며, 반종인에게는 과거에 상관인과 부관인에게 지급하던 예에 준하게 하소서"

하니, 그대로 따랐다.

---

35 상관인(上官人)은 대마도 도주가 규정된 사선(使船) 이외에 특별히 보고하거나 교섭할 일이 있을 때 파견하는 사절인 특송사(特送使)의 구성원이다. 특송사는 상관인과 부관인(副官人)으로 구성되었다. 상관인은 주로 대마도주의 직신(直臣)이다.

36 우두머리 아래라는 뜻으로 부사에 해당한다.

37 조선시대 때 외국에 사신이 갈 때 공물의 수송과 일행의 짐을 관리하는 임무. 또는 그 임무를 가진 자를 지칭한다. 압물 혹은 압물관은 대개 사역원의 역관들로서 임명되었다. 즉, 사역원 출신자 중 시험을 보아 3등급으로 나누어 상등은 통사(通事), 중등은 압마(押馬)・압물, 하등은 타각부(打角夫)로 사행에 차정하였다. 일본의 경우는 그 제도를 자세히 알 수 없다.

38 자신이 모시는 상관이나 주인의 신변을 호위하거나 명령을 받들기 위해 따라다니는 사람을 말한다. 수행원과 비슷한 말이다.

1月 25日(庚申) 3번째 기사

소이전 구주 절도사 대마도 종언칠·언륙의 가족 등에게 양곡·과일 등을 내리다

命賜小二殿·九州節度使·對馬島宗彦七·彦六親母祖母及左衛門大郎等處酒果糧米, 就付今回三未三甫羅, 因大護軍李藝所啓也.

소이전,[39] 구주 절도사,[40] 대마도 종언칠宗彦七[41]·언륙彦六[42]의 어머니와 그 할머니와 좌위문대랑[43] 등에게 내리는 술과 과일과 양곡을 이번에 돌아가는 삼미삼보라三未三甫羅[44]에게 부쳐 보내도록 명하였으니, 대호군[45] 이예李藝[46]가 아뢴 바에 의한 것이었다.

1月 28日(癸亥) 5번째 기사

왜인 삼미삼보라에게 의복 등을 내리다

賜倭人三未三甫羅衣服笠靴.

왜인 삼미삼보라三未三甫羅에게 의복과 갓과 신을 내렸다.

---

39 일본 구주지방(九州地方)의 북부에 세력을 둔 호족(豪族)으로 대마도 종씨(宗氏)의 주군이었다. 구주의 전란에서 패하여 대마도에 피신해 있었다. 원래 등원씨(藤原氏)에서 나온 일파로서 조상이 태재부 소이(太宰府少貳)의 벼슬을 지냈으므로 소이씨가 되었다. 소이씨의 가독(家督)을 소이전이라고 한다. 이때 가독은 소이만정(少貳滿貞)이었다.
40 원의준(源義俊)을 말한다. 1권 제1부 「중요인물」 '원의준' 참조.
41 종언칠성국(宗彦七盛國)이다. 1권 제1부 「중요인물」 '종언칠' 참조.
42 대마도주 종정성(宗貞盛)이다. 언륙(彦六)은 통명(通名)이다. 1권 제1부 「중요인물」 '언륙' 참조.
43 대마도 왜구의 우두머리이자 수직왜인이다. 1권 제1부 「중요인물」 '조전좌문태랑' 참조.
44 일본 인명 좌위문삼랑(左衛門三郎)의 음사(音寫)이다. 세종 9-1-18-3, '삼미삼보라' 참조.
45 조선시대 오위의 종3품 관직을 말한다. 오위는 조선시대 중앙군 조직이다.
46 조선시대 전기에 대일 관계에서 활약한 인물로 계해약조의 주역이다(세종 2-11-17-2, 세종 4-12-20-3, 세종6-2-7-4, 세종 5-12-4-2, 세종 6-1-5-5 등). 1권 제1부 「중요인물」 '이예' 참조.

2月 9日(癸酉) 6번째 기사

귀향을 청하는 귀화 왜인 부사직 지문에게 의복과 쌀 등을 내리다

向化倭人副司直池文上言, "臣棄父母·離妻子, 于今八年, 思戀之
情, 不可紀極. 願從管押使李藝, 歸家鄕對馬島, 以瀉隔年思戀之情."
上議於大臣, 命給暇, 仍賜衣二領·笠靴酒米.

귀화한 왜인인 부사직副司直[47] 지문池文[48]이 말씀을 올리기를,

"신은 부모를 버리고 처자와 헤어진 지 지금 8년이 되었습니다. 그리
워하는 정은 이루 말할 수 없습니다. 관압사管押使[49]인 이예李藝[50]를 따라
서 고향인 대마도에 가서 여러 해 동안 그리워하던 정회를 풀어 주시기
바랍니다"

하니, 임금이 대신에게 의논하게 하고, 거듭하여 의복 두 벌과 갓·신·
술·쌀을 내렸다.

2月 12日(丙子) 1번째 기사

석견주·대마도의 사물 관압사 대호군 이예가 사조하니 인견하다

石見州·對馬島賜物管押使大護軍李藝辭, 上引見曰, "宗貞茂至
誠歸順, 父王嘉之, 常加撫育, 自貞茂死後, 其島賊人, 不念撫育之恩,
投間鼠竊, 汝之所知. 今汝往傳此意于宗彦七." 藝對曰, "小臣往來本

---

47 조선시대 5위(五衛)에 속한 종5품의 무관직이다.
48 조선에 귀화한 왜인으로 기해동정 당시 태종이 보낸 교유를 대마도주 도도웅환(都都熊丸)에
게 전달하는 역할을 수행하였다. 조선에 온 지 8년이 되었다고 하였으므로, 1414년경에 조선
으로 온 것으로 생각된다.
49 원래 조선이 명에 파견한 사신의 하나이다. 주로 말을 보내거나 여진(女眞)이나 왜(倭)에 사
로잡혀 갔던 명나라 사람을 데리고 가는 일을 맡았다. 대마도에 파견한 관압사는 이 기사에
서 처음 보인다.
50 1권 제1부 「중요인물」 '이예' 참조.

島屢矣. 其在貞茂時, 臣諭曰, ‘汝等向本國, 不可不至誠以事之.’” 上
曰, “往來幾度?” 藝對曰, “凡十六度.” 上曰, “不知之人, 不可以遣, 玆用
命汝以送, 勿憚煩數.” 遂賜笠靴. 禮曹參議柳季聞答石見州長濱因番
守(因幡守) 書曰, “本國遭風人一十名, 厚恤送還, 仍獻禮物, 謹具啓
達, 上甚嘉之. 玆將土宜白細縣紬・白紬苧布・黑細麻布各二十匹・
正布六十五匹・滿花寢席一十張・靑斜皮五領・紫斜皮三領・虎皮
三領・豹皮二領・人蔘二十觔・松子五百觔・淸蜜十五斗・乾虎肉
全體二就付, 左衛門大郎使人左衛門三郎及藤次郎等前去, 惟照領.”

禮曹佐郎愼幾答對馬州左衛門大郎書曰, “本國遭風人等, 專人解
送, 深謝深謝. 玆將土宜白細綿紬一十匹・白細苧布・黑細麻布各五
匹・燒酒三十瓶・乾柿子三十貼・松子・黃栗・大棗各三十斗・乾
大口魚二百首・乾靑魚五百首, 委差大護軍李藝齎去, 惟照. 今送因
幡守處書契幷土宜, 差付藤次郎及回去左衛門三郎等, 轉送爲幸.”

愼幾答對馬州宗彦七書曰, “自從先世, 輸誠來附. 本曹敬奉王旨, 差
大護軍李藝, 齎土宜糙米平四十石前去, 惟照領. 慈堂及祖母處付送
土宜, 具在別幅, 一一轉上爲幸. 慈堂糙米平四十石・乾柿子二十
貼・乾大口魚二百首・燒酒一十瓶・乾靑魚三百首・淸蜜三斗・松
子黃栗大棗各十五斗・茶食桂各二角.”

致書于對馬州越浦藤次郎曰, “本國遭風人一十名, 厚接以送, 爲慰.
土宜縣布五匹, 至可領也.” 禮曹參議柳季聞致書于對馬州太守宗貞
盛曰, “今因左衛門大郎使人, 得聞祖母及慈親奄逝, 謹具啓聞, 上心軫
悼, 命差大護軍李藝, 齎糙米一百石・豆五十石・紙二百卷・白細縣
紬・白細苧布各一十匹・乾柿子五十貼・松子三石・大棗・黃栗各

二石, 前去致賻, 惟照領."

석견주石見州[51]·대마도의 사물 관압사賜物管押使[52] 대호군大護軍[53] 이예
李藝[54]가 사조하니, 임금이 불러 보고 이르기를,

"종정무宗貞茂[55]는 지성으로 마음을 바쳤기 때문에, 부왕께서 이를 가
상히 여기시어 항상 보호를 베푸셨는데, 정무가 죽은 뒤에 그 섬의 도둑
들은 (이때까지) 보호하여 준 은혜는 생각하지 않고 틈을 타서 좀도둑질
을 감행하고 있음을 그대도 알 것이다. 이제 그대는 가서 그 뜻을 종언
칠宗彦七[56]에게 전하라"

하니, 예가 대답하기를,

"소신이 이 섬에 왕래한 것이 여러 번이었습니다. 정무가 살았을 때
에, 신이 이르기를, '너희는 우리나라에 대하여 정성껏 섬기지 않으면
안된'고 말하여 왔습니다"

하니, 임금이 이르기를,

"몇 번이나 갔다 왔느냐"

하니, 예가 대답하기를,

"모두 16번이었습니다"

하였다. 임금이 이르기를,

"모르는 사람은 보낼 수 없어서, 이에 그대를 명하여 보내는 것이니,

---

51 현재 시마네현(島根縣) 서부 지역을 가리키는 고대 이래의 행정구역 명칭이다.
52 세종이 대마도에 하사하는 물품을 전달하기 위하여 파견된 사절이다.
53 조선시대 중앙군 조직인 오위(五衛)에 소속된 종3품 서반직이다. 서반직은 직계아문인 중추
   부를 비롯해 병조의 속아문인 훈련원이나 세자익위사 소속의 관직 등이 해당되었다.
54 1권 제1부「중요인물」'이예' 참조.
55 조선 전기의 대마도 도주로 종정성(宗貞盛)의 아버지이다. 1권 제1부「중요인물」'종정무' 참조.
56 종성국(宗盛國)을 말한다.

귀찮다 생각하지 말라" 하고, 드디어 갓과 신을 하사하였다. 예조 참의 유계문柳季聞이 석견주石見州[57]의 장빈長濱[58] 인번수因幡守[59]에게 회답하는 서한에 이르기를,

"풍파를 만난 본국 사람 10명을 후히 보호하여 돌려보내고, 또 예물까지 바쳤기로 삼가 사실을 갖추어 주상께 보고하였더니, 주상께서 매우 가상히 여기시었다. 여기에 토산물로 백세면주白細綿紬[60] · 백세저포白細苧布[61] · 흑세마포黑細麻布[62] 각 20필 · 정포 25필 · 만화침석滿花寢席[63] 10장 · 청사피靑斜皮[64] 5장 · 자사피紫斜皮[65] 3장 · 호피 3장 · 표피 2장 · 인삼 20근 · 잣 5백 근 · 꿀 15말 · 말린 범고기 2마리 분을 좌위문대랑[66]의 사절인 좌위문삼랑[67]과 등차랑[68] 등에게 부쳐 보내니, 확인하고 받으라"

---

57 석견국(石見國)을 말한다. 고대 이래의 지방 구역 명칭이다.

58 현재의 시마네현(島根縣) 서부의 하마다시(濱田市) 일대이다. 이곳은 주포씨(周布氏)의 관할 영역이다.

59 현재의 도토리현(鳥取縣) 동부에 해당하는 인번국(因幡國)의 국수(國守)라는 뜻이다. 주포겸중(周布兼仲)이며 출가하여 관심(觀心)이라는 법명을 쓰게 되어 『세종실록』에서는 등관심(藤觀心)으로 보인다.

60 흰색의 가는 명주실로 무늬 없이 짠 직물이다.

61 흰색의 가는 모시풀의 줄기껍질로 만든 실로 짠 직물이다.

62 흑색의 가는 삼베실로 짠 직물이다.

63 여러 떨기의 꽃무늬를 놓아서 짠 침석이다.

64 검푸른 빛깔의 사피를 말한다. 사피는 담비 종류 동물의 모피를 말한다.

65 자줏빛의 사피를 말한다.

66 대마도 왜구의 우두머리이자 수직왜인인 조전좌위문태랑을 말한다. 1권 제1부 「중요인물」 '조전좌위문태랑' 참조.

67 기해동정 때 붙잡혀 온 왜인으로 조전좌위문대랑과 일족일 가능성이 있다. 조전좌위문대랑의 아들인 육랑차랑(六郎次郎) 및 여매시라(汝每時羅)와 함께 명을 노략질하려고 한 사례가 있기 때문이다(세종 21-2-4-2). 이후 삼미삼보라 송환에 대한 논의 과정을 거쳐서(세종 2-5-16-1, 세종 2-11-1-2), 세종 3년에는 삼미삼보라와 등차랑에게 집과 양식 노비를 지급하였다(세종 3-7-20-2). 그런데 세종 5년에는 삼미삼보라와 등차랑이 대마도에서 사람을 보내 토물을 바친 것으로 보아 세종 3년 이후에 대마도로 돌아간 것으로 보인다(세종 5-6-3-2). 세종 8년에 좌위문대랑이 삼미삼보라를 보내어 거제도에 농토를 지을 수 있도록 해 줄 것과 경상 좌우도의 각 항구에서 마음대로 무역할 수 있도록 해 줄 것을 요구하였다(세종 8-1-18-3). 『조선왕조실록』에는 여러 명의 삼미삼보라가 보이는데, 이는 좌위문삼랑(左衛門三郎)이라는 흔한 이름이기 때문일 것이다.

68 등차랑(藤次郎)은 기해동정 때 좌위문삼랑(左衛門三郎)과 함께 조선에 포로로 잡혔다. 나중에

하고, 예조 좌랑 신기愼幾가 대마주의 좌위문대랑[69]에게 회답하는 서한에 이르기를,

 "풍파를 만난 본국 사람들을 일부러 사람을 보내어 송환하여 주었으니 깊이 감사하며, 이제 토산물인 백세면주 10필, 백세마포·흑세마포 각 5필·소주 30병·곶감 30첩·잣·밤·대추 30 말씩과 건대구 2백 마리·건청어 5백 마리를 대호군 이예에게 부쳐 보내니 받아주기 바라며, 이제 인번수에게 보내는 서한과 물품을 등차랑과 돌아가는 좌위문 삼랑에게 부쳐 보내니, 전해 주면 다행으로 생각하겠다"

하고, 신기가 대마주의 종언칠에게 회답하는 서한에 이르기를,

 "선대부터 우리나라에 충성을 바치고 귀순하였으므로, 본조에서는 삼가 국왕의 명령을 받들어 대호군 이예를 파견하여 토산물인 조미糙米 평두平斗로 40석을 부쳐 보내니, 확인하여 받아 주고, 자당慈堂과 조모님께 보내는 토산물은 따로 별지에 목록을 적었으니, 하나하나 전하여 올려주면 다행으로 여기겠다. 자당에게 조미 평두 40석·곶감 20첩·건대구 2백 마리·소주 10병·건청어 3백 마리·꿀 3말·잣·밤·대추 15말씩, 다식茶食과 계桂 각 2근이다"

하고, 대마주의 월포越浦[70] 등차랑에게 보내는 서한에 이르기를,

 "풍파를 만난 본국 사람 10명을 후하게 접대하여 보낸 데 대하여 위로하는 바이다. 토산물로 면포 5필을 보내니 받으라"

그들이 대마도 호족이라는 사실이 밝혀지자 태종이 음식, 의복은 물론 노비와 집, 심지어 양가집 딸까지 주며 대우해 주었다(태종 17-윤5-19-2, 세종 4-12-20-4, 세종 2-11-1-2, 세종 3-7-20-2, 세종 24-12-26-3).

69 대마도 왜구의 우두머리이자 수직왜인이다. 1권 제1부 「중요인물」 '조전좌위문태랑' 참조.
70 여기에만 보인다. 대마도는 선월(船越)이라는 지명이 있다.

하였다. 예조 참의 유계문이 대마주 태수 종정성宗貞盛[71]에게 보내는 서
한에 이르기를,

  "이제 좌위문대랑이 보낸 사람을 통하여 귀하의 조모와 어머님의 상
사를 듣고, 삼가 임금께 갖추어 보고하였더니, 임금께서 마음으로 슬프
게 여기시고, 대호군 이예에게 명하여 조미 1백 석, 콩 50석, 종이 2백
권, 백세면주·백세저포 각 10필과 곶감 50첩, 잣 3석, 대추·밤 각 2석
을 주어 보내어 부조를 드리는 것이니 받기 바란다"
하였다.

3月 7日(辛丑) 8번째 기사
거짓 공을 일컬어 관직을 받은 전정리를 수군에 배정하게 하다

  司憲府啓, "尹得洪, 沿海微劣人也. 但以水上微勞, 過蒙上恩, 位至
二品, 誠心圖報, 以盡臣子之職可也. 爲全羅處置使, 以甲辰九月捕
倭無功李陽·金孟敬·趙藺·錢定理等, 妄稱有功, 欺罔天聰, 罪固
不小. 以赦前所犯, 只收職牒, 安然在家, 何所懲戒? 請充水軍防禦最
緊之地. 錢定理通同得洪, 妄稱己功, 濫受官職, 持(特)以功臣之子,
唯奪職牒, 罪重罰輕, 亦定水軍, 以戒後來." 命如所啓, 得洪勿論.

  사헌부에서 아뢰기를,

  "윤득홍尹得洪은 해변 출신인 미천하고 못난 사람입니다. 다만 물에서

---

71 대마도주 종정무(宗貞茂)의 아들 도도웅환(都都熊丸)이다(1385~1452). 1418년 아버지가 죽
    자 대마도 수호직을 이어받았다. 1419년에 기해동정(己亥東征)을 겪었다. 1441년 대마도인
    들이 조선의 고초도 해상에서 고기를 잡을 수 있는 고초도 금약을 맺었고, 1443년에 계해약
    조를 맺었다. 주군가(主君家)인 소이씨(少貳氏)의 세력이 약화되자 조선과의 교역권을 장악
    함으로써 대마도를 효율적으로 지배하고자 하였으며, 마찬가지로 조선과의 교역에 관심을
    가진 대내씨(大內氏)와 대립하였다. 1권 제1부 「중요인물」 '종정성' 참조.

있은 작은 공로 때문에 지나치게 임금의 은혜를 입어서 지위가 2품에까지 이르렀으니, 성심껏 보답하는 마음으로 신하로서의 직분을 다함이 옳을 터인데, 전라 처치사가 되어 갑진년 9월에 왜적을 잡는 데 공이 없는 이양李陽·김맹경金孟敬·조인趙藺·전정리錢定理 등을 거짓 공이 있다 하여 성상을 속였사오니, 죄가 작지 않으나, 사赦가 내리기 이전에 범한 것이므로, 다만 직첩만 회수하고 태연히 집에 들어 있게 하였으니, 무슨 징계될 바가 있겠습니까. 바라옵건대 수군에 보충하게 하소서. 국가의 방어는 가장 요긴한 자리인데, 전정리는 득홍과 공모하여 거짓으로 자기의 공을 일컬어 함부로 관직을 받았으나, 특히 공신의 아들이므로 다만 직첩만 빼앗았으니, 죄가 중한 데 비하여 벌이 너무나 가볍습니다. 또한 수군에 배정하여 뒷사람을 경계하게 하소서"

하니, 명을 내리어 아뢴 대로 따르고, 득홍은 문제를 삼지 아니하였다.

3月 20日(甲寅) 4번째 기사
동을 경상도 창원부에 백근, 황해도 수안·장연에서 각각 매해 50근씩 상납케 하다

戶曹啓, "銅鐵買於倭人, 固非永久之計. 請於産銅慶尙道昌原府一百斤·黃海道遂安·長淵各五十斤, 每年鼓鑄上納. 除昌原貢正鐵四百斤·遂安二百斤·長淵炭七十石·別紋席三十張. 如有憚於功役, 貿易充貢者, 守令論罪."

호조에서 아뢰기를,

"동철을 왜인에게서 사들이는 것은 본시 영구한 계책이 아니오니, 동이 생산되는 경상도의 창원부에 1백 근, 황해도의 수안遂安과 장연長淵에서 각각 50근씩 해마다 제련하여 상납하며, 창원에서 공납하는 정철正鐵[72] 4백 근, 수안遂安의 2백 근, 장연長淵의 숯 70석과 별문석別紋席[73] 30장은 면제하여 주시고, 만일 작업하기를 꺼려하여 사들여서 공납에 대충하는 자가 있으면 수령이 문책을 받게 하소서"

하였다.

3月 29日(癸亥) 1번째 기사
판강서현사 김인 · 경기좌도 첨절제사 이붕 등이 사조하니 인견하다

判江西縣事金裀 · 京畿左道僉節制使李鵬 · 知杆城郡事李思任辭, 上引見曰, "予雖憂勤圖治, 近來天氣不順, 今年農事, 又將不稔, 尤加軫慮. 爾其蠲減賦役, 使百姓安居樂業." 又謂思任 · 鵬曰, "對馬一歧倭賊衣食, 一仰於日本. 近日本因兵塞路, 若衣食乏絶, 則鼠竊我邊境, 未可知也. 勿謂無虞, 其愼防備."

판강서현사判江西縣事[74] 김인金裀 · 경기좌도 첨절제사[75] 이붕李鵬 · 지간성군사知杆城郡事[76] 이사임李思任이 사조하니, 임금이 인견하고 이르기를,

---

72 정철(正鐵)은 참쇠라고도 하는데, 탄소 함유량이 낮아 단조 가공이 가능한 숙철(熟鐵)을 재정련하여 얻는 쇠다. 조선시대에 날카로운 병기나 도구 등을 제작하는 데 사용되었다.

73 보통 돗자리보다 꽃무늬 따위를 색다르고 화려하게 꾸며 놓은 것으로 주로 공물(貢物)의 대상이 되었다.

74 강서현은 평양부에 소속되어 있었으며, 현령은 평안도 우익병마사를 겸하였다. 호수가 9백 86호, 인구가 1천 6백 99명이며, 군정(軍丁)은 시위군(侍衛軍)이 1백 16명, 익군(翼軍)이 3백 33명, 선군(船軍)이 1백 26명, 수성군(守城軍)이 단(單) 9명이다(『세종실록』 「지리지」).

75 조선시대 일선 진영(鎭營)을 관장하던 종3품 무관직이다. 원래 육군을 관장하는 직책이었으며, 수군을 관장할 경우에는 수군첨절제사로 칭하였다. 수군첨절제사의 경우는 거진에 파견되었다. 주임무는 왜적 방어와 소속 제진을 관할하는 일이었다. 수군첨절제사 휘하에는 도만호(都萬戶) · 만호(萬戶) · 부만호(副萬戶) · 천호(千戶) · 부천호(副千戶) 등이 파견되었다. 왜구 방어 이외에도 세곡선의 보호, 진상품 상납을 위한 수군진의 관리, 선군의 소금 생산 등을 수행하였다.

76 조선 1413년(태종 13) 8도제에서 강원도의 간성군으로 편제되었다. 1455년(세조 1)에 군익도(軍翼道) 체제에 따라 고성도(高城道)를 설치하고, 고성은 중익(中翼), 간성은 우익(右

"내가 아무리 걱정하고 노력하며 잘 다스리려고 하여도, 근래에 기후가 순조롭지 아니하여, 금년의 농사가 또한 잘 되지 못할 듯하니 더욱 걱정이 더해진다. 그대들은 앞으로 세납과 노역을 경감하여 백성들로 하여금 편히 살면서 직업에 재미를 가지게 하라"

하고, 또 사임과 붕에게 이르기를,

"대마도와 일기一岐의 왜적은 의식을 모두 일본에 의존하고 있는데, 근래에 일본에 전란이 일어나서 길이 막혔기 때문에, 만일에 양식이 떨어지면 우리나라의 변경에 들어와서 좀도둑질을 할지도 모르니, 염려 없다고 생각하지 말고 앞으로 방비를 철저히 하도록 하라"

하였다.

3월 29일(癸亥) 3번째 기사

대마도의 좌위문대랑이 숫돌 3백 30개를 바치니 조미 15석을 내려 주다

對馬島左衛門大郎, 使人進礪石三百三十, 回賜糙米十五石.

대마도의 좌위문대랑[77]이 사람을 시켜 숫돌礪石 3백 30개를 올리니, 답례로 조미糙米 15석을 내려 주었다.

4월 4일(丁卯) 3번째 기사

경계 근무를 소홀히 한 검모포[78] 천호 조공영과 군산 부만호 조마 등을 추핵

翼)으로 편제하였다(세조 1-9-11-4). 1457년(세조 3)에 군익도, 즉 3익(三翼) 체제를 폐지하고 거진(巨鎭)을 설치하는 진관(鎭管) 체제에서 간성진(杆城鎭)을 설치하고 고성·통천·흡곡 등을 관장하였다(세조 3-10-20-2).

77 대마도 왜구의 우두머리이자 수직왜인인 조전좌위문태랑이다. 1권 제1부 「중요인물」, '조전 좌위문태랑' 참조.

78 전라도 우수영에 속한 수군진이다. 금모포(黔毛浦)가 부안현(扶安縣) 남쪽 웅연(熊淵)에 있으며,

케 하다

兵曹據全羅道水軍處置使馳報啓, "道內金堤郡人李山等七名, 乘坐小船, 漁于萬頃縣境海中陽草, 忽逢倭賊, 棄船浮游脫來. 又萬頃縣人金知・宋敏等九人, 亦乘船, 漁于猬島, 猝遇賊船, 四人被殺, 五人逃還. 其黔毛浦千戶趙公永・群山副萬戶趙磨等, 烽火海望, 不能檢擧, 賊來不卽追捕, 使掌內之人, 反見殺害. 知金堤郡事閔犀角・萬頃縣令金滋, 境內人民, 作宗下海, 已有成規, 不能考察, 以致被害, 請移文推劾." 從之.

병조에서 전라도 수군 처치사水軍處置使[79]의 치보馳報[80]에 의거하여 아뢰기를,

"도내의 김제군金堤郡 사람 이산李山 등 7명이 작은 배를 타고 만경현萬頃縣[81] 경내 바다 가운데의 양초陽草[82]에서 고기를 잡다가, 갑자기 왜적을 만나서 배를 버리고 물에 뛰어들어 헤엄쳐서 도망해 왔으며, 또 만경

중선 4척, 별선 4척과 군사 4백 55명과 뱃사공 4명을 거느린다고 하였다(『세종실록』「지리지」「전라도」). 전라도 우수영(右水營)의 관할구역이 너무 방대하므로 위도에 수군진영을 두어 가리포(加里浦)・임치(臨淄)・고군산(古群山)・다경포(多慶浦)・법성포(法聖浦)・검모포(黔毛浦)・군산포・지도 등을 속하게 하였다. 검모포는 현재 전북 부안군 진서면 곰소항(웅연)에 있었다.

79 처치사는 광역의 병력을 총괄하는 무관직이었다. 태조 때 김사형이 오도병마도통처치사(五道兵馬都統處置使)로 임명되었고(태조 5-12-3-1), 태종 때 유정현이 동북면 도선무처치사(都宣撫處置使)로 임명되었고(태종 10-6-1-2), 세종 때 성달생이 경기 황해 충청 수군도처치사(水軍都處置使)로 임명되었다(세종 1-5-7-1). 1420년에 수군도절제사를 수군도안무처치사로 고쳤고, 수군도안무처치사는 한 도의 수군 전체를 통괄하였다(세종 2-10-27-3).

80 역마(驛馬)를 달려 신속히 보고하던 일을 말한다.

81 전라북도 김제시 만경읍 일대에 설치된 조선시대 지방 관청이자 행정구역 명칭이다. 1409년(태종 9)에 만경현이 관할해 오던 1현 1소를 만경현에 편입하였다. 1455년(세조 1)에는 만경현이 전라도 전주도(全州道)의 우익을 맡았다. 1457년(세조 3)에는 만경이 전라도 7진 가운데 하나인 부안진에 속했다. 1620년(광해군 12)에 기근으로 백성들이 흩어지자 만경현을 폐지하고 김제군에 소속시켰다가, 1622년(광해군 14)에 다시 전주부에 소속시켰다. 1637년(인조 15)에 원래대로 만경현이 복구되었다.

82 전라도 부안군 앞바다의 섬으로 생각된다. 1426년 3월 20일에 위도를 침입한 왜구가 3월 25일에는 만경현 양초에서 고기 잡는 사람들을 노략질하였다(세종 8-4-22-8).

현 사람 김지金知·송민宋敏 등 9인도 배를 타고 위도猬島[83]에서 고기를 잡다가, 갑자기 왜적의 배를 만나 4인은 살해를 당하고, 5인은 도망해 돌아왔습니다. 검모포黔毛浦 천호千戶[84] 조공영趙公永과 군산群山 부만호副萬戶[85] 조마趙磨 등은, 봉화로 바다를 망보는 것을 잘 단속하지 못하여, 적이 와도 즉시 쫓아가서 잡지 못하고 오히려 관내의 사람들을 살해당하게 하였으며, 지김제군사知金堤郡事 민서각閔犀角과 만경 현령萬頃縣令 김자金滋는 경내境內의 인민이 무리를 지어 바다로 나갔는데, 이미 성규成規[86]가 있는데도 능히 살펴보지 못하여 도리어 해를 입게 되었으니, 공문을 보내어 추핵[87]하기를 청합니다"

하니, 그대로 따랐다.

---

83 전라북도 부안군 위도면에 속하는 섬. 변산반도 서쪽으로 140km 지점에 있으며, 북쪽에 식도와 정금도가 있다. 세종 대에는 수군기지가 설치되지 않았고, 청어가 나는 어장이었다(『세종실록』「지리지」).

84 조선 초 진관체제(鎭管體制) 정비 이전에 지방군을 관할하던 하급 무관직이다. 고려 후기에 원나라의 군제를 수용하면서 사용했던 관직이었는데 조선왕조가 개창된 이후에도 그대로 계승된 것이다. 원나라에서는 만호, 백호(百戶) 등과 더불어 관할하는 민가의 수에 따라 이름이 붙은 관직이다. 그 후 점차로 진장의 품계를 나타내는 것으로 변하였다. 특성상 고려 후기 만호부가 설치된 지역을 중심으로 주로 설치되었는데, 이는 육군과 수군에 모두 해당되었다. 1457년(세조 3) 진관 체제 수립과 연관되어 지방 군제가 개편되자 천호는 육군과 수군 두 조직에서 모두 실제 역할이 없어졌다. 다만 바닷가에서 조세용 물품을 실은 조운선을 호송하는 역할만 남았다(『조선왕조실록 전문사전』).

85 고려 후기의 무반직(武班職). 원나라의 영향을 받아 설치된 군사조직인 만호부(萬戶府)에 소속되었다. 만호부가 처음 설치된 것은 1281년(충렬왕 7)으로 여·원 연합군(麗元聯合軍)의 일본정벌 실패 직후이다. 이때 왜구의 침입에 대비하여 남해안 요충에 진변만호부(鎭邊萬戶府)를 두었는데, 맨처음 김해 지방에 김주등처진변만호부(金州等處鎭邊萬戶府)를 두었다. 부만호는 13세기 국제정세 속에서 탄생한 군직으로 국방과 치안이 주요 업무였다(『한국민족대사전』).

86 성문화된 규정을 말한다. 왜구가 출몰하는 도서 지역에 백성들이 가지 못하도록 한 규정으로 생각된다.

87 죄인을 추궁하고 신문하여 범죄의 실상을 자세히 조사하여 캐어내는 일을 말한다.

4月 5日(戊辰) 6번째 기사

염포에 도만호를 설치하고 서생포의 병선 중 3척을 염포로 옮기게 하다

兵曹據慶尙道左道水軍處置使牒, 與議政府六曹同議啓, "於鹽浦置
都萬戶, 以西生浦兵船十艘內, 除出三艘, 移泊於鹽浦, 庶爲便益." 從之.

병조에서 경상도 좌도 수군 처치사의 공첩에 의거하여, 의정부와 육
조와 함께 의논하여 아뢰기를,

"염포鹽浦[88]에 도만호都萬戶[89]를 설치하여, 서생포西生浦[90]의 병선 10척
중에서 3척을 덜어내어 염포로 옮겨 정박하는 것이 편리하고 유익할 것
입니다"

하니, 그대로 따랐다.

4月 11日(甲戌) 2번째 기사

근정전에 나아가 회시에 입격한 유생 남수문 등에게 책문하다

御勤政殿, 策會試入格生南秀文等. 其策問曰, 王若曰, "蓋聞堯・

---

[88] 현재의 울산광역시 북구 염포동에 있던 포구로 조선시대에 일본인들이 머물며 교역할 수 있
는 왜관을 두었다.

[89] 고려 말~조선 초의 수군 지휘관이다. 고려의 도만호는 1300년 이후에 설치된 순군만호부(巡
軍萬戶府)의 직제에서 확인된다. 1374년 무렵 고려의 수군(水軍)이 재건되면서부터 도만호는
만호와 확실히 구별되어 나타난다. 이때 각 도 수군의 최고지휘관으로서 병선을 관령(管領)하
고, 그 아래의 만호・천호(千戶)・영선두목인(領船頭目人) 등 수군 지휘관들을 통솔하였다.
조선시대에 들어와서는 1398년과 1413년의 두 차례에 걸쳐 정비된 수군 관직에는 보이지 않지
만, 『세종실록』 「지리지」에 의하면, 충청좌우도도만호(忠淸左右道都萬戶)・경상도염포도만
호(慶尙道鹽浦都萬戶)・경상도가배량도만호(慶尙道加背梁都萬戶)・전라좌우도도만호(全
羅左右道都萬戶) 등이 있어, 왜구의 침탈이 극심하여 해상방어가 특히 중시되었던 충청도・
경상도・전라도에 각각 2명씩 배치되었음이 확인된다. 1457년 진관(鎭管) 체제를 편성함에
있어서는 수군의 경우 주진(主鎭)에 수군절도사, 거진(巨鎭)에 첨절제사(僉節制使), 제진(諸
鎭)에 만호를 각각 배치하였다. 그러나 이후 『경국대전』에 그 존재가 나타나지 않는 것으로 보
아 그 사이에 폐지된 것으로 여겨진다(『조선시대 대일외교 용어사전』).

[90] 경상도 울산군에 있던 수군만호가 관할하는 영을 말한다. 군치에서 남쪽으로 53리에 있다고
하였다(『신증동국여지승람』 「경상도」 「울산군」).

舜之智, 必先急務, 孟子之格言也. 言治而不先急務, 皆苟而已. 今我
國家, 太祖康獻大王受天明命, 肇造丕基. 惟我太宗恭定大王神功聖
德, 卓冠前古, 事大以禮, 而帝嘉至誠. 交隣有道, 而倭邦賓服, 朝野昇
平, 民安物阜, 蓋將四十年于玆矣. 予承丕緖, 夙夜祗懼, 不敢遑寧, 期
至長治久安之道, 獨此咸吉 慶源之事, 有可議者焉. 或謂公險以南,
國之舊封, 宜置軍民, 以守疆域, 或謂慶源郡, 三面受敵, 而人民鮮少,
艱於禦侮, 顧其土地狹隘, 民不衆居, 宜罷慶源之守, 移於鏡城, 或謂
慶源置兵, 太宗成憲, 不可更改. 是三說者, 果孰得而孰失歟? 閭延·
江界等地, 隣於野人之境, 往來索糧, 殆無虛月. 將欲隨索隨與, 官無
所儲, 無以應其溪壑之慾. 彼若不遂所欲, 必生怨恨, 以構邊境之釁,
何以使之畏威懷惠, 而邊民按堵歟? 此皆今日之急務, 寡人之所欲聞
也. 子大夫通經史·識治體, 其於當世之務, 講之熟矣, 其各悉心以
對. 其他時政之失, 民生之休戚, 亦各陳之無隱, 以副予求言之意."

以領議政李稷·大提學卞季良爲讀券官, 知申事郭存中·副提學
金尙直爲對讀官, 幸慕館樓(慕華樓), 試武科會試入格具仁寬等騎步
射與擊毬, 還宮.

근정전에 나아가서 회시會試에 입격한 유생 남수문南秀文 등에게 책문
하였다. 그 책문에,

"왕은 말하노라. 대개 듣건대 요·순의 지혜로서도 반드시 급무부터
먼저 한다는 것은 맹자의 격언이니, 정치를 말하면서 급무를 먼저 하지
않는다면 모두 구차스러울 뿐이다. 지금 우리 국가는 태조 강헌 대왕康
獻大王께서 하늘의 밝은 명령을 받아 비로소 큰 기업基業을 마련하였으
며, 우리 태종 공정대왕恭定大王께서는 신공神功과 성덕이 전고前古에 뛰

어나, 중국을 섬기기를 예로써 하매, 황제가 그 지성을 가상히 여기고, 이웃 나라와 사귀는 데에도 도리가 있으매, 왜국이 와서 복종하여 조정과 민간이 승평昇平하며, 백성이 편안하고 물질이 풍성한 지 대개 40년이 되었다. 나는 큰 공적을 계승하여 이른 아침부터 밤늦게까지 공경하고 두려워하여 감히 편안하지 못하고, 장구하게 다스려지고 오래도록 편안할 도리에 이르기를 기대했는데, 함길도 경원慶源의 일만은 의논할 만한 것이 있다. 어떤 이는 말하기를, '공험진公險鎭 이남은 나라의 옛날 봉강封疆이니, 마땅히 군민軍民을 두어서 강역疆域을 지켜야 될 것이라'고 하고, 어떤 이는 말하기를, '경원군慶源郡은 삼면三面에서 적의 공격을 받게 되고, 인민이 적으므로 적군을 방어하기가 어려우며, 그 토지가 좁아서 백성들이 많이 살 수 없으니, 마땅히 경원慶源의 수비를 폐지하여 경성鏡城으로 옮겨야 될 것이라'고 하며, 어떤 이는 말하기를, '경원에 군사를 둔 것은 태종의 성헌成憲이므로 변경하여 고칠 수 없는 것이다'라고 하는데, 이 세 가지 설은 과연 어느 것이 이익이 되고, 어느 것이 손해가 되는가. 여연閭延·강계江界 등의 땅은 야인野人의 국경에 가까우므로, 왕래하면서 양식을 청구하지 않는 달이 거의 없으니, 장차 청구하는 대로 들어 주려면 관청에 저장된 것이 없으므로, 그들의 한정 없는 욕심에 응할 수 없으며, 저들이 만약 하고자 한 바를 이루지 못한다면 반드시 원한을 품어 변경의 흔단釁端을 만들 것이니, 어떻게 그들로 하여금 위엄으로 두렵게 하고 은혜로 생각하게 하여, 변방의 백성이 그전대로 편안하게 살 수 있게 하겠는가. 이것이 오늘날의 급무이므로 관인이 듣고자 하는 바다. 자대부子大夫들은 경사經史에 통달하여 다스리는 대체를 알고 있을 것이니, 당세當世의 할 일에 대하여 강론함에 익숙할 줄 안다.

각기 마음을 다하여 대답하고, 그밖에 시정時政의 잘 되고 잘못된 점과 민생의 기쁜 일과 근심되는 일도 또한 각기 진술하되, 숨김이 없도록 하여 내가 직언을 구하는 뜻에 보답하라"

하였다. 영의정 이직李稷과 대제학 변계량卞季良을 독권관讀券官으로 삼고, 지신사 곽존중郭存中과 부제학 김상직金尙直으로 대독관對讀官으로 삼았다. 모화루慕華樓에 나아가 무과의 회시에 입격한 구인관具仁寬 등에게 기사騎射·보사步射와 격구擊毬를 시험하고 궁궐로 돌아왔다.

4月 19日(壬午) 4번째 기사
가산을 적몰하는 법의 폐해를 지적한 형조 참판 정초의 건의대로 하다

刑曹啓, "律文, 籍沒家産者, 皆爲死罪也. 本朝欲嚴禁防, 乃以一時權宜, 立家産沒官之法, 未便. 請將各年受敎, 更議定奪." 命下政府·六曹議. 議云, "看詳『大明律』, '盜牛馬而殺者, 杖一百·徒三年·刺字.' 永樂十八年五月日受敎, '盜牛馬殺者, 依本律, 杖一百·刺字, 身充水軍, 家産沒官.' 『大明律』錢法條, '若阻滯不卽行使者, 杖六十.' 洪熙元年二月日受敎, '不用銅錢所犯輕重分揀, 重者典刑廣示, 輕者決杖一百, 身充水軍, 家産沒官.' 『大明律』, '將馬牛軍需鐵貨銅錢段匹紬絹絲緜, 私出外境貨賣及下海者, 杖一百, 挑擔馱載之人, 減一等. 物貨船車, 竝入官於內, 以十分爲率, 付告人充賞.' 永樂二十一年十一月日受敎, '興利人及他人奴子, 冒名入朝人, 以制書有違律論罪, 貿易物色及家産沒官, 站夫定役. 布子雜物, 潛隱越江謀利人·指路越江人所持物色及家産沒官, 爲首者典刑, 爲從者減一等. 知情使臣爲首人, 一例施行.' 永樂二十二年正月日敎旨, '日本入歸使臣行次犯

法大小人員, 竝以赴京使臣行次內犯法人員論罪例科罪.' 請上項各
年受教, 竝依律文施行, 除家產沒官."

從之, 乃刑曹參判鄭招建議也.

형조에서 아뢰기를,

"율문에 '가산을 적몰하는 것은 모두 사죄^{死罪}에만 행한다' 하였는데, 본
조^{本朝}에서는 금방^{禁防}을 엄하게 하고자 하여 한때의 편법으로 가산을 관청
에 몰수하는 법을 만들었으니, 옳지 못합니다. 청컨대 해마다의 수교^{受教}에
의거하여 다시 의논해서 임금의 재결^{裁決}을 받게 하소서"

하므로, 명하여 정부와 육조에 내리어 의논하게 하니, 의논하여 말하기를,

"『대명률』을 자세히 보면, '소와 말을 훔쳐 도살한 사람은 곤장 1백
대에 도^徒 3년에 처하고 자자^{刺字}한다' 하였으며, 영락^{永樂} 18년 5월 일의
수교^{受教}에는, '소와 말을 훔쳐 도살한 자에게는 본률^{本律}에 의거하여 곤
장 1백 대에 자자하고, 몸은 수군^{水軍}에 충당하고, 가산은 관청에 몰수한
다' 하였으며, 『대명률』의 전법조^{錢法條}에는, '만약 지체하여 즉시 행사
하지 않는 사람에게는 곤장 60대를 친다' 하였으며, 홍희^{洪熙} 원년 2월
일의 수교에는, '동전을 쓰지 않은 것은, 범한 죄의 경중을 분간하여, 중
한 자는 일정한 형^刑으로 널리 보이고, 경한 자는 곤장 1백 대에 몸은 수
군에 충당하고, 가산은 관청에 몰수한다' 하였으며, 『대명률』에는,
'소·말·군수품·철화^{鐵貨}·동전·단필^{段匹}·주견^{紬絹}·사면^{絲緜}을 사
사로이 국경 외에 내어다가 팔고 바다를 통해 외국으로 가져간 자는 곤
장 1백 대를 치고, 그것을 수송하고 운반한 사람은 1등^等을 감형하고, 물
화와 배와 수레는 모두 관청에 거두어들이는데, 그중에 10분^分 율^率로
하여 알린 사람에게 주어서 상으로 충당한다' 하였으며, 영락 21년 11월

일의 수교에는, '식리殖利한 사람과 다른 사람의 노자奴子로서 이름을 속이고 입조入朝한 사람은 제서유위율制書有違律로써 논죄하고, 무역한 물색物色과 가산은 관청에 몰수하고 참부站夫로서 정역定役한다' 하였으며, '포자布子와 잡물을 몰래 숨겨 강을 건너가서 모리한 사람과 강 건너는 길을 가리켜 준 사람은, 가진 물색과 가산은 관청에 몰수하고, 수모자首謀者는 일정한 형을 쓰고, 따라 행한 사람은 1등을 감형시키고 사정을 알고 있는 사신使臣도 수모자와 같은 예例로 시행한다' 하였으며, 영락 22년 정월 일의 교지에는, '일본에 들어갔다가 돌아온 사신 행차行次에 법을 범한 대소 인원大小人員은 모두 북경에 간 사신 행차 중에서 법을 범한 인원을 논죄한 예例로 죄를 과科한다' 하였으니, 청컨대 윗 항목의 각년의 수교는 모두 형률의 조문에 의거하여 시행하되, 가산을 관청에 몰수하는 것만 제거하소서"

하니, 그대로 따랐다. 이는 형조 참판 정초鄭招가 건의한 것이었다.

4月 22日(乙酉) 8번째 기사

군산 서면에서 왜선을 공격하여 물리친 것을 논공행상하게 하다

全羅道水軍處置使朴實啓, "倭船一艘, 於三月二十日扶安縣猬島, 二十五日萬頃縣陽草, 侵掠捉魚人. 臣卽令鎭撫前護軍李光敬, 率兵船追之, 四月十六日, 至群山西面擊捕, 斬首十七級, 獲兵仗衣服, 今遣光敬, 獻首級, 賜光敬衣二領." 命兵曹論功・行賞. 遂遣吏曹正郎金宗瑞, 賜衣一襲・宣醞一百六十瓶于朴實, 仍命宗瑞, 與處置使, 等第捕倭功勞以聞.

전라도 수군처치사水軍處置使 박실朴實[91]이 아뢰기를,

"왜선 1척이 3월 20일에 부안현 위도猬島에서, 25일에는 만경현 양초陽

草에서 고기 잡는 사람을 침략하므로 신臣이 즉시 진무鎭撫[92]인 전 호군護

軍[93] 이광경李光敬으로 하여금 병선을 거느리고 이를 뒤좇게 하여, 4월 16

일에 군산群山의 서면西面에서 쳐서 17급을 베고 병장기兵仗器와 의복을

빼앗았습니다. 지금 광경光敬을 보내어 수급首級을 바치오니 광경에게

옷 두 벌을 내리소서"

하니, 병조에 명하여 공을 논하여 상을 주게 하고, 드디어 이조 정랑[94]

김종서金宗瑞를 보내어 옷 한 벌과 선온宣醞[95] 160병을 박실에게 내리게

하고, 아울러 종서에게 명하여 처치사處置使와 더불어 왜적을 잡은 공로

---

91 조선 전기의 무신. 본관은 함양(咸陽). 본래 학술이나 무예에 뛰어나지 않았으나 참형을 당하게 된 부친 자안(子安)의 구명운동을 극진하게 전개하여, 이를 가상하게 여긴 태종이 근위병으로 채용, 벼슬길에 오르게 되었다. 1402년 전농시정(典農寺正)이 되고, 남포진병마사(藍浦鎭兵馬使)를 지냈다. 1408년 5월 태종이 전라도에서 왜선을 격파한 삼도도체찰사(三道都體察使) 박자안(朴子安)과 조전절제사(助戰節制使) 심귀령(沈龜齡)에게 술을 내릴 때, 박자안의 아들 상호군(上護軍) 박실이 태종의 명을 받들어 선온(宣醞)을 싸 가지고 갔다. 1414년 예조참의(禮曹參議)가 되었는데, 그해 왕의 특명으로 전라도 진포(鎭浦)로부터 고만량(高巒梁)까지 수로의 험저 여부와 황곡포(黃谷浦) 등지의 조운(漕運) 가능 여부, 그리고 전라도 용안에서 충청도 내포(內浦)로 육운이 쉬운지의 여부를 면밀히 살피고 돌아왔다. 1417년 경상도 수군도절제사, 이듬해 좌군동지총제(左軍同知摠制)·중군총제(中軍摠制)를 역임하고, 이어 기해동정 때 박초(朴礎)와 함께 좌군절제사로 참가하였다. 1426년 전라도수군처치사(全羅道水軍處置使)로 있을 때, 왜선 1척이 3월 20일에 부안현 위도(猬島)에서, 25일에는 만경현 양초(陽草)에서 고기 잡는 사람을 침략하므로 진무(鎭撫)인 전 호군(護軍) 이광경(李光敬)으로 하여금 병선(兵船)을 거느리고 이를 뒤좇게 하여, 4월 16일에 군산(群山)의 서면(西面)에서 격포하여 17급을 베고 병장기(兵仗器)와 의복을 빼앗았다. 이 공로로 옷 한 벌과 선온 1백 60병을 하사받았다. 1429년 우군도총제(右軍都摠制)가 되었다. 박실이 세상을 떠나자 세종은 2일간 철시를 명하고 치제하였다. 시호는 정효(靖孝)이다『조선시대 대일외교 용어사전』).

92 조선 초기에는 중앙군의 군령을 맡은 삼군진무소(三軍鎭撫所)나 오위진무소(五衛鎭撫所)의 도진무(都鎭撫)가 있었듯이, 왕명을 받들어 외방에서 군사를 지휘하는 장수인 병마도절제사, 수군도안무처치사(水軍都安撫處置使)의 밑에도 도진무를 두었다.
1466년(세조 12)의 관제 개혁에서 병마도절제사도진무는 병마우후, 수군도안무처치사도진무는 수군우후로 각각 개칭되었다. 이로부터 도원수·원수 등으로 출정하는 장수 밑에서 군령을 담당하는 직책의 호칭 역시 도진무에서 우후로 바뀌게 되었다(『한국민족문화대백과』).

93 조선시대 5위(五衛)에 속하는 정4품의 무관직이다.

94 조선시대 이조(吏曹)에 둔 정5품 관직으로 특히 인사를 담당하는 중요 관직이다.

95 임금이 신하에게 궁중의 사온서에서 빚은 술을 내리던 일 또는 그 술을 말한다.

를 등급지어 아뢰게 하였다.

5月 14日(丁未) 3번째 기사
왜적을 잡을 때에 2등의 공 세운 염간 등에게 공패를 주고 노역을 면제시키다

兵曹據全羅道水軍處置使報啓, "去四月十六日, 鎭撫前護軍李光敬
等捕倭時, 二等成功鹽干等, 依己亥年東征時賞功例, 功牌(牌)成給,
己身除役." 從之.

병조에서 전라도 수군처치사^{水軍處置使}의 보고에 의거하여 아뢰기를,
"지난 4월 16일 진무^{鎭撫}인 전 호군^{護軍} 이광경^{李光敬} 등이 왜적을 잡을
때에 2등으로 공을 세운 염간^{鹽干96} 등을, 기해년 동정^{東征97} 때의 공으로
상준 예^例에 의거하여 공패^{功牌98}를 만들어 주고 자기 몸으로 하는 노역
^{身役}을 면제하소서"

5月 15日(戊申) 4번째 기사
좌의정으로 치사한 유정현의 졸기

左議政致仕柳廷顯卒. 廷顯, 文化縣人, 高麗中贊璥之四世孫, 文化
君丘之子也. 始仕高麗, 拜司憲糾正, 累遷全羅道按廉使・司憲掌令・
知楊根郡事・司憲執義・密直司右代言, 遷左代言. 我朝甲戌, 除尙州
牧使・兵曹典書・完山府尹, 出爲全羅道都觀察使, 遷京畿左右道都

---

96 염간은 염업에 종사해 소금의 판매 수입으로 생활하던 사람들로서 매년 봄・가을 일정액의
염세(鹽稅)를 소속 염창(鹽倉)에 납부할 의무가 있었으나, 부역은 면제되었다. 염간은 신역
(身役)으로서 염역(鹽役)을 부담하므로, 고액의 염세가 부과되어 사염(私鹽, 私干)보다 세납
액이 많았다. 세종 7-7-25-4, '염간' 주석 참조.
97 1419년에 대마도를 정벌한 기해동정을 말한다.
98 공로를 기리는 글을 새겨 넣어 공로를 세운 사람에게 주는 패를 말한다.

觀察使·中軍同知摠制. 又出爲忠淸道都觀察使, 判漢城府事, 移刑曹
判書, 轉禮曹判書. 又出爲西北面都巡問察理使·平壤府尹·司憲府
大司憲·吏曹判書·參贊議政府事·兵曹判書, 復爲參贊, 陞贊成事.
丙申, 拜左議政, 遷領議政. 己亥, 征對馬島, 爲三軍都統使. 甲辰, 領敦
寧府事·兼判戶曹事, 丙午, 復爲左議政, 以病請免, 致仕四日而卒, 年
七十有二. 訃聞, 上驚悼, 率百官擧哀, 輟朝三日, 進素膳, 賻米豆七十
石·紙一百五十卷. 諡貞肅, 不隱無屈貞, 執心決斷肅. 廷顯爲人, 嚴毅
果斷, 儉約謹愼, 處事綜理, 論議剛正無所避. 太宗廢讓寧, 國本未定,
群議疑危, 廷顯首發擇賢之議, 意蓋在於上也. 太宗嘉納, 遂定策. 終始
爲上所信重, 然爲政苛急少恕, 居家咨財殖貨, 雖子女, 未嘗輒與升斗.
久判戶曹, 出納過嗇, 人多怨之, 至有以弘羊目之者, 此其所短也. 子二,
儀·章.

　좌의정으로 치사致仕한 유정현柳廷顯이 죽었다. 정현은 문화현文化縣[99]
사람이었다. 고려 때의 중찬中贊[100] 유경柳璥의 사세손四世孫이고, 문화군
文化君 유구柳丘의 아들이었다. 처음에는 고려에 벼슬하여 사헌 규정司憲糾
正[101]에 임명되고, 여러 번 옮겨 전라도 안렴사按廉使[102]·사헌 장령司憲掌
令[103]·지양근군사知楊根郡事[104]·사헌집의司憲執義[105]·밀직사 우대언密直

---

99 황해도 신천군 문화면(文化面)의 옛 행정구역이다.
100 고려 후기 첨의부(僉議府) 및 그 후신인 도첨의사사(都僉議使司)의 종1품 관직을 말한다.
101 고려시대 사헌부(司憲府)의 종6품 관직이다.
102 고려의 원 지배기부터 조선 초까지 지방에 단기간 파견하여 지방 행정 등을 감찰하던 지방관
　　을 말한다.
103 고려 말기 사헌부에 속한 종4품 관직이다. 고려 충렬왕 34년(1308)에 시어사를 고친 것이다.
104 고려와 조선시대에 경기도의 양근군을 관할하는 행정구역을 다스리던 관리이다. 세조 12년
　　에 종4품의 군수(郡守)로 바뀌었다.
105 정사(政事)를 논하고 백관(百官)을 규찰하는 사헌부의 종3품 관직이다.

司右代言[106]을 거쳐 좌대언[107]으로 옮겼다. 우리 조정에서는 갑술년에 상주 목사尙州牧使[108]·병조 전서兵曹典書[109]·완산 부윤完山府尹[110]으로 제수되고, 나가서 전라도 도관찰사가 되고, 다시 경기좌우도 도관찰사·중군 동지총제中軍同知摠制[111]로 옮기고, 또 충청도 도관찰사·판한성부사로 나갔다가, 형조 판서로 옮기고 예조 판서로 전직되었으며, 또 나가서 서북면 도순문찰리사西北面都巡問察理使[112]와 평양 부윤이 되고, 사헌부 대사헌·이조 판서·참찬의정부사參贊議政府事[113]·병조 판서를 거쳐 다시 참찬[114]이 되고, 찬성사贊成事[115]로 승진되었다가 병신년에 좌의정에 임명되어 영의정으로 옮겼다. 기해년 대마도 정벌 때[116]에는 삼군도통사三軍都統使[117]가 되고, 갑진년에는 영돈녕부사領敦寧府事[118]·판호조사判戶曹事[119]를 겸무하다가 병오년에 다시 좌의정이 되어 병으로써 면직을 청하

---

106 밀직사는 왕명의 출납, 궁중의 숙위, 군기의 정사를 맡아보던 관서이다. 우대언은 밀직사에 속한 종3품의 관직이다.
107 좌대언은 밀직사에 속한 종3품의 관직이다.
108 상주는 현재 경상북도 상주시 중심 시가 지역을 중심으로 편성되었던 조선시대의 관청이자 행정구역. 목사는 고려·조선시대 지방의 행정단위인 목에 파견되었던 장관을 말한다.
109 병조의 정3품 관직이다.
110 완산 부윤은 조선시대 지방관청인 완산부의 우두머리이다. 부윤은 종2품 문관의 외관직으로, 관찰사와 동격이다. 완산부는 전라북도 전주시에 설치된 조선시대 지방 관청이자 행정구역 명칭이다.
111 조선 초기, 삼군도총제부(三軍都摠制府)에 두었던 무관직의 하나이다.
112 조선 초기에 동계(東界)·서계(西界) 지방에 설치되어 민사, 간혹 군사를 관장하던 장관이다.
113 조선 초기, 의정부의 정2품 관직이다. 태종 원년(1400)에 문하부(門下府)를 혁파하고 참찬문하부사(參贊門下府事)를 고친 이름이다.
114 조선시대 최고의 정무 기관인 의정부에 속한 정2품 관직이다.
115 조선시대 의정부의 차관인 종1품 좌찬성·우찬성을 합쳐서 부르던 명칭이다.
116 기해동정을 말한다. 1권 권두 「기해동정」 참조.
117 유정현이 기해동정 당시 동원된 전병력을 통괄하는 직책인 삼군도통사에 임명되었다. 이때만 두었던 직책이다. 처음에는 삼도도통사라고도 하였으나(세종 1-5-20-3), 이후에는 모두 삼군도통사라고 하였다.
118 조선시대, 돈녕부(敦寧府)의 정1품 관직이다. 돈녕부는 조선시대 종친부에 속하지 않은 종친과 외척을 위해 설치되었던 관서이다.
119 조선 초기, 호조(戶曹)의 최고 관직으로 재신(宰臣)이 겸하였다.

여 치사한 지 4일 만에 돌아가니, 나이가 72세이다. 부음이 들리니 임금이 매우 슬퍼하여 백관을 거느리고 거애擧哀했으며, 조회를 3일 동안 폐하고 소선素膳[120]을 들었다. 부의로 미두米豆 70석과 종이 1백 50권을 내리고 정숙貞肅이란 시호를 내리니, 숨기지 않고 굴함이 없는 것을 정貞이라 하고, 헤지지 않게 꽉 잡은 마음으로 결단하는 것을 숙肅이라 한다. 정현의 사람됨은 엄의 과단嚴毅果斷하고 검약 근신儉約謹愼하여, 일을 조리있게 처리하고 논란하여 토의함에 강정剛正하여 피하는 바가 없었다. 태종太宗이 양녕讓寧을 폐하고 나라의 근본을 정하지 못하매, 여러 사람의 의논이 의위疑危하였는데 정현이 맨 먼저 어진 이를 택해야 된다는 의논을 내었으니, 그 뜻은 성상을 두고 말한 것이었다. 태종이 옳게 여기어 들으시고 드디어 계책을 정하였다. 처음부터 끝까지 임금이 그의 소신을 중히 여겼으나, 정치를 함에 가혹하고 급하여 용서함이 적었고, 집에서는 재물에 인색하고 재화를 늘이어 비록 자녀라 할지라도 일찍이 마 되斗升의 곡식이라도 주지 않았으며, 오랫동안 호조를 맡고 있으면서 출납하는 것이 지나치게 인색하더니, 사람들이 그를 많이 원망하여 상홍양桑弘羊[121]으로 지목하기까지 되었으니, 이것이 그의 단점이었다. 아들이 둘이니 곧 유의柳儀와 유장柳章이었다.

---

120 생선이나 육류를 쓰지 않은 간소한 반찬이다.
121 중국 전한의 정치가. 무제 때 소금과 철의 전매와 균수법, 평준법을 시행하였다. 소제 때 곽광과 반목하여 모반을 일으키려다 처형당하였다. 문맥상 유정현의 엄격한 성정을 역사적 인물에 비유한 것으로 추정된다.

5月 13日(丙午) 2번째 기사

이직·황희·유정현·이맹균·김익정·권도·이점 등에게 관직을 제수하다

以李稷爲左議政, 黃喜右議政, 柳廷顯左議政, 仍令致仕. 李孟畇吏曹判書, 金益精禮曹參判, 權蹈大司憲, 李漸副留侯, 李光敬以捕倭功, 除保功大護軍.

이직李稷을 좌의정으로, 황희黃喜를 우의정으로 삼고, 유정현柳廷顯은 좌의정으로 그대로 치사致仕하게 하고, 이맹균李孟畇을 이조 판서로, 김익정金益精을 예조 참판으로, 권도權蹈를 대사헌으로, 이점李漸을 부유후副留侯로 삼고, 이광경李光敬은 왜적을 잡은 공으로 보공 대호군保功大護軍을 제수하였다.

5月 14日(丁未) 3번째 기사

왜적을 잡을 때에 2등의 공 세운 염간 등에게 공패를 주고 노역을 면제시키다

兵曹據全羅道水軍處置使報啓, "去四月十六日, 鎭撫前護軍李光敬等捕倭時, 二等成功鹽干等, 依己亥年東征時賞功例, 功牌(牌) 成給, 己身除役." 從之.

병조에서 전라도 수군 처치사水軍處置使의 보고에 의거하여 아뢰기를, "지난 4월 16일 진무鎭撫인 전 호군護軍 이광경 등이 왜적을 잡을 때에 2등으로 공을 세운 염간鹽干[122] 등을, 기해년 동정 때의 공으로 상준 예例에 의거하여 공패功牌를 만들어 주고 자기 몸으로 하는 노역을 면제하소서"

---

122 염간은 염업에 종사해 소금의 판매 수입으로 생활하던 사람들로서 매년 봄·가을 일정액의 염세(鹽稅)를 소속 염창(鹽倉)에 납부할 의무가 있었으나, 부역은 면제되었다. 염간은 신역(身役)으로서 염역(鹽役)을 부담하므로, 고액의 염세가 부과되어 사염(私鹽, 私干)보다 세납액이 많았다. 세종 7-7-25-4, '염간' 주석 참조.

하니, 그대로 따랐다.

5月 21日(甲寅) 2번째 기사
대마도에 다녀온 석견주의 사물 관압사 대호군 이예가 복명하며 올린 계문

石見州賜物管押使大護軍李藝, 復命啓曰, "宗貞盛, 備禮迎命, 受賜賻, 待臣等甚厚, 出餞于四十五里訓羅串, 謂臣曰, '臣當繼先父貞茂之志, 專心向化, 近因不在本島七八年, 未得使人, 禮信俱失, 今者專使致賻, 感戴無涯. 臣恐諸處, 雜人汎濫, 橫行各處, 使船及興利船, 皆給路引. 今後無路引者, 勿許接待. 將祖上傳家環刀三柄, 幷書以進.' 都萬戶左衛門大郎及藤次郎受賜物, 亦極感喜, 言曰, '與宗貞盛同心禁賊, 永永服事.' 又豆知洞代官言, '前此通販時, 鰥寡孤獨, 亦有畜財, 近因自作之罪, 以至貧乏. 今者使臣來, 將有復舊連命之望, 婦人小兒, 亦深喜焉.' 大郎又言, '前年五月, 右道處置使, 因護送日本國王使臣, 整理兵船, 點考軍器. 乃而浦住倭傳通, '貴朝將兵船四萬餘艘, 往討對馬島.' 於是一島之人, 驚惑失措, 東馳西走. 予謂, 『己亥年, 此島人作賊朝鮮, 故發兵討之, 今無一隻小船往耗邊境, 何緣征討? 此必虛事.』主盟解說, 萬戶及衆人, 反謂我與貴國同情含怒. 其後果知虛傳, 萬戶及各代官, 以我爲是, 請詐傳亂言, 驚惑人心, 乃而浦住倭, 推劾徵錢.' 又言, '去春日本京都民家一萬戶及相國寺·道而寺火.'"

석견주石見州의 사물 관압사賜物管押使인 대호군 이예李藝가 복명하여 아뢰기를,

"종정성宗貞盛[123]은 예禮를 갖추어 명령을 맞았으며, 내리신 부물賻物을 받고는 신 등을 대접함에 심히 후하여 45리나 되는 훈라관訓羅串[124]까

지 나와 전송錢送하면서, 신臣에게 이르기를, '신이 마땅히 선부先父 정무
貞茂의 뜻을 계승해서 귀화歸化에 전심하였어야 되는데, 요사이 본도本島
에 있지 않은 지가 7, 8년이나 되므로 사람을 보내지 못하였으니 예절과
신의를 모두 잃었습니다. 지금 전사專使에게 부의를 보내시니 감사한
마음뿐입니다. 신은 여러 곳에서 잡인들이 범람하여 각처에서 횡행하
고 있으므로, 사신의 배와 무역하는 배는 모두 노인路引125을 주었으니,
이후로는 노인을 갖지 않은 자는 접대하지 말 것입니다. 조상 때부터
집에 전하는 환도 세 자루와 서신을 올립니다' 하였고, 도만호都萬戶 좌
위문대랑左衛門大郎126 및 등차랑藤次郎127도 사물賜物128을 받고 또한 매우
기뻐하며 감격하면서 말하기를, '종정성宗貞盛129과 마음을 같이하여 도
적을 금하고 영원히 복종하여 섬기겠습니다' 하였으며, 또 두지동豆知洞
대관代官130이 말하기를, '이전에 무역할 때에는 환과고독鰥寡孤獨131들도

123 종정성(1385~1453)은 1419년(세종 1) 삼군도체찰사 이종무(李從茂)의 대마도 정벌 당시부
터 대마도의 도주로서 조선과 일본의 중간에 서서 중개역할을 하였다. 자기 세력의 유지를
위해 조선과의 무역에 힘썼으며, 1426년에 삼포(三浦)의 개항을 간청하였다. 1443년에는 조
선에 대한 세견선(歲遣船)을 50척으로 약정하는 계해조약(癸亥條約)을 통신사 변효문(卞孝
文)과 체결하여 조선과의 교린정책을 수행하였다. 1권 제1부 「중요인물」, '종정성' 참조.
124 대마도의 선월(船越, 후나코시)의 음가를 한자로 음사한 것이다. 훈라관(訓羅串)은 대마도
의 한 지역으로 훈내곶(訓乃串)으로도 불린다. 훈라관(훈내곶)은 일본어의 한자와 조선의 한
자음을 이용하여 만든 용어이다. 일본에서는 후나코시(船越)라고 부른다.
125 관청에서 발급하던 여행 허가증이다. 여기서는 대마도주가 대마도인에게 발행하는 조선으
로 가도록 허가한 증명서를 말한다.
126 대마도 왜구의 우두머리이자 수직왜인이다. 1권 제1부 「중요인물」, '조전좌위문태랑' 참조.
127 등차랑(藤次郎)은 기해동정 때 좌위문삼랑(左衛門三郎)과 함께 조선에 포로로 잡혔다. 나중에
그들이 대마도 호족이라는 사실이 밝혀지자 태종이 음식, 의복은 물론 노비와 집, 심지어 양가
집 딸까지 주며 대우해 주었다(태종 17-윤5-19-2, 세종 4-12-20-4, 세종 2-11-1-2, 세종 3-7-20-2,
세종 24-12-26-3).
128 임금이 하사하는 물건을 말한다.
129 대마도 도주이다. 1권 제1부 「중요인물」, '종정성' 참조.
130 두지동은 대마도 왜구의 소굴이다. 왜구의 우두머리인 좌위문대랑(左衛門大郎)은 주로 선
월(船越)에 있었고, 그의 대관이 두지동에 있었던 것으로 생각된다.
131 늙은 홀아비와 홀어미, 부모가 없는 고아 및 늙어서 자식이 없어서 의지할 데 없는 사람을 이

재물을 저축한 사람이 있었으나, 요사이는 제가 저지른 죄 때문에 빈궁하게 되었습니다. 지금 사신이 오시니 장차 예전대로 회복되어 목숨을 연장시킬 희망이 있게 되었으므로, 부인들이나 작은 아이들까지도 매우 기뻐합니다' 하였고, 대랑大郞도 말하기를, '전년前年 5월에 우도처치사右道處置使132가 일본 국왕의 사신을 호송하므로 병선을 정리하고 군기를 점고點考133하니, 내이포乃而浦134에 간 왜인이 통지하기를, '귀조貴朝에서 병선 4만여 척을 거느리고 가서 대마도를 토벌한다'고 하니, 이에 온 섬의 사람들이 놀라고 의혹되어 어찌할 바를 모르고 동분서주하였습니다' 하므로, '내가 생각하기에는 기해년에는 이 섬사람들이 조선에 도적질을 한 까닭으로 군사를 내어 토벌하였으나, 지금은 한 척의 작은 배도 가서 변경을 염탐하는 일이 없는데, 어찌 정토하겠는가. 이것은 반드시 거짓말이다' 하여 주맹主盟135으로 해설하니, 만호萬戶136와 여러 사람들이 도리어 말하기를, '우리는 귀국과 같은 뜻에서 분개한다' 했는데, 그 후에 거짓을 전한 것을 알고 만호萬戶와 각 대관代官들이 나의 말을 옳게 여겨 난언亂言을 거짓으로 전하여 인심을 놀라게 하고 의혹시킨 내이포 왜인을 심문하여 돈을 징수할 것을 청했다고 하며, 또 말하기를,

---

르는 말이다.

132 처치사는 조선 초기, 수군도안무처치사(水軍都安撫處置使)를 줄여서 이르는 말이다.

133 명부에 일일이 점을 찍어 가며 사람의 수를 조사하는 것을 말한다.

134 현재 경상남도 진해시 웅천동 일대이다. 내이포(乃而浦)는 제포(薺浦)라고도 표기하며 우리 말의 '냉이'를 뜻하는 한자 '제(薺)'와 '포(浦)'가 합쳐진 말이다. 조선 전기에 제포왜관이 있었던 곳이기도 하다. 내이포는 문종 대까지 보이다가 이후는 주로 제포라는 명칭을 사용하였다. 성종 대 일시적으로 내이포가 나타나는데, 이는 『해동제국기』가 편찬되면서 일시적으로 영향을 준 것으로 생각된다.

135 의미가 분명하지 않다.

136 고려·조선시대의 무관직. 주로 연변의 요충지 등에 배치되어 그 지역을 수비하는 군대나 병선 따위를 관장하면서 외적의 침입에 대비하는 임무를 띠었다

'지난봄에 일본 경도京都의 민가民家 1만 호와 상국사相國寺[137] · 도이사道
而寺[138]에 불이 났다' 하였습니다"

하였다.

5月 29日(壬戌) 3번째 기사
대마주 좌위문대랑이 일기도의 왜적 병선 두 척이 전라도를 향했다고 보
고하다

對馬州 左衛門大郎遣人報, 一岐島賊倭二船發向全羅道.

대마주의 좌위문대랑[139]이 사람을 보내어 일기도一岐島[140]의 왜적 병
선 두 척이 전라도를 향하여 떠났다고 보고하였다.

6月 1日(癸亥) 5번째 기사
대마도의 좌위문대랑 · 종언륙이 물건을 바치므로 답례품을 하사하다

對馬州左衛門大郎, 使人獻盤五十, 回賜正布貳拾匹. 宗彦六使人
獻大刀 · 箭鏃, 回賜所求幄帳一坐及正布十二匹 · 燒酒四十瓶.

대마도의 좌위문대랑이 사람을 시켜 반盤 50개를 바치므로, 답례로
정포 20필을 내려 주었다. 종언륙宗彦六[141]이 사람을 시켜 대도大刀와 화
살촉을 바치므로 답례로 청구한 악장幄帳 1좌坐와 정포 12필, 소주 40병

---

137 조선에서 하사한 밀교대장경 판본 및 경전을 소장했던 일본 경도(京都)의 선종 사찰이다.
　　1425년 화재로 전소되었다.
138 여기에서만 보인다. 도이(道而)는 '토오지'라고 읽을 수 있으므로 동사(東寺)일 가능성이 있
　　다. 그러나 1486년에는 화재가 있었으나, 1425 · 1426년경에는 화재의 피해를 입지 않았다.
139 대마도 왜구의 우두머리이자 수직왜인이다. 1권 제1부 「중요인물」 '조전좌위문태랑' 참조.
140 대마도와 구주 사이에 위치한 섬이다. 마쯔라(松浦) 지역 왜구들이 분할지배한 곳이다.
141 종언륙(宗彦六)은 대마도주 종정성(宗貞盛)과 종정직(宗盛職)이 사용한 통칭이다. 여기서는
　　종정성을 말한다. 1권 제1부 「중요인물」 '종정성' 참조.

을 내려 주었다.

6月 9(辛未) 5번째 기사

좌도 수참 전운 판관 안상진이 올린 수참의 폐단을 없애는 조건

左道水站轉運判官安尙縝, 啓水站救弊條件,

"一, 初設站船時, 竝用小船, 每船定沙工一名·格人二名, 每一站, 水夫·轉運奴子幷三十戶. 永樂二十二年兵曹受敎, 站船除小船, 竝用大中船, 每站大船八隻, 中船七隻. 其水夫奴子, 則仍舊而不加額. 當初小船行使輕快, 漕運京江, 不數日往還, 自設大中船, 船大人小, 來往不易, 非唯站夫受苦, 漕運稽滯, 深爲未便. 乞今後, 大中船轉運奴子, 以空閑奴子, 各加定二名.

一, 水夫及轉運奴子, 每年解氷以後氷合以前, 勿論家之遠近, 廢農贏糧, 不唯搬運祿·轉雜貢, 至於倭客往來及諸島荻蘆·別窯土木等項轉運事, 多不勝其苦. 以此逃散失所者頗多. 乞加定水夫, 相遞立番, 以歇其役.

一, 水站轉運奴子·水夫, 依各驛例, 蠲減徭役完恤, 曾有敎旨. 今各官守令, 但凡徭役, 竝皆差定, 無異烟戶, 實爲未便. 今後守令, 如有不從敎旨, 如前役事者, 傳報監司施行."

命下兵曹, 與政府諸曹同議. 左議政李稷·右議政黃喜等議啓, "加定轉運奴子無閑歇, 奴子加給爲難. 自今各站, 除大船, 竝用中船. 若水夫加定, 則以水邊各官, 散住都府外, 量減移屬, 相遞立番. 守令役使水夫, 轉運奴子者, 依所啓施行." 從之.

좌도 수참 전운 판관左道水站轉運判官 안상진安尙縝이 수참水站의 폐단을

없애는 조건을 아뢰기를,

"1. 처음 참선站船[142]을 설치할 때에 작은 배들도 병용하여 배마다 사공 1명과 격인格人 2명을 정하고, 매 1참마다 수부水夫와 전운 노자轉運奴子를 모두 30호戶로 정했는데, 영락 22년 병조의 수교受敎에는 참선은 작은 배는 없애고 큰 배와 중간 배를 병용하여 참마다 큰 배 8척과 중간 배 7척을 사용하되, 그 수부와 노자는 그전대로 하고, 인원을 더하지 않았습니다. 당초에 작은 배를 부릴 때에는 빠르고 경쾌하여 경강京江을 조운하는데 며칠이 안 되어 갔다가 오게 되었는데, 큰 배와 중간 배를 설치한 뒤로는 배는 큰데 사람은 적어 내왕이 용이하지 않을 뿐만 아니라, 참부站夫도 고통을 받고 조운에 시일을 지체하게 되니 매우 불편합니다. 원컨대 앞으로는 큰 배와 중간 배의 전운 노자는 한가한 노자로써 각기 2명씩 더 배정하게 할 것이며,

1. 수부와 전운 노자는 해마다 얼음이 풀려 다시 얼음이 얼 때까지, 집이 멀고 가까운 것도 상관하지 않고 농사를 폐하고 양식을 싸가지고 와서는 녹전祿轉과 잡공雜貢을 운반할 뿐만 아니라, 왜객의 왕래, 여러 섬의 갈대와 물억새, 별요別窯의 토목土木 등까지 운반하게 되니, 운반하는 일이 너무 많아서 그 고통을 참지 못하고 달아나는 자가 퍽 많습니다. 원컨대 수부를 더 정하여 서로 교대로 번番을 들게 하여 그 역役을 돌아가며 쉴 수 있게 할 것이며,

---

142 고려·조선시대 진도(津渡)에 하천을 이용한 수송을 담당한 수참을 두었다. 참선은 그 수참에 배치한 배를 말한다. 조선시대에는 1395년(태조 4) 정월에 수참전운소완호별감을 두어 용산강에서 충주 연천에 이르는 지역에 7개소의 수참을 설치하였다. 그리고 각 수참에는 민호 30호를 예속시키고, 참선(站船)을 배치하였다. 이에 수참 조직은 한강변의 진도와 조운 왕래처에 설치되었다.

1. 수참의 전운 노자와 수부는 각역의 예에 의하여 요역儌役을 견감蠲減하고 완전하게 구휼하도록 하라는 교지가 과거에 있었는데, 지금 각 고을의 수령들은 요역을 차정差定하기를 모두 연호烟戶와 다름이 없게 하니 실로 불편합니다. 앞으로는 수령이 만약 교지를 따르지 않고 전과 같이 역사役事하는 자가 있다면 감사에게 전보傳報하여 시행하게 하소서"

하니, 병조에 내려 정부와 여러 조曹와 함께 의논하도록 명하였다. 좌의정 이직과 우의정 황희 등이 의논하여 아뢰기를,

"전운 노자를 더 정하려 하여도 한가한 노자가 없으므로 더 주기가 어렵겠으니, 앞으로는 각 참의 큰 배를 없애고 모두 중간 배를 사용할 것이며, 만약 수부를 더 정하려면 서울을 제외하고 물가의 각 고을에 흩어져 사는 도부외都府外를 적당히 감하여 전속시켜서 교대로 번番을 들게 할 것이며, 수부와 전운 노자를 역사役事하는 수령에게는 아뢴 대로 시행하게 하소서"

하니, 그대로 따랐다.

6月 11日(癸酉) 2번째 기사

전 도안무사 신유정의 졸기

前都按撫使辛有定卒. 有定, 慶尙道靈山縣人, 判開城富之子. 以蔭補散員, 累遷至精勇護軍. 丙寅, 從族兄忠清道都元帥李承源, 擊倭寇, 承源以彼衆我寡, 逗遛不進, 有定乃拔劍, 擬承源所乘馬, 而厲聲曰, "元帥荷國重恩, 畏賊不進, 豈國家遣將意耶? 死生有命, 不可不戰." 承源奮激與戰大捷. 又於南原之戰, 有定以單騎, 追賊馬蹄, 倭跨有定腹上, 欲拔劍刺之, 有定拉倭外腎, 翻身奪劍還刺之. 從承源四五年間, 與

賊戰凡二十五, 戰必捷, 有定之功居多, 以勇敢聞. 自太祖在潛邸, 侍
從有年, 及卽位, 賜原從功臣券·兼土田臧獲. 癸酉秋, 遷三司左咨議,
轉刑曹議郎. 有一僧, 僞造檜巖·三剛印信, 前等官論以死罪, 有定私
自擬之曰, "印有輕重, 罪豈無等乎?" 更按以僞造關律·印信律, 杖一
百·流三千里. 移兵曹議郎. 丁丑, 國家罷各道都節制使, 置十五鎭僉
節制使, 擇智勇者授之, 有定首膺其選, 爲伊山鎭僉節制使. 戊寅秋,
陞嘉善, 九月罷. 庚辰, 太宗爲東宮, 薦有定判奉常寺事, 歷工禮刑三
曹典書. 癸未, 倭寇江原道, 上召有定曰, "事甚急, 不待有司薦, 乃遣
卿, 其速行." 卽日上道, 寇退, 仍判江陵大都護府事, 考滿, 以左軍同知
摠制還朝, 府人慕之, 共立生祠. 遷承寧府尹. 丁亥, 出爲義州道兵馬
使. 勑使黃儼回京, 遼東指揮千戶軍人, 迎儼到義州, 留月餘, 抑賣私
物, 有定禁止不聽. 儼及渡江, 指揮輩, 有奪客館鋪席, 裹私物者, 有定
令壯士拳之, 其人流血被面, 泣訴儼. 有定突入儼前, 具告事由, 儼怒
曰, "何無禮乃爾?" 有定脫冠帶投地曰, "帝賜衣冠于小邦, 一視同仁,
今官人等, 侵擾邊境, 恣行無忌, 不可以衣冠禮義待之. 吾書官人所犯,
將入奏天庭, 先殺官人, 而後死之." 瞠目急呼壯士曰, "持佩劍而來, 先
斬一人頭渡江." 儼失色謝曰, "吾過矣." 遂杖泣訴者, 置酒而歡, 留別
曰, "邊將當如是也." 是年冬, 遷慶源鎭都兵馬使, 陛辭之日, 上謂曰,
"慶源乃先祖肇興之地, 寬予東顧之憂, 舍卿而誰?" 對曰, "臣無他技,
只有赤心耳. 敢不竭力赴鎭?" 數月, 以疾辭. 庚寅春, 野人犯慶源, 殺兵
馬使韓興富, 國家遣漢平君趙涓, 爲都元帥, 擢有定拜左軍都摠制, 爲
副往討之. 十一月, 遷忠淸道兵馬都節制使. 壬辰以疾辭. 甲午爲平安
道都按撫使. 乙未以疾辭, 閑居十數年, 至是卒, 享年七十四. 有定性

本剛狷, 見人之失, 不能含容, 必唾罵之. 家人告匱, 正色曰, "貧與富均
是一日再食. 諺不云乎? 雖丐者, 死有餘衣. 僅不餓死足矣." 每見學者,
必懇懃勸學, 嘗自歎曰, "早歲不學, 是乃終身之恨也." 訃聞, 上震悼,
遣內官弔慰, 輟朝三日, 賜賻. 諡武節, 剛强直理武, 好廉自克節, 一子
引孫.

전 도안무사[143] 신유정辛有定[144]이 죽었다. 유정은 경상도 영산현靈山
縣[145] 사람인데, 판개성부사[146] 신부辛富[147]의 아들이었다. 음직蔭職[148]으
로 산원散員[149]에 보직되었다가 여러 번 옮겨 정용 호군精勇護軍[150]에 이
르렀다. 병인년[151]에 족형族兄 충청도 도원수 이승원李承源[152]을 따라 왜
구를 쳤는데, 승원承源이 적군은 많고 아군은 적었기 때문에 전진하기를

---

143 도안무사는 고려 말부터 조선 초까지 주로 국방과 관련된 특별한 일이 발생했을 때 임시로
파견하던 관직이다. 특히 비교적 큰 규모의 외침이 있을 때에만 임시로 파견하였다. 고려 말
기에는 왜구의 침입이 격화되면서 이를 방어할 목적으로 자주 파견하였다. 1397년에는 박자
안(朴子安)을 경상·전라도안무사로 삼아 수군을 거느리고 왜적을 치게 하였다. 1420년에
수군의 최고 지휘관인 수군도절제사(水軍都節制使)를 수군도안무처치사(水軍都按撫處置
使)로 바꾸었고, 이후 이를 수군도안무사라고 부르는 경우가 있었다. 1466년에 수군도안무
처치사를 수군절도사로 개칭하였다(『조선왕조실록 전문사전』).
144 고려 말·조선 전기의 무신으로 왜구 소탕에 25차례 공을 세웠고 조선 건국 후 이산진첨절제
사, 봉상시 판관, 각 조의 전서(典書)를 거쳐 강원도에 침입한 왜구를 격퇴했고 경원에 침입
한 야인 우디거 정벌에 공을 세웠다(세종 8-6-11, 세종 8-7-15, 세종 11-10-11, 세종 27-7-25 등).
145 현재 경상남도 창녕군 영산면 지역을 중심으로 편성되었던 조선시대의 관청이자 행정구역이다.
146 고려시대, 개성부(開城府)의 최고 관직으로, 품계는 종2품. 공민왕 11년(1362)에 두었다.
147 고려 후기의 무신으로 1355년(공민왕 4) 취산군(鷲山君)에 봉하여졌으며, 판개성부사(判開
城府事)로 재임중이던 1359년 홍건적의 침입을 막기 위하여 출전하였다. 이 때 평양 서쪽의
함종(咸從)에서 쌍방 간에 대대적인 전투가 벌어졌는데 이 싸움에서 장군 이견(李堅)과 함께
전사하였다.
148 고려·조선시대에, 부조(父祖)의 공으로 얻어 하던 관직이다.
149 고려와 조선 초 중앙군 단위부대에 설치되었던 정8품 무관직, 또는 일부 지역의 토관(土官)
서반직(西班職)을 말한다.
150 조선시대 중앙군 조직인 오위에 소속된 정4품 무관직이다.
151 1386년이다.
152 고려·조선의 무신으로 1388년(우왕 14) 양광도 부원수(楊廣道副元帥)로서 요동정벌에 나섰다
가 이성계와 함께 위화도에서 회군(回軍), 남원(南原)·함양(咸陽)에 침입한 왜구를 대파했다.

주저하니, 유정이 칼을 빼어 승원이 탄 말을 겨누면서 성난 목소리로 말하기를,

"원수가 나라의 두터운 은혜를 입고도 적을 두려워하여 전진하지 않으니, 국가에서 장수를 보낸 뜻이 어디에 있습니까. 죽고 사는 것은 천명天命이니 싸워야 합니다"

하니, 승원이 분격奮激하여 적과 싸워서 크게 이겼다. 또 남원南原의 싸움[153]에서는 유정이 혼자서 말을 타고 적을 추격하다가 말이 넘어졌다. 그때 왜적이 유정의 배 위에 걸터앉아서 칼을 빼어 찌르려고 하니, 유정이 왜적의 불알을 움켜잡고 몸을 뒤쳐서 칼을 빼앗아 도로 찔렀다. 승원을 따라다닌 지 4, 5년 동안에 적과 싸운 것이 25번이나 되었는데 싸우면 반드시 이겼으니, 유정의 공이 많았으므로 용감하다고 이름이 났다. 태조가 잠저[154]에 있을 때부터 시종侍從하여 여러 해가 되었는데, 후에 왕위에 오르자 원종 공신권原從功臣券[155]을 내리고 겸하여 토지와 노비까지 내렸다. 계유년 가을에 삼사 좌자의三司左咨議[156]로 옮겼다가 형조 의랑刑曹議郞[157]으로 전직되니, 어떤 중이 회암사檜巖寺 삼강三剛의 인신印信[158]을 위조했는데, 전의 관원이 사죄死罪로 논의하였으나, 유정이 혼자서 의심하기를,

---

153 남원에서 왜구와 싸운 것이 1386년의 일이다. 김문발 역시 병인년에 남원 보성에서 왜구를 쳤다고 하였다(태종 18-4-4-3). 이때 전라도 도체찰사는 황보임이었다(태조 3-6-21-1).
154 처음으로 나라를 세운 임금이나 종실에서 들어온 임금이 왕위에 오르기 전에 사는 집이나 그 시기를 이르던 말이다.
155 조선시대에 정공신이 되지 못한 유공자들을 포상하기 위하여 책봉된 준공신들이 받은 증표를 말한다.
156 삼사(三司)는 재정을 관장하는 곳으로 조선 건국 직후 고려의 제도를 계승해 설치하였다. 삼사에는 좌자의·우자의 1명씩을 관리로 두었다.
157 형조에 속하는 정4품의 관직이다.
158 도장(圖章)이나 관인(官印)을 말한다.

"인印도 경중이 있으니 죄도 차등이 있어야 할 것이 아닐까"

하고, 다시 위조관율僞造關律에 의하여 따져, 인신印信을 위조한 율律로 곤장 1백 대에 유流 3천 리에 처하도록 하였다. 그 후 병조 의랑으로 옮겼고, 정축년에 국가에서 각도의 도절제사[159]를 폐지하고 15진鎭의 첨절제사를 두게 되었을 때 지혜와 용맹이 있는 사람을 뽑아 제수하게 되었는데, 유정이 맨 먼저 선발되어 이산진伊山鎭[160] 첨절제사가 되었다. 무인년 가을에 가선 대부嘉善大夫[161]로 승진되었다가 9월에 파직되었다. 경진년에 태종이 동궁東宮이 되니 유정을 천거하여 판봉상시사判奉常寺事[162]로 삼고, 공조·예조·형조 삼조三曹의 전서典書[163]에 역임되었다. 계미년[164]에 왜적이 강원도에 침구侵寇하니, 임금이 유정을 불러서 말하기를,

"일이 심히 급하므로 유사有司의 천거를 기다리지 아니하고 바로 경卿을 보내니 속히 떠나라"

하여, 곧 그날로 길을 떠났다. 왜구가 물러가니 그대로 판강릉대도호부사[165]가 되었다.

임기가 차서 좌군 동지총제로서 조정으로 돌아오니, 강릉부의 사람들이 그를 사모하여 힘을 모아 생사당生祠堂[166]을 세웠다. 다시 승녕부 윤

---

159 조선 초기에는 2품 이상의 재상이 임명되던 군직(軍職)으로, 고려시대의 도병마사(都兵馬使)나 병마사(兵馬使)를 조선시대에 들어와서 고쳐 부른 호칭이다(『한국고전용어사전』).

160 충청도 덕산현에 있던 군진이다. 고려 최영(崔瑩)이 이산(伊山)에 도절제사(都節制使)의 병영을 두도록 건의한 것인데, 조선 태종 16년에, 태안군(泰安郡)에 거둥하여 명하여 이 진영을 해미현(海美縣)으로 옮기고, 이산의 구영(舊營)은 본현의 청사로 쓰도록 하였다(『신증동국여지승람』 「충청도」 「덕산현」).

161 조선시대에 둔, 종2품 문무관의 품계이다.

162 조선시대 국가의 제사 및 시호를 의론하여 정하는 일을 관장하기 위해 설치되었던 관서인 봉상시(奉常寺)에 속한 정3품의 관직이다.

163 조선 초기의 정3품 관직이다.

164 1403년이다.

165 강릉진(江陵鎭)을 다스리는 종3품의 관직이다.

承寧府尹[167]으로 천직되었다가 정해년[168]에 나가서 의주도 병마사義州道兵馬使가 되었다. 칙사勅使 황엄黃儼[169]이 북경으로 돌아갈 때에, 요동 지휘 천호千戶[170]의 군인들이 황엄을 맞이하려고 의주에 이르러 한 달 남짓 머무르면서 사물私物을 강제로 팔므로, 유정이 금지하니 듣지 않았다. 황엄이 강을 건널 때 객관客館에 깔 자리鋪席를 빼앗아 사물을 싸는 자가 있으므로, 유정이 장사壯士를 시켜 주먹질을 하니, 그 사람이 피를 흘려 얼굴에 뒤덮어 쓰고 울면서 황엄에게 호소하였다. 이에 유정이 황엄의 앞으로 뛰어 들어가서 사유를 상세히 알리니, 황엄이 노하여 말하기를,

"어찌 이렇게도 무례한가"

하니, 유정이 관대冠帶를 벗어 땅에 던지면서 말하기를,

"황제께서 우리나라에 의관衣冠을 내리시어 피아彼我의 차별이 없이 똑같이 사랑하였는데, 지금 관인 등이 변경을 침요하여 멋대로 놀아나니, 이제는 의관과 예의로써 그들을 대우할 수 없습니다. 먼저 관인을 죽인 후에 내가 관인이 범한 것을 글로 써서 황제의 조정에 들어가서 아뢰고, 나도 죽겠습니다"

하며, 눈을 똑바로 뜨고 급히 장사를 불러 말하기를,

"허리에 찰 칼을 가지고 오라. 먼저 한 사람의 머리를 베고 강을 건너 가겠다"

---

166 고려 말부터 지방관의 선정(善政)과 공적을 기려 살아 있는 인물을 모시던 사당이다.
167 '왕자의 난'으로 왕위에서 물러난 태조 이성계에 대한 공봉(供奉)과 그 밖의 모든 사무를 위해 설치한 관사인 승녕부에 속한 종2품 문관의 외관직이다.
168 1407년이다.
169 영락제(永樂帝)가 총애하던 환관으로 신왕의 책봉을 고하거나 말, 환관, 공녀 등 공물을 요구하기 위해 11차례나 조선에 왔다.
170 중국 명나라 때의 위소제(衛所制)의 한 단위인 천호소로 이루어진 군대이다. 천호소는 백호소(百戶所) 열 개가 모여 이루어진 것으로, 이것이 다시 다섯이 모여 위(衛)를 이루었다.

하니, 황엄이 얼굴빛이 변하더니 사과하기를,

"내가 잘못했습니다"

하면서, 드디어 울면서 호소한 사람을 매질하고는 술을 놓고 즐기다가 작별하며 말하기를,

"변장邊將[171]은 당연히 이와 같아야 될 것이다"

하였다. 이해 겨울에 경원진 도병마사慶源鎭都兵馬使로 옮겨졌는데, 조정에서 사조하는 날에 임금이 이르기를,

"경원慶源은 곧 선조께서 처음 일어난 땅인데, 내가 동쪽을 돌아보는 근심을 덜게 하는 일에 경卿을 버리고 누구에게 맡기겠는가"

하니, 대답하기를,

"신臣은 다른 재능은 없고, 다만 적심赤心[172]이 있을 뿐이오니, 어찌 힘을 다하여 진鎭에 나아가지 않을 수 있겠습니까"

하였다. 몇 달 후에 병 때문에 사직하였다. 경인년 봄에 야인이 경원을 침범하여 병마사 한흥부韓興富를 죽이니, 국가에서 한평군漢平君 조연趙涓을 보내어 도원수를 삼고, 유정을 발탁하여 좌군 도총제로 임명하여 부장副將으로 삼아 가서 토벌하게 하였다. 11월에 충청도 병마도절제사[173]로 옮겼다가 임진년에 병 때문에 사직하였고, 갑오년에 평안도 도안무사가 되었다가 을미년에 병 때문에 사직하고, 한가로이 있은 지 10여 년만에 이때에 이르러 죽으니, 향년 74세이었다. 유정은 성품이 강직하고 고집이 세어,

---

171 변경을 지키는 장수라는 뜻으로 첨사, 만호, 권관을 통틀어 이르던 말이다.
172 거짓 없는 참된 마음을 말한다.
173 조선시대 정3품 수령이 겸대(兼帶)한 서반(西班) 관직이다. 조선 초기 양계(兩界)에는 군익도(軍翼道)가 편성되어 있었고, 그 군사책임자 직함이 도병마사·도절제사·병마절제사 등으로 일정하지 않았다. 당시 병마절제사는 2품 수장(守將)으로 호칭되었는데, 세종 때 4군·6진을 개척하면서 이들 국방상의 주요 거점에 2품 무장을 임명할 경우 역시 병마절제사 직함을 주었다.

남의 실수를 보고는 용납할 줄을 모르고 반드시 침을 뱉고 욕을 하였다. 한 집안 사람이 궁핍함을 알리면 안색을 엄정하게 하면서 말하기를,

"가난한 사람이나 부유한 사람이나 모두 하루에 두 끼씩 먹는다고 속언俗諺에 말하지 않았는가. 걸인이 죽어도 남는 옷은 있다고 하니, 굶어 죽지 않은 것만으로도 만족해야 한다"

하였다. 배우는 사람을 볼 때마다 반드시 은근히 학문을 권유하며 일찍이 스스로 탄식하기를,

"젊을 때에 배우지 않은 것이 바로 일평생의 한이다"

하였다. 부음이 들리니, 임금이 매우 슬퍼하여 내관內官을 보내어 조위하고, 3일 동안 조회를 폐하였다. 부의賻儀를 내리고 무절武節이란 시호를 내리니, 강강剛彊하고 곧게 다스림을 무武라 하고, 청렴함을 좋아하여 스스로 절제함을 절節이라 한다. 아들은 하나인데 인손引孫이었다.

6월 11일(癸酉) 3번째 기사

경계를 소홀히 한 충청 좌도 도만호 김효성의 직첩을 거두고 변방 군사로 충당케 하다

忠淸道監司啓, "左道都萬戶金孝誠, 不謹候望, 使倭賊入境, 擄掠人物, 不卽追捕, 按律杖一百, 發邊遠充軍." 命收職牒, 邊遠充軍.

충청도 감사가 아뢰기를,

"좌도 도만호[174] 김효성金孝誠[175]이 망보는 것을 소홀히 하여 왜적을

---

174 충청좌도 도만호는 비인현 도두음곶(마량)에 있었다. 도만호는 수군절도사와 수군첨절제사에 해당하는 수군 지휘관이다.
175 북쪽 여진족의 침입에서 활약하였고 대마도 정벌에도 참여하였다. 많은 적을 섬멸한 인물로서 세종이 깊이 신임했다고 한다(세종 1-5-13, 세종 1-6-29, 세종 31-12-9, 세종 31-12-26).

국경에 들어오게 하여 인명과 재산을 노략당하게 하였고, 즉시 뒤쫓아 가 잡지 못하였으니, 형률에 의거하여 곤장 1백 대를 치고, 변방의 먼 곳 으로 보내어 군사로 충당하소서"

하니, 명하여 직첩을 회수하고 변방의 먼 곳에 군사로 충당하도록 명하 였다.

7월 7일(戊戌) 2번째 기사
대마도의 좌위문대랑이 부산포에서의 조선을 청하면서 유황을 바치므로 허락하다

對馬島左衛門大郞使人謝賜絲麻布等物, 兼請造船于富山浦, 仍獻 硫黃二千斤, 回賜正布六十五匹·糙米二十石, 命從造船之請.

대마도의 좌위문대랑左衛門大郞[176]이 객인客人을 보내어 면포와 마포 등의 하사를 치사하고, 아울러 부산포富山浦[177]에서 배를 만들기를 청하 고 유황 2천 근을 바치므로, 정포 65필과 조미糙米 20석을 답례로 하사하 고, 명하여 배를 만들겠다는 청을 들어주게 하였다.

---

176 대마도 왜구의 우두머리이자 수직왜인이다. 1권 제1부 「중요인물」 '조전좌위문태랑' 참조.
177 경상도 동래에 있던 포구의 이름이다. 세종 대까지는 경상좌도 수군 도안무처치사 본영(左道水軍都按撫處置使營)이 동평현 남쪽 7리 되는 부산포(富山浦)에 있었다(『세종실록』「지리지」). 1402년(태종 2)에 부산포(富山浦)라는 명칭이 처음 보이며, 『경상도지리지』·『세종실록』「지리지」, 『경상도속찬지리지』 등에 "동래부산포(東萊富山浦)"라 하였고, 1471년 편찬된 『해동제국기』에도 "동래지부산포(東萊之富山浦)"라 하고, 같은 책의 「삼포왜관도(三浦倭館圖)」에도 "동래현부산포(東萊縣富山浦)"라고 기록하였다. 그러나 성종 대에 이르면 부산포(釜山浦)라는 명칭이 처음 나타난 이후, 거의 대부분 후자의 한자 표기가 사용되었다.

7月 7日(戊戌) 3번째 기사

종언륙이 피로된(잡힌) 왜인 시라망고 등의 방환을 청하니 허락하다

宗彦六請還被俘倭時羅望古等五名, 許之.

종언륙宗彦六[178]이 사로잡힌 왜인 시라망고時羅望古[179] 등 5명의 방환을 청하니, 이를 허락하였다

7月 23日(甲寅) 1번째 기사

처자와 한인 4명을 데리고 온 대마도의 왜인 사근고라를 머물러 살게 하다

禮曹據慶尙道監司關啓, "對馬島倭人沙斤古羅, 以本島凶荒, 率妻子及漢人四名出來, 願欲留居. 請前項漢人, 依前例解送, 倭人, 安置于忠淸道陸地, 各官給衣糧田地." 從之.

예조에서 경상도 감사의 관문關文에 의하여 아뢰기를,

"대마도의 왜인 사근고라沙斤古羅[180]가 그 섬의 흉년으로 말미암아 처자와 한인漢人 4명을 데리고 나와 머물러 살기를 원하고 있사오니, 청하건대 위의 한인은 전례에 의하여 북경으로 풀어 보내고, 왜인들은 충청도 육지 안의 각 고을에 안치하고, 의복·식량과 전지田地를 주도록 하소서" 하니, 그대로 따랐다.

---

178 대마도 도주 종정성(宗貞盛)을 말한다. 1권 제1부 「중요인물」 '종정성' 참조.
179 여기에만 보인다. 기해동정 당시 대마도에서 포로가 된 왜인으로 생각된다. 이름은 사랑손(四郞孫) 등의 음사로 생각된다.
180 향화왜인인 사문고라(左衛門五郞)의 오기로 생각된다(세종 8-7-23-1).

7月 29日(庚申) 2번째 기사

공 없이 직을 받은 부사정 나계와 부사직 안격의 직첩을 불태우게 하다

司諫院啓, "副司正羅繼·副司直安格爲全羅道水營鎭撫, 於甲辰九月倭賊追捕時, 無助戰之功. 處置使尹得洪, 曚曨啓達, 冒受本職, 請焚職牒." 從之.

사간원에서 아뢰기를,

"부사정副司正[181] 나계羅繼와 부사직副司直[182] 안격安格이 (앞서) 전라도 수영 진무水營鎭撫[183]가 되어 갑진년 9월에 왜적을 추격 체포할 때에 싸움을 도운 공이 없는 것을 처치사處置使[184] 윤득홍尹得洪이 잘 알지 못하고 아뢰어 망령되게 본직本職을 받았으니, 청하건대 그 직첩職牒을 불사르도록 하소서"

하니, 그대로 따랐다.

---

181 조선시대 중앙의 오위(五衛)에 소속된 종7품 서반직이다.

182 조선시대 중앙의 오위에 소속된 종5품 서반직이다.

183 조선 초기 여러 군영에서 각종 군사실무를 처리하였던 관직이다. 조선 초기에는 중앙군의 군령을 맡은 삼군진무소(三軍鎭撫所)나 오위진무소(五衛鎭撫所)의 도진무(都鎭撫)가 있었듯이, 왕명을 받들어 외방에서 군사를 지휘하는 장수인 병마도절제사, 수군도안무처치사(水軍都安撫處置使)의 밑에도 도진무를 두었다. 1466년(세조 12)의 관제 개혁에서 병마도절제사도진무는 병마우후, 수군도안무처치사도진무는 수군우후로 각각 개칭되었다. 이로부터 도원수·원수 등으로 출정하는 장수 밑에서 군령을 담당하는 직책의 호칭 역시 도진무에서 우후로 바뀌게 되었다(『한국민족문화대백과』).

184 세종 때 왜구를 막기 위하여 두었던 수군도안무처치사(水軍都安撫處置使)를 말한다. 조선시대 각 도의 수군을 효율적으로 지휘, 감독하기 위하여 두었던 정3품 서반 관직이다. 1466년 관제를 다시 정할 때 수군절도사로 개칭하였다. 『경국대전』에 의거하면, 수군절도사의 임기는 720일이며 수영(水營)이 주재하는 곳을 주진(主鎭)이라고 하였다. 각 도의 정원은 경상·전라·함경도에 각 3인, 경기·충청·평안도에 각 2인, 황해·강원도에 각 1인씩 배정하였으나, 해당 도의 지리적 여건을 고려하여 실제는 겸임하는 경우가 많았다. 원래 수군절도사는 각 도의 연해변에 위치한 진·포(浦)·보(堡)에 소속된 전선과 주장인 첨절제사·우후·동첨절제사·만호·권관 등을 지휘 통솔하였다.

8月 10日(辛未) 1번째 기사

귀화한 왜인 마다화지에게 식량과 곡식 종자를 지급케 하다

兵曹啓, "今倭人麻多和知, 從被擄德恩船軍曹德生·礪山船軍朴亡達, 投化而來. 請德生·亡達, 還送本家. 麻多和知, 從其自願, 二人中俾令同住, 限來年給口糧穀種." 從之.

병조에서 아뢰기를,

"이번에 왜인 마다화지麻多和知[185]가 사로잡혔던 덕은德恩[186] 선군船軍[187] 조덕생曹德生[188]과 여산礪山[189] 선군船軍 박망달朴亡達을 따라 귀화하여 왔습니다. 청하건대 조덕생과 박망달은 그의 본집으로 돌려보내고, 마다화지는 자원하는 바에 따라 2인 중에서 (어느 한 사람과) 함께 거주하게 하고, 내년까지 식량과 곡식 종자를 지급하도록 하소서"

하니 그대로 따랐다.

---

185 우팔(又八, 마타하쩨)과 같은 일본 인명을 한자로 음사한 것으로 생각된다. 15세기 초의 향화왜인이다.

186 삼국시대부터 조선 전기까지 현재의 충청남도 논산시 가야곡면에 있던 덕은현을 말한다.

187 기선군(騎船軍)이라고도 하며 배를 타고 싸우는 수군(水軍)을 뜻한다. 『경국대전』에서 수군으로 명명되기까지는 일반적으로 선군 또는 기선군으로 불렸다. 선군, 즉 수군은 육군인 정병(正兵)과 더불어 양인의 주요 의무 군역이었다. 1475년(성종 6)의 통계에 의하면, 총 군병 14만 8849명 중 수군이 4만 8800명, 정병이 7만 2109명이었다. 이들 수군은 연해민(沿海民)뿐만 아니라 산군인(山郡人)들로도 충원했다(『조선왕조실록 전문사전』).

188 여기에만 보인다.

189 현재의 전라북도 익산군 여산면에 있던 지방 행정구역이다. 1404년에 여량현과 낭산현을 합하여 여산현이라고 하였다.

8月 23日(甲申) 3번째 기사

대마도의 왜인 변삼보라 · 시라삼보라 · 노오묘 등이 머물러 살기를 원하니
허락하다

禮曹啓, "今來對馬島倭邊三甫羅 · 時羅三甫羅 · 老吾妙等三名, 皆
願留居, 請從自願." 從之.

예조에서 계하기를,

"이번에 온 대마도의 왜인 변삼보라邊三甫羅[190] · 시라삼보라時羅三甫
羅[191] · 노오묘老吾妙[192] 등 3명이 모두 머물러 살기를 원하고 있으니, 청하
건대 자원에 따르도록 하소서"

하니, 그대로 따랐다.

8月 27日(戊子) 3번째 기사

왜적을 물리친 공으로 전라도 처치사 박실에게 말과 옷 등을 내리다

全羅道處置使朴實捕賊倭船一隻, 斬首八級, 使鎭撫趙餘慶來獻, 賜
餘慶衣二領, 遣承文院校理李世衡, 賜實鞍馬衣一襲及宣醞, 仍命軍
官戰功等第以聞.

전라도 처치사處置使 박실朴實[193]이 왜적의 배 1척을 체포하고, 적의 머

---

190 세종 5년에 조선으로 귀화하기를 원하였다는 기록이 있다(세종 5-2-21-3).

191 사랑삼랑(四郞三郞, 시라사브로)의 음사로 보인다. 대마도에서 생활하기 어렵다는 이유로 조선
에 귀화를 청하였으므로 내이포에 거주하게 하였다(세종 8-1-3-1). 이때에 이르러 귀화를 허락한
것이다. 그런데 장사를 하러 거제현에 갔다가 관노 이선을 죽인 사건이 발생하였고, 세종은 이를
논하지 말라고 하였다(세종 13-7-17-8). 종정성이 보낸 사신 중에도 시라삼보라가 보이는데 내이
포의 항거왜인 시라삼보라와 동일인물인지 알 수 없다(세종 24-10-25-4, 세종 25-9-7-1).

192 여기에만 보인다. 15세기 초에 향화한 대마도인이다.

193 대마도정벌에 좌군도절제사로 참가하였다. 1426년 때는 전라도수군처치사(全羅道水軍處置
使)가 되어 서해안에 출몰한 왜선을 격파하고 왜적 17급(級)을 베어, 그 공으로 어의(御衣) 한
벌을 하사받았다. 하지만 왜군과의 전투에서 패하여 의금부에 하옥되기도 하였다.

리 8급級을 베어 진무鎭撫 조여경趙餘慶으로 하여금 이를 바치니, 여경에게 옷 두 벌領을 하사하고, 승문원 교리校理 이세형李世衡을 보내어 박실에게 안장 갖춘 말과 옷 1벌, 선온宣醞을 내리고, 이내 명하기를,

"군관들의 전공의 등급을 정하여 보고하라"

하였다.

10月 14日(甲戌) 3번째 기사

모초도에서 왜인을 잡은 군인과 군관, 공을 세운 염간들에게 상을 주라고 청하다

全羅道都按撫使朴實·宣慰別監李世衡等啓, "茅草島捕倭軍人軍官等第, 命下兵曹. 一等成功鹽干, 許爲補充軍, 二等成功鹽干及記官, 己身免役, 功牌成給."

전라도 도안무사 박실과 선위 별감宣慰別監[194] 이세형 등이 아뢰기를,

"모초도茅草島[195]에서 왜인을 사로잡은 군인과 군관들은 병조에 명을 내려서, 1등으로 공을 세운 염간鹽干[196]은 보충군補充軍[197]을 삼게 하시

---

194 임금의 명을 받아 선위하는 일을 맡은 임시직으로 3품 이상으로 임명하였다. 고려시대에 특별한 임무를 수행하기 위하여 지방에 다양한 별감을 파견하였다. 조선시대에는 그 종류가 크게 줄었으나, 국초 이래로 변방의 개척이나 변란의 토벌에 공이 있는 고위관리를 위로하기 위하여 참상관을 선위별감(宣慰別監)으로 파견하였으며, 각 도의 군용(軍容)이나 토지 등급을 시정하기 위하여 참상관 이하를 군용점고별감(軍容點考別監)이나 전제별감(田制別監)에 차견(差遣)한 사실 등이 있다(『한국민족문화대사전』).

195 여기에서만 보인다. 모초(茅草)을 초가 지붕을 잇는데 쓰는 띠풀을 말한다.

196 염간은 염업에 종사해 소금의 판매 수입으로 생활하던 사람들로서 매년 봄·가을 일정액의 염세(鹽稅)를 소속 염창(鹽倉)에 납부할 의무가 있었으나, 부역은 면제되었다. 염간은 신역(身役)으로서 염역(鹽役)을 부담하므로, 고액의 염세가 부과되어 사염(私鹽, 私干)보다 세납액이 많았다. 세종 7-7-25-4, '염간 주석 참조.

197 조선시대 양(良)·천(賤) 사이의 신분 변별책으로 설치되어 오위(五衛) 중 의흥위(義興衛)에 소속된 병종(兵種). 천인종량자(賤人從良者)가 일정한 기간 복무하면 양인이 될 수 있었던 제도이다. 1415년(태종 15) 설치 당시에는 보충군(補充軍)이라 불리었으나 1469년(예종 1) 보충

고, 2등으로 공을 세운 염간과 기관^{記官}[198]은 그 자신의 부역을 면제해
주고 공패를 만들어 주도록 하소서"
하였다.

11월 1日(庚寅) 5번째 기사

일본 축주 석성관사 종금이 사람을 시켜 토산물을 바치므로 정포를 회사하다

日本筑州石城管事宗金, 使人奉書禮曹, 謝賜圖書, 仍進摺扇一百
本·樟腦五斤·大刀十柄·犀角一頭·鬱金二十斤·銅二百斤·藿
香二十斤·硫黃一千斤, 回賜正布二百四十匹. 筑前州大宰少貳藤原
滿貞, 使人奉書于禮曹, 再請發還對馬, 屬臣平奴田昆季等, 仍獻大刀
五柄·穿山甲一張·樟腦一斤·草菓十斤·紗二段·盤一百片·磁
椀一千·蘇香油三斤·牛皮十張·銅三百斤·丹木五百斤·硫黃一
千斤·丁香皮三斤·鉛一百斤. 禮曹參議金孝孫答書云, "諭及平奴
田昆弟, 旣委質我朝, 厚蒙上恩, 反懷譎詐, 重干邦憲, 謫在于外. 姑將
正布四百三十匹, 就付回价." 對馬州宗貞盛·左衛門大郎等奉書禮
曹, 再請發還平道全, 禮曹參議金孝孫答書曰, "諭及道全, 重干邦憲,
然得保性命, 恩至渥也."

대로 개칭되었다. 보충군은 비첩산(婢妾産) 및 속량(贖良) 보충군, 가평민(嫁平民) 보충군, 신
량수군(身良水軍) 및 물문시비(勿問是非) 보충군, 칭간칭척(稱干稱尺) 보충군으로 나뉘었다
(『한국민족문화대사전』).

198 기관(記官)은 고려시대 및 조선시대의 이속(吏屬)을 칭하는 명칭의 하나이다. 고려시대에는
중앙과 지방의 각 관청에 소속되어 역할이 다양했으나, 조선 초기에 지방 관부의 육방(六房)
을 담당하는 지방의 행정 실무자로 지위가 축소되었다. 따라서 조선조에서 이들은 관품이나
녹봉·과전을 받지 못하는 존재였다. 뿐만 아니라 태종 대에 상정된 향리의 입제(笠制)에 따
라 평정건(平頂巾)을 쓰도록 하였고, 세종 대에는 이전에는 사용할 수 있었던 서대(犀帶)·옥
환(玉環) 등의 사용이 금지되었다(『한국민족문화대사전』).

일본 축주筑州[199] 석성 관사石城管事[200] 종금宗金[201]이 사람을 시켜 예조에 글을 보내어 (앞서 우리나라에서) 도서圖書[202]를 내려준 것에 사례하고, 아울러 접선摺扇[203] 1백 자루, 장뇌樟腦[204] 5근, 대도大刀 10자루, 서각犀角[205] 1개, 울금鬱金[206] 20근, 동銅 2백 근, 곽향藿香[207] 20근, 유황硫黃[208] 1천 근을 바치므로, 정포 2백 40필을 회사回賜[209]하였다. 축전주筑前州[210] 태재太宰[211] 소이少貳[212] 등원만정藤原滿貞[213]이 사람을 시켜 예조에 글을

199 축주(筑州)는 축전국(筑前國)과 축후국(筑後國) 지역을 통틀어서 일컫는 것이지만 실제로는 축전국 지역을 뜻한다. 현재의 후쿠오카현 중동부를 제외한 대부분에 해당한다. 고대에는 축전국의 중심이 대재부(大宰府)이었으나, 점차 교역에 유리한 박다(博多, 현재의 후쿠오카시) 지역이 발전하였다.

200 고려와 몽골 연합군의 정벌로 북구주의 중심 지역인 박다가 소실되었다(1274). 재침에 대비하여 박다 연안부에 방어용 석담을 세웠는데 이를 원구방루(元寇防壘)라고 부른다. 이 석담 때문에 박다를 석성(石城)이라고도 부르게 되었다.

201 박다의 승려이자 상인이다. 1권 제1부 「중요인물」 '종금' 참조.

202 조선시대에 왜인이나 야인의 유력자에게 내조(來朝)할 수 있는 신표로 내려준 구리로 된 도장을 말한다.

203 접었다 폈다 하게 되어 있는 부채를 말한다. 접부채는 고려에서 처음 만들어 사용한 것으로 생각된다.

204 녹나무를 증류하여 얻는 특유한 향기가 있는 결정체이다. 권두 「교역물품」 '장뇌' 참조

205 코뿔소의 뿔이다. 권두 「교역물품」 '서각' 참조.

206 생강과의 식물인 울금의 덩이뿌리를 말한다. 권두 「교역물품」 '울금' 참조.

207 쌍떡잎식물 통화식물목 꿀풀과의 여러해살이풀(Teucrium veronicoides)의 지상부를 말린 약재이다. 전국의 산에서 자라며 추위와 건조에도 강하여 재배하고 있고 방애잎, 중개풀, 방아풀이라 하여 어린잎을 추어탕 등 고기 비린내 제거용으로 사용한다. 비위에 습이 정체되어 복부창만, 식욕부진, 메스꺼움, 구토, 설사 등을 치료하며, 소화장애를 동반한 감기, 여름철 식체로 인한 구토, 설사, 구취, 옴이나 버짐 등에 효과가 있다고 한다. 권두 「교역물품」 '곽향' 참조.

208 흑색화약의 원료이다. 권두 「교역물품」 '유황' 참조.

209 다른 나라의 조공물에 대하여 지급한 답례품을 말한다.

210 일본 고대 이래의 행정단위인 축전국(筑前國)을 말한다. 대체로 현재의 후쿠오카현의 범위와 일치한다. 축전국의 중심은 대재부(大宰府)이며 고대에는 구주 지역 전체를 관할하였다.

211 일본의 국(國) 가운데 축전국(筑前國)에 설치되어 구주(九州)의 행정관리 이외에 대외 국사·외교 업무를 담당하였던 지방 관청, 즉 대재부(大宰府)를 말한다.

212 대재부(大宰府)의 차관인 소이(少貳)라는 관직을 세습하였기 때문에 소이씨라는 성을 갖게 되었다. 축전(筑前)·비전(肥前) 지역의 어가인 및 수호대명 가문으로 북구주 지역의 명족(名族)으로 손꼽힌다. 무등자뢰(武藤資賴, 1160~1228)가 처음으로 대재부의 소이가 되었다.

213 실정시대(室町時代)의 무장(1394~1433)으로 북구주 박다(博多) 지역을 중심으로 활동하였다. 소이정뢰(少貳貞賴)의 아들로 1404년 아버지의 죽음으로 소이씨 가독을 계승하였다. 1권

바치고, (인질로 잡혀 와 있는) 대마도의 속신屬臣 평노전平奴田[214] 형제 등을 돌려보내기를 재차 청하고, 아울러 대도 5자루, 천산갑穿山甲[215] 1장, 장뇌樟腦[216] 1근, 초과草菓[217] 10근, 비단 2필, 쟁반 1백 개, 자완磁椀[218] 1천 개, 소향유蘇香油[219] 3근, 소가죽 10장, 동 3백 근, 단목丹木[220] 5백 근, 유황 1천 근, 정향피丁香皮[221] 3근, 납 1백 근을 바쳤다. 예조 참의禮曹參議 김효손金孝孫[222]이 답서하여 말하기를,

"평노전平奴田[223] 형제에 대하여 말한다면 (그들은) 이미 우리 조정에 인질로 와 있어, 상감의 은혜를 두터이 입었는데도 도리어 간사한 마음을 품어 국법에 중하게 저촉되어 외방에 귀양가 있는 중이며, 우선 정포

제1부 「중요인물」, '소이만정/등원만정' 참조.

214 평도전(平道全)으로 생각된다. 노(奴)는 일본어로 '도로 읽으므로, 평도전의 '도(道)'와 음이 통한다.

215 천산갑과에 딸린 동물. 또는 천산갑(穿山甲)의 비늘을 한방에서 이르는 말. 천산갑의 크기는 종에 따라 다양하며 몸무게는 가벼운 것은 약 1.8kg에서 무거운 것은 약 33kg까지 나간다. 머리·몸·앞뒷다리·꼬리 윗면은 솔방울의 비늘조각 모양으로 늘어선 골질(骨質)의 비늘로 덮여 있고, 비늘 사이에 짧고 억센 털이 나 있다. 한방에서는 천산갑의 비늘 볶은 것을 가리키며, 약재로써 종기나 상처를 가라앉게 하고 맥을 잘 통하게 하거나 젖을 잘 돌게 하는 데 처방한다(『조선시대 대일외교 용어사전』). 『조선왕조실록』에서 천산갑이 여기에만 보인다.

216 녹나무를 증류하여 얻는 특유의 향기가 있는 결정체이다. 권두 「교역물품」, '장뇌' 참조.

217 생강과인 초두구(草豆蔲)의 하나. 또는 초과(草果)의 열매를 말린 것. 열매의 생김새는 긴 구형으로 3개의 두드러지고 둔한 능선이 있고 바깥 면은 갈색이다. 질은 단단하며 질기고 세로로 쉽게 갈라진다. 말린 열매는 맛이 시고 향기가 있으며 궁중의 갈증해소 음료인 제호탕의 재료로 사용되기도 하였다. 또 약간 볶아서 건위제로 사용하는데, 비위를 덥게 하고 습기를 제거하는 효능이 있어 약재로도 쓰인다. 초과자(草果子)·노구(老蔲)·초과인(草果仁)이라고도 한다(『조선시대 대일외교 용어사전』).

218 사기로 만든 그릇 종류이다. 일본은 조선 전기까지 자기(磁器)를 만들 수 없었기 때문에, 도자기 제작 기술이 자기의 전단계에 머물러 있었다.

219 조록나무과 소합향나무에 채취하는 향유이다. 권두 「교역물품」, '소합향' 참조.

220 콩과에 속하는 상록교목인 소방목을 말하며, 약재와 염료로 사용하였다. 권두 「교역물품」, '소목' 참조.

221 도금낭과(Myrtaceac) 정향나무의 껍질을 말한다. 물푸레나무과의 정향나무와는 다른 나무이다. 권두 「교역물품」, '정향피' 참조.

222 조선 전기의 문신으로 원활한 해상 운송을 위해 충청도 태안 일대의 지형도를 작성하고, 별사전 지급의 중지를 건의하여 시행시키는 등 많은 업적을 남겼다

223 평도전(平道田)으로 생각된다. 1권 제1부 「중요인물」, '평도전' 참조.

4백 30필을 돌아가는 사신에게 부치노라"

하였다. 대마주 종정성宗貞盛**224** · 좌위문대랑左衛門大郎**225** 등이 예조에
글을 올리고 평도전平道全**226**을 돌려보내 주기를 재차 청하니, 예조 참의
김효손이 답서를 보내 말하기를,

"도전道全에 대하여 말한다면 (그가) 국법에 크게 저촉되었으니, 성명
性命을 보전하게 된 것만도 그 은혜가 지극히 두터운 것인 줄 알라"

하였다.

11月 10日(己亥) 2번째 기사
부산포에는 좌도 도만호, 염포에는 만호를 임명하게 하다

兵曹啓, "慶尙左道按撫使, 今旣革除, 其營富山浦, 以左道都萬戶
移差, 都萬戶營鹽浦, 依前例萬戶差下." 從之.

병조에서 아뢰기를,

"경상좌도 안무사按撫使**227**는 이제 이미 없앴사오니, 그 영營인 부산포
富山浦**228**에는 좌도 도만호左道都萬戶**229**로써 옮겨 임명하도록 하고, 도만

---

224 대마도 도주이다. 1권 제1부 「중요인물」 '종정성' 참조.
225 대마도 왜구의 우두머리이자 수직왜인이다. 1권 제1부 「중요인물」 '조전좌위문태랑' 참조.
226 이 기사의 평노전(平奴田)으로 생각된다. 1권 제1부 「중요인물」 '평도전' 참조.
227 도안무사는 고려 말부터 조선 초까지 주로 국방과 관련된 특별한 일이 발생했을 때 임시로
파견하던 관직이다. 특히 비교적 큰 규모의 외침이 있을 때에만 임시로 파견하였다. 고려 말
기에는 왜구의 침입이 격화되면서 이를 방어할 목적으로 자주 파견하였다. 1397년에는 박자
안(朴子安)을 경상 · 전라도안무사로 삼아 수군을 거느리고 왜적을 치게 하였다. 1420년에
수군의 최고 지휘관인 수군도절제사(水軍都節制使)를 수군도안무처치사(水軍都按撫處置
使)로 바꾸었고, 이후 이를 수군도안무사라고 부르는 경우가 있었다. 1466년에 수군도안무
처치사를 수군절도사로 개칭하였다(『조선왕조실록 전문사전』).
228 경상도 동래에 있던 포구의 이름이다. 세종 대까지는 경상좌도 수군 도안무처치사 본영(左道
水軍都按撫處置使本營)이 동평현 남쪽 7리 되는 부산포(富山浦)에 있었다(『세종실록』「지리
지」). 1402년(태종 2)에 부산포(富山浦)라는 명칭이 처음 보이며, 『경상도지리지』 · 『세종실
록』「지리지」, 『경상도속찬지리지』 등에 "동래부산포(東萊富山浦)"라 하였고, 1471년 편찬된

호의 영인 염포鹽浦[230]에는 전례에 의하여 만호를 임명하도록 하소서"

하니, 그대로 따랐다.

11月 12日(辛丑) 8번째 기사

경상좌도 첨절제사를 지울산군사가 겸임케 하다

吏曹啓, "已革慶尙左道都節制使, 代以僉節制使, 其僉節制使, 以知蔚山郡事兼差." 從之.

이조吏曹에서 아뢰기를,

"이미 경상좌도 도절제사를 없애고 첨절제사僉節制使로 대신하게 하였으니, 그 첨절제사는 지울산군사知蔚山郡事로 겸임하게 하소서"

하니, 그대로 따랐다.

11月 15日(甲辰) 1번째 기사

세자와 백관들을 거느리고 동지 망궐례를 행하고 근정전에서 조하를 받다

上率王世子及百官, 行冬至望闕禮如儀, 御勤政殿, 受朝賀, 回回與倭‧野人等亦參賀禮. 議政府進表裏, 各道進箋及方物.

임금이 왕세자와 백관들을 거느리고 동지 망궐례冬至望闕禮를 의식대로 행하고, 근정전에 왕림하여 조하朝賀를 받았다. 회회回回와 왜인‧야

『해동제국기』에도 "동래지부산포(東萊之富山浦)"라 하고, 같은 책의 「삼포왜관도(三浦倭館圖)」에도 "동래현부산포(東萊縣富山浦)"라고 기록하였다. 그러나 성종 대에 이르면 부산포(釜山浦)라는 명칭이 처음 나타난 이후, 거의 대부분 후자의 한자 표기가 사용되었다.

229 이때 경상좌도 도만호가 염포에서 부산포로 옮겨졌다. 도만호는 고려 말 조선 초의 수군지휘관으로 수군절도사와 수군첨절제사에 해당한다.

230 현재의 울산광역시 동구 염포동에 있었던 포구로, 조선 전기에는 왜인들이 거주하는 왜관이 있었다. 맞은편에는 만호영인 장생포(長生浦)가 있었다(태종 7-7-27-2).

인 등도 역시 하례에 참예하였다. 의정부에서 옷의 안팎 감을 바치고,
각도에서 전문箋文과 방물을 바쳤다.

11月 15日(甲辰) 4번째 기사

왜인과 야인에게 남랑에서 음식을 먹이다

饋倭・野人于南廊.

왜인과 야인에게 남랑南廊[231]에서 음식을 먹였다.

11月 16日(乙巳) 2번째 기사

축전주 냉천진 평방 식부위 행길・구주 전 총관 원도진이 토산물을 바치다

筑前州 冷泉津 平方式部尉行吉, 使其子次郎五郎獻土宜, 回賜正布
三十九匹. 九州前摠管源道鎭, 使人獻土宜, 仍求虎豹皮・席子・人
蔘, 回賜正布六十五匹及虎豹皮各二領・雜彩花席二十張・人蔘五十觔.

축전주筑前州[232] 냉천진冷川津[233] 평방平方[234] 식부위式部尉[235] 행길行吉[236]

---

231 경복궁 근정전 내의 남쪽 회랑을 말한다.
232 일본 고대 이래의 행정단위인 축전국(筑前國)을 말한다. 대체로 현재의 후쿠오카현 일대이다.
　　고대 이래 축전국의 중심은 대재부(大宰府)였으며, 구주지역 전체를 관할하였다. 그러나 교역
　　에 유리한 박다가 점차 발전하게 되었다. 석성이나 냉천진은 모두 박다 지역의 지명이다.
233 구주 박다의 포구를 말한다. 고대에는 나진(那津)・나대진(那大津)이라고 하였고, 중세에는
　　석성(石城)・냉천진이라고 불렀다. 현재의 복강시(福岡市) 박다구(博多區) 냉천정(冷泉町)
　　이다. 어립천과 나가천(那珂川) 사이에 있으며 즐전신사(櫛田神祀)가 위치하고 있다.
234 평방씨(平方氏)의 시조인 길구(吉久)는 명에서 건너온 위천(魏天)의 아들로 족리의지(足利
　　義持)의 사절로 기해동정 직후에 조선에 사신으로 파견된 바 있다(『老松堂日本行錄』). 『해동
　　제국기』「일본국기」에 의하면, 섭진주(攝津州) 병고진(兵庫津)에 민부위(民部尉) 평방충길
　　(平方忠吉)이라고 하는 도서(圖書)를 받은 사람이 있었다.
235 행길(行吉)의 무가관위(武家官位)로, 식부(式部)라는 관인의 인사를 관장하는 관사의 차관
　　을 뜻한다.
236 1425년에 축주(筑州) 평방(平方) 식부승(式部丞) 행길(行吉)로 보이고(세종 7-1-9-5), 1426년에
　　축전주 냉천진 평방 식부위 행길과 그 아들 차랑오랑이 보이고(세종 8-11-16-2), 같은 해 평방행
　　길이 사신의 왕래를 도왔으므로, 그 아들 이랑고라에게 옷을 하사하였다는 내용이 보인다(세종

이 그 아들 차랑오랑^{次郎五郎}**237**을 시켜 토산물을 바치므로 정포 39필을 회사하였다. 구주^{九州} 전^前 총관^{摠管}**238** 원도진^{源道鎭}**239**이 사람을 시켜 토산물을 바치고, 더불어 호피·표피·돗자리·인삼을 청구하므로, 정포 65필과 호·표피 각 2장, 잡채화석^{雜彩花席}**240** 20장, 인삼 50근을 회사하였다.

11월 26日(乙卯) 2번째 기사
대마주 종정성이 어선의 나포를 항의하는 글을 올리니 그 사유를 답하다

對馬州宗貞盛使人奉書禮曹曰, "本州貝化郡漁船, 見捉於大國南愁伊島兵船. 如此漁船, 本欲任意來往, 久修交好之禮, 近來二三年內, 捉漁船二三隻見捕, 第以交通之好, 不敢較其是非. 我與大國, 片無違忤之失, 如此小事, 不可煩瀆, 然謂上鑑未知虛實, 且恐後日復有漁船捕捉之擧, 不獲已仰白, 冀今後堅禁."

禮曹參議金孝孫答書曰, "諭及被捉船隻, 非我朝邊將妄行捕獲. 本曹因足下之請, 在先商船來往乃而·富山兩浦外, 蔚山·鹽浦, 亦令販賣, 啓奉王旨, 書達左右, 又諭我國邊鎭, 已有日矣. 前項三處外, 如有汎濫船隻, 則所在鎭守, 臨機逮捕, 乃其職也. 況今年三月, 全羅道

8-12-4-2).

237 평방행길의 아들이다. 1426년에 축전주 냉천진 평방 식부위 행길의 아들로 차랑오랑이 보이고 (세종8-11-16-2), 같은 해 평방행길이 사신의 왕래를 도왔으므로 그 아들 이랑고라(二郎古羅)에게 옷 두 벌을 하사하였다는 내용이 보인다(세종8-12-4-2). 차랑오랑(次郎五郎, 지로고로)이라는 일본인명을 이랑고라로 음사(音寫)한 것이다.

238 구주탐제(九州探題)를 뜻한다.

239 삽천만뢰(澁川滿賴)이다. 1권 제1부 「중요인물」, '원도진' 참조.

240 왕골을 여러 가지 색깔로 물들여 여러 가지 꽃무늬가 생기도록 짠 자리를 말한다. 권두 「교역물품」, '채화석' 참조.

萬頃人捕魚, 賊船一隻潛來, 殺死軍人四名. 四月, 忠淸道泰安人採海産, 賊船一隻, 又捉軍人三名以歸, 其時把海官追捕. 又於八月, 全羅道西餘鼠島, 賊船二隻, 隱泊逡巡, 把海官, 疑其似前盜竊, 追蹤及到, 多般逆戰, 終至不勝, 所獲船內軍粧, 半是我國人器物也. 且忠淸·全羅, 與貴境水路窵遠, 非常時漁船所可及也. 意是奸詐之徒, 不體足下通好之意, 構生邊釁, 非我國將帥之過也, 惟照. 前定三處外, 來往船隻, 堅行禁止. 將天鵝五首·靑魚六百尾·大口魚四十尾·燒酒三十瓶, 就付回人."

대마주 종정성宗貞盛[241]이 사람을 시켜 글을 예조에 바치기를,

"본주本州 패화군貝化軍[242]의 어선이 대국大國 남쪽 수이도愁伊島[243] 병선에게 사로잡혔사옵니다. 본래 이와 같은 어선을 임의대로 왕래시키려고 하여 오랫동안 교호交好의 예禮를 닦아왔던 터인데, 근래 2, 3년 동안에 (모두) 2, 3척의 어선이 사로잡혔사오니, 서로 교통하는 좋은 사이에 감히 그 옳고 그른 것을 따지지는 않을 것이나, 우리가 대국大國에게 미움을 받을 실수는 조금도 없었으니, 이같이 조그만 일을 번거롭게 말할 것이 못 됩니다. 그러나 우리가 보기에는 성상께서 허실을 잘 아시지 못하시어 후일에 또 다시 어선을 사로잡는 일이 있을까 두려워하여 부득이 아뢰는 것이오니, 이 뒤로는 어선 사로잡는 것을 굳게 금하시기를 바랍니다"

하니, 예조 참의 김효손金孝孫이 답서하기를,

---

241 대마도 도주이다. 1권 제1부 「중요인물」 '종정성' 참조.
242 여기에서만 보인다. 오탈자가 있는 것으로 생각된다.
243 여기에만 보인다.

"말한 바 사로잡힌 선척은 우리나라 변장邊將이 함부로 잡은 것이 아니라, 본조本朝에서 족하足下[244]의 청으로 인하여 먼저부터 상선商船이 왕래하는 내이乃而[245]·부산富山[246] 두 포구浦口 이외에 울산의 염포鹽浦[247]에도 다니면서 장사할 수 있도록 아뢰어서 성상의 허가를 얻어서 그대에게 글을 보냈으며, 또 우리나라 변진邊鎭[248]에도 일러둔 지 이미 오래되었다. 위의 세 곳 이외에 만일 선척이 범람하면 그곳에 있는 진수鎭守가 그때그때 체포하는 것이 그 직책이다. 그러한데 금년 3월에 전라도 만경萬頃[249] 사람이 고기를 잡는데 적선賊船 한 척이 몰래 와서 군인 4명을 죽였으며, 4월에는 충청도 태안 사람이 해산물을 캐는데 적선 한 척이 또 군인 3명을 잡아갔으므로 그때에 파해관把海官[250]이 쫓아가 잡았으며, 또 8월에는 전라도 서쪽 여서도餘鼠島[251]에 적선 두 척이 몰래 와서 머뭇거리므로, 파해관이 앞서 왔던 도둑인가 의심해서 뒤쫓아 갔다가 많은 적선을 만나서 싸웠으나 마침내 이기지 못하였고, 단지 적선 안의 군장軍裝을 뺏고 보니 절반이나 우리나라 사람의 기물이었다. 또 충청·전라도는 귀국貴國 경계와는 수로水路가 몹시 멀어 보통 때에는 어선이 올 수도 없

244 주로 편지에서 상대방의 이름 밑에 쓰는 말로, 비슷한 나이의 사람들 사이에서 상대방을 높여 이르는 말이다.
245 제포를 말한다. 현재의 경상남도 진해시 웅천동에 있던 포구의 이름이다. 이곳에는 왜인들이 거주할 수 있는 왜관이 있었다. 세종 7-4-23-3, '내이포' 주석 참조.
246 경상도 동래도호부의 동평현(東平縣) 남쪽에 위치한 조선시대의 포구 이름이며, 왜인들이 머물며 교역할 수 있는 왜관이 설치되었다. 세종 8-1-18-3, '부산포' 주석 참조.
247 현재의 울산광역시 북구 염포동에 있던 포구로 조선시대에 일본인들이 머물며 교역할 수 있는 왜관을 두었다. 세종 8-1-18-3, '염포' 주석 참조.
248 국경 지방의 방어를 위하여 군대가 머무를 수 있도록 쌓은 성채나 진(鎭)·보(堡)라는 뜻이지만 여기서는 주로 왜구를 단속하는 바닷가의 수군진을 말한다.
249 전라북도 김제 지역의 옛 지명이다.
250 해안을 파수하는 관원 즉 수군도절제사 만호 등을 총칭하는 말이다.
251 현재의 전라남도 완도군 청산면에 속하는 섬으로 청산도(靑山島)에서 동남쪽으로 약 21.5km 떨어져 있다.

는 곳이니, 생각하건대 이것은 간사한 무리들이 족하足下의 통호通好하는 뜻을 본받지 아니하고 변흔邊釁252을 빚어낸 것일 것이니, 우리나라 장수의 과실이 아닐 것이다. 바라건대 전에 정한 세 곳 이외에는 왕래하는 선척을 굳게 금지하라. 천아天鵝253 5마리, 청어 6백 마리, 대구어 40마리, 소주 30병을 돌아가는 사람 편에 부치노라"

하였다.

11月 28日(丁巳) 2번째 기사
일본 석견주 주포 인번자사 등관심이 토산물을 바치다

日本石見州周布因幡刺史藤觀心遣書記景雅, 奉書謝賜物, 仍獻朱椀二百一箇·漉漆一十桶·蠟燭五十炷, 回賜正布二十九匹·苧麻布各十匹·滿花席十張·虎豹皮各二領·人蔘二十觔·松子二十斗·燒酒三十瓶.

일본 석견주石見州254 주포周布 인번자사因幡刺史255 등관심藤觀心256이 서기書記 경아景雅257를 보내서 글을 바쳐 물품 하사한 것을 사례하고, 아울

---

252 국경에서 이웃나라와의 사이에 일어나는 사고나 다툼을 말한다.
253 오리과의 물새로 고니를 말한다. 몸이 크고 온몸은 순백색이며, 눈 앞쪽에는 노란 피부가 드러나 있고 다리는 검다. 조선시대에는 태조 이성계가 잠저(潛邸)에 거처할 때에 왕위에 등극할 것을 예견하였다 하여 신성한 것으로 취급하였다. 백곡(白鵠)·백조(白鳥)·천아아(天鵝兒)·황곡(黃鵠)이라고도 한다(『조선시대 대일외교 용어사전』).
254 석견국을 말한다. 석견국(石見國, 이와미노쿠니)은 우리나라 동해에 면한 곳으로 현재의 도근현(島根縣, 시마네켄) 중에서 출운시(出雲市)를 제외한 지역이다. 서쪽에서부터 해안부의 익전시(益田市)·빈전시(濱田市)·대전시(大田市)와 내륙 산간부로 구성된다.
255 주포(周布)와 인번(因幡)은 석견국(石見國)에 속한 지명이다. 자사(刺史)는 관명으로 조정에서 여러 지방에 파견한 지방관인 국사(國守)를 중국풍(風)으로 부른 것이다.
256 석견국 지역의 통교자이다. 등관심은 주포겸중(周布兼仲)의 승명이며, 주포겸정(周布兼貞)의 아버지이다(세종 21-4-10-1). 1권 제1부 「중요인물」 '주포겸중' 참조.
257 여기에만 보인다.

러 주완^{朱椀}258 2백 1개, 녹칠^{漉漆}259 10통, 납초^{蠟燭}260 50자루를 바치니, 정포 29필과 저마포^{苧麻布}261 각 10필, 만화석262^{滿花席} 10장, 호·표피 각 2장, 인삼 20근^斤, 잣 20두^斗, 소주 20병을 회사하였다.

11月 28日(丁巳) 3번째 기사
종정성이 포로로 잡힌 자들의 귀환을 청하니 돌려보내게 하다

宗貞盛使人謝賜帳幕等雜物, 仍請還被攎多于智等四名, 命發付回人.

종정성^{宗貞盛}263이 사람을 보내서 장막^{帳幕} 등 잡물을 하사한 것을 사례하고, 아울러 포로로 잡힌 다우지^{多于智}264 등 4명을 돌려보내 주기를 청하니, 명하여 찾아내서 돌아가는 사람 편에 부쳐 보내도록 하였다.

12月 3日(壬戌) 5번째 기사
생활이 곤란한 평안도 양덕에 안치한 왜인 평도전의 딸을 시집보내게 하다

禮曹啓, "平安道陽德安置倭人平道全, 計闊零, 丁典賣衣服鞍馬, 以

---

258 나무로 만든 그릇에 붉은색 옷칠을 한 것이다. 일본에서 식기로 널리 사용하였다.

259 여기에만 보인다. 잘 받아낸 옻나무 진으로 생활에 쓰이는 다양한 물품을 만들 때, 목재 등의 원료를 보호하고 광택을 내기 위해 사용하였다. 옻칠의 종류는 옻나무에서 채취한 생칠과 이 것에서 이물질을 제거한 정제생칠(精製生漆)로 나뉜다『조선시대 대일외교 용어사전』). 녹(漉)은 거르다는 뜻이다.

260 밀랍(蜜蠟)으로 만든 초를 말한다.

261 모시풀 껍질의 섬유로 짠 직물. 모시. 베보다 곱고 빛깔이 희며 여름 옷감으로 많이 쓰인다. 저포(紵布·苧布)·저마포(紵麻布)라고도 한다. 삼실을 얽어 짠 마포(麻布), 즉 삼베와 구분하여 일컫는 말이다『조선시대 대일외교 용어사전』).

262 여러 가지 꽃무늬를 가득히 넣어 짠 돗자리를 말한다. 화문석 중에서 자리 가득히 꽃무늬를 짜넣은 것을 가리킨다. 『신증동국여지승람』이나『임하필기』에 의하면 조선 땅에서 만든 만화석(滿花席)이 풀빛이 누르면서도 부드럽고 잘 구부러지며 광택이 바래지 않아 좋다고 하였다. 『만기요람(萬機要覽)』에서는 사행(使行) 중에 쓰는 물건으로 만화석(滿花席), 채화석(彩花席), 화석(花席)을 구분해서 기록하였다『조선시대 대일외교 용어사전』).

263 대마도 도주이다. 1권 제1부「중요인물」, '종정성' 참조.

264 여기에만 보인다. 전내(田內, 타우찌)라는 일본 인명을 한자 음가로 기록한 것으로 생각된다.

資朝夕, 其女子年壯未嫁." 上命道全女子, 令所居官, 給資粧嫁之.

예조에서 아뢰기를,

"평안도 양덕陽德에 안치한 왜인 평도전平道全[265]은 생계가 어려워서 의복과 말안장을 전당잡히거나 팔아서 조석 끼니를 이으며, 그 딸은 나이가 장성했는데도 시집가지 못하고 있습니다"

하니, 임금이 명하여 도전의 딸을 그곳 수령으로 하여금 비용을 주어 시집보내게 하였다.

12月 4日(癸亥) 2번째 기사

사신 왕래 때 지성으로 대접한 평방행길과 종금을 위해 각각 아들에게 옷을 내리다

禮曹啓, "平方行吉及宗金, 至誠向慕本國, 使臣之來往, 盡心厚待, 今來平方行吉子二郎古羅及宗金子表阿古羅, 請別賜衣二襲." 從之.

예조에서 아뢰기를,

"평방 행길平方行吉[266]과 종금宗金[267]이 지성至誠으로 본국本國을 사모해서, 사신이 왕래할 적에 마음을 다해서 후하게 대접했사오니, 이제 온 평방 행길의 아들 이랑고라二郞古羅[268]와 종금의 아들 표아고라表阿古羅[269]에게 특별히 옷 두 벌을 주도록 하소서"

---

265 태종·세종 대에 활약한 귀화왜인이다. 1권 제1부 「중요인물」 '평도전' 참조.
266 1425년에 축주(筑州) 평방(平方) 식부승(式部丞) 행길(行吉)로 보이고(세종 7-1-9-5), 1426년에 축전주 냉천진 평방 식부위 행길과 그 아들 차랑오랑이 보이고(세종 8-11-16-2), 같은 해 평방행길이 사신의 왕래를 도왔으므로 그 아들 이랑고라(이랑고라)에게 옷 두 벌을 하사하였다는 내용이 보인다(세종 8-12-4-2).
267 박다의 승려 겸 상인이다. 세종 7-1-6-5, '종금' 주석 및 1권 제1부 「중요인물」 '종금' 참조.
268 종금의 아들인 차랑오랑(大郞五郞)이라는 이름의 음사(音寫)이다.
269 여기에만 보인다. 병위오랑(兵衛五郞, 효에고로오)과 같은 일본 인명을 한자로 음사한 것이다.

하니, 그대로 따랐다.

12月 6日(乙丑) 3번째 기사
남만국 산인 단목의 가격을 면주 1필에 15, 16근으로 고쳐 시행케 하다

禮曹據西平館手本啓, "今來客人等進告, '丹木, 海外南蠻國所產, 本
國相距, 水路一年程, 艱苦貿易而來. 今縣紬一匹, 準二十斤過重, 願改
以十五六斤.' 請依所願施行." 從之.

예조에서 서평관西平館[270]의 수본手本에 의거해서 아뢰기를,

"지금 내조來朝한 객인들이 바치는 단목丹木[271]은 해외 남만국南蠻國[272]
에서 나는 것으로서, 본국에서는 거리가 수로水路로 1년의 노정路程이나
되어 고생하며 무역하여 온 것으로, 이제 면주 1필에 (단목) 20근으로 준
하는데 과중하오니, 원컨대 15, 16근으로 고쳐서 (그들의) 원하는 바에
따라 시행하도록 하소서"

하니, 그대로 따랐다.

12月 13日(壬申) 3번째 기사
연해 각 수령들로 하여금 화약을 구워 만들지 못하게 하다

兵曹據江原道監司關啓, "道貢焰焇(硝), 曾於嶺東沿海各官煮取, 因

---

270 조선 전기에 일본 사신을 대접하기 위하여 마련한 관사(館舍). 1409년 2월 민무구(閔無咎)와
  민무질(閔無疾)의 한양에 있는 집을 헐어서 그 재목과 기와로 동평관(東平館)과 함께 서평관
  (西平館)을 지었다. 동평관을 동평관 1소, 서평관을 동평관 2소라 부르기도 한다. 낙선방(樂
  善坊)에 있었는데, 왜관이 있던 곳이라 하여 왜관동(倭館洞)이라 일컫기도 하였다(『조선시
  대 대일외교 용어사전』).
271 콩과에 속하는 상록교목인 소방목을 말하며, 약재와 염료로 사용하였다. 권두 「교역물품」
  '소목' 참조.
272 동남아시아의 국가를 뭉뚱그려 칭한 것이다.

此每人傳習, 慮有奸民及背主奴僕, 逃往茂陵・對馬等島, 將火藥秘術, 教習倭人. 自今沿海各官, 勿令煮取." 從之.

병조에서 강원도 감사의 관문에 의거하여 아뢰기를,

"도道에서 바치는 염초焰硝[273]는 영동 연해嶺東沿海의 각 고을에서 구워 만드는 것이므로, 이로 인하여 사람마다 그 기술을 전해 배운 바, 간사한 백성이나 주인을 배반한 종들이 무릉도나 대마도 등지로 도망하여 가서 화약을 만드는 비술秘術을 왜인에게 가르치지나 않을까 염려되오니, 이제부터는 연해의 각 수령들로 하여금 화약을 구워 만들지 못하게 하소서"

하니, 그대로 따랐다.

12月 14日(癸酉) 7번째 기사

축주부 석성현 등씨종금이 토산물을 바치다

筑州府 石城縣 藤氏宗金, 使人獻土宜, 回賜正布八十匹.

축주부筑州府[274] 석성현石城縣[275] 등씨종금藤氏宗金[276]이 사람을 시켜서 토산물을 바치므로, 정포正布[277] 80필을 회사하였다.

---

273 박초(朴硝)를 개어서 만든 약재로 유황과 함께 화약의 핵심원료로 사용하였다. 염초(焰硝)는 질산칼륨 성분이 있는 돌[朴硝]을 한 번 구워서 만든 약재이자, 화약을 가리키는 말로 쓰이기도 하였다(『조선시대 대일외교 용어사전』).

274 일본 고대 이래의 행정구역인 축전국(筑前國)을 말한다.

275 석성(石城)은 박다(博多, 현재의 후쿠오카)의 옛 지명이다. 여몽연합군의 재침을 막기 위해서 해안에 석담을 쌓았는데, 그 때문에 붙은 이름이다. 현재도 후쿠오카시(福岡市)에 석성정(石城町)이 있다. 석성 지역은 대우씨(大友氏)의 관할로 식빈(息濱)이라고도 하였다. 그러나 석성 지역의 통교자인 평만경이 원도진 관하로도 등장하기 때문에 의문이 남는다.

276 박다의 승려 겸 상인이다. 세종 7-1-6-5, '종금' 주석 및 1권 제1부 「중요인물」, '종금' 참조

277 조선시대에 관리의 녹봉으로 주던 오승포(五升布)와 같이 품질이 좋은 베를 말한다. 권두 「교역물품」 '정포' 참조.

12月 14日(癸酉) 8번째 기사

구주 전 도원수 원도진이 상아·소목 등을 바치다

九州前都元帥源道鎭, 使人獻華氈一張·練緯二匹·海梅五枚·藿香十觔·象牙一箇·蘇木三百觔·磁椀千箇·銅三百觔·樟腦五觔·蘇合油二斤·大刀五柄, 回賜正布三百十五匹.

구주 전 도원수^{九州前都元帥} 원도진^{源道鎭}[278]이 사람을 시켜 화전^{華氈}[279] 1장, 연위^{練緯}[280] 2필, 해매^{海梅}[281] 5매, 곽향^{藿香}[282] 10근, 상아 1개, 소목^{蘇木}[283] 3백 근, 자완^{磁椀} 1천 개, 동^銅 3백 근, 장뇌^{樟腦}[284] 5근, 소합유^{蘇合油}[285] 2근, 대도^{大刀} 5자루를 바치므로, 정포^{正布}[286] 3백 15필을 회사하였다.

12月 14日(癸酉) 9번째 기사

비주 태수 길견 원창청이 초자·착자·소목·감청 등을 바치다

肥州太守吉見源昌淸, 使人獻銚子捉子二具·紅黃光絹各一匹·鉛

---

278 구주탐제를 지낸 삽천만뢰(澁川滿賴)이다. 1권 제1부 「중요인물」 '원도진' 참조.

279 모전(毛氈)에 붉은색 물을 들인 것이다. 모전은 짐승털의 섬유를 압축하고 가열하여 엉키게 만든 것으로 방석 등의 깔개, 담요, 갓, 그리고 군인들이 쓰는 전립(氈笠) 등에 쓰였다. 고대에는 신라가 모전을 만들어 일본과 교역하였으며, 실물이 현재도 동대사(東大寺) 정창원(正倉院)에 보존되어 있다.

280 삶아 익힌 명주실을 씨실로 하고 생사를 날실로 해서 짠 비단. 연위에는 누런색의 황련위(黃練緯)와 하얗게 표백한 백련위(白練緯), 푸른색의 청련위(靑練緯) 등이 있다(『조선시대 대일외교 용어사전』).

281 여기에만 보인다.

282 꿀풀과에 속하는 1년생 초본식물인 배초향의 지상부로 만든 약재이다. 권두 「교역물품」 '곽향 참조.

283 소방목(蘇枋木)·적목(赤木)·홍자(紅紫)라고도 하며, 학명은 Caesalpinia sappan L.이다. 목재의 부위에 따라 한약재와 염료로 사용한다. 열대 지역의 나무이며 조선에서는 나지 않아서 세종 대에는 9년 간 7만 근을 수입하기도 하였다.

284 녹나무를 증류하여 얻는 특유한 향기가 있는 결정체이다. 권두 「교역물품」 '장뇌' 참조.

285 소합향나무의 수지를 원료로 하여 만든 향 또는 약재이다. 권두 「교역물품」 '소합향' 참조.

286 조선시대에 관리의 녹봉으로 주던 오승포(五升布)와 같이 품질이 좋은 베를 말한다. 권두 「교역물품」 '정포' 참조.

五十斤・蘇木二百斤・紺靑一斤, 回賜正布八十四匹.

비주 태수肥州太守 길견원창청吉見源昌淸[287]이 사람을 시켜 요자銚子[288]와 착자搾子[289] 두 벌과 분홍빛 나는 비단과 누른빛 나는 비단 각각 1필, 연鉛 50근, 소목 2백 근, 감청鉗靑[290] 1근을 바치므로, 정포 84필을 회사하였다.

12月 28日(丁亥) 2번째 기사

전에 귀화한 자들과 지금 온 왜인・야인들을 입궐시켜 제야의 불꽃놀이를 보게 하다

傳旨, 在前向化倭・野人及今來倭・野人, 竝令詣闕, 觀除夜火棚.

전지傳旨하여 전에 귀화한 왜인・야인들과 지금 온 왜인・야인들을 모두 대궐에 들어오게 하여 제야除夜의 불꽃놀이를 보도록 하였다.

12月 29日(戊子) 3번째 기사

왜사는 동쪽에 야인은 서쪽에서 조회하게 하다

禮曹啓, "今來源昌淸・宗金使送客人言, '朝會日, 兀良哈等在前行, 行禮未便.' 請以倭使在東, 野人在西, 分班行禮." 從之.

---

287 길견원창청(吉見源昌淸)은 길견씨(吉見氏)이고, 길견씨는 구주탐제(九州探題) 삽천씨(澁川氏)의 피관(被官)이다. 비전(肥前) 수호대(守護代)를 지냈다. 1권 제1부 「중요인물」, '길견창청/원창청' 참조.

288 술을 따뜻하게 데우거나 따르기 위해 긴 자루가 달린 술그릇. 또는 그 자루. 원래 요자(銚子)는 긴 손잡이가 달린 목재, 또는 금속재로 만든 술그릇을 가리킨다. 그러나 구리 등으로 도금을 한 작은 냄비 모양의 술 주전자인 제자(提子)를 매달아 술을 따뜻하게 데울 때 사용하는 긴 자루를 일컫는 말로 쓰이기도 한다(『조선시대 대일외교 용어사전』).

289 여기에만 보인다.

290 감청(紺靑)은 짙고 산뜻한 남색의 물감이다. 겸(鉗)은 감(紺)의 오기로 보인다.

예조에서 아뢰기를,

"지금 온 원창청源昌淸 종금宗金[291]이 사객使客을 보내어 말하기를, '조회하는 날에 올량합兀良哈[292] 등이 앞줄에 서서 예를 행하는 것은 부당하였다' 하오니, 청컨대 왜사倭使는 동쪽에 있게 하고, 야인[293]은 서쪽에 있게 하여 반열班列을 나누어 예를 행하게 하소서"

하니 그대로 따랐다.

---

291 박다의 승려 겸 상인이다. 세종 7-1-6-5, '종금' 주석 및 1권 제1부 「중요인물」 '종금' 참조.
292 조선 초기 현 함경북도 무산군(茂山郡) 북쪽에 살았던 여진족이다. 조회 때 왜인들과 함께 도열하게 되는데 그 서열이 문제가 된 것이다.
293 두만강 이북에 살던 여진족을 말한다.

세종 9년

(1427 丁未/일본 응영(應永) 34年~정장(正長) 1年)

1月 1日(庚寅) 1번째 기사

세자와 신하들을 거느리고 망궐례를 행하고, 근정전에서 조하를 받다

上以冕服, 率王世子及文武群臣, 行望闕禮如儀. 以絳紗袍, 御勤政殿受朝賀, 倭·野人·向化回回及僧人耆老皆參賀. 議政府獻鞍馬表裏, 諸道進賀箋方物. 御勤政殿, 設君臣同宴如儀, 日入乃罷.

임금이 면복冕服 차림으로 왕세자와 문무의 여러 신하를 거느리고 망궐례望闕禮를 의식대로 행하고, 강사포絳紗袍 차림으로 근정전에 나아가서 조하朝賀를 받았다. 왜인·야인과 귀화한 회회인回回人[1]과 승인僧人·기로耆老들이 모두 조하에 참예하였다. 의정부에서 안장 갖춘 말과 옷의 겉감과 안찝을 바치고, 여러 도道에서는 하전賀箋과 방물을 바치었다. 근정전에서 임금과 신하가 함께 연회하기를 의식대로 하고, 날이 저물어서야 파하였다.

----

1 이슬람교를 신봉하던 아라비아와 페르시아 지역 및 중앙아시아 지역 사람을 지칭하던 용어이다. 세종 8-1-1-2, '회회인' 주석 참조.

영돈녕부사로 치사한 이지의 졸기

領敦寧府事仍令致仕李枝卒. 枝, 我太祖從弟也. 枝年八歲喪父母,
鞠於舅氏益陽君 王琦之第, 太祖召置潛邸, 撫養甚篤, 常在麾下. 丁
巳, 太祖征倭于海州, 枝突賊陣, 殺獲居多, 寇退, 枝猶不返. 太祖驚曰,
"枝何之?" 適躍馬來謁, 太祖喜曰, "吾以汝爲死矣." 戊辰, 太祖回軍,
枝爲中郞將, 率精騎數百, 倍道先行, 捍衛永豐之邸. 壬申, 太祖開國,
賜原從祿(錄)券, 拜上護軍, 歷吏戶禮三曹典書, 封順寧君, 兼掌左廂
軍士. 戊寅, 以事坐謫, 太宗卽位, 召復順寧君, 領恭安敦寧府事, 陞右
議政致仕, 尋拜領議政致仕, 復爲領敦寧, 仍令致仕. 枝母忌丑月晦
日, 父忌寅月初一日, 每歲抄, 爲考妣上寺, 飯佛齋僧以爲常, 至是亦
詣香林寺供佛, 一夜暴卒, 年七十九. 訃聞, 輟朝三日, 賜賻, 官屯葬
事. 人言, "枝與後妻金氏, 上寺留數日, 夜, 金與僧通, 枝捕奸所, 且責
且毆, 金拉枝腎囊而殺之." 其時從者, 皆金蒼赤故秘之, 外人莫知. 枝
先妻子節制使尙興, 自忠淸道聞訃而來, 有一赤脚, 告于金曰, "尙興
將告刑曹." 金罔知所措, 發狂如癡, 事遂寢. 里人皆曰, "告官檢屍, 則
可以洗寃." 尙興知其情而不告, 皆不容於天地間之人也. 金卽趙禾之
妻也. 謚良安, 溫良好樂良, 好和不爭安. 先妻有四子, 尙興·尙恒·
尙珍·尙新.

영돈녕부사領敦寧府事로 치사致仕한 이지李枝가 사망하였는데, 이지는
우리 태조의 종제從弟이다. 이지는 나이 8세에 부모를 여의고 외숙부인
익양군益陽君 왕기王琦의 집에서 양육되었는데, 태조께서 잠저로 불러와
서 두고 무양撫養하기를 심히 두터이 하여 상시 휘하麾下에 있게 하였다.

정사년에 태조께서 왜구를 해주에서 정벌할 때,[2] 이지가 적진敵陣을 돌격하여 죽이고 사로잡은 것이 많았다. 왜구가 물러갔는데도 이지는 오히려 돌아오지 않으니 태조가 놀라서 말하기를,

"이지는 어디 갔는가"

하니, 마침 말을 달려와서 뵙는지라, 태조가 기뻐하여 말하기를,

"나는 네가 죽은 줄로만 알았다"

고 하였다. 무진년에 태조가 (위화도에서) 회군할 때, 이지는 중랑장中郞將이 되어 날랜 기병騎兵 수백 명을 거느리고 먼저 떠나서, 이틀 걸릴 길을 하루에 달려, 영풍永豊의 사저私邸를 방위防衛하였다. 임신년에 태조가 나라를 세우자 원종 녹권原從錄券을 내리고 상호군上護軍에 임명하고, 이조·호조·예조 삼조三曹의 전서典書를 역임하고, 순녕군順寧君에 봉해지고, 좌상 군사左廂軍士까지 겸하여 관장하였다. 무인년에 어떤 사건에 연좌連坐되어 귀양갔었다. 태종이 왕위에 오르자, 불러와서 순녕군 영공안돈녕부사領恭安敦寧府事로 복직되고, 우의정에 승진되어 치사致仕하였다. 얼마 뒤에 영의정에 임명되어 치사하고, 다시 영돈녕領敦寧이 되어 그대로 치사하게 하였다. 이지의 어머니 기일은 섣달 그믐날이고, 아버지 기일은 정월 초하루이므로, 매양 세말歲末에 죽은 부모를 위하여 절에 가서 부처를 공양하고 중에게 재齋를 올리는 것을 떳떳한 일로 삼았는데, 이 때에도 향림사香林寺[3]에 나아가서 부처에게 공양하였다가, 하룻밤 사이에 갑자기 사망하니, 나이 79세였다. 부음訃音이 위에 들리니,

---

2 1377년 8월에 해주를 침입한 왜구를 이성계가 격퇴하였다. 『태조실록』 총서 신우(辛禑) 3.
3 861년(경문왕 1)에 도선국사(道詵國師)가 창건하였다고 전하며, 이 절 부근에서 향기로운 차가 많이 생산되었으므로 향림사라 하였다고 한다. 1407년에 지정한 자복사(資福寺) 중에 순천의 화엄종 사찰로 향림사가 보인다(태종 7-12-2-2).

조회를 3일 동안 정지하고, 부의^{賻儀}를 내리고, 관^官에서 장사지내는 일을 다스리게 하였다. 사람들이 말하기를,

"이지가 후처 김 씨와 더불어 절에 가서 수일 동안 머물렀는데, 밤에 김 씨가 중과 간통하므로, 이지가 간통하는 장소에서 붙잡아 꾸짖고 구타하니, 김 씨가 이지의 불알을 끌어당겨 죽였다"

고 하는데, 그때 따라간 사람이 모두 김 씨의 노비였기 때문에 이를 숨겼으니, 외인^{外人}들은 알 수가 없었다. 이지의 전처 아들 절제사^{節制使} 이상흥^{李尙興}이 충청도에서 부고를 듣고 왔는데, 한 남자 종이 김 씨에게 알리기를,

"상흥이 장차 (이 사실을) 형조에 알릴 것입니다"

하니, 김 씨는 어찌할 바를 모르고 발광하여 천치^{天癡}처럼 되니, 드디어 일이 잠잠해지게 되었다. 마을 사람들이 모두 말하기를,

"관청에 알려서 시체를 검사하면 원통함을 씻을 수 있을 것이다"

라고 했으나, 상흥은 그 실정을 알면서도 관청에 알리지 않았으니, 모두 하늘과 땅 사이에 용납되지 못할 사람이다. 김 씨는 곧 조화^{趙禾}의 아내이다. 양안^{良安}이란 시호를 내렸으니, 온량^{溫良}하여 즐거워함을 양^良이라 하고, 화합을 좋아하여 다투지 않음을 안^安이라 한다. 전처에서 네 아들이 있으니, 이상흥, 이상항^{李尙恒}, 이상진^{李尙珍}, 이상신^{李尙新}이었다.

1月 7日(丙申) 6번째 기사

잠정적으로 금년 봄에 동을 채취하는 역사를 중지시키자고 청했으나 윤허하지 않다

司諫院左正言成自諒等上疏曰, "今觀戶曹受敎, 差官至慶尙道, 聚集各官諸色鐵工役, 當領船軍採銅. 臣等竊謂, 鑄錢雖不可廢, 役民尤所當慮. 比年以來, 禾穀不稔, 民不聊生, 且禁私鑄, 工人失業, 未免愁嘆, 其餘鐵工, 亦皆通工, 而得食者也. 今皆督令赴役, 恐失其時. 當領船軍, 雖曰役之無傷, 然其所騎船隻, 隨毁改造, 船中陸物, 亦自備辦, 不可他役, 況慶尙道逼近倭島, 防禦最緊, 使之他役, 卒有不虞, 何以應變? 且錢幣, 當視其貴賤, 而爲之緩急. 已鑄四萬貫, 而民間施用, 纔一萬餘貫, 尙且民不樂用, 其直甚賤, 升米至七八錢, 以留庫數萬緡斂散, 不爲不足, 待其年豐, 以時採銅, 亦未爲晩. 伏望法『周官』弛力薄征之制, 姑寢今春採銅之役, 以便民生, 不勝幸甚."

不允.

사간원 좌정언左正言 성자량成自諒 등이 상소하기를,

"지금 호조의 수교受教를 보건대 경차관敬差官이 경상도에 이르러 각 고을의 각종 철공역鐵工役과 소속 선군船軍을 모아서 동銅을 채취하라고 하였는데, 신 등이 그윽이 생각하건대 돈을 주조하는 일은 비록 폐지할 수 없는 것이지마는 백성을 사역하는 일도 마땅히 염려해야 할 것입니다. 근년에는 흉년이 들어 백성이 먹고 살 수 없는데, 더구나 사주私鑄를 금하니 공인工人이 직업을 잃어 모두 근심하고 탄식하고 있습니다. 그 나머지 철공鐵工들도 또한 모두 공업工業을 하여 밥을 먹고 사는 사람인데, 지금 모두 독려하여 역사에 나가게 하니, 그 시기를 잃을까 염려됩니다. 소속된 선군은 비록 사역하여도 해로울 것이 없다고 하나, 그들의 타는 배는 부서지면 고쳐 만들어야 되고, 배 안에 육지의 물건도 또한 자기들이 갖추어야만 되니, 다른 데에 사역할 수 없습니다. 하물며 경상도는 왜국의 섬과 너무 가까우므로 방어가 가장 긴요한데, 그들로

하여금 다른 데에 사역하였다가 갑작스럽게 뜻밖의 일이 있으면 무엇으로 변고에 대응하겠습니까. 더구나 전폐錢幣는 마땅히 그 시세의 귀천에 따라 만들 시기의 완급을 조절할 것이니, 이미 4만 관을 주조하였는데도 민간에서 쓰이는 것은 겨우 1만여 관뿐인데, 오히려 백성들은 즐겨 쓰지 않으므로 그 가치가 매우 천하여, 한 되 쌀값이 7, 8전錢에 이르게 됩니다. 창고에 남아 있는 수만 꿰미緡를 거두어 흩더라도 부족하지는 않을 것이오며, 연사의 풍년을 기다려 시기에 따라 동銅을 채취하더라도 또한 늦지는 않을 것이오니, 삼가 바라옵건대 주관周官이 백성의 힘을 늦추어 주고 세금을 경하게 하는 제도를 본받아, 잠정적으로 금년 봄에 동을 채취하는 역사를 중지시켜, 백성의 생계를 편하게 하시면 심히 다행이겠습니다"

하였으나, 윤허하지 아니하였다.

1월 10일(己亥) 6번째 기사
남편과 자식을 찾아 온 대마도의 왜녀 아마이소를 가족과 함께 거주하게 하다

禮曹據慶尙道監司關啓, "今出來對馬島倭女阿磨而所言說, '子三味三甫羅·女子甘因珠及夫古羅時羅, 歲己亥, 爲興販來泊富山浦, 國家以征本島各浦留居倭人, 分屬各官, 老女不知去處, 思戀不已. 今聞子三味三甫羅居於奉化官, 女子甘因珠·夫古羅時羅居於順興府, 切欲一處終命而來.'" 上憐其志, 命阿磨而所居于順興, 徙三味三甫羅, 就與母妹同居.

예조에서 경상도 감사의 관문關文에 의거하여 아뢰기를,

"지금 나온 대마도의 왜녀 아마이소阿磨而所[4]가 말하되, '아들 삼미삼보라三昧三甫羅[5]와 딸 감인주廿因珠[6]와 남편 고라시라古羅時羅[7]가 기해년[8]에 장사를 하려고 와서 부산포富山浦[9]에 정박했는데, 국가에서 대마도를 정벌할 때에 각 포에 거류하던 왜인들을 각 고을에 나누어 소속시켰습니다. 그녀는 그들의 간 곳을 알지 못하여 그리워했는데, 지금 아들 삼미삼보라는 봉화군奉化郡[10]에 있고, 딸 감인주와 남편 고라시라는 순흥부順興府[11]에 있다는 말을 듣고, 기어코 한 곳에서 목숨을 마치고자 하여 찾

---

4 여기에만 보인다.

5 1424년에 진안현에 안치하였던 왜인 만시라(萬時羅)·표아시라(表阿時羅)·삼미삼보라(三昧三甫羅) 등이 지난해에 때 늦게 들어왔기 때문에 농사에 실기되었고, 지금은 또 화재로 인하여 곡식을 다 소실하였으므로 진휼했다는 기사가 보인다(세종 6-3-20-4).

6 여기에만 보인다.

7 오랑사랑(五郞四郞, 고로시로)의 음사(音寫)이다. 1438년에 좌지(佐志)의 원윤(源胤)이 오랑사랑을 보내왔다(세종 20-7-15-3). 이 때 돌아간 오랑사랑이 다시 구주·대마도와 조선의 통교에서 활동했을 가능성이 있다.

8 세종 1년으로 기해동정이 있었던 해이다.

9 경상도 동래에 있던 포구의 이름이다. 세종 대까지는 경상좌도 수군 도안무처치사 본영(左道水軍都按撫處置使本營)이 동평현 남쪽 7리 되는 부산포(富山浦)에 있었다(『세종실록』「지리지」). 1402년(태종 2)에 부산포(富山浦)라는 명칭이 처음 보이며, 『경상도지리지』·『세종실록』「지리지」, 『경상도속찬지리지』 등에 "동래부산포(東萊富山浦)"라 하였고, 1471년 편찬된 『해동제국기』에도 "동래지부산포(東萊之富山浦)"라 하고, 같은 책의 「삼포왜관도(三浦倭館圖)」에도 "동래현부산포(東萊縣富山浦)"라고 기록하였다. 그러나 성종 대에 이르면 부산포(釜山浦)라는 명칭이 처음 나타난 이후, 거의 대부분 후자의 한자 표기가 사용되었다.

10 삼국시대에서 기원하여 현재 경상북도 영주시 순흥면 지역을 중심으로 편성되었던 조선시대의 관청이자 행정구역이다. 순흥부(順興府)는 삼국시대의 급벌산군(及伐山郡)에서 기원한다. 신라 경덕왕 때 급산군(汲山郡)이 되었으며, 고려초에 흥주(興州)로 개명하여 속현(屬縣)으로 존재하다가 1172년(고려 명종 2)부터 감무(監務)가 파견되었다. 이후 흥녕현(興寧縣)·홍주·순흥부 등으로 개명하였으며, 조선시대에 들어와 순흥도호부(順興都護府)가 되었다. 하지만 순흥부는 1457년(세조 3)에 금성대군(錦城大君)의 단종 복위 운동에 연루되어 고을이 폐지되었다가 1683년(숙종 9)에 복구되었다. 1895년(고종 32)에 순흥군이 되었지만, 1914년에 영주군(榮州郡)에 합병되어 사라졌다. 조선시대에 순흥부의 중심지는 현재 경상북도 영주시 순흥면 일대에 있었다. 『조선왕조실록 전문사전』

11 삼국시대에 기원을 두며 현재 경상북도 봉화군 봉성면 지역을 중심으로 편성되었던 조선시대의 관청이자 행정구역이다. 봉화현(奉化縣)은 삼국시대의 고사마현(古斯馬縣)에서 기원하며, 신라 경덕왕 때 옥마현(玉馬縣)으로 개칭되어 내령군(奈靈郡, 현 경상북도 영주시 중심부 일원)의 영현(領縣)으로 편성되었다. 고려시대에는 봉화현이라 하고 안동부(安東府)의 속현(屬縣)이 되었다. 1390년(고려 공양왕 2)에 감무(監務)가 처음으로 파견되었고, 조선시대 1413년(태종 13)에는 감무를 현감(縣監)으로 개칭하였다(『조선왕조실록 전문사전』).

아 왔습니다'라고 합니다"

하니, 임금이 그 뜻을 불쌍히 여겨 아마이소에게 순흥에 살도록 하고, 삼미삼보라를 옮겨서 어머니와 여동생과 같이 살도록 하였다.

1月 13日(壬寅) 6번째 기사
거제현의 개선할 점에 대해 호조에서 계를 올리다

戶曹據巨濟縣人民等狀告條件啓,

一. 巨濟縣及任內溟珍縣, 前朝之時, 因倭寇失土出陸, 巨濟縣人物, 寓於居昌, 溟珍縣人物, 寓於江城, 併號珍城. 歲在壬寅, 復置巨濟縣, 還其寓居居昌人吏十五名·官奴婢三十餘名, 溟珍人物, 尙屬江城而不復. 由是巨濟縣人物數少, 不堪其役. 請還溟珍人物于本縣.

一. 本縣田稅, 已令納于縣倉, 其人吏紙匠津吏位田之稅, 輸納忠州金遷江, 自金遷江至縣, 相距十五日程. 縣民居於倭寇相望之地, 每歲男丁以輸稅, 盡歸金遷江, 若倭寇乘虛而入, 婦人小子, 誰與避患? 請上項位田之稅, 亦輸縣倉. 一. 縣守護軍三百名, 分四番, 每一番七十餘名, 然猝有賊變, 則以不多軍卒, 豈能應變? 請守護軍量宜加定. 且各官自願入居諸色人物, 各其原居官, 托以軍籍現付, 推刷還本, 新設殘邑, 人物阜成無路. 請限十年, 勿使還本, 以實殘邑. 一. 壬寅年復立之初, 於深浦 水月平, 以各浦船軍, 設木柵, 暫立官舍, 丙午春, 更相沙等里移邑, 始築城郭, 然客舍·公衙·國庫·官廳, 以新徙不多民力, 數年之內, 難以造成. 請以近處各浦船軍及各官軍人, 不多日役之營繕.

命下政府六曹議之, 僉曰, "田稅之事, 則依啓施行, 其餘三條, 令其道監司商度啓聞, 更議區處." 於是, 監司啓, "上項巨濟人民狀告之事,

請一如所言. 雖逃來他官人吏官奴婢, 限本縣阜盛, 亦勿還本." 又下
政府六曹議之, 僉曰, "如啓施行." 從之.

호조에서 거제현 인민이 장계狀啓로써 아뢴 조건에 의거하여 아뢰기를,
"1. 거제현과 그 경내의 명진현溟珍縣[12]은 전조前朝 때에 왜구로 인하여
땅을 버리고 육지로 나왔는데, 거제현 사람은 거창居昌[13]에 우거寓居하
고, 명진현 사람은 강성江城[14]에 우거하여, 함께 진성珍城이라고 불렀습
니다. 임인년에 다시 거제현을 설치하여, 거창에 우거하던 아전人吏 15
명과 관노비 30여 명을 돌려보냈는데, 명진 사람들은 아직 강성에 소속
되어 복귀되지 못하였습니다. 이로 말미암아 거제현 사람은 수효가 적
어서 역사役事를 감당하지 못하오니, 명진의 사람을 본현本縣으로 돌려
보내기를 청합니다.

1. 본현의 전세田稅는 이미 현縣의 창고에 바치도록 하고, 그 아전・지
장紙匠・진리津吏의 위전位田의 세稅는 충주의 금천강金遷江[15]에 운반해 바
치도록 했는데, 금천강에서 현縣에 이르기까지의 거리가 15일 여정이나
됩니다. (본) 현민縣民은 왜구와 서로 바라보는 땅에 살면서, 해마다 남정
들이 세를 운반하여 모두 금천강으로 돌아가게 되니, 만약에 왜구가 허
술한 틈을 타서 쳐들어오면, 부인과 어린 아이들이 누구와 함께 환난을

12 신라 경덕왕 이래 거제현에 속한 영현이었다.
13 현재의 경상남도 거창군 가조면 일대로 교거(僑居)하였다고 한다.
14 경상남도 산청 지역의 옛 지명이다. 단계현(丹溪縣)과 강성현(江城縣)을 합쳐 이루어진 현이
   다. 강성현은 신라의 궐지현(闕支縣)인데 경덕왕이 궐성군(闕城郡)으로 고쳤다. 고려시대에
   는 강성현이라 고쳤고 뒤에 군으로 승격시켰다. 1018년(현종 9) 진주(晉州)에 예속시켰다가
   공양왕 때 감무(監務)를 두었다. 조선 정종 때 해중도(海中島)인 명진현(溟珍縣)이 왜군을 피
   하여 육지로 나와 진주 임내(任內)인 영선현(永善縣)에 피난생활을 한 관계로 강성현에 명진
   현을 합쳐 새로 진성현(珍城縣)을 편성하였다. 그러나 그 뒤 얼마 가지 않아 세종 때 명진현
   을 거제도로 보냈다(『한국민족문화대사전』).
15 현재의 충청북도 충주시 금천면을 흐르는 강이다. 금천강의 서안에 덕흥창・경원창이 있었다.

피하겠습니까. 위의 항목의 위전의 세도 또한 현의 창고에 운반하기를 청합니다.

1. 현의 수호군守護軍이 3백 명인데, 4번番을 나누면 매 1번마다 70여 명이 됩니다. 그러나 갑작스럽게 적변賊變이 있으면, 많지 못한 군졸로 써 어찌 능히 변고에 대응하겠습니까. 수호군의 숫자를 적당히 더 정하기를 청합니다. 더구나 각 고을에서 자원하여 들어와 사는 각종의 인물들을 각기 본래 거주하던 고을에서 군적에 등록한다는 핑계로, 추쇄推刷하여 본 고을로 돌려보내니, 새로 설치된 쇠잔한 고을은 사람들이 번성할 길이 없습니다. 10년까지를 한하여 본 고을로 돌려보내지 말도록 하여 쇠잔한 고을을 충실하게 하기를 청합니다.

1. 임인년에 다시 건립하던 초기에, 심포深浦**16**의 수월평水月平**17**에다가 각 포의 선군船軍을 동원하여 목책木柵을 설치하고 잠정적으로 관사官舍를 세우도록 했는데, 병오년 봄에 다시 상사등리相沙等里**18**를 선정하여 읍을 옮겨 비로소 성곽을 쌓았습니다. 그러나 객사客舍·공아公衙·국고國庫·관청官廳을 새로 옮겨온 많지 못한 백성들의 힘으로서는 수년 안에 축성하기가 어렵겠으니, 청컨대 가까운 곳의 각 포 선군과 각 고을 군인들을 동원하면 많은 일수를 역사役事하지 않더라도 지을 수 있을 것입니다"

하니, 정부와 육조에 내려서 의논하게 하였다. 모두 아뢰기를,

"전세田稅의 일은 아뢴 대로 시행하겠지마는, 그 나머지 3조條는 그 도

---

16 거제도에 있던 포구 이름이다. 1423년에 거제도 심포의 바닷물이 누르고 붉게 변했다고 한다 (세종 5-6-23-13).

17 현재의 경상남도 거제시 수월동이다.

18 여기에만 보인다.

道의 감사監司로 하여금 상량商量하여 계문啓聞하도록 하여 다시 구처區處

하기를 의논하게 할 것입니다"

하였다. 이에 감사가 위의 항목의 거제巨濟 인민들이 장계狀啓로써 알린

일을 아뢰었는데, 한결같이 전에 말한 바와 같이 비록 도망해 온 다른

고을의 아전과 관노비이더라도, 본현이 번성할 때까지는 또한 본 고을

로 돌려보내지 말도록 청하였다. 또 정부와 육조에 내리어 의논하게 하

니, 모두 아뢰기를,

"아뢴 대로 시행할 것입니다"

하므로, 그대로 따랐다.

1月 13日(壬寅) 7번째 기사

일본국 일기주의 지주 원조신중에게 『대반야경』 등을 회사하다

日本國一岐州知主源朝臣重使人求『般若經』, 且請重字印, 仍獻土
物硫黃二千斤・檀香一百斤・龍腦五兩・黃芩五斤・陳皮一十斤・
檳榔三斤・赤銅五十斤・大刀五腰, 回賜『大般若經』一部・圖書一
顆・正布八十三匹.

일본국 일기주一岐州19의 지주知主20 원조신중源朝臣重21이 사람을 시켜

『반야경般若經』22을 구하고, 또 중자인重字印23을 청하며 아울러 토산물

---

19 대마도 남쪽에 위치한 일기도(壹岐島)를 말한다. 현재의 장기현(長崎縣) 일기시(壹岐市)이다.
20 전체를 맡아 다스린다는 뜻으로 도주(島主)・도지사(道知事)와 같다. 우리말에서만 쓰는 용
   어로 생각된다. 원중(源重)은 일기주(壹岐州) 태수(太守)라고도 자처하였다(세종 3-8-3-5).
21 원중(源重)이다. 하송포(下松浦) 지좌(志佐)를 거점으로 하는 지좌씨(志佐氏) 일족의 우두머리
   이다. 무가관위는 일기수(壹岐守)인데, 『조선왕조실록』에는 일기주 태수로 보인다. 세종 3년에
   대마도 좌위문대랑과 함께 사자를 파견한 이후(세종 3-8-3-5), 세종 6년까지 여섯 차례에 걸쳐
   조선에 사자를 파견하였다(세종 6-10-6-7). 아버지는 원조(源調)이고 아들은 원의(源義)이다.
22 반야바라밀을 교설한 여러 경전을 통틀어 이르는 말이다.

인 유황硫黃[24] 2천 근, 단향檀香[25] 1백 근, 용뇌龍腦[26] 5냥쭝,[27] 황금黃芩[28] 5근, 진피陣皮[29] 10근, 빈랑檳榔[30] 3근, 적동赤銅[31] 50근, 대도大刀 5자루를 바치므로, 『대반야경大般若經』 1부, 도서圖書[32] 1과顆,[33] 정포正布[34] 83필을 회사하였다.

1月 13日(壬寅) 8번째 기사

좌위문대랑이 토산물을 바치니 회사하다

左衛門大郞使其子朝見, 仍獻硫黃一千斤・丹木五百斤・犀角八介・烏梅木五百斤・甘草十斤・木香二斤・白檀香二斤・陳皮三十斤・朱紅十斤・沈香二斤・沙鉢百介. 回賜正布三百匹.

좌위문대랑左衛門大郞[35]이 그 아들[36]을 시켜 조현朝見[37]하고 거듭해서

---

23 원조신중(源朝臣重)의 이름이 새겨진 도장 즉 도서(圖書)를 청구한 것이다.
24 기를 더하고 지혈하고 근골을 튼튼하게 하고 명문을 따뜻하게 하며 살충하는 효능이 있는 약재임.
25 상록(常綠)의 기생 식물인 단향목에서 채취한 향이다. 독특한 향과 신경 안정 작용을 하기 때문에 종교 의식에 많이 사용된다.
26 약재의 하나. 동인도에서 나는 용뇌수(龍腦樹)의 줄기에서 덩어리로 되어 나오는 무색 투명한 결정체. 방충제・훈향 등으로 씀.
27 무게의 단위. 귀금속이나 한약재 따위의 무게를 잴 때 쓴다. 한 냥쭝은 한 냥쯤 되는 무게이나 흔히 한 냥의 무게로 쓰인다.
28 꿀풀과에 속하는 여러해살이 초본식물인 황금의 뿌리로 만든 약재이다.
29 귤나무의 열매 껍질을 약용한 것으로 맛은 쓰고 매우며, 성질은 따뜻하다. 비위가 허약하여 일어나는 구토, 메스꺼움, 소화불량 등에 쓰인다.
30 외떡잎식물 종려목 야자나무 과의 교목인 빈랑나무의 열매를 말린 것이다. 한약재로 쓴다.
31 구리에 2~8%의 금만을 배합하거나 또는 다시 1% 정도의 은을 첨가한 흑자색의 구리 합금이다.
32 조선정부가 일본 통교자를 통제하기 위하여 쓰시마주 등에게 통교 증명으로 발급해 준 구리 도장. 조선에서는 관인(官印)을 인장(印章), 사인(私印)을 도서(圖書)라고 하여 서로 구분했으며, 도서는 인면(印面)에 사용자의 실명이나 성명을 새겨 넣은 구리로 만든 도장이다.
33 원중(源重)의 이름이 새겨진 도장 하나를 새겨준 것이다.
34 조선시대에 관리의 녹봉으로 주던 오승포(五升布)와 같이 품질이 좋은 베를 말한다. 권두「교역품물」 '정포' 참조.
35 『일본행록』에 '조전만호(早田萬戶) 삼미다라(三美多羅)'라는 사람이 등장하는데 세종실록 원년 10월 15일에 "對馬島賊中都萬戶 左衛門大郞" 3년 9월 1일에 "對馬島萬戶 左衛門大郞" 3년 10월 22일에 "對馬島都萬戶 左衛門大郞" 등 '만호 좌위문대랑이 자주 언급되는 것으로 보아 동일

유황 1천 근, 단목丹木38 5백 근, 서각犀角 8개, 오매목烏梅木39 5백 근, 감초
甘草40 10근, 목향木香41 2근, 백단향白檀香42 2근, 진피陳皮 3근, 주홍朱紅43 1
근, 침향沈香44 2근, 사발沙鉢 1백 개를 바치므로, 정포正布45 3백 필을 회
사하였다.

1月 13日(壬寅) 9번째 기사
비전주의 송포에 교거하는 원신창명이 토산물을 바치다

肥前州松浦僑居源臣昌明使人獻土物, 硫黃二千斤・南木香二斤・
赤銅五十斤・龍腦三兩・胡椒五斤・折卓一脚・菓子盆十片・大盆
一片.

비전주肥前州의 송포松浦46에 교거僑居47하는 원신창명源臣昌明48이 사람

인으로 추측된다.

36 육랑차랑(六郎次郎)은 조전좌위문대랑(早田左衛門大郎)의 아들이다. 1권 제1부 「중요인물」
'조전좌위문대랑' 참조.

37 신하가 조정에 나아가 임금을 뵙던 일을 말한다.

38 속이 붉은 교목(喬木)의 일종으로 약재로도 쓰이고, 속의 붉은 부분은 목홍(木紅)이라 하는
염료의 재료이며, 혹은 한방의 통경제(通經劑)로 쓰였다. 권두 「교역물품」 '소목' 참조.

39 치매목(緇梅木)이라고도 하며, 태국에서 생산되는 목재이다. 자단(紫檀)처럼 단단하고 목질
이 치밀하여 물에 가라앉는다. 조선에서는 오매패를 만드는 데 사용하였다. 권두 「교역물품」
'오매목' 참조.

40 콩과에 속하는 다년생 초본식물. 뿌리는 건조시켜서 한약재로 사용하는데, 그 맛이 달기 때
문에 감초라 한다.

41 국화과의 여러해살이풀 운목향(蕓木香)의 뿌리이며, 기의 소통을 원활하게 하고 뭉친 것을
풀어주며 통증을 없애 주며 안태(安胎)의 작용과 소변을 잘 나오게 하는 약재이다.

42 단향과 늘푸른떨기나무 소단향의 원줄기로, 가슴부위의 통증, 위장의 냉통, 구토에 쓰이는
약재이다.

43 주홍은 홍색과 황색의 중간색인 주홍색을 내는 안료이다.

44 서향과에 속하는 상록성 교목인 침향과 백목향(Aquilaria agallocha, Aquilaria sinensis)의 목재
부분으로 기가 위로 치밀어 오르는 것을 내리고 중초(中焦)를 따뜻하게 하며 신장을 따뜻하
게 하고 기를 끌어 들이는 효능이 있다.

45 조선시대에 관리의 녹봉으로 주던 오승포(五升布)와 같이 품질이 좋은 베를 말한다. 권두 「교
역물품」 '정포' 참조.

46 일본 구주의 송포(松浦) 지역이다. 왜구의 근거지 중 한 곳으로 후대에는 송포당(松浦黨)이라

을 시켜 토산물인 유황^{硫黃}[49] 2천 근, 남목향^{南木香}[50] 2근, 적동^{赤銅}[51] 50근,

용뇌^{龍腦}[52] 3냥쭝, 호초^{胡椒}[53] 5근, 절탁^{折卓}[54] 1각^脚, 과자분^{菓子盆}[55] 10편^片,

대분^{大盆}[56] 1편^片을 바쳤다.

1月 14日(癸卯) 4번째 기사

왜인 피고로고와 좌위문대랑이 각기 사람을 시켜 토산물을 바치다

倭人皮古老古使送及左衛門大郎使送人十九名, 各獻土宜.

왜인 피고로고^{皮古老古}[57]가 사자로 보낸 사람과 좌위문대랑^{左衛門大郎}[58]

고 하였다.

47 남의 집이나 타향에서 임시로 사는 것을 말한다.

48 여기에만 보인다. 북구주 송포 지역에는 원씨(源氏)를 칭하는 통교자들이 다수 있었다.

49 흑색화약의 재료로 쓰는 비금속 원소이다. 권두 「교역물품」, '유황' 참조.

50 국화과의 여러해살이풀. 목향(木香). 줄기는 곧게 서며 높이는 0.8~2m이다. 뿌리를 말려서 약재로 쓰는데, 발한·이뇨·거담제로 사용하며, 위와 장의 유동운동을 정상으로 이끌어주는 작용이 있어서 소화불량·복부팽만·복통·설사·구토 등에도 널리 응용된다. 신라시대의 귀부인들이 처음 사용하면서 향기가 좋은 나무라고 하여 붙여진 이름이며, 달콤하고 좋은 향기가 난다고 하여 밀향(蜜香)이라고도 한다(『조선시대 대일외교 용어사전』).

51 구리에 2~8%의 금만을 배합하거나, 구리에 1% 정도의 은을 첨가한 흑자색(黑紫色)의 구리 합금. 약품으로 처리하면 아름다운 자색을 띤 흑색의 광택 있는 상태가 되므로 자동(紫銅)이라고도 한다. 적동의 성분은 3.7%가 금, 1.6%가 은, 나머지가 구리이며, 주로 불상, 장식품 따위의 금속 공예에 쓴다(『조선시대 대일외교 용어사전』).

52 용뇌수(龍腦樹)로부터 얻은 결정체. 약재의 하나이며 방충제·훈향(薰香) 등으로도 쓰임. 용뇌수의 줄기에서 덩어리로 되어 나오는 무색투명한 결정체이다. 방향성(芳香性)이 있으며 중풍이나 담, 열병 따위로 정신이 혼미한 데나 인후통 따위의 치료에 쓰인다. 빙뇌(氷腦)·빙편(氷片)·용뇌향·용향(龍香)·편뇌(片腦)라고도 한다(『조선시대 대일외교 용어사전』).

53 후추나무 열매인 후주를 말한다.

54 다리가 없는 탁자(卓子). 또는 다리를 접었다 폈다 할 수 있는 좌탁(座卓). 탁자는 물건을 올려놓기 위하여 책상 모양으로 만든 가구를 통틀어 이르는 말이고, 좌탁은 앉아서 쓰는 탁자이다. 주로 사랑방 서실(書室) 윗목에 두고 문방(文房)에 관계되는 서권(書卷)·화병·향로·화축(畫軸) 등을 올려놓거나 가볍게 다과를 즐길 때 사용하기도 한다. 절탁(折卓)은 절각좌탁(折脚座卓)이라고 할 수 있다(『조선시대 대일외교 용어사전』).

55 과자쟁반 즉 과자를 담는 쟁반 모양의 그릇이다(『조선시대 대일외교 용어사전』).

56 큰 그릇으로 생각된다.

57 언륙(彦六)의 일본어음인 '히코로쿠'를 한자 음가로 나타낸 것으로 생각된다. 언륙에 대해서는 1권 제1부 「중요인물」, '종언륙(宗彦六)' 참조. 종정성(宗貞盛)의 통명도 언륙이다.

이 사자로 보낸 사람 19명이 각기 토산물을 바쳤다.

1月 19日(戊申) 2번째 기사
황해도 백령진의 아전·관노비를 새로 설치한 영강진에 옮기고 강령진이라 일컫다

黃海道 白翎鎭, 曾合於文化縣, 其官人吏官奴婢, 移屬新設永康鎭, 稱爲康翎鎭. 初, 白翎鎭在海島, 周圍一百八十餘里, 其地沃饒, 高麗時置縣, 設鎭將副將以治之. 厥後以水路險阻, 爲倭寇所侵, 不能自保, 擧邑出陸, 寓於文化·信川兩邑之間. 歲至庚寅, 革鎭而合屢(屬)於文化縣, 至是白翎人吏等悶其本縣湮沒無聞, 求屬新鎭, 以存官號, 於是監司以聞, 以康翎稱之. 從民願也.

황해도 백령진白翎鎭[59]이 일찍이 문화현文化縣[60]에 합쳐져 있었는데, 그 고을의 아전·관노비를 새로 설치한 영강진永康鎭[61]에 옮겨 소속시키

---

58 대마도 왜구의 우두머리이자 수직왜인이다. 1권 제1부 「중요인물」 '조전좌위문태랑' 참조
59 백령도는 황해도 바닷길의 요충지에 있다. 고려 때 수군진영을 설치하여 진장(鎭將)을 파견하였으나, 바닷길이 험하여 수군진을 혁파하였다. 조선 세종 때 백령도에 목장(牧場)을 만들어 말 170필을 방목하였고, 선박 건조용 목재를 마련하기 위해 송전(松田)을 설치하였다(『세종실록』「지리지」, 「황해도」「해주목 장연현」). 또 1609년(광해군 1)에 수군진을 설치하고, 수군첨절제사를 파견하였다(『조선시대 대일외교 용어사전』).
60 삼국시대에는 고구려의 궐구현(闕口縣)이었다. 고려 초에는 유주(儒州)라 불렸다. 1018년(고려 현종 9)에는 풍주(豊州)에 속하였으나, 1106년(고려 예종 1)에 독립시켜 감무를 두었다. 1259년(고려 고종 46)에 위사공신(衛社功臣) 성균대사성 유경(柳儆)의 내향(內鄕)이어서 문화현으로 바뀌었으며 현령(縣令)을 두었다. 조선 건국 후에도 고려시대의 제도가 그대로 유지되었다. 1396년(태조 5)에 백령현(白翎縣)과 통합하였다(『조선시대 대일외교 용어사전』).
61 백령진이 설치된 백령도는 고구려 때에는 곡도(鵠島)라 불렸다. 섬이 비옥하여 살기에 적합하므로 고려 초에 현이 설치되었고 진장(鎭將)이 파견되었다. 고려 말에는 왜구의 침입으로 주민들이 거주하기 어려워지자 주민들을 육지로 옮겨 살게 하였다. 조선시대에는 1396년(태조 5)에 백령현을 폐하고 문화현(文化縣)에 합속시켰다(태조 5-9-28-2). 1427년(세종 9)에 원래 백령진에 속했던 주민들이 새로운 진을 세워 읍의 명호를 유지할 수 있도록 해 달라고 청하자 조정에서 이를 수용하여 영강진과 백령진을 합쳐 강령진을 설치하였다(세종 9-1-19-2). 그러나 1428년(세종 10)에 영강현과 백령현을 합하여 읍을 설치하였다는 기록도 있어 강령

고, 강령진康翎鎭이라 일컫게 하였다. 처음에 백령진白翎鎭이 해도海島로서 주위 1백 80여 리에 비옥한 땅이어서, 고려 때에 현縣을 설치하고 진장鎭將과 부장副將을 두어 다스리게 하였다. 그 후에 수로水路가 험저險阻하여 왜구에게 침략당해도 능히 스스로 보전하지 못하므로, 온 고을이 육지로 나와서 문화文化·신천信川 두 고을의 사이에 우거寓居해 있었는데, 경인년에 진鎭을 혁파하고 문화현에 합쳤다. 이때에 와서 백령白翎의 아전들이 그 본현本縣이 사라져서 알려지지 않게 되는 것을 안타깝게 여겨, 새 진鎭에 소속되어 고을 이름이라도 보존하기를 청하였다. 이에 감사가 아뢰므로, 강령康翎이라 일컫게 하였으니, 백성들의 소원에 따른 것이었다.

1月 19日(戊申) 4번째 기사

일본국 관서도의 살마주 이집원 우진 등원뢰구가 사람을 바쳐(보내) 물품을 바치다

日本國 關西道 薩摩州 伊集院寓鎭藤原賴久使人獻硫黃一千斤·丹木二百斤·大刀三柄·長槍二柄·烏金三十斤·犀角一本. 回賜縣布三十匹·正布九十匹.

일본국 관서도關西道의 살마주薩摩州[62] 이집원伊集院[63] 우진寓鎭[64] 등원뢰구藤原賴久[65]가 사람을 시켜 유황 1천 근, 단목 2백 근, 대도大刀 3자루, 장창

진이 세워진 정확한 연도는 파악하기 어렵다.

62 구주 지역의 고대 이래의 지방의 명칭으로 지금의 녹아도현(鹿兒島縣) 서반부이다. 일본이 근대로 이행하는 과정에서 핵심적인 역할을 했던 살마국(薩摩國)이다.

63 현재 녹아도현(鹿兒島縣, 카고시마현) 일치시(日置市) 일대의 지명이다. 도진씨(島津氏) 일족인 이집원씨의 근거지이다.

64 우진(隅鎭)은 그 지역에 거주하며 지배한다는 뜻으로 생각된다.

長槍 2자루, 오금烏金 30근, 서각犀角 1본本을 바치므로, 면포 30필과 정포正布[66] 90필을 회사하였다.

1月 19日(戊申) 5번째 기사
평상귀·평만경·원구귀 등이 사신을 보내 토산물을 바치다

平常貴·平滿景·源久貴等使送上官人二十四名, 獻土宜.

평상귀平常貴,[67] 평만경平滿景,[68] 원구귀源久貴[69] 등이 사신으로 보낸 상관인上官人 24명이 토산물을 바쳤다.

1月 19日(戊申) 6번째 기사
살마주 태수 원구귀가 유황 등을 바치다

薩摩州太守源久貴使人獻硫黃三千斤·丹木五百斤·漆三十五斤·大刀五柄. 回賜正布二百六十八匹, 以付回价.

살마주 태수薩摩州太守 원구귀源久貴[70]가 사람을 시켜 유황 3천 근, 단목 5백 근, 칠漆[71] 35근, 대도大刀 5자루를 바치므로, 정포 2백 68필을 회사

---

65 이집원뢰구(伊集院賴久, 15세기 말~16세기 초반)를 가리킨다. 살마국(薩摩國)을 중심으로 한 도진씨(島津氏)의 일족이자 그 중신(重臣)의 지위에 있었던 인물이다. 1413년에서 1417년에서 벌어진 도진씨 내부의 가독(家督) 다툼으로 유명하다. 태조 4년부터 보이며 살마주수(薩摩州守, 태종 6-11-1-2), 이집원우진(伊集院寓鎭, 세종 9-1-19-4) 등으로 보인다.

66 조선시대에 관리의 녹봉으로 주던 오승포(五升布)와 같이 품질이 좋은 베를 말한다. 권두「교역물品」, '정포' 참조.

67 여기에만 보인다. 평상하(平常賀)의 오기일 가능성이 있다.

68 세종 원년에서 10년까지 등장하며 석성관부(石城官府)·석성관사(石城管事) 등으로 나타난다. 세종 2년 5월 19일 기사에 구주 사람으로 조선에 붙잡힌 도림 등을 풀어줄 것을 일본국 서해도 구주 전 총관 원도진(源道鎭), 구주 도독 원의준(源義俊)과 예주 태수(預州太守) 다다량만세(多多良滿世)와 좌문다라(佐文多羅) 등과 함께 요청했다.

69 살마주 태수 원구귀로 보인다(세종 9-1-19-6).

70 살마국 수호라는 뜻이지만, 도진씨 일족으로는 이름이 확인되지 않는다. 위사(僞使)가 직함을 사칭한 것으로 생각된다.

하여 돌아가는 사신에게 부쳐 보냈다.

1월 19日(戊申) 7번째 기사

일본 구주 순무사 작주 전 자사 평상가가 토산물을 바치다

日本九州巡撫使·作州前刺史平常嘉使人來獻土宜.

일본 구주 순무사^{九州巡撫使72} 작주^{作州} 전^前 자사^{刺史} 평상가^{平常嘉73}가

사람을 보내어 토산물을 바쳤다.

1월 19日(戊申) 8번째 기사

일본 구주부 석성관사 민부 소보 평만경이 토산물을 바치다

日本九州府石城管事民部小輔平滿景使人來獻土宜.

일본 구주부^{九州府74} 석성 관사^{石城管事75} 민부 소보^{民部少輔76} 평만경^{平滿}

---

71 옻나무 껍질에서 흘러내리는 액을 채취하여 공예품 도장용과 약용 등으로 활용되는 식물성 액체.

72 순무사(巡撫使)는 조선 태조 이후 고종 때까지 필요할 때 설치했다가 임무가 끝나면 폐지시
   킨 임시 관직이다. 조선 전기에는 주로 국토방위를 위한 성곽의 축조와 보수를 위해 파견되
   었으나, 후기에는 변란 진압과 외적의 침입을 막는 임무로 확대되었다. 여러 지역을 순회하
   며 백성을 위무하는 순무사는 고려 후기에도 있었다. 1276년(고려 충렬왕 2) 안무사(按撫使)
   를 순무사로 개칭했는데, 이때의 순무사는 백성들의 어려움과 지방관의 잘잘못을 살피는 임
   무를 맡은 임시 관직이었다(『조선시대 대일외교 용어사전』).
   이 기사에서는 평상가가 구주 지역의 분쟁을 해결하기 위하여 막부가 임시로 파견하였기 때
   문에 조선의 순무사와 같은 역할이라고 보고 순무사라고 자칭한 것이다.

73 작주 자사 즉 미작국수(美作國守)는 실직이 아니라 무가관위(武家官位)이다. 세종 즉위년 11
   월 29일 을해조에서는 미작태수 정존(淨存)이 토산물을 바치고 도서(圖書)를 청하므로 지급
   하였다는 내용이 보인다. 세종 4년 7월 23일 무인조에서는 미작주(美作州) 전사(前司) 입도상
   가(入道尙嘉), 세종 5년 9월 16일 갑오조에는 미작(美作) 태수(太守) 평상가(平常嘉)가 보인다.
   평상가는 소조천칙명의 법명이다.

74 구주부(九州府)라는 관청은 없다.

75 석성 즉 박다(博多) 지역을 관리하는 책임자라는 뜻이다. 전 구주탐제 원도진(源道鎭)의 수하
   로 생각된다.

76 민부(民部)는 고대의 관제의 민부성(民部省)으로 호적·조세·부역 따위를 관장하였다.
   소보(少輔)는 성(省)의 차관 중 하위직이다.

景[77]이 사람을 보내어 토산물을 바쳤다.

1月 22日(辛亥) 2번째 기사

충주 땅으로 넘어 들어간 음죽현에 속한 무극역을 원래대로 하게 하다

京畿監司據陰竹縣監林穆呈啓, "縣屬無極驛, 越入忠州之地, 距縣一息, 且隔大川, 夏月雨水漲溢, 則過涉爲難, 大小使臣行次迎送支待, 未得及期, 官吏受責不細. 又官吏在驛阻水未還, 則其供億, 不得已斂於村民, 且倭客往來絡繹, 數多輜重, 縣民越忠州之地四十餘里, 累日轉輸, 人馬困弊. 若此者, 皆積年巨弊, 不可不慮. 驛之四面, 皆忠州村落, 請將驛里民戶九十六·田三百十三結九十六卜, 與縣附近忠州之地, 相換定屬. 如曰犬牙相入, 非獨此縣, 未易更改, 則依分行以上各驛例, 日守量宜加定, 以驛廩供客, 以日守迎送, 以除本縣之弊. 客人輜重轉輸, 以近驛忠州之人同力駄載, 以減縣民之困." 命下政府諸曹同議. 左議政李稷·右議政黃喜等議, "日守加定與驛廩支客, 依監司所啓. 倭人輜重, 氷凍時外, 皆從水路來往, 仍舊爲便." 從之.

경기 감사가 음죽 현감陰竹縣監 임목林穆의 정문呈文에 의거하여 아뢰기를,

---

77 평만경(平萬景)이라고도 표기하며, 박다(博多) 석성(石城) 지역의 통교자이다. 축주(筑州) 석성부관사(石城府管事, 세종 1-6-1-4), 서해로(西海路) 민부소보(民部少輔, 세종 2-5-19-4), 축주부(筑州府) 석성현사(石城縣使) 민부소보(民部少輔, 세종 3-7-5-2), 원도진관하(源道鎭管下, 세종 5-9-28-2) 등으로 보인다. 구주탐제를 지낸 삽천만뢰(澁川滿賴, 源道鎭)의 이름 만(滿)을 습명(襲名)한 인물로 생각된다.
평만경이 조선과 직접 통교하게 된 것은 기해동정을 단행하기 직전이다. 1419년 6월 1일에 사람을 보내어 토물을 바치고 만경이라는 인장을 요구하였고, 조선이 이를 받아들여 수도서인이 되었다. 또한 기해동정이 대마도만을 정벌한 일이라는 것을 설명하기 위하여 파견된 송희경을 삽천만뢰와 삽천의준의 사자로서 융숭하게 대접하였고 또한 송희경의 호송을 담당하였다. 평만경은 피로인 송환에도 적극적으로 협조하여, 북구주 지역에서 삽천만뢰에 다음가는 교역상의 지위를 획득하였다. 삽천씨 무역의 실질적인 담당자는 평만경 및 종금과 같은 무역상들이었다(田中健夫, 『中世海外交涉史の硏究』, 東京大出版會, 1959(초판)/2002(6쇄), pp.40~42).

"현縣에 속한 무극역無極驛이 충주 땅으로 넘어 들어가서, 현과 일식一息의 거리에 떨어져 있고, 또한 큰 내가 막혀 있으므로 여름철에 빗물이 넘쳐흐르면 건너기가 어렵게 되어, 모든 사신의 행차를 영접 전송하고 대접하는 데 그 시기에 미치지 못하여 관리들이 책망을 당한 것이 적지 않습니다. 또 관리들이 역驛에 있다가 물에 막혀 돌아가지 못하면, 그 접대비接待費를 부득이 촌민村民에게서 거두어야 하며, 더구나 왜객의 왕래가 끊어지지 않으므로, 많은 짐바리를 현의 백성이 충주 땅 40여 리를 건너가서 여러 날 운반하게 되어 사람과 말이 피곤하니, 이와 같은 것은 모두 여러 해의 큰 폐단이므로 염려하지 않을 수 없습니다. 역驛의 사방은 모두 충주의 촌락이니, 청컨대 역리驛里의 민호民戶 96호와 전지田地 313결結 96짐卜을 현의 부근 충주의 땅과 서로 바꾸어 정속定屬시킬 것입니다. 만약에 '개의 어금니처럼 서로 들어간 것이 다만 이 현뿐만이 아니므로 다시 고치기가 쉽지 않다'고 한다면, 분행分行 이상 각 역의 예例에 의거하여 일수日守를 적당히 더 정하고, 역의 늠료廩料[78]로써 손님을 접대하고, 일수로 하여금 영접하고 전송하게 하여, 본현本縣의 폐단을 제거하고, 객인의 짐바리를 운반하는 일은 역에 가까운 충주 사람으로 하여금 일을 합쳐 짐을 싣게 하여 현민縣民의 곤란을 덜어 줄 것입니다"
하니, 명하여 정부와 여러 조曹에 내려 함께 의논하게 하였다. 좌의정 이직李稷과 우의정 황희黃喜 등이 의논하기를,

"일수日守를 더 정하는 것과 역의 늠료로써 손님을 접대하는 것은 감사의 아뢴 바에 의거하고, 왜인의 짐바리는 얼음이 얼 때를 제외하고는 모

---

78 지방의 군현이나 군진 또는 역(驛)을 맡은 관리들에게 녹봉 대신 관아에 딸린 토지의 소출을 지급하였는데 이를 늠료 혹은 봉름(俸廩)이라고 하였다(『조선왕조실록 전문사전』).

두 수로를 따라 내왕하게 하여, 그전대로 하는 것이 편리할 것입니다"
하니, 그대로 따랐다.

2月 2日(庚申) 6번째 기사
등원뢰구와 평만경이 사로잡혀간 여자들을 돌려보내니 회사하게 하다

戶曹啓, 藤原賴久刷還被虜女三名, 平滿景刷還被虜女一名. 考前例, 一名回賜緜布十匹, 然今解還婦女, 年皆七八十無用之人也. 於前例減半何如?" 上曰, "豈可以人之老少加減? 其依前例給之."

호조에서 아뢰기를,

"등원뢰구藤原賴久가 사로잡혀 간 여자 3명을 돌려보내고, 평만경平滿景[79]이 사로잡혀 간 여자 1명을 돌려보냈는데, 전례前例를 떠올려보면 1명에 면포 10필을 회사했습니다. 그러나 지금 돌려보낸 부녀들은 나이가 모두 70, 80세나 되어 쓸모가 없는 사람이니, 전례에서 반을 감하는 것이 어떻겠습니까"
하니, 임금이 말하기를,

"어찌 사람의 늙고 젊음을 따져 가감하겠는가. 전례에 의거하여 주라"
하였다.

---

79 평만경(平萬景)이라고도 표기하며, 박다(博多) 석성(石城) 지역의 통교자이다. 축전주(前筑州) 석성부관사(石城府管事, 세종 1-6-1-4), 서해로(西海路) 민부소보(民部少輔, 세종 2-5-19-4), 축주부(筑州府) 석성현사(石城縣使) 민부소보(民部少輔, 세종 3-7-5-2), 원도진관하(源道鎭管下, 세종 5-9-28-2) 등으로 보인다. 구주탐제를 지낸 삽천만뢰(澁川滿賴, 源道鎭)의 이름 만(滿)을 습명(襲名)한 인물로 생각된다.

2月 19日(丁丑) 7번째 기사

오는 경술년부터 자색을 금하게 하다

司諫院上疏曰, "崇儉去奢, 有國之良規, 故奢侈之習, 不可不禁也. 芝草紅花, 雖本國所産, 極爲稀貴, 至若丹木, 則全賴倭客興販, 以資國用. 今上自卿大夫, 下至賤隷, 好著紫色, 因此紫色之價, 一匹所染, 又直一匹, 至於衣裏, 皆用紅染, 丹木紅花之價, 亦爲不賤. 非惟奢侈相尙, 等威無辨, 物價騰湧(踊), 亦爲可慮. 自今其紫染, 則進上衣襨及闕內所用外, 一皆痛禁, 紅染衣裏, 則文武各品及士大夫子弟外, 各司吏典・外方鄕吏・工商賤隷, 亦令禁著, 限以年月, 永斷奢華, 以辨等威."

上命紫色, 來庚戌年爲始禁之.

사간원에서 상소하기를,

"검소를 숭상하고 사치를 버리는 것은 나라를 다스리는 좋은 규범이므로, 사치의 습관을 금하지 않을 수 없습니다. 지초芝草80와 홍화紅花81는 비록 본국에서 생산되는 것이지만 극히 희귀한 것이고, 단목丹木82은 전적으로 왜객의 매매에 힘입어 국용國用에 제공됩니다. 지금 위로는 경대부卿大夫로 부터 아래로는 천례賤隷83에 이르기까지 자색紫色을 입기

---

80 쌍떡잎식물 통화식물목 지치과에 속하는 다년생 초본식물의 뿌리를 말한다. 한자어로는 지초(芝草)・자초(紫草), 자근(紫根)이라고 한다. 우리나라에 자생하는 여러해살이식물로 뿌리는 자줏빛을 띠며, 예전부터 천연염료를 얻거나 민간요법에서 약재로 많이 사용하였다.

81 국화과에 속하는 1년생 또는 2년생 초본식물로 잇꽃이라 부르기도 한다. 우리나라에서는 붉은색의 염료재와 약용식물로 많이 재배하며 혼인 때 쓰는 붉은 연지의 주재료이다.

82 소방목(蘇枋木)・단목(丹木)・적목(赤木)・홍자(紅紫)라고도 하며, 학명은Caesalpinia sappan L.이다. 목재의 부위에 따라 한약재와 염료로 사용한다. 열대 지역의 나무이며 조선에서는 나지 않아서 세종 대에는 9년 간 7만 근을 수입하기도 하였다. 권두「교역물품」'소목' 참조.

83 천민과 노예를 아울러 이르는 말이다.

를 좋아하니, 이로 인하여 자색의 값이 한 필 염색하는 데 값이 또 한 필이나 듭니다. 옷의 안찝까지 모두 홍색의 염료를 쓰게 되니, 단목과 홍화의 값도 또한 헐하지 않게 됩니다. 다만 사치를 서로 숭상하여 등차^{等次}의 분별이 없을 뿐만 아니라, 물가가 뛰어 오르게 되니 또한 염려가 됩니다. 지금부터는 그 자색의 염료는 진상하는 의대衣襨[84]와 대궐 안에서 소용되는 외에는 일체 엄격히 금하고, 홍색으로 물들인 옷의 안찝은 문무의 각 품관과 사대부의 자제子弟외에 각 관사官司의 이전吏典[85]・외방外方의 향리鄕吏・공상工商・천례賤隷들은 또한 입는 것을 금하게 하고, 연월로써 기한하여 사치를 영구히 금단시키고 등차를 분별할 것입니다"
하니, 임금이 자색은 오는 경술년을 시작으로 이를 금하도록 명하였다.

3月 27日(乙卯) 3번째 기사
좌위문대랑이 고기잡이를 고성과 구라량까지 허가할 것을 청하고 토산물을 바치다

左衛門大郎使人奉書禮曹曰, "本島住王官人者, 連耗貴國邊境, 我告於島主, 斬本人三父子, 懲戒後人. 且興販捉魚, 只許乃而浦・富山浦兩處, 此土人生理爲難, 咸望兼許固城仇羅梁安心買賣, 以副民望.

---

84 의대는 왕실의 복식을 높여 부르는 말인데, 특히 왕과 왕비, 왕세자와 왕세자빈의 옷을 일컫는다. 그 이하 숙의(淑儀), 대군(大君), 왕자(王子), 공주(公主), 옹주(翁主) 등의 옷은 의복이라고 한다(『조선시대 대일외교 용어사전』).

85 이속(吏屬)과 같다. 고려・조선시대 품관 이외의 하급 관리직으로 중앙과 지방의 모든 관아에서 기록・문서・전곡(錢穀)을 관장하던 말단행정에 종사하였다. 조선 초에는 『경국대전』의 편제에 따라 이속직을 통한 품관직으로의 진출이 봉쇄되어 아전(衙前)이라는 별개의 중인층 관직으로 정착되었다. 중앙에는 경아전(京衙前)으로 녹사・서리(書吏) 등이 있었고, 지방에는 외아전(外衙前)으로 이・호・예・병・형・공의 6방(房) 등속이 있어 향리라 칭하였다(『한국민족문화대백과』).

兼獻白鑞六十斤・鉛五十斤・沙盤二十九箇・沙鉢一百八十箇・沙
楪二百九十箇・石硫黃一千斤."

禮曹佐郎李師孟復書曰, "知禁賊之意, 爲喜. 諭及捉魚事, 依來書
移文慶尙道, 照悉. 土宜正布五十九匹・燒酒二十瓶・松子二石, 就
付回人, 惟領納."

좌위문대랑左衛門大郎[86]이 사람을 시켜 예조에 서신을 올렸는데, 그 서
신에,

"본도本島에 거주하는 왕관인王官人[87]이란 자가 연달아 귀국貴國의 변
경을 침해하므로, 내가 도주島主에게 알려서 본인 부자父子 세 사람의 목
을 베어 뒷사람을 징계했습니다. 또 물건을 매매하고 고기를 잡는 것은
다만 내이포乃而浦[88]・부산포富山浦[89] 두 곳만 허가하여, 이곳 토인土人의
생계가 어렵게 되오니, 모두 고성固城[90]과 구라량仇羅梁[91]까지 아울러 허

---

86 대마도 왜구의 우두머리이자 수직왜인이다. 1권 제1부 「중요인물」 '조전좌위문태랑' 참조
87 여기에만 보인다.
88 현재 경상남도 진해시 웅천동 일대이다. 내이포(乃而浦)는 제포(薺浦)라고도 표기하며 우리
   말의 '냉이'를 뜻하는 한자 '제(薺)'와 '포(浦)'가 합쳐진 말이다. 조선 전기에 제포왜관이 있
   던 곳이기도 하다. 내이포는 문종 대까지 보이다가 이후는 주로 제포라는 명칭을 사용하였
   다. 성종 대 일시적으로 내이포가 나타나는데, 이는 『해동제국기』가 편찬되면서 일시적으로
   영향을 준 것으로 생각된다.
89 경상도 동래에 있던 포구의 이름이다. 세종 대까지는 경상좌도 수군 도안무처치사 본영(左道
   水軍都按撫處置使本營)이 동평현 남쪽 7리 되는 부산포(富山浦)에 있었다(『세종실록』 「지리
   지」). 1402년(태종 2)에 부산포(富山浦)라는 명칭이 처음 보이며, 『경상도지리지』・『세종실
   록』 「지리지」, 『경상도속찬지리지』 등에 "동래부산포(東萊富山浦)"라 하였고, 1471년 편찬된
   『해동제국기』에도 "동래지부산포(東萊之富山浦)"라 하고, 같은 책의 「삼포왜관도(三浦倭館
   圖)」에도 "동래현부산포(東萊縣富山浦)"라고 기록하였다. 그러나 성종 대에 이르면 부산포
   (釜山浦)라는 명칭이 처음 나타난 이후, 거의 대부분 후자의 한자 표기가 사용되었다.
90 일반적으로 고성의 구라량으로 번역하지만, 고성과 (당시 진주) 각산향에 있던 구라량 두 곳을
   지칭할 가능성이 크다. 『대동여지도』에 진주 각산 남쪽에 구라량을 표시하였다(長節子, 『中世國
   境海域の倭と朝鮮』, 吉川弘文館, 2002, pp.152~159).
91 일반적으로 현재의 경상남도 통영시 사량면(사량도)로 보고 있으나, 현재의 사천시 대방동
   의 각산(角山) 남쪽에 위치한 현재의 삼천포 항 주변일 가능성이 크다. 고성 『세종실록』 「지
   리지」의 경상도 조에서 구량량(仇良梁)이 진주에 있다고 하고 작은 글씨로 지금은 고성(固

가하여 안심하고 매매하여 백성의 기대에 부응하도록 하시기 바랍니다. 겸하여 백랍白鑞[92] 60근, 연철鉛鐵[93] 50근, 사반沙盤[94] 29개, 사발沙鉢[95] 1백 80개, 사접沙楪[96] 2백 90개, 석유황石硫黃[97] 1천 근을 바칩니다"

하였다. 예조 좌랑 이사맹李師孟이 서신에 답했는데, 그 답서에,

"도적을 금한 뜻을 알게 되어 기쁩니다. 고기를 잡는 일에 관하여서는, 온 서신대로 경상도에 공문을 보냈으니, 그렇게 아십시오. 토산물인 정포正布[98] 59필, 소주燒酒[99] 20병, 송자松子[100] 2석을 돌아가는 사람에게 부쳐 보내니 받아주기 바랍니다"

하였다.

城) 사포(蛇浦)에 정박한다. 병선은 16척이고 군사는 748인이라고 하였다. 또한 고성현 조에서는 사량(蛇梁)은 현의 남쪽에 있는데, 수로로 70리이다라고 하고, 작은 글씨로 구량량 만호의 병선이 이곳으로 옮겨 정박한다. 구량량은 원래 진주 임내의 각산향(角山鄕)에 있다고 하였다. 여기에 보이는 구량량이 구라량과 같은 지명이다.

한편 1425년(세종 7)에 성립된 『신찬팔도지리지』 경상도 조의 기초자료가 된 『경상도지리지』에도 진주의 구량량 만호가 고성의 박도(樸島) 사량(蛇梁)에 정박한다고 하였다. 이 박도는 사량도(蛇梁島)이다. 진주의 구량량 만호가 사량도로 이전한 것은 세종 7년 이전임을 알수 있다. 그러나 당시 진주 관내의 각산향 아래 구량도도 그 이름을 그대로 가지고 있었다. 대마도인들이 구라량에서 흥판(興販)을 허용해 줄 것을 요구하였으므로, 사량도라는 좁은 섬보다는 진주 사천 등과 육지로 연결되어 있는 삼천포 쪽이 더 유력한 후보지라고 할 수 있다 (長節子, 앞의 책, pp.152~159).

92 납과 주석을 섞은 합금을 말한다.
93 납을 말한다.
94 사기 쟁반을 말한다.
95 사기그릇으로 사발 형태의 사기 그릇이다.
96 사기 접시를 말한다.
97 흑색화약의 재료로 사용된 유황을 말한다. 화산 지대와 같은 땅에서 나기 때문에 석유황이라고 하였다. 조선 전기에는 거의 대부분을 일본에서 수입하였다. 『화포식언해』에 따르면, 당시 화약은 염초(질산칼륨) 10근에 대하여 석유황 10냥, 목탄 2근 8냥의 비율로 배합한다고 하였다. 한의학에서는 유황을 법제(法製)한 것을 말하며, 다양한 증상에 대한 약재로 사용하였다.
98 조선시대에 관리의 녹봉으로 주던 오승포(五升布)와 같이 품질이 좋은 베를 말한다. 권두 「교역물품」 '정포' 참조.
99 쌀이나 수수 또는 그 밖의 잡곡을 쪄서 누룩과 물을 섞어 발효시켜 증류한 무색투명한 술이다.
100 잣을 말한다.

3月 27日(乙卯) 4번째 기사

대마도의 종우마 언륙 정성이 단목 등을 바치니 정포 등을 내려 주다

對馬島宗右馬彦六貞盛使人, 來獻環刀二柄·丹木三百斤·石硫黃

五百斤·箭簇三十箇. 因大護軍李藝, 求虎豹皮彩花席細布及米豆, 回

賜正布七十匹, 特賜米豆各一百石·虎皮豹皮各二領·紵布二十匹·

雜彩花席三十張·燒酒三十瓶·松子五石.

대마도의 종우마宗右馬 언륙彦六 정성貞盛[101]이 사람을 보내어 환도環

刀[102] 2자루, 단목 3백 근, 석유황石硫黃 5백 근, 화살촉 30개를 바치고, 대

호군對護軍 이예李藝[103]를 통하여 호피·표피·채화석彩花席[104]·세포細

布[105] 및 미두米豆를 구하므로, 정포 70필을 회사하고, 특별히 미두米豆 각

1백 석, 호·표피 각 2장, 저포紵布[106] 20필, 잡채화석雜彩花席[107] 30장, 소

주 30병, 송자松子 5석을 내려 주었다.

---

101 종우마 언륙 정성(宗右馬彦六貞盛)은 한 사람의 이름이다. 우마(右馬)는 우마조(右馬助)라
　　는 무가관위를 약칭한 것이고, 언륙(彦六)은 통명이고 정성(貞盛)이 본명이다.
102 일반적으로 환도는 군복에 갖추어 차던 군도(軍刀)의 일종이며 고리를 사용하여 허리에 차
　　는 도검(刀劍)이라는 뜻에서 환도(環刀)라고 하였다(『조선시대 대일외교 용어사전』). 여기
　　서는 날이 휘어져 있는 일본도로 생각된다.
103 계해약조의 체결을 이끌어내는 등 세종 대에 크게 활약한 인물이다. 1권 제1부 「중요인물」
　　'이예' 참조.
104 왕골을 여러 가지 색깔로 물들여 무늬가 생기도록 짠 자리를 말한다. 권두 「교역물품」 '채화
　　석' 참조.
105 세마포 즉 삼 껍질에서 뽑아낸 가는 실로 곱게 짠 베를 말한다.
106 저포는 흔히 모시라고 하며 저(苧)·저마포(苧麻布)로도 불린다. 모시풀 껍질의 섬유로 짠
　　옷감으로서 원래는 담록색을 띠지만 정련·표백하여 하얗게 만든다. 질감이 깔깔하고 촉감
　　이 차가우며, 빨리 말라 여름철 옷감으로 많이 이용된다(『조선왕조실록 전문사전』).
107 왕골을 여러 가지 색깔로 물들여 여러 가지 꽃무늬가 생기도록 짠 자리를 말한다. 권두 「교
　　역물품」 '채화석' 참조.

5月 7日(甲午) 5번째 기사

사헌부에서 윤득홍의 직첩을 도로 내어 준 것이 부당하다고 청했으나 허락치
않다

司憲府啓, "今還給尹得洪職牒. 夫得洪前爲全羅道水軍處置使, 以
其私將捕倭無功者, 冒稱有功, 欺罔天聰, 只收職牒, 固已罰輕. 且曾
爲京畿左道僉節制使時, 以船軍不當受職者, 妄稱都目當次, 將非船
軍者, 稱爲船軍, 啓聞受職, 前後所犯, 罪當重論. 然以赦前, 未得追論
足矣, 豈可還其官爵? 請依前例, 收其職牒, 置之水軍防禦要害處, 待
其有功, 方許還給." 上曰, "昔漢 魏尙守雲中, 首虜差六級, 文吏論請,
賞遂不行, 馮唐言之, 文帝感悟, 以賞魏尙. 得洪不受捕倭之功足矣.
何可深論?" 遂不允.

사헌부에서 아뢰기를,

"이제 윤득홍尹得洪의 직첩을 도로 내어 주셨는데, 대개 득홍이 전라
도 수군 처치사가 되었을 때, 사정私을 두어 왜적을 잡는 데에 공도 없는
자를 공이 있다고 하여 성상을 속였으니, 다만 직첩만 거둔 것도 진실로
가벼운 벌이었고, 또 일찍이 경기좌도 첨절제사僉節制使가 되었을 때에,
선군船軍으로서 관직을 받지 못할 자에게 망령되이 도목都目에 차례를
당했다 하고, 선군이 아닌 자를 선군이라고 하여 위에 아뢰어 관직을 받
게 하였으니, 전후 범행한 죄를 마땅히 무겁게 논해야 할 것이나, 사전赦
典 이전의 일이라 하여 추론하지 않은 것만으로도 족했는데, 어찌 그 관
작을 도로 주기까지 할 것입니까. 청컨대 전례에 의하여 그 직첩을 거
두고 수군 방어의 요해처에 보내어 두고서, 그가 공을 세우기를 기다려
그 때에 직첩을 도로 주도록 하옵소서"

하니, 임금이 말하기를

"옛날 한漢나라 위상魏尙[108]이 운중雲中 땅을 지킬 때, 적을 벤 머리의 수가 6급의 차이가 있으나, 문관들이 위상에게 상을 주자고 청하나 그대로 시행하지 아니하다가, 풍당馮唐[109]이 말을 하여 문제文帝가 알아듣고 위상에게 상을 주었다. 득홍이 왜적을 잡았다는 공을 받지 않았으면 그만이지, 뭐 깊이 논죄하잘 것이 있는가"

하고, 여전히 허락하지 아니하였다.

5月 11日(戊戌) 2번째 기사
대호군 이진이 전라 좌도 병영을 광주로 다시 옮길 것을 건의하다

大護軍李蓁上書曰, "臣蓁近日, 承命往康津, 相邑城可築處, 因見全羅元帥府在道康古縣. 竊念盛朝爲沿邊備不虞, 可謂至矣, 而長興·康津·海珍三邑, 邊於海而隣於內廂, 觀其勢爲可恃, 求其形則未然. 今內廂四方, 道途隘險, 騎不得立驅, 步不得隊行, 艱於出入, 倘有倭寇乘間突入, 票掠三邑, 臣恐元戎之師雖銳, 難以立驅齊進, 豈能乘機制敵? 隣境尙爾, 況懸隔郡邑乎? 方今聖恩廣被, 海寇屛息, 罔敢侵掠. 緣是邊鄙無虞, 民不知戰, 安於耕鑿, 老稚熙熙, 實吾東方古所未有之盛治也. 雖然治思亂·安思危, 備邊之策, 安可一日而不講? 固當無事之際, 預留聖意也. 謹以管見, 條陳新舊官營之便否, 伏惟聖裁垂察焉. 臣目覩光州舊營, 形勢之勝·水泉之利·土地之腴·草木之饒, 宜摠

---

108 한 문제 때 운중군의 태수로 나가 흉노를 진압하는 데 공을 세웠다. 그러나 목을 벤 흉노의 머리 수가 맞지 않는다는 이유로 처벌받았으나, 풍당의 간언으로 태수직을 회복하였다(『사기』 「열전」)
109 한 문제 때 중랑서(中郞署)의 장관을 맡고 있었는데, 위상의 일을 간언하여 복직토록 하였다. 군주의 뜻을 살펴 적극적으로 간언한 인물로 유명하다(『사기』 「열전」).

戎之軍門. 且南州之正中, 道途均平, 實防禦之要衝, 此舊營之爲便一也. 軍政戰馬爲先, 舊營城外, 四方平衍, 大川縈回, 無虎豹之害・盜賊之虞, 牧養之利, 莫舊營若也. 此其爲便者二也. 舊營城之畔, 平原臒臒, 土膏地肥, 縱遇亢旱, 有灌漑之利, 無凶荒之歉, 致力耕耘, 糧餉之資, 未必無補, 此舊營之爲便者三也. 此三者, 特其大槪耳, 其他便利, 不可徧擧. 今道康內廂則不然, 寄於窮谷, 壓於峻嶺, 登高俯瞰, 則虛實易知, 而弩矢可及, 此其未便者一也. 今內廂之西, 連海珍・接靈巖, 山路險阨, 僅容旋馬. 東至長興, 路出砍崖, 馬不竝驅者二十許里, 北有崇岡, 人馬罔敢攀緣, 南迤康津, 路若羊腸, 如有警急, 興師動衆, 倉卒難以赴敵, 此其未便者二也. 山阪谿谷之間, 四無牧養之原, 由是戰馬伏櫪日羸, 此其未便者三也. 元帥之府, 邈處南陬, 康津甚邇, 而長興次之, 海珍・靈巖又次之. 由長興而東, 之光陽・之順天, 則數宿而達. 由靈巖而西, 航巨川・逾峻阪, 至高敞・扶安, 則三四日之程. 北至鎭浦之邊龍安・沃溝, 則終五日而達. 若有警急, 其不及期而禦之必矣. 此其不便者四也. 內廂, 軍務煩劇之處, 西北遐郡之吏, 齎糧帶牒, 奔走於斯者, 迨四五日而達焉. 不惟吏人之勞, 軍情由是而稽緩, 守令因玆而見責, 此其不便者五也. 今內廂從軍之士, 多舊營近地人也. 當番更代, 雖盛暑隆寒, 冒霧雨・衝風雪, 顚於崎嶇, 困於泥淖, 人馬之困, 誠可愍也. 且新營附近, 傳郵蕭條, 而處置節制水陸兩使, 邊警告報, 軍事發馬, 不勝其勞, 亦可矜哀, 此其未便者六也. 海寇萬一以詭謀, 示形於鎭浦等處, 徐圖侵犯, 逗遛不進, 候我摠戎之師, 纔達其境, 賊以騎兵夜回, 快船突入道康, 臣恐摠戎未卽還施, 守城孤卒, 勢弱力竭, 卒難免禍. 若然則城中所有兵器糧儲, 爲賊所資, 悔將無及,

此其未便者七也. 新舊營之便否, 蓋如此. 且小臣近日承命馳驛, 纔入
礪山路, 人皆曰, "敬差委來, 必內廂事也." 及到康津, 愚蠢戰卒咸曰,
"此必內廂移設事也." 其望還舊營, 愈久愈切如是, 但舊營在光州之
境, 光州厭內廂最深, 嘗報監司, 毁其廨舍, 與隣邑分其材瓦, 唯石城
樓觀, 完然如昨. 若移永康築城之力, 營廨舍於舊址, 用力易而成功速.
臣竊惟事有可言, 不知而不言, 歸於不智而已, 知而不言, 不忠莫大焉.
爰陳卑抱, 仰瀆聖聰, 伏望特垂兪音, 俾內廂還于舊營, 以增軍士之氣,
以順一道民情. 以道康之城, 作康津之鎭, 移康津築城之力, 構廨舍於
舊營, 有因舊貫之美, 而弭築城之役, 嚴改守之備, 而銷未形之患矣.
伏惟殿下, 憐臣拙謀, 採臣備邊管見之策, 軍民幸甚, 國家幸甚."

대호군^{大護軍} 이진^{李蓁}이 상서하기를,

"신 진^蓁이 근일에 명령을 받고 강진 땅에 가서 읍성^{邑城}을 쌓을 만한
곳을 보다가, 그 길에 전라도의 원수부^{元帥府}[110]가 전날의 도강현^{道康}
^縣[111]에 있는 것을 보았습니다. 그윽이 생각하건대 조정에서 연해변을
위하여 불시의 걱정을 방비하는 것이 지극하지만, 장흥·강진·해진^海
^珍[112] 세 고을은 바닷가이면서 내상^{內廂}[113]에 인접해 있어서 그 지세로는

---

110 원수부는 원수의 막부(幕府)를 가리키지만 병영(兵營)이라는 뜻으로 쓰였다. 원수는 고려·
조선시대 전시에 군대를 통솔하던 임시관직이다. 원래 상설관이 아니고 군대가 동원될 때 이
를 지휘하기 위해서 동원된 통수직이었다. 그런데 고려 말 왜구가 창궐하자 전국적으로 군대
를 상주시킬 필요가 있게 되자, 각지에 원수를 파견하여 거의 상설관되었다. 각 도에 파견
된 원수의 수는 정해져 있지 않았으나 뒤에 3인으로 정해진 것 같다(『한국민족문화대백과』).
111 전남 강진군 일부 지역의 고려시대 지명이다. 강진현은 1417년(태종 17)에 전라 병영이 광주
(光州)에서 강진으로 옮겨 설치되면서 고려 때부터 있었던 도강현(道康縣)과 탐진현(耽津縣)
을 합쳐 강진현으로 고쳤다. 임진왜란 때 그것이 장흥부(長興府)로 옮겨 갔다가 1602년(선조
35)에 다시 강진으로 되돌아왔다. 그에 앞서 1455년(세조 1)에 강진현이 전라도 흥양진(興陽
鎭)의 우익을 맡았다. 1457년(세조 3)에는 강진현이 전라도 7진 가운데 하나인 장흥진에 속했
다(『한국민족문화대백과』).
112 전남 해남군의 옛 지명이다. 해남은 본래 백제의 새금현(塞琴縣)이었으며, 신라에서는 침명

믿음직하다 하겠으나, 그 지형으로 따져 보면 그렇지 못합니다. 지금 내상은 사방으로 통로가 좁고 험하여, 말을 타고도 짝지어 갈 수가 없고, 걸어서도 대오를 지어 갈 수가 없어서 출입하기가 곤란합니다. 혹시 왜구가 틈을 타서 갑자기 들어와 세 고을을 노략질한다면, 신이 걱정하기는 아군의 병력이 아무리 강하다 할지라도 나란히 대열을 지어 일제히 나갈 수가 없으니 어찌 임기응변으로 적군을 제어할 수 있겠습니까. 인접한 지역에서도 그러하오니, 더구나 서로 떨어져 있는 고을들이야 더 말할 것이 있겠습니까. 지금은 성은이 널리 퍼져 있으매, 해구海寇들도 숨이 죽어 감히 침노하지 못하므로 변방이 걱정이 없게 되고, 백성들도 싸움을 모르게 되고 농업에 안정되어 노소가 모두 태평하게 지내니, 실로 우리나라의 옛날에도 일찍이 없었던 태평성대이옵니다. 그러나 태평할 때에는 난리를 생각하여야 되고 편안할 때는 위태함을 생각해야 하는 것이니, 변방을 수비하는 방책을 어찌 하루라도 강구하지 않을 수가 있겠습니까. 진실로 일이 없을 때 미리 성상께서 유념하셔야 하겠기로, 삼가 좁은 소견을 가지고 신구 관영新舊官營에 대한 편불편을 조목으로 나누어 아뢰오니, 거룩하신 재량으로 굽어 살피시기를 엎드려 바랍니다. 신이 광주光州의 구영舊營을 보니, 형세의 훌륭함과 냇물의 유리함과 토지의 기름짐과 초목의 풍부함이 대장의 군영이 되기에 적당하고, 또한 남쪽 지방의 중앙으로서 통로들이 모두 평탄하여 실로 방

현(浸溟縣)이었다. 이후 고려시대에 지금의 이름으로 고치고 영암군(靈巖郡)에 소속시켰으며, 조선 태종 9년(1409)에 진도현(珍島縣)과 합쳐 해진현(海珍縣)이 되었다가, 세종 19년에 해남과 진도를 다시 나누고 현감(縣監)으로 하였다.

113 내상은 각도 절제사(節制使)가 주둔하는 군영(軍營)을 말한다. 전라도의 절제사 군영이 도강현에 위치했던 것으로 보인다.

어의 요충이 될 만하니, 이는 구영이 편의한 첫째 조건이요, 군정軍政은 전마戰馬를 가꾸는 일이 선결 문제인데, 구영의 성 밖은 사방이 편편하게 너르고, 큰 내가 둘러 흐르며, 호표虎豹의 피해나 도적의 걱정도 없어서 말을 기르기에 편리하기는 구영 같은 데가 없으니, 이는 그 편의함의 둘째 조건이요, 구영은 성의 주변에 평원이 질편한데 토양이 기름지고 지질이 비옥하여 비록 심한 가뭄을 만날지라도 물대기가 편리하여 흉년들 염려가 없으므로, 힘을 써서 경작하면 군량의 공급에도 도움이 없지 않을 것이니, 이는 구영의 편의한 셋째 조건이오니, 이 세 가지는 특히 그 대강만 든 것이고, 그 밖의 편리는 이루 다 들 수 없는데, 이제 도강道康의 내상內廂은 그렇지 않아, 궁벽한 산골에 붙어서 높은 산들에 눌려 있어 산에 올라 내려다보면 성안의 형편을 환하게 알게 되고 화살로 내리 쏠 수가 있으니, 이는 그 편의하지 못한 첫째 조건이요, 지금 내상의 서편이 해진과 영암靈巖에 인접된 산길이 험하고 좁아서 겨우 말 한 마리를 돌릴 수 있을 정도이고, 동으로는 장흥에 이르기까지 벼랑길이 되어서 말을 쌍으로 몰고 갈 수 없는 곳이 20여 리나 되고, 북에는 높은 산이 있어서 사람이나 말이 감히 올라갈 수가 없게 되어 있고, 남으로는 강진에 연했는데 길이 몹시 꼬불꼬불해서 만일 급한 경보가 있어서 군사를 일으키거나 군중을 동원하려면 창졸 간에 적군에게 달려가기가 어려우니 그 편의 하지 못한 둘째 조건이요, 산언덕과 골짜기 사이에 사방으로 말을 먹여 기를 만한 평원이 없어 그로 인하여 전쟁에 쓸 말들이 마굿간에만 들어박히어 나날이 여위어 가게 되니, 이는 그 편의하지 못한 셋째 조건이요, 원수元帥의 관아가 멀리 남쪽 변방에 치우쳐 있어서 강진이 제일 가깝고, 장흥이 다음이며, 해진·영암이 그 다음인데, 장흥을 거쳐서 동으로 광양을 가든지 순천을 가든지 하려면 두어 밤 자야만 도착하게 되고, 영암을 거쳐서 서쪽으로 큰 강을 건너고 높은 재를 넘어서 고창과 부안에 이르려면 3, 4일 길이 되며, 북으로 진포鎭浦[114]의 변방인 용안龍安[115]·옥구沃溝[116]에 이르려면 꼬박 5일이 걸려야만 도착하게 되니, 만일 급한 일이 있으면 알맞은 시일에 방어할 수가 없을 것이 뻔합니다. 이는 그 편의하지 못한 넷째 조건이요, 내상은 군무軍務가 번잡하고 분주한 곳인데, 서쪽 북쪽 먼 고을의 아전들이 양식을 싸들고 공문서를 가지고서 달음질로 4, 5일을 쫓아와야 하니 아전들의 노고뿐 아니라 군사 일이 이 때문에 완만하게 되고, 수령들이 이 때문에 문책을 당하게 되니, 이는 그 편의하지 못한 다섯째 조건이요, 지금 원수부의 영역 내에서 종군從軍하는 사람들이 많이는 구영 근처의 사람들로서 당번으로 교대하는데 추위와 더위를 불구하고 비와 바람을 무릅쓰면서 험한 길처에 뒹굴고 진흙 바닥에 시달리어 사람과 말들의 고생이 진실로 말할 수 없으며, 또 신영新營 부근은 파발과 우편이 엉성하여 수륙 양면의 처치사와 절제사들이 변방 경계와 통신 연락이며, 군대 지휘와 마필 징발에 그 노고를 이기지 못함이 또한 딱하고 가엾습니다. 이것이 그 편의하지 못한 여섯째 조건이요, 바다로 온 왜구가 만일 속임 술책으로 진포鎭浦 등지에 형체를 나타내어 천천히 침범하기를 꾀하면서 머뭇머뭇하고 나오지 않다가, 우리 원수撫戎의 군대가 겨우 그들의 있는 곳에 이르게 될 무렵을 기다려서, 적병이 기마대로써 밤중에 빠른 배를 타

---

114 충청남도 서천군 남쪽에 있었던 해포이다.
115 전라북도 익산 지역의 옛 지명이다.
116 전라북도 군산 지역에 있었던 지명이다.

고 갑자기 도강道康으로 들어오면, 신이 두려워하건대 원수摠戎는 미처 돌아올 새가 없고, 성을 지키던 고단孤單[117]한 병졸들이 형세가 약하고 힘이 떨어져서 마침내 화를 면할 수가 없을 것이니, 만일 그렇게 되면 성중에 있는 병기나 군량은 도적들의 차지가 되어버리어 후회막급할 것이니, 이는 그 편의하지 못한 일곱째 조건입니다. 신구영新舊營의 편 불편이 대개 이러하고, 또한 신이 근일에 명을 받고 역마로 달려서 겨우 여산礪山[118] 길처에 접어들었더니, 사람들이 모두 말하기를, '경차관敬差官[119]이 일부러 내려오는 것은 필시 원수부 군영에 관한 일인가 보다' 하고, 강진에 이르러서는 어리석은 병졸들도 모두 말하기를, '이 행차는 필시 군영 옮기는 일일 것이라,' 하니, 그들이 구영으로 돌아가기를 바라는 것이 오랠수록 더욱 간절함이 이러합니다. 다만 구영이 광주光州 지경에 있어서 광주에서는 군영을 제일 싫어한 끝에, 일찍이 감사에게 아뢰어 그 청사를 헐어서 그 재목과 기와를 이웃 고을과 나누어 쓰고, 오직 석성石城과 누각만은 온전하게 전날과 같이 있습니다. 만일 영강永康[120]의 성 쌓는 공력을 옮겨서 청사廨舍를 옛날 터에다 짓는다면 힘이

---

117 고립되고 적다는 뜻이다.
118 전라북도 익산 지역의 옛 지명이다.
119 조선시대 중앙 정부의 필요에 따라 특수 임무를 띠고 지방에 파견된 임시 관원. 경차관은 1396년 8월 전라·경상·충청 지방의 왜구 소탕을 목적으로 신유정(辛有定)을 파견한 것이 처음이다. 그 뒤 오용권(吳用權)을 하삼도(下三道)에, 홍유룡(洪有龍)·구성량(具成亮)을 강원도와 충청도에 파견했는데, 이들의 임무는 모두 왜구와의 전투 상황을 점검하고 병선의 허실을 조사하는 것이었다. 태종 때부터는 국방과 외교는 물론 전곡(田穀)의 손실과 민정을 살피는 등 구휼·옥사 등으로 그 임무가 대폭 늘어난다. 국방과 외교 업무를 담당한 경차관으로는 군기점고경차관(軍器點考敬差官)·군용경차관(軍容敬差官)·염초경차관(焰硝敬差官)·쓰시마경차관(對馬島敬差官)·여진경차관 등이 있고, 이들은 비방왜(備防倭)·군기점검·제장선위(諸將宣慰)·군진순행(軍鎭巡行) 및 연변연대축조(沿邊烟臺築造)의 검핵(檢覈) 등을 맡았다. 경차관은 주로 청렴 정직한 5품 이상의 관원 중에서 뽑았고, 때로는 당상관을 임명 파견하기도 하였다(『조선시대 대일외교 용어사전』).
120 현재의 인천광역시 옹진군 백령면 백령도의 옛 이름이다. 그러나 황해도의 인력을 옮겨 전

덜 들고 성공하기가 빠를 것입니다. 신이 생각하건대 말해야 할 일이 있는데도 몰라서 말하지 못함은 지혜의 부족으로 돌릴 뿐이지마는, 알면서도 말하지 않은 것은 참으로 충성치 못하는 것이니 이에 변변치 못한 소견을 베풀어서 감히 성총聖聰을 번거롭게 하오니, 엎드려 바라건대 특히 허락하시는 분부를 내리시어 원수부를 구영에 복귀시킴으로써 군사의 기운을 돋우어 주고, 지방의 민정에 순응하여 도강道康에 있는 성으로는 강진의 진鎭을 만들고, 강진에 성 쌓는 힘으로 청사를 구영에다 지으면, 옛 고을의 좋은 점을 이용하고 성 쌓는 노역도 절약될 것이며, 고쳐 지키는 방비를 엄중히 하면 미래의 걱정도 없어질 것입니다. 전하께서는 신의 졸렬한 계책을 굽어 살피시어 신의 변방 수비하는 좁은 소견을 채택하신다면 군과 민에 다행이요, 국가에 다행이 되겠습니다"
하였다.

6月 29日(丙戌) 2번째 기사
대마도 수호 종언륙과 종정징이 환도 등을 바치니 답례품을 하사하다

對馬島守護宗彦六使人進環刀·丹木·鉛鐵樸兒·蘇合油·陳皮, 賜正布一百六匹. 宗貞澄使人告飢, 仍進環刀甲箭鏃長劍皮張大槃, 回賜正布四十匹及米豆各五十石·縣紬苧布各十匹·燒酒二十瓶.

대마도 수호 종언륙宗彦六[121]이 사람을 시켜 환도·단목·연철접아鉛鐵樸兒[122]·소합유蘇合油[123]·진피陳皮[124]를 바치니, 정포正布[125] 1백 6필을

라도의 병영 공사에 동원한다는 것은 불합리하다. 또한 아래 문장에서는 강진에 성 쌓는 힘으로 청사에 구영에 짓자고 하였으므로, 영강은 강진을 지칭하는 것으로 보인다.
121 언륙(彦六)은 통명이다. 당시 대마도 수호는 종정성(宗貞盛)이므로 이 때의 종언륙(宗彦六)은 종정성(宗貞盛)이다. 1권 제1부 「중요인물」 '종정성' 참조.

내리고, 종정징宗貞澄[126]이 사람을 시켜 굶주리는 사정을 고하면서 환도[127]·갑옷·화살촉箭鏃·장검長劍·피장皮張[128]·대반大槃 등을 바치니, 답례로 정포[129] 40필과 쌀·콩 각 50석과 면주綿紬[130]·저포苧布[131] 각 10필과 술 20병을 내려 주었다.

7월 1일(丁亥) 3번째 기사

병조에서 일본에 대한 방어를 엄중히 할 것을 건의하다

兵曹啓, "對馬島都萬戶左衛門大郞, 使送上官人僧蘇緊云, '日本大內殿與小二殿相戰. 宗彦六, 原是小二殿管下, 領兵入救, 其軍人飢困者, 或中路還來, 乞糧貴國, 或赴鬪不勝者, 侵掠貴境, 深可疑畏.' 請行

---

122 쇠로 만든 접시이다.
123 소합향나무에서 나는 끈끈한 기름으로 주로 피부병을 치료하는 데 사용한다. 권두 「교역물품」 '소합향' 참조.
124 귤나무의 열매 껍질을 약용한 것으로 맛은 쓰고 매우며, 성질을 따뜻하다. 비위가 허약하여 일어나는 구토, 메스꺼움, 소화불량에 쓰인다.
125 조선시대에 관리의 녹봉으로 주던 오승포(五升布)와 같이 품질이 좋은 베를 말한다. 권두 「교역물품」 '정포' 참조.
126 종정무(宗貞茂)의 동생으로 일시적으로 축전수(筑前守)가 되었다. 1권 제1부 「중요인물」 '종정무' 참조.
127 환도는 고리가 달린 칼이란 뜻인데 조선에서 제작되던 것이다. 일본인이 환도를 바쳤다는 의미는 분명하지 않다.
128 조선시대에 가죽이 붙은 채로 있는 사냥감을 이르던 말이다.
129 조선시대에 관리의 녹봉으로 주던 오승포(五升布)와 같이 품질이 좋은 베를 말한다. 권두 「교역물품」 '정포' 참조.
130 중질의 견사로 제직한 평견직물을 말한다. 꼬임이 있는 견방사로 제직하여 광택이 없고 면포와 같은 성질을 가진 평견직물이다. 평견직물은 견사의 상태와 밀도 등에 따라 견(絹), 세주(細紬), 초(綃), 주(紬), 토주(吐紬), 면주 등으로 세분된다. 조선시대 면주는 왕실이나 사대부가에서 혼례를 치를 때 절약을 실천하고자 능금(綾衾)이나 채백(綵帛) 대신 사용하였으며, 조선 후기까지 철릭[天翼], 도포(道袍), 중치막(中致莫), 창의(氅衣), 배자(褙子) 등에 사용하였다(『조선왕조실록 전문사전』).
131 저포는 흔히 모시라고 하며 저(苧)·저마포(苧麻布)로도 불린다. 모시풀 껍질의 섬유로 짠 옷감으로서 원래는 담록색을 띠지만 정련·표백하여 하얗게 만든다. 질감이 깔깔하고 촉감이 차가우며, 빨리 말라 여름철 옷감으로 많이 이용된다(『조선왕조실록 전문사전』).

移各道監司節制使處置使及各鎭各浦, 益嚴防禦. 從之.

병조에서 아뢰기를,

"대마도의 도만호 좌위문대랑[132]이 사신으로 보낸 상관인上官人 중僧 소긴蘇緊[133]이 말하기를, '일본의 대내전大內殿[134]이 소이전小二殿[135]과 서로 싸웠는데, 종언륙宗彦六[136]은 원래 소이전의 관하管下로서 군사를 거느리고 들어와서 구원했습니다. 군사들 중에서 굶주리고 피곤한 자는 중로中路에서 돌아와 귀국에 양식을 구걸하기도 하고, 혹은 전투에 나가서 이기지 못한 자는 귀국의 경계를 침략하게 되니 매우 혐의스럽고 두렵습니다'라고 하오니, 청컨대 각도의 감사·절제사·처치사와 각 진鎭, 각 포浦에 공문을 보내어 방어를 더욱 엄중히 하소서"

하니, 그대로 따랐다.

7월 8일(甲午) 6번째 기사

전라도 감사·절제사 등이 병선을 초량으로 옮겨 정박시키는 것에 대해서 아뢰다

全羅道監司節制使處置使等啓, "臣等承命, 親審左道都萬戶呂島所

---

132 대마도 왜구의 우두머리이자 수직왜인이다. 1권 제1부 「중요인물」 '조전좌위문대랑' 참조.
133 여기에만 보인다. 대마도의 승려로 생각된다.
134 일본 주방탄(周防灘) 일대에서 세력을 떨친 가문이다. 백제인의 후손으로 자처하며, 주방주(周防州) 양포(良浦)에 정착해 다다량(多多良)으로 성(姓)을 삼고 대내(大內)로 씨(氏)를 삼았다고 한다. 조선과 자주 교류하고 사신을 보내 조공을 바쳤다. 또한 박다 지역을 둘러싸고 소이씨와 대립하였다. 이때 대내전은 대내성견(大內盛見)이다. 1권 제1부 「중요인물」 '대내성견' 참조.
135 구주 동북부 일대를 지배했던 무사 가문이다. 대마도를 지배했으며 종씨(宗氏)는 소이씨(小二氏, 少貳氏)를 대신하여 대마도를 지배했다. 일본 고대 축전주(筑前州)에 구주의 행정 및 외교·군사를 관장하는 기관으로 대재부를 두었는데 대재부의 소이(少貳)라는 관직을 대대로 세습한 가문이었다. 대재부가 기능을 상실한 이후에는 구주 북부의 유력한 무사가문으로 성장하였다. 대재부의 관련성 때문 재부(宰府) 소이전(小二殿)이라는 기록도 보인다(태종 13-5-13-2).
136 대마도 도주 종정성(宗貞盛)을 말한다. 1권 제1부 「중요인물」 '종정성' 참조.

泊兵船, 移泊草梁. 營田移於佐介平等處便否. 草梁泊船爲難, 唯蛇梁
乃是要害之處, 以呂島兵船, 移泊於此. 若於因浦・所訖羅梁等處, 令
都萬戶築頭萬戶各以附近, 嚴謹守護, 則雖不泊兵船於草梁, 倭寇無
虞, 可收佐介平・白樹浦屯田之利. 且馬北・愁德兩山, 別置海望, 晝
烟夜火, 雲暗吹角, 以通賊變爲便."

命下兵曹議, 僉曰, "可." 從之.

전라도 감사・절제사・처치사 등이 아뢰기를,

"신 등이 명령을 받들어, 좌도 도만호^{左道都萬戶}137가 여도^{呂島}138에 정
박시키고 있는 병선을 초량^{草梁}139으로 옮겨 정박하고, 영전^{營田}140은 좌
개평^{佐介平}141 등지로 옮기는 것의 편리함과 불편함을 친히 살펴보니, 초
량^{草梁}으로 병선을 정박함은 어렵겠습니다. 다만 사량^{蛇梁}142은 곧 요해
처^{要害處}143이므로 여도의 병선을 이곳으로 옮겨 정박시키고, 만약 인포
^{因浦}144와 소흘라량^{所訖羅梁}145 등지는, 도만호와 축두 만호^{築頭萬戶}146로
하여금 각기 부근에서 수호를 엄하게 한다면, 비록 병선을 초량^{草梁}에
정박하지 않더라도 왜구는 걱정이 없을 것이니, 좌개평^{佐介平}147과 백수

---

137 전라좌도 도만호이다.
138 전남 고흥군 점암면 여호리의 옛 지명으로 조선 전기에 전라좌도 도만호영이 있었다.
139 여기에만 보인다. 전라남도 여수시 삼산면에 속한 초도(草島) 앞바다를 가리키는 말로 보인다.
140 조선시대의 토지제도의 하나로 군사 관련 기관의 경비 충당을 위하여 설치한 둔전(屯田)을
    말한다.
141 여기에만 보인다.
142 지금의 경상남도 통영시 관할에 있는 사량도를 말한다. 이때는 전라좌도에 속하였다.
143 지세가 험하여 적을 막고 자기편을 지키기에 편리한 지점을 말한다.
144 전라좌도 도만호영의 배를 정박한 곳으로 보아 전남 고흥군 점암면 인근으로 추정된다(세종
    15-6-27-2). 인포(因浦)는 인포(寅浦)의 오자로 보인다(세종 15-6-27-2).
145 전남 고흥군 금산면 일대로 추정된다.
146 축두(築頭)는 현재의 전남 고흥군 풍양면 고옥리의 옛 이름으로 수군만호영이 있었던 곳이다.
147 여기에만 보인다.

포白樹浦148에 둔전屯田의 이익을 거둘 수 있습니다. 또 마북馬北149·수덕
愁德150의 두 산에 별도로 해망海望151을 설치하여, 낮에는 연기를 내고
밤에는 봉화를 켜고, 구름이 끼어 어두울 때는 나팔을 불어 적변賊變152
을 통지하는 것이 편리할 것입니다"

하였다. 병조에 내리어 의논하도록 명하니 모두 말하기를,

　"옳습니다"

하므로, 그대로 따랐다.

　7月 16日(壬寅) 5번째 기사
　병선을 평해군의 월송포에 도로 두고 지군사가 만호를 겸무하게 하다

　　還置兵船於平海郡越松浦, 以知郡事兼萬戶. 初以本浦積沙水淺, 革
萬戶, 分屬兵船於蔚珍守山浦及三陟浦, 至是, 郡民以本郡邑城不完,
且倭賊初面之地, 不可無備, 請開沙還泊, 以備不虞. 監司以啓, 遂命
復舊.

　　병선을 평해군平海郡153의 월송포越松浦154에 도로 두고 지군사155로써
만호를 겸무하게 하였다. 처음에 본포本浦에 모래가 쌓여 물이 얕아졌
기 때문에 만호를 혁파하고 병선을 울진의 수산포守山浦156와 삼척포三陟

148　여기에만 보인다. 전남 고흥군 포두면에 있었던 포구로 생각된다.
149　전남 고흥군 포두면 옥강리에 위치한 산이다. 지금은 마복산이라 불린다.
150　전남 고흥군 도화면 사덕리에 위치한 산이다.
151　바다를 방비하기 위하여 설치한 망대 혹은 바다를 살피는 사람이다.
152　도둑에게 당하는 변을 말한다.
153　현재의 경상북도 울진군 평해읍이다.
154　현재의 울진군 평해읍 월송리 황보천 하구에 있던 조선시대 포구이다.
155　고려시대 조선 초기에 군(郡)의 으뜸 관직이다.
156　현재의 경상북도 울진군 근남면 수산리이다.

浦[157]에 나누어 소속시켰는데, 이때에 와서 고을 백성들이 본군의 읍성이 튼튼하지 못하고, 더구나 왜적이 먼저 들이닥치는 땅이므로 방비가 없을 수 없다고 하여, 모래를 쳐내어 도로 병선을 정박시켜 뜻하지 않은 변고에 방비하기를 청하였다. 감사가 이를 아뢰니 드디어 그전대로 회복하기를 명하였다.

8月 26日(辛巳) 2번째 기사
강화에 목장을 쌓는 것에 대해서 논의하다

京畿監司將江華築牧場軍數與日期以啓, 上曰, "前日判府事崔閏德親審來啓曰, '江華水草豐美, 徙居民於他郡, 爲牧馬之場, 誠萬世無窮之利也.' 後判書成達生又親審來啓曰, '水草誠美, 然田地亦甚饒. 臣以爲居民不可盡徙, 況閑曠甚多, 雖牧馬萬餘匹, 有餘裕矣.' 予前聞閏德之言, 以定徙民之計, 民亦定遷徙之志, 願收今年之穀, 然後徙之. 後以達生之言, 又生一議, 政府六曹皆是達生. 今築場軍數至一千七百, 則失農京畿, 何以堪之? 築而不堅, 則無乃每歲崩潰, 又生巨弊乎? 本國謀事, 變更多端, 此事之議, 亦紛紜不定, 有曰貴人賤畜, 予以爲亦有輕重之辨, 況馬政甚大, 國家安危係焉. 以三百戶遷徙爲重, 而軍國所資萬世之利爲輕乎? 民雖遷徙, 給之田廬, 豈至失所? 待秋收徙民, 放馬何如? 欲氷凍前畢事, 督民築城, 則其不堅固必矣. 將何而可?" 右議政孟思誠・吏曹判書許稠等曰, "若放馬多, 而牧場狹, 則徙(徙)民可矣. 今雖不徙居民, 場內廣闊, 可以放萬馬而有餘, 而況江華海口, 要害之地,

---

157 현재 강원도 삼척시에 있던 포구이다.

脫有倭寇, 悉由玆焉, 盡徙居民, 其不可也明矣. 堅築石城, 放馬蕃息, 仍舊耕田, 使民阜盛, 則庶爲兩得. 民雖已知移徙之由, 然不築城, 而放馬萬匹, 則其未種之禾及登場之穀, 擧被踏喫, 民受其害, 矧欲建萬世之利, 其可一朝而畢乎? 氷凍爲限, 徐徐堅築, 今年未畢, 待明春, 明春未畢, 又待來秋, 甚爲便益. 宜委遣朝官, 更審築城廣狹高低可矣." 於是遣護軍郭貞審之.

경기 감사가 강화江華의 목장을 쌓는 군사의 수효와 기일에 대하여 아뢰니, 임금이 말하기를,

"전일에 판부사 최윤덕崔閏德이 친히 살펴보고 와서 계하기를, '강화에는 물과 풀이 많고 좋으므로 그곳에 사는 백성을 다른 고을로 이사시키고, 말 먹이는 장소로 삼는 것이 진실로 만세萬世의 무궁한 이익이 될 것입니다' 하였으며, 후에 판서 성달생成達生도 또한 친히 살펴보고 와서 계하기를, '물과 풀은 사실상 좋으나 전지田地도 역시 심히 비옥하니, 신의 생각으로는 거주하는 백성을 다 이사시킬 필요는 없을 것이오며, 더구나 빈 땅이 아주 많으니 비록 말 만여 필을 먹이더라도 여유가 있을 것입니다' 하였다. 내가 전에 윤덕閏德의 말을 듣고 백성을 이사시킬 계획을 정하고 백성들도 또한 옮길 뜻을 정하여 금년의 곡식을 거둔 후에 옮기기를 원하였는데, 후에 달생의 말로 의논이 또 한가지 생겼는데, 정부와 육조에서 모두 달생의 말을 옳게 여기었다. 지금 목장을 쌓는 군사의 수효가 1천 7백 명에 이르게 된다니, 농사 시기를 잃은 경기 지방에서 어찌 이를 감내할 수 있겠는가. 쌓아서 견고하지 못하면 해마다 무너지게 될 것이니 여기에 또 큰 폐단이 발생하지 않겠는가. 우리나라에서는 일을 계획하매 변경함이 너무 많으므로 이 일의 의논도 또한 이

러니저러니하여 정하지 못하고 있다. 사람을 귀하게 여기고 가축을 천하게 여겨야 된다고 말하면 나도 또한 경중輕重의 구분이 있어야 된다고 생각하는데, 하물며 말에 관한 행정行政은 심히 중대하여 국가의 안위安危가 여기에 달려 있으니, 3백 호戶의 이사移徙만 중하게 여기고 군국軍國에서 힘입는 만세의 이익은 가볍게 여길 수 있겠는가. 백성은 비록 옮기더라도 전지와 가옥만 급여한다면 어찌 그 처소를 잃는 데 이르겠는가. 추수를 기다려 백성을 옮기고 말을 방목하는 것이 어떠하겠는가. 얼음이 얼기 전에 일을 마치고자 하여 백성을 독려하여 성을 쌓게 되면 그것이 견고하지 않을 것은 필연적이니 장차 어찌하면 되겠는가"

하니, 우의정 맹사성孟思誠과 이조 판서 허조許稠 등이 아뢰기를,

"만약 방목하는 말은 많은데 목장이 협착하다면 백성을 옮기는 것이 옳겠습니다. 그러나 지금 거주하는 백성을 옮기지 않더라도 목장 안이 넓어서 만 마리의 말을 방목하여도 여유가 있을 것인데, 더욱이 강화는 바다 입구의 요해지이므로 가령 왜구가 있다면 모두 이곳을 경유하게 되니 거주하는 백성을 다 옮기는 것은 분명히 옳지 못한 일입니다. 석성石城을 굳게 쌓아서 말을 방목하여 번식시키고 그전대로 밭을 경작시켜 백성들을 번성하게 한다면 거의 두 가지가 다 될 것입니다. 백성들은 비록 이미 이사시킨 이유를 알고 있지마는, 성城을 쌓지 않고 말을 만 필이나 방목한다면 그 수확하지 않은 벼와 이미 타작한 곡식도 대부분 밟히고 먹히니, 백성들이 그 해를 입게 될 것인데 하물며 만세의 이익을 세우고자 하면서 하루아침에 마치겠습니까. 얼음이 얼 때까지 천천히 견고하게 쌓아서 금년에 마치지 못하면 내년 봄까지 기다리고, 내년 봄에도 마치지 못하면 또 내년 가을까지 기다리는 것이 실로 편리하고 이익이

될 것이오니, 마땅히 조관^{朝官}158을 맡겨 보내어 다시 성을 쌓는데 넓게 하고 좁게 할 것과 높게 하고 낮게 할 것을 살피게 함이 옳을 것입니다" 하니, 이에 호군^{護軍} 곽정^{郭貞}을 보내어 살피게 하였다.

8月 28日(癸未) 2번째 기사
사사로이 왜객에게 동철을 사는 것을 금하지 못하게 하다

慶尙道監司推問和買倭客銅鐵人以啓, 上曰, "私買銅鐵有禁乎?" 禮曹判書申商曰, "自鑄錢之後, 爲國用有禁." 上曰, "銅鐵丹木負重, 故不輸於京, 商賈和買無妨."

경상도 감사가 왜객의 동철^{銅鐵}159을 산 사람을 추문하여 아뢰기, 임금이 말하기를,

"동철을 사사로이 사는 것에 대한 금령이 있는가"

하니, 예조 판서 신상이 아뢰기를,

"동전을 주조한 후에는 국용^{國用}이 되어 금령이 있습니다"

하였다. 임금이 말하기를,

"동철과 단목^{丹木}160은 짐이 무거운 까닭으로 서울로 운반할 수도 없으니, 장사치들이 화매^{和賣}하는 것을 방해할 것이 없다"

하였다.

---

158 조정에서 벼슬살이를 하고 있는 신하라는 뜻으로 중앙의 관인을 뜻한다.
159 조선시대 일본과의 무역 물품인 동철(銅鐵)은 구리가 함유된 철을 가리키는 것으로, 일본에서 진헌하는 대표적인 공무역(公貿易) 물품 중 하나이다(『조선시대 대일외교 용어사전』).
160 소목(蘇木)·소방목(蘇枋木)·단목(丹木)·적목(赤木)·홍자(紅紫)라고도 하며, 학명은 Caesalpinia sappan L이다. 목재의 부위에 따라 한약재와 염료로 사용한다. 열대 지역의 나무이며 조선에서는 나지 않아서 세종 대에는 9년 간 7만 근을 수입하기도 하였다. 권두 「교역물품」 '소목' 참조.

전 좌군 동지총제 박초가 경원의 군대를 용성으로 옮기는 것이 불가함을 아
뢰다

丁未八月日, 前左軍同知摠制朴礎上言, "近者慶源移排可否之命方
下, 臣於八月十一日, 則値外祖母忌, 在告于第, 越十三日, 則入直而無
傳諭者, 故臣旣在獻議之列, 而兩日會議, 皆不得與焉. 退而思之, 敎命
旣下, 言及而不言, 非臣之禮也. 臣不慮罪戾, 姑以所聞, 略陳愚抱. 臣
竊惟獻議者必曰, '今之慶源, 東拱大海, 西北隣處賊藪, 不可作邑, 莫若
退排龍城之爲愈. 據龍城而守禦, 則有便無患.' 臣以爲不然. 自古王者
受命, 土地人民, 內承於先君, 固其疆界, 保我赤子, 無已則日闢國百里,
臣未聞以祖宗所傳之地, 委諸他有, 益啓其貪婪窺伺之心乎! 非徒無
益, 而又害之. 此臣之所以爲不然者一也. 我國北鄙, 乃高麗相臣尹貫
所拓立碑之地爲界也. 至中葉, 移限古孔州, 爰及我朝, 又移爲今慶源.
如欲復古, 必於立碑之地作界, 否則次於孔州之城爲邑宜矣. 再縮古
地, 作今之慶源府, 猶爲可愧, 而又更縮其地, 出排龍城, 取笑野人可
乎? 其策不可長也. 此臣之所以爲不然者二也. 聖上垂拱, 誕敷文德, 文
武將相分憂外寄, 發號施令, 而或宣布以招安, 或扞禦以制勝, 慮不及
出此, 憚其來往, 擧以縮地獻議, 其爲國家慮, 可謂深乎! 或不體宵旰至
慮, 怠其所守, 而慮之不深如此, 則雖縮地龍城, 可無患哉? 徒費所守,
而不知所以爲守之本爲德, 則假令龍城又縮, 排於近地, 勢亦如之, 爲
患無窮, 猶治絲而棼之. 此臣之所以爲不然者三也. 議者曰, '安邊以北
軍士往守, 旣爲有弊, 又以內禁衛甲士, 幷守未便. 若移龍城, 則防禦輕
歇矣, 何必加兵屯守? 此豈長久之策乎? 若以龍城爲界, 則今之慶源旣

爲賊藪, 唇亡齒寒, 足以爲戒. 苟以議者之言論之, 則移我之兵, 守彼要
害者, 非獨我國, 天下皆然. 今朝廷之北守, 豈皆近兵? 以此推之, 不待
兩邑彊盛, 而其北守南兵, 可但已乎? 此臣之所以爲不然者四也. 臣今
以縮地之不可者, 槪擧而陳之如右. 若其兩邑布置之宜·守禦之備, 則
條列于左. 其一曰慶源, 之有高郞居里·鏡城之有龍城, 皆賊之岐路,
守禦要衝之地也. 今兩邑皆分兵屯守, 且以本邑相距不近之處, 分有
數軍卒角守, 勢未便安. 願自今慶源則於高郞居里, 鏡城則於龍城, 相
其築城作邑, 可當吉地移排, 皆作外面藩翰. 軍兵則邑城一處屯守, 農
民則邑城以南內面居之, 擇其民中可爲任事者, 爲千戶, 則限四品, 百
戶則限七品, 統主則爲隊長隊副, 皆以土官添職除授, 管領其民, 或五
六十戶·或七八十戶, 多不過一百戶爲率, 籍其附近之人, 統屬作爲一
屯, 堅造木柵, 其木柵之數, 隨其居民多少排設. 當其農月, 則各於所屬
木柵聚居, 而候望人別定, 惟時不怠待變, 各持軍裝, 木柵近地, 作隊力
農, 有變則以晝夜烟火角聲, 相準相應, 驟入其屯柵, 固守保全. 兵馬使
率其遊軍, 急救而制勝, 農隙則疊入邑城. 凡兵農諸事, 守令將帥, 無時
考察應辦, 以爲恒式. 其二曰慶源·鏡城兩邑人民內, 聚居一里, 壯勇
軍丁雖多, 僅付戶首名字, 餘皆不籍, 類多漏居. 如欲窮推現名, 則人心
浮動, 仍不考課, 拘於前轍, 則民無統屬. 處此之道, 誘以自望力戰, 成
功者上等超三等, 中等超二等, 下等超一等, 賞以土官添職. 人吏驛子,
則依捕倭鹽干例, 給功牌免役, 隨其成功等第, 次次賞職. 公私賤口, 則
賞以錢物, 激氣暢情, 其界自願入居者聽許. 兩邑人物, 阜盛爲期, 限年
貢賦租稅, 一皆蠲免, 一以守禦力戰, 得專其生爲事, 而所掌者惟加撫
恤, 以示恩威, 則人皆有死戰之心, 小則能守屯柵免患, 大則從其將帥,

戰無不勝, 攻無不取, 不數年間, 地廣民衆, 其效不亦樂乎? 如是而後,
移邑孔州之城可也. 因而復于立碑之界, 夫豈爲難? 若因屯柵把守, 漏
挾人名, 徐徐而籍, 則居民之衆, 何患無統? 其三曰野人, 犬戎餘種, 喜
怒之無常, 類乎禽獸, 有恩則感, 有怨則復. 待此之道, 不可徒恃其武威
也, 必以恩服之, 亦以物誘之. 往往來逼邊民者無他, 因宿怒而復其怨
也. 曩者之來, 豈無心哉? 不利遽還, 未幾款款歸順者不絶, 是深感上
德, 跋扈之心, 從今熄矣. 兩邑之人, 更無構怨之緣, 則彼雖獸心, 亦有
良知, 焉得梗化而不庭哉? 其人之俊秀, 願爲侍衛者, 不拘多少, 許而撫
之, 待如國初之例. 噫! 子仕之父・弟宦之兄, 雖處其地, 豈異心乎? 漸
而化之, 皆爲我氓, 無患爲仇. 雖然彼人一時之喜怒, 亦在乎行間譯語
者之所爲也. 遴選可信者使之, 勿令頻數, 毋作釁端, 汲汲修睦可也. 彼
類本無統屬, 雖欲寇竊, 止以同居之輩謀之, 不與諸種偕行, 故如有隨
寇者, 戰亡或馬斃, 則必倍徵價. 由是從之者鮮, 猶是一幸. 若無生怨之
由, 則無變必矣, 所以行之者, 在其人而已, 選簡恩威兼盡老成之人委
任, 乃可見效. 其守禦軍士內, 內禁衛甲士, 則輦下之貔虎也, 可還於朝,
以充侍衛. 其他立番軍士, 則姑仍舊貫, 遐近分揀, 隨宜更代備禦, 比其
阜盛之日可已. 其四曰古者屯軍塞下, 無事則耕, 有事則戰, 故曰且耕
且戰, 此其良策也. 厥今聖化漸被, 逆腸順嚮, 士卒閑眠, 以佚待勞, 令
其兩處屯守遊軍, 必於近地沃壤之原, 量宜耕耘, 有變則戰, 以效耕戰
之策. 其兩邑居民內, 如有京師與他道各官逃亡人吏官奴驛子及各司
奴婢, 則勿令還本, 永屬其官, 私處奴婢現捉, 則其官守令年歲花名, 開
寫報監司, 監司移文刑曹, 刑曹啓聞, 以典農寺屬, 革去寺社奴婢, 年歲
相近者, 給充其本, 而亦屬其官, 則人物自然浸盛矣. 此界, 非臣親見之

地, 所論皆爲臆說, 恐或不中, 然古人坐廟堂相可否, 而定天下之大策
者有之, 況臣生長我國, 所與言者, 方面之人也, 所與語者, 經任之臣也.
臣雖至愚, 安敢托以不見, 遂且緘默哉? 臣深念軫慮, 聲竭素蘊, 昧死以
聞, 伏望殿下, 申命攸司, 參考採言, 折衷施行, 國家幸甚, 軍民幸甚."

天順七年三月日, 領春秋館事臣申叔舟 · 監春秋館事臣權擥 · 知春
秋館事臣崔恒 · 臣魚孝瞻 · 同知春秋館事臣李克堪 · 臣梁誠之等謹
奉傳旨, 添附于此.

정미년 8월 아무 날에 전 좌군 동지총제 박초朴礎가 말씀을 올리기를,
"근래에 경원慶源으로 옮겨 배치하는 것의 옳고 그름에 대한 명령이
내릴 그 당시, 신은 8월 11일에 외조모의 기일을 만나 휴가로 13일까지
집에서 보냈기 때문에 입직을 하여도 전유傳諭가 없었습니다. 이 때문
에 신은 의논을 올리는 반열에 있었으면서도 양일兩日의 회의를 모두 참
여하지 못했습니다. 물러와서 생각해 보니, 교명敎命이 이미 내렸는데
말을 할 수 있는데도 말하지 않는 것은 신하의 예가 아니므로, 신은 죄
가 됨을 생각지 않고 잠정적으로 들은 바로써 어리석은 포부를 대략 진
술합니다. 신이 가만히 생각하건대, 의논을 올리는 사람들은 반드시 말
하기를, '지금의 경원은 동쪽으로는 큰 바다를 끼고 서북쪽으로는 적의
소굴과 가까이 위치하여 있으므로 읍邑을 만들 수 없으니, 물러나서 용
성龍城에 배치하는 것이 좋겠으며, 용성에 웅거하여 수비하고 방어한다
면 편리했으면 했지 조금도 걱정될 일은 없을 것이다'라고 하였습니다.

신은 그렇지 않다고 생각합니다. 예로부터 왕자王者가 천명을 받게
되면 토지와 인민은 안으로 선군先君에게 받아서 그 강계疆界를 엄하게
수비하고 우리의 적자赤子를 보전하고 그치지 않으면 날로 나라를 백 리

나 개척하게 되니, 신은 조종祖宗의 전한 땅을 다른 나라의 소유로 맡겨서 더욱 그들이 더욱 몹시 탐내고 엿보는 마음을 내게 한다는 것은 듣지 못했습니다. 다만 이익이 없을 뿐만 아니라 또한 이를 해치게 되니, 이것이 신이 그렇지 않다 생각하는 첫 번째 이유입니다.

우리나라의 북쪽 변방은 곧 고려의 상신相臣 윤관尹瓘이 개척하여 비碑를 세운 땅이 경계가 되었습니다. 중세에 이르러 예전 공주孔州로 한계를 옮겼다가 이에 우리 왕조王朝에 미치게 되고, 또 옮겨 지금의 경원慶源이 되었으니, 만약 옛날 모양대로 돌아가고자 한다면 반드시 비를 세웠던 땅에 경계를 만들 것이며, 그렇지 않으면 공주의 성城에 이르러 읍邑을 만드는 것이 옳겠습니다. 두 번이나 옛날의 땅을 줄여서 지금의 경원부를 만드는 것도 오히려 부끄러운 일이 되는데, 또 다시 그 땅을 줄여서 용성에 나가 배치하여 야인에게 웃음거리가 되는 것이 옳겠습니까. 그 계책은 추진시킬 수 없사오니 이것이 신의 그렇지 않다고 생각하는 두 번째 이유입니다.

성상께서는 가만히 계시기만 하여도 문덕文德이 저절로 펼쳐지고, 문무의 장상將相들이 외방의 방비를 분담하여 호령을 하면서 혹은 덕을 선포하여 불러서 위안하기도 하고, 혹은 적을 방어하여 승리하기도 할 것인데, 생각이 이에 미치지 않고 그 내왕하는 것을 꺼려서 모두 땅을 줄이는 일로써 의논을 올리게 되니, 그들이 과연 국가를 위하여 생각함이 깊다고 할 수 있겠습니까. 혹은 임금의 정사에 부지런히 하는 지극한 생각을 체득하지 못하고, 그 지키는 임무에 태만하여 생각하기를 깊지 않음이 이와 같다면 비록 용성에까지 땅을 줄이더라도 걱정이 없겠습니까. 한갓 지키는 것만 허비하고 지키는 근본이 덕이 되는 것을 알지 못한다면, 가령 용성에서 또 줄어들어 가까운 땅에 배치하더라도 형세는 역시 같이 되어 걱정이 한없이 많게 될 것이므로, 실을 정리하면서 헝크는 것과 같으니 이것이 신이 그렇지 않다 생각하는 세 번째 이유입니다.

의논하는 사람들은 말하기를, '안변安邊 이북은 군사들이 가서 지키는 것이 이미 폐단이 있고, 또 내금위의 갑사甲士로 같이 지키게 하는 것도 불편하므로, 만약 용성으로 옮긴다면 방어하기가 쉬울 것이니 어찌 군사를 더 보내어 둔수屯守할 필요가 있겠느냐고 하나, 이것이 어찌 장구長久한 계책이겠습니까. 만약 용성을 경계로 삼는다면 지금의 경원이 이미 적수가 될 것이므로, 입술이 없으면 이가 시리게 될 것이니 경계가 될 만합니다. 진실로 의논하는 사람의 말로 논한다면 우리의 군사를 옮겨서 저들의 요해지를 지키게 되는 것은 다만 우리나라 뿐만이 아니라 천하가 모두 그렇게 합니다. 지금 조정에서 북방을 지키는 것이 어찌 모두 근처의 군사이겠습니까. 이로써 미루어 본다면, 두 읍이 강성하기를 기다리지 않고 그 북방을 지키는 남방의 병졸을 다만 그만둘 수 있겠습니까. 이것이 신이 그렇지 않다 생각하는 네 번째 이유입니다.

신은 지금 땅을 줄임이 옳지 않다는 것을 대강 들어서 위와 같이 진술하였습니다. 그 두 읍의 포치布置의 적당함과 수어守禦의 방비에 대해서는 아래에 조목별로 열거하겠습니다.

그 첫째는 경원에 고랑거리高郞居里가 있고 경성鏡城에 용성이 있는데, 이 곳은 모두 적의 갈림길로서 수어의 요충지입니다. 지금 두 읍에서 모두 군사를 나누어 둔을 치고 지키는데 또한 본읍本邑과 서로 떨어지기가 멀지 않은 곳에 유수有數한 군졸을 나누어서 버티어 지키게 하니, 형세가 편안하지 못합니다. 원컨대 지금부터는 경원은 고랑거리에, 경성은 용성에 성을 쌓고, 읍을 만들기에 적당한 길지吉地를 가려서 옮겨 배치하고 모두 외면의 울타리를 만들어 군병은 읍성의 한 곳에 둔수하고, 농민은 읍성 이남의 내면內面에 살게 하고는, 그 백성 중에서 일을 맡길 만한 사람을 가려서 천호千戶는 4품에 한하고, 백호百戶는 7품에 한하게 하고, 통주統主는 대장隊長과 대부隊副가 되는데, 모두 토관土官의 첨직添職으로써 관직을 내려 백성을 관할하게 하되, 혹은 5, 60호, 혹은 7, 80호로 하고 많아도 1백 호는 넘지 못하도록 표준을 삼고, 부근의 사람을 등록시켜 통속하여 1둔屯을 만들어 목책木柵을 견고하게 만들게 하는데, 그 목책의 수효는 거주하는 백성들의 많고 적은 데 따라서 안배하여 설치하고, 농사철에 당하면 각기 소속된 목책에 모여 거처하되 망보는 사람을 별도로 정하여 시각마다 태만하지 않고 변고에 대비하도록 하며, 각기 군장軍裝을 가지고 목책과 가까운 곳에서 대隊를 만들어 농사에 힘쓰게 하고, 변고가 있으면 낮과 밤에 연화烟火와 나팔 소리로써 서로 맞추어 서로 응하여 그 둔책屯柵에 빨리 들어가서 굳게 지키어 보전할 것이며, 병마사는 그 유군遊軍을 거느리고 급히 구원하여 승리하게 하며 농한기에는 읍성에 자주 들어가게 할 것입니다. 무릇 병농兵農에 관한 모든 일은 수령守令과 장수들이 일정한 시기도 없이 고찰 응판應辦하여 이를 일정한 규정으로 삼도록 할 것입니다.

둘째로는 경원·경성 두 읍의 인민 내에 한 마을에 모여 사는 장용壯勇한 군정은 비록 많지마는, 겨우 호수戶首의 명자名字만 등록되고 나머지는 모두 등록되지 않으므로 거개 누락된 것이 많은데, 만약 끝까지 조사하여 이름을 나타내고자 한다면 인심이 부동할 것이오니, 그대로 고

과고課하지 않고 이전 사람의 그르친 일이 구애된다면 백성들이 통속하는 데가 없을 것입니다. 이에 대처하는 방법은 자기가 희망하여 힘써 싸워서 성공한 사람에게는 상등은 3등급을 뛰어 올려 주고, 중등은 2등급을 뛰어 올려 주고, 하등은 1등급을 뛰어 올려 주어서, 토관土官의 첨직添職으로 상 주게 할 것이며, 아전과 역자驛子에게는 왜적을 잡은 염간鹽干161의 예에 의거하여 공패功牌를 주어 역역役을 면하게 하고는 그 성공한 등급을 따라서 차차로 관직을 상 주게 할 것이며, 공사 천구公私賤口에게는 돈과 물건으로써 상 주어 기개를 격려하고 심정을 창달暢達하게 할 것이며, 그 경계에 자원하여 들어와서 거주하는 사람은 허락할 것입니다. 두 읍의 인물이 은성殷盛하기를 기약하여 연도를 제한하여 공부貢賦와 조세를 일체 모두 감면하여 주고, 한결같이 수어하고 힘써 싸우는 것으로 생계에 전일할 수 있게 하고, 일을 맡은 사람은 다만 무휼撫恤을 더하여 은혜와 위엄을 보인다면 사람마다 모두 죽기를 결단하고 싸울 마음이 있을 것이니, 적게는 능히 둔책을 지켜서 환란을 면할 것이며, 크게는 그 장수를 따라서 싸우면 이기지 않은 것이 없으며, 공격하면 빼앗지 않은 것이 없을 것이므로, 수년이 되지 않은 사이에 땅은 넓어지고 백성은 많아질 것이오니, 그 효과가 또한 즐겁지 않겠습니까. 읍을 공주孔州의 성城에 옮기는 것이 옳겠는데 그로 인하여 비를 세운 경계를 회복함이 어찌 어려운 것이 되겠습니까. 만약 둔책을 파수하고 누락된 사람의 이름을 천천히 등록하게 되면 거주하는 백성의 많은 것이 어찌 통

---

161 염간은 염업에 종사해 소금의 판매 수입으로 생활하던 사람들로서 매년 봄·가을 일정액의 염세(鹽稅)를 소속 염창(鹽倉)에 납부할 의무가 있었으나, 부역은 면제되었다. 염간은 신역 (身役)으로서 염역(鹽役)을 부담하므로, 고액의 염세가 부과되어 사염(私鹽, 私干)보다 세납 액이 많았다. 세종 7-7-25-4, '염간' 주석 참조.

속이 없음을 걱정하겠습니까.

셋째는 야인은 견융犬戎의 남은 종족으로서 기뻐하고 노여워함이 일정하지 않은 것은 짐승과 같아서, 은혜가 있으면 감사하고 원망이 있으면 보복하게 되니, 이를 대우하는 방법은 그 무위武威만 믿을 수 없으며, 반드시 은혜로써 이를 복종시키고 또한 물질로써 이를 꾀어야만 되니, 때때로 와서 변방 백성을 핍박하는 것은 다른 일이 아니고 오래 된 노여움으로 인하여 그 원망을 보복하는 것입니다. 지난번에 온 것이 어찌 마음이 없는 것이겠습니까. 이롭지 못하면 갑자기 돌아갔다가 얼마 안가서 정성스럽게 하여 귀순하는 자가 끊어지지 않으니, 이것은 임금의 덕을 깊이 감사하여 제멋대로 날뛰는 마음이 지금부터 없어진 것입니다. 두 읍邑의 사람이 다시 원한을 맺을 인연이 없다면 저들이 비록 짐승의 마음일지라도 또한 양지良知가 있으니 어찌 교화를 막아 조정에 오지 않겠습니까. 그 사람이 준수하여 시위侍衛가 되기를 원하는 자에게는 많고 적은 것을 구애하지 말고 허락하여, 이를 무마하여 건국 초기의 예例와 같이 대우한다면, 아들이 아버지에게 벼슬하고 아우가 형에게 벼슬하게 되니, 비록 그 땅에 처해 있더라도 어찌 마음을 달리 하겠습니까. 점차적으로 이를 교화시킨다면 모두 우리의 백성이 될 것이니 원수가 된다고 걱정할 것은 없습니다. 비록 그렇지마는 저 사람들의 한때의 기뻐하고 노여워함도 또한 중간에서 통역해 말하는 사람의 하는 것에 달려 있으니, 믿을 만한 사람을 선택하여 시키되 너무 자주 하지 말도록 하고, 불화의 단서를 만들지 못하게 하고 서둘러서 화목을 하는 것이 옳겠습니다. 저들은 본디 통속이 없으므로 비록 도적질을 하고자 하더라도 다만 같이 거처하는 무리들과 모의할 뿐이며 여러 종족과 함께 행하지 않는 까닭으로, 만약 따라서 도적질을 한 자가 있더라도 전사戰死하거나 혹은 말이 죽으면 반드시 배나 값을 징수하게 되므로, 이로 말미암아 그를 따르는 자가 적게 되니 오히려 이것이 한 가지 다행한 일입니다. 만약 원한이 생길 이유가 없게 된다면 변고가 없을 것은 필연적이므로 이를 행하는 것은 그 사람에 있을 뿐이오니, 은혜와 위엄을 겸해 다할 수 있는 노성한 사람을 뽑아서 위임한다면 그제야 효과를 보게 될 것입니다. 그 수어하는 군사 안에서 내금위의 갑사는 서울을 지키는 용사들이니 조정에 돌려보내어 시위에 충당할 것이며, 그 외의 번드는? 군사들은 잠정적으로 그 전에 소속대로 하여 멀고 가까운 것을 분간하여 적당히 교대하여 비어備禦하게 하고 은성한 시기에 이르러 그만둘 것입니다.

그 넷째는 옛날에는 둔군屯軍은 변방에서 사변이 없으면 경작하고 사변이 있으면 전쟁하게 되니, 그런 까닭으로 (전쟁을 하게 되어) '경작하면서 전쟁한다'고 하였으니, 이것은 훌륭한 계책이었습니다. 지금은 임금의 덕화德化가 널리 입혀져서 역심逆心을 가진 자도 순종하게 되어 사졸들이 한가로이 잠자고 있으면서 편안한 처지에서 피로한 적군에게 대비하고 있으니, 그 두 곳에 둔수屯守하는 유군遊軍으로 하여금 반드시 가까운 땅의 비옥한 들판에 적당히 경작하게 하고는 변고가 있으면 싸우게 하여 경작하면서 전쟁하는 계책을 본받게 할 것입니다.

두 읍에 거주하는 백성 안에서 만약 서울과 다른 도道의 각 고을에서 도망해 온 아전·관노官奴·역자驛子와 각 관사官司의 노비는 본 고을로 돌아가지 못하도록 영구히 그 고을에 소속시키고, 사처私處에서 노비가 나타나서 잡히면 그 고을 수령守令은 나이와 이름을 일일이 써서 감사에게 보고하면, 감사는 형조에 공문을 보내고, 형조에서 아뢰어 전농시 소속의 혁파된 사사寺社의 노비는, 나이가 서로 비슷한 자는 그 본 고을에 주어 충당시켜 또한 그 고을에 소속시킨다면 인물이 자연적으로 점차 많아질 것입니다.

이 지계地界는 신이 친히 본 땅이 아니므로 논한 바가 모두 억측한 말이 되어 혹시 적중하지 않을지 염려되지만, 옛날 사람이 묘당에 앉아서 서로 옳다 그르다 하면서 천하의 계책을 결정한 사람이 있었는데, 하물며 신은 우리나라에서 나서 자랐으므로 함께 말하는 사람은 이 방면의 사람이요, 함께 의논하는 사람도 임무를 경험한 신하입니다. 신이 비록 지극히 어리석지마는 어찌 감히 보지 않은 것을 핑계하고 마침내 입을 다물고 말을 아니하겠습니까. 신은 성상께서 염려하심을 깊이 생각하여 평소의 쌓인 회포를 다 말하여 죽기를 무릅쓰고 아뢰오니, 삼가 바라옵건대, 전하께서는 맡은 관사에 명하여 참고하여 말을 채택한 후 절충해서 시행하신다면 국가에 매우 다행이겠으며 군민軍民에게 매우 다행이겠습니다"

하였다.

천순天順 7년 3월 일에 영춘추관사領春秋館事 신臣 신숙주申叔舟·감춘추관사監春秋館事 신 권남權擥·지춘추관사知春秋館事 신 최항崔恒·신 어효첨魚孝瞻·동지춘추관사同知春秋館事 신 이극감李克堪·신 양성지梁誠之 등은 삼가 전지를 받들어 이 내용을 첨부하였습니다.

11月 3日(丁亥) 2번째 기사

내고의 왜지를 주어 주자소에서『강목통감』을 인쇄하게 하다

出內庫倭紙九百五十九貼, 命鑄字所印『綱目通鑑』.

내고內庫의 왜지倭紙[162] 959첩을 내어 주자소鑄字所에 명하여『강목통감』을 인쇄하게 하였다.

---

162 일본에서 만든 종이를 말한다. 화지(和紙)·왜저지(倭楮紙)라고도 한다. 원료는 닥나무·삼지닥나무·대마(大麻)·저마(苧麻) 등이고, 순도에 따라 순왜지(純倭紙)와 교왜지(交倭紙)로 나눈다. 1457년 9월 26일 순왜지와 교왜지로 해인사 대장경을 인쇄한 기록이 있다(『조선시대 대일외교 용어사전』).

세종 10년
(1428 戊申/일본 정장(正長) 2年~영향(永享) 1年)

1月 4日(정해) 9번째 기사

안면 광지곶의 백성들을 원하는 곳에 옮겨두게 하다

忠淸道監司啓, "今審安眠·廣地串入居人民, 刷出陸地及設候望·
禁煮鹽便否.【斗入水內之地, 俗謂之串.】串內之民, 旣已安居, 皆願
勿徙. 宜於串內設木柵, 又設候望, 增定蓴城鎭軍, 令鎭撫一人率領守
護, 晝則業農, 夜則入柵. 又令水營兵船, 於冬乙飛島·巨兒島, 往來
守護爲便." 命政府諸曹同議, 僉曰, "串內墾田唯十七結, 今欲於陸兵
救護遙隔之處, 設柵屯戍, 使民入居, 非長久之策. 請盡刷居民, 從願
移置, 其農作煮鹽人, 竢秋移置." 從之.

충청도 감사가 아뢰기를,

"지금 안면^{安眠}¹ 광지곶^{廣地串}²에 들어와 살고 있는 인민을 육지로 돌
려보낼 것과, 망루를 설치하고 소금 굽는 것의 편부^{便否}를 살펴보건대,

---

1 현재의 충청남도 태안군 안면읍 안면도를 뜻한다.
2 안면도 남단의 곶으로 생각된다(태종 16-3-12-1).

【물 속으로 쑥 들어간 땅을 세속에서 곶串이라 한다.】곶 안에 백성들은 이미 편안히 살고 있어 모두 옮기지 않기를 원하고 있으니, 마땅히 곶 안에 목책木柵을 설치하고, 또 망루를 설치하고 박성尊城의 진군鎭軍을 증원하여 진무鎭撫3 1명으로 하여금 거느리고 수호하게 하여, 낮이면 농사를 짓고 밤이면 목책에 들어가도록 할 것이며, 또 수영水營의 병선으로 하여금 동을비도冬乙飛島4와 거아도巨兒島5를 왕래하면서 수호하게 함이 편리할 것입니다"

하니, 정부와 육조에서 함께 의논하도록 명하니, 모두 말하기를,

"곶 안의 개간된 전지田地는 다만 17결 뿐인데, 지금 멀리 떨어진 곳을 구호하기 위하여 육지의 군사들이 목책을 설치하여 주둔하고 지키면서 백성들을 들어가 살게 하는 것은 장구한 계책이 아니오니, 청컨대, 그곳에 거주하는 백성들을 모두 돌려보내어 원하는 곳에 따라 옮겨 두되, 농사짓는 사람과 소금 굽는 사람은 가을을 기다려 옮겨 두소서"

하니, 그대로 따랐다.

---

3 조선 초기에는 중앙군의 군령을 맡은 삼군진무소(三軍鎭撫所)나 오위진무소(五衛鎭撫所)의 도진무(都鎭撫)가 있었듯이, 왕명을 받들어 외방에서 군사를 지휘하는 장수인 병마도절제사, 수군도안무처치사(水軍都安撫處置使)의 밑에도 도진무를 두었다.
  1466년(세조 12)의 관제 개혁에서 병마도절제사도진무는 병마우후, 수군도안무처치사도진무는 수군우후로 각각 개칭되었다. 이로부터 도원수·원수 등으로 출정하는 장수 밑에서 군령을 담당하는 직책의 호칭 역시 도진무에서 우후로 바뀌게 되었다(『한국민족문화대백과』).
4 현재의 충청남도 보령시 오천면의 원산도 주변에 있는 섬을 말한다(『신증동국여지승람』 「충청도」「홍주목」).
5 충청도 태안군에 속한 섬으로 보인다(『신증동국여지승람』 「충청도」「태안군」).

1월 4일(정해) 11번째 기사

충청도 대산포의 병선을 파치도로 옮겨 정박시키다

忠淸道監司啓, "大山浦兵船, 宜移泊波治島." 命政府六曹同議. 僉
曰, "宜從所啓, 其萬戶千戶職銜, 並以波治 島稱之." 從之.

충청도 감사가 아뢰기를,

"대산포大山浦[6]의 병선을 파치도波治島[7]로 옮겨 정박시키소서"

하니, 정부와 육조에 명하여 함께 의논하게 하였다. 모두 말하기를,

"마땅히 아뢴 대로 따르되, 그 만호萬戶·천호千戶의 직함職銜은 모두
파치도(만호·천호)라 일컫게 하소서"

하니, 그대로 따랐다.

1월 4일(정해) 12번째 기사

경기우도의 변군과 수군을 자원에 따라 좌도로 옮겨 소속시키다

兵曹啓, "京畿右道邊軍水軍, 倍於左道. 且左道之人, 不慣騎船, 宜
聽右道邊軍水軍自願, 幷井浦有軍兵船三艘, 移屬左道, 其井浦萬戶
千戶職銜, 改稱花之梁." 從之.

병조에서 아뢰기를,

"경기우도京畿右道의 변군邊軍과 수군水軍이 좌도左道보다 배나 되고, 더
구나 좌도의 사람들은 배를 타는 데 익숙하지 못하니, 마땅히 우도의 변
군과 수군의 자원自願을 들어 주어서 정포井浦[8]에 있는 군대와 병선 3척

---

6 충청도 서산군 북쪽에 있던 포구이다. 파치도 만호(波治島萬戶)를 서산군(瑞山郡) 북쪽 대산
   포(大山浦)에 머물게 하였는데, 병선이 13척, 별선(別船)이 2척, 무군선 1척, 선군이 7백 90명
   이라고 하였다(『세종실록』「지리지」).
7 충청남도 태안군 근흥면 정죽리에 있는 지령산 인근에 있었던 포구이다(세종 27-10-9-3).

까지 좌도로 옮겨 소속시키고, 그 정포의 만호와 천호의 직함은 화지량
花之梁[9] (만호·천호)라 고쳐 일컫게 하소서"

하니, 그대로 따랐다.

1월 7일(庚寅) 2번째 기사
종정성이 미두를 내린 것에 대해 사례하다

對馬島太守宗貞盛, 遣人謝賜米豆, 仍獻土物.

대마도 태수 종정성宗貞盛[10]이 사람을 보내어 쌀과 콩을 내린 것에 대
하여 사례하고, 아울러 토산물을 바쳤다.

1월 12일(乙未) 5번째 기사
일본의 운주 태주·비후주 태수 등이 서신과 함께 물품을 올리다

日本國雲州太守源銳致書禮曹云, "十有餘年絶音信, 恐忘禮義, 故
專使節, 奉獻不腆之物."

禮曹答書云, "不忘舊好, 專使來獻禮物, 良用嘉尙. 將正布五百四
匹, 就付回价."

肥後州太守藤元調致書云, "我國兩三年, 有兵革之虞, 故怠於通好
之禮. 今準先禮, 奉獻不腆之物."

禮曹答書, 回賜正布四百二十三匹. 肥前州太守源貞致書曰, "僕自
幼得見先考致通好之儀, 僕則怠於隣敬, 聊改過以獻不腆之物."

---

8   현재의 인천광역시 옹진군 장봉보 인근에 있었던 포구이다(세종 18-7-25-2).
9   경기도 남양에 있던 포구이다.
10 대마도 도주이다. 1권 제1부 「중요인물」 '종정성' 참조.

禮曹答書云, "善繼先志, 益修舊好, 良用爲佳. 姑將正布九十七匹, 就付還使."

駿州太守源省家室融仙致書云, "我國兩三年, 兵革不息, 人物騷動, 怠乎隣敬之儀, 今準先禮, 奉獻不腆之物, 以修舊好. 又先年所遣留我民左衛門五郞・右衛門大郞, 竝望送還."

禮曹答書云, "所諭人口, 推刷發還, 仍將正布七百十七匹, 就付來使."

일본국 운주雲州[11] 태수太守 원예源銳[12]가 예조에 서신을 보냈는데, 그 서신에,

"10여 년이나 음신音信이 끊어졌으므로 예의禮義를 잊었는가 두려워하였습니다. 그러므로 사절을 특별히 보내어 변변하지 못한 물건을 받들어 올립니다"

하였다. 예조에서 답서하기를,

"예전 정의情誼를 잊지 않고 전사專使[13]를 보내어 예물을 바치니 진실로 가상합니다. 정포正布[14] 5백 4필을 돌아가는 사신 편에 바칩니다"

하였다.

비후주 태수肥後州太守[15] 등원조藤元調[16]가 서신을 보냈는데, 그 서신에,

---

11 일본 고대 이래의 행정 지역 명칭인 출운국(出雲國)을 뜻한다. 현재의 도근현(島根縣, 시마네현) 일대이다.

12 1410년에는 비전주(肥前州) 송포(松浦) 우구(宇久) 사람으로 보인다. 우구는 구주 서단의 우구도(宇久島)를 말한다. 운주 태수는 원예의 무가관위로 실제 관직은 아니다.

13 한 가지 목적만을 가진 사신이라는 뜻으로 조선시대 일본이나 대마도・유구국(流球國)・부상국(扶桑國) 등에서 국왕의 즉위나 승하(昇遐)의 일이 있을 때, 교역을 위해 토산물을 바치러 올 때, 불경(佛經)을 구하거나 표류해 온 이들을 돌려보낼 때 등의 특별한 일을 처리하기위해 보내는 사신을 말한다(『한국고전용어사전』).

14 조선시대에 관리의 녹봉으로 주던 오승포(五升布)와 같이 품질이 좋은 베를 말한다. 권두「교역물품」, '정포 참조.

15 비후주(肥後州)는 일본 고대 이래의 행정 지역 명칭으로 비후국(肥後國)을 뜻한다. 현재의 웅본현(熊本縣, 쿠마모토현) 일대에 해당한다.

"우리나라는 두서너 해 동안에 전쟁의 걱정이 있었으므로 통호通好의 예절을 태만히 하였는데, 이제 먼젓번의 예절에 의거하여 변변하지 못한 물건을 받들어 올립니다"

하였다. 예조에서 서신에 답하고 정포 4백 23필을 회사하였다.

비전주肥前州[17] 태수太守[18] 원정源貞[19]이 서신을 보냈는데, 그 서신에,

"저는 어릴 때부터 선고先考께서 통호하는 예의禮義를 볼 수 있었으나, 저는 이웃 나라를 공경하는데 태만하였으므로 허물을 고쳐 변변하지 못한 물건을 올립니다"

하였다. 예조에서 대답하기를,

"선대의 뜻을 잘 계승하여 옛날의 호의를 더욱 닦으니 진실로 아름답습니다. 잠정적으로 정포 97필을 돌아가는 사신 편에 부칩니다"

하였다.

준주 태수駿州太守[20] 원성源省[21]의 가실家室 융선融仙[22]이 서신을 보냈는데, 그 서신에,

"우리나라는 두서너 해 동안 전쟁이 그치지 않아 안정을 찾지 못하여 이웃 나라를 공경하는 예의를 태만히 하였습니다. 이제 먼젓번의 예절

---

16 여기에만 보인다.
17 일본 고대 이래의 행정 지역 명칭으로 비전국(肥前國)을 뜻한다. 현재의 좌하현(佐賀縣, 사가현), 장기현(長崎縣, 나가사키현) 일대이다.
18 지방행정단위인 국(國, 쿠니)을 다스리는 국수(國守)를 말한다. 비전주 태수는 비전국 국수라는 뜻이지만, 실제 관직은 아니고 무가의 지위를 나타내는 무가관위이다.
19 1428년부터 1430년까지 조선과 교류한 기록이 있다. 비전주의 수호였다. 세조 대에도 비전국의 원정(源貞)이 보인다(『해동제국기』 「일본국기」 「비전국」).
20 『조선왕조실록』에서 준주태수(駿州太守)를 자칭한 인물은 서해도(西海道) 즉 구주(九州)의 비전주(肥前州)의 원경(源慶)·원정(源定)·원원규(源圓珪)·원성(源省)이 있다.
21 북구주서단의 전평(田平)을 근거로 한 세력의 우두머리로 준주태수(駿州太守, 駿河國의 國守)를 자칭하였다.
22 1424년에서 1433년까지 여러 차례 조선과 통교하였다. 전평전(田平殿) 원성(源省)의 부인이다.

에 의거하여 변변하지 못한 물건을 받들어 올려 예전의 호의를 닦으며,
또 지난해에 도망하여 머물고 있는 우리 백성 좌위문오랑左衛門五郎[23] ·
우위문대랑右衛門大郎[24]을 함께 돌려보내기를 바랍니다"
하였다. 예조에서 답서하기를,

"말한바 인구人口를 찾아서 돌려보내고 이내 정포 7백 17필을 돌아가
는 사신 편에 부칩니다"
하였다.

1月 18日(辛丑) 5번째 기사
최효생이 일본에서 죽은 아비의 유골을 수습하고자 일본에 가는 사신에 동행을 청하다

禮曹據前楊花渡丞崔孝生狀啓, "父戶曹典書云嗣, 嘗奉使日本, 至
一岐島, 船敗死, 從者燒尸埋之, 立祠以祭. 孝生以險釁, 夙遭愍凶, 早
喪兩親, 寢不安·食不甘, 抱終身之痛, 以至于今日, 思欲躬往一酹,
收拾枯骨以來. 請依所告, 如有使事, 令孝生從行." 從之.

예조에서 전 양화 도승楊花渡丞[25] 최효생崔孝生의 장狀에 의거하여 아뢰
기를,

---

23 전평 원성의 부인인 융선이 1427년에 조선으로 도망쳐 머물고 있는 자신의 백성이라고 하였
   다. 이후 일본으로 돌아간 좌위문오랑은 여러 차례 조선에 파견되었다. 성종 대에 조선에서
   피살된 인물로도 좌위문오랑이 보이지만 동일인물인지는 알 수 없다(세종 7-10-16-5, 세종
   10-1-12-5, 세종 12-11-2-2, 세종 18-7-16-5, 세종 19-7-21-2, 세종 19-10-16-2, 세종 20-3-7-5).
24 1422년(세종 4)에도 우위문대랑이 보이는데 종언륙 등과 함께 토산물을 바친 주체로 등장하
   기 때문에 이 기사의 우위문대랑과 동일인물은 아닌 것으로 보인다.
25 도승이란 조선시대 한강변에 설치한 한성과 지방을 연결하는 진(津)·도(渡)의 관리책임자
   를 뜻하면 처음에는 7명이었으며 벽란, 한강, 임진, 노량, 낙하, 삼전, 양화 지역에 거주했으
   나, 정조 때 5군데로 줄었는데, 그 지역은 한강, 임진, 노량, 삼전, 양화이다.

"아버지 호조 전서戶曹典書26 최운사崔云嗣27가 일찍이 일본에 사신으로 가다가, 일기도一岐島28에 배가 부서져서 죽었으므로, 종자從者들이 시체를 불에 태워 매장하고 사당을 세워 제사지냈는데, 효생은 운수가 좋지 못하여 일찍이 부모를 여읜 불행으로, 어릴 때 양친을 잃고는 잠자리를 편히 할 수 없고 밥을 달게 먹을 수가 없어서, 평생토록 원통한 마음을 먹고 오늘날까지 이르렀습니다. 생각으로는 몸소 가서 한번 강신降神29하고 고골枯骨30을 수습하여 오고자 하니, 청컨대 알린 바에 따라 만약 사신 갈 일이 있으면 효생으로 하여금 따라가게 하소서"
하니, 그대로 따랐다.

1月 25日(戊申) 4번째 기사
일본의 좌위문대랑 등이 동과 철을 가지고 와서 무역하기를 청하다

戶曹據慶尙道監司關啓, "日本左衛門大郎·平滿景·宗金, 使送人私齎銅鐵二萬八千斤, 來泊乃而·富山二浦, 請輸緜紬二千八百匹于本道, 令準市價貿易." 從之.

호조에게 경상도 감사의 관문關文에 의거하여 아뢰기를,

---

26 호구(戶口)·공부(貢賦)·전량(錢糧)·식화(食貨)에 관한 일을 관장하던 호조의 최고 책임자이다.
27 고려 말 조선 초의 문신. 1380년 문과에 동진사(同進士)로 급제하여 공양왕 때 좌사의(左司議)를 지냈다. 조선이 건국한 1392년에 경상도관찰사(慶尙道觀察使)가 되어 경상도의 민정을 살폈다. 1399년 8월 호조전서(戶曹典書)로서 보빙사(報聘使)에 발탁되어 1400년 일본에 가던 도중 일기(壹岐)를 지날 때 풍랑을 만나 배가 부서져서 물에 빠져 죽었다. 당시 종자(從者)들이 시체를 불에 태워 매장하고 사당을 세워 제사지냈는데, 1428년 1월 그의 아들 최효생(崔孝生)이 아비의 고골(枯骨)을 수습하고자 일본에 가는 사신에 동행할 것을 청하여 허락받았다.
28 대마도와 구주 사이에 있는 섬으로 왜구의 근거 중 하나였다. 북구주 송포 지역의 세력이 분할지배하였다.
29 유교적인 사생관에 입각하여 향과 술로 혼과 백을 불러오는 것이다. 일반적인 제사 때도 강신을 행한다.
30 마른 뼈라는 뜻으로 아버지 최운사의 유골을 뜻한다.

"일본의 좌위문대랑左衛門大郎[31] · 평만경平滿景[32] · 종금宗金[33]이 사람을 보내어 사사로이 동철(구리) 2만 8천 근을 가지고 와서 내이포乃而浦[34] · 부산포富山浦[35]의 두 포에 정박하였으므로, 면주綿紬 2천 8백 필을 본도本道에 수송하여 시가市價에 준하여 무역하기를 청합니다"

하니, 그대로 따랐다.

31 대마도 왜구의 우두머리이자 수직왜인이다. 1권 제1부 「중요인물」 '조전좌위문태랑' 참조.

32 평만경(平萬景)이라고도 표기하며, 박다(博多) 석성(石城) 지역의 통교자이다. 축주(筑州) 석성부관사(石城府管事, 세종 1-6-1-4), 서해로(西海路) 민부소보(民部少輔, 세종 2-5-19-4), 축주부(筑州府) 석성현사(石城縣使) 민부소보(民部少輔, 세종 3-7-5-2), 원도진관하(源道鎭管下, 세종 5-9-28-2) 등으로 보인다. 구주탐제를 지낸 삽천만뢰(澁川滿賴, 源道鎭)의 이름 만(滿)을 습명(襲名)한 인물로 생각된다.

평만경이 조선과 직접 통교하게 된 것은 기해동정을 단행하기 직전이다. 1419년 6월 1일에 사람을 보내어 토물을 바치고 만경이라는 인장을 요구하였고, 조선이 이를 받아들여 수도서인이 되었다. 또한 기해동정이 대마도만을 정벌한 일이라는 것을 설명하기 위하여 파견된 송희경을 삽천만뢰와 삽천의준의 사자로서 융숭하게 대접하였고 또한 송희경의 호송을 담당하였다. 평만경은 피로인 송환에도 적극적으로 협조하여, 북구주지역에서 삽천만뢰에 다음가는 교역상의 지위를 획득하였다. 삽천씨 무역의 실질적인 담당자는 평만경 및 종금과 같은 무역상들이었다(田中健夫, 『中世海外交涉史の硏究』, 東京大出版會, 1959년 초판 2002년 제6쇄, pp.40~42.

33 박다의 승려 겸 상인이다. 세종 7-1-6-5, '종금' 주석 및 1권 제1부 「중요인물」 '종금' 참조.

34 현재 경상남도 진해시 웅천동 일대이다. 내이포(乃而浦)는 제포(薺浦)라고도 표기하며 우리말의 '냉이'를 뜻하는 한자 '제(薺)'와 '포(浦)'가 합쳐진 말이다. 조선 전기에 제포왜관이 있던 곳이기도 하다. 내이포는 문종 대까지 보이다가 이후는 주로 제포라는 명칭을 사용하였다. 성종 대 일시적으로 내이포가 나타나는데, 이는 『해동제국기』가 편찬되면서 일시적으로 영향을 준 것으로 생각된다.

35 경상도 동래에 있던 포구의 이름이다. 세종 대까지는 경상좌도 수군 도안무처치사 본영(左道水軍都安撫處置使本營)이 동평현 남쪽 7리 되는 부산포(富山浦)에 있었다(『세종실록』 「지리지」). 1402년(태종 2)에 부산포(富山浦)라는 명칭이 처음 보이며, 『경상도지리지』 · 『세종실록』 「지리지」, 『경상도속찬지리지』 등에 "동래부산포(東萊富山浦)"라 하였고, 1471년 편찬된 『해동제국기』에도 "동래지부산포(東萊之富山浦)"라 하고, 같은 책의 「삼포왜관도(三浦倭館圖)」에도 "동래현부산포(東萊縣富山浦)"라고 기록하였다. 그러나 성종 대에 이르면 부산포(釜山浦)라는 명칭이 처음 나타난 이후, 거의 대부분 후자의 한자 표기가 사용되었다.

1月 25日(戊申) 5번째 기사

종정성이 억류당해 있는 이들을 돌려보내기를 청하니 원하는 자들을 돌려보내다

宗貞盛致書禮曹, 請還其族己亥年被留藏主源嚴·笑歲·吾尼臥等三人, 仍獻土物. 答書曰, "諭及源嚴, 願留本國, 姑還笑歲·吾尼臥等. 且將正布一百九十六匹, 就付回人." 左衛門大郎, 遣人來獻土物, 回賜正布四十八匹. 宗彦六貞盛, 致書謝還人物, 又請遣未還者二十七人, 仍獻土物, 回賜正布十六匹.

종정성宗貞盛**36**이 예조에 서신을 보내어, 그 종족으로서 기해년에 억류당한 장주藏主 원엄源嚴**37**·소세笑歲**38**·오니와吾尼臥**39** 등 3인을 돌려보내기를 청하고, 이내 토산물을 바쳤다. 답서하기를,

"말한 원엄은 본국에 남아 있기를 원하므로 일단 소세·오니와 등만 돌려보내고, 또 정포正布**40** 196필을 돌아가는 사람에 부쳐 보냅니다"

하였다. 좌위문대랑**41**이 사람을 보내어 와서 토산물을 바치므로, 정포 48필을 회사하였다. 종언륙정성宗彦六貞盛**42**이 서신을 보내어 인물人物을 돌려보낸 것에 대하여 사례하고, 또 돌아오지 못한 27인을 보내주기를 청하고 이내 토산물을 바치므로, 정포 16필을 회사하였다.

---

36 대마도 도주이다. 1권 제1부「중요인물」'종정성' 참조.
37 여기에만 보인다. 장주는 불경을 관리하는 직책을 뜻하므로, 승려로 생각된다.
38 여기에만 보인다.
39 여기에만 보인다. 일본 인명 대정(大庭, 오오니와)의 음사(音寫)로 보인다.
40 조선시대에 관리의 녹봉으로 주던 오승포(五升布)와 같이 품질이 좋은 베를 말한다. 권두「교역물품」'정포' 참조.
41 대마도 왜구의 우두머리이자 수직왜인이다. 1권 제1부「중요인물」'조전좌위문태랑' 참조.
42 종언륙정성이 한 사람의 인명이다. 언륙은 통명(通名)이고 정성은 실명(實名)이다. 대마도 도주 종정성(宗貞盛)을 말한다. 1권 제1부「중요인물」'종정성' 참조.

1月 25日(戊申) 7번째 기사

(일본 준주 태수 원성의 후실) 융선이 보낸 손륙이 바라·풍로 등의 물건을 바꾸
고자 하니 공조에서 만들어 주게 하다

禮曹啓, "融仙所遣人孫六欲以鑞鐵布貨, 易鉢螺風爐磬子等物, 請
令工曹鑄給." 從之.

예조에서 아뢰기를,

"융선融仙이 보낸 사람인 손륙孫六[43]이 납철과 포화布貨로써 바라鉢
螺[44]·풍로風爐[45]·경자磬子[46] 등의 물건을 바꾸고자 하니, 청컨대 공조工
曹로 하여금 만들어 주게 하소서"

하니, 그대로 따랐다.

2月 2日(甲寅) 2번째 기사

일본의 평만경·등종금·등칠 등이 서신을 보내고 토산물을 바치니 회사하다

日本西海路筑州石城管事平滿景, 致書修好, 仍求虎豹皮, 且獻土
物, 回賜正布三十八匹. 西海道筑州府石城縣藤宗金, 致書曰, "去春

---

43 여기에만 보인다.

44 사찰에서 법회 때 쓰는 금속악기로 발자(鈸子), 동반(銅盤), 자바라(啫哱囉), 발(墢), 제금(提
金)이라고도 한다.

45 불 조절이 가능하도록 바람통로가 있는 화기(火器)의 하나. 중요한 다구 중 하나로, 불을 피
우는 도구이다. 흙이나 쇠붙이로 만드는데, 아래에 바람구멍을 내어 불이 잘 붙게 하였다. 솥
이나 다관(茶罐)을 걸 수 있게 만들기도 한다(『조선시대 대일외교 용어사전』).

46 절에서 부처 앞에 예배드릴 때에 흔드는 작은 종. 경쇠라고도 함. 놋쇠로 주발과 같이 만들어,
복판에 구멍을 뚫고 자루를 달아 노루 뿔 따위로 쳐 소리를 내는 불전 기구이다. 불경을 읽을
때나 범패를 할 때 사용하는데, 주로 법당에 걸어두거나 책상 위에 두고 치는 것이 일반적이다.
의식을 행하거나 대중을 이끄는 데 쓰는 손잡이가 있는 작은 종 모양의 경자(磬子)는 인경(引
磬)이라고 하고, 줄로 공중에 매달아 놓는 것은 부경(浮磬)이라고 한다. 크기는 보통 길이 약
50cm, 넓이 약 35cm 정도로, 재료나 용도에 따라 옥경(玉磬)·동경(銅磬)·송경(頌磬)·가경
(歌磬)·특경(特磬) 등 다양하게 불린다(『조선시대 대일외교 용어사전』).

伴人, 甚受厚慰, 仍拜納所賜. 玆絶音耗, 已及三載, 雖然隣交之好, 抱誠于貴朝. 就中黑細麻布若干匹, 伏希恩惠."

仍獻扇子·犀角·沈香·朱折·扶蘇木·硫黄·隴香·大刀·土黄銅·甘草·巴戟等物. 答書, 回賜正布二百十六匹. 一岐州本居浦寓住藤七, 致書曰, "僕雖生日本, 我父, 便是貴朝之産也. 僕常欲趨拜貴朝, 然一岐知主使僕執事, 未得寸暇, 不邃素志. 若明年有暇日, 則當入朝矣." 仍獻土物, 回賜正布九十二匹.

일본 서해로西海路[47] 축주筑州[48] 석성石城[49] 관사管事[50] 평만경平滿景[51]이 서신을 보내어 수호修好하고, 거듭하여 호피·표피를 구하고, 또한 토산물을 바치므로, 정포 38필을 회사하였다.

서해도 축주부 석성현의 등종금藤宗金[52]이 서신을 보냈는데, 그 서신에,

"지난봄에 사람을 사자로 보냈었는데 매우 후한 위로를 받고, 함께 내리신 바를 배납하였습니다. 이에 음신音信이 끊어진 지 이미 3년이나 되었는데, 비록 그러하나 인교隣交의 호의好誼로 귀국의 조정에 성심을 가지게 됩니다. 특별히 그중에서 흑세마포 약간 필을 삼가 베풀어 주심

---

47 서해도를 뜻한다. 일본 구주(九州) 지역을 지칭하는 용어이다. 일본 고대에 전국을 칠도(七道)로 나누어, 구주를 서해도(西海道), 사국(四國)을 남해도(南海道)라고 불렀다.
48 일본 고대 이래의 행정 지역 명칭인 축전국(筑前國)을 뜻한다.
49 석성(石城)은 박다(博多, 현재의 후쿠오카)의 옛 지명이다. 여몽연합군의 재침을 막기 위해서 해안에 석담을 쌓았는데, 그 때문에 붙은 이름이다. 현재도 후쿠오카시(福岡市)에 석성정(石城町)이 있다. 석성 지역은 대우씨(大友氏)의 관할로 식빈(息濱)이라고도 하였다.
50 관할하는 일을 맡았다는 뜻이다. 일본 통교자들은 조선의 우대를 받기 위하여 자신의 지위를 과장한 경우가 많았다.
51 평만경(平萬景)이라고도 표기하며, 박다(博多) 석성(石城) 지역의 통교자이다. 축주(筑州) 석성부관사(石城府管事, 세종 1-6-1-4), 서해로(西海路) 민부소보(民部少輔, 세종 2-5-19-4), 축주부(筑州府) 석성현사(石城縣使) 민부소보(民部少輔, 세종 3-7-5-2), 원도진관하(源道鎭管下, 세종 5-9-28-2) 등으로 보인다. 구주탐제를 지낸 삽천만뢰(澁川滿賴, 源道鎭)의 이름 만(滿)을 습명(襲名)한 인물로 생각된다.
52 구주 박다의 승려이자 상인인 종금(宗金)이다. 1권 제1부 「중요인물」 '종금' 참조.

을 희망합니다"

하였다. 아울러 부채·서각犀角[53]·침향沈香[54]·주절부朱折扶[55]·소목蘇木[56]·유황·농향籠香·대도大刀·토황동土黃銅·감초·파극巴戟 등 물건을 바치므로, (우리나라에서) 서신에 답하고 정포 2백 16필을 회사하였다.

일기주一岐州 본거포本居浦[57]에 우주寓住[58]하는 등칠藤七[59]이 서신을 보냈는데, 그 서신에,

"저는 비록 일본에서 출생했지마는, 우리 아버지는 곧 귀국貴國 조정에서 난 사람입니다. 제가 항상 귀국의 조정에 달려가서 절을 하고자 하였으나, 일기도 지주知主[60]가 저로 하여금 집사執事하게 하므로 촌가寸暇도 얻을 수 없고 본디 품은 뜻을 이루지 못했습니다. 만약 명년이라도 여가가 있으면 꼭 입조入朝하겠습니다"

하고, 토산물을 바치므로, 정포 92필을 회사하였다.

---

53 코뿔소 뿔을 말한다. 권두 「교역물품」 '서각' 참조.
54 서향과에 속하는 상록성 교목인 침향과 백목향(Aquilaria agallocha, Aquilaria sinensis)의 목재 부분으로 기가 위로 치밀어 오르는 것을 내리고 중초(中焦)를 따뜻하게 하며 신장을 따뜻하게 하고 기를 끌어 들이는 효능이 있다.
55 주절부(朱折敷)의 오기일 것이다. 절부(折敷)는 일본어로 네모난 접시라는 뜻이다. 즉 붉은 칠을 한 네모난 접시[角盆]이다.
56 소방목(蘇枋木)·적목(赤木)·홍자(紅紫)라고도 하며, 학명은 Caesalpinia sappan L이다. 목재의 부위에 따라 한약재와 염료로 사용한다. 열대 지역의 나무이며 조선에서는 나지 않아서 세종 대에는 9년 간 7만 근을 수입하기도 하였다.
57 일본 일기도(壹岐島) 서쪽에 있는 포구이다. 『해동제국기』에서는 모도이포(毛都伊浦)라고 기록하였고, 100호가 있다고 하였다. 주로 구주 지역과 왕래하는 포구이다.
58 임시로 거처한다는 뜻이다. 일기도는 구주 북부의 송포 지역 세력이 나누어 다스렸기 때문에, 송포 지역에서 일기도에 와서 일시적으로 머물러 있다는 뜻이다.
59 세종 10년에 사람을 보내어 자신의 아버지가 조선에서 태어난 사람이라고 하였다. 일기지주(一岐知主)의 명으로 집사의 역할을 맡고 있었다(세종 10-2-2-2). 세종 11년에는 도서를 만들어 주기를 청하므로 이를 들어 주었다(세종 11-9-17-3). 이후 여러 차례에 걸쳐 조선과 통교하였으며, 그의 아들 등구랑(藤九郎) 역시 조선과 통교하였다.
60 전체를 맡아 다스린다는 뜻으로 도주(島主)·도지사(道知事)와 같다. 우리말에서만 쓰는 용어로 생각된다. 원중(源重)은 일기주(壹岐州) 태수(太守)라고도 자처하였다(세종 3-8-3-5).

2月 8日(庚申) 3번째 기사

종정성이 서신을 보내어 사물과 사인을 후하게 대접한 것을 사례하고 토산물을 바치다

宗貞盛, 致書禮曹, 謝賜物及厚待使人, 仍獻土宜, 回賜正布六十四匹·米豆各一百石·燒酒三十瓶.

종정성宗貞盛[61]이 예조에 서신을 보내어 사물賜物과 사인使人을 후하게 대접한 것에 대하여 사례하고, 거듭하여 토산물을 바치므로, 정포 64필, 쌀·콩 각각 1백 석, 소주 30병을 회사하였다.

2月 17日(己巳) 2번째 기사

대마도에 내리는 쌀·콩의 수량을 2백 석으로 정하다

禮曹啓賜對馬島米豆之數, 上曰, "彼若感予賜米, 不擾邊境, 則雖歲給千石, 猶可支也." 仍問, "近歲所給幾何?" 右代言許誠對曰, "五百石或三百石, 本無常數." 上曰, "僉意以爲何如?" 咸啓曰, "二百石可矣."

예조에서 대마도에 내릴 쌀·콩의 수량을 아뢰니, 임금이 말하기를,

"저들이 만약 내가 쌀을 내린 것에 감사하여 변경을 소란하게 하지 않는다면 비록 해마다 천석이라도 오히려 줄 수 있다"

하면서 이어서 "근년에 주는 것이 얼마인가"라고 물으니, 우대언右代言[62] 허성許誠이 대답하기를,

"5백 석도 주고 혹은 3백 석도 주어 본디 일정한 수량이 없습니다"

하였다. 임금이 말하기를,

---

61 대마도 도주이다. 1권 제1부 「중요인물」, '종정성' 참조.
62 조선시대 승정원에 속한 정3품 관직을 뜻한다. 주요 업무는 왕명의 출납과 보고 업무였다.

"여러 사람들의 의사는 어떻다고 생각하는가"

하니, 모두 아뢰기를,

"2백 석이면 될 것입니다"

하였다.

2月 17日(己巳) 3번째 기사

대마도 등에 억류당한 사람들을 찾아오는 일에 대해서 의논하다

禮曹判書申商啓, "對馬等三島, 我國人被留者尙多, 遣人刷還, 何
如?"上曰, "其議之." (…後略…)

예조 판서 신상申商이 아뢰기를,

"대마도 등 세 섬에 우리나라 사람으로서 억류당한 자가 아직 많으니
사람을 보내어 찾아오게 함이 어떻겠습니까"

하니, 임금이 말하기를,

"그것을 의논하라"

하였다. (…후략…)

2月 17日(己巳) 6번째 기사

종정성과 좌위문대랑의 아들 육랑의 화매에 대한 청을 받아들이다

禮曹啓, "宗貞盛使送宗大郞告云, '本島地皆巖石, 未嘗業農, 惟以
葛根橡實爲食, 生理甚艱, 欲以魚鹽買穀, 來泊乃而浦, 因無和賣者,
至今未還. 請令和賣, 俾得連命.' 左衛門大郞子六郞・次郞告云, '我
輩探候對馬島及一岐州上松・下松等處賊人聲息, 盡心禁禦, 衆所共
知. 且諸處使送興販船艘, 遭風滄沒, 殆將饑饉, 請加憐活.' 宜賜宗貞

盛米豆各一百石・燒酒三十瓶,　左衛門大郎米豆并五十石・燒酒二十瓶, 其魚鹽興販, 則依政府受判, 若無自願和賣者, 以沿邊各官國庫陳米豆貿易, 其所易魚鹽, 於自願人民和賣." 從之.

예조에서 아뢰기를,

"종정성宗貞盛**63**이 사신으로 보낸 종대랑宗大郎**64**이 아뢰기를 '본도本島는 땅이 모두 바위라서 일찍이 농사를 지을 수 없어 오직 칡뿌리와 도토리로 식물食物을 삼으니, 생계가 몹시 곤란하여 물고기와 소금으로 곡식을 사고자 해서 내이포乃而浦**65**에 와서 정박했으나, 화매和賣하는 사람이 없어 지금까지 돌아가지 못하였으니, 청컨대 화매하게 하여 연명하게 하소서' 하며, 좌위문대랑左衛門大郎**66**의 아들 육랑차랑六郎次郎**67**이 아뢰기를, '우리들이 대마도와 일기주一岐州**68**・상송上松**69**・하송下松**70** 등지의 적인賊人의 소식을 정탐해서 마음을 다하여 금지 방어한 것은 여러 사람들이 함께 아는 바입니다. 또 여러 곳에서 사신으로 보낸 무역선들이 바람을 만나 침몰되어 거의 굶주리게 되었으므로 불쌍히 여겨 살려주기를 청합니다' 하니, 마땅히 종정성에게 쌀・콩 각 1백 석과 소주 30병을 내리고, 좌위문대랑에게 쌀・콩 합계 50석과 소주 20병을 내릴 것

---

63 대마도 도주 종정성이다. 1권 제1부 「중요인물」 종정성 및 대마도 도주이다.

64 여기에만 보인다.

65 경상남도 진해시 웅천동(熊川洞)에 있었던 포구로 왜관이 있었다. 제포라고도 한다.

66 대마도 왜구의 우두머리이자 수직왜인이다. 1권 제1부 「중요인물」 '조전좌위문태랑' 참조

67 조전좌위문태랑(早田左衛門大郎)의 아들이다. 아버지의 도만호 직을 습직하였고, 세종 12년부터 26년까지 43회에 걸쳐 조선과 통교하였다.

68 일기도(壹岐島)를 말한다. 구주 서북부의 송포(松浦) 지역의 왜구들이 분할지배하였다.

69 상송포(上松浦)를 말한다. 파다씨(波多氏), 신전씨(神田氏), 좌지씨(佐志氏) 등이 상송포군(上松浦郡) 지역의 왜구들이다.

70 하송포군을 중심으로 한 왜구들을 말한다. 청방(靑方)・우구(宇久)・히라토(平戶)・대도(大島)・지자기(志自岐)・중촌(中村)・조전(早田)・산대씨(山代氏) 등으로 이루어진 세력으로 하송포당(下松浦黨)이라고 한다.

이며, 그 물고기와 소금의 무역은 의정부의 수판受判[71]에 의거하여 행할 것이며, 만약 자원하여 화매하는 사람이 없으면 연변 각 고을의 국고國庫에 있는 묵은 쌀과 콩으로써 무역하여, 물고기와 소금을 자원하는 인민들에게 사고팔도록 하소서"

하니, 그대로 따랐다.

2月 18日(庚午) 3번째 기사
종정성이 인물을 돌려보낼 것을 청하니 자원에 따라 처리하도록 하게 하다

禮曹啓, "宗貞盛請還人物, 令兵曹刷遣, 忠州官移置源勤則已曾受職侍衛, 勿幷遣還, 又有自願留者及有故者, 亦勿遣還." 從之.

예조에서 아뢰기를,

"종정성宗貞盛[72]이 인물을 돌려보내 줄 것을 청하므로, 병조로 하여금 충주 고을에 옮겨 두었던 원근源勤[73]을 돌려보내려 하니, 이미 벌써 관직을 받고 시위侍衛하고 있으니 모두 돌려보내지 말 것이며, 또 남아 있기를 자원하는 사람과 유고有故[74]한 사람은 또한 돌려보내지 말 것입니다"

하니, 그대로 따랐다.

2月 26日(戊寅) 4번째 기사
일본의 정대랑병위가차 등이 토산물을 바치다

日本井大郎兵衛家次及宗右京亮茂秋・對馬州宗彦七盛國等, 遣人

---

71 조선시대에, 중요한 일을 임금에게 상신하여 임금의 판단을 얻던 일을 말한다.
72 대마도 도주이다. 1권 제1부 「중요인물」, '종정성' 참조.
73 여기에만 보인다.
74 특별한 사정이나 사고가 있음을 뜻한다.

來獻土物.

일본의 정대랑병위가차^{井大郎兵衛家次}**75**와 종우경량무추^{宗右京亮茂秋}**76**와 대마주의 종언칠성국^{宗彦七盛國}**77** 등이 사람을 보내어 토산물을 바쳤다.

3月 1日(癸未) 2번째 기사
구주 순무사 평상가가 『대반야경』을 구하기를 청하나 다만 사신에게 정포를 주어 보내다

日本國九州巡撫使平常嘉, 致書禮曹云, "大邦至治無儔, 區區之民, 各得其處, 盛德有典, 遠遠之國, 皆通其好. 我封邑之中, 有一舊刹, 久欲求『大般若經』, 若得厚貺, 以供緇流, 旰夕諷誦, 庶幾治世之一助." 仍獻大刀・丹木・甘草・胡椒・精銅・朱椀等物." 禮曹答書云, "『大般若經』, 貴國諸鎭, 求去殆盡, 未得塞請. 姑將正布一百二十七匹, 就付回人." 左衛門大郎, 遣人來獻土物, 回賜正布一百匹.

일본국의 구주 순무사^{九州巡撫使}**78** 평상가^{平常嘉}**79**가 예조에 서신을 보

---

75 정대랑병위(井大郎兵衛)와 동일인물로 생각된다. 『해동제국기』에는 정대랑(井大郎)으로 보인다. 가시포(可時浦)에 호군(護軍) 정가문수계(井可文愁戒)가 있는데, 아버지는 적도(賊徒)의 괴수 정대랑(井大郎)인데, 기해년(1419, 세종 원)에 동정(東征)했을 때 공이 있었다. 을유년(1465, 세조 11)에 도서를 받았다. 한 해 동안에 쌀과 콩을 합하여 10섬을 주기로 하였다. 임오년(1462, 세종 8)에 아비의 관직을 세습하였다고 하였다. 한편 『세종실록』에서는 대랑병위의 아버지인 장보(張甫)가 나라에 공이 있었고, 그 아들 역시 기해동정 당시에 물을 길어 군졸들의 기갈을 면하게 해주었다고 하였다(세종 10-3-6-4). 또한 정대랑(井大郎)이 (기해)동정할 때 공이 있다고도 하였다(세종 12-5-15-5). 따라서 정대랑・정대랑병위・대랑병위・정대랑병위가차는 동일인물로 아버지는 장보이고 아들은 정가문수계임을 알 수 있다.
76 이 기사를 포함하여 세종 10년 7월 4일 3번째 기사까지 2번 보인다. 무가관위인 우경량(右京亮)은 경직(京職)의 차관을 뜻한다.
77 1권 제1부 「중요인물」 '종정성 및 종성국' 참조.
78 막부에서 평상가를 여러 차례 정세가 불안정한 북부 구주에 파견하였기 때문에, 그 임무가 조선의 순무사와 같다고 여기고 자칭한 칭호이다.
79 소조천상가(小早川常嘉)이다. 일본 실정시대(室町時代) 전기의 무사인 소조천칙평(小早川則平, 1373~1433)이다. 안예국(安藝國) 소전장(沼田莊) 등을 영지로 지배하였다. 막부의 명령으

내기를,

"대국大邦의 지치至治는 비할 데 없어 구구區區한 백성들이 각기 그들의 처소를 얻게 되고, 성덕盛德의 전례典禮가 있어 매우 먼 나라에서도 모두 화호和好를 통하게 되었습니다. 우리의 봉읍 안에 옛 절舊刹이 하나 있는데, 오래부터 『대반야경大般若經』[80]을 구하려고 하니, 만약 후히 내리시어 중들에게 제공하여 조석朝夕으로 풍송諷誦하게 한다면 치세의 한 도움이 되겠습니다."

하였다. 더불어 대도大刀·감초甘草·호초胡椒·정동精銅·주완朱椀[81] 등의 물건을 바쳤다. 예조에서 서신에 답하기를,

"『대반야경』은 귀국의 여러 진鎭에서 구해 가서 거의 없어졌으므로 청을 들어 주지 못합니다. 잠정적으로 정포正布[82] 1백 27필을 돌아가는 사신에게 부치는 바입니다"

하였다. 좌위문대랑左衛門大郞[83]이 와서 토산물을 바치므로 정포 1백 필을 회사하였다.

로 정세가 불안정한 북부 구주에 여러 차례 원정에 나섰으며, 1432년에는 구주탐제의 교체를 막부에 건의하기도 하였다. 영지는 처음에 적자(嫡子)인 지평(持平)이 계승하였으나, 지평의 불효로 다시 동생인 희평(熙平)이 맡게 되었다. 『해동제국기』에서는 안예주(安藝州) 소조천(小早川) 미작수(美作守) 지평이 보이고 그 아버지인 상하(常賀, 常嘉가 옳다)는 국왕인 족리장군(足利將軍)을 근시(近侍)한다고 하였다. 지평의 아버지인 상가(常嘉)가 곧 칙평(則平)이다. 칙평이 구주(九州) 상사(上使) 및 구주(九州) 순무사(巡撫使, 세종 9-1-19-7, 세종 10-3-1-2, 세종 10-8-26-5)로 자칭한 것은 1414년부터 막부의 명령으로 여러 차례 북부 구주 지역에 파견되어 구주탐제를 돕고 있었기 때문이다.

80 반야를 설명한 다양한 경전을 집성한 책으로 당나라의 승려인 현장이 편찬하였다. 세상에 존재하는 것은 실제가 아니라 공(空)하다는 대승불교의 근본 사상이 설명되어 있다. 정식 명칭은 『대반야바라밀다경(大般若波羅蜜多經)』이다.

81 나무로 만든 그릇에 붉은색 옷칠을 한 것이다. 일본에서 식기로 널리 사용하였다.

82 조선시대에 관리의 녹봉으로 주던 오승포(五升布)와 같이 품질이 좋은 베를 말한다. 권두 「교역물품」 '정포' 참조.

83 대마도 왜구의 우두머리이자 수직왜인이다. 1권 제1부 「중요인물」 '조전좌위문태랑' 참조.

3月 6日(戊子) 4번째 기사

종언칠에게 곡식을 내리고 대랑병위에게는 곡식과 성묘할 전물도 갖추어 주게
하다

禮曹啓, "宗彦七使送人云, '率居五十餘人, 尙難供給, 今九州軍官
五十餘人, 依我出來, 乞賜糧料.' 船主大郎兵衛云, '父張甫墳在忠淸
道, 欲於回程拜掃.' 右甫有功於國, 而大郎兵衛亦於己亥東征時, 與
都萬戶, 同心効力, 往來汲水, 使軍卒不至飢渴, 請賜彦七米豆幷八十
石, 大郎兵衛米十石, 其掃墳奠物, 亦令備給, 以勸後來." 從之.

예조에서 아뢰기를,

"종언칠宗彦七[84]이 보낸 사신이 말하기를, '거느리고 있는 50여 인의
공급供給도 오히려 어려운데, 지금 구주 군관九州軍官 50여 인이 우리들을
의지하고 나왔으니 양료糧料를 내려 주기를 원합니다' 하였고, 선주船主
대랑병위大郎兵衛[85]가 말하기를, '아버지 장보張甫의 무덤이 충청도에 있
으므로 돌아가는 길에 성묘하고자 합니다' 하니, 보甫가 나라에 공이 있
고, 대랑병위도 또한 기해년 동정東征 때에 도만호都萬戶와 더불어 마음

---

84 종성국(宗盛國)을 말한다. 대마도 8대 도주인 종정무(宗貞茂)의 아들이자, 11대 도주 종정국
(宗貞國)의 아버지이다. 종언칠(宗彦七), 종언칠성국(宗彦七盛國)이라고도 한다. 1425년경
부터 통교(通交)를 시작하였으며 이후로도 수시로 토산물을 진상하였다. 1429년 4월에 억류
당한 왜인을 돌려보낸 것에 사례하고 토산물을 보내왔지만, 별폭(別幅)의 물건 목록에 도서
(圖書)가 없다는 이유로 진헌은 거부당하고 대신 쌀과 콩 각 40석을 사급받은 일이 있다.

85 정대랑병위(井大郎兵衛)와 동일인물로 생각된다. 『해동제국기』에는 정대랑(井大郎)으로 보
인다. 가시포(可時浦)에 호군(護軍) 정가문수계(井可文愁戒)가 있는데, 아버지는 적도(賊徒)
의 괴수 정대랑인데, 1419년(세종 원년)에 동정(東征)했을 때 공이 있었다. 1465년(세조 11)
에 도서를 받았다. 한 해 동안에 쌀과 콩을 합하여 10섬을 주기로 하였다. 1462년(세조 8)에
아비의 관직을 세습하였다고 하였다. 한편 이 기사에서는 대랑병위의 아버지인 장보(張甫)
가 나라에 공이 있었고, 그 아들 역시 기해동정 당시에 물을 길어 군졸들의 기갈을 면하게 해
주었다고 하였다. 또한 정대랑이 (기해)동정할 때 공이 있다고도 하였다(세종 12-5-15-5). 따
라서 정대랑·정대랑병위·대랑병위·정대랑병위가차는 동일인물로 아버지는 장보이고
아들은 정가문수계임을 알 수 있다.

을 같이하여 힘써 왕래하면서 물을 길어 군졸들의 기갈을 면하게 하였
으니, 청하건대 언칠廖七에게 쌀·콩 함께 80석을 내리고, 대랑병위에
게는 쌀 10석을 내리고, 성묘할 전물奠物도 또한 갖추어 주어, 뒷사람들
을 권장하소서"
하니, 그대로 따랐다.

3月 22日(甲辰) 5번째 기사

살마삼주태수 원귀구가 토산물을 바치다

日本國薩摩三州太守源貴久, 遣人來獻土物.

일본국의 살마삼주 태수薩摩三州太守[86] 원귀구源貴久[87]가 사람을 보내어
토산물을 바쳤다.

閏4月 17日(戊戌) 3번째 기사

일본의 등귀구와 등원뢰구가 토산물을 바치니 회사하다

日本藤貴久·藤原賴久, 遣人來獻土物, 回賜貴久正布三百十八匹,
賴久二百七十二匹.

일본의 등귀구藤貴久와 등원뢰구藤原賴久[88]가 사람을 보내어 토산물을
바쳐 왔으므로, 귀구에게 정포[89] 3백 18필을, 뇌구에게 2백 72필을 회사

---

86 살마 삼주 태수란 살마(薩摩) 외에도 대우(大隅) 일향(日向) 3개의 주를 지배한다는 뜻이다.
87 이름은 원귀구(源貴久)이고 원구풍(源久豐)의 아들이다(세종 5-10-27-4). 살마삼주 태수, 살
  마주 태수라고 자칭하기도 하였다(세종 25-11-17-5).
88 이집원뢰구(伊集院賴久, 15세기 말~16세기 초반)를 가리킨다. 살마국(薩摩國)을 중심으로
  한 도진씨(島津氏)의 일족이자 그 중신(重臣)의 지위에 있었던 인물이다. 1413년에서 1417년
  에서 벌어진 도진씨 내부의 가독(家督) 다툼으로 유명하다. 태조 4년부터 보이며 살마주수
  (薩摩州守, 태종 6-11-1-2), 이집원우진(伊集院寓鎭, 세종 9-1-19-4) 등으로 보인다.
89 조선시대에 관리의 녹봉으로 주던 오승포(五升布)와 같이 품질이 좋은 베를 말한다. 권두「교

하였다.

5月 7日(戊午) 2번째 기사
대마도의 종우마조정징 등이 토산물을 바치다

對馬島宗右馬助貞澄, 遣人獻土物, 回賜米豆各五十石·燒酒三十
瓶·正布五十匹. 左衛門大郎, 遣人獻土物, 仍報國王皇帝薨逝聲息,
回賜正布一百三十匹·黑細麻布白細苧布各十匹·雜彩花席二十
張·虎豹皮各三張·松子三石·人蔘三十斤. 左衛門大郎又遣其子,
請學國朝言語, 許之.

대마도의 종우마조정징^{宗右馬助貞澄}**90**이 사람을 보내어 토산물을 바치
므로 쌀과 콩 각 50석과 소주 30병, 정포 50필을 회사하였다. 좌위문대랑
^{左衛門大郎}**91**이 사람을 보내어 토산물을 바치고서 국왕 황제가 훙서^{薨逝}**92**
하였다는 소식을 보고하므로 정포 1백 30필, 흑세마포⁹³·백세저포⁹⁴
각 10필, 잡채화석^{雜彩花席}**95** 20장, 호피·표피 각 3장, 잣 3석, 인삼 30근
을 회사하였다. 좌위문대랑이 또 그의 아들을 보내어 우리나라 말 배우
기를 청하므로 허락하였다.

역물품」, '정포' 참조.

90 종우마조정징(宗右馬助貞澄)의 우마조는 우마료(右馬寮)의 차관을 뜻하는 무가관위이다. 태종
　 15년부터 조선과 교류한 기록이 있으며, 태종 17년(1417)에는 종정무(宗貞茂)의 아우 종정징으
　 로 나온다. 서도 경조윤(西都京兆尹), 축주부 경조윤(筑州府京兆尹) 등의 직함을 자칭하였다.
91 대마도 왜구의 우두머리이자 수직왜인이다. 1권 제1부 「중요인물」 '조전좌위문대랑' 참조.
92 임금이나 왕족·높은 귀족의 죽음을 이르는 말이다.
93 흑마포(黑麻布) 검은 빛깔의 삼베를 말한다. 흑세마포(黑細麻布)는 명나라 황제들이 진보(珍
　 寶)로 여겨 방물 중 중요한 것으로 여겼다.
94 저포는 쐐기풀과에 속하는 모시풀의 인피섬유로 제작한 직물이다. 여름 옷감으로 쓰인다. 백
　 세저포는 하얀 빛깔의 모시를 말한다.
95 왕골을 여러 가지 색깔로 물들여 여러 가지 꽃무늬가 생기도록 짠 자리를 말한다. 권두 「교역
　 물품」 '채화석' 참조.

5月 7日(戊午) 3번째 기사

종정성이 토산물을 바치다

宗貞盛, 遣人獻土物, 回賜正布五十五匹.

종정성宗貞盛[96]이 사람을 보내어 토산물을 바치므로 정포 55필을 회사하였다.

5月 12日(癸亥) 1번째 기사

종정성이 보낸 사람이 백성이 되기를 원했으나 허락하지 않다

視事. 禮曹判書申商啓, “今來宗貞盛所遣人, 願受田爲氓.” 上問贊成權軫曰, “太宗時亦有如此者乎?” 軫對曰, “大內殿伐三島, 有功於我國, 以完山爲本鄕, 請受田爲氓, 諫院上疏以爲, ‘倭人請居邊境, 其計難測, 不可許.’ 乃止.” 上曰, “誠然矣.”

정사를 보았다. 예조 판서 신상申商이 아뢰기를,

“이번에 온 종정성宗貞盛이 보낸 사람이 전지를 받고 우리나라의 백성이 되기를 원합니다”

하니, 임금이 찬성 권진權軫에게 묻기를,

“태종 때에도 이와 같은 자가 있었는가”

하니, 진이 대답하기를,

“대내전大內殿[97]이 삼도三島[98]를 정벌하여 우리나라에 공로가 있었는

---

96 대마도 도주이다. 1권 제1부 「중요인물」 ‘종정성’ 참조.

97 조선시대 우리나라에 사신을 보내오던 일본 호족의 하나이다. 14세기 중엽부터 일본의 구주 동북부와 본주의 서부에서 세력을 떨쳤다. 그 가보(家譜)에 따르면 백제의 시조 온조(溫祚)의 후손으로서 백제가 망하자 성명왕(聖明王)의 셋째 아들 임성(林聖)이 일본으로 건너가서 주방(周方)의 다다량빈(多多良濱)에 정착하였고, 그 후손은 대내촌(大內村)에서 살았다고 하여 성(姓)을 다다량, 씨(氏)를 대내라 하였다고 한다. 대내씨가 백제 왕족의 후손이라는 주장은 조선과

데, 완산完山으로 본향本鄕을 삼고 전지를 받아 백성이 되기를 청하였으나, 사간원에서 소를 올려 '왜인이 변경에 살기를 청하는 것은 그 계책을 추측할 수 없으니 허락할 수 없습니다'라고 하여, 중지하였습니다"

하니, 임금이 말하기를,

"정말로 그렇겠구나"

하였다.

5月 18日(己巳) 1번째 기사

대마도의 좌위문대랑이 거제도 밖의 섬에 보리를 심게 해달라고 했으나 허락하지 않다

對馬島左衛門大郎, 致書禮曹, 請於巨濟島外小島, 遣人種麥, 答書曰, "巨濟島外, 無可耕之地, 肆未啓達."

대마도의 좌위문대랑[99]이 예조에 글을 보내어, 거제도 밖의 작은 섬[100]에 사람을 보내서 보리를 심게 해 달라고 청하니, 회답의 글에 말하기를,

"거제도 밖에 경작할 만한 땅이 없으므로, 아예 아뢰지도 않았다"

하였다.

5月 29日(庚辰) 2번째 기사

종정성이 사람을 보내어 토산물을 바치게 하다

宗貞盛, 遣人獻土物, 回賜正布六十八匹·燒酒二十瓶. 左衛門大
郎, 亦獻土物, 回賜正布五十五匹.

종정성이 사람을 보내어 토산물을 바치므로, 정포 68필, 소주 20병을
회사하였다. 좌위문대랑[101] 역시 토산물을 바치므로 정포 55필을 회사
하였다.

6月 3日(甲申) 1번째 기사

대마도 소년 오도음보시를 사역원에 나가 글을 읽게 하다

禮曹啓, "對馬島小童吾都音甫侍, 今爲學習而來. 請給糧, 就司譯
院讀書." 從之.

예조에서 아뢰기를,

"대마도의 소년 오도음보시吾都音甫侍[102]가 지금 학습을 위하여 왔습
니다. 청컨대 양식을 지급하고 사역원에 나아가 글 읽게 하소서"

하니, 그대로 따랐다.

6月 8日(己丑) 2번째 기사

대마도의 사랑좌위문이 토산물을 바치다

對馬島四郎左衛門, 遣人獻土物, 回賜正布八十七匹.

대마도의 사랑좌위문四郎左衛門[103]이 사람을 보내어 토산물을 바치므

---

101 대마도 왜구의 우두머리이자 수직왜인이다. 1권 제1부 「중요인물」 '조전좌위문태랑' 참조.
102 여기에만 보인다.

로, 정포 87필을 회사하였다.

6月 26日(丁未) 1번째 기사
명나라에 세자의 양관을 청하는 문제 등에 대해서 논의하다

受朝參, 視事. 上謂代言等曰, "名分, 天下之重事, 世子梁冠, 宜速請
于朝. 昔定成君爲世子入朝, 以五梁冠, 序於二品之班. 先帝亦嘗以五
梁冠服, 賜世子. 今請加數, 雖未蒙賜, 必無責也." 又謂知申事鄭欽之
曰, "太宗時有獻議者曰, '歲貢金銀, 宜就中朝買來.' 此慮後日難繼之
謀也. 議寢不行, 是必有未當者矣. 若顯然求之, 則似著歲貢難繼之情,
密求之, 則尤爲不可. 其諭進賀使元閔生, 聞見中朝禁金銀買賣與否·
民間興用與否·價之輕重以來. 且送金銀吹鍊人, 聞見探取之方." 欽
之曰, "前日左右議政亦言, '若請免金銀未得, 則宜以買金銀事奏達.'"
上曰, "姑令元閔生聞見以來. 曾聞日本國産金, 不産銀, 其召回禮使李
藝, 問其然否. 若産金, 則宜付金價于回禮使, 買來."

조참을 받고 정사를 보았다. 임금이 대언들에게 말하기를,

"명분名分은 천하의 중대한 일이다. 세자의 양관梁冠[104]은 마땅히 속히
조정에 청구하여야 하겠다. 예전에 정성군定成君[105]이 세자가 되어 조정
에 들어갔을 때에는 오량관五梁冠[106]을 주고 2품의 반열에 차례하게 하

---

103 사랑좌위문은 여기에만 나온다. 좌위문사랑으로 추정된다. 대마도 학방판포(鶴房坂浦) 사
람이며 종정성의 사신으로 여러 차례 조선에 건너왔다(세종 7-5-1-5).
104 조선시대 백관(百官)이 조복(朝服)이나 제복(祭服)에 착용하던 관모(冠帽)이다. 앞면 둘레의
가운데 부분에서부터 치켜올린 뒷면 둘레의 가운데 부분에 이르기까지 반월형(半月形)의 면지
(面地)를 장식하였다. 이 면지에는 밑에서 꼭대기에 이르기까지 금색사로 종선(縱線)을 베풀어
이를 양(梁)이라 하였다. 양관이라는 명칭도 여기에서 유래된 것이다(『한국민족문화대백과』).
105 고려 공양왕의 아들로 고려 왕조의 마지막 세자이다. 1391년 명나라에 하정사로 갔을 때 명
나라 황제의 환대를 받았다. 이듬해 조선이 건국된 후에 폐위되었다.

였다. 선제先帝도 또한 일찍이 오량관복五梁冠服을 세자에게 내리었다. 지금 양梁의 수를 더할 것을 청하여 비록 하사를 받지 못할 지라도 반드시 질책은 없을 것이다"

하고, 또 지신사 정흠지에게 이르기를,

　"태종 때에 헌의獻議하는 자가 있어서 말하기를, '해마다 공물로 바치는 금·은은 마땅히 중국에서 사오는 것이 좋겠다'고 하였다. 이것은 뒷날 (금은공金銀貢을) 계속하기 어려울까 염려하는 모책이었다. 그 논의가 잠잠해져서 시행되지 않았는데, 이것은 반드시 옳지 못한 점이 있는 것 같으니, 만약 드러내 놓고 구한다면 세공을 계속하기 어렵다고 하는 정상을 나타내는 것 같고, 몰래 이를 구한다면 더욱 옳지 못한 것 같다. 그것을 진하사進賀使[107] 원민생元閔生에게 일러 주어서 중국이 금은 매매를 금지하는지 아니하는지, 민간에서 통용하는지 아니하는지, 값이 싼지 비싼지를 견문하고 오라고 하라. 또 금은을 제련하는 자를 보내어 채취하는 방법을 배워 오게 하라"

하였다. 흠지가 말하기를,

　"전일 좌의정과 우의정도 또한 말하기를, '만약 금은공의 면제를 청하여 허락을 얻지 못한다면 마땅히 금은을 사는 일을 주달하여야 되겠다'고 말하였습니다"

하니, 임금이 말하기를,

---

106 조선시대에 1품 관원이 쓰던 금량관, 흰 골이 다섯 줄 쳐 있다. 금량관이란, 징두리의 앞이마 위의 양(梁)만 검은빛으로 두르고 나머지는 모두 금빛으로 만들었다. 품계에 따라 양의 수가 달랐는데, 1품관은 5량, 2품관은 4량, 3품관은 3량, 4~6품은 2량, 7~9품은 1량이었다.

107 조선시대 대중국관계에서 임시로 파견되던 비정규 사절 또는 그 사신을 뜻한다. 주로 중국 황실에 경사가 있을 때 임시로 파견하던 축하사절이다.

"우선 원민생으로 하여금 견문하고 오도록 하라. 일찍이 들으니, 일본국에는 금을 생산하고 은은 생산하지 않는다고 한다. 그것을 회례사 이예李藝[108]를 불러서 그런가 아닌가를 물어라. 만약 금을 생산한다면 금값을 회례사에게 부쳐 보내어 사오게 하는 것이 좋겠다"

하였다.

7月 1日(辛亥) 3번째 기사

일본에서 『백편상서』를 사오게 하다

上謂代言等曰, "聞日本國有百篇『尙書』, 可令通信使購來. 且倭紙堅靭, 造作之法, 亦宜傳習." 知申事鄭欽之啓, "日本國多產金, 以紬苧布買來何如?" 上曰, "進獻金銀, 如不得蠲免, 買來進貢可也."

임금이 대언代言 등에게 말하기를,

"일본국에 『백편상서百篇尙書』[109]가 있다고 들었는데, 통신사로 하여금 사오도록 하고, 또 왜국의 종이는 단단하고 질기다 하니, 만드는 법도 배워 오도록 하라"

하니, 지신사知申事 정흠지鄭欽之가 아뢰기를,

"일본국에는 금이 많이 생산되니, 명주와 모시를 가지고 가서 사오는 것이 어떻겠습니까"

하였다. 임금이 말하기를,

---

108 계해약조의 체결을 이끌어내는 등 세종 대에 크게 활약한 인물이다. 1권 제1부 「중요인물」 '이예' 참조.
109 공자가 『서경』을 편찬할 때 원래 100편을 입수하여 현재의 서경으로 정리하였다는 전승이 있다. 『서경』의 원자료에 해당하는 셈이지만, 공자가 서경을 편찬하였다는 전승 자체가 특별한 근거가 없다.

"중국에 바치는 금·은을 만일 면제 받을 수 없다면 사다가 바치는
것이 옳다"
하였다.

7월 4日(甲寅) 3번째 기사

대마주의 종우경량무추가 토산물을 바치니 회사하다

對馬州宗右京亮茂秋, 遣人獻土物, 回賜正布三十八匹.

대마주의 종우경량무추宗右京亮茂秋**110**가 사람을 보내어 토산물을 바
치므로, 정포 38필을 회사하였다.

7월 4日(甲寅) 4번째 기사

예조의 건의에 따라 종정성이 진상하는 물건을 받지 않다

禮曹啓, "今來宗貞盛書契, 只載宗金使送之語, 不錄進上之物, 別
幅又無圖書, 而筆畫與書契亦異, 請勿納所進." 從之.

예조에서 아뢰기를,

"지금 온 종정성宗貞盛**111**의 서계書契**112**를 보니, 다만 종금宗金**113**을 보

---

110 우경량(右京亮)은 고대 관제인 경직(京職) 중 우경(右京)의 차관이라는 뜻이다. 1428년 2월
   과 7월에 사람을 보내 물품을 바쳤다(세종 10-2-26-4, 세종 10-7-4-3).
111 대마도 도주이다. 1권 제1부 「중요인물」 '종정성' 참조.
112 조선시대 전기에 조선과 대마도 및 일본 각지의 통교자와 주고받은 공식 외교문서를 말한다.
   조선 후기에는 통신사 파견을 제외하면 대마도와 통교하였으므로 서계는 대마도와 주고받게
   되었다. 대마도주나 막부 관리에게 보내는 서계는 대개 국서의 양식과 같았는데, 그 길이는 2척
   4촌, 너비는 5촌 5푼이고, 매첩 4행씩이었다. 대상 인원은 처음에는 집정(執政, 老中) 4인, 봉행
   (奉行) 6인에게만 보냈는데, 1682년 집정 1인, 집사(家老) 3인, 서경윤(西京尹)·근시(近侍) 각
   각 1인으로 바뀌었다. 그리고 1719년에 다시 바뀌어 집정과 근시·서경윤 각각 1인에게만 서계
   를 보냈다. 격식은 국서와 거의 같고 상대의 직위에 따라 보냈다. 집정에게는 예조참판, 대마도
   주에게는 예조참의, 만송원(萬松院)·이정암(以酊庵)·호행장로(護行長老)에게는 예조좌랑
   의 이름으로 작성하였다. 서계와 함께 항상 상대의 직위에 따른 선물 목록(別幅)이 첨부되었으

낸다는 말만 실려 있고, 진상하는 물건을 기록한 별폭別幅이 없으며, 또 도서圖書[114]도 찍혀 있지 않고, 글씨의 자획도 서계와 다르니, 청컨대 바치는 물건을 받지 마소서"

하니, 그대로 따랐다.

7월 10日(庚申) 3번째 기사

일본의 원영이 토산물을 바치므로 정포를 회사하다

日本源英, 遣人獻土物, 回賜正布三十匹.

일본의 원영源英[115]이 사람을 보내어 토산물을 바치므로, 정포正布[116] 1백 30필을 회사하였다.

7월 10日(庚申) 4번째 기사

일본의 평상가가 토산물을 바치므로 정포를 회사하다

日本平常嘉, 遣人獻土物, 回賜正布一百二十四匹.

일본의 평상가平常嘉[117]가 사람을 보내어 토산물을 바치므로, 정포 1

며, 일본측에 대한 회답국서(回答國書)와 회답서계(回答書契)의 양식도 정해져 있었다.

113 박다의 승려이자 상인이다. 1권 제1부 「중요인물」 '종금' 참조.

114 조선정부가 일본 통교자를 통제하기 위하여 쓰시마도주 등에게 통교 증명으로 발급해 준 구리 도장. 조선에서는 관인(官印)을 인장(印章), 사인(私印)을 도서(圖書)라고 하여 서로 구분했으며, 도서는 인면(印面)에 사용자의 실명이나 성명을 새겨 넣은 구리로 만든 도장이다.

115 일본 비전주(肥前州) 상송포(上松浦) 염진류(鹽津留)를 거점으로 한 왜구의 우두머리이다. 그후손이 송림원(松林院)이 큰 칼을 보내왔다(세종 26-4-30-1). 1411년에 사미를 자처하는 원영이 예물을 바치고 판창만가(板窓滿家)와 함께 대장경을 요청하였다(태종 11-5-26-1). 1430년에도 사람을 보내 토산물을 바치므로 정포 44필을 주었다(세종 12-1-24-4).

116 조선시대에 관리의 녹봉으로 주던 오승포(五升布)와 같이 품질이 좋은 베를 말한다. 권두 「교역물품」 '정포' 참조.

117 일본 실정시대(室町時代) 전기의 무사인 소조천칙평(小早川則平, 1373~1433)이다. 안예국(安藝國) 소전장(沼田莊) 등을 영지로 지배하였다. 막부의 명령으로 정세가 불안정한 북부구주에 여러 차례 원정에 나섰으며, 1432년에는 구주탐제의 교체를 막부에 건의하기도 하였

백 24필을 회사하였다.

7月 10日(庚申) 5번째 기사

구주 소이 등만정이 토산물을 바치고 『대반야경』을 요구하니 대신 정포를 주다

九州 少貳藤滿貞, 遣人獻土物, 仍求『大盤若經』, 答云, "貴國諸鎭 求去殆盡, 未得塞請." 回賜正布三百八匹.

구주九州 소이少貳[118] 등만정藤滿貞[119]이 사람을 보내어 토산물을 바치고, 아울러 『대반야경』을 구하므로, 대답하기를,

"이것은 귀국의 여러 진鎭에서 거의 다 구해 가서 없으니 청을 듣지 못하겠노라"

하고, 정포 3백 8필을 회사하였다.

7月 10日(庚申) 6번째 기사

종정성이 사람을 보내어 토산물을 바치다

宗貞盛遣人獻土物, 回賜正布五十三匹.

종정성이 사람을 보내어 토산물을 바치므로, 정포 53필을 회사하였다.

다. 영지는 처음에 적자(嫡子)인 지평(持平)이 계승하였으나, 지평의 불효로 다시 동생인 희평(熙平)이 맡게 되었다. 『해동제국기』에서는 안예주(安藝州) 소조천(小早川) 미작수(美作守) 지평이 보이고 그 아버지인 상하(常賀, 常嘉가 옳다)는 국왕인 족리장군(足利將軍)을 근시(近侍)한다고 하였다. 지평의 아버지인 상가(常嘉)가 곧 칙평(則平)이다.

118 소이는 원래 대재부(大宰府)라는 관사의 차관이라는 뜻이다. 무등씨(武藤氏)가 소이라는 관직을 세습하게 되면서 소이씨를 칭하게 되었다.

119 소이만정(少貳滿貞)이다. 원래 무등씨였기 때문에 등(藤)을 성처럼 쓴 것이다. 1권 제1부 「중요인물」 '소이만정' 참조.

7月 14日(甲子) 4번째 기사

석성관사 종금이 일본 국왕이 죽고 그 아우가 대를 이었음을 보고하다

石城管事宗金, 致書禮曹, 報國王薨逝, 其弟爲嗣. 又還被虜人二名, 仍獻土物, 回賜綿布二十匹·正布一百十五匹·燒酒十五甁.

석성 관사石城管事 종금宗金[120]이 예조에 글을 보내어, 국왕의 죽은 것[121]과 그의 아우[122]가 대를 이었다는 것을 보고하였다. 또 포로된 중국인 2명을 보내고, 또한 토산물을 바치므로, 면포 20필, 정포 1백 15필, 소주 15병을 회사하였다.

7月 15日(乙丑) 5번째 기사

일본국 원정이 토산물을 바치니 정포를 회사하다

日本國源貞, 遣人獻土物, 回賜正布三十八匹.

일본국 원정源貞[123]이 사람을 보내어 토산물을 바치니, 정포 38필을 회사하였다.

7月 10日(庚申) 6번째 기사

종정성이 토산물을 바치므로 정포를 회사하다

宗貞盛遣人獻土物, 回賜正布五十三匹.

---

120 박다의 승려 겸 상인이다. 세종 7-1-6-5, '종금' 주석 및 1권 제1부 「중요인물」, '종금' 참조.

121 실정막부(室町幕府) 제5대 장군 족리의량(足利義量, 1407~1425, 장군 재위 1423~1425)이다. 4대 장군 족리의지(足利義持)의 아들이다.

122 제6대 장군 족리의교(足利義教, 1394~1441, 장군 재위 1428~1441)이다. 그는 족리의량의 동생이 아니고 삼촌이다. 즉 제4대 장군 족리의지의 친동생이다.

123 1428년부터 1430년까지 조선과 교류한 기록이 있다. 비전주의 수호였다. 세조 대에도 비전국의 원정(源貞)이 보인다(『해동제국기』 「일본국기」 「비전국」).

종정성宗貞盛[124]이 사람을 보내어 토산물을 바치므로, 정포 53필을 회사하였다.

8月 4日(癸未) 4번째 기사

예조에서 제사와 상례를 마친 통신사는 길복을 입게 하라고 건의하다

禮曹啓, "通信使到日本行祭, 喪未畢, 則宜用白衣烏紗帽角帶, 已畢, 則用吉服." 從之.

예조에서 아뢰기를,

"통신사가 일본에 도착하여, 제사와 상례喪禮를 다 마치지 않았다면, 마땅히 흰옷에 오사모烏紗帽[125]·흑각대黑角帶[126]를 입게 하고, 이미 마쳤다면 길복吉服을 입게 하소서"

하니, 그대로 따랐다.

8月 6日(乙酉) 4번째 기사

예조에서 일본에 통신사를 보내는 것을 정지시키라고 건의하다

禮曹啓, "左衛門大郎書契有云, '本國兵革未息, 路梗難行.' 請姑停通信使之行." 從之.

예조에서 아뢰기를,

---

124 대마도 도주 종정성(宗貞盛)을 말한다. 1권 제1부 「중요인물」 '종정성' 참조.

125 관복을 입을 때 쓰는, 사(紗)로 만든 검은 빛깔의 벼슬아치 모자이다. 사란, 명주실로 짠 비단의 종류 중 하나이다.

126 검은 빛이 나는 뿔을 재료로 하여 만든 허리띠로 조선시대에 주로 종3품 이하의 문·무관리 및 5품 이하의 조복(朝服)·제복(祭服)·상복(常服) 및 향리의 공복(公服)에 착용하였다. 오각대(烏角帶)라고도 하는데, 그 재료로 무엇을 썼는지 정확히는 알 수 없으나 중국의 경우 양의 뿔을 사용했던 것으로 보아 조선에서도 같은 재료를 사용하였던 것으로 여겨진다.

"좌위문대랑左衛門大郎[127]의 서계書契[128]에 이르기를, '본국은 전쟁兵革
이 그치지 아니하여 길이 막혀 다니기 어렵다' 하니, 청컨대 통신사 보
내는 것을 아직은 정지시키소서"

하니, 그대로 따랐다.

8月 13日(壬辰) 7번째 기사

내이포에 사는 왜인들의 살인 사건에 대해서 죄를 묻지 않도록 하다

禮曹據慶尙道監司關啓, "乃而浦恒居倭, 而羅三甫羅, 與時郎古羅,
有隙刺殺之, 其同類伊羅時羅又殺而羅三甫羅. 彼雖倭人, 累年留浦,
粗知我國法令, 而擅殺人命, 罪固當懲, 但留浦之倭, 非投化之比, 請
置勿問." 從之.

예조에서 경상도 감사의 관문關文에 의하여 아뢰기를,

"내이포乃而浦[129]에 항거하고 있는 왜인 이라삼보라而羅三甫羅[130]가 시

---

127 대마도 왜구의 우두머리이자 수직왜인이다. 1권 제1부 「중요인물」 '조전좌위문태랑' 참조
128 조선시대 전기에 조선과 대마도 및 일본 각지의 통교자와 주고받은 공식 외교문서를 말한다.
조선 후기에는 통신사 파견을 제외하면 대마도와 통교하였으므로 서계는 대마도와 주고 받
게 되었다. 대마도주나 막부 관리에게 보내는 서계는 대개 국서의 양식과 같았는데, 그 길이
는 2척 4촌, 너비는 5촌 5푼이고, 매첩 4행씩이었다. 대상 인원은 처음에는 집정(執政, 老中) 4
인, 봉행(奉行) 6인에게만 보냈는데, 1682년 집정 1인, 집사(家老) 3인, 서경윤(西京尹)·근시
(近侍) 각각 1인으로 바뀌었다. 그리고 1719년에 다시 바뀌어 집정과 근시·서경윤 각각 1인
에게만 서계를 보냈다. 격식은 국서와 거의 같고 상대의 직위에 따라 보냈다. 집정에게는 예
조참판, 대마도주에게는 예조참의, 만송원(萬松院)·이정암(以酊庵)·호행장로(護行長老)
에게는 예조좌랑의 이름으로 작성하였다. 서계와 함께 항상 상대의 직위에 따른 선물 목록
(別幅)이 첨부되었으며, 일본측에 대한 회답국서와 회답서계의 양식도 정해져 있었다.
129 현재 경상남도 진해시 웅천동 일대이다. 내이포(乃而浦)는 제포(薺浦)라고도 표기하며 우리
말의 '냉이'를 뜻하는 한자 '제(薺)'와 '포(浦)'가 합쳐진 말이다. 조선 전기에 제포왜관이 있
던 곳이기도 하다. 내이포는 문종 대까지 보이다가 이후는 주로 제포라는 명칭을 사용하였
다. 성종 대 일시적으로 내이포가 나타나는데, 이는 『해동제국기』가 편찬되면서 일시적으로
영향을 준 것으로 생각된다.
130 차랑삼랑(次郎三郎, 지로사부로)이라는 일본 인명을 한자로 음사한 것이다. 이라삼보라는
『조선왕조실록』에 3차례 보이지만, 각각 서로 다른 인물로 생각된다. 각각 원도진의 객인(세

랑고라^{時郎古羅}131와 사이가 나빠서 찔러 죽이니, 그의 친구 이라시라^{伊羅時羅}132가 또한 이라삼보라를 죽였습니다. 저들이 비록 왜인이라 할지라도 여러 해 포구에 거주하여 우리나라 법령을 대강 알면서도 함부로 사람을 죽였으니, 그 죄를 마땅히 징계해야 되겠지만, 포구에 거류하고 있는 왜인은 우리나라에 귀화한 것과는 다르니, 청하건대 그냥 내버려 두고 죄를 묻지 말 것입니다"

하니, 그대로 따랐다.

8月 14日(癸巳) 6번째 기사

종정성이 토산물을 바치고 『대반야경』을 요구하다

宗貞盛遣人獻土物, 求『大般若』二部, 賜『般若經』一部及正布三百四十匹.

종정성^{宗貞盛}133이 사람을 보내어 토산물을 바치고 『대반야경』 2부를 요구하니, 『반야경』 1부와 정포 3백 4필을 내려 주었다.

종 5-6-15-4), 내이포 항거 왜인으로 시랑고라를 죽였다가 그 친구 이라시라에게 죽임을 당한 왜인(세종 10-8-13-7), 염포에 사는 왜인으로 원래 조선인이었다고 주장한 이라삼보라(세종 12-윤12-15-4)이다.

131 여기에만 보인다. 조선 초기의 항거왜인(恒居倭人)이다. 시랑고라(時郎古羅)는 본국에 돌아가지 않고 조선의 내이포(乃而浦)에 상주하면서 무역에 종사하였다.

132 조선 초기의 항거왜인(恒居倭人)이다. 이라시라(伊羅時羅)는 본국에 돌아가지 않고 조선의 내이포(乃而浦)에 상주하면서 무역에 종사하였다. 세종실록에 총 5번 등장하는데, 세종 10년 외에 나머지 표기는 이라시라(而羅時羅)로 표기되어 있는 것으로 보아, 사관이 잘못 표기한 것으로 추정된다. 참고로 시라는 사랑(四郎)의 일본어 발음을 들리는 것을 한자로 표기한 것이다.

133 대마도 도주이다. 1권 제1부 「중요인물」 '종정성' 참조.

8月 26日(乙巳) 5번째 기사

구주 순무사 평상가가 『대반야경』을 요구하는 글을 올리자 우선 정포만 내리다

九州巡撫使平常嘉, 致書禮曹曰, "正月己亥, 我國王殿下義持薨, 無守器, 弟卽位, 國事幷委于一二老臣. 我國與貴國, 交接有自來矣, 小臣亦私通好於下執事, 故馳一价以報焉. 凡同盟, 則吉凶必告, 『春秋』之例也, 想貴國亦不失相恤之義也. 夫爲生靈, 拯苦海之溺, 爲義天之梯, 無若浮屠氏之功德. 其說雖多, 而『大般若經』爲最, 前已求之不許, 今切欲之. 倘獲一部披閱, 以祈先王之冥福, 則非翅臣等折屐齒, 而先王之靈, 亦必爲貴國結草."

仍獻土物. 答書云, "諭及『大般若經』, 貴國諸鎭, 求去殆盡, 姑將正布一百一十匹, 就付回价." 石見州 藤觀心, 遣人獻土物, 回賜正布一百四匹.

구주 순무사九州巡撫使 평상가平常嘉**134**가 예조에 글을 보내기를,

"정월 기해에 우리 국왕 전하 의지義持**135**가 돌아가셨으나, 태자守器가 없기 때문에**136** 제씨弟氏**137**께서 즉위하고, 국가의 일을 모두 한두 사람

---

134 소조천상가(小早川常嘉)이다. 일본 실정시대(室町時代) 전기의 무사인 소조천칙평(小早川則平, 1373~1433)이다. 안예국(安藝國) 소전장(沼田莊) 등을 영지로 지배하였다. 막부의 명령으로 정세가 불안정한 북부 구주에 여러 차례 원정에 나섰으며, 1432년에는 구주탐제의 교체를 막부에 건의하기도 하였다. 영지는 처음에 적자(嫡子)인 지평(持平)이 계승하였으나, 지평의 불효로 다시 동생인 희평(熙平)이 맡게 되었다. 『해동제국기』에서는 안예주(安藝州) 소조천(小早川) 미작수(美作守) 지평이 보이고 그 아버지인 상하(常賀, 常嘉가 옳다)는 국왕인 족리장군(足利將軍)을 근시(近侍)한다고 하였다.

135 제4대 장군 족리의지(足利義持)가 죽은 것은 1428년 1월 18일(음력)이지만, 그가 장군의 지위를 아들인 의량(義量)에게 물려준 것은 1423년이었다. 의량이 1425년에 죽자, 의지가 장군직을 대행하였다.

136 제4대 장군 족리의지(足利義持)의 아들로 장군위에 오른 제5대 장군 족리의량(足利義量)이 있다. 족리의교(足利義敎)는 제6대 장군이다.

137 제6대 장군 족리의교(足利義敎)를 말한다. 1428년에 실정막부 장군에 취임하였다.

의 노신老臣[138]에게 맡겼습니다. 우리나라와 귀국貴國은 서로 교린한 지 오래되었고, 소신小臣도 또한 사사로이 하집사下執事에게 통호通好했기 때문에 한 사람을 보내어 보고합니다. 무릇 동맹한 사이란 길흉을 반드시 알리는 것이 춘추의 예例이니, 귀국도 서로 돕는 의리는 잃지 않으실 줄 압니다. 무릇 생령生靈을 위하여 고해苦海 속에 빠져 있는 것을 건져 주어 의천義天의 계제階梯를 만드는 것은 불씨佛氏 공덕만한 것이 없고, 그 학설은 비록 많지만 『대반야경』이 으뜸이 되니, 전에도 이를 청구했으나 허락하지 않았기에 이제 간절히 요구하는 바입니다. 혹 1부를 구독하여 열람함으로써 선왕先王의 명복을 빌게 된다면, 신 등이 다시 구하러 오지 않을 것이며 선왕의 혼령도 반드시 귀국을 위하여 결초보은結草報恩할 것입니다"

하고, 인하여 토산물을 바치니, 답서하여 이르기를,

"말한 『대반야경』은 귀국의 제진諸鎭에서 모두 구해 가서 거의 없으므로 우선 정포 1백 10필을 돌아가는 사신에게 부치노라"

하였다. 석견주石見州[139] 등관심藤觀心[140]이 사람을 보내어 토산물을 바치니, 정포 1백 4필을 회사하였다.

---

138 실정막부에서 실권을 장악한 가문은 사파무위가(斯波武衛家, 左兵衛督), 세천경조가(細川京兆家, 右京大夫), 전산금오가(畠山金吾家, 左衛門督)의 3관령가(管領家)이다.

139 석견국을 말한다. 석견국(石見國, 이와미노쿠니)은 우리나라 동해에 면한 곳으로 현재의 도근현(島根縣, 시마네켄) 중에서 출운시(出雲市)를 제외한 지역이다. 서쪽에서부터 해안부의 익전시(益田市)·빈전시(濱田市)·대전시(大田市)와 내륙 산간부로 구성된다.

140 석견국 지역의 통교자이다. 등관심은 주포겸중(周布兼仲)의 승명이며, 주포겸정(周布兼貞)의 아버지이다(세종 21-4-10-1). 1권 제1부 「중요인물」, '주포겸중' 참조.

8月 29日(戊申) 5번째 기사

좌위문대랑이 억류되어 있는 묘선 등을 돌려 보내기를 원하니 돌려 보내다

左衛門大郎, 遣人請還被留妙善等十人, 仍獻土物, 命還所諭人口,
回賜正布一百六十匹.

좌위문대랑左衛門大郎**141**이 사람을 보내어 억류되어 있는 묘선妙善 등
10인을 돌려보내 주기를 청하고, 아울러 토물土物을 바치니, 그 사람들
을 돌려보내도록 명하고 정포 1백 60필을 회사하였다.

9月 3日(壬子) 3번째 기사

양녀 가이와 사노 부금의 간통과 살인에 대해서 치죄하게 하다

刑曹啓, "靑松人良女加伊, 少時奸私奴夫金有子, 官以良賤相婚離
異, 令嫁倭奴孫多. 加伊與夫金及隣人李乃斤乃共殺孫多, 加伊律該
凌遲處死, 然初被官威, 舍有子夫而嫁倭奴, 未可與淫恣殺夫者例論.
請比律處絞, 幷斬夫金, 絞乃斤." 乃命減加伊一等, 餘依所啓.

형조에서 아뢰기를,

"청송 사람 양녀 가이加伊**142**는 젊었을 때에 사노私奴 부금夫金**143**과 간
통하여 자식까지 있었는데, 관官에서 양민이 천인과 서로 혼인했다 하여
이혼시켜 왜인 손다孫多**144**에게 시집보냈습니다. 그후 가이가 부금과 이
웃 사람 이내근내李乃斤乃와 함께 손다를 죽였으니, 가이는 율에 의하여

---

141 대마도 왜구의 우두머리이자 수직왜인이다. 1권 제1부 「중요인물」, '조전좌위문태랑' 참조.
142 현 기록과 함께 이후에 나오는 기록(세종 10-10-20-4)에 따르면 가이는 창기로 보인다. 창기란,
　　몸을 파는 기생을 뜻하는데, 이 기사의 천인이 가이임을 알 수 있다.
143 여기에만 보인다.
144 왜인 손다는 여기에만 보인다.

능지처참해야 할 것이나, 처음에 관의 위엄에 눌려 자식이 있는 남편을 버리고 왜놈에게 시집간 것이니, 음란하고 방자해서 남편을 죽인 예例로 논죄할 수 없습니다. 청컨대 교형絞刑에 처하는 율로 비부比附[145]하고, 부금은 참형에 처하고, 내근내는 교형에 처하소서"

하니, 명하여 가이에게는 한 등等을 감하게 하고, 그 나머지는 아뢴 대로 따랐다.

9月 21日(庚午) 2번째 기사

(일본 구주) 석성 종금이 토산물을 바치니 정포를 회사하다

石城 宗金, 遣人獻土物, 回賜正布六十七匹.

석성石城 종금宗金[146]이 사람을 보내어 토산물을 바치니, 정포 67필을 회사하였다.

9月 24日(癸酉) 7번째 기사

일기주의 소대랑가차가 예조에 글을 보내 인자를 내려 준 것을 사례하다

一岐州小大郎家次, 致書禮曹, 謝賜印子, 仍獻土物, 回賜正布四十六匹.

일기주一岐州의 소대랑가차小大郎家次[147]가 예조에 글을 보내어 인자印子[148]를 내려 준 것을 사례하고, 아울러 토산물을 바치니 정포 46필을 회

---

145 어떤 죄에 맞는 적합한 율문(律文)의 조항이 없을 때 사정과 조리를 고려하여 비슷한 조문(條文)과 서로 비교하여 죄를 정하는 것을 말한다.

146 박다의 승려 겸 상인이다. 세종 7-1-6-5, '종금' 주석 및 1권 제1부 「중요인물」, '종금' 참조.

147 여기에만 보인다. 가차(家次)라는 이름은 정대랑병위가차(井大郎兵衛家次), 삼랑우위문가차(三郎右衛門家次) 등 일본 인명에서 자주 보인다.

148 도서(圖書)로 생각된다.

사하였다.

10月 16日(甲午) 6번째 기사

병조에서 거제에서 생포한 왜적의 처리 문제에 대해 건의하다

兵曹據慶尙右道處置使牒呈啓, "倭船一隻來泊巨濟之南周原島, 追擒六人囚之, 沒入船隻及所載之物. 請將賊倭, 分置各官, 更推所齎物色." 從之.

병조에서 경상우도 처치사處置使[149]의 첩정牒呈[150]에 의하여 아뢰기를, "왜선 1척이 거제巨濟의 남방에 있는 주원도周原島[151]에 와서 정박하고 있으므로, 이를 추격하여 6명을 사로잡아 가두었고, 배와 그 배에 적재한 물건은 다 몰수하였습니다. 청컨대 생포한 왜적을 각 고을에 나누어 유치하고, 다시 그들이 가지고 온 물건을 조사하도록 하소서"
하니, 그대로 따랐다.

10月 26日(甲辰) 3번째 기사

태재 소이 등원만정이 산물을 내려달라는 글을 예조에 보내다

筑前州大宰少貳藤原滿貞, 致書禮曹曰, "邇來寇敵侵弊邑, 挈我僚屬, 屯于他邦. 我殿下春月卽世, 弟乃嗣位, 欲啓其賀志, 而力微無及. 若得荷貴國産物之貺, 將遂其薄禮也." 仍獻大刀·鎧·淺黃絲等物.

---

149 도안무처치사(都安撫處置使)를 말한다. 1466년에 수군절도사 즉 수사로 개칭하였다.
150 하급관청이 상급관청에 올리는 문서를 뜻한다.
151 현재의 이름은 추봉도이며『신증동국여지승람』에 이에 대한 기록이 있다. 현 위치는 경상남도 통영시의 남동부에 위치한 한산면에 속해있다. 기해동정 때 이종무가 이끄는 조선 수군이 대마도를 향해 출발한 곳도 이곳으로 생각된다.

答書, 回賜米一百石·白細苧布·黑細麻布·白細綿紬各十匹·雜彩花席十張·虎豹皮各二張·燒酒三十瓶.

축전주^{筑前州}**152**의 태재 소이^{太宰少貳} 등원만정^{藤原滿貞}**153**이 예조에 글을 보내오기를,

"근일에 구적^{寇賊}**154**이 폐읍^{弊邑}을 침범하여 우리 요속^{僚屬}들을 끌고 가서 다른 지방에서 둔치고 있었습니다. 우리 전하^{殿下}**155**께서는 지난 봄에 세제^{世弟}로서 위^位를 이으셨으니, 그 하례하는 뜻을 아뢰고자 하오나, 힘이 미약하여 미치지 못하고 있습니다. 만약에 귀국에서 산물을 주신다면 장차 그 비박한 예^禮를 이루겠습니다"

하고, 인하여 대도^{大刀}와 개^鎧와 천황사^{淺黃絲} 등의 물품을 바쳤다. 이에 답글을 보내고, 쌀 1백 석, 백세저포^{白細苧布}·흑세마포^{黑細麻布}·백세면주^{白細綿紬} 각 10필, 잡채화석^{雜彩花席}**156** 10장, 호피·표피 각 2장, 소주 30병을 회사하였다.

10月 28日(丙午) 6번째 기사

예조에서 경외의 효자·순손·절부를 찾아내어 아뢰다

禮曹訪京外孝子順孫節婦以啓, "京城東部人幼學韓允雍, 大司成

---

152 일본 고대 이래의 행정단위인 축전국(筑前國)을 말한다. 대체로 현재의 후쿠오카현 일대이다. 고대 이래 축전국의 중심은 대재부(大宰府)였으며, 구주 지역 전체를 관할하였다. 그러나 교역에 유리한 박다가 점차 발전하게 되었다.

153 북구주 지역의 호족이자 대마도 종씨의 주군이었다. 1권 제1부 「중요인물」 '소이만정' 참조.

154 소이씨(少貳氏)는 구주탐제인 삽천씨(澁川氏)와 대내씨(大內氏) 등과 분쟁 중이었다.

155 실정막부(室町幕府) 6대 장군 족리의교(足利義教)를 말한다. 제4대 장군 족리의지(足利義持)의 아우이다.

156 왕골을 여러 가지 색깔로 물들여 꽃무늬가 생기도록 짠 자리를 말한다. 권두 「교역물품」 '채화석' 참조.

黃鉉女壻也. 性厚直, 父皐早歿, 事其母至孝, 晨而省, 午而問, 昏而定, 問衣燠寒, 隨節以供衣服. 一日三進母家, 雖雨雪不廢, 其侍側也, 溫言和色, 以安母志爲心. 或得珍味, 雖少必以饋母, 若有疾, 必嘗藥以進, 色憂達曙不寐. 中部人幼學李成蹊, 司直元之獨子也. 不離親側, 怡色柔聲, 出告反面, 晨昏定省, 不敢違志. 親得疾經年, 成蹊不食甘旨, 憂念不弛, 旁求藥餌, 盡誠治療. 二親連逝, 居憂六年, 一依『家禮』, 及返魂, 成影幀, 朝夕奉獻不怠, 薦新物以時, 誠孝至今如一. 家失火, 書籍貲産, 盡爲所燒, 先奉影幀以出, 俾免於火. 前錄事全忠禮, 父死, 寢苫枕塊, 唯歠糠粥, 不嘗美味, 喪畢, 奉神主, 朝夕必祭, 又事其母, 順志不違, 出告反面, 晨昏定省, 有疾則藥必先嘗, 如此至老不改. 京畿長湍人幼學裵弘湜, 母死, 不食三日, 大斂始食粥. 廬墳三載, 寢苫枕塊, 祈寒暑雨, 侍墓側終日, 旌表其門閭, 及父歿, 哀毁蹜前喪. 安城人學生宋倫有兄三人, 倫以季子, 廬墓三年畢, 結廬墓傍, 素食省侍者, 又四年. 原平人幼學尹興智, 父死, 不食累日, 喪事一依『家禮』, 守墳三年, 歠粥不食菜果, 手自炊爨, 以供朝夕. 學生林自秀, 父死, 廬墳三年, 歠粥, 不寢茵席, 朝夕手自炊爨. 抱川人前廣興倉副丞鄭冕, 父母連逝, 廬墳六年, 與弟親負石, 築墻成砌, 晨夕必哭, 分奴婢貲産必均, 不敢以一毫加於己. 且泣曰, ‘生子願有室者, 父母之心也, 而二弟俱未得婚, 何以爲生?’ 遂以己所分得貲産土田奴婢加給. 忠淸道大興人學生金順‧前司正金可畏, 兄弟也. 遭父母喪, 歲適大饑, 順守母墳, 可畏守父墳, 織屨易粟, 躬自炊爨, 以終三年. 溫水人任山壽, 父母歿, 日擔土成墳, 守墳哭泣終六年, 每遇朔望必祭. 全羅道順天人幼學鄭江, 母歿, 父娶後妻, 江之家距父家五里許, 日三往問安, 雖盛暑雨雪不廢. 父日掃庭宇, 江每

曉先父未起, 躬自灑掃, 以代其勞, 父在未嘗遠遊, 每鄉人宴集, 過時輒
歸, 勸之留, 則曰, '未知家尊安否, 敢辭耳.' 嘗佩一囊, 得異味必盛之, 歸
遺其父, 孝誠終始不懈. 父死, 食粥寢苫, 廬墓三年. 慶尙道咸昌人金
難, 所居屋僅一間, 一日失火, 其母病不能起, 難冒火抱母以出, 俱爲火
所爛, 母三日死, 難經年得愈. 蔚山人生員宋滔, 父母俱患宿疾, 侍藥十
餘年, 父母間一歲連歿. 滔親負土石, 營墳喪制, 一從『家禮』, 不用浮屠
法, 立祠堂以安神主, 焚香晨謁, 以時祭之, 得新物輒獻. 宜寧人前司正
朴成德年九歲喪父, 及長遷葬, 白衣素食, 追服三年. 母年今七十三歲,
素患風疾, 成德侍藥不離側, 具甘旨以供. 或因軍務經宿於外, 則曰,
'母老矣.' 不食魚肉. 居昌人幼學劉安, 年十五父歿, 身自炊爨, 以供朝
夕, 擔土石營墳, 廬居三載, 終不怠, 母死, 又廬墓三年, 哀痛如父喪. 大
丘人前散員張恃, 父歿旣葬七日, 始歠粥, 不食菜果, 苫塊以居, 不結
廬, 執炊爨, 擔土石, 無不親躬, 哀慕三年, 常如侍殯之日. 母歿, 又廬墳
三載, 一日夕奠, 有虎來吼, 略無懼色, 不去墓側. 黃海道白川人韓箕
斗, 執心廉直, 父歿, 廬墓三年, 事母盡孝. 瑞興人幼學李甲耕, 母歿守
墳, 伐木耕田, 以供朝夕, 父又沒, 連六年廬墓. 咸吉道北靑人前司直李
甫家・學生申汝和, 竝居父喪, 守墳三年, 平安道撫山人學生金汝貴,
父母之喪, 俱守墳三年, 歠粥, 學生李天瑞, 父死廬墳, 得疾方劇, 不替
朝夕, 以終三年. 江西人前正設判官朴侃, 以獨子守兩親墳各三載, 躬
自炊爨供朝夕, 時至則哭泣盡哀, 每歲春秋, 親擔土加塚. 京畿安城人
書雲正鄭均妻許氏, 年三十六夫歿, 守信以居, 日供甘旨, 以養其母, 每
遇俗節及己生晨, 必獻壽. 癸卯甲辰年間, 疫疾大熾, 蒼赤亦臥, 許氏不
畏病, 具饌奉母如平時, 己與母俱無恙, 後母死, 葬于家北, 朝夕必祭,

出告反面. 京城南部人司宰副正金允和妻李氏, 夫歿葬于抱川, 守墳
三年. 京畿 積城人節制使洪尙直妻文氏, 夫歿廬於墓側, 朝夕上食, 至
大祥暫不離墓側, 制已終, 不忍遠離, 居近里, 每遇朔望及俗節必祭之.
忠淸道 公州人學生朴漢生妻鄭氏年二十, 夫棄之, 娶他妻, 父母欲嫁
之, 不從, 年三十, 其夫死, 父母又欲嫁之, 又不從. 洪州人監務李仲贇
妻林氏, 早喪夫守節, 母歿守墳三年. 少監朴孟文妻趙氏年三十九夫
歿, 守墳三年, 母歿又守墳. 全羅道全州人幼學崔以源妻李氏, 年十八
夫死, 請于父母, 葬家側. 家甚貧, 賣貨産以供朝夕, 終三年後, 父母欲
奪志, 日已定, 亡走舅姑家, 終守其節. 及第金九淵妻李氏, 年二十六夫
歿, 居于近墓之地, 朔望必親祭, 隨母居十三年, 不進酒肉, 或時製襪,
燒于墓前, 如事存焉. 南原人戶長梁佃妻, 年二十八夫歿, 父母欲嫁之,
以誓自守, 不食魚肉葷菜. 潭陽人學生崔有龍妻, 年四十四, 歲戊辰倭
寇大至, 有龍赴內廂防禦, 妻携二幼子, 匿巖下草莽中, 賊刦欲淫之, 固
拒不從, 賊以槊刺殺之, 適隣人匿其傍, 見而哀之, 賊退收屍而葬. 濟州
人中樞院副使李沈妻文氏, 年十九而嫁, 居三年, 沈如京, 無子獨居, 沈
歿, 欲娶者多, 固守其節. 旌義人職員石阿甫里介妻無命, 年二十而嫁,
居九年夫死, 無子無父母奴隸, 甘心窮餓, 求婚者衆, 終不改節. 慶尙道
慶州人茶房別監余伯壎妻尹氏年十九, 夫死無子, 又無奴僕, 家甚貧,
朔望親奠, 號泣終制, 其母欲奪志, 亡走舅姑家, 以全其節, 後服舅喪三
年不怠, 至今奉祀. 黃海道谷山人知郡事李台慶妻姜氏年二十九, 台
慶歿, 三年後四時祭享必誠, 判事曹允明欲娶之, 斷其髮不從. 象山君
之子姜鎭又欲娶之, 及門亡匿, 又斷其髮, 親屬屢禁, 卽如京, 久之乃
還, 供時祭如舊. 平安道 陽德人幼學尹元常母, 年三十二夫死, 服喪三

年, 每遇朔望祭, 不離墳側哀號, 有六子皆幼, 身親薪水之勞, 零丁獨
居, 母與親族强欲奪之, 固拒之, 養姑二十年至孝, 姑歿斬衰三年. 撫山
人記官乙奉母, 年三十三夫死, 喪三年畢. 母與親族欲奪志, 不從. 母年
八十九, 奉養益虔, 夫死二十年, 每遇忌日, 輒被髮痛哭. 慶州訓導官尹
統, 方在孩提父死, 及長, 每以不及事父爲恨, 事祖父如事父, 閔祖父年
老, 侍側日短, 辭職歸, 晨昏定省, 常不離側, 奉養務適意. 及歿, 哀號不
已, 廬墓傍, 蔬食二年, 時祭盡誠敬, 事之如生焉." 命下吏曹.

예조에서 경외京外의 효자·순손順孫·절부節婦를 찾아내어 아뢰기를,
"서울 동부東部 사람으로 벼슬하지 아니한 유학幼學인 한윤옹韓允雍은
대사성大司成 황현黃鉉의 사위입니다. 천성이 후하고 곧으며, 아버지 한
고韓皐가 일찍 죽으매, 그 어머니를 섬기는 데 효성이 지극합니다. 새벽
에 나아가서 문안하고, 한낮에도 문안드리며, 날이 어두우면 잠자리를
편히 보아드리고, 옷의 따뜻하고 차가운 것을 여쭈어 절기에 따라 의복
을 해 올립니다. 하루에 세 번 그 어머니의 집에 나아가되, 비록 비가 오
고 눈이 내리더라도 폐한 바 없으며, 그 곁에 모시고 있을 때에는 말을
공손히 하고 얼굴빛을 부드럽게 하여, 어머니의 뜻을 편하게 하여 드리
려고 생각하였습니다. 혹시 진미珍味를 얻으면 비록 적은 것이라도 반
드시 그의 어머니에게 올려 잡수시게 하며, 혹 질병이 있을 것 같으면
반드시 먼저 약을 맛보고서 바치고는 근심스러운 얼굴빛으로 새벽이
되도록 자지 않는다 합니다.

중부中部 사람 유학 이성계李成蹊는 사직司直 이원李元의 아들입니다. 어
버이의 곁을 떠나지 않으면서 기쁜 안색과 부드러운 음성으로 대하여
나갈 때에는 반드시 여쭙고, 들어오면 반드시 얼굴을 보이며, 새벽에

문안하고 저녁에 잠자리를 보아 드리는 등 감히 어버이의 뜻을 어기지 않았습니다. 어버이가 병을 얻어 해를 지나니, 성계는 맛있는 음식을 먹지 아니하고, 걱정하는 생각을 늦추지 않고서 널리 약을 구하여 지성으로 치료하였습니다. 양친이 연달아 돌아가매, 6년간의 거상居喪을 한결같이 주문공朱文公의 『가례家禮』에 의하여 하였고, 반혼返魂할 때에 따라 영정影幀을 이루니 조석으로 받들어 올리기를 게을리 하지 않았고, 새로운 음식물을 때에 따라 드리는 등 그 효성은 지금까지도 한결같습니다. 집안에서 실화失火하여 서적과 가재도구 등이 모두 타버렸으나, 먼저 영정을 받들고 나왔으므로 불에 타는 것을 면하게 하였다 합니다.

전 녹사錄事 전충례全忠禮는, 아버지가 죽으매 거적자리에 토막을 베고, 다만 겨죽糠粥만을 먹고 좋은 음식을 맛보지 않았으며, 상기喪期를 마치매 신주를 받들고는 조석으로 제사하였고, 또 그 어머니를 섬김에 있어서도 그 뜻에 순종하고 어기지 않으며, 나갈 때에는 반드시 고하고 들어오면 반드시 나아가서 얼굴을 보이며, 아침저녁으로 문안과 잠자리를 보살폈고 질병이 있으면 약을 반드시 먼저 맛보는 등 이와 같이 하기를 노년에 이르도록 고치지 않았습니다.

경기의 장단長湍 사람 유학 배홍식裵弘湜은 그 모친이 죽으니 3일간을 먹지 않다가 대렴大斂을 하고 나서야 죽을 먹었습니다. 3년간 여묘廬墓를 사는 동안 거적자리에서 토막을 베고 지냈고, 춥고 더운 날이나 비오는 날에도 무덤 곁에서 모시기를 날이 마치도록 하여, 그 동네 어귀에 정문旌門을 세워 효행을 표시하였는데, 그 부친이 죽어서는 애통해하고 파리한 모습이 전의 모친상 때보다 더하였다 합니다.

안성 사람 학생 송윤宋倫은 그 형 세 사람이 있었는데, 윤이 막내아들로서 3년간의 여묘廬墓를 마치고는 다시 분묘 곁에 여막廬幕을 얽어 세우고 소식素食하면서 모시기를 또 4년이나 하였다 하였습니다.

원평原平 사람 유학 윤흥지尹興智는 부친이 죽어서 음식을 여러 날 먹지 않았고, 상장喪葬의 모든 일을 한결같이 『가례』에 의하여 하였으며, 3년간 분묘를 지키면서 죽만 먹고 소채나 과일 조차도 먹지 않았으며 몸소 불을 때어 조석을 받들어 올렸다 합니다.

학생 임자수林自秀는 부친이 죽으매, 분묘 옆에 여막을 짓고 3년 동안 죽만 먹고 지냈으며, 인석茵席도 깔지 않았고, 조석으로 자기 손으로 불을 때어 상식을 올렸다 합니다.

포천 사람 전 광흥창廣興倉 부승副丞 정면鄭룡은 부모가 연달아 서거하매, 6년간 여묘를 살면서 아우와 더불어 몸소 돌을 등에 지고서 담장을 쌓고 계체階砌를 이루었고, 새벽과 저녁에 반드시 곡하였으며, 노비와 가산을 분배하되, 반드시 고르게 하여 감히 일호一毫도 자기에게 더하는 법이 없었습니다. 또 울면서 말하기를, '아들을 낳아 그 실가室家를 가진 것을 보기를 원하는 것이 부모의 마음인데 두 아우가 다 결혼하지 못하였으니, 어찌 살겠는가' 하고는 드디어 자기 몫으로 나누어 얻은 가재와 전토와 노비를 (그 아우들에게) 더 주었다 합니다.

충청도 대흥大興 사람 학생 김순金順은 전 사정司正 김가외金可畏의 형제입니다. 부모의 상사를 당하자, 그 해에 마침 큰 기근이 들었는데, 순은 모친의 분묘를 지키고 가외는 부친의 분묘를 지키면서, 신을 삼아 조粟를 바꾸어서 몸소 불을 때어 조석을 받들면서 3년을 마쳤습니다.

온수溫水 사람 임산수任山壽는 부모가 죽으매, 날마다 흙을 메고서 분묘를 이루어 놓고는, 분묘를 지키면서 곡읍哭泣으로 6년을 마쳤으며, (그 뒤에도) 매양 삭망^{朔望}을 당하면 반드시 제사했다 합니다.

전라도 순천 사람 유학 정강^{鄭江}은 모친이 죽으매, 부친이 후처를 맞았는데, 강의 집은 부친의 집에서 상거하기가 5리나 되는 곳에 있는데도 날마다 세 번씩 가서 문안하였고, 비록 무더운 날이나 비와 눈이 오는 날이라 하더라도 이를 폐하지 않았습니다. 그 부친이 매일 그 뜰 안을 쓸고 있는 것을 보고는 강이 매일 아침 새벽에 부친보다 먼저 일어나서 몸소 쇄소^{灑掃}의 노역을 행하여 그 노고를 대신하였으며, 부친이 있을 때에는 일찍이 멀리 출입하지 않았고, 시골 사람들의 잔치의 모임 같은 자리에도 늦게 왔다가 바로 돌아가곤 하였는데, 사람들이 머무르기를 권고하면 곧 말하기를, '가존^{家尊}의 안부를 알 수 없어 굳이 사양하는 바이라.'고 하였고, 일찍이 한 개의 주머니를 차고는 별미^{異味}를 얻으면 반드시 이것을 담아가지고 돌아가서 그 아버지에게 드렸는데, 그 효성이 시종 해태하지 않았다 하오며, 부친이 죽어서는 죽 먹고 거적 깔고 3년간 여묘를 살았다 합니다.

경상도 함창^{咸昌} 사람 김난^{金難}은 살고 있는 집이 겨우 방 한 간이었는데, 하루는 집에 불이 나서 그 모친이 병으로 일어나지 못하매, 난이 불을 무릅쓰고 들어가서 모친을 안고 나오다가 함께 불에 데어 모친은 3일 만에 죽고, 난은 1년이 지나서 겨우 나았다 합니다.

울산 사람 생원^{生員} 송도^{宋滔}는 부모가 모두 오래된 병을 앓고 있었는데, 10여 년을 모시고 약을 써오다가 부모가 1년 간격으로 연달아 죽었습니다. 도는 몸소 흙과 돌을 져다가 분묘를 조성하였으며, 상제^{喪制}에 있어서는 한결같이 『가례』를 좇고 부도^{浮屠}의 법을 쓰지 않았으며, 사당을 세워 신주를 받들어 놓고는 새벽에 나아가 분향 알현하고 때에 따라

제사하되, 새로운 음식물을 얻으면 매양 이를 드렸다 합니다.

의령宜寧 사람 전 사정司正 박성덕朴成德은 나이 아홉 살에 부친을 잃었는데, 장성하자 천장遷葬하고서는 흰 옷과 소식素食으로 3년간을 추복追服하였습니다. 그 모친의 나이는 금년에 73세인데, 본래부터 풍질風疾을 앓고 있었으므로 성덕이 몸소 약을 달여 드리며 곁을 떠나지 않았고, 맛있는 음식을 갖추어 바쳤습니다. 혹 군무軍務로 인하여 밖에서 밤을 지나게 되면, 언제나 말하기를, '우리 어머니가 너무 늙으셨다'고 하면서, 어육魚肉 등을 먹지 않았다고 합니다.

거창居昌 사람 유학 유안劉安은 나이 열다섯에 부친이 죽으매 몸소 불을 때어 조석을 올렸고, 흙과 돌을 져다가 분묘를 조성하고는 3년간 여묘살이를 하면서 끝내 게으르게 하지 않았으며, 모친이 죽어서도 또 여묘하기를 3년간 하고 애통해 하기를 부친상 때와 같이 하였다고 하였습니다.

대구 사람 전 산원散員 장시張恃는 그 부친이 죽으니, 장사하고 7일 만에 비로소 죽을 먹었으며, 채소와 과일을 먹지 않고 거적자리와 나무토막으로 거처하고 여막을 짓지 않았으며, 불 때어 조석을 받들고 흙과 돌을 지면서 분묘를 축조하는 등의 일을 모두 몸소 하였고, 3년 동안 애통하며 추모하기를 항상 빈소를 모시던 날과 같이 하였습니다. 모친이 죽으니 또 분묘 곁에 여막을 짓고 3년을 모셨는데, 하루는 석전夕奠 때에 범이 와서 크게 울어도 조금도 두려워하는 빛이 없었다 하며, 분묘 곁을 떠나지 않았다 합니다.

황해도의 배천白川 사람 한기두韓箕斗는 그 마음을 잡고 지킴이 청렴 정직하여, 부친이 죽으매 3년을 여막에서 살고, 모친을 섬기는 데 효성을 다하였다 합니다.

서흥瑞興 사람 유학 이갑경李甲耕은 모친이 죽으매 (여막에서) 분묘를 지키면서 나무를 베고 밭을 갈면서도 조석을 몸소 지어서 받들었고, 부친이 또 죽으니 연 6년간 여묘廬墓살이를 하였다 하였습니다.

함길도 북청北靑 사람 전 사직司直 이보가李甫家와 학생 신여화申汝和는 모두 부친상을 당하여 3년간을 여묘에서 살았다 하며, 평안도 무산撫山 사람 학생 김여귀金汝貴는 부모상에 모두 3년 동안 분묘를 지키면서 죽만 먹었다 하며, 학생 이천서李天瑞는 부친이 죽으매 분묘 곁에서 여막을 지키다가 질병을 얻어, 바야흐로 심한 지경에 이르러서도 조석전을 폐하지 않고 3년을 마쳤다합니다.

강서江西 사람 전 정설 판관正設判官 박간朴偘은 외아들로서 양친의 분묘를 각기 3년씩 지켰는데, 몸소 불을 때어 조석전을 올렸고, 때가 오면 곡읍하며 애모哀慕의 정을 다하였으며, 매년 봄·가을로 친히 흙을 져다가 총묘에 더하였다 합니다.

경기 안성安城 사람 서운정書雲正 정균鄭均의 아내 허許씨는 나이 36세에 남편이 죽으매, 절개를 지키고 살면서 날마다 맛있는 음식을 제공여 그 어머니를 봉양하며, 매양 속절이나 자기의 생일을 당하면 반드시 음식을 장만하여 헌수獻壽하였습니다. 계묘·갑진년 사이에는 역질疫疾이 크게 성행하여 청소년들이 눕게 되었는데도 허씨는 병을 두려워하지 않고 반찬을 갖추어 어머니를 봉양하기를 평상시와 같이 하였는데, 자기와 어머니는 모두 탈이 없었으며, 뒤에 어머니가 돌아가 집 북쪽에 장사지내고는 조석으로 반드시 제사를 지내며, 나갈 때에 반드시 고하고, 돌아와서는 반드시 뵈었다 합니다.

서울 남부南部 사람 사재감부정司宰監副正 김윤화金允和의 아내 이李씨는 남편이 죽으매 포천抱川에 장사하고 3년간 분묘를 지켰다 합니다.

경기도 적성積城 사람 절제사節制使 홍상직洪尙直의 아내 문文씨는 남편이 죽으매, 분묘 곁에 여막을 세우고 조석으로 상식上食을 올리면서 대상大祥에 이르기까지 잠시도 분묘의 곁을 떠나지 않았고, 상제喪制를 마치고서도 차마 멀리 떠나지 못하여 가까운 동리에 살면서 매양 삭망朔望과 속절에는 반드시 제사하였다 합니다.

충청도 공주公州 사람 학생 박한생朴漢生의 아내 정鄭씨는 나이 20세에 남편이 그를 버리고 다른 아내를 얻으므로 부모가 다시 시집보내려고 하여도 좇지 않았고, 나이 30세에 그 남편이 죽으매, 부모들이 또한 시집보내려고 하여도 좇지 않았다 하오며, 홍주洪州 사람 감무監務 이중빈李仲賓의 아내 임林씨는 일찍 남편을 잃자 절개를 지키며 살더니, 어머니가 죽으매 3년간 분묘를 지켰다 합니다.

소감小監 박맹문朴孟文의 아내 조趙씨는 나이 39세에 남편이 죽으매 3년간 분묘를 지켰으며, 어머니가 죽으니 또 분묘를 지켰다 합니다.

전라도 전주 사람 유학 최이원崔以源의 아내 이李씨는 나이 18세에 남편이 죽으매 부모에게 청하여 집 곁에 장사하게 하고, 집이 몹시 가난하였으나 가산을 팔아서 조석을 받들었는데, 3년을 마친 뒤에 부모가 다시 시집보내려고 날을 이미 정해 받았는데도 시부모의 집으로 도망하여 끝내 그 절개를 지켰다 합니다.

급제及弟 김구연金九淵의 아내 이李씨는 나이 26세에 남편이 죽으니, 분묘에 가까운 곳으로 와서 살면서 삭망으로 반드시 친히 제사하였으며, 모친을 따라 13년간을 살면서 술과 고기를 입에 대지 않았고, 혹 때로는 버선을 만들어서 무덤 앞에 사르는 등 살아있는 사람을 섬기듯이 하였다 합니다.

남원 사람 호장戶長 양전梁佃의 아내는 나이 28세에 남편이 죽으매 부모가 시집 보내려고 하니, 스스로 절개 지킬 것을 맹서하고 어육魚肉과 훈채葷菜를 먹지 않았다 합니다.

담양 사람 학생 최유룡崔有龍의 아내는 나이가 44세인데, 무진년에 왜구가 대거 침입하매 유룡은 내상內廂으로 들어가서 이를 방어하고, 아내는 두 어린 아들을 이끌고 바위 아래 풀섶 가운데 숨어 있었던바 적이 달려들어 강간하여 하니, 완강히 거절하고 좇지 않으므로, 적이 마침내 그를 창으로 찔러 죽였는데, 마침 이웃 사람이 그 곁에 숨어 있다가 이를 보고 불쌍히 생각하여 적이 물러간 뒤에 시체를 거두어 장사하였다 합니다.

제주 사람 중추원中樞院 부사副使 이침李沈의 아내 문文씨는 나이 19세에 시집갔는데, 3년 만에 침沈은 서울로 가고 자식도 없이 홀로 살다가, 침이 죽으니 구혼하는 사람이 많았으나 굳게 그 절개를 지켰다 합니다.

정의旌義 사람 직원職員 석아보리개石阿甫里介의 아내 무명無命은 나이 20에 시집갔다가 9년 만에 남편이 죽고 자식도 없었으며, 부모와 노예도 없었으나, 곤궁과 기아飢餓를 달게 여겼고, 청혼하는 자들도 많았으나 끝내 절조를 고치지 않았다 합니다.

경상도 경주 사람 다방 별감茶房別監 여백훈余伯壎의 아내 윤尹씨는 나이 19세에 남편이 죽으매, 아들도 없고 노복奴僕도 없이 집이 몹시 가난하였으나, 삭망朔望에는 친히 전奠을 드리고 울부짖으며 복제服制를 마쳤는데, 그 모친이 다시 시집보내려고 하니, 시부모의 집으로 도망해 와서 그 절개를 보전하였고, 그 뒤 시아버지의 복服을 입었을 때에도 3년을 게을리 하지 않았으며, 지금까지도 그 제사를 받들고 있다 합니다.

황해도 곡산谷山 사람 지군사知郡事 이태경李台慶의 아내 강姜씨는 나이 29세에 남편 태경이 죽으매, 3년 뒤에도 사시四時의 제향을 반드시 정성껏 지냈고, 판사判事 조윤명曹允明이 그를 취하려고 하였으나 그의 머리를 깎고 좇지 않았으며, 상산군象山君의 아들 강진姜鎭도 또한 그를 취하려고 하였는데, 그 집 문에 이르자 도망하여 숨고 또 머리를 깎으므로 친족들이 누차 금지하였던바, 즉시 서울로 갔다가 오랜 뒤에 돌아와서 시제時祭를 받들기를 전과 같이 하였다 합니다.

평안도 양덕陽德 사람 유학幼學 윤원상尹元常의 어머니는 나이 32세에 남편이 죽으매 3년의 상복을 입었고, 매양 삭망제朔望祭를 당하면 분묘 곁을 떠나지 않고 슬피 호곡號哭하였으며, 여섯 명의 아들이 모두 어려 몸소 나무하고 물 긷는 노고를 다하면서 외롭게 살아가매, 그의 모친이 친족과 더불어 그 뜻을 억지로 빼앗으려고 하니 굳게 거절하고, 시어머니를 20년 동안 지극한 효성으로 받들었습니다. 시어머니가 죽자, 3년간 참쇠斬衰의 복을 입었다 합니다.

무산無山 사람 기관記官 을봉乙奉의 어머니는 나이 33세에 남편이 죽어 3년의 상기喪期를 마쳤는데, 그의 모친이 친족과 더불어 시집보내려는 것을 완강히 거절하였고, 모친의 나이가 89세인데도 더욱 공경히 봉양하며, 남편이 죽은 지 20년이 되도록 매양 그 기일忌日만 당하면 언제나 머리를 풀고 통곡한다 합니다.

경주의 훈도관訓導官 윤통尹統은 바야흐로 해제孩提의 아동으로 있을 때에 그 부친이 죽었는데, 장성하자 매양 그 부친을 미처 섬겨 보지 못한 것을 한스럽게 여기고, 조부를 섬기기를 아버지 섬기듯이 하더니, 그 조부가 연로하여 (앞으로) 곁에 모실 날이 짧음을 민망히 생각하여, 벼슬을 사양하고 돌아와서 새벽에 문안드리고 저녁으로 자리를 보살펴 드리는 등 항상 곁을 떠나지 않았으며, 봉양할 때에는 조부의 뜻에 맞도록 힘썼으며, 조부가 돌아가서는 애통하게 호곡하기를 그치지 않았고, 분묘 곁에 여막을 세우고 소식素食하며 2년을 지켰는데, 시제時祭를 당하면 성경誠敬을 다하여 생존하였을 때와 같이 섬겼다 합니다"

하니, 이를 명하여 이조에 내리게 하였다.

11月 26日(甲戌) 3번째 기사
일본의 대내전과 소이전에 물건을 보내게 하다

禮曹據日本通信使朴瑞生手本啓, "大內殿自其先世, 誠事我國, 禁制賊倭, 戊子年, 通信副使李藝, 遭風漂到石見州幾死, 大內殿盡心救護, 給糧米四十石, 船價錢一百貫, 粧船護送. 每當本國使臣之行, 於賊路要害之處, 悉令護送, 今乃奪據九州, 摠領諸島, 非他酋倭之比. 若小二殿則失其本土, 寄生菊池地, 且今已厚賜糧米雜物, 請以賜小二殿之物, 移賜大內殿, 加賜豹皮一張・虎皮二張・細紬苧布各五匹・彩花席五張."

命大內殿所送物件, 依所啓加數, 小二殿賜送之物, 亦依舊例贈之.

예조에서 일본 통신사 박서생朴瑞生**157**의 수본手本에 의하여 아뢰기를,

---

157 생몰년 미상. 조선 전기의 문신. 음보(蔭補)로 성균학정(成均學正)이 되었으며, 1401년(태종 1) 증광문과에 병과로 급제하였다. 1407년 문과중시에 을과로 급제, 우정언에 제수되고 전 20결과 노비 1구(口)를 하사받았다. 정언을 거쳐 이듬해 병조좌랑이 되었으나 반차(班次)를 무시한 것이라는 사간원의 탄핵을 받아 파직되었다. 1419년(세종 1) 사헌부집의가 되었고, 다음 해 4월 장령(掌

"대내전大內殿[158]은 그 선대로부터 성심으로 우리나라를 섬겨 왜적의 무리들을 금제禁制하였고, 무자년에 통신 부사通信副使 이예李藝[159]가 해상에서 바람을 만나 석견주石見州[160]에 표류하여 사경死境에 이른 것을, 대내전이 진심으로 구호하였으며, 식량 40석과 배값으로 돈 1백 관貫을 주어 선척을 수리하여 호송하였습니다. 매양 본국의 사신의 행차를 당하면 해적들이 출몰하는 요해처를 모두 호송하게 하더니, 이제 드디어 구주九州를 탈취 점거하여 여러 섬을 총괄하여 거느리고 있어 다른 왜인 추장의 유가 아닙니다. 소이전小二殿[161]은 그 본토를 잃고 국지菊池[162]에 기생하는 데다가 또 이미 양미糧米와 잡물을 후히 내리셨으니, 청하건대 소이전에 내리실 물품을 대내전에게 옮겨 내리시되, 표피 1장, 호피 2장, 세주細紬·저포 각 5필, 채화석彩花席[163] 5장을 더하여 내려 주소서"

───────

令) 정연(鄭淵)과 함께 철원에 가려는 상왕(上王, 태종)을 간하다가 의금부에 하옥되었다. 1426년(세종 8) 대사성이 되고 1428년 11월 대사성으로 통신사가 되어 일본에 갔다가 다음해 12월에 돌아왔다. 1429년 우군첨총제(右軍僉摠制), 이듬해 집현전부제학, 1431년 공조참의·병조참의에 임명되고 1432년 병조좌참의·판안동대도호부사(判安東大都護府事)를 지냈다. 1433년 4월, 앞서 통신사로 일본에 다녀와 수차(水車)의 이점을 건의하여 농사 기술의 혁신을 가져왔다. 청백리에 녹선(錄選)되었으며, 비안의 구천서원(龜川書院)에 제향되었다(『조선시대 대일외교 용어사전』).

158 대내씨의 11대 당주 대내성견(大內盛見, 1377~1431)이다. 1396년 구주탐제 삽천만뢰(澁川滿賴)를 도와 소이씨(少貳氏)·국지씨(菊池氏)와 싸우기 위하여 구주로 건너가기도 하였다. 1425년 구주탐제 삽천의준(澁川義俊)이 소이만정(少貳滿貞)·국지겸조(菊池兼朝)에 패하자 다시 구주로 가서 반란을 평정하였다. 이후 삽천만직(澁川滿直)을 도와 구주에서 세력확대를 꾀하였으며, 1429년에는 막부 직할령이 된 축전(筑前)의 대관(代官)이 되었다. 1431년 소이만정·대우지직(大友持直)과 싸우다 축전 이토군(怡土郡)에서 전사하였다.

159 계해약조의 체결을 이끌어내는 등 세종 대에 크게 활약한 인물이다. 1권 제1부 「중요인물」 '이예' 참조.

160 석견국(石見國, 이와미노쿠니)은 우리나라 동해에 면한 곳으로 현재의 도근현(島根縣, 시마네켄) 중에서 출운시(出雲市)를 제외한 지역이다. 서쪽에서부터 해안부의 익전시(益田市)·빈전시(濱田市)·대전시(大田市)와 내륙 산간부로 구성된다. 조선과 통교한 주포씨(周布氏)의 본거지이다.

161 소이만정(少貳滿貞, 1394~1433)이다. 1권 제1부 「중요인물」 '소이만정' 참조.

162 비후국(肥後國)의 국지(國池) 지역을 말한다. 국지씨(菊池氏)의 거점이다.

163 왕골을 여러 가지 색깔로 물들여 무늬가 생기도록 짠 자리를 말한다. 권두 「교역물품」 '채화석' 참조.

하니, 명하여 대내전에 보낼 물건은 아뢴 대로 수량을 더하여 보내고, 소이전에 내려 보낼 물건도 또한 전례에 의하여 보내게 하였다.

11月 26日(甲戌) 4번째 기사
돌아가는 소이전의 사객에게 예물을 함께 보낼 것을 논의하다

禮曹啓, "小貳殿使客將告還." 上曰, "通信使之行, 當贈禮物于小二殿." 禮曹判書申商對曰, "小二殿所居, 非我國使臣經過之地, 且前者厚贈使人以送, 亦足矣." 上曰, "日本諸處, 皆贈信物, 獨小二殿無之, 雖非經過之地, 無乃未安乎?" 商曰, "小二殿曾征三島, 有大功於我國, 今宜贈信物."

예조에서 아뢰기를,

"소이전小二殿의 사객使客이 돌아가겠다고 고해 왔습니다"

하니, 임금이 말하기를,

"통신사가 가는 길에 마땅히 예물을 소이전에게 내려 줄 것이다"

하였다. 예조 판서 신상申商이 대답하기를,

"소이전이 사는 곳은 우리나라 사신의 경과하는 땅이 아니요, 또한 앞서도 후하게 내려 주었으니 사자를 보내어 준 것만으로도 족했습니다"

하니, 임금이 말하기를,

"일본 여러 곳에 모두 통신을 교환하는 예물을 주면서 홀로 소이전에게만 없다면 비록 경과하는 땅이 아니더라도 미안하지 않겠는가"

하였다. 신상이 또 말하기를,

"소이전은 삼도三島[164]를 정벌하여 우리나라에 큰 공로가 있었으니, 이제 마땅히 예물을 주어야 할 것입니다"

하였다.

12月 7日(甲申) 2번째 기사
신주의 사위 하례와 전주의 치제를 위해 일본 통신사들이 길을 떠나다

日本通信使大司成朴瑞生·副使大護軍李藝·書狀官前副校理金克柔發行, 賀新主嗣位, 致祭前主. 書契曰, "今因九州來使, 乃知新膺景命, 以正位號, 不勝欣慶, 爰遣臣成均大司成朴瑞生·大護軍李藝, 往致賀禮. 不腆土宜, 祗表寸忱, 切希領納. 惟貴國與我邦世修舊好, 未嘗少渝, 今善繼善述, 益敦信義, 以永終譽, 豈非兩國之幸歟? 禮物, 鞍子一面·黑細麻布·白細苧布·白細綿紬各二十匹·人蔘二百觔·虎豹皮各一十領·蘭草方席·滿花寢席各一十張·松子五百觔·淸蜜二十斗."

祭文曰, "嗚呼惟靈! 好善有誠, 保釐桑域, 以育民生. 昔嘗修講, 以信以睦, 發還俘虜, 且禁草竊, 謂當永世, 愈久愈篤, 豈意一朝, 幽明奄隔? 訃音初至, 不勝痛悼, 山海阻脩, 末由遽弔. 聊薦薄奠, 辭以敍哀, 靈其不昧, 諒予至懷."

祭具, 白細苧布·黑細麻布各二十匹. 禮曹致書對馬島宗貞盛曰, "今我殿下, 聞日本殿下嗣位, 遣使致賀, 惟撥船護送." 賜米二十石·白細綿紬白細苧布各三匹·雜彩花席五張. 致書左衛門大郎, 賜白細苧布五匹·燒酒三十瓶. 致書九州西府少貳藤公及九州都元帥源公等, 各賜白細綿紬白細苧布各五匹·彩花席十張·豹皮一張·虎皮

---

164 대마도 일기도 송포(松浦) 지역으로 보는 견해와 대마도 일기도 구주로 보는 견해가 있다.

二張. 致書一岐州志佐源公及佐志, 各賜白細縣紬白細苧布各五匹·雜彩花席十張, 致書大內多多良持世, 賜白細紬苧布各十匹·彩花席十五張·豹皮二張·虎皮四張.

일본 통신사 대사성大司成[165] 박서생朴瑞生[166]·부사副使 대호군大護軍[167] 이예李藝[168]·서장관 전 부교리副校理 김극유金克柔가 길을 떠나는데, 신주新主의 사위嗣位를 하례하고 전주前主에게 치제致祭하기 위함이었다. 그 서계書契에 이르기를,

"이제 구주九州에서 온 사객으로 인하여 비로소 새로 큰 명을 받아 위호位號를 바로함을 알았는데, 기쁘고 경사로운 마음 이길 수 없어, 이에 사신 성균대사성 박서생과 대호군 이예를 보내어 귀국에 가서 하례를 드리게 하는 바입니다. 변변하지 못한 토산물은 조그마한 성의를 표한 것뿐이니 영납하기를 간절히 바랍니다. 생각하건대 귀국과 우리나라는 대대로 옛 호의好誼를 닦아 일찍이 조금도 변한 적이 없었는데, 이제 선대의 뜻을 잘 이어받아 더욱 신의를 돈독히 하여, 끝내 그 명예를 영구히 한다면 이 어찌 양국의 다행한 일이 아니리오. 예물로 안장鞍子 1면面, 흑세마포黑細麻布·백세저포白細苧布·백세면주白細綿紬 각 20필, 인삼 2백 근斤, 호피·표피 각 10영領, 난초방석蘭草方席·만화침석滿花寢席 각

---

165 조선시대 성균관에 둔 정3품 당상관(堂上官)으로 정원은 1원이다. 유학과 문묘의 관리에 관한 일을 담당하였다.
166 1428년 11월 대사성으로 통신사가 되어 일본에 갔다가 다음해 12월에 돌아왔다. 세종 10-11-26-3, '박서생' 주석 참조.
167 관계상으로는 건공(建功)·보공장군(保功將軍) 등으로 별칭되었다. 고려 때의 대장군이 조선 초기 도위첨사(都尉僉事)로 개칭되었다가 태종초에 다시 대호군으로 바꾸었다. 조선시대 오위(五衛)의 종3품 관직이다.
168 계해약조의 체결을 이끌어내는 등 세종 대에 크게 활약한 인물이다. 1권 제1부 「중요인물」 '이예' 참조.

10장, 송자松子 5백 근, 청밀淸蜜 20두斗를 보냅니다"

하였고, 그 제문祭文에 이르기를,

"아아, 영령이여, 선善을 좋아하고 성誠이 있어 부상扶桑의 지역을 보유해 다스리고 민생을 기르셨도다. 옛 부터 일찍이 강화講和 수호修好하매, 신의와 친목으로 포로된 자를 돌려보내셨고, 또 초야의 절도를 금지하여 마땅히 오래도록 더욱 더 돈독하리라 여겼더니, 어찌 하루아침에 홀연히 유명幽明으로 막힐 것을 뜻하였으리오. 부음訃音이 처음 이르매 깊이 애도하는 마음 견딜 수 없었으나, 산과 바다가 막히고 또한 멀어서 즉시 조위할 길이 없었나이다. 이에 비박한 전물奠物을 드리고 말로써 슬픈 정을 펴노니, 영령이시어, 어둡지 않으시면 나의 이 지극한 회포를 살펴 주소서"

하고, 제구祭具로 백세저포·흑세마포 각 20필을 보내었다. 예조에서 대마도 종정성宗貞盛**169**에게 치서致書하여 말하기를,

"이제 우리 전하께서 일본 전하**170**의 사위嗣位함을 들으시고 사신을 보내어 치하하시니 선척을 발송하여 호송해 주기 바라오"

하고, 쌀 20석, 백세면주·백세저포 각 3필, 잡채화석雜彩花席**171** 5장을 내려 주었다. 또 좌위문대랑左衛門大郎**172**에게 치서하고 백세저포 5필, 소주 30병을 하사하였습니다. 구주九州 서부西府**173** 소이少貳 등공藤公**174**

---

169 대마도 도주이다. 1권 제1부 「중요인물」 '종정성' 참조.
170 실정막부의 6대 장군 족리의교(足利義敎, 장군 재직 1428~1441)를 가리킨다.
171 왕골을 여러 가지 색깔로 물들여 여러 가지 꽃무늬가 생기도록 짠 자리를 말한다. 권두 「교역물품」 '채화석' 참조.
172 대마도 왜구의 우두머리이자 수직왜인이다. 1권 제1부 「중요인물」 '조전좌위문태랑' 참조.
173 정서부(征西府)로 생각된다. 남북조시대에 남조의 회량친왕(懷良親往)이 정서대장군(征西大將軍)에 임명되어 구주로 오자 소이씨(少貳氏)는 이에 협조하여 하였다.
174 등원씨(藤原氏) 혹은 무등씨(武藤氏)에 대한 존칭으로 소이만정(少貳滿貞, 1394~1433)을

과 구주 도원수都元帥[175] 원공源公[176] 등에게 치서하고, 각기 백세면주·백세저포 각 5필, 채화석彩花席 10장, 표피 1장, 호피 2장을 하사하였습니다. 일기주一岐州[177] 지좌志佐[178] 원공源公[179] 및 좌지佐志[180]에게 글을 보내고 각기 백세면주·백세저포 각 5필 잡채화석 10장을 하사하였으며, 대내大內 다다량지세多多良持世[181]에게 글을 보내고 백세주白細紬·저포 각 10필, 채화석 15장, 표피 2장, 호피 4장을 하사하였다.

12月 9日(丙戌) 8번째 기사

(대마도의) 좌위문대랑이 토산물을 바치다

左衛門大郎, 遣人獻土物.

좌위문대랑[182]이 사람을 보내어 토산물을 바쳤다.

가리킨다. 1권 제1부 「중요인물」 '소이만정' 참조.

175 도원수는 임시 관직으로 전쟁시 임명되며, 군정(軍政) 양쪽을 통솔하는 역할로 인해 보통 문관 중에서 최고위 관료가 임명되는 경우가 많았다. 이 기사에서는 구주탐제(九州探題)를 조선의 관직인 도원수라고 한 것이다.

176 원공은 원씨(源氏)를 높여 부른 말이다. 세종 8년에 나오는 구주 도원수(九州探題)는 원의준(源義俊, 澁川義俊, 1400~1434)이다.

177 구주와 대마도 사이의 섬으로 북구주 송포(松浦) 지역의 세력들이 분할하여 지배하였다.

178 북구주 송포 지역의 지명으로 왜구의 거점 중 하나이다. 현재의 장기현(長崎縣) 송포시(松浦市)의 일부이다.

179 1423년과 1429년에 지좌(志佐)의 원중(源重)이 보이므로, 이 기사의 원공도 원중일 것이다(세종 5-2-26-4, 세종 11-4-20-4). 원중은 하송포(下松浦) 지좌(志佐)를 거점으로 하는 지좌씨 일족의 우두머리이다. 무가관위는 일기수(壹岐守)인데, 『조선왕조실록』에는 일기주 태수로 보인다. 세종 3년에 대마도 좌위문대랑과 함께 사자를 파견한 이후(세종 3-8-3-5), 세종 6년까지 여섯 차례에 걸쳐 조선에 사자를 파견하였다(세종 6-10-6-7). 아버지는 원조(源調)이고 아들은 원의(源義)이다.

180 일본 구주 좌하현(佐賀縣) 북서부에 있는 도시인 당진(唐津, 카라쯔)에 속한 지역이다. 동송포반도를 거점으로 한 이른바 왜구 세력의 하나였다.

181 대내지세(大內持世, 1391~1441)이다. 대내씨의 12대 당주이고 10대 당주 대내성견(大內盛見)의 아들이다. 장문(長門) 축전(筑前) 풍전국(豊前國)의 수호였다. 다다량은 대내씨로 칭하기 이전의 성씨이다.

182 대마도 왜구의 우두머리이자 수직왜인이다. 1권 제1부 「중요인물」 '조전좌위문태랑' 참조.

12月 14日(辛卯) 3번째 기사

구주의 종금이 예조에 글을 올리다

九州 宗金致書禮曹曰, "竊承大國差行人將弔我喪, 時氣向寒, 遼海
萬里, 風濤不穩, 待春發船, 不亦宜乎? 此一事也. 方今九州威權, 在大
友與大內二公. 若先遣行人, 通好於二公, 二公必傾倒焉, 此又一事
也. 小人沐恩渥已久, 苟利於大國, 力能爲之, 故敢以二事, 私於足下."

仍獻土物, 且諭大友殿求田犬之意, 回賜正布一百四十七匹·田犬
二隻. 藤原滿貞遣人來獻土物, 回賜正布十三匹. 宗彦七盛國致書請
還被留人, 仍獻土物, 答書, 刷還十六名, 回賜正布十四匹.

구주九州의 종금宗金[183]이 예조에 글을 올리기를,

"가만히 듣자오니 대국大國에서 사절行人을 보내어 장차 우리나라의
상사喪事를 조위하고자 하신다니, 방금 천기가 한절寒節을 향하고 있을
뿐더러 만리 바닷길에 풍파가 안온하지 못하므로, 봄을 기다려서 선척
을 발송하시는 것이 또한 마땅하지 않겠습니까. 이것이 하나이요, 방금
온 구주九州의 위엄과 권한이 대우大友[184]와 대내大內[185] 2공公에게 있습

---

183 구주 박다의 승려이자 상인이며 수도서왜인이다. 1권 제1부 「중요인물」 '종금' 참조.
184 대우씨(大友氏)는 겸창시대부터 전국시대에 걸쳐 구주의 풍후국(豊後國, 현재의 大分縣)을 본
  거로 한 무사가문이다. 풍후 및 축후(筑後) 등 북구주를 지배한 수호대명(守護大名)이었고,
  전국시대에는 전국대명(戰國大名)으로 성장하여 풍전·비전·비후·축전의 6개 지역을 차지
  하기도 하였다. 북구주 지역에서는 대내(大內)·대우(大友)·소이(少貳)·국지(菊池) 사이의
  오랜 다툼이 있었는데, 1431년 대우씨 12대 당주(當主) 대우지직(大友持直)이 대내성견(大內盛
  見)을 물리치고 구주의 권익을 확보하였다. 그러나 곧 대내지세(大內持世)의 반격을 받았다.
185 본주(本州) 주방국(周防國)을 본거지로 한 무사가문으로 조선이 건국될 무렵에는 화천(和
  泉)·기이(紀伊)·주방(周防)·장문(長門)·풍전(豊前)·석견(石見) 6개 지역을 다스리는 수
  호대명(守護大名)이 되었고 조선과도 독자적인 교역을 행하여 대내씨의 최성기를 맞았다. 대
  내성견 때 이르러 북구주로 진출하였다. 당시 금천료준(今川了俊)의 뒤를 이어 실정막부 장군
  가의 일족인 삽천씨(澁川氏)가 구주탐제를 맡고 있었으나, 대내씨가 북구주를 관할하게 되었
  다. 그러나 1431년 대내성견은 소이만정(少貳滿貞)·대우지직(大友持直)과 싸우다 죽었다. 뒤
  를 이은 대내지세(大內持世)는 실정막부 6대 장군 족리의교(足利義敎)의 신임을 얻어 축전수

니다. 만약 먼저 사자를 보내어 2공에게 화호^{和好}를 통하신다면 2공이 반드시 마음을 기울여 다할 것이니, 이것이 또 하나입니다. 소인^{小人}이 두터운 은덕을 입은 것이 이미 오래인지라, 진실로 대국에 이익이 되는 일이라면 힘으로 능히 다할 수 있기 때문에, 감히 이 두 가지 일로 귀하에게 사견을 올리는 바입니다"

하고, 거듭하여 토산물을 바치고 또 대우전^{大友殿}이 사냥개^{田犬}를 구하는 뜻을 고하니, 정포 1백 47필과 사냥개 2마리를 회사하였다. 등원만정^{藤原滿貞}[186]이 사객을 보내어 토산물을 바쳐 왔으므로 정포 13필을 회사하였다. 종언칠성국^{宗彦七盛國}[187]이 글을 보내어 피류된 사람의 방환을 요청하고 인하여 토산물을 바치므로, 답서하고 피류자 16명을 돌려보내면서 정포 14필을 회사하였다.

호(筑前守護)에 임명되었다. 소이씨·대우씨를 정벌하여 북구주에서 대내씨의 우위를 확립하였다. 1441년 지세(持世)가 죽자 대내성견의 아들인 대내교홍(大內敎弘)이 뒤를 이었다.

186 소이만정을 말한다. 1권 제1부 「중요인물」 '소이만정' 참조.

187 대마도 8대 도주인 종정무(宗貞茂)의 아들이자, 11대 도주 종정국(宗貞國)의 아버지이다. 종언칠(宗彦七), 종성국(宗盛國)이라고도 한다.

세종 11년

(1429 己酉/일본 영향(永享) 2年)

1月 5日(壬子) 3번째 기사

유맹문이 사신으로 가는 자들의 물품을 엄히 규제하라고 상소하다

左司諫柳孟聞等上疏曰, "交隣, 有國之重事, 奉使, 人臣之大節. 爲使臣者, 苟不以禮義自守, 廉恥自勵, 則辱君命·虧使節矣. 我朝交隣以道, 頻遣朝臣, 講信修好, 其慮深矣. 然前此奉命之臣, 不體上意, 貪利重物, 以辱君命者, 間或有之. 思厥所由, 豈非禁防之未嚴乎? 況於奉使赴京之時, 嚴立禁防, 猶有干憲者矣. 獨於交隣之際, 未立此法, 而多挾私貨, 敢行買賣, 以致辱命可乎? 且島夷之俗, 雖曰無知, 蠢蠢之中, 必有識者, 豈可以汚辱之名, 加我禮義之邦, 而敢欺耶? 伏望殿下命下攸司, 依赴京朝臣之例, 定其禁物, 限其所齎, 令其道監司, 嚴加考察, 搜檢物件, 如有冒濫者, 隨卽啓聞, 按律科罪, 俾全使節."

命下禮曹.

좌사간[1] 유맹문柳孟聞 등이 상소하기를,

1　좌사간대부(左司諫大夫)의 준말로 조선시대에 사간원에 속한 정삼품 벼슬이며 태종 1년

"교린은 나라의 중대한 일이요, 봉사奉使[2]는 인신의 대절大節입니다. 사신이 된 자가 진실로 예의로써 스스로 지키고, 염치로써 행하지 않으면, 군명君命을 욕되게 하고 사절使節을 훼손하게 됩니다. 우리 조정에서 교린하는데 도道로써 하여, 자주 조신을 보내어 신의를 맺고 화호和好를 닦으시니, 그 생각이 깊으십니다. 그러나 앞서 봉명奉命[3]한 신하들이 성상의 뜻을 몸 받지 아니하고 이익을 탐하고 재물을 중히 여겨 군명을 욕되게 한 자가 간혹 있었습니다. 그 연유를 생각해 보건대, 어찌 금방禁防이 엄하지 못한 때문이 아니겠습니까. 더군다나 사명을 받들고 북경으로 갈 때에 금방을 엄하게 세웠어도 오히려 법을 범하는 자가 있으니, 오로지 교린할 때에만 이런 법을 세우지 아니하여, 사화私貨[4]를 많이 가지고 가서 매매하여 왕명을 욕되게 하여서야 되겠습니까. 또 섬 오랑캐의 풍속이 비록 무지하다고 하나, 그 어리석은 자 들 중에 반드시 식자識者가 있을 것이니, 어찌 우리 예의의 나라에 오욕을 끼칠 수 있겠으며 감히 속일 수 있겠습니까. 바라옵건대 전하께서 유사攸司에 명을 내리시어, 북경에 가는 사신의 예에 따라 금지 물품을 정하고 그 가지고 가는 수량을 한정하여, 그 도의 감사로 하여금 엄중하게 고찰하고 물건을 수색하게 하여, 만일 모람되게 가진 자가 있으면 즉시 아뢰게 하고, 율대로 과죄하여 사절을 온전히 하도록 하소서"

하니, 명하여 예조에 내렸다.

　(1401)에 좌간의대부를 고친 것이다.
2　사명(使命)을 받드는 것을 말한다. 왕이 명한 대로 사신의 역할을 수행하는 것이다.
3　임금이나 윗사람의 명령을 받드는 것을 말한다.
4　사사로운 재물을 말한다.

1月 13日(庚申) 3번째 기사

내이포에 사는 실화한 왜인들에게 환상곡을 헤아려 주도록 하다

禮曹啓, "乃而浦留住倭三十七戶失火, 家財米穀, 盡爲所燒, 請擇絶糧者, 量給還上." 從之.

예조에서 아뢰기를,

"내이포[5]에 머물러 사는 왜인 37호가 실화失火하여 그 가재와 미곡을 다 태워버렸으니, 청컨대 양식이 떨어진 자를 가려서 환상곡還上穀[6]을 헤아려 주도록 하소서"

하니, 그대로 따랐다.

1月 24日(辛未) 2번째 기사

통신사들이 일본에 갈 때 금은 · 동전 · 화문석 등의 물건을 가지고 가는 것을 금하다

禮曹啓, "日本通信使, 從水路累月往還, 遲速難期. 請自今使以下私齎布物, 許於赴京之行, 倍數齎去, 金銀 · 銅錢 · 花席 · 虎 · 豹皮等物, 一皆禁斷, 監司發差使員, 憲府亦遣吏搜檢." 從之.

예조에서 아뢰기를,

"일본 통신사는 수로水路를 따라 여러 달 걸려 왕복하므로, 그 지속을 예기하기 어렵습니다. 청컨대 이번 사신부터는 사사로이 가지고 가는

---

5 현재 경상남도 진해시 웅천동(熊川洞)에 있으며 조선시대 제포(薺浦)라고도 한 이 지역은 군사적 요지로 웅천과 창원을 방어하고 마산포의 해상운송을 돕는 역할을 하였다. 조선은 1443년에 계해조약으로 부산포 · 제포 · 염포에 왜선의 내왕 및 왜인의 체류를 허가하였다.

6 환곡(還穀)과 같다. 각 고을에서 백성에게 꾸어주던 사창에 간직한 곡식으로, 봄에 내어 주었다가 가을에 받아들였다.

포물布物들은 북경에 가는 사신보다도 배나 되는 수량을 가지고 가도록 허용하되, 금은·동전·화문석花紋席·호피·표피 등의 물건은 일절 모두 금단하고, 감사는 차사원差使員[7]을 보내고, 헌부에서도 또한 이원吏員[8]을 보내어 이를 수검搜檢하게 하소서."

1月 25日(壬申) 7번째 기사
경상도 연해에 왜구에 대비하기 위하여 성보를 수축하도록 하다

許稠啓, "自古昇平日久, 則備禦懈弛, 以致不虞之患. 慶尙道沿海各官, 倭寇朝夕往還, 而城堡不完, 不可不慮. 臣願不限歲月, 每當農隙築之, 期以十年, 則城堡完固矣." 上然之, 卽命右副代言鄭淵曰, "許稠之言, 防微慮遠之計也, 慶尙沿海各官築城之事, 其告于兩議政."

허조가 아뢰기를,

"예로부터 태평한 세월이 오래 계속되면, 수비와 방어하는 일이 흔히 해이하게 되어, 불우不虞의 환란을 당하게 되는 것입니다. 경상도 연해 각 고을에는 왜구들이 아침저녁으로 오고가고 하는데, 성보城堡가 완전하지 못하오니 이를 염려하지 않을 수 없습니다. 신은 원컨대 세월을 한정하지 말고 매양 농한기만 되거든 이를 수축하되, 이처럼 10년 동안만 계속하오면 성보가 완고할 것입니다"

하니, 임금이

"참 그렇도다"

하고, 즉시 우부대언 정연鄭淵에게 명하여 말하기를,

---

7 조선시대 각종 특수 임무의 수행을 위하여 임시로 차출, 임명되는 관원을 말한다.
8 관청의 관리를 이른다.

"허조의 말은 위해危害를 미연에 방지하고 먼 앞날을 염려하는 계책이니, 경상도 연해 각 고을에 성을 쌓는 일을 두 의정議政에게 고하라"
하였다.

2月 10日(丙戌) 1번째 기사
왜에 사로잡혔다 온 중국인 다금부를 명에 돌려보내도록 하다

視事. 禮曹判書申商啓, "唐人多金夫年四歲被虜於倭, 去己亥年到本國, 今發還上國何如?" 上曰, "太宗時欲發還被虜唐人, 朴訔·朴信等啓曰, '若發還, 則上國必知我國與倭交親之意, 不可遣也.' 太宗曰, '我國發還之意厚矣, 何避嫌之有?' 皆令入送, 禮部果奏我國與倭相交之意, 帝答云, '朝鮮入送之意甚厚.' 厥後張靑爲倭所虜, 隨我通信使朴熙中而來, 議欲發還上國, 時有沮之者, 而竟入送. 我國與倭交通, 上國豈不知之?"

정사를 보았다. 예조 판서 신상申商[9]이 아뢰기를,

"중국인 다금부多金夫[10]가 나이 네 살 때에 왜에게 사로잡혀 갔다가, 지난 기해년에 우리나라에 왔는데, 이제 명나라로 돌려보내는 것이 어떠하겠습니까"
하니, 임금이 말하기를,

"태종 때에 왜에게 사로잡혀 갔던 중국인을 돌려보내려 하시매, 박은朴訔[11]·박신朴信[12] 등이 아뢰기를, '만일에 이들을 돌려보냈다가는 중국

9 　고려 말~조선 초 문신으로 진하사로 명나라에 다녀왔다. 경상도 도관찰사·대사헌·이조참판·우군도총제 겸 평안도 도관찰사 등을 역임하고 1425년 형조판서, 이듬해 예조판서가 되었다.
10 　1429년에 다금부 외 4명이 요동으로 송환되었다(세종 11-5-15-7). 다금부는 원래 왜구에 잡혀 대마도에 있었는데 기해동정 당시에 구출해서 돌아온 것으로 생각된다.

에서 반드시 우리나라가 왜와 더불어 친하게 사귀어 지내는 줄로 알 것
이니, 보내는 것은 불가하다' 하니, 태종이 말씀하시기를, '우리나라에
서 돌려보내는 것은 그 뜻이 후한 것이니 무슨 혐의를 피할 이유가 있겠
는가' 하시고 모두 보냈더니, 예부에서 과연 우리나라가 왜와 더불어 서
로 친교하고 있다는 뜻으로 아뢰니, 황제가 답하여 말하기를, '조선이
돌려보내는 그 뜻은 매우 후한 것이라'고 하였다. 그 뒤에 장청張靑[13]이
왜에 사로잡혀 갔다가 우리 통신사 박희중朴熙中[14]을 따라왔으므로 이
를 명나라로 보내려고 의논할 때도 말리는 자가 있었으나 마침내 들여
보냈다. 우리나라가 왜와 더불어 서로 통하고 있는 사실을 명나라에서
어찌 알지 못하겠느냐"
하였다.

---

11 고려 말~조선 전기의 문신이다. 제1차 왕자의 난, 제2차 왕자의 난에 태종을 도와 공을 세우
고, 태종이 즉위하자 좌명공신(佐命功臣) 3등으로 반남군(潘南君)에 봉해졌다. 그의 주요 업
적으로는 의금부판사 때 신장의 정수를 1차에 30으로 정하여 합리적 형정제도를 시행한 바
가 있다. 우의정, 좌의정 등을 지냈다.

12 고려 말~조선 초의 문신이며 정몽주의 문인으로 알려져 있다. 조선 개국 후 원종공신에 책
록 되고 봉상시소경, 대사성에 이르렀으며 태종 때 대사헌, 공조판서, 호조판서, 찬성사·이
조판서 등을 지냈다. 세종 때 선공감 관리의 부정에 관련되어 유배되었다.

13 왜구에 납치되었다가 일본에 산 지 7년만에 배를 훔쳐 그의 무리와 함께 조선으로 도망쳐왔
다. 명나라 온주부 낙청현 사람이라고 하였다(세종 5-12-25-4).

14 조선 전기의 문신으로 전라도 경차관 시절 벽골제를 수축했고 병조정랑, 이조정랑, 영암군수,
전농시소윤, 예문관직제학, 남원부사 등을 지냈다. 1422년 10월 회례사(回禮使)로서 부사 이
예(李藝)·서장관 오경지(吳敬之)·통사(通事) 윤인보(尹仁甫) 등과 함께 일본 국왕사 회례
와 피로인 쇄환 회례 및 대장경 하사를 위해 일본에 건너갔다. 길을 떠나기에 앞서 옷 한 벌과
모관(毛冠)·갯笠)·신(靴)·약품 등을 하사받았다. 왜구를 막고 포로를 쇄환한 공으로 예문
관직제학(藝文館直提學)에 올랐다. 1424년 3월 26일 좌사간(左司諫) 박관(朴冠) 등이 상소를
올려, 박희중이 일본에 사신 가서 오직 이익만 탐하고 중국인 등 사람들을 몰래 거느리고 와서
자기의 종으로 삼는 등 폐단이 많다고 탄핵을 청하여, 직제학에서 파직되었다. 『해동필원(海
東筆苑)』에 이름이 오를 정도로 명필가였다(『조선시대 대일외교 용어사전』).

3月 20日(丙寅) 2번째 기사

장사하는 왜인들에게 세금을 거두는 문제에 대해서 논의하다

判府事許稠啓, "三島倭人來居乃而浦等處, 興販資生者頗多, 請收其稅." 上曰, "自己亥年以後, 非唯商船不通, 倭客亦不相通, 近來始來興販, 不必稅也." 知申事鄭欽之亦啓, "收稅商倭, 實未可也." 上曰, "其問興販倭人之數於萬戶處置使以聞."

판부사 허조許稠**15**가 아뢰기를,

"삼도三島**16**의 왜인이 내이포乃而浦**17** 등지에 와서 살면서 장사를 하여 살아가는 자가 꽤 많사오니, 청컨대 그들에게 세금을 거두도록 하소서"

하니, 임금이 말하기를,

"기해년 이후로 상선商船만 불통하였을 뿐 아니라 왜인의 객인들도 서로 통하지 않더니, 근래에 비로소 와서 장사를 하고 있으나 반드시 세금을 거둘 것은 없다"

하였다. 지신사**18** 정흠지**19**도 또한 아뢰기를,

"장사하는 왜인에게 세금을 거두는 것은 실로 옳지 못한 일입니다"

---

15 조선 초 신하로 태조·정종·태종·세종의 네 임금을 섬기며 법전을 편수하고 예악제도를 정비하였다.

16 대마도, 일기, 송포 지역으로 왜구 거점이다.

17 현재 경상남도 진해시 웅천동 일대이다. 내이포(乃而浦)는 제포(薺浦)라고도 표기하며 우리말의 '냉이'를 뜻하는 한자 '제(薺)'와 '포(浦)'가 합쳐진 말이다. 조선 전기에 제포왜관이 있었던 곳이기도 하다. 내이포는 문종 대까지 보이다가 이후는 주로 제포라는 명칭을 사용하였다. 성종 대 일시적으로 내이포가 나타나는데, 이는 『해동제국기』가 편찬되면서 일시적으로 영향을 준 것으로 생각된다.

18 조선시대 왕명의 출납을 담당하던 승추부·승정원의 최고위관직인 도승지의 별칭이며 정2품의 관직이다.

19 조선 전기의 문신으로 세종이 즉위하면서 봉상시소윤이 되고, 이어 집의·지형조사·대언을 거쳐 지신사가 되어 기밀을 관장하였다. 그 뒤 이조참판·대사헌·형조판서·도순무사를 거쳐 함길도 도 관찰사가 되어서 새로 설치한 회령 등 4진의 수비에 공헌하고, 중추원사가 되어 죽었다. 천문에도 밝아 세종의 명으로 역법을 연구하기도 하였다.

하니, 임금이 말하기를,

"물품을 판매하는 왜인의 수효를 만호萬戶[20] · 처치사處置使[21]에게 물어서 아뢰도록 하라"

하였다.

3月 22日(戊辰) 2번째 기사
내이포 등에 사는 왜인들의 물품세를 좌위문대랑이 걷다

(…前略…) 誠啓曰, "臣聞乃而浦等處, 恒居倭等興販之稅, 左衛門大郎悉收之矣. 居旣累年, 不宜刷還, 彼已收稅, 又難復收." 上曰, "恒居興販, 其來已久, 不必更立新法也."

(…전략…) 허성[22]이 아뢰기를,

"신이 들으니, 내이포乃而浦[23] 등지에 상주하는 왜인들의 물품 판매의 세금을 좌위문대랑左衛門大郎[24]이 모두 걷는다고 합니다. 그들이 거주한 지 이미 여러 해 되었으니, 이제 와서 돌려보내기도 마땅치 않고, 저희

---

20 고려 · 조선시대 외침 방어를 목적으로 설치된 만호부의 관직이다.
21 고려~조선 초에 지방에 병란 등의 위급한 상황이 있을 때 임시로 정하여 파견한 군대 사령관이다.
22 허성(1382~1441)은 임오년(1402)에 과거에 올라 예문 검열(藝文檢閱)이 되었으며, 사간원 우정언(右正言)과 형조 · 예조 · 병조 삼조의 좌랑(佐郎)을 역임하였다. 신묘년에 사헌 지평(司憲持平)에 승진되었고, 조금 후에 공조 정랑에 임명되었다가 여러 번 천직되어 사헌 장령(司憲掌令)이 되었다. 후에 사간(司諫) · 우사간(右司諫) · 동부대언(同副代言)을 역임하고 지신사(知申事)에 천직되었다. 신해년에 대사헌으로 발탁되고, 형조 · 예조의 참판을 거쳐 나가서 경기도관찰사(京畿都觀察使)가 되었다가, 예조 판서로 승진되고 이조 판서로 천직되었다. 마지막으로 경신년에 예문학 대제학으로 천직되고 얼마 후 61세의 나이로 죽었다(세종 24-6-14-3).
23 현재 경상남도 진해시 웅천동 일대이다. 내이포(乃而浦)는 제포(薺浦)라고도 표기하며 우리 말의 '냉이'를 뜻하는 한자 '제(薺)'와 '포(浦)'가 합쳐진 말이다. 조선 전기에 제포왜관이 있었던 곳이기도 하다. 내이포는 문종 대까지 보이다가 이후는 주로 제포라는 명칭을 사용하였다. 성종 대 일시적으로 내이포가 나타나는데, 이는 『해동제국기』가 편찬되면서 일시적으로 영향을 준 것으로 생각된다.
24 대마도 왜구의 우두머리이자 수직왜인이다. 1권 제1부 「중요인물」 '조전좌위문태랑' 참조.

가 이미 세를 거두고 있으니 또 다시 거두기도 어렵습니다"

하니 임금이 말하기를,

　"상주하면서 물품 판매한 것은 그 유래가 이미 오래되었으니 다시 새

법을 세울 필요는 없다"

하였다.

3月 23日(己巳) 2번째 기사

도둑이 왜통사 이춘발을 죽이다

夜, 盜殺倭通事李春發于熏陶坊之街.

밤에 도둑이 훈도방薰陶坊[25] 거리에서 왜통사 이춘발李春發[26]을 죽였다.

3月 27日(癸酉) 2번째 기사

종정성의 교역에 대한 청을 받아들이도록 건의하다

禮曹啓, "宗貞盛所遣表阿多羅齎銅鐵, 欲易螺鉢火鑪磬子 · 銅盆 ·

銅湯灌等物, 請令工曹, 計手功錢鑄給." 從之.

　예조에서 아뢰기를,

　"종정성宗貞盛[27]이 보낸 표아다라表阿多羅[28]가 동철을 가지고 와서 나발

25　조선시대 한성부의 행정구역인 오부에 속한 남부 11방 중 하나이다. 현재 서울특별시 중구
　　저동이다.

26　태종 대부터 대일 관계에서 활동한 인물이다(태종 8-5-12-2). 1424년 일본 국왕사로 온 규주와
　　범령이 요구하던 대장경판을 얻지 못하자, 장군 족리의교(足利義敎)에게 군선을 동원하여
　　대장경판을 탈취해 가자는 글을 썼는데, 이 글을 별통사인 이춘발이 얻게 되어 세종에게 아
　　뢰었다. 이 일로 이춘발은 의금부에서 국문을 받았으나 풀려났다(세종 6-1-25-7). 이때에 이
　　르러 이춘발이 죽자 도성에서 일어난 살인이라고 하여 크게 문제가 되었고, 홍성부 이득시
　　등이 왜통사의 직임을 빼앗으려고 죽였다는 사실이 밝혀졌다(세종 11-5-20-2).

27　대마도 도주이다. 1권 제1부 「중요인물」, '종정성' 참조.

28　일본인 이름인 병위대랑(兵衛大郞, 효에타로)의 음차 표기이며, 여기에만 보인다.

螺鉢29 · 화로火爐30 · 경자磬子31 · 동분銅盆32 · 동탕관銅湯灌33 등의 물건과
교역하고자 한다 하오니, 청컨대 공조로 하여금 수공전手工錢34을 계산
하여 받고 주조해 주도록 하소서"
라고 하였다. 이에 따랐다.

3月 27日(癸酉) 3번째 기사
종언칠과 종정성에게 곡식을 주어 기아와 곤궁을 구제하기를 건의하다

禮曹啓, "日本通信使朴瑞生馳報, '對馬島宗彦七, 供柴木謹守護,
遣人安慰. 然貧甚朝不慮夕, 乃至居民俱有菜色.' 以此觀之, 宗貞盛 ·
貞澄亦應如此. 然皆服王化, 忍不爲賊, 寧不重爲吾國喜耶? 今彦七遣
人願濟飢困, 非有他望, 請依前例, 賜貞盛米豆幷二百石, 彦七米豆幷
八十石." 從之.

예조에서 아뢰기를,

---

29 관악기의 하나. '나팔'로 읽지 않고 '나발'이라 한다. 쇠붙이로 긴 대롱같이 만들되 115cm 정도
   의 길이에 취구(吹口) 쪽은 가늘고, 끝부분으로 가면서 차차 굵어지며 맨 끝은 나팔꽃 모양으
   로 퍼지게 만들었다. 지공(指孔)이 없어 단음(單音)의 배음(倍音)에 해당되는 간단한 몇 가지
   소리가 나기는 하지만, 보통 낮은음 하나만을 길게 뻗어낸다. 금속성의 우렁차고 호쾌한 음
   색을 가지고 있는 악기로서 취구에 댄 입술로 음의 강약과 고저를 조절한다. 군중(軍中)에서
   신호하는 데 쓰였으며, 대취타(大吹打)와 농악 등에도 사용되는데, 특히 대취타에서 나각(螺
   角)과는 엇갈리며 번갈아 연주된다(『한국민족문화대사전』). 소라껍질로 만든 나각을 나발
   이라고 하는 경우도 있다.
30 숯을 넣어 숯불을 피우고 그 위에 적쇠를 올려 고기 굽는 데 사용하는 조리 기구. 숯을 넣어 숯
   불을 피우고 그 위에 삼발이와 적쇠를 올려 고기를 굽는 데 사용하였다. 무쇠화로가 주로 사
   용되었다(『조선시대 의궤용어사전』).
31 절에서 부처 앞에 예배드릴 때에 흔드는 작은 종으로 경쇠라고도 한다.
32 구리로 된 동이 또는 대야로 보인다.
33 탕관은 찻물을 끓이는 데 사용하는 다구(茶具)의 총칭으로, 다리가 달린 솥인 다정(茶鼎), 다
   리가 없는 솥인 다부(茶釜), 주전자형의 철병(鐵甁) 등을 아울러 가리키는 말이다. 만드는 재
   료에는 금, 은, 동, 자기, 놋쇠, 철 등이 있다. 자사(磁砂)로 만든 것을 으뜸으로 치는데 구리나
   주석도 버금가는 재료로 여긴다.
34 수작업으로 만드는 물건의 값을 말하는 것같아. 여기서는 나발, 화로, 경자 등의 가격으로 보인다.

"일본 통신사 박서생朴瑞生[35]이 긴급히 보고하기를, '대마도의 종언칠宗彦七[36]이 시목柴木을 진공하고 수호守護를 부지런히 하므로 사람을 보내어 위로했습니다. 매우 가난하여 아침에 저녁을 생각할 수 없으며, 일반 주민까지도 굶주린 빛이 있습니다' 하였습니다. 이를 미루어 볼 때, 종정성宗貞盛[37]과 종정징宗貞澄[38]도 또한 응당 이와 같을 것이옵니다. 그러나 모두 왕화王化에 심복하여 차마 도둑질을 하지 않으니, 어찌 우리나라로서도 매우 기쁘지 아니하겠습니까. 이제 언칠이 사람을 보내어 기아와 곤궁을 구제해 주기를 원하고 있으니, 이는 다른 소망이 있는 것은 아닙니다. 원컨대 전례에 의하여 정성에게 미두米코 아울러 2백 석을, 언칠에게 미두 아울러 80석을 하사하소서"

하니, 그대로 따랐다.

3月 28日(甲戌) 2번째 기사

종정성이 『반야경』의 하사를 치사하고 토산물을 바치다

宗貞盛致書禮曹, 謝賜『般若經』, 仍獻土物, 回賜正布一百九十四匹.

종정성宗貞盛[39]이 예조에 글을 올려 『반야경』의 하사를 치사하고, 거듭하여 토산물을 바치므로, 정포 1백 94필을 회사하였다.

---

35 조선 전기의 문신으로 통신사로 일본에 다녀와 수차(水車)의 이점을 건의하여 농사 기술의 혁신을 가져왔다.

36 종언칠이라는 이름을 사용한 인물은 많으나 이 기사의 연도를 고려하면 여기서 종언칠성국으로 생각된다. 종정국(宗貞國, 1423~1495)의 아버지이며 종씨(宗氏) 본종가의 사람으로 1467년에 전사하였다.

37 대마도 도주이다. 1권 제1부 「중요인물」 '종정성' 참조.

38 종정무(宗貞茂)의 동생으로 일시적으로 축전수(筑前守)가 되었다. 1권 제1부 「중요인물」 '종정무' 참조.

39 대마도 도주이다. 1권 제1부 「중요인물」 '종정성' 참조.

4月 2日(丁丑) 2번째 기사

대마도의 종언칠성국이 사례를 하고 토산물을 바치다

對馬島宗彦七盛國, 致書禮曹, 謝還被留人口, 仍獻土物. 答書云,
"別幅物件, 緣無圖書, 不可憑信, 未敢啓納. 今看通信使書, 乃知調度
之乏, 姑賜米豆各四十石."

대마도의 종언칠성국宗彦七盛國[40]이 예조에 서신을 보내어 억류당한
인구人口를 돌려보낸 것에 사례하고, 거듭하여 토산물을 바쳤다. 답서
하기를,

"별폭別幅[41]의 물건은 도서圖書가 없기 때문에 신빙할 수 없으므로 감
히 위에 아뢰어 올리지 못한다. 이제 통신사의 서신을 보고서야 조도調
度[42]의 결핍임을 알았으므로 잠정적으로 쌀·콩 각각 40석을 내린다"
하였다.

4月 3日(戊寅) 6번째 기사

조정의 사신을 맞기 위해 야인과 왜인의 방문을 미루다

禮曹啓, "朝廷使臣, 今方出來, 野人·倭人等, 除已起程外, 勿令上
送." 從之.

예조에서 아뢰기를,

"조정의 사신이 지금 곧 올 것이니 야인과 왜인 등은 이미 길을 떠난
사람 이외에는 올려 보내지 말도록 하소서"

---

40 대마도 8대 도주인 종정무(宗貞茂)의 아들이자, 11대 도주 종정국(宗貞國)의 아버지이다. 종
 언칠(宗彦七), 종성국(宗盛國)이라고도 한다.
41 본래 쪽지나 조각을 뜻하는 말로, 공식 문건의 내용을 보충하는 형식으로 첨부된 문건을 의미한다.
42 경비나 물품을 뜻하는 용어이지만, 여기서는 양식을 가리키는 것으로 보인다.

하니, 그대로 따랐다.

4月 6日(辛巳) 3번째 기사
이춘발의 사건에 대해서 홍성부를 국문하게 하다

向化倭副司直邊相告, "倭通事洪成富素與李春發有隙, 意成富殺之."
命囚成富鞫之.

귀화한 왜인인 부사직副司直[43] 변상邊相[44]이 고하기를,

"왜통사倭通事 홍성부洪成富[45]가 본디 이춘발李春發[46]과 틈이 졌으므로,
성부成富가 그를 죽인 것 같습니다"

하니, 명하여 성부를 가두고 국문鞫問하게 하였다.

4月 12日(丁亥) 3번째 기사
전라도 감사가 병선을 옮기는 것에 대해 건의하다

全羅道監司啓, "今與水軍處置使, 同審蛇梁兵船移泊于獨臺梁便否,
獨臺梁泊船雖易, 然非倭賊初到之程, 脫有賊變, 未能及期追捕, 仍舊
爲便. 但處置使兵船所泊大掘浦, 則非徒泊船處深遠, 浦又回曲隘窄,
亦難以隨機應變, 請將處置使隨營兵船, 移泊於蘭梁, 蘭梁兵船移泊

---

43 조선시대 오위(五衛)의 종5품 관직이다.
44 귀화한 왜인으로 이춘발 살인사건에서 무당과 그의 아들이 이춘발의 사위에 의해 범인으로
　　지목되어 억울하게 죄를 뒤집어 쓸 뻔하였으나 왜통사 홍성부와 김생언을 범인으로 지목한
　　다. 이에 김생언이 진범(眞犯)은 숨기고 망령되게 왜노 보수와 비부 간충을 끌어넣어서 죄를
　　피하려 하였지만 두 사람이 고문을 이기지 못하고 진실을 토하여 홍성부와 김생언은 국법으
　　로 다스려지게 되었다(세종 13-6-2-7). 하지만 변상은 난언으로 고문을 받고(세종 13-10-1-6)
　　결국 유배를 가게 된다(세종 13-10-1-6).
45 별통사 이춘발 살인사건의 주범으로 밝혀져 참형에 처해졌다(세종 11-7-30-7)
46 태종 대부터 활약한 왜통사(倭通事)로 1408년 일본 지좌전객인(志佐殿客人)의 호송관으로서
　　포로 28인을 데려오기도 하였다.

達梁, 達梁移馬梁, 馬梁移會寧浦, 會寧浦移鹿島, 鹿島移築頭, 築頭移蛇梁, 蛇梁兵船, 則於應變要害呂島移泊, 爲便." 命下兵曹.

전라도 감사가 아뢰기를,

"지금 수군 처치사水軍處置使와 함께 사량蛇梁의 병선을 독대량獨臺梁[47]으로 옮겨 정박시키는 것의 편부便否를 살펴보니, 독대량에 배를 정박시키는 것이 비록 쉽지마는, 왜적이 처음 이르는 길이 아니므로, 혹시 적의 변고가 있으면 시기에 미쳐 추격해 잡지 못할 것이니 그전대로 하는 것이 편리하겠습니다. 다만 처치사의 병선이 정박하는 대굴포大掘浦[48]는 다만 배를 정박하는 곳이 깊고 멀 뿐만 아니라, 개浦가 또한 굽고 좁아서 또한 그때그때에 응변하기가 어려우니, 청하건대 처치사의 영營에 딸린 병선은 난량蘭梁[49]으로 옮겨 정박시키고, 난량의 병선은 달량達梁[50]으로 옮겨 정박시키고, 달량의 것은 마량馬梁으로 옮기고, 마량의 것은 회령포會寧浦로 옮기고, 회령포의 것은 녹도鹿島로 옮기고, 녹도의 것은 축두築頭로 옮기고, 축두의 것은 사량蛇梁으로 옮기고, 사량의 병선은 변고에 대응할 수 있는 요해지인 여도呂島로 옮겨 정박시키는 것이 편리하겠습니다"

하니, 명하여 병조兵曹에 내리게 하였다.

---

47 여기에만 보인다.
48 전라도 무안현에 있던 포구로 무안현에서 남쪽으로 20리 떨어진 금강 하구에 있었다.
49 해진현(해남)에 있던 포구의 이름이다. 어란량(於蘭梁)으로도 보인다.
50 해진현(해남)에 있던 포구의 이름이다.

4月 13日(戊子) 3번째 기사

예조에서 왜인에게 약속한 쌀을 주도록 건의하다

禮曹據日本通信使報啓, "對馬島商倭多以本國錢, 雜於歷代錢販賣, 自今禁倭人往來處各官各浦, 用錢買賣. 且臣等所乘船淺窄, 軍糧百石, 難以盡載, 乃借司正藤次郎之船, 載到一歧, 約給價米二十石, 其子四郎, 今欲取米而進, 請如約給之." 從之.

예조에서 일본 통신사의 보고에 의거하여 아뢰기를,

"대마도의 장사하는 왜인이 본국의 돈을 역대歷代의 돈과 섞어서 판매하고 있으니, 지금부터는 왜인이 왕래하는 곳으로서, 각 고을과 각 포구에서 돈으로 매매하는 것을 금지하소서. 또 신 등이 탄 배가 얕고 좁아서 군량軍糧 백 석도 다 싣기가 어려우므로, 사정司正 등차랑藤次郎[51]의 배를 빌어서 일기一歧까지 싣고 와서 값으로 쌀 20석을 주기로 약속했는데, 그의 아들 등사랑藤四郎[52]이 지금 쌀을 가지러 가니, 청하건대 약속대로 이를 주소서"

하니, 그대로 따랐다.

4月 20日(乙未) 3번째 기사

예조에서 일본에서 죽은 최원에 대한 치제를 건의하다

禮曹啓, "崔原曾因傳習造深重靑之術, 往日本物故. 請依回禮使隨

---

51 1417년에 처음 보이며(태종 17-5-27-4), 기해동정 때 억류한 왜인으로 배를 잘 만드는 장인이었다(태종 17-윤5-19-2). 조선으로부터 사정(司正)이라는 관직을 받았다. 아들 등사랑(藤四郎)도 조선과 통교하였다.

52 배를 잘 만드는 왜인 등차랑(藤次郎)의 아들로, 세종 11년 이후에 종정성이 토산물을 바칠 때 조선에 왔다(세종 20-8-21-2, 세종 20-9-21-1) 이름이 을사랑(乙四郎)·도시라(都時羅) 등 여러 가지로 기록되어 있다.

從人物故例, 致祭, 賻米豆幷六石." 從之.

예조에서 아뢰기를,

"최원崔原[53]이 일찍이 심중청深重靑[54]을 만드는 방법을 전습傳習하기 위하여 일본에 가서 죽었습니다. 청하건대 회례사回禮使[55]의 수종인隨從人이 죽은 예例에 의거하여 치제致祭[56]하고, 부의賻儀로 쌀·콩 합계 6석을 내리소서"

하니, 그대로 따랐다.

4月 20日(乙未) 4번째 기사

일기주 지좌 원조신중이 굶주린 백성을 위해 곡식을 하사하기를 청하다

一岐州志佐源朝臣重, 致書議政府曰, "久修隣好, 通信上邦, 舊盟不渝, 忠懇無私. 前年爲求『大般若經』, 辱達台聽, 最荷厚恩, 兼賜銅印, 不任喜謝. 吾州一兩載, 干戈未息, 不稼不穡, 民已餓殍, 願賜米豆若干斛, 以賑吾民, 且望虎豹皮紬練等物. 仍獻土宜." 禮曹答書, 回賜正布二十匹.

---

53 여기에만 보인다.
54 검푸른 빛깔의 안료이다. 심중청(深中靑)이라고도 한다. 흔히 말하는 철사채(鐵砂彩)로, 철사채란 대장간에서 채취한 녹물로 만든다. 우리나라에서 사용하던 고유의 명칭인 심중청을 일제강점기에 철사채로 바꾸어 부르게 되었다고 한다(『조선시대 대일외교 용어사전』).
55 조선 전기에 일본에서 보내온 사절에 대한 답례로 일본으로 보내던 사절을 말한다. 일본회례사(日本回禮使)·회사사(回謝使)라고도 한다. 회례사는 여러 종류의 외교 사절의 명칭 중 하나이다. 조선 전에는 일본에 회례사·보빙사(報聘使)·통신사(通信使)·회례관(回禮官)·통신관(通信官)·경차관(敬差官) 등 다양한 명칭의 사절을 파견하였다. 다만 1410년 이전에는 주로 구주탐제와 대내전 및 대마도주 등에게 파견하였고, 그 이후에는 장군에게만 파견하였다. 사행의 목적은 주로 사절에 대한 답례와 피로인이나 표류인의 송환에 대해 치하하기 위한 것이었다(『조선시대 대일외교 용어사전』).
56 국가에서 왕족이나 대신(大臣), 국가를 위하여 죽은 사람에게 제문(祭文)과 제물(祭物)을 갖추어 지내주는 제사이다.

일기주一岐州 지좌志佐[57] 원조신중源朝臣重[58]이 의정부에 서신을 보내기를,

"오랫동안 인호隣好를 닦아 귀국에 통신하니, 옛날의 맹약이 변하지

않으므로 충성이 무사합니다. 지난해에 『대반야경大般若經』[59]을 구하기

위하여 재상께 욕되게 말씀을 드렸더니 후한 은혜를 입었으며, 겸하여

동인銅印[60]까지 내리시니 기뻐 감사함을 견딜 수 없습니다. 우리 주州는

1, 2년 동안 전쟁이 그치지 않았으므로, 농사를 짓지 못하여 백성들이

이미 굶주려 죽었으니, 원컨대 쌀·콩 몇 곡斛을 내리시어 우리 백성을

진휼賑恤하시고, 또 호피·표피·주紬[61]·겸縑[62] 등의 물건도 바라며, 더

불어 토산물을 바칩니다"

하였다. 예조에서 답서하고 정포 20필을 회사하였다.

---

57 일기도(壹岐島)를 분할통치하는 송포 지역 세력들 중 하나이다. 그 밖에 좌지(佐志)·호자
(呼子)·압타(鴨打)·염진(鹽津) 등이 있었다. 지좌는 일본 장기현(長崎縣) 송포시(松浦市)
지좌정(志佐町) 일대이다. 실정시대(室町屍臺)에는 송포반도의 거의 중앙에 위치한 비전국
(肥前國) 송포군(松浦郡)을 거점으로 지좌씨(志佐氏)가 활동하였다. 이 세력이 일기도의 일
부를 지배하였다.

58 하송포(下松浦) 지좌(志佐)를 거점으로 하는 지좌씨(志佐氏) 일족의 우두머리이다. 무가관위
는 일기수(壹岐守)인데,『조선왕조실록』에는 일기주 태수로 보인다. 세종 3년에 대마도 좌위
문대랑과 함께 사자를 파견한 이후(세종 3-8-3-5), 세종 6년까지 여섯 차례에 걸쳐 조선에 사
자를 파견하였다(세종 6-10-6-7). 아버지는 원조(源調)이고 아들은 원의(源義)이다.

59 불교에서 말하는 최상의 지혜인 반야(般若)를 설파한 여러 경전(經典)을 집대성한 불경이다.
600권. 원명은『대반야바라밀다경(大般若波羅蜜多經)』이다.『대반야경(大般若經)』은 당(唐)
의 현장(玄奘)이 번역하였으며, 반야부 경전의 약 4분의 3을 차지하는 방대한 분량이다. 전체
가 16회로 이루어져 있는데 제1회와 제11회 이하는 현장이 처음 번역한 것이고, 나머지는 이
미 번역된 것을 현장이 다시 번역하였다(『조선시대 대일외교 용어사전』).

60 구리로 만든 도장으로, 조선과 통교할 수 있는 권한을 부여하는 도서(圖書)를 말한다.

61 주(紬)는 누에고치에서 갓 뽑아낸 고치실을 방적사(紡績糸)로 가공하여 짠 것이다(『조선시
대 대일외교 용어사전』).

62 겸(縑)은 일반적인 비단보다 2배로 촘촘하게 짠 것을 말한다. 보온성이 뛰어난 비단이다.

4月 21日(丙申) 1번째 기사

왜관의 무역을 제한하자는 의견을 잠정적으로 정지하게 하다

視事. 禮曹判書申商啓, "倭館貿易, 甚猥濫. 今李春發見殺, 意必貿易者, 見捕禁物而然也. 此風漸不可長, 請自今令貿易人, 同禁亂官買賣, 倭若高其價, 不卽市準, 皆令載還, 則市人冒濫之弊除矣." 上曰, "倭人往來, 惟利是視, 今若如此, 必不和親. 況新法之立, 未可輕易, 姑停之."

정사를 보았다. 예조 판서 신상申商이 아뢰기를,

"왜관倭館의 무역이 심히 외람됩니다. 지금 이춘발李春發이 죽음을 당한 것은 반드시 무역하는 자가 금물禁物로 잡히게 되자 죽인 것 같습니다. 이 기풍氣風의 폐단이 더 커지도록 두어서는 안 될 것이니, 청하건대 이제부터는 무역하는 사람으로 하여금 금란관禁亂官[63]과 같이 매매하게 하여, 왜인이 만약 그 값을 높여서 시가市價에 준하지 않는 것은 모두 실려 돌려보낸다면, 시인市人의 버릇없이 덤비는 폐단이 없어질 것입니다"

하니, 임금이 말하기를,

"왜인의 왕래는 오직 이익만을 보고 있는데, 지금 만약 이와 같이 한다면 반드시 화친하지 않을 것이며, 하물며 신법新法을 세우는 것은 쉽사리 할 수 없으니 잠정적으로 이를 정지하라"

하였다.

---

63 금란(禁亂)하는 일을 맡은 관원으로, 대개 사헌부, 의금부, 한성부와 형조 등에 속하였으며, 지방의 경우 찰방 등이 맡기도 하였음. 그 사무는 도성 내 야간 금란, 과거시험장의 금란, 왜관의 무역 감찰, 장옥의 감찰, 북평관에서의 야인들의 금란, 태평관에서의 금란, 임금의 행차 및 국상이 있을 때의 금란 등이었다.

4月 23日(戊戌) 3번째 기사

왜적과 야인의 내왕과 사변에 대한 전보 방식을 바꾸기를 건의하다

兵曹啓, "『續六典』內, 一般倭賊事變, 都觀察使·都節制使·水軍都節制使, 各自傳報, 驛路有弊, 自今令水軍都節制使傳報, 若行船時, 則都節制使傳報, 倭使及商船, 則都觀察使移文禮曹. (…後略…)" 從之.

병조에서 아뢰기를,

"『속육전續六典』[64]에서는 일반 왜적의 사변事變은 도관찰사都觀察使[65]·도절제사都節制使[66]·수군도절제사水軍都節制使[67]가 각기 스스로 전보傳報하게 되어 있어, 역로驛路[68]에 폐단이 있으니, 지금부터는 수군도절제사가 전보하게 하고, 만약 행선行船할 때에는 도절제사에게 전보하게 하고, 왜사倭使와 상선商船은 도관찰사가 예조에 이문移文하게 하소서. (…후략…)" 하니, 그대로 따랐다.

---

64 조선시대 통일 법전인 『경제육전(經濟六典)』을 공포한 뒤, 태종 때의 『경제육전속전(經濟六典續典)』, 세종 때의 『신속육전(新續六典)』과 『신찬경제속육전(新撰經濟續六典)』을 통칭해 부르는 명칭이다. 그러나 여기에서는 『경제육전속전』을 뜻하는 것으로 보인다. 『신속육전』이 완성된 것이 1428년이고 이를 간행한 것이 1429년 3월이기 때문이다.

65 조선 초기 각 도의 장관으로 고려의 제도를 따라 태조 3년 대간의 천거를 받은 자를 임명하여 각 도에 보냈다. 그 후 태종 13년에 경기도의 좌우 관찰사를 합하여 이 이름으로 바꾸었으며, 동왕 17년에는 평안 함길도의 도순문사(都巡問使)를, 세종 29년에는 전라도 관찰사를 각각 이 이름으로 바꾸었다가 다시 모두 관찰사로 바꾸었다.

66 조선 초기에 2품 이상의 재상이 임명되던 군직으로, 고려시대의 도병마사(都兵馬使)나 병마사(兵馬使)를 조선시대에 들어와서 고쳐 부른 호칭이다.

67 조선 초 수군의 지휘체계는 각 도별로 1명 또는 2명의 수군도절제사(水軍都節制使)가 본영을 근거지로 지휘하고, 그 아래 각 포·진에 수군도첨절제사(水軍都僉節制使)·수군처치사(水軍處置使) 등을 두었다.

68 역마가 통행하는 도로를 말한다. 조선시대에는 왕명과 공문서의 전달, 사신의 영송 및 접대, 관수물자의 운송, 역마와 숙식의 제공 등을 목적으로 역참을 설립하였다. 그리고 역(驛)과 역 사이를 연결하여 사람과 물자가 이동하는 데 필요한 역로를 조성하였다(『조선시대 대일외교 용어사전』).

5月 7日(壬子) 3번째 기사

이춘발의 살해건으로 김생언을 국문하다

義禁府提調贊成權軫·判書安純·金自知等啓, "今鞫金生彦殺害李
春發眞僞, 前後異辭, 未得見著, 然潛齎金銀禁物, 行賣倭館, 此罪亦當
死, 乞依此律施行." 上曰, "此事不小, 更問情由." 軫等復啓, "願同臺省委
官鞫之." 乃命判府事許稠爲委官, 大司憲曹致·左司諫柳孟聞同鞫之.

의금부 제조義禁府提調[69]인 찬성贊成[70] 권진權軫[71]·판서 안순安純[72]·김
자지金自知[73] 등이 아뢰기를,

"지금 김생언金生彦[74]이 이춘발李春發을 살해한 진위를 국문鞫問하니,
앞뒤가 말이 달라서 (진위가) 드러나지 않았지만 금은의 금물禁物을 몰래
가지고 가서 왜관倭館에 판 것도 죄가 또한 사형에 해당되오니, 원컨대
이 율律에 따라 시행하소서"

하니, 임금이 말하기를,

"이 일이 작지 않으니 다시 사유를 묻도록 하라"

하였다. 권진이 다시 아뢰기를,

"원컨대 대성臺省[75]을 함께 위관委官[76]으로 삼아 국문하게 하소서"

---

69 조선 초기 의금부에 두었던 관직으로 정원은 1원이다. 아래로 진무, 부진무, 지사, 도사를 두었다.
70 조선시대 의정부의 차관인 종1품 관직이다 .
71 조선 전기의 문신이다(1357~1435). 1426년(세종 8) 찬성(贊成)이 되었으며, 1430년에 이조판
서를 거쳐 1431년 우의정에 올랐다
72 조선 전기의 문신(1371~1440)으로 오랫동안 호조판서 또는 판호조사를 겸하면서 국가의 전
곡(錢穀)을 관장했는데, 경비 출납에서 추호도 틀림없이 정확했다고 한다.
73 고려 말~조선 초(1371~1440)의 문신으로 1418년 호조참판, 이듬해에 형조참판이 되고, 다
시 예조참판을 거쳐 대사헌·원주목사가 되고, 1423년에 평안도관찰사, 1428년에는 형조판
서가 되었다.
74 왜통사 이춘발 살인 사건의 공범으로 참형에 처해졌다(세종 11-7-30-7).
75 사헌부와 사간원의 합침이다.
76 죄인을 추국할 때, 의정대신(議政大臣) 가운데서 임시로 뽑아서 임명하는 재판장을 말한다.

하니, 이에 판부사判府事[77] 허조許稠를 위관으로 삼아 대사헌[78] 조치曹致[79]와 좌사간左司諫 유맹문柳孟聞과 함께 국문하도록 명하였다.

5月 20日(乙丑) 2번째 기사
의금부에서 홍성부·이득시 등에게 이춘발을 죽인 사유를 아뢰다

義禁府鞫洪成富·金生彦·李得時·干冲等, 殺李春發情由以聞, "初, 成富欲奪春發倭通事之任, 與生彦謀害春發, 生彦率素知李得時婢夫干冲等, 人定後, 到薰陶坊, 留得時干(于)開川橋邊, 與干冲到春發家, 詐稱倭館使令曰, '館倭相鬪, 宜速來見.' 退還得時在處, 令干冲伺候雜人, 待春發至, 得時詐作巡官, 春發下馬, 生彦杖擊春發首, 得時從而擊之, 遂死." 又啓, "金悟·高龍鳳, 以銀私賣于倭."

의금부에서 홍성부洪成富·김생언金生彦·이득시李得時[80]·간충干冲[81] 등이 이춘발李春發을 죽인 사유를 국문鞫問하여 아뢰기를, "처음에 홍성부가 이춘발의 왜통사倭通事의 직임을 빼앗고자 하여 김생언과 함께 이춘발을 모해하려 하니, 김생언이 본래부터 아는 이득시와 비부婢夫[82]인 간충干冲 등을 거느리고 인정人定 후에 훈도방薰陶坊[83]에 이르러 이득시를 개천교開川橋 가에 남겨두고 간충과 함께 이춘발의 집에 이르러서는, 왜관 사령倭館使

---

77 판중추부사(判中樞府事)를 줄인 말로 조선시대 중추부에 둔 종1품 관직인 판사이다.
78 사헌부의 최고 관직으로 종2품 관직을 말한다.
79 조선 전기의 문신으로 태종 때 사헌부 집의를 맡았다.
80 왜통사 이춘발 살인사건의 공범으로, 머리를 깎고 남산에 들어가 숨어들었으나, 교형에 처해졌다(세종 11-7-30-7).
81 왜통사 이춘발 살인사건의 공범으로 교형에 처해졌다(세종 11-7-30-7).
82 여자종의 남편이라는 뜻이다.
83 조선 초기부터 있었던 한성부 남부 11방 중의 하나로서, 훈도는 덕의로서 사람을 교화한다는 뜻이다. 개국 초기에 덕으로써 백성이 교화되기를 바라여 지은 이름이다.

令[84]이라고 사칭하면서 말하기를, '왜관倭館의 왜인이 서로 싸우니 속히 와서 보아야 한다' 하고, 이득시의 있는 곳으로 돌아와 간충으로 하여금 잡인雜人을 망보게 하고는, 이춘발이 이를 것을 기다려서 이득시가 거짓으로 순관巡官[85]이 되매, 이춘발이 말에서 내리므로, 김생언이 몽둥이로 이춘발의 머리를 치고 이득시도 따라 이를 쳐서 드디어 죽였습니다"

하였다. 또 아뢰기를,

　"김오金悟[86]와 고용봉高龍鳳[87]이 은銀을 사사로이 왜인에게 팔았습니다."
하였다.

6月 6日(辛巳) 2번째 기사
풍천 · 광암 등지의 수비 문제에 대해서 논의하다

黃海道監司啓, "臣與水軍僉節制使, 同審豐川 · 廣巖兵船移泊便否, 殷栗縣距海口不過十餘里, 而與倭船來泊楮島甚近, 賊變可畏. 故曾於廣巖梁, 設置兵船, 使之通救殷栗及長連 · 安岳等官. 若豐川則距海口不過四里, 而與倭船隱泊椒島尤近, 故突入寇攘, 尤爲可畏. 去

---

84 왜관에서 명령의 전달 등의 업무를 맡은 하급 관원이다. 조선 후기에는 사행 때의 수행원으로 형사(刑事) 업무 등을 맡은 사람. 죄를 지은 격군(格軍)이나 사공(沙工) 등 하부 수군직의 원역(員役)들을 문초하는 일과 관소(館所)의 출입을 통제하는 일 등을 담당하였다. 왜관의 사령은 4인인데, 동래부(東萊府) 사령이 교대로 근무하였고, 훈도(訓導)와 별차(別差)에게 각각 2인씩 배속되었다. 당상차비관이 내려왔을 때에는 2인을 별도로 정하여 교대로 근무하게 하였다. 6칸짜리 사령방(使令房)이 제공되었고, 매달 초하루에 각각 요미(料米) 6말을 지급하였다. 통신사행 때 대개 삼사신(三使臣)이 각각 4인씩 총 12인을 거느리고 갔으나, 1811년 역지통신(易地通信) 때에는 정사와 부사가 각각 4인씩, 당상관이 각각 2인씩 거느리고 갔다. 당상역관의 수에 따라『증정교린지』에는 사령의 총인원이 18인으로 되어 있고,『통문관지』에는 16인으로 되어 있다. 문위행(問慰行) 때에는 대체로 4인의 사령을 데리고 갔다. 일본에서 통신사절단을 구분하는 등급 가운데 중관(中官)에 속한다(『조선시대 대일외교 용어사전』).

85 조선시대에 도성 안의 경수소 및 각 성문을 순찰하던 관직이다.

86 왜통사 이춘발 살인에 가담한 죄로 참형에 처해졌다(세종 11-9-30-7).

87 이춘발 살인사건과 관련하여 왜관에서 밀무역을 한 사람들이다.

乙未年五月, 倭船一艘隱于椒島, 夜入豐川, 殺掠人民, 郡官按撫使亦皆遇害, 全城屠滅, 故前此於本梁, 設置兵船, 守護有年矣. 若革豐川兵船與廣巖梁兵船, 移泊許草浦, 則兩邑相距, 各一息餘程, 脫有席島・椒島隱泊之倭, 窺伺投隙, 突入爲寇, 則將不及救護矣. 況許草爲浦, 潮滿則水深船浮, 潮退則水淺船膠, 且浦口甚窄, 僅容一船. 又於浦口西北百餘步間, 巖石連列, 小有風浪, 則觸石破船, 莫能救護. 浦口之外, 又無泊舟待變之處, 萬一席島・椒島隱泊之倭, 當潮退舟膠之時, 乘機突進, 則非徒士卒見虜, 兵船亦皆毀傷, 其不可移泊明甚. 宜仍舊於廣巖・豐川二梁, 置兵防禦爲便. 但廣巖梁必待潮滿, 然後舟乃可浮, 宜於水深常浮, 熊島豆毛之地, 小退移泊也. 其永康縣松明浦, 則兵船常泊, 防禦要害之處也. 宜除廣巖・豐川・館梁・巡威等四處, 兵船各一艘, 泊于本浦. 然臣意以爲若除四處兵船, 移之松明浦, 則非徒四處兵船反爲單弱, 松明浦亦甚幽僻, 前望不通, 救兵懸絶, 若但以四艘單弱之兵, 猝遇敵變, 則反興寇賊呑噬之心矣. 館梁則以水軍本營, 領兵船五艘, 深入海口十餘里, 泊于塞浦, 常時閣置守護, 瓮津邑城外, 其餘地面, 不得守護. 其在春夏之交, 則每遇東南風, 風水俱逆, 雖有賊變, 暫不得出海應變. 前此兵船泊于本梁, 盡爲倭賊所燒矣, 若瓮津東南齊沙浦, 則四面藏風, 兵船十餘艘, 常時浮泊, 而或南或西, 水路交通, 如有賊變, 則易於發船. 南距松明浦不過十里, 西距瓮津邑南浦口, 不過十餘里, 永康西南及瓮津等處, 亦能通救, 宜將館梁兵船五艘, 移泊齊沙浦, 又以防禦稍輕, 廣巖梁兵船五艘內一艘・豐川梁兵船四艘內一艘, 共二艘, 移屬齊沙浦. 若以減廣巖・豐川兵船爲未當, 則宜只除廣巖兵船一艘. 又新造一艘, 以古永康仍居人吏日守奉足二十五戶及曾革別牌不合侍衛人七十五戶, 定爲船軍, 以實防禦爲便." 命下政府諸曹同議. 左議政黃喜等以爲, "廣巖·豐川, 仍舊置兵, 而以廣巖兵船, 小移熊島, 又以舘梁兵船, 移泊齊沙浦, 而廣巖·豐川兵船, 元額不多, 不宜除出. 如遇大賊, 則長山串以北各浦兵船, 會于一處, 長山串以南各浦兵船, 又會一處, 各於要害, 聚而應變, 已有前例, 不必新造兵船, 又不必除出廣巖·豐川兵船也." 從之.

황해도 감사가 아뢰기를,

"신臣이 수군첨절제사水軍僉節制使와 함께 풍천豐川[88]·광암廣巖[89]의 병선을 옮겨 정박하는 것이 편리한가 편리하지 않은가를 살피었는데, 은율현殷栗縣[90]은 해구海口와의 거리가 10여 리에 지나지 않고, 왜선이 와서 정박하는 저도楮島[91]와 심히 가까우니 적의 변고가 두렵습니다. 그러므로 일찍이 광암량廣巖梁에 병선을 설치하여 은율殷栗과 장련長連[92]·안악安岳[93] 등 고을을 모두 구원하게 하였던 것입니다.

---

88 본래 고구려의 구을현이었는데, 고려 초에 풍주(豐州)로 고쳤다. 고려 말에는 이곳에 홍건적과 왜구의 침입이 있어 많은 피해를 보았다. 조선시대에는 이곳이 대동강 하류의 해안 지대이므로 군사적으로 중요시되던 곳이었다. 황해도 좌영(左營)을 설치해서 장연을 위시하여 7개 읍을 관할하였다.

89 현재의 황해도 은율군 서부면에 위치한 포구로 조선시대 수군만호영(水軍萬戶營)이 존재하였다.

90 지금의 은율군은 고려 건국 직후 은율현으로 편성되어 1018년 풍주(豐州)의 속현이 된 지역과 황주 소속의 장명진(長命鎭) 지역, 왕실 소속의 연풍장(連豐莊) 지역으로 나누어져 있었다. 1396년 은율현에 처음으로 감무가 부임했고, 1414년 풍천군에 합속되었다가 이듬 해 다시 분리되어 현감이 부임하였다.

91 황해 벽성군 송림면(松林面, 현 황남 강령군)에 딸린 섬이다.

92 본래 고려시대의 장명진(長命鎭)과 연풍장(連豐莊)이 합하여 생긴 지명이다. 1396년(태조 5)에 장명진을 없애고 연풍에 속하게 하였다가 1414년(태종 4)에 장련현으로 하였다. 그 뒤 1895년(고종 32)에 군으로 승격되었으며 1914년 행정구역개편 때 은율군으로 편입되어 장련면이 되었다.

93 안악(安岳)은 황해도에 위치하는 지역으로 고려 초에 안악으로 개칭되어 1018년(고려 현종 9) 풍주(豐州)에 편입되었다가 1106년(예종 1) 감무를 두었다. 1348년(충목왕 4)에 군으로 승격하였다. 조선시대에 들어와서 1589년(선조 22)에 잠시 현으로 강등되었다가, 1608년(선조 41)에 다시 군이 되었다. 현재는 북한의 행정구역상 황해남도 안악군이다.

풍천은 해구에서 4리에 불과하고, 왜선이 비밀히 정박하는 초도椒島[94]와 더욱 가까운 까닭으로 갑자기 뛰어 들어와서 침노하면 더욱 두렵습니다. 지난 을미년 5월 왜선 한 척이 초도에 숨었다가 밤에 풍천으로 들어와서 인민을 살략殺掠하니, 군관郡官과 안무사安撫使[95]들도 모두 살해를 당하고 온 성城이 도멸屠滅된 까닭으로, 이보다 먼저 본량豐川梁에 병선을 설치하여 수호한 지 몇 해가 되었습니다. 만약 풍천의 병선을 혁파하여 광암량廣嚴梁의 병선과 함께 허초포許草浦[96]로 옮겨 정박한다면, 두 고을이 서로 떨어지기가 일식一息 남짓한 거리이니, 석도席島[97]・초도에 몰래 정박한 왜인이 틈을 엿보고, 틈을 타서 갑자기 들어와서 도적질을 한다면, 장차 미처 구호하지도 못할 것입니다. 하물며 허초포는 조수가 차면 물이 깊어서 배가 뜨지만, 조수가 물러가면 물이 얕아서 배가 움직이지 못하며, 또한 포구가 심히 좁아서 겨우 배 한척만 용납할 만합니다. 또 포구 서북쪽 백여 보步 사이에는 바위가 연달아 벌여 있으므로, 조금이라도 풍랑이 있으면 돌에 부딪혀서 배가 부서지게 되니 능히 구호할 수 없습니다.

　포구 밖에는 또 배를 정박해 두고 변고에 대비할 곳도 없으니, 만일 석도席島와 초도에 몰래 정박한 왜인이 조수가 물러가고 배가 움직이지 못할 때를 당하여 기회를 타서 갑자기 진격한다면, 다만 사졸들이 사로잡힐 뿐만 아니라 병선도 모두 파손될 것이니, 옮겨서 정박할 수 없음이

---

94 황해도 송화군 풍해면에 속하는 섬이며 황해도 3대도서 중 하나이다.
95 조선시대 지방에 특사로 파견하던 관직으로 일반적으로 북감사(北監司)라 불렸으며, 당하관일 경우에는 안무어사(安撫御使)로도 불렸다. 전쟁이나 반란 직후 민심 수습을 위하여 파견되었다.
96 현재의 정확한 지명을 알 수 없다. 여기에만 나온다.
97 북부 월사반도 비파곶에서 북쪽으로 약 3.5km 떨어져 있고 현재의 황해남도 과일군 석도리에 속한다. 북쪽에는 덕도(德島), 남서쪽에는 초도(椒島)가 있다.

심히 명백합니다. 마땅히 그전처럼 광암량·풍천량의 두 양에 군사를 두고 방어하는 것이 편리할 것입니다. 다만 광암량만은 반드시 조수가 찬 것을 기다려야만 배가 그제야 뜰 수 있으니, 마땅히 물이 깊어서 배가 상시 뜰 수 있는 웅도熊島[98]·두모豆毛[99]의 땅으로 조금 물러가서 옮겨 정박해야 될 것입니다. 그 영강현永康縣[100]의 송명포松明浦[101]는 병선이 상시 정박해 있으니 방어의 요해처입니다. 마땅히 광암·풍천·관량館梁[102]·순위巡威[103] 등의 네 곳의 병선을 없애버리고 각각 1척씩을 본포本浦에 정박해야 될 것입니다. 그러나 신臣의 의견으로는 만약 네 곳의 병선을 없애버리고 이를 송명포松明浦로 옮긴다면, 다만 네 곳의 병선만 도리어 고립되어 약할 뿐만 아니라 송명포도 또한 심히 깊숙하고, 궁벽하여 앞의 조망眺望이 통하지 못하므로 구원하는 군사가 뚝 동떨어질 것이니, 만약 네 척의 고립되고 약한 군사로써 갑작스런 적의 변고를 만난다면 도리어 도적들에게 씹어 삼킬 마음을 일으키게 할 것입니다.

관량館梁은 수군水軍의 본영本營으로서 병선 5척을 거느리고 바다 입구에 10여 리나 깊이 들어가 있으니, 새포塞浦[104]에 정박하여 상시로 두고 수호한다면 옹진읍성甕津邑城[105] 밖과 그 외의 지면地面에는 수호할 수 없

---

98 은율군 서부면에 위치하는 섬으로 현재 명승지로서 은율팔경의 하나로 꼽히며 황해에 들어오는 외국 선박을 감시하는 요지이기도 하다.
99 황해도 은율군에 위치한 섬으로 추정된다.
100 영강현은 지금의 황해남도 강령군으로 본래 고구려의 부진이(付珍伊)로, 고려 초에 지금 이름으로 고쳤다. 현종 9년(1018)에 내속시켰다.
101 영강현의 서쪽에 위치한 포구로 생각된다.
102 황해도 옹진군 지역이다.
103 현재의 황해남도 강령군에 위치한 섬으로 옹진반도의 남쪽에 위치하며, 좁은 수로를 사이에 두고 북쪽의 용호도(龍湖島), 서쪽의 어화도(漁化島), 동쪽의 강령반도(康翎半島)와 마주하고 있다.
104 여기에만 보인다.
105 옹진(甕津)은 지금의 황해도 옹진군 지역에 있었다. 본래 고구려의 옹천(甕遷)이었는데, 고려 초기에 옹진(甕津)으로 고쳤고, 1018(현종 9)에 옹진현이 되었다. 1397년(태조 6)에 진(鎭)

게 되고, 봄과 여름의 교체기에는 매양 동남풍을 만나서 바람과 물이 거스르게 되면, 비록 적의 변고가 있더라도 잠시 바다에 나가서 변고에 대응하지 못할 것입니다. 이전에도 병선을 본량本梁에 정박했다가 왜적에게 모두 불 살리게 되었는데, 만약 옹진 동남쪽의 제사포齊沙浦[106]는 사면에 바람을 감싸고 있으므로, 병선 10여 척이 상시로 떠서 정박하고 있으며, 혹은 남쪽으로 혹은 서쪽으로 수로水路로 교통하게 되니, 만약 적의 변고가 있다면 배를 내기가 쉬울 것입니다. 남쪽으로 송명포와의 거리가 10리에 지나지 않으며, 서쪽으로 옹진읍 남쪽 포구와의 거리도 10여 리에 지나지 않으며, 영강永康[107] 서남과 옹진 등지에도 또한 교통하여 구원할 수 있으니 마땅히 관량館梁의 병선 5척을 제사포로 옮겨 정박하고, 또 방어가 조금 가벼우므로 광암량의 병선 5척 중의 1척과 풍천량의 병선 4척 중의 1척 합계 2척을 제사포로 옮겨 소속시킬 것입니다. 만약 광암·풍천의 병선을 줄이는 것으로써 적당하지 못하게 여긴다면 마땅히 다만 광암 병선 1척만 없앨 것입니다.

또 새로 배 1척을 만들어 예전 영강永康에 그대로 거주하는 인리人吏[108]·일수日守[109]·봉족奉足[110] 25호戶와 일찍이 혁파한 별패別牌[111]로서

을 설치하였다.

106 현재는 황해남도 옹진군 동남면의 한 포구 이름으로 추측된다.
107 황해도 장연군(長淵郡) 금동역(金洞驛) 지역의 옛 현 이름이다.
108 관아의 말단 실무를 맡아보던 향리(鄕吏)를 말한다.
109 조선시대 지방 관청에 딸려 있던 사령(使令)으로 문졸·군노라고도 하였다. 사령은 비천한 자들이 맡는 것으로서 지방 관청의 군관·포교 밑에서 죄인을 잡아오는 일, 곤장을 때리는 일, 죄인에게 칼을 씌우는 일, 관청의 문을 지키는 일, 또는 수령의 둔전을 관리하는 일을 맡았다.
110 조선시대 국역의 하나로 향리·농민 등의 양인이나, 노비 등 천인이 출역하였을 때 출역하지 않은 여정을 출역한 정정의 집에 지급하여 그 집의 일을 도와주게 하던 일을 하는 사람을 말한다.
111 조선 초기에는 임금과 대신들의 행차의 경호 경비를 담당하던 특수 부대 성격을 지닌 군사로 일컬어졌으나 조선 후기에는 지방의 일반 백성들로 구성된 예비군 성격의 군사로 바뀐다.

시위侍衛112에 적합하지 않는 사람 75호를 정하여 선군船軍으로 삼아서 방어에 충당하는 것이 편리하겠습니다"

하니, 명하여 정부와 제조諸曹에 내려 함께 의논하게 하였다. 좌의정 황희黃喜 등이 아뢰기를,

"광암과 풍천은 그전대로 군사를 두고 광암의 병선을 조금 웅도熊島로 옮기고 또 관량의 병선을 제사포로 옮겨 정박하되, 광암과 풍천의 병선은 원 수효가 많지 못하니 마땅히 덜어 내어서는 안 될 것입니다. 만약 큰 적군을 만난다면 장산곶長山串113 이북의 각 포浦 병선을 한 곳으로 모으고, 장산곶 이남의 각 포 병선을 또한 한 곳에 모아서 각기 요해지에서 모여 변고에 대응하는 것이 이미 전례前例가 있으므로 새로 병선을 만들 필요가 없으며, 또 광암과 풍천의 병선을 덜어 낼 필요가 없습니다"

하니, 그대로 따랐다.

6월 11일(丙戌) 4번째 기사

왜인 마다시지는 구호하고 중국인 오돈이로는 북경으로 보내다.

兵曹據慶尙道監司關啓, "倭人馬多時知等三人·被虜唐人吾敦而老等云, '父母俱歿, 又無族屬, 所居對馬島土瘠, 不得爲農, 飢餓將死, 爲此逃至國境, 願得閑田, 耕稼以生命.'" 令其道守令, 給田宅糧種, 常加存恤, 吾敦而老, 送于京.

---

112 임금을 호위하는 직책을 맡은 사람이라는 뜻과 조선 태조 때 실행된 군대의 편제(編制)인 삼군십사(三軍十司) 중 중군에 속한 의흥시위사·충좌시위사·웅무시위사·신무시위사들을 뜻하는 두 가지 뜻이 있으나 이 기사에서 시위는 전자에 가깝다.

113 황해남도 용연군 서해안에 돌출한 반도로 장연반도, 용연반도로 불리기도 한다. 조선시대 아랑포영(阿郎浦營)과 조니포진(助泥浦鎭)이 위치하였으며, 수군만호가 한 사람 배치되던 국방상 요지 중의 하나였다.

병조에서 경상도 감사의 관문에 의거하여 아뢰기를,

　"왜인 마다시지馬多時知[114] 등 3인과 사로잡힌 중국 사람 오돈이로吾敦
而老[115] 등이 말하기를, '부모는 모두 죽고, 또 아무런 친족도 없으며, 지금 살고 있는 대마도는 땅이 메말라 농사를 지을 수 없어 굶어 죽을 지경이 되었는데, 이 때문에 도망하여 국경에 이르렀으니, 원컨대 한전閑田을 얻어 농사를 지어 목숨을 이으려고 한다' 합니다"

하니, 그 도道의 수령守令에게 전택田宅과 양식과 종자를 주어 늘 구호하여 주도록 하고, 오돈이로는 북경으로 보냈다.

6月 13日(戊子) 2번째 기사
일본국의 원도진이 예조에 서신을 보내고 토산물을 바치다

　日本國右武衛源道鎭, 致書禮曹曰, "今我王登祚, 兼相公新立, 朝野胥慶, 無日不馳仰貴國執事. 凡我同僚以我辱沐寵光, 覬霑餘波, 儻蒙賜黑苧布一百段·緜布一百段, 以頒同僚, 不亦善乎? 仍獻土物." 回賜正布七十匹·白細紬緜布各十匹. 宗金遣人獻土物, 回賜正布八十五匹, 六郎次郎, 遣人獻土物, 回賜正布五十八匹.

　일본국의 우무위右武衛[116] 원도진源道鎭[117]이 서신을 예조에 보내 왔는데 그 서신에,

　"지금 우리 왕께서 왕위에 오르고 겸하여 상공相公이 새로 임명되었

---

114 여기에만 보인다. 향화왜인이다. 우칠(又七, 마타시찌)라는 이름을 음사(晉寫)한 것으로 보인다.
115 여기에만 보인다.
116 원도진(源道鎭, 澁川滿賴)의 무가관위인 우병위좌(右兵衛佐)를 뜻하며, 우병위부(右兵衛府)의 차관이라는 의미이다.
117 구주탐제를 지낸 삽천만뢰(澁川滿賴)이다. 1권 제1부 「중요인물」 '원도진' 참조.

으므로 조야에서 서로 경하하여 귀국 집사께 사모하지 않는 날이 없습니다. 우리 동료들은 모두 내가 왕의 은덕을 입는 데 따라서 자기들도 은혜를 입기를 바라니, 혹시 흑색 저포[118] 1백 단段과 면포 1백 단을 내리시어 동료들에게 나누어 주시면 얼마나 좋겠습니까. 이에 토산물을 바칩니다"

하니, 정포 70필, 백색 세주細紬[119]와 면포 각 10필을 회사하였다. 종금宗金[120]이 사람을 보내어 토산물을 바치므로, 정포[121] 85필을 회사하고, 육랑차랑六郞次郞[122]이 사람을 보내어 토산물을 바치므로, 정포 58필을 회사하였다.

6月 14日(己丑) 5번째 기사
왜관의 사무역에 대한 금방 조건을 기록하여 아뢰다

禮曹啓, "倭館買賣商賈人等, 與通事使令通同, 潛賣禁物者頗多, 其禁防條件, 具錄以聞.

一, 舊例, 倭客下陸, 則監司令差使員至船所, 詳考所齎之物名數, 轉報于朝, 京館禁亂官, 據所報物數令貿易. 今也差使員, 於其初來及回還, 皆不稱量移文, 因此姦詐之徒, 於倭客發行日, 就漢江及中路宿所, 潛行貿易. 自今倭物名數, 或有加減, 則船所差使員・護送通事,

---

118 저포는 흔히 모시라고 하며 저(苧)・저마포(苧麻布)로도 불린다. 모시풀 껍질의 섬유로 짠 옷감으로서 원래는 담록색을 띠지만 정련・표백하여 하얗게 만든다. 질감이 깔깔하고 촉감이 차가우며, 빨리 말라 여름철 옷감으로 많이 이용된다(『조선왕조실록 전문사전』).
119 가는 명주실로 짠 견직물이다. 『설문해자』에서는 주(紬)는 굵은 실로 짠 비단이라 하였다.
120 구주 박다의 승려이자 상인이며 수도서왜인이다. 1권 제1부 「중요인물」, '종금 참조.
121 품질이 좋은 베로 조선시대 관리의 녹봉으로 주던 오승포를 달리 부르는 말이기도 하다.
122 조전좌위문태랑(早田左衛門太郞)의 아들이다. 1권 제1부 「중요인물」, '육랑차랑' 참조.

立治罪, 回還時未畢買賣物數, 則禁亂官稱量報禮曹, 移文其道監司, 令差使員到船所, 其已和賣及還齎去之物, 計數稱量, 如有增減及犯禁之物, 罪其護送官通事等, 收其禁物納官, 今後館貿易, 則禁亂官錄事, 船所貿易, 則差使員與客人對坐, 親監考察買賣.

一, 前此禁物名目, 不曾分辨受教, 因此或有潛換禁物者, 今後金銀及彩花席十一升以上苧麻布豹皮銅錢等物禁斷.

一, 倭館禁亂官, 只定一員, 故夜不直宿考察, 由是姦詐之徒, 與通事·使令·房直·庫直通同, 乘夜買賣, 今後每館定禁亂二人, 輪次直宿, 嚴加考察.

一, 宣德二年十二月, 本曹受教, '在前倭館房守使令再行人等, 稍解倭語, 潛隱貿易, 弊將難禁, 使令則未行人, 房守則各司奴子, 輪番遞差.' 自今不分行未行, 定送官吏, 依律科斷.

一, 每當貿易時, 通事使令冒濫之事, 禁亂官掌務官錄事, 或不考察, 致有犯法人, 則禁亂官錄事, 竝論罪.

一, 倭物除公處市準, 從自願貿易, 禁亂官, 察其禁物及凡所非違." 從之.

예조에서 아뢰기를,

"왜관倭館에서 매매하는 장사치들이 통사와 사령[123]과 통하여 함께 금물禁物을 몰래 파는 사람이 퍽 많으므로, 그 금방禁防 조건을 자세히 기록하여 아룁니다.

1. 예전의 예例는 왜객이 육지에 내려오면 감사가 차사원[124]을 부두에

---

123 조선시대 관청에 딸린 하졸(下卒)을 말한다.
124 조선시대 각종 특수 임무의 수행을 위하여 임시로 차출, 임명되는 관원을 말한다.

보내어 가지고 온 물건의 이름과 수량을 자세히 상고하게 하여 조정에 전보轉報하면, 경관京館125의 금란관禁亂官126은 보고한 물건의 수량에 의거하여 무역하도록 하였습니다. 지금은 차사원이 처음 입항할 때나 출항할 때나 전혀 숫자를 세어 공문을 보내지 않으니, 이 때문에 간사한 무리들이 왜객이 출발하는 날 한강이나 중로中路127의 숙소로 찾아가 몰래 무역을 행하게 됩니다. 지금부터는 왜물倭物의 이름과 수량이 혹시 가감이 있으면, 배 댄 곳의 차사원差使員과 호송한 통사를 모두 죄로 다스리고, 돌아갈 때에 매매를 마치지 못한 물건의 수량은 금란관이 헤아려서 예조로 보고하고, 그 도의 감사에게 공문을 띄워 차사원을 부두에 보내어 무리 없이 판 것과 돌아갈 때 가지고 가는 물건의 수량을 계산하여 헤아려서, 만약 증감한 것과 금법을 범한 물건이 있으면 그 호송관128과 통사 등을 죄주고, 그 금물은 몰수하여 관청에 바치게 하고, 앞으로는 왜관의 무역은 금란관과 녹사錄事129가 맡고, 배 댄 곳의 무역은 차사원이 객인과 마주 앉아서 친히 감시하여 매매를 고찰하도록 할 것입니다.

1. 이보다 먼저 금물의 명목名目은 일찍이 분변하지 않고 임금이 명령을 받았으므로, 이로 인하여 혹시 몰래 금물을 교환하는 사람이 있게 되었으니, 앞으로는 금은과 채화석彩花席,130 열한 새升 이상의 저포·마포

---

125 고려 및 조선시대 서울에 온 외국 사신 등에게 숙식을 제공하거나 무역을 행하도록 하기 위해 설치한 국가 기관이다.
126 금란패(禁亂牌)를 가지고 금제를 위반한 사람을 찾기도 하고 잡아들이기도 하던 임시 관원이다.
127 왜객(倭客)이 삼포로 돌아가는 도중을 말한다.
128 호송을 전담하는 관리이다.
129 조선시대 중앙·지방 관서의 행정실무를 맡은 서리(書吏)와 경아전(京衙前)에 속한 상급 서리(胥吏)이다.
130 물들인 왕골을 손으로 겹쳐가며 엮어서 꽃무늬를 수놓은 자리를 말한다. 권두「교역물품」 '채화석' 참조.

와 표피·동전 등의 물건은 금단할 것입니다.

1. 왜관의 금란관은 다만 한 사람만 정했기 때문에 밤에 숙직하여 고찰하지 않았으니, 이로 말미암아 간사한 무리들이 통사·사령·방직房直[131]·고직庫直[132]과 통하여 밤을 이용하여 매매하게 되었는데, 앞으로는 매 관館마다 금란관을 2사람으로 정하여 윤번輪番으로 숙직하게 하여 엄격히 고찰하도록 할 것입니다.

1. 선덕宣德[133] 2년 12월 본조의 수교受教에는 '전에 왜관의 방수房守[134]·사령使令으로 두 번 갔던 사람은 왜어를 조금 이해하여 몰래 숨어서 무역하게 되니, 폐단이 장차 금지하기에 어렵겠으므로 사령은 가지 않은 사람으로 하고, 방수는 각 관사官司의 노자奴子들을 윤번으로 갈아 임명하라' 하셨습니다. 지금부터는 가고 가지 않은 것을 분간하지 않고 관리를 정하여 보내면 형률에 의거하여 단죄할 것입니다.

1. 매양 무역할 때를 당하면 통사·사령이 범법한 일을 금란관·장무관掌務官[135]·녹사들이 혹시 고찰하지 않아서 법을 범한 사람이 있게 되면 금란관과 녹사를 모두 논죄할 것입니다.

1. 왜물은 공공으로 표준 된 시가市價를 제외하고는 자원自願에 따라 무역하게 되었으니, 금란관은 그 금물과 모든 잘못을 살피게 할 것입니다" 하니, 그대로 따랐다.

---

131 방지기라고도 부르며 관청의 심부름꾼의 하나이다. 조선 세종 4년 이전에는 기인(其人)으로 충당하였으나 그 이후로는 노자(奴子)로서 보충하였다.

132 조선시대 서울과 지방의 여러 창고를 지키고 출납을 맡아본 관리로 고지기, 고자(庫子)라고도 하였다.

133 명조(明朝) 제5대 황제 명선종(明宣宗) 주첨기(朱瞻基)의 연호로 1426년부터 1435년까지 10년간 사용되었다.

134 각 관아에 딸린 방(房)을 지키는 일을 맡아 보던 사람이다.

135 각 관아의 장관 밑에서 실제적으로 사무를 관장하는 관리를 말한다.

6月 18日(癸巳) 4번째 기사

일본 준주 태수 원성의 후실 융선이 『대반야경』을 청하다

日本駿州太守源省後室融仙, 致書禮曹云, "我先君嘗建佛宇, 願賜『大般若經』." 仍獻土物, 回賜正布一百三十八匹.

일본 준주 태수^{駿州太守}**136** 원성^{源省}**137**의 후실^{後室} 융선^{融仙}**138**이 예조에 서신을 보냈는데 그 서신에,

"우리 선군께서 일찍이 불우^{佛宇}를 세웠으니 『대반야경^{大般若經}』을 내려주실 것을 원합니다"

하였다. 이내 토산물을 바치므로 정포 138필을 회사하였다.

7月 4日(戊申) 7번째 기사

일본국의 등원만정이 토산물을 바치다

日本國藤原滿貞, 遣人獻土物, 回賜正布六十一匹.

일본국의 등원만정^{藤原滿貞}**139**이 사람을 보내 와서 토산물을 바치므로, 정포 61필을 회사하였다.

---

136 일본 고대 이래의 행정 지역 명칭인 준하국(駿河國)의 장관이라는 뜻으로 무가관위(武家官位)이다.
137 북구주 서단의 전평(田平)을 근거로 한 세력의 우두머리로 준주태수(駿州太守, 駿河國의 國守)를 자칭하였다.
138 1424년에서 1433년까지 여러 차례 조선과 통교하였다. 전평전(田平殿) 원성(源省)의 부인이다.
139 일본 구주지방(九州地方)의 북부에 세력을 둔 호족(豪族)으로 대마도 종씨(宗氏)의 주군이었다. 구주의 전란에서 패하여 대마도에 피신해 있었다. 원래 등원씨(藤原氏)에서 나온 일파로서 조상이 태재부 소이(太宰府少貳)의 벼슬을 지냈으므로 소이씨가 되었다. 소이씨의 가독(家督)을 소이전이라고 한다. 이때 가독은 소이만정(少貳滿貞)이었다.

7월 9日(癸丑) 2번째 기사

대마도의 종정징이 토산물을 바치자 정포 154필을 회사하다

對馬島宗貞澄, 遣人獻土物, 回賜正布一百五十四匹.

대마도의 종정징宗貞澄**140**이 사람을 보내어 토산물을 바치니, 정포 1백 54필을 회사하였다.

7월 30日(甲戌) 4번째 기사

일본국 풍주 태수가 예조에서 서신을 보내오고 토산품을 바치다

日本國豐州太守源持直, 致書禮曹云, "禮者, 敬之表, 而義者, 信之徵也. 我於貴朝, 雖存敬信, 未通禮義. 今石城冷泉津, 爲我之有焉. 中國外邦之船, 未有綴棹於此者, 貴朝官船, 已著本津管內合島. 風路有便, 護送得達赤間關, 只候好風而已, 勿爲不虞之慮. 我近建梵刹, 法器未整, 因求『大般若經』一部・大鏞一口. 若獲所圖, 厚貺莫大."

仍獻土物. 禮曹答書, 回賜『般若經』一部・正布一百六十匹.

일본국 풍주 태수豐州太守 원지직源持直**141**이 예조에 서신을 보내어 말하기를,

---

140 종정무(宗貞茂)의 동생으로 일시적으로 축전수(筑前守)가 되었다. 1권 제1부 「중요인물」 '종정무' 참조.

141 대우지직(大友持直)이다. 대우친세(大友親世)의 장남이고 통칭은 팔랑(八郎, 하치로)이다. 1423년 대우씨 12대 가독(家督)을 이었고 1425년 대내효친(大內孝親)을 토벌하였다. 1427년 풍후(豐後, 분고)의 수호(守護)가 되었고 1431년 풍전(豐前, 부젠)・축후(筑後)의 수호인 대내성견(大內盛見)을 죽여 막부에 의해 가독의 지위를 몰수당했다. 대우씨는 조선 초기에 사자(使者)를 보내 토산품을 바치고 무역을 요구하거나 대장경 구청, 사찰 건립비 등을 요청했던 일본의 아홉 호족(豪族) 중 하나이다. 조선에는 1429년(세종 11), 1430년, 1437년, 1438년, 1439년에 통교하였고, 서계에는 "풍축양후주태수(豐筑兩後州太守)"라고 칭하였다. 그의 사후에도 그의 명의로 1455년(세조 1), 1456년[2회]에 사신이 왔는데 이들은 위사(僞使)일 가능성이 높다(『조선시대 대일외교 용어사전』).

"예禮라는 것은 공경하는 마음의 표현이며, 의義라는 것은 믿음의 징증徵證인 것입니다. 우리는 귀국 조정에 대하여 비록 경敬과 신信은 있으나 예의禮義는 통하지 못하였습니다. 지금 석성石城 냉천진冷泉津[142]이 우리의 소유가 되었습니다. 중국이나 다른 외국의 배는 아직 여기에 대는 일이 없었는데, 귀국의 관선官船은 이미 본진本津 관내의 합도合島[143]에 착선하였습니다. 풍로風路가 편리할 때에 호송하여서 적간관赤間關[144]에 도달할 수 있게 하겠습니다. 다만 좋은 바람을 기다리고 있을 뿐이니 뜻밖의 염려는 하지 마십시오, 우리가 요사이 불사佛寺를 세웠는데 법기法器가 정비되지 못하였으므로『대반야경大般若經』1부와 큰 쇠북大鏞 1개를 구합니다. 만약 우리가 기도하는 것을 얻게 된다면 후하신 혜사惠賜가 더 클 수 없겠습니다"

하고, 토산물을 바치니, 예조에서 답서하고,『반야경』1부와 정포 1백 60필을 회사하였다.

7月 30日(甲戌) 5번째 기사

종금 등이 토산물을 바치다

宗金·宗貞盛·宗茂直等, 遣人獻土物, 回賜宗金正布二百匹, 貞盛九十一匹, 茂直一百六匹.

종금宗金[145]·종정성宗貞盛[146]·종무직宗茂直[147] 등이 사람을 보내어 토

---

142 구주 박다의 포구를 말한다. 고대에는 나진(那津)·나대진(那大津)이라고 하였고, 중세에는 석성(石城)·냉천진이라고 불렀다. 현재의 복강시(福岡市) 박다구(博多區) 냉천정(冷泉町)이다. 어립천과 나가천(那珂川) 사이에 있으며 즐전신사(櫛田神社)가 위치하고 있다.

143 일본에서는 남도(藍島)라고 표기하며, 현재의 복강현(福岡縣) 북구주시(北九州市) 소창북구(小倉北區)에 속하는 향탄(響灘)에 있는 섬이다.『해동제국기』「서해도구주지도」에 보인다.

144 현재의 하관(下關, 시모노세키)을 말한다.

산물을 바치니, 종금에게 정포 2백 필, 정성貞盛에게 91필, 무직茂直에게
1백 6필을 회사하였다.

7月 30日(甲戌) 7번째 기사
의금부에서 이춘발을 살해한 홍성부 등의 치죄를 건의하다

義禁府啓, "洪成富造意殺害李春發罪及倭客通同, 將銀及銅錢雜物
貿易罪, 從一斬. 金生彦加功殺害春發罪及客人通同, 白銀銅錢行用
罪, 從重斬. 金悟·高龍奉客人通同相約, 潛出銅鑞鐵, 而價銀潛給罪,
並斬, 犯禁財物入官. 李得時·干忠等加功殺害春發罪, 並絞. 申白·
李得時在逃時知情匿罪, 杖一百·流三千里, 邊遠衛分充軍. 象伊同
生兄思才及金少古未·每邑同等, 同議殺害李春發事誣證罪, 杖一百·
流三千里, 加役三年, 許令收贖."

命依所啓, 唯金悟·高龍奉·干忠各減一等, 象伊勿論.

의금부에서 아뢰기를,

"홍성부洪成富는 주범으로서 이춘발李春發을 살해한 죄와, 왜객과 공모
하여 은과 동전을 가지고 잡물을 무역한 죄 중에서 그 한 가지에 쫓아 참
형에 처해야 합니다. 김생언金生彦은 공범으로서 춘발을 살해한 죄와, 객
인과 공모하여 백은·동전을 행용行用한 죄 중에서 중한 죄에 쫓아 참형

---

145 구주 박다(博多)의 승려이자 상인이다. 1권 제1부 「중요인물」 '종금 참조
146 대마도 도주이다. 1권 제1부 「중요인물」 '종정성 참조.
147 종하무(宗賀茂)의 아들로 이후 기사에서는 대마주(對馬州) 상총수(上總守)를 자칭하였다. 인위
종씨(仁位宗氏)의 중심인물인 종하무(宗賀茂)의 아들이며 인위군(仁位郡, 혹은 卦老郡) 군수로
서 사수포(沙須浦)에 거주하였다. 종하무의 아들로는 종무수(宗茂秀)·종무직(宗茂直)·종만
무(宗滿茂)가 있었고, 이들은 종정성·종언칠과 함께 대마도의 실질적인 지배자로 군림하였다.
무수는 아들이 없어서 종무직의 아들인 종정수(宗貞秀, 彦九郎)를 양자로 삼았다.

에 처하게 합니다. 김오金悟·고용봉高龍奉은 객인과 통하여 공모하고 서로 약속하여 몰래 동·납철을 내어 은 값으로 준 죄로 모두 참형에 처하게 하고, 범금犯禁한 재물은 관에서 몰수하게 하소서. 이득시李得時·간충干忠 등은 공범으로 춘발을 살해한 죄로 모두 교형에 처하소서. 신백申白은 이득시李得時가 도피하였을 때에 사실을 알면서 은닉한 죄로 장杖 1백, 유流 3천 리에 처하여 변방의 먼 위수지衛戍地[148]에 나누어 충군充軍[149] 하소서. 상이象伊[150]는 동복형同服兄인 사재思才와 김소고미金少古未·매읍동每邑同 등과 같이 의논하여 이춘발 살해 사건에 위증한 죄로 장 1백, 유 3천 리, 가역加役 삼년에 상당한 속전贖錢[151]을 받게 하소서"

하니, 명하여 계사啓辭[152]한 바에 의하여 처결하되, 다만 김오·고용봉·간충은 각각 죄 1등을 감경하고, 상이象伊는 논죄하지 말라고 하였다.

8月 15日(己丑) 4번째 기사

유구국인 15명이 표류하여 강원도에 도착하다

琉球國人包毛加羅等十五人, 飄到江原道蔚珍縣, 以爲賊, 擒之以聞, 命驛送于京, 優其館待, 仍給衣及靴.

유구국[153] 사람 포모가라包毛加羅[154] 등 15인이 표류하여 강원도 울진

---

148 부대가 주둔하는 군사시설 또는 장소를 말한다.
149 조선시대에 죄를 범한 자를 군역에 복무하도록 한 형벌이다.
150 왜통사 이춘발 살인사건에서 거짓 증언을 하여 주련·사재·소고미·매읍동을 범인으로 지목하지만 결국 진범이 밝혀졌다.
151 죄를 면하기 위하여 바치는 돈을 말한다.
152 논죄에 관하여 임금에게 올리는 글이다.
153 동중국해의 남동쪽, 현재 일본 충승현(沖繩縣) 일대에 위치하였던 독립 왕국이다. 100여 년 간 삼국으로 분할되어 있던 것을 1429년에 중산국(中山國)이 통일하여 건국하였다. 유구국 은 중국이나 일본, 동남아시아 등과의 중계 무역으로 번성하였다. 1879년에 일본에 강제로 병합(류큐 처분)되어 멸망하였고, 충승현으로 바뀌었다.

현蔚珍縣[155]에 이르렀는데, 도적이라고 하여 사로잡아 놓고 보고하니, 명하여 역전驛傳[156]하여 서울에 보내게 하고, 여관에 우대하여 이내 옷과 신을 주었다.

8月 28日(壬寅) 2번째 기사
예조에서 표류하여온 유구국인의 처리 문제를 아뢰니 그대로 따르다

禮曹啓, "琉球國飄風人送還與否, 與政府諸曹同議, 僉曰, '本人等如欲留居, 則於慶尙沿海官, 給衣糧土田穀種, 使之安業, 欲還本土, 則修舟楫·給糧餉, 囑倭客以遣.'" 從之.

예조에서 아뢰기를,

"풍랑에 표류되어 온 유구국 사람을 돌려보낼 것인가 아니할 것인가를 의정부·여러 조曹와 함께 의논하였더니, 모두가 말하기를, '본인들이 만약 머물러 살기를 원한다면 의복·양곡·토지·씨앗 등을 주어서 경상도의 연해 지방에서 편안히 생업에 종사하게 할 것이고, 본토에 돌아가고자 한다면 선박을 수리하고 식량을 주어서 왜객에게 부탁하여 보내는 것이 좋다'고 합니다"

하니, 그대로 따랐다.

---

154 포몽고라(包蒙古羅)와 동일인물이다(세종 11-9-29-4).
155 고려시대에는 울진군에 속한 평해를 평해군으로 분리 승격시켰는데, 평해군은 고구려의 근을어(近乙於)로서 그렇게 고쳐 부른 것이다. 조선시대에는 고려 복벽운동으로 인해 울진군이 현으로 되었다가 갑오개혁 때 다시 울진군이 되었다. 읍성을 두고 울진포령이 통치하였으며 수군만호를 두었다. 1896년 강원도 울진군이 되었고, 1914년 평해군이 울진군에 통합되었다.
156 공무를 띤 사람이 역에서 역으로 말을 갈아 타면 명령이나 보고를 전달하는 것을 말한다.

9月 6日(己酉) 4번째 기사

예조에서 죽은 유구국인 아마가라의 장사에 대해 아뢰다

禮曹啓, "今物故琉球國人理馬加羅, 請給棺及紙二十卷, 令漢城府聚香徒收葬之, 立標, 略設掩壙奠." 從之.

예조에서 아뢰기를,

"이제 물고物故한 유구국 사람 이마가라理馬加羅[157]에게 관관과 종이 20권을 주고 한성부로 하여금 향도香徒[158]를 모아 거두어 장사하고, 묘표墓標[159]를 세우고 간략한 엄광전掩壙奠[160]을 치르게 하소서"

하니, 그대로 따랐다.

9月 8日(辛亥) 3번째 기사

일본국 하주 태수 원전이 토산물을 바치다

日本河州太守源傳, 遣人獻土物, 回賜正布三十七匹.

일본국 하주 태수河州太守[161] 원전源傳[162]이 사람을 보내어 토산물을 바치니, 정포 37필을 회사하였다.

---

157 여기에만 보인다.

158 관을 운구하기 위하여 상여를 메는 사람을 말한다.

159 묘표(墓標)는 묘지에 사자의 매장 장소를 표시하는 것을 가리킨다.

160 장사(葬事) 때 관을 광(壙) 속에 넣고 엄토(掩土)한 뒤에, 제물을 차려 놓고 지내는 제사이다.

161 하주 태수(河州太守)는 원전(源傳)이 압타(鴨打) 삼하수(三河守)라고 되어 있는 것을 보아(태종 7-5-24-4) 삼하(三河)를 줄여서 표기한 것이다. 삼하국은 일본 고대 이래의 행정구역 명칭으로 현재의 애지현(愛智縣)의 동반부이다.

162 북구주 송포(松浦) 지역의 통교자이다. 압타(鴨打) 삼천수(三川守) 원전(源傳)으로 처음 보이고(태종 9-26-3-3), 압타(鴨打) 삼하수(三河守) 원전(源傳)으로 보인다(태종 7-5-24-4). 삼천과 삼하는 모두 일본어로 '미카와'로 읽으므로, 동일한 무가관위이다.

9月 8日(辛亥) 4번째 기사

원성의 후실 융선이 토산물을 바치다

源省後室融仙, 遣人獻土物, 回賜正布七十四匹.

원성源省[163]의 후실後室 융선融仙이 사람을 보내어 토산물을 바치니, 정
포 74필을 회사하였다.

9月 14日(丁巳) 3번째 기사

병조에서 유구 국인을 사로잡은 장홍도·김익상에게 상줄 것을 아뢰다

兵曹啓, "江原道守山浦萬戶張弘道擒琉球國人七名, 判蔚珍縣事金
益祥擒八名, 請加爵賞." 從之.

병조에서 아뢰기를,

"강원도 수산포[164] 만호守山浦萬戶 장홍도張弘道[165]는 유구국 사람 7명을
사로잡았으며, 판울진현사判蔚珍縣事[166] 김익상金益祥[167]은 8명을 사로잡
았으니, 벼슬을 높이고 상을 주소서"

하니, 그대로 따랐다.

---

163 『조선왕조실록』 중 이 기사에서 처음 나타난다. 이후 빈번하게 조선과 통교하였다. 북구주
서단의 전평(田平)을 근거로 한 세력의 우두머리로 준주태수(駿州太守, 駿河國의 國守)를 자
칭하였다. 따라서 준주태수(駿州太守)·목(牧)으로 자처하는 사람들이 원래는 송포(松浦)
지역의 전평 혹은 일기도(一岐島)에 거점을 둔 세력임을 알 수 있다.

164 당시 강원도 울진군의 수산(守山)에 위치한 수군진이다. 수산포(守山浦)는 울진(蔚珍) 남쪽
에 있으며, 배가 3척, 군사가 1백 91명이라고 하였다(『세종실록』「지리지」「강원도」).

165 세종 11년에 수산포 부만호(守山浦副萬戶) 장홍도(張弘道)로 보인다(세종 11-9-24-3).

166 강원도 울진현을 맡아 다스리던 관리이다. 조선 초기, 지방 행정구역의 하나인 현(縣)을 맡
아 다스리는 장관(長官)을 현사(縣事)라고 하였는데, 3품관으로 임명할 경우에는 판현사(判
縣事), 3품 이하 4품 이상의 관원으로 임명할 경우에는 지현사라 하였다가, 세조 12년(1466)
에 현령(縣令)으로 고쳤다.

167 세종 8년에 지울진현사로 나타난다(세종 8-2-1-2). 세종 24년에 선공판사로 마지막으로 등장
한다(세종 24-8-1-6).

9月 15日(戊午) 1번째 기사

(구주의) 종금이 토산물을 바치다

石城小吏宗金遣人, 來獻土物.

석성石城**168**의 소리小吏**169** 종금宗金**170**이 사람을 보내어 토산물을 바쳤다.

9月 17日(庚申) 3번째 기사

예조에서 야이지 등이 요구한 도서를 다 만들어 줄 것을 건의하니 그대로 따르다

禮曹啓, "今來藤七及左衛門大郞子也伊知, 皆求圖書, 請竝造給."
從之.

예조에서 아뢰기를,

"지금 온 등칠藤七**171**과 좌위문대랑左衛門大郞**172**의 아들 야이지也伊知**173**가 다 도서圖書를 요구하니, 모두 만들어 주게 하소서"

하니, 그대로 따랐다.

---

168 일본 서해로(西海路) 축전주(筑前州)의 석성부(石城府)로 박다(博多)의 이칭이다.

169 직책이 낮은 관리라는 뜻이다.

170 박다(博多)의 승려 겸 상인이다. 1권 제1부 「중요인물」 '종금' 참조.

171 일본 일기주(一岐州) 본거포(本居浦) 사람이며(세종 10-2-2-2), 등구랑의 아버지이다(세종 17-8-6-9).

172 대마도 왜구의 우두머리이자 수직왜인이다. 1권 제1부 「중요인물」 '조전좌위문태랑' 참조.

173 조전좌위문태랑의 아들로 육랑차랑과 형제 사이로 생각된다. 1권 제1부 「중요인물」 '조전씨 계보' 참조.

9月 24日(丁卯) 3번째 기사

김효손 등이 유구국인을 쏘아 죽인 김익상 등에게 준 상을 취소하도록 상소했으나 듣지 않다

大司憲金孝孫等上疏曰, "賞罰, 人主之大權, 賞不可以僭. 刑不可以濫, 賞罰得其中, 然後勸懲之道立矣. 今琉球客人阻風海上, 困餓依岸, 而無兵器, 其所齎持者不過斗米, 非賊船明矣. 判蔚珍縣事金益祥·守山浦副萬戶張弘道等, 爭先射中, 以誇其能, 人而不仁, 莫此甚也. 臣等以爲妄殺人命者, 固可罪矣. 褒賞之典, 又何加焉? 伏望殿下, 還收賞賜之命, 以明盛代賞罰之權."

不允. 掌令張脩啓, "飢困依岸之人, 爭先射中, 有何功可賞?" 上曰, "功疑惟重, 明有聖訓. 且古有買死馬, 而致生者. 今予之嘉賞者, 以激後來也."

대사헌 김효손 등이 상소하기를, "상벌賞罰은 인주人主의 대권大權으로서, 상은 참람되게 할 수 없으며 형벌은 남용할 수 없습니다. 상벌이 적중한 뒤라야 권장하고 징계하는 도리가 서는 것입니다. 이제 유구국의 객인이 해상에서 바람을 만나 지치고 허기져서 해안에 의지하였는데, 무기가 없고 그들이 갖고 있었던 것은 한 말의 쌀에 불과하였으니 적선賊船이 아님이 명백합니다. 그런데 판울진현사判蔚珍縣事 김익상金益祥과 수산포 부만호守山浦副萬戶 장홍도張弘道 등은 앞을 다투어 쏘아 맞히어 자기의 재능을 자랑하였으니 사람으로서 어질지 못함이 이보다 더 심할 수 없습니다.[174] 신 등은 생각하건대, 함부로 사람의 목숨을 죽인 자는

---

174 세종 11년 9월 14일의 기사에서 나온 사건을 말한다.

진실로 죄를 주어야 옳습니다. 그들을 포상하는 은전恩典은 또 어째서 내리셨습니까. 엎드려 바라건대, 전하께서는 상을 내리신다는 명령을 도로 거두시어 성대盛大에 있어 상벌의 권형權衡을 밝히소서"

하니, 허락하지 아니하였다.

장령掌令[175] 장수張脩[176]가 아뢰기를,

"허기지고 지쳐 해안에 의지한 사람을 앞을 다투어 쏘아 맞힌 것이 무슨 상을 줄 만한 공功이 있습니까"

하니, 임금이 말하기를,

"공이 의심스러운 것은 오직 공이 큰 것으로 처리하라고 성인의 가르침에 분명히 있다.[177] 또 옛날에 죽은 천리마의 뼈를 사서 산 천리마를 얻게 한 자가 있었다.[178] 이제 내가 그들을 칭찬하여 상을 준 것은 뒷사람들을 격려하기 위한 것이다"

라고 하였다.

9月 29日(壬申) 4번째 기사

표류한 유구국인 포몽고라 등 14명을 본국으로 돌려보내다

琉球國人包蒙古羅等十四人辭, 命饋之. 禮曹致書于琉球國王府執禮官曰, "本國與貴邦隔海, 未嘗嗣音, 今者貴國人包蒙古羅等, 乘船遭風, 飄至本國海岸, 謹以啓聞. 我殿下深加憐恤, 令攸司館待, 仍給衣糧

---

175 사헌부(司憲府)의 정4품의 한 벼슬로 감찰업무를 담당하였다.
176 조선 전기 구미 출신의 문신으로 태종 때에 칠원감무(漆原監務)를 역임하였으며, 사헌부지평과 집의를 거쳐 1430년(세종 12) 장령에 이르렀다. 간쟁이 받아들여지지 않자 인동으로 물러나 사망하였다.
177 『서경』「대우모」의 내용이다. "罪疑惟輕, 功疑惟重."
178 『전국책』「연책」에 있는 내용이다.

等物發回." 致書于西海道日向·大隅·薩摩三州太守藤貴久曰, "琉球國飄風人包蒙古羅等一十四名, 回還本國, 經由貴境, 冀撥船護送."

유구국 사람 포몽고라包蒙古羅[179] 등 14인[180]이 하직하니, 명하여 음식을 대접하게 하였다. 예조에서 유구국 왕부 집례관琉球國王府執禮官에게 서장書狀을 보내기를,

"우리나라가 귀방貴邦과 더불어 바다를 사이에 두고 있으면서 일찍이 음신音信을 통하지 못하였더니, 이번에 귀국인 포몽고라 등이 배를 타고 바람을 만나 우리나라의 해안에 표류하여 왔으므로 삼가 우리 전하께 보고하였습니다. 우리 전하께서 매우 가엾이 여기시어 구휼하시고 유사攸司로 하여금 객관을 주어 머물도록 후대하고, 이어 의복과 양식 등의 물품을 주어 돌려보내는 바입니다"

하고, 서해도西海道[181]의 일향日向[182]·대우大隅[183]·살마薩摩[184]의 세 주 태수太守 등귀구藤貴久[185]에게 서신을 보내기를,

"바람에 표류한 유구국의 사람 포몽고라 등 14명을 본국으로 돌려보내매 귀경貴境을 경유하게 되었으니 배를 내어 호송하기 바란다"

고 하였다.

---

179 포모가라와 동일인물이다(세종 11-8-15-4).
180 원래 유구국에서 표류해 온 사람은 15인이었는데, 이마가라(理馬加羅)가 죽었기 때문에 14인이 된 것이다(세종 11-9-6-4).
181 일본 고대 이래의 광역 행정구역의 명칭으로 구주(九州)를 뜻한다.
182 일향국(日向國)으로 현재 궁기현(宮崎縣)의 북동부 지역이다.
183 대우국(大隅國)으로 현재의 녹아도현(鹿兒島縣)의 동부 지역이다.
184 살마국(薩摩國)으로 현재의 녹아도현(鹿兒島縣)의 서반부이다.
185 원구풍(源久豐)의 아들이며(세종 5-10-27-4)로 도진충국(島津忠國)이다.

10月 4日(丁丑) 1번째 기사

경상도 감사에게 번계 만호가 나포한 왜선의 처리를 전지하다

傳旨慶尙道監司, "樊溪萬戶所捕倭船內, 唐人則給衣送京, 勿令路
上寒凍, 本國人則索其父母族親, 悉令完聚, 無族親者, 給付閑田衣食
存恤, 倭人則給田宅衣糧, 使不飢寒, 所在守令, 常加撫綏."

경상도 감사에게 전지하기를,

"번계 만호樊溪萬戶[186]가 나포한 왜선 안에 있던 중국 사람은 의복을 주
어 서울로 보내게 하되, 노상에서 추위에 어는 일이 없도록 할 것이며,
본국 사람은 그 부모와 족친을 찾아서 같이 모여 살도록 하고, 족친이
없는 자는 한전閑田과 의식衣食을 나누어 주어 구제할 것이며, 왜인은 전
택田宅과 의량衣糧을 주어서 굶주리거나 추위에 떠는 일이 없도록 소재
지의 수령이 항상 무위撫慰하라"

하였다.

10月 12日(乙酉) 4번째 기사

일본에 피로되었던 당인 유이마나 등 20명을 요동으로 데리고 가 풀어주게
하다

差僉知司譯院事趙忠佐, 管押被擄唐人柳伊馬那等二十名, 解送遼東.
첨지사역원사僉知司譯院事[187] 조충좌趙忠佐[188]를 시켜 일본에 포로되었

---

186 원래 번계포가 경상도 고성에 속해 있었으며(태종 3-8-1-6), 후에 당포로 이름이 개칭되었다
(세종 20-4-17-2).
187 사역원(司譯院)의 종4품 벼슬이다. 1414년(태종 14)에 부사(副使)를 고친 이름인데, 1445(세
종 27)에 부지사역원사(副知司譯院事)로 고쳤다가, 1466(세조 12)에 첨정(僉正)으로 고쳤다.
외국어의 번역과 통역을 맡아 보던 관직이다.
188 세종 때 주로 활동한 인물로 첨지사역원사로서 주로 요동 지역과 관련한 일을 처리하였다.

던 중국 사람唐人 유이마나柳伊馬那[189] 등 20명을 인솔하고 요동으로 가서 풀어 주게 하였다.

10月 15日(戊子) 3번째 기사
종정성이 예조에 글을 보내 표시라의 아들을 조정에서 시위로 써줄 것을 청하다

宗貞盛致書于禮曹云, "表時羅曾侍衛貴朝, 願許其子天命侍衛." 仍獻土物, 六郎次郎遣人, 亦獻土物, 回賜正布各二十一匹.

종정성宗貞盛[190]이 예조에 글을 보내기를,

"표시라表時羅[191]가 일찍이 귀국 조정에서 시위侍衛하였으니, 원컨대 그 아들 천명天命[192]의 시위도 허용해 주소서"

하고 인하여 토산물을 바쳐 왔고, 육랑차랑六郎次郎[193]도 사람을 보내어 또한 토산물을 바쳤으므로, 정포 각 21필을 회사하였다.

---

189 여기에만 보인다.
190 대마도 도주이다. 1권 제1부 「중요인물」 '종정성' 참조.
191 태조 4년 1월 3일 1번째 기사에 처음 등장하는 인물로 항복하여 경상도에 둔 것으로 기재되어 있다. 이후 태종 5년 6월 6일 4번째 기사에 본토로 돌아갔으며, 세종 5년 4월 16일 8번째 기사에서는 대마도에서 무역하러 온 장사하는 왜인으로 등장한다.
192 조선 초기의 귀화왜인이다. 왜구 표시라(表時羅)는 1395년 1월 조선에 항복하고 귀화하였고, 갑사(甲士)로 활약하며 조정에서 시위(侍衛)하였다. 1405년 6월 연로한 어머니를 보기 위해 고향에 다녀왔고, 1411년 7월에는 표시라의 어머니가 80세에 이르러 모자가 서로 보고 싶어 하여 일본 지좌전(志佐殿)의 사송왜인(使送倭人)을 따라 귀국하여 고향에서 근친(勤親)하였으며, 1423년 4월에 돌아왔다. 1429년 10월에는 종정성(宗貞盛)이 표시라의 아들 천명(天命)도 조선에서 시위하도록 허용해 달라고 하며 토산물을 보냈다(『조선시대 대일외교 용어사전』).
193 대마도 왜구의 우두머리인 조전좌위문태랑의 아들이다. 1권 제1부 「중요인물」 '육랑차랑' 참조.

10月 28日(辛丑) 2번째 기사

종정성이 토산물을 바치다

宗貞盛遣人獻土物, 回賜正布九十匹.

종정성이 사람을 보내어 토산물을 바쳐 왔으므로, 정포 90필을 회사
하였다.

10月 29日(壬寅) 1번째 기사

일본국 무위가 청했던 물품을 보내라고 말하다

視事. 上謂左右曰, "予聞日本國武衛, 待我通信使至誠, 今所求之
物, 宜悉備送, 若國王所求綵段, 則非我國所産也, 受上國之賜, 而贈
之隣國, 未合於義. 其他所求, 贈之可矣. 又九州宗金, 亦其土豪, 館
穀宜加等焉."

정사를 보고, 임금이 좌우 신하들에게 이르기를,

"내 들건대, 일본국 무위武衛194가 우리 통신사를 지성껏 접대하였다
하니, 이제 그가 구하는 물품은 마땅히 모두 갖추어 보내야 할 것이나,
국왕이 구하는 채단綵段195은 우리나라의 소산이 아니며, 중국에서 하사
를 받아 가지고 이웃 나라에 기증하는 것은 예의禮義에 합당치 않은 일
이다. 그 밖에 구하는 것은 주는 것이 옳다. 또 구주九州의 종금宗金196도

---

194 일본 고대의 중앙군사조직인 좌우병위부(兵衛府)를 중국식으로 우무위(右武衛)와 좌무위
(左武衛)라고 불렀다. 좌무위는 실정막부의 직명 중 관제(管提) 다음으로 높은 직명으로, 세
종 11년 당시의 좌무위는 원의순(源義淳, 斯波義淳, 足利義淳)으로 의중(義重)의 적자(嫡子)
이다. 1433년에 사망하였다. 사파씨(斯波氏)의 당주(當主)가 대대로 좌무위독(左武衛督) 및
좌무위좌(左武衛佐)에 임명되었으므로 좌무위는 곧 사파씨의 적류를 뜻한다.
195 무늬 있는 비단 또는 증(繪)·백(帛)·견(絹)과 같은 견직물의 통칭이다. 채단은 옷감 이외에
다양한 용도로 사용되었다. 1393년(태조 2)에 중국에 진헌한 말 값으로 채단을 사용한 기록
이 있으며, 1424년(세종 6)에는 하사품으로 내린 기록이 있다(『조선왕조실록 전문사전』).

또한 그곳 토호土豪이니 마땅히 관곡館穀[197]의 등급을 높여 줄 것이다"
하였다.

10月 29日(壬寅) 2번째 기사
경상우도 처치사 송희미의 관직을 파면하다

罷慶尙道右道處置使宋希美職. 時商倭寓本營, 因捕魚入海, 鎭撫
金湧希賞盡殺以獻曰, "賊倭也." 希美不察妄報. 命斬湧於倭人共見處.

경상도 우도 처치사 송희미宋希美[198]의 직을 파면하였다. 이때 일본
상인들이 본영에 기우寄寓[199]하고 있었는데, 고기를 잡으려고 바다에 들
어간 것을 진무鎭撫[200] 김용金湧[201]이 상을 타려고 이들을 다 살해하여 바
치며 말하기를,

"도적질하러 온 왜인이라"

한 것을, 희미가 잘 살피지 않고 경망하게 보고하였던 것이었다. 명하
여 왜인들이 함께 보는 곳에서 김용의 머리를 베게 하였다.

---

196 구주 박다(博多)의 승려이자 상인이다. 1권 제1부 「중요인물」 '종금' 참조
197 사신을 접대하기 위한 관사(館舍)와 음식 혹은 관사의 음식이다.
198 세종 4년에 전라도 수군 도안무 처치사 직을 맡았으며(세종 4-12-1-1), 세종 8년에 동지총제
   직을 맡았다(세종 8-6-21-1). 하지만 세종 11년에 왜적의 배가 국경에 이르렀다는 말을 듣고
   도 즉시 몸소 나가지 않고 진무만을 보낸 일(세종 8-6-21-1)과 사로잡지 않고 상 받는 데만 급
   급하여 계문을 올렸다는 것을 들어 좌사간 유맹문 등이 상소를 올려 송희미의 중형을 건의한
   다(세종 8-6-21-1). 세종 18년에 야인이 경원성에 쳐들어왔을 때 성문을 닫고 나가서 공격하
   지 않아 군령을 범한 죄로 탄핵받아 세종은 송희미를 자결하게 한다(세종 8-6-21-1).
199 한때 다른 곳에 몸을 붙이고 지내는 것을 말한다.
200 조선 초기 여러 군영에 두었던 군사실무 담당 관직으로 본격적인 활동을 한 것은 1409년(태
   종 9) 삼군진무소가 설치되면서부터였다. 여기에는 도진무(都鎭撫)·상진무(上鎭撫)·부진
   무(副鎭撫) 각 1인 외에 진무 27인이 소속되어 있었다. 이들은 병조의 낭관급으로 각종 군령
   을 수령, 전달하고 감독하는 임무를 담당하였다.
201 왜인을 죽인 이 사건과 관련된 기사에만 나온다. 상을 받기 위해 왜인 어부들을 함부로 죽인
   죄로 처형당하였다.

10月 29日(壬寅) 6번째 기사

예조에서 일본 국왕이 구하는 물품을 그들이 원하는 모양대로 만들어 주게 할
것을 건의하다

禮曹啓, "日本國王所求香爐·水餅·火盆, 令鑄鍾所鑄之, 左武衛
所求馬韂·靑斜皮·紫狐皮靴, 令工曹備之, 竝以所送圖畵依樣造成."
從之.

예조에서 아뢰기를,

"일본 국왕이 구하는 향로·물병·화분은 주종소鑄鍾所로 하여금 주
조하게 하고, 좌무위左武衛가 구하는 말다래馬韂[202]와 청사피靑斜皮[203]·자
전피紫狐皮[204]로 만든 신 등은 공조로 하여금 갖추게 하되, 모두 보내 온
그림의 모양대로 만들도록 하소서"

하니, 그대로 따랐다.

11月 19日(辛酉) 1번째 기사

일본인 종금이 예조에 글을 보내오고 토산품을 바치다

日本石城人宗金, 致書禮曹云, "通信使官船舟子二人, 聊染微恙,
命僕送達貴國, 故發輕艦以相送." 仍獻土宜, 回賜正布七十匹.

일본 석성 사람 종금宗金[205]이 예조에 글을 보내오기를,

"통신사 관선官船의 사공 2명이 경미한 병에 감염되었으므로, 저僕에

---

202 마첨(馬韂)은 말을 탄 사람의 옷에 흙이 튀지 아니하도록 가죽 같은 것을 말의 안장 양쪽에
늘어뜨려 놓은 물건이. 말다래라고도 한다.
203 손질한 청색 담비 가죽이다.
204 자주색을 띄는 염소 가죽이다.
205 구주 박다(博多)의 승려이자 상인이다. 1권 제1부 「중요인물」 '종금' 참조.

게 명하여 귀국으로 송환하라고 하기 때문에, 조그마한 함선을 발하여
보냅니다"
하고, 인하여 토산품을 바쳐 왔으므로, 정포 70필을 회사하였다.

12月 3日(乙亥) 3번째 기사
통신사 박서생이 일본에서 돌아와 일본 국왕의 답서를 바치다

通信使朴瑞生回自日本, 仍進日本國王源義教答書. 書曰, "今夏專
使至, 仍審去歲窮臘所發, 不遺世好芘隣, 惟務如此, 何其偉哉! 陋邦
承嗣父兄, 任重力微, 區區封內之治爲急, 未及修敬境外, 而先辱禮
命, 喜慰可勝懷乎? 來示云, '善繼善述, 敦世好以幸於兩國.' 至哉言也,
復何加焉! 庶幾不隆斯訓, 永以爲好矣. 珍貺, 一一領訖, 薄少具于別
幅, 匪報也. 儻允遠來者歟?" 禮物彩扇一百把·長刀二柄·朱漆木車
盌大小計七十事·朱漆淺方盆大小計二十片·髹漆木桶二箇.

통신사 박서생이 일본에서 돌아와서 일본 국왕 원의교源義教[206]의 답
서를 바쳤다. 그 글에 이르기를,

"금년 여름에 전위專爲하여 보내신 사신이 이르렀고, 살피건대 지난해
섣달에 발송하신 바는 대대로 닦아 온 우호友好를 잊지 않으시고 이웃 나
라를 비호하는 데 힘쓰시기를 이와 같이 하시니, 어찌 그렇게도 위대하
십니까. 누방陋邦[207]은 부형父兄의 기업基業을 이어받으매, 책임은 중하고
힘은 미약하여, 국내의 조그마한 치무治務[208]에 급하여 미처 국외와의 수

---

206 실정막부(室町幕府) 5대 장군 족리의교(足利義教)이다. 1394년에 출생하여 1441년에 사망한
　　인물이다.
207 자기 나라를 겸손하게 일컫는 말이다.
208 다스리고 힘쓰는 것을 말한다.

경수경修敬[209]에 미치지 못하였던 바, 먼저 예명禮命이 욕림辱臨[210]하니 기쁘고 위로됨을 어찌 다 술회하겠습니까. 보내신 글에 이르기를, '잘 이어받고 잘 준행하며, 역대의 우호를 돈독히 하여 양국을 복되게 하라' 하셨으니, 지극하신 말씀입니다. 다시 어찌 더하겠습니까. 거의 이 교훈을 잊지 아니하고 길이 우호를 보지保持[211]할까 합니다. 내려 주신 보배로운 물건들을 일일이 영수하였으며, 박소薄少한 물품을 별폭別幅에 갖추었으나, 보답報答이 되지 못하겠습니다만, 혹 먼 데서 온 것이라 하여 윤허해 받아 주시겠습니까"

하였다. 예물은 채선彩扇[212] 1백 자루, 장도長刀 2자루, 주칠목차완朱漆木車盌[213] 대소를 합하여 70개, 주칠천방분朱漆淺方盆[214] 대소를 합하여 20개, 휴칠[215] 목통髹漆木桶 2개이었다.

12月 3日(乙亥) 5번째 기사

박서생이 시행할 만할 일들을 갖추어 아뢰다

通信使朴瑞生具可行事件以啓,

"一, 臣到日本, 自對馬島至兵庫, 審其賊數及往來之路, 若對馬·一歧內外大島·志賀·平戶等島, 赤間關以西之賊也, 四州以北竈戶·社島等處, 赤間關以東之賊也, 其兵幾至數萬, 其船不下千隻, 若東西

---

209 예를 갖추어 공경한다는 뜻이다.
210 남이 자기 있는 곳으로 찾아옴을 높여 이르는 말이다 왕림(枉臨)과 비슷한 말이다.
211 보전하여 유지한다는 말이다.
212 채색을 한 부채를 말한다. 둥근 부채인 단선(團扇)인지 접부채(扇子)인지 분명하지 않다.
213 주홍색의 칠을 한 나무로 된 사발이다.
214 주홍색의 칠을 한 얇은 동이 또는 주발이다.
215 휴칠은 옻만 칠하고 장식 문양을 그리지 않는 기법을 말한다. 여러 차례 반복하여 옻칠을 하여 미감을 드러낸다.

相應, 一時興兵, 則禦之難矣. 其西向之路, 則對馬島爲諸賊都會之處,
赤間關是四州諸賊出入之門, 如有西向之賊, 宗貞盛下令其民, 不許
汲水, 大內殿下令赤間關, 禁其西出, 則海賊不得往來矣. 且志賀·竈
戶·社島等賊, 大內殿主之, 內外大島, 宗像殿掌之, 豐後州海邊諸賊,
大友殿治之, 一歧·平戶等島, 志佐·佐志·田平·呼子等殿分任之,
使彼諸島之主嚴立禁防, 則賊心無由啓矣. 大抵其俗不知禮義, 小不
合意, 不顧其身, 雖御所之命, 拒而不從. 由此觀之, 修好御所, 雖爲交
隣之道, 而於禁賊之策, 猶緩也. 且日本有所求, 則遣使請之, 如無所
求, 雖賀新弔舊之大節, 漫不致禮. 今臣等奉命而至, 接待亦不以禮,
恐因其國舊史所書而然也. 願自今國家不得已之事及報聘外, 不許遣
使, 而於上項諸島之主, 厚往薄來, 以悅其心, 間或遣使, 敦諭至意, 以
爲禁賊之策.

一, 日本尙浮屠, 交好所贈之物, 無踰佛經, 考閱諸處佛經, 審其成
帙與否, 補舊成帙藏畜, 以備後日通好之資.

一, 日本農人, 有設水車, 幹水灌田者, 使學生金愼, 審其造車之法,
其車爲水所乘, 自能回轉, 挹而注之, 與我國昔年所造之車因人力, 而
注之者異矣, 但可置於急水, 不可置於漫水也. 水碓亦然. 臣竊料之,
雖漫水, 使人踏而升之, 則亦可灌注矣. 今略造其形以獻, 乞於各官
可置之處, 依此造作, 以助灌漑之利.

一, 日本自國都至沿海, 錢之興用, 勝於布米, 故行者雖適千里, 但
佩錢緡而不齎糧. 居路傍者各置行旅寄宿之所, 如有客至, 爭請接之
計, 受客錢以供人馬, 關梁則大江設舟橋, 溪澗設樓橋, 其傍居者掌其
橋之稅, 令過客人納錢十文或五文, 酌其橋之大小而納之, 以爲後日

修補之資. 至於土田舟車之稅, 無不用錢, 故使錢之術廣, 而人無負重致遠之勞矣.

一, 日本以竹爲大索, 繫于兩岸, 削全木爲舟, 鐙子竹索, 下於舟上, 立柱架梁, 排板成橋, 使津吏輕取過涉之稅, 後日橋毀, 用以修補. 我國漢江・臨津, 南北大關也. 乞依此例構橋收稅, 隨毀隨補, 則非惟用錢之術廣, 而南北人馬履險困踣之弊, 亦絶矣.

一, 院宇之設, 所以寄行旅也. 構者既歿, 而修葺不繼, 故年久頹圮, 令人嗟惋, 如沙平・板橋院者多矣. 近來僧之營繕各司及橋梁者, 皆除職授寺, 故僧皆樂之. 願自今分各處程途緊緩, 定寺院多少, 擇僧之能修創者, 差爲住持, 分管院宇, 守令考其營構及供辦能否報監司, 監司更驗其實, 以憑黜陟, 如有功効卓異者, 陞授大寺院, 以勸後來.

一, 既差住持, 給陳米豆, 使供行旅, 客至則隨納錢多少饋之, 每月季輸錢于官, 受米豆以供之, 禁行旅載米炊飯者, 如此不已, 以廣用錢之術.

一, 各處魚梁之稅, 除司饔・司宰監供上外, 皆令納錢, 至於各道鹽場鹽價・各處船稅與外方各司奴婢之貢, 除緜布, 竝令納錢, 使其興用.

一, 日本之俗, 無少大好沐浴潔身, 故大家各置浴室, 每閭閻亦累置浴所, 其浴室之制, 甚巧而便穩. 溫湯者吹角, 聞者爭納錢浴之. 乞於濟生院・惠民局・倭館・汗蒸・廣通橋等處及外方醫院等人多處, 皆置浴室, 以助用錢之術.

一, 日本街市之制, 市人各於簷下用板設層樓, 置物其上, 非惟塵不及汚, 人得易觀而買之, 市中食物, 無貴賤皆買食之. 我國之市, 則乾濕魚肉等食物, 皆置塵土, 或坐或踐, 乞自雲從街左右行廊東至樓門,自鍾樓南至廣通橋, 皆構補簷, 其下設層樓置物之處, 分某間爲某所, 以次懸額, 令其易知.

一, 日本往還, 恐遇風浪與海賊, 晝望夜警, 心不少懈, 自伴人至格軍, 無一人不執役, 常自秉槳搖棹, 或一周或再歲而返, 辛勤困悴, 倍於陸行, 其以船上有能率行者, 至再至三, 或有未蒙上恩者, 誠爲可悶. 願自今許奉使者, 第其功勞, 分其才品以薦, 伴人以下, 竝賞職.

一, 臣等到日本博大, 倭人望古羅自琉球國來言, '貴國被擄人, 近因飢饉, 懷土益切. 其國王欲乞米于我國, 歲丁未六月, 刷五十餘人載船, 逆風未發, 適有國亂, 不果行.' 臣語司正藤次郎曰, '汝去率來何如?' 答云, '如蒙上命, 我必行矣.' 伏望遣人刷還, 以紓積年懷土之苦.

一, 司譯院生徒李生言, '甘蔗味甛美, 生食之, 令人解飢渴, 又煮爲沙糖, 琉球國得于江南, 多種之, 又有薯藇, 大者如柱, 小者如椽, 亦得于南蠻, 種之.' 伏望竝令採來, 以廣其種.

一, 日本凡金銀銅鐵珍物所産之處, 不立防禁, 使居其地者世專採用之利, 而歲貢於國者有常數, 無他差役, 故主者不怠, 寶産無窮, 公私皆賴其利. 願自今依日本例, 凡珍物産處, 不立禁法, 許編民專利, 制其歲貢, 蠲免差役, 俾永爲世業.

一, 倭賊嘗侵略我國, 虜我人民, 以爲奴婢, 或轉賣遠國, 俾不永還, 其父兄子弟痛心切齒, 而未得報讎者, 幾何人乎? 臣等之行, 每泊舟處, 被虜之人爭欲逃來, 以其主枷鎖堅囚未果, 誠可恐也. 日本人多食少, 多賣奴婢, 或竊人子弟賣之, 滔滔皆是. 一岐島, 今因兵亂, 穀盡食絶, 明春尤飢, 若不爲盜, 則賣人營生者, 益多矣. 近因我國之禁, 來賣沿邊者絶矣. 竊念以直報怨, 古今之通誼也. 彼旣虜而使之, 我當買而

賤之. 願自今男十歲·女二十歲以下, 皆許來買, 又令適日本者皆得
買來, 永爲奴婢, 以示爲民報仇之義, 若曰, '聚居沿邊, 恐爲後患', 則
許傳賣深遠處, 勿令居海邊."

命下禮曹, 與政府諸曹同議. 議云, "除不得已事及回禮使外, 不許
遣使·宗貞盛等處厚往薄來條·佛經整秩以備通信條, 今所擧行, 各
道造置水車條, 僉曰, '可試之.', 能修院宇僧, 授住持條, 或言可·或
言不可, 通信使隨從人賞職條, 僉曰, '騎船軍, 則比他例倍數給到, 隨
從人, 則以來往度數, 量宜賞職爲可.', 其餘條件, 僉曰, '不可.'" 命僧
人賞職, 勿令擧行.

통신사 박서생朴瑞生[216]이 시행할 만한 일들을 갖추어 아뢰기를,

"1. 신이 일본에 이르러 대마도로부터 병고兵庫[217]에 이르기까지 적들
의 수효와 왕래하는 길을 살펴보오니, 대마도와 일기주一岐州 사이의 내
외의 큰 섬들과 지하志賀[218]·평호平戶[219] 등의 섬들은 적간관赤間關[220]이
서의 적들이고, 사주四州[221] 이북 조호竈戶[222]·사도社島[223] 등지는 적간

---

216 1428년 11월 대사성으로 통신사가 되어 일본에 갔다가 다음해 12월에 돌아왔다.

217 근기(近畿) 지방 서북부에 있는 지역으로 당시에는 경도(京都)로 들어가는 외항(外港)의 역
할을 하였다. 조선이나 명의 사신이 이곳에서 경도에 들어가기 위하여 대기하거나 그대로 돌
아가는 일도 있었다. 현재의 신호(神戶, 고베) 일대이다.

218 현재 복강현(福岡縣) 복강시(福岡市) 동구(東區)에 속한 섬이다. 현재는 육지와 연결되어 있다.

219 일본 구주(九州) 장기현(長崎縣) 북서부에 있는 도시로 평호도(平戶島, 히라토시마)과 북쪽
의 도도(度島)·고도(高島) 등의 섬으로 이루어져 있다.

220 현재의 산구현(山口縣) 하관(下關, 시모노세키)을 말한다.

221 사국(四國, 시코쿠)을 뜻한다. 사국과 본주 사이는 해적(海賊, 水軍)들의 근거지였다.

222 현재의 산구현(山口縣) 남동쪽에 있는 지명이다. 산구현의 실진(室津)반도의 뾰족한 부분과
장도(長島)·축도(祝島)·팔도(八島) 등을 포함한 지역으로 뇌호내해(瀨戶內海)의 요충지였
다. 내호내해 서쪽 끝의 해역인 주방탄(周防灘)의 동쪽 입구에 해당하며, 이런 지형 때문에 예전
에는 조호(竈戶)·조문관(竈門關)이라 불렸다. 중세에는 주방탄의 서쪽 입구을 하관이라고 하
였기 때문에 반대편에 있는 조호를 상관이라 불렀다. 『해동제국기(海東諸國紀)』에 의하면
1467년(세조 13)에 상관 태수(太守)를 칭한 겸예의취(鎌苅義就), 이듬해에는 상관수(上關守)를
칭한 옥야정길(屋野正吉)이 조선에 사자를 파견하고 있다(『조선왕조실록 전문사전』).

관 이동以東의 적인데, 그 군사가 거의 수만에 이르고, 그 선척의 수효도 1천척을 넘어서, 만약 동서의 적이 서로 호응하여 일시에 군사를 일으킨다면 방어하기가 어려울 것입니다. 그들의 서쪽으로 향해 오는 길로는 대마도가 여러 적들의 총 집합장으로 되고, 적간관은 사주四州에 있는 여러 적들의 출입하는 문이오니, 만일 서쪽으로 향하는 적이 있을 때에, 종정성宗貞盛[224]이 그 백성들에게 영을 내려 급수汲水하지 못하도록 하고, 대내전大內殿[225]은 적간관에 영을 내려 서쪽으로 나가는 것을 금지한다면 해적들은 왕래할 수 없을 것입니다. 또 지하・조호・사도 등지의 적은 대내전이 이를 주관하고, 내외內外의 큰 섬은 종상전宗像殿[226]이 이를 관장하고, 풍후주豊後州[227] 해변의 모든 적은 대우전大友殿[228]이 이를 다스리고, 일기・평호 등의 섬은 지좌志佐[229]・좌지佐志[230]・전평田平[231]・호자呼子[232] 등의 각전各殿에서 나누어 맡고 있으니, 저 모든 섬의

---

223 축도(祝島)의 오기로 생각된다. 축도는 뇌호내해(瀨戶內海)의 주방탄(周防灘)과 이예탄(伊豫灘)의 경계에 위치하는 섬이다. 현재는 산구현(山口縣) 웅모군(熊毛郡) 상관정(上關町)에 속하며, 뇌호내해의 해상교통의 요충지이자, 해적들의 근거지이기도 하였다.

224 대마도 도주이다. 1권 제1부「중요인물」, '종정성' 참조.

225 조선과 통교한 일본 본주 서부의 호족이다. 1권 제1부「중요인물」, '대내씨' 참조.

226 북구주의 종상신사(宗像神社)를 중심으로 한 무가세력이다.

227 일본 고대 이래의 행정구역 명칭으로 현재의 대분현(大分縣, 오이타) 일대이다.

228 구주지역에 세력을 두었던 무가세력이다. 풍후국(豊後國) 지역이 중심지였으나 박다(博多)에도 영지를 가지고 있었다. 겸창시대(鎌倉時代)부터 전국시대(戰國時代)에 걸쳐 구주(九州)의 풍후국・축후국(筑後國) 등 북구주를 지배한 수호대명(守護大名)이며 전국시대에는 전국대명(戰國大名)으로 성장하였다. 전성기에는 풍후・축후 이외에도 풍전豊前)・비전(肥前)・비후(肥後)・축전(筑前) 및 일향(日向)・이예(伊豫)의 절반씩을 영유하였다.

229 일기도(壹岐島)를 분할통치하는 북구주 송포 지역 세력들 중 하나이다. 그 밖에 좌지(佐志)・호자(呼子)・압타(鴨打)・염진(鹽津) 등이 있었다. 지좌는 일본 장기현(長崎縣) 송포시(松浦市) 지좌정(志佐町) 일대이다. 실정시대(室町屍臺)에는 송포반도의 거의 중앙에 위치한 비전국(肥前國) 송포군(松浦郡)을 거점으로 지좌씨(志佐氏)가 활동하였다.

230 일본 구주 좌하현(佐賀縣) 북서부에 있는 도시인 당진(唐津, 카라쯔)에 속한 지역이다. 동송포반도를 거점으로 한 이른바 왜구 세력의 하나였다.

231 일본 구주 좌하현 서단의 전평(田平, 타비라)이다. 하송포반도를 거점으로 한 이른바 왜구 세력의 하나였다.

도주島主로 하여금 엄중한 금방禁防을 세우게 한다면 도적질할 마음이 생길 수 없을 것입니다. 대체로 그 풍속이 예의禮義를 알지 못하여 조금만 뜻에 맞지 않아도 그 몸을 돌아보지 않고, 비록 어소御所233의 명령이라 할지라도 항거하고 좇지 않습니다. 이것으로 보건대, 어소와 수호修好하는 것이 비록 교린하는 도리는 되오나, 해적을 금하고 막는 계책에 있어서는 오히려 미흡합니다. 또 일본은 구하는 바가 있으면 사절을 보내서 이를 청하고, 만약 구하는 바가 없으면 비록 신주新主를 하례하고, 구왕舊主을 조상하는 큰 예절이라 할지라도 예를 닦지 않습니다. 이제 신 등이 명을 받들고 갔는데도 접대하는 것이 또한 예대로 하지 않으니, 이는 아마도 그 나라 옛 역사에 쓴 바로 인하여 그런 것이 아닌가 합니다. 원컨대, 이제부터 국가의 부득이한 일과 보빙報聘234하는 이외에는 사신을 보내는 것을 허락하지 마시고, 윗항의 여러 섬들의 도주島主에게는 보내는 것은 후하게 하고, 받는 것은 박하게 하여 그들의 마음을 기쁘게 해 주고, 간간이 사신을 보내어 지극한 뜻을 돈독히 효유曉諭235하여 해적의 금지책으로 삼도록 하소서.

1. 일본이 불교를 숭상하고 있으므로 교호交好하는 데 있어 증여할 물건은 불경佛經보다 나은 것이 없으니, 각처에 있는 불경을 고찰·열람하

---

232 호자(呼子)는 동송포반도(東松浦半島) 북단에 위치한 포구를 말한다. 현재의 좌하현(佐賀縣) 당진시(唐津市) 호자정(呼子町) 일대이다. 송포반도를 거점으로 한 이른바 왜구 세력의 하나였다. 송포반도에는 좌지(佐志)·지좌(志佐)·호자·전평(田平) 등의 거점이 있었고, 이들이 각각 호자전(呼子殿) 지좌전(志佐殿) 등의 칭호로 조선에 사신을 보냈다. 또한 이들은 일기도(一岐島)를 나누어 지배하던 세력이기도 하였다. 『해동제국기』에서는 일기도에 대하여 지좌·좌지·호자·압타(鴨打)·염진(鹽津)으로 나누어 다스린다고 하였다.
233 존귀한 장소라는 뜻으로 천황의 거처 등을 뜻하였으나, 여기에서는 실정막부의 장군(將軍)을 가리킨다.
234 답례(答禮)로 방문하는 일이다.
235 깨달아 알도록 타이르는 것이다.

고 그 성질成秩 여부를 살펴서 옛 것을 보충하여 성질이 되도록 하고, 이를 저장·비축하여 뒷날 통호通好236의 자료로써 대비하소서.

1. 일본 농민에게 수차水車를 설비하여 물을 퍼 돌려 전답에 대는 자가 있기에, 학생 김신金愼237으로 하여금 그 수차를 만든 법을 살펴보게 하였더니, 그 수차가 물을 타고 저절로 회전하면서 물을 퍼 올려 대고 있어, 우리나라에서 전년에 만들었던 수차인 인력으로 물을 대는 것과는 다른데, 다만 물살이 센 곳에는 설치할 만하나, 물살이 느린 곳에는 설치할 수가 없습니다. 수침水砧238도 또한 그러하였으니, 신이 가만히 생각해 보니, 비록 물살이 느리더라도 사람이 발로 밟아서 물을 올린다면 또한 물을 댈 수 있을 것 같았습니다. 이제 간략하게 그 모형을 만들어 바치니, 청컨대 각 고을에 설치할 만한 곳에 이 모형에 따라 제작하여 관개의 편리에 돕도록 하소서.

1. 일본은 그 국도國都로부터 연해에 이르기까지 돈을 포백이나 미곡보다도 훨씬 더 많이 사용하기 때문에, 여행하는 사람들이 비록 천 리를 가더라도 돈꿰미만 차고 식량을 휴대하지 않습니다. 길가에 사는 사람들이 행려자들이 기숙할 처소를 설치해 놓고, 만약 손님이 올 것 같으면 서로 앞을 다투어 청하여 영접하고, 손님이 주는 돈에 따라 인마人馬의 숙식을 제공하며, 관량關梁에 있어서는 큰 강江에는 주교舟橋239를 설치하고, 조그마한 냇물에는 누교樓橋를 설치해 놓고는 그 곁에 사는 자가 다리 세稅를 관장하고 있는데, 그 다리를 지나가는 손님에게 돈 10문文

---

236 우호 관계를 맺고 왕래하는 것이다
237 일본의 수차를 만드는 데 동원된 인물이다(세종 13-6-3-4).
238 흐르는 물로 수차를 돌려 곡물을 찧는 도구를 말한다. 물방아라고도 한다.
239 배다리를 말한다. 작은 배를 한 줄로 여러 척 띄워 놓고 그 위에 널판을 건너질러 깐 다리이다.

이나 5문을 징수하되, 다리의 대소를 참작하여 세를 징수하여 뒷날의
보수 자금으로 삼고 있습니다. 토전土田이나 주거舟車의 세까지도 돈으
로 받아들이지 않는 것이 없기 때문에, 돈을 사용하는 법이 광범위하여
사람들이 무거운 짐을 지고 먼 길을 가는 노고가 없습니다.

  1. 일본에서는 대나무로 큰 밧줄을 만들어 양쪽 언덕에 매어 놓고, 통
나무를 깎아서 배를 만들어 대나무 밧줄에 등자鐙을 달아 배 위로 내려
뜨리고는, 기둥을 세우고 들보를 가설하고, 널빤지板子를 죽 깔아 다리
를 만들어 놓고는, 진리津吏240로 하여금 건너는 세를 가볍게 징수하게
하여 후일에 교량이 낡아 허물어졌을 때의 보수 자금으로 사용하고 있
습니다. 우리나라의 한강과 임진강은 남북을 통하는 큰 관진關津입니
다. 바라건대, 이 예에 따라 다리를 가설하고 다릿세를 거두어서 무너
지는 대로 즉시 보수하게 한다면, 다만 돈을 사용하는 법이 광범위해질
뿐만이 아니라 남북의 인마人馬가 험로險路를 걸어서 피곤해 쓰러지는
폐단도 또한 없어질 것입니다.

  1. 원우院宇의 시설은 행려자들을 기숙하게 하기 위하여 된 것인데,
지은 이는 이미 죽고 그의 수즙修葺241을 이어나가지 못하기 때문에, 햇
수가 오래되고 퇴락하여 사람들로 하여금 애석함을 금치 못하게 하는
사평沙平·판교板橋 같은 원우가 많습니다. 근래 각 관사 및 교량을 영선
營繕242한 중들에게는 모두 관직을 제수하고 절을 주기 때문에 중들이
모두 이를 즐겨하고 있습니다. 원컨대 이제부터 각처의 길을 긴완緊

---

240 나루터를 관장하는 관리이다.
241 집을 고치고 지붕을 새로 이는 일 등을 말한다.
242 건축물 따위를 세우고 고치는 일을 말한다.

緩[243]으로 구분하여 사원寺院의 다소多少를 정하고, 중으로서 능히 보수하거나 창건할 수 있는 자를 택하여 주지住持로 삼아 원우를 나누어 관리하도록 하고, 수령으로 하여금 그 영건營建[244]과 공판供辨[245]의 능부能否를 고찰하여 감사에게 보고하게 하고, 감사는 다시 그 사실 여부를 확인하여 출척黜陟[246]의 증빙으로 삼도록 하되, 만약 그 공로가 탁월하게 뛰어난 자가 있으면 이를 큰 사원으로 올려 주어 뒷사람들을 권장하도록 하소서.

1. 이미 주지住持를 임명하였으면 묵은 미두米豆를 지급하여 행려자들을 공궤供饋[247]하게 하되, 손님이 이르면, 그 손님이 들여놓는 돈의 다소에 따라 공궤하게 하고, 매 월말마다 그 돈을 관官에 수납하게 하고 다시 미두를 받아 가서 공궤하도록 하며, 행려자들로서 쌀을 휴대하고 밥을 지어 먹는 자를 금하기를 계속하여 돈을 사용하는 법을 넓히소서.

1. 각처의 어량세魚梁稅는 사옹원司饔院[248]과 사재감司宰監[249]에 공상供上하는 것 이외에는 모두 돈으로 바치게 하고, 각도 염장鹽場의 소금 값과 각처의 선세船稅·그리고 외방外方 각 관사의 노비의 공물까지도 면포를 제외하고는 모두 돈으로 바치게 하여 그 용도를 크게 일으키도록 하소서.

1. 일본인의 풍속이 노소 없이 목욕하고 몸을 깨끗이 하는 것을 좋아

---

243 긴요한 것과 긴요하지 않은 것을 말한다.
244 건물이나 시설물을 짓는 것을 말한다.
245 나라의 큰 행사나 의식이 있을 때 해당 관청에서 그 준비를 하던 일을 말하지만, 여기서는 필요한 물자를 마련하여 공급하는 것을 말한다.
246 등용과 축출을 말한다. 무능한 사람을 내쫓고 능력있는 사람을 발탁하여 쓰는 것이다.
247 음식물을 제공하는 것이다.
248 궁중의 음식에 관한 일을 맡아 보던 관청으로 1392년에 설치한 사옹방(司饔房)을 고친 것으로, 1895년에 폐지하였다.
249 궁중에서 쓰이는 생선·고기·소금·연료 등에 관한 일을 맡아보던 관청이다.

하기 때문에, 큰 집에는 각기 욕실을 설치하고, 여염閭閻250마다 또한 여러 군데 욕탕을 설치하고 있는데, 그 욕실의 제도가 매우 잘 되어 있어 편리합니다. 탕湯을 끓이는 자가 각角을 불면, 이 소리를 들은 사람들이 다투어 돈을 내고 목욕을 합니다. 바라옵건대, 제생원濟生院251 · 혜민국惠民局252 · 왜관한증倭館汗蒸253 · 광통교廣通橋254 등지와 외방의 의원 등, 사람들이 많은 곳에 모두 욕실을 설치하여 돈을 사용하는 법을 돕도록 하소서.

1. 일본 상가商街의 제도는 시장 상인들이 각기 처마 아래에다 널빤지로 층루層樓를 만들고 물건들을 그 위에 두니, 다만 먼지가 묻지 않을 뿐

---

250 백성의 살림집이 많이 모여 있는 곳 즉 마을을 가리킨다.

251 조선 초기 서민들의 질병 치료를 관장하였던 의료기관. 1397년(태조 6) 조준(趙浚)의 건의에 따라 설치하였다. 의료 · 의약, 특히 향약(鄕藥)의 수납(輸納) · 보급과 의학교육 및 편찬사업을 맡아보았다. 의학교육으로는 1406년(태종 6) 창고궁사(倉庫宮司)의 동녀(童女) 수십 명을 선발하여 맥경(脈經) · 침구법(針灸法)을 가르쳐 부인의 질병을 치료하게 하였는데, 이것이 의녀(醫女)의 시작이다. 편찬사업으로는 향약을 써서 질병을 치료하기 위하여 『향약제생집성방(鄕藥濟生集成方)』(30권)을 1398년에 편찬하는 등, 혜민국(惠民局) · 전의감(典醫監)과 함께 일반 서민들의 질병을 구료함과 동시에 동서대비원(東西大悲院)처럼 구호사업에도 관여하여 조선 초기 의학 발전에 크게 이바지하였다. 1459년(세조 5) 5월 용관(冗官, 중요하지 않은 벼슬)을 정리할 때 혜민국에 합병되었다. 관원으로는 설치 당시에 지원사(知院事) · 영(令) · 승(丞) · 주부(主簿) · 녹사(錄事)를 두었다가 1414년(태종 14) 지원사 · 승 · 부령(副令) · 녹사 · 부녹사로 고쳤다(『조선왕조실록 전문사전』).

252 고려 중기에 백성의 질병을 고치기 위하여 설치되었던 관서. 1112년(예종 7)에 설치하여 판관(判官) 4인을 두었는데, 본업(本業) 및 산직(散職)으로 교차하고 을과(乙科)에 급제한 사람이 권무(權務)하였다. 이 혜민국은 충선왕 때 사의서(司醫署)의 소관으로 하였으나 1325년(충숙왕 12) 10월의 교문(敎文) 가운데에 "혜민국 · 제위보 · 동서대비원은 모두 폐기……"라는 내용이 있는 것으로 보아 관직만 존속되고 있었던 것 같다. 1391년(공양왕 3)에 혜민국을 혜민전약국(惠民典藥局)으로 개칭하여 일반 진료에 종사하게 하였다. 1392년 7월의 태조신반관제(太祖新頒官制)에서 혜민고국(惠民庫局)으로 계승되어 고려시대와 같이 판관 4인을 두었다가 1466년(세조 12) 1월에 혜민서(惠民署)로 개칭하였다(『한국민족문화대사전』).

253 왜관에 설치한 한증막을 지칭하는 것으로 생각된다.

254 종로네거리에서 을지로 네거리 방향으로 나가다가 청계로와 만나는 길목의 청계천 위에 놓여 있던 다리이다. 조선시대 광통방에 위치하고 있어 광통교 혹은 광교라고 불렸고, 소광통교와 구분하여 대광통교로도 불렸다. 『세종실록』「지리지」에는 북광통교(北廣通橋)로, 『승정원일기』에는 광충교(廣沖橋)로도 기록되어 있다. 조선시대 도성 내에서 가장 큰 다리였다.

만 아니라 사람들이 쉽게 이를 보고 살 수 있었으며, 시중市中의 음식물들을 귀천의 구별 없이 모두 사 먹고 있었습니다. 우리나라의 시장은 건습乾濕할 것 없이 모든 어육 등의 식물들을 모두 진토塵土 위에 두고는 혹은 그 위에 앉기도 하고 밟기도 하니, 바라옵건대 운종가雲從街[255] 좌우의 행랑行廊에서부터 동쪽 누문樓門에 이르기까지, 종루 남쪽에서부터 광통교에 이르기까지 모두 보첨補簷[256]을 달아내고, 그 아래에 물건들을 진열해 놓을 층루를 만들어, 어느 간間은 무슨 물건을 둔 곳이라고 죽 편액扁額[257]을 달아서 쉽게 알아 볼 수 있도록 하소서.

1. 일본에 갔다 오려면 풍랑과 해적을 만날까 두려워 낮에는 망보고, 밤에는 경계하면서 마음을 잠시라고 해이하게 가질 수 없어, 반인伴人으로부터 격군格軍에 이르기까지 한 사람도 노역勞役에 종사하지 않는 사람이 없이 항상 스스로 삿대를 잡고 노를 저으면서 1주년이나 혹은 2주년 만에 돌아오니, 그 신고辛苦와 피로가 육로로 가는 것보다 배나 더한데, 배 위에서 능히 인솔을 잘한다 하여 재차 혹은 삼차에 이르기까지 왕복한 자가 있어도, 혹 성상의 은례를 아직 입지 못한 자가 있으니 실로 민망한 일입니다. 원컨대 이제부터 사명을 받들고 갔다 온 자는 그 공으로의 차례대로 재품才品을 나누어서 천거하게 하고, 반인 이하까지도 모두 직職으로써 상을 주소서.

1. 신 등이 일본 박대博大[258]에 도착하매, 왜인 망고라望古羅[259]가 유구

---

255 조선시대 때 한성(漢城)의 거리 이름. 지금의 종로 네거리를 중심으로 한 곳인데, 이곳에 육의전(六矣廛)이 설치되었다.

256 부연을 달아서 꾸민 처마이다.

257 비단·종이·널빤지 따위에 그림을 그리거나, 글씨를 써서 방 안이나 문 위에 거는 액자. 이 기사에서는 지금의 간판과 비슷한 역할을 한다.

258 일본 구주의 박다(博多, 하카타)를 뜻한다.

국에서 와서 말하기를, '피로被虜된 귀국 사람들이 근래 기근으로 말미암아 고향 생각을 더욱 간절히 하고 있는데, 유구국의 왕이 귀국에 미곡을 구걸하려고 정미년 6월에 50여 명을 찾아서 배에 실었다가, 역풍逆風으로 인하여 출발하지 못하고 마침 국란이 있어 실행하지 못했다' 하므로, 신이 사정司正 등차랑藤次郎에게 말하기를, '네가 가서 데리고 오는 것이 어떠냐' 하니, 대답하기를, '만약 상명上命을 받는다면 내가 반드시 가겠다' 하니, 엎드려 바라옵건대 사람을 보내어 이들을 찾아오게 하여 다년간 고향을 그리던 쓰라린 정을 풀도록 하소서.

1. 사역원司譯院260 생도生徒 이생李生261이 말하기를, '감자는 맛이 달고 좋아서 생으로 먹어도 사람의 기갈飢渴을 해소하게 되고, 또 삶으면 설탕沙糖이 되는데, 유구국에서는 강남江南에서 얻어다가 많이 이를 심고 있으며, 또 서여薯蕷262라는 것이 있어, 큰 것은 기둥만 하고 작은 것은 서까래만 한데, 역시 남만南蠻에서 얻어다가 이를 재배한다' 하니, 엎드려 바라옵건대, 모두 채취해 오게 하여 그 재배를 널리 보급하도록 하소서.

1. 일본에서는 모든 금·은·동·철 등 진귀한 물품이 생산되는 곳에 방금防禁을 세우지 아니하고 그 지방에 사는 자로 하여금 대대로 채

---

259 이 기사 외에도 『조선왕조실록』에서 세종 원년과 예종·명종 대에도 보이지만, 동일 인물로 보기 힘들다. 세종 원년의 망고라는 기해동정 당시에 사로잡힌 대마도의 왜인이었다.

260 고려·조선시대 외국어의 통역과 번역에 관한 일을 관장하기 위해 설치되었던 관서. 상원(象院)·설원(舌院)·역원(譯院)이라고도 한다. 1276년 통문관(通文館)을 설치하고 한어를 교육한 데서부터 시작되었다. 1389년 십학(十學)을 설치해 사역원에 이학교수(吏學敎授)를 두어 역학 및 이학 교육을 담당하였다. 조선시대에는 태조 때 역학 교육에 힘써 육학(六學)을 설치하여 양가의 자제들을 뽑아 교육시켰다. 1414년에 왜학 학습에 관한 영(令)이 내려졌으며, 법제도 정비에 따른 외국어로는 한학(漢學)·몽학(蒙學)·왜학(倭學)·여진학(女眞學, 뒤에 淸學) 등을 주로 취급하였다(『조선시대 대일외교 용어사전』).

261 여기에만 보인다.

262 산마를 말한다. 식용하기도 하고 약재로도 쓴다.

취하여 이익을 보게 하고, 나라에 바치는 세공歲貢은 일정한 수량뿐이고 다른 부역이 없기 때문에, 이를 주관하는 자가 태만하지 않아 보물의 생산이 무궁하여, 공사公私 간에 모두 이익이 된다고 합니다. 원컨대, 이제부터 일본의 예에 의하여 모든 진귀한 물품이 생산되는 곳에는 금법禁法을 세우지 말고 평민들에게 그 이익의 독점을 허용하여, 세공을 제정하고 부역을 면제해 주어 길이 세업世業을 삼도록 하소서.

1. 왜적들이 일찍이 우리나라를 침략하여 우리 인민을 붙잡아다가 노비로 삼고는, 혹 먼 나라에 전매轉賣하기도 하여 영원히 돌아오지 못하도록 하니, 그 부형과 자제들이 원통하여 이를 갈면서도 복수하지 못하는 자가 몇이겠습니까. 신 등의 사행길에 정박하는 곳마다 잡혀 간 사람들이 다투어 도망해 오려고 해도, 그 주인이 가쇄枷鎖를 하고 굳게 가두어서 뜻을 이루지 못하고 있으니, 진실로 민망한 일입니다. 일본에는 사람은 많고 먹을 것이 적어서, 흔히 노비를 팔아먹고 있어 혹 남의 자제들을 훔쳐다 팔기도 하는데, 이는 허다하게 볼 수 있는 일입니다. 일기도一岐島는 지금 병란으로 인하여 양곡이 다하여 먹을 것이 떨어졌는데, 내년 봄에 더욱 기아가 심하게 되면, 만약 도둑질을 하지 않는다면, 사람을 팔아서 생활을 영위하는 자가 더욱 많아질 것입니다. 근래 우리나라의 금지로 인하여 연변에 와서 파는 자가 없어졌습니다. 그윽이 생각하건대, 값에 따라 원수를 갚는 것은 고금의 공통된 사의事誼인 것입니다. 저자들이 이미 잡아다가 부렸으니, 우리는 마땅히 저들을 사다가 천역賤役263을 시켜야 할 것입니다. 원컨대, 이제부터 남자 10세,

---

263 노비와 같은 천인들이 하는 일을 말한다.

여자 20세 이하는 모두 와서 팔도록 허용하고, 또 일본에 가는 자로 하여금 모두 사다가 영구히 노비로 삼아서, 백성을 위하여 원수를 갚는 의리를 보이도록 하고, 만약 '연변에 모여 살면 후환이 될 염려가 있다'고 말한다면, 깊고 먼 곳으로 전매하도록 허용하여 해변에 살지 말도록 하소서"

하였다. 명하여 이를 예조에 내려 의정부 및 제조諸曹와 더불어 같이 의논하게 하니, 의논하여 아뢰기를,

"부득이한 일 및 회례사 이외의 사절 파견을 허용하지 말고, 종정성宗貞盛 등에게는 후하게 보내고 박하게 받자는 조항과, 불경佛經의 서질書秩을 정비하여 통신에 대비하자는 조항과, 지금 거행하고 있는 각도에 수차水車를 제조 설치하자는 조항에 대하여는 모두 말하기를, '시험해 볼 만하다' 하고, 능히 원우院宇를 영선할 수 있는 중에게 주지住持를 제수하자는 조항에 대하여는, 혹은 가하다라고 말하고, 혹은 불가하다라고 말하였으며, 통신사의 수종인隨從人들에게 직위로써 상을 주자는 조항에 대하여는 모두 말하기를, '배를 타는 군사는 다른 예例보다 갑절의 도刂를 주고, 수종인은 내왕한 도수에 따라 적당히 헤아려서 직위로써 상을 주는 것이 옳다' 하고, 그 나머지의 조건에 대하여는 모두 '불가하다' 합니다"

하니, 명하기를, 중에게 직위로써 상을 주자는 조건은 거행하지 말라 하였다.

12月 3日(乙亥) 6번째 기사

박서생이 일본에서의 심중청 도은조지 등의 제조법을 갖추어 아뢰다

朴瑞生又具啓, 日本深中靑・鍍銀・造紙・朱紅・輕粉之法, 皆留之.

박서생이 또 일본의 심중청深重靑[264]・도은조지鍍銀造紙[265]・주홍경분朱紅輕粉[266] 등의 제조법을 갖추어 아뢰니, 모두 이를 머물러 두게 하였다.

12月 4日(丙子) 2번째 기사

예조에서 통신사가 데려온 노비의 거주지 문제를 아뢰다

禮曹啓, "通信使率還被擄女福生及奴婢並六口, 請令本鄕古阜郡, 量給衣糧土田穀種, 使之安接, 晋州船軍鄭元右所易倭奴, 不宜居海邊, 令賣陸地深遠處." 從之

예조에서 아뢰기를,

"통신사가 데리고 돌아온 잡혀 갔던 여자 복생福生[267]과 노비 아울러 6명은, 청컨대 본 고향인 고부군古阜郡[268]으로 하여금 적당히 의복・식량・토지・곡물 종자 등을 지급하여 평안히 살도록 하고, 진주 선군 정원우鄭元右[269]가 무역한 바 있는 왜노는 해변에 살게 하는 것은 부당하니, 깊숙한 내륙 지방에 팔도록 하소서"

하니, 그대로 따랐다.

---

264 검푸른 빛깔의 안료이다. 심중청(深中靑)이라고도 한다. 흔히 말하는 철사채(鐵砂彩)로, 철사채란 대장간에서 채취한 녹물로 만든다. 우리나라에서 사용하던 고유의 명칭인 심중청을 일제강점기에 철사채로 바꾸어 부르게 되었다고 한다(『조선시대 대일외교 용어사전』).

265 여기에만 보인다. 은을 입힌 종이 즉 은박지로 추측된다.

266 여기에만 보인다. 주홍빛의 가루분으로 생각된다.

267 여기에만 보인다.

268 지금의 전라북도 정읍시 고부면이다.

269 여기에만 보인다.

12月 9日(辛巳) 1번째 기사

일본으로 인한 문제를 신하들과 의논하다

受常參, 視事. 上謂左右曰, "日本國其王薨, 不遣使訃告, 及卽位, 又不遣使通好, 我國亦不必遣通信使也. 然在我交隣之禮, 不可不修, 故遣使致賻, 且賀卽位, 彼宜報謝, 又不遣使, 反因求請, 乃遣宗金, 失禮之中, 又失禮焉. 今待宗金, 將從何等? 彼輩本不知禮義, 何足責也? 前此我國之使至其國, 有不得下船者, 或有薄待而送者, 或其書辭不遜, 今通信使之行則館穀加等, 書契亦恭順, 是可尙已. 待人之道, 寧失於厚, 姑厚待之如何?" 左右對曰, "上敎允當." 上又曰, "日本國王語朴瑞生等曰, '欲繼父王之志, 服事上國, 恐以前日之事, 祗被留拘, 請歸告國王, 俾達吾志于上國, 爲遠夷霑聖化.' 此意甚美. 蓋小國不能自達於大國, 必賴藩屛之臣導達誠意, 自古而然, 今不奏達, 則是沮其遷善之心, 且非我國, 則實無憑藉之處, 宜將其意轉奏上國. 然彼輩反覆無常, 後日若不朝聘, 則恐朝廷還使我國, 問罪于日本, 若不聽其請, 而朝廷異日聞之, 則必歸咎我國矣. 此非國論之難斷者乎? 予聞源道事大至誠, 使臣黃儼嘗至其國, 爲營迎室於境上, 親迓以入, 今其子義敎不遵乃父忠誠, 非徒不事朝廷, 天使至其國, 欲陰誘賊船害之, 厥後不修朝貢, 幸至今日, 慕義向風, 欲朝上國, 不亦嘉乎? 若復以此意遣人來請, 則將何以處之?" 左右曰, "日本國王悔前日之非, 復欲臣事, 其意雖美, 然此國自古乍臣乍叛, 未可以信今日之言, 而轉奏之也. 儻後日背之, 則反爲我國之患, 而悔無及矣." 右議政孟思誠曰, "若以此意來請, 則但勸其事大之意, 不可轉達于上國也." 上曰, "更議以聞." 上又曰, "今得免歲貢金銀, 他日之貢, 將代以布子乎? 馬匹乎?" 判府事許稠對曰,

"以馬代貢, 非計之長者也. 歲貢無窮, 終難繼辦. 若布子則自一品至九品, 竝納之, 又於外方收之, 則可以繼辦, 而爲長久之計也." 禮曹判書申商曰, "得免金銀, 我朝鮮億萬年喜事也. 但以布子代貢, 則雖至萬匹, 猶愧旅庭, 馬則産於我國, 代以百數之內, 竝獻布子, 則馬可繼辦, 而庭實有光矣." 上又曰, "水碓之用, 誠有利乎? 然則宜修復藏義洞所設之碓." 兵曹判書崔閏德對曰, "藏義諸墅之水, 會于一溪, 他無導瀉之處, 倘水多, 則隨築隨圮, 不必修復也." 上又曰, "驢之爲物, 在中原甚利用. 就遼東等處, 交易來養若何?" 稠對曰, "非特驢也. 水牛之用, 最有利於兵, 倘入朝路梗, 則難以得之, 且此物非北方所産, 又禁出外國, 帝若移御南京, 則奏請交易而來, 孶長蕃息, 其利甚多." 上曰, "予亦有志於此, 卿言甚然."

임금이 좌우 신하에게 이르기를,

"일본국이 그 왕이 죽었는데도 사신을 보내어 부고하지 않고, 즉위함에 미쳐서도 또 사신을 보내어 수호修好의 뜻을 통해 오지도 않았으니, 우리나라도 또한 통신사를 보낼 필요가 없다. 그러나 우리가 교린하는 예에 있어 이를 닦지 않을 수 없기 때문에, 사절을 파견하고 부의賻儀를 전달하였으며, 또 즉위를 축하하였으니 저희들이 으레 보사報謝하여야 마땅하거늘, 또 사절도 보내지 않고 도리어 청구하는 일로 인하여 종금宗金[270]을 보냈으니, 실례 중에도 실례인 것이다. 이번에 종금을 대하기를 장차 어떤 등급을 좇아야 할는지? 저들은 본래 예의禮義를 모르는 자이니 무엇을 족히 책하겠는가? 앞서 우리나라의 사신이 그 나라에 이르

---

270 구주 박다(博多)의 승려이자 상인이다. 1권 제1부 「중요인물」 '종금' 참조

러 배에서 내리지도 못한 적이 있었고, 혹은 박대하여 보낸 자도 있으며, 혹은 그 글의 내용이 불손한 적도 있었는데, 금번 통신사가 갔을 때에는 사관의 음식도 등급을 올렸고, 서계書契[271]도 또한 공손한 인사로 하였으니, 이것은 칭찬할 만한 것이다. 사람을 대하는 도리란 박대하는 것보다는 후대하여야 하나니, 우선 후대하는 것이 어떠한가?"

하니, 좌우에서 대답하기를,

"성상의 하교가 지당합니다"

하였다.

임금이 또 말하기를,

"일본의 국왕이 박서생 등에게 말하기를, '부왕父王[272]의 뜻을 이어받아 상국上國[273]을 받들어 섬기려고 하나, 혹 전날의 일로 구류를 당하지 않을까 하니, 청하건대 돌아가거든 귀국 왕에게 고하여 내 뜻을 상국에 전달하게 하여 먼 곳에 있는 오랑캐도 성화聖化를 입도록 해 주시오' 하였다니, 이 뜻이 매우 아름다운 것이다. 대개 작은 나라가 능히 스스로 큰 나라에 상달하지 못하면, 반드시 번국藩國의 신하에게 의뢰하여 그 성의를 주달하는 것은 옛날부터 그러했으니, 이제 주달하지 않으면, 이는 개과천선하려는 마음을 저지하는 것이 될 것이며, 또 우리나라가 아니면 실상 의지할 만한 곳이 없으니, 마땅히 그 뜻을 상국에 전주轉奏[274]

---

271 조선시대 전기에 조선과 대마도 및 일본 각지의 통교자와 주고받은 공식 외교문서를 말한다. 조선 후기에는 통신사 파견을 제외하면 대마도와 통교하였으므로 서계는 대마도와 주고받게 되었다.
272 실정막부 3대 장군인 족리의만(足利義滿)을 말한다.
273 명(明)을 말한다. 족리의교의 아버지인 족리의만은 명으로부터 일본 국왕으로 책봉을 받고 조공무역을 행하였다. 그러나 4대 장군 족리의지(足利義持)는 명의 책봉을 받지 않았고, 명의 사신을 돌려보내기도 하였다.
274 전주(傳奏)와 같은 말이다. 일본이 명과의 관계를 회복하려고 한다는 내용을 명에 전달하는

해야 할 것이다. 그러나 저들이란 반복反覆이 무상하니, 뒷날에 만약 조빙朝聘[275]의 예를 하지 않는다면 아마도 조정에서 도리어 우리나라로 하여금 일본에 문책하게 할 것이고, 만약 그 소청을 듣지 않았다가 다른 날 조정에서 이 사실을 들으면 반드시 그 허물을 우리나라로 돌릴 것이니, 이것이 국론으로 결단하기 어려운 것이 아니겠는가? 나는 듣건대, 원도의源道義[276]가 지성으로 대국을 섬겨 사신 황엄黃儼[277]이 일찍이 그 나라에 이르니, 영접하는 집을 그 경상境上에 지어 놓고 친히 나와서 맞아 들여갔다고 하는데, 이제 그 아들 의교義敎가 저의 부왕의 충성을 준행하지 않아서, 다만 조정을 받들어 섬기지 않을 뿐만 아니라 명나라 사신이 그 나라에 이르면 몰래 해적의 배를 유도하여 그를 해치려고 하였으며, 그 뒤로부터 조공朝貢을 닦지 않았는데 다행히 금일에 이르러 의리를 사모하고 풍성風聲을 향하여 상국에 조공하려고 하니, 또한 가상하지 않은가. 만약에 다시 이러한 뜻으로 사람을 보내어 청해 온다면 장차 어떻게 처리해야 하겠는가?"

하니, 좌우에서 아뢰기를,

"일본의 국왕이 전일의 잘못을 뉘우치고 다시 신하로서 복사服事[278]하고자 하니, 그 뜻은 비록 아름다우나 이 나라가 옛날부터 금시 신하로 섬기다가 금시 배반하곤 하였사오니, 오늘의 말을 믿고 전달해 아뢸 수는 없는 것입니다. 만약 뒷날에 배반한다면 도리어 우리나라의 우환이

것을 말한다.
275 조공(朝貢)을 말한다.
276 실정막부 3대 장군인 족리의만(足利義滿, 1358~1408)이다. 아들로 의지 · 의사 · 의교 등이 있다.
277 조선에 사신으로 자주 왔던 명나라 영락제 때의 환관이다.
278 복종하여 섬기는 것을 말한다.

될 것이요, 후회하여도 미치지 않을 것입니다"

하였고, 우의정 맹사성孟思誠은 아뢰기를,

"만약 이러한 뜻으로 와서 청한다면 다만 그 사대事大의 대의大意만을 권고할 것이요, 상국에 이를 전달할 수는 없지 않을까 합니다"

하니, 임금이 말하기를,

"다시 논의하여 보고하라"

하였다.

　임금이 또 말하기를,

"이제 금・은 세공歲貢을 면제받았으니 후일의 공물을 장차 포자布子로 대신할 것인가, 아니면 마필馬匹로 대신할 것인가?"

하니, 판부사判府事 허조許稠가 대답하기를,

"마필로써 공물을 대신하는 것은 좋은 계책이 못됩니다. 해마다 바치는 공물이 무궁하여 마침내는 계속 마련하기가 어려울 것입니다. 포자 같은 것은 1품으로부터 9품까지 모두 납입하게 하고, 또 외방에서도 이를 수납하면 가히 계속 마련할 수 있을 것이니 장구지계長久之計가 될 것입니다"

하고, 예조 판서 신상申商이 아뢰기를,

"금・은 세공을 면제받은 것은 우리나라 억만년에 미칠 경사입니다. 다만 포자로써 대신 공납한다면 비록 1만 필에 이른다 해도 오히려 여정旅庭[279]에 부끄러울 것입니다. 말은 우리 조선에서 산출되는 것이니, 이를 1백여 필 이내로 대신하고 아울러 포자도 바친다면, 말도 계속하

---

279 황제의 조정을 말한다. 바친 물품을 조정에 늘어놓던 관행에서 비롯된 말이다.

여 마련할 수 있을 것이며 정실庭實[280]에도 빛이 있을 것입니다"
하였다.

임금이 또 말하기를,

"물방아를 사용하는 것이 정말 이득이 있을 것인가? 그렇다면 마땅히 장의동藏義洞[281]에 설치한 물방아를 다시 수리해야 할 것이다"
하니, 병조 판서 최윤덕崔閏德[282]이 대답하기를,

"장의동은 여러 골짜기의 물이 한 시내로 모여 들어 다른 곳으로 흘러 내려가는 곳이 없기 때문에, 혹 물이 많으면 수축한 것이 바로 무너지니, 수리해 복구할 필요가 없습니다"
하였다.

임금이 또 말하기를,

"나귀란 놈을 중원에서는 몹시 많이들 이용하고 있으니, 요동 등지에 가서 교역해서 기르는 것이 어떠할까?"
하니, 허조가 대답하기를,

"다만 나귀만이 아닙니다. 물소水牛의 이용도 군사軍事에 가장 요긴한데, 혹시 들어갔다가 길이 막히면 얻기가 어려울 것이며, 또 이 물건이 북방의 소산이 아니고, 또 외국으로의 유출을 금지하고 있으니, 황제께서 만약 남경南京으로 이어移御[283]하시거든 이를 주청해서 교역해서 기

---

280 조당(朝堂)에 늘어놓은 공헌품이라는 뜻이다.
281 종로구 신영동에 있던 마을로서, 이곳이 청운동에서 부암동으로 넘어가는 고개 마루턱에 창의문이 있어 창의동이라 하던 것이 음이 변하여 장의동이라고 하게 되었다.
282 일찍이 무과에 올라 부친을 따라 여러 전장에서 무공을 세웠고, 벼슬은 병조판서를 거쳐, 무신으로 우의정, 좌의정을 역임하고 최초의 영중추원사가 되었으며 궤장을 하사받았다. 세종 치세에 이종무와 더불어 대마도를 정벌하였고, 북방의 여진족을 정벌하고 4군을 설치하여 압록강유역의 국경선을 확정하였다. 전국에 여러 읍성과 산성을 축성하여 축성대감으로 불렸다.
283 거처하는 곳을 옮긴다는 뜻이다.

르고 번식시키면 그 이익이 매우 많을 것입니다"

하니, 임금이 말하기를,

"나도 역시 이에 뜻을 두고 있었는데 경의 말은 참 옳은 말이오"

하였다.

12月 23日(乙未) 2번째 기사

이천이 동철(구리)의 산지를 조사한 것을 아뢰다.

中軍摠制李蕆啓, "銀匠金生告, '銅石産於金化縣.' 曾令大護軍白環 偕金生炒鐵試驗, 其後又有深重靑相似石, 産於固城, 水銀相似石産 於昌原, 且金海·密陽·咸安·義城·仁同·固城及大丘任內河濱等 官, 皆産銅鐵. 乞遣白環炒鐵試驗, 似爲利益, 且銅鐵, 本我國所産, 炒鐵 之法久廢, 故忘其産處未傳, 請依傳習日本之法, 廣求産處, 銅鐵之産, 非獨慶尙一道, 他道亦或産出, 竝移文知會, 如有告者, 良人賞職, 賤人 賞給." 從之. 蕆又啓, "今來日本深重靑石及水銀石, 請分送各道依樣廣 求, 如有告者, 良人賞職, 人吏免役, 公賤己身放役, 私賤賞給." 從之.

중군 총제中軍摠制 이천李蕆284이 아뢰기를,

"은장銀匠 김생金生285이 고하기를, '동석銅石이 금화현金化縣286에서 난 다'고 하기에 일찍이 대호군287 백환白環288으로 하여금 김생과 같이 초

---

284 조선 전기의 무신이다. 경자자, 갑인자를 만드는 등 세종 대의 인쇄술 발달에 크게 공헌했고
　　간의, 혼의, 앙부일구 등 천문기구의 제작을 지휘했다. 평안도 도절제사로 여진족을 토벌하
　　고 4군의 설치를 건의해 실현했다. 평안도 도절제사 등의 관직을 지냈다.
285 여기에만 보인다.
286 현재의 강원도 철원군 김화읍이다.
287 조선시대 오위(五衛)의 종3품 관직. 건공(建功)·보공장군(保功將軍) 등으로 별칭되었다. 고려
　　때의 대장군이 조선 초기 도위첨사(都尉僉事)로 개칭되었다가 태종 초 대호군으로 변개되었다.
288 평안도 채방부사(平安道採訪副使)이다(태종 18-3-10-5).

철법炒鐵法[289]으로 시험해 보도록 하였고, 그 뒤에 또 심중청深重青과 유사한 돌이 고성固城에서 나고, 수은水銀과 유사한 돌이 창원에서 나며, 또 김해·밀양·함안·의성·인동仁同[290]·고성 및 대구 경내의 하빈河濱[291] 등 각 고을에서 모두 동철(구리)이 난다 하오니, 바라건대 백환을 보내어 초철법으로 시험해 보는 것이 유익할 것 같으며, 또 동철을 본래 우리나라 소산이나, 초철법을 오랫동안 폐하였기 때문에, 그 산지마저 잊어버리고 전하지 않으니, 청하옵건대 일본에서 배워 온 법에 의하여 널리 출산지를 구하도록 하고, 동철이 나는 것이 홀로 경상 1도만이 아니오라 다른 도에서도 또한 혹 산출하기도 하니, 아울러 이문移文[292]하여 조회하고, 만약 신고하는 자가 있으면 양인은 직위로 상을 주고, 천인은 (물품으로) 상을 주도록 하소서"

하니, 그대로 따랐다. 이천이 또 아뢰기를,

"이번에 가져 온 일본의 심중청석深重青石과 수은석을 각도로 나누어 보내어 그 모양의 돌을 널리 구하여, 만약 신고하는 자가 있으면 양인은 벼슬로 상을 주고, 이속吏屬[293]은 면역하게 하며, 공천公賤[294]은 자신에 한하여 역役을 풀어 주고, 사천私賤[295]은 물품으로 상을 주도록 하소서"

하니, 그대로 따랐다.

---

289 이 기사에서만 등장하는 어휘로 채굴된 원석을 높은 열로 녹여보는 방법으로 보인다.
290 경상북도 구미 지역의 옛 지명이다.
291 대구광역시 달성 지역의 옛 지명이다.
292 동등한 아문(衙門)에 보내는 공문서를 말한다. 공이(公移)라고도 함. 이문(移文)은 2품 이상 중앙 관아 및 지방 관찰사 등 조선시대 최고 관서 사이에 행정적으로 협조할 필요가 있을 경우에 사용하였다.
293 조선시대 품관 이외의 하급 관리를 말한다.
294 관부에 속한 남자 종과 여자 종이다. 죄를 지어 종이 된 자 또는 관청 소속의 기생·나인·관노비·역졸 등으로 구성되었는데, 그 대부분은 관노비였다.
295 개인에 의해 사역되고, 매매·상속되었던 노비로 사노비라고도 한다.

12月 27日(己亥) 6번째 기사

종금이 토산품을 바치다

日本石城小吏宗金, 遣人獻土物, 回賜正布一百六十八匹.

일본 석성의 소리小吏 종금宗金[296]이 사람을 보내어 토산물을 바치므로, 정포 1백 68필을 회사하였다.

---

296 구주 박다(博多)의 승려이자 상인이다. 1권 제1부 「중요인물」 '종금' 참조.

세종 12년

(1430 庚戌/일본 영향(永享) 3年)

1月 4日(乙巳) 5번째 기사

유맹문 등이 송희미의 중형을 건의했으나 듣지 않다

左司諫柳孟聞等上疏曰, "前處置使宋希美起自卑微, 別無功能, 但以弓矢小技, 特蒙上恩, 位至二品, 受此閫外之寄, 宜當小心敬畏, 益勤禦侮, 圖報上德之萬一, 聞倭船到境, 不卽親往, 只遣鎭撫, 已爲不可, 且其鎭撫, 雖曰捕賊, 一不生擒, 又無兵器, 則非賊船明矣, 略不加察, 謀欲受賞, 矇曨啓聞, 而情見事覺. 鎭撫金湧, 則已伏其罪矣, 獨此希美, 特從寬典, 只罷其職. 臣等竊念倭之爲人, 性本狡猾, 乍臣乍叛, 特賴殿下修好之恩, 誠心歸附, 實我生靈萬世之福也. 倘或積怨生釁, 則非小患也. 金湧濫殺漁倭, 希美從而啓聞, 厥罪惟均, 彼重此輕, 非獨刑罰之失中, 將恐倭奴尙懷忿怨, 貽患邊鄙矣. 釋此不懲, 邀功受賞者, 必繼踵而起, 伏望殿下, 將希美之罪, 依律科斷, 明正典刑." 不允.

좌사간[1] 유맹문柳孟聞 등이 상소하기를,

---

1 조선 초기 사간원(司諫院)의 정3품 벼슬인 좌사간대부(左司諫大夫)이다.

"전 처치사[2] 송희미宋希美는 미천한 집안의 출신으로서 별다른 공로나 재능도 없이 활을 좀 잘 쏜다는 보잘 것 없는 재주만으로 특별히 임금의 은혜를 입어, 벼슬이 2품까지 이르러 외방을 수어守禦[3]하는 중한 직책을 받았으니, 조심하고 경외敬畏하여야 할 뿐만 아니라, 수모를 당하지 않도록 더욱 노력하여 임금의 은덕을 만분의 일이라도 보답해야 할 것인데, 왜적의 배가 국경에 이르렀다는 말을 듣고도 즉시 몸소 나가지 않고 진무鎭撫[4]만을 보낸 것부터가 벌써 옳지 못한 일이며, 또 그 진무가 적을 잡았다고는 하지만 사로잡은 것은 한 사람도 없었습니다. 또, 노획한 병기도 전혀 없었으니 도적의 배가 아닌 것이 확실하였는데도 더 살펴보는 것은 고사하고 상 받는 데만 급급하여 적당히 얼버무려 계문啓聞[5]을 올렸다가, 정상이 드러나 일이 발각되고 만 것입니다. (이리하여) 진무 김용金湧[6]은 이미 자기 죄를 승복하고 형을 받았으나, 희미希美만은 특별히 관대한 법전을 적용하여 관직만을 파면하였을 뿐입니다. 신 등이 왜인의 사람 된 품을 생각해 볼 때 성질이 본디 교활하여 금방 신하가 되었다가도 금방 배반하곤 하지만, 특별히 전하의 수호修好[7]하시는 은혜를 입어 성심으로 귀부歸附[8]하니, 실로 우리 생령生靈[8]들의 만세의 복입니다만, 혹시라도 원망을 쌓아서 흔단釁端[9]이 일어나게 된다면 작은

---

2 도안무처치사(都按撫處置使)를 말한다. 1466년에 수군절도사 즉 수사로 개칭하였다.
3 밖으로부터 오는 적의 침입을 막는 것을 말한다.
4 조선 초기 여러 군영(의흥친군위(義興親軍衛)·삼군진무소(三軍鎭撫所)·오위진무소(五衛鎭撫所)·의금부(義禁府)에 두었던 군사실무 담당 관직으로써 각종 군령을 수령, 전달하고 감독하는 임무를 담당하였다.
5 신하가 정무에 관하여 임금에게 아뢰는 것이다.
6 세종 11-10-29-2, '김용' 참조. 포상을 위해 공적을 위조한 죄로 참수당했다.
7 나라와 나라가 친하게 교제하는 것을 말한다.
8 살아 있는 백성을 말한다.
9 서로 사이가 벌어지는 시초나 단서를 말한다.

걱정이 아닙니다. 김용은 왜인 어부들을 함부로 죽였고, 희미는 이를 따라 계문하였사오니, 죄는 다 같은데 죄를 줄 때에 누구는 중하게 하고 누구는 경하게 한다면, 형벌만 중도를 잃었을 뿐 아니라, 장차 왜인들이 오히려 분노와 원망을 품고 변방에 걱정을 끼칠까 염려스럽습니다. 이제 이를 용서하고 징계하지 않으면 앞으로 공을 자랑하고 상을 받으려는 자들이 반드시 뒤를 이어서 일어날 것이니, 전하께서는 희미의 죄를 형률에 의거하여 처단하시어 전형典刑[10]을 명백하게 바로잡기를 바랍니다"

하였으나, 윤허하지 아니하였다.

1月 5日(丙午) 2번째 기사
유맹문에게 송희미를 중형에 처하지 않은 까닭에 대해 말하다

上謂左司諫柳孟聞曰, "昨日疏請宋希美之事然矣. 然主將不可輕動. 若見一倭船而親自輕動, 則或生他患, 亦未可知, 希美之不往, 未爲過也. 第其麾下之人, 妄捕漁倭, 此則希美號令不嚴之致然也. 及見金湧捕倭, 徒喜其捕獲, 不分辨啓聞耳, 安有邀功妄告之心乎! 倘邀功妄告, 則罪不止此."

임금이 좌사간 유맹문柳孟聞에게 이르기를,

"어제 송희미의 사건을 소청疏請[11]한 것은 옳다. 그러나 주장主將[12]은 경솔히 행동할 수가 없는 것이다. 만약 왜선 한 척을 보고 주장이 몸소

---

10 한번 정하여져 변하지 아니하는 법을 말한다.
11 임금에게 상소하여 요청하는 것이다.
12 우두머리가 되는 장수(將帥)이다.

경솔히 행동한다면, 혹시 다른 걱정이 생길지도 알 수 없으므로, 희미가 직접 가지 않은 것은 아무런 허물도 될 수 없다. 다만 그 부하가 왜인 어부를 함부로 잡은 것은 희미의 호령이 엄하지 못하였던 탓이다. 김용이 왜인을 잡은 것을 보고는 그 잡은 것이 너무도 기뻤던 나머지 사실을 채 가리지도 아니하고 계문했을 따름인데, 어찌 공을 탐내어 함부로 고하려는 마음이 있었다고 하겠는가! 만일에 공을 탐내어 함부로 고하였다면 그 죄는 이 정도에서 그치지 않을 것이다"

하였다.

1월 17日(戊午) 3번째 기사
일본의 원지직이 토산물을 바치다

日本源持直, 遣人獻土物, 回賜正布四十六匹·大犬二隻·虎豹皮各二張·彩花席二十張. 宗貞盛請還被留人口, 仍獻土物, 回賜正布三十匹, 發還被留五人.

일본의 원지직源持直[13]이 토산물을 바치므로, 정포正布[14] 46필과 큰 개두 마리, 호피·표피 각 2장, 채화석彩花席[15] 20장을 답례로 하사하였다.

---

13 대우지직(大友持直)이다. 대우친세(大友親世)의 장남이고 통칭은 팔랑(八郎, 하치로)이다. 1423년 대우씨 12대 가독(家督)을 이었고 1425년 대내효친(大內孝親)을 토벌하였다. 1427년 풍후(豊後, 분고)의 수호(守護)가 되었고 1431년 풍전(豊前, 부젠)·축후(筑後)의 수호인 대내성견(大內盛見)을 죽여 막부에 의해 가독의 지위를 몰수당했다. 대우씨는 조선 초기에 사자(使者)를 보내 토산품을 바치고 무역을 요구하거나 대장경 구청, 사찰 건립비 등을 요청했던 일본의 아홉 호족(豪族) 중 하나이다. 조선에는 1429년(세종 11), 1430년, 1437년, 1438년, 1439년에 통교하였고, 서계에는 "풍축양후주태수(豊筑兩後州太守)"라고 칭하였다. 그의 사후에도 그의 명의로 1455년(세조 1), 1456년(2회)에 사신이 왔는데 이들은 위사(僞使)일 가능성이 높다(『조선시대 대일외교 용어사전』).
14 품질이 좋은 베로 조선시대에 관리의 녹봉으로 주던 오승마포(五升麻布)를 달리 일컫던 말이다.
15 왕골을 여러 가지 색깔로 물들여 무늬가 생기도록 짠 자리를 말한다. 권두 「교역물품」 '채화석' 참조.

종정성宗貞盛**16**이 억류당한 사람들의 송환을 청하면서 토산물을 바치므로, 정포 30필을 답례로 주고, 억류당한 사람 5명을 돌려보내었다.

1月 24日(乙丑) 4번째 기사

일본의 작주 자사 소조천상하 등이 토산물을 바치다

日本作州刺史小早川常賀・肥前州源英・對馬島六郎次郎・一岐州佐志平種長等, 遣人獻土物, 回賜川常賀正布七十八匹, 源英四十四匹, 六郎次郎四十八匹, 平種長一百二十九匹.

일본의 작주作州**17** 자사刺史**18** 소조천상하小早川常賀**19**와 비전주肥前州**20**의 원영源英**21**과 대마도의 육랑차랑六郎次郎**22**과 일기주一岐州의 좌지佐志**23** 평종장平種長**24** 등이 사람을 보내어 토산물을 바치므로, 상하常賀에게 정포 78필, 원영源英에게 44필, 육랑차랑六郎次郎에게 48필, 평종장平種長에게 1백 29필을 회사하였다.

---

16 대마도 도주이다. 1권 제1부 「중요인물」 '종정성' 참조.

17 일본 고대 이래의 행정구역 명칭인 미작국(美作國)을 뜻한다. 현재의 오카야마현(岡山縣)의 북동부 내륙 지역이다.

18 중국 한나라 때에, 군(郡)·국(國)을 감독하기 위하여 각 주에 둔 감찰관으로 후대에는 지방관에 대한 일반적인 명칭으로 사용되었다.

19 소조하상하(小早河常賀)·소조천상하(少早川尙賀)라고도 한다(세종 2-1-5-2, 세종 4-7-23-1).

20 일본 고대 이래의 행정구역 명칭인 비전국(肥前國)을 말한다. 현재의 좌하현(佐賀縣)과 장기현(長崎縣)의 일부 지역을 말한다

21 일본 비전주(肥前州) 상송포(上松浦) 염진류(鹽津留, 시오쯔루)를 거점으로 한 왜구의 우두머리이다. 그 후손이 송림원(松林院)이 큰 칼을 보내왔다(세종 26-4-30-1). 1411년에 사미를 자처하는 원영이 예물을 바치고 판창만가(板窓滿家)와 함께 대장경을 요청하였다(태종 11-5-26-1). 1430년에도 사람을 보내 토산물을 바치므로 정포 44필을 주었다(세종 12-1-24-4).

22 대마도 왜구의 우두머리이자 수직왜인인 조전좌위문태랑(早田左衛門大郎)의 아들이다. 좌위문대랑의 대마주(對馬州) 적중만호(賊中萬戶) 관직을 세습하였고, 세종 10년부터 26년(1427~1444)에 걸쳐 약 48차례 조선과 통교하였다.

23 일본 구주 좌하현(佐賀縣) 북서부에 있는 도시인 당진(唐津, 카라쯔)에 속한 지역이다. 동송포반도를 거점으로 한 이른바 왜구 세력의 거점 중 하나였다.

24 여기에만 보인다.

1月 26日(丁卯) 2번째 기사

육랑차랑 등에게 각각 쌀·콩을 나눠주다

賜六郎次郎·藤次郎各米豆幷三十石.

육랑차랑六郎次郎·등차랑藤次郎 등에게 각각 쌀·콩 합계 30석씩을 내려 주었다.

2月 11日(壬午) 1번째 기사

일본 국왕이 보낸 종금 등 24명이 조반에 따라 들어오다

受朝參. 日本國王所遣宗金·道性等二十四人隨班, 上引見宗金·道性于殿內.

일본 국왕이 보낸 종금宗金[25]·도성道成[26] 등 24명이 조반朝班[27]에 따라 들어오니, 임금이 종금과 도성을 전殿 안에서 불러 보았다.

2月 19日(庚寅) 6번째 기사

일본 국왕이 보낸 종금과 도성 등이 하직을 고하다

日本國王所遣宗金·道性等辭. 答書曰, "前遣賤价, 以修世好, 往還待慰有加, 仍惠書問禮貺, 示以繼述先志, 永以爲好, 寡人已領厚意. 不腆土宜, 具于別幅, 惟領納." 虎·豹皮各五張, 雜彩花席二十張, 人蔘一百觔, 靑銅大火盆一事, 白鳩·斑鳩·白鴨·斑鴨·白鵝·斑

---

25 일본 축주(筑州) 석성 관사(石城管事), 석성 상왜(石城商倭), 축주부(筑州府) 석성현(石城縣) 등씨 종금(藤氏宗金), 석성의 소리(小吏), 일본 관서도(關西道) 축주부(筑州府) 냉천진(冷泉津)의 종금(宗金) 등으로 보인다. 1권 제1부 「중요인물」 '종금' 참조.

26 구주 박다(博多)에 사는 왜인으로 일본국 석성현(石城縣)의 소리(小吏) 도성(道性)으로도 보인다(세종 21-3-11-1).

27 조정에서 관인들이 조회 때에 벌여 서던 곳이다.

鵝·白鶴·白羖羺羊各二隻, 栗鼠十隻, 鵲八隻.

禮曹致書左武衛原義淳曰, "通信使回, 聞厚待本使, 喜慰. 不腆土宜, 傳付石城宗公." 簾席一張, 油靑韂二副, 藍斜皮靴二對, 紫狼皮靴二對, 大犬三隻, 小犬一隻.

일본 국왕이 보낸 종금宗金[28]과 도성道性 등이 하직을 고하니, 답서하기를,

"전에 우리의 사신을 보내어 세의世誼[29]를 닦았더니 가고 오는 데 위로하고 대접함이 특별하셨고, 아울러 서문書問과 예물을 보내어 선대의 뜻을 계승하여 길이 호의好誼를 계속하겠다고 하니, 과인이 이미 후의厚意를 받았습니다. 이제 변변치 못한 토산물을 별폭別幅[30]에 갖추었으니, 영납하시기 바랍니다"

하였다.

(그 별폭에) 호피·표피 각 5장張, 잡채화석雜彩花席[31] 20장, 인삼 1백 근, 청동 큰화로靑銅大火盆 1개, 흰 비둘기白鳩·얼룩 비둘기斑鳩·흰 오리白鴨·얼룩 오리斑鴨·흰 거위白鵝·얼룩 거위斑鵝·흰 두루미白鶴·흰 암양白羖·산양羺羊 각 2마리, 다람쥐栗鼠 10마리, 까치鵲 8마리였다.

예조에서 좌무위左武衛[32] 원의순原義淳[33]에게 글월을 보내기를,

"통신사가 돌아오매 본 사신을 후히 대접했다는 말을 듣고 기뻐하였노

---

28 구주 박다(博多)의 승려이자 상인이다. 1권 제1부 「중요인물」 '종금' 참조
29 대대로 사귀어 온 정을 말한다.
30 본래 쪽지나 조각을 뜻하는 말로, 공식 문건의 내용을 보충하는 형식으로 첨부된 문건을 의미한다.
31 왕골을 여러 가지 색깔로 물들여 무늬가 생기도록 짠 자리를 말한다. 권두 「교역물품」 '채화석' 참조.
32 일본 고대 중앙 군사조직인 좌우병위부(兵威府)를 좌우무위(武衛)라고 불렀다. 특히 족리존씨(足利尊氏) 등이 좌무위독(左武衛督)에 임명되면서, 무사들이 선망하는 지위가 되었다. 실정시대(室町時代)에 주로 겸창공방(鎌倉公方)이나 사파씨(斯波氏)의 당주(當主)가 맡았다.
33 원의순(源義淳, 斯波義淳, 足利義淳)으로 의중(義重)의 적자(嫡子)이다.

라. 변변치 못한 토산물을 석성石城**34** 등공藤公**35**의 편에 전해 부칩니다"
하였다.

염석廉席**36** 1장張, 유청첨油靑韂**37** 2벌副, 남사피화籃斜皮靴**38** 2켤레, 자전
피화紫犴皮靴**39** 2켤레, 큰 개 3마리, 작은 개 1마리였다.

3月 3日(癸卯) 1번째 기사

종정성이 예조에 서신을 보내오다

宗貞盛致書禮曹云, "島人因捕魚而進, 爲山達浦節制使所捕, 前此
亦嘗再捕齎圖書行狀者, 心實痛悶."

答書云, "今獲捕魚船隻事, 乃防海軍官所犯, 已將首謀軍官, 對衆
典刑, 餘人從重科罪, 今聞島中, 因年歉糧儲不敷, 啓奉王旨, 贈米豆
各一百石."

종정성宗貞盛**40**이 예조에 서신을 보내어 말하기를,

"섬 사람이 물고기를 잡으려고 나갔다가 산달포山達浦**41** 절도사**42**에게
잡혔는데, 이 앞서도 일찍이 도서 행장圖書行狀**43**을 가지고 간 사람을 두

---

34 고려와 몽골 연합군의 정벌로 북구주의 중심 지역인 박다(博多, 현재의 후쿠오카시)가 소실
되었다(1274). 재침에 대비하여 박다 연안부에 방어용 석담을 세웠는데 이를 원구방루(元寇
防壘)라고 부른다. 이 석담 때문에 박다를 석성(石城)이라고도 부르게 되었다.

35 구주 박다의 승려이자 상인이며 수도서왜인이다. 1권 제1부 「중요인물」 '종금' 참조.

36 대나무로 만든 돗자리를 말한다.

37 기름을 먹인 푸른색의 말다래이다.

38 장식이 된 담비가죽으로 만든 신발이다.

39 자줏빛의 염소가죽으로 만든 신발이다.

40 대마도 도주이다. 1권 제1부 「중요인물」 '종정성' 참조.

41 경상우도 거제현의 산달도에 있던 수군진이다(세종 19-3-9-1, 문종 1-3-22-5, 『신증동국여지승
람』 「경상도」 「거제현」).

42 조선시대 서반 무관 외관직이다. 병마절도사는 종2품, 수군절도사는 정3품 관직이다. 경상우도
수군절도사영이 산달포에 있다가 오아포로 옮겼다(『신증동국여지승람』 「경상도」 「거제현」).

43 조선이 발급한 도서(圖書)를 찍은 행장 즉 여행 허가서를 말한다.

번이나 잡은 일이 있으니, 마음에 참으로 매우 민망합니다"

하니,

예조에서 서신에 답하기를,

"지금 고기 잡는 배를 잡은 일은 곧 바다를 방비하는 군관이 범한 바이므로, 이미 수모首謀[44]한 군관을 잡아 여러 사람들 앞에서 처형하고, 나머지 사람들도 중한 죄로 처벌하였으며, 이제 듣건대 섬 중에 흉년으로 인하여 양식이 넉넉지 못하다는 것을 아뢰었는데, 왕명을 받들어 쌀·콩 각 1백 석씩을 주노라"

하였다.

3月 4日(甲辰) 2번째 기사
종정성이 서신을 보내고 토산물을 바치다

宗貞盛致書請還被留人, 仍獻土物, 回賜正布一十匹, 發還人口.

종정성宗貞盛[45]이 서신을 보내어 억류당한 사람을 돌려보내 달라고 청하고, 더불어 토산물을 바치므로 정포 10필을 회사하고 인구人口를 돌려보내었다.

3月 25日(乙丑) 1번째 기사
제주 목사 김흡이 왜적의 배 한 척을 만나 싸우다

濟州牧使金洽, 遇倭賊一艘與戰, 賊勢迫自沈于海, 斬獲九人.

제주 목사[46] 김흡金洽이 왜적의 배 한 척을 만나 더불어 싸우는데 적이

---

44 주모자가 되어 어떤 일을 꾀하는 것이다.
45 대마도 도주이다. 1권 제1부 「중요인물」 '종정성' 참조.

형세가 급박하게 되자 스스로 바다에 뛰어들므로 9인을 목 베고 잡고
하였다.

4月 5日(甲戌) 3번째 기사
병조에서 왜적에 피로되었던 본국인 및 중국인의 구호를 청하다

兵曹據慶尙右道處置使呈啓, "今被擄倭賊本國人時今·都老等四
人·倭四人·唐男女二人, 同騎一船潛來. 請唐人率來于京, 解送遼
東, 本國人及倭人, 令本道給衣糧, 從願安接." 命唐人護恤送京, 本國
人, 問其父母族親完聚, 無族親者, 給閑田及衣糧完恤, 倭人亦給閑田
家舍衣糧安接, 勿使飢寒.

병조에서 경상우도 처치사[47]慶尙右道處置使의 정문呈文[48]에 의거하여 아
뢰기를,

"지금 왜적에게 포로되었던 본국 사람 시금時今과 도로都老[49] 등 4인과
왜인 4인과 중국인 남녀 2인이 같이 한 배를 타고 몰래 왔습니다. 청하
건대 중국인은 서울로 데리고 와서 요동으로 압령하여 보내고, 본국 사
람과 왜인은 본도本道[50]로 하여금 옷과 양식을 주게 하여 자원自願대로
편히 살게 하소서"

하니, 명하여 중국인은 보호해서 서울로 보내게 하고, 본국인은 그 부
모와 친족을 물어서 같이 모여 살도록 하고, 친족이 없는 자는 노는 밭

---

46 조선시대 관찰사(觀察使) 밑에서 각 목(牧)을 다스리던 정3품 동반 외관직이다.
47 도안무처치사(都按撫處置使)를 말한다. 1466년에 수군절도사 즉 수사로 개칭하였다.
48 하급 관청에서 상급 관청에 보내던 공문서를 말한다.
49 여기에만 보인다.
50 해당 사실을 보고한 경상우도를 말한다.

과 옷·양식을 주어 구호를 완전히 하고, 왜인도 노는 밭과 집·옷·양
식 등을 주어서 편히 살게 하여 굶주리고 헐벗지 않도록 하였다.

4月 12日(辛巳) 5번째 기사
경상좌도 처치사가 왜구의 방비책을 건의하다

慶尙左道處置使啓, "自己亥東征之後, 倭寇已服天威, 不敢肆虐, 然
狼子野心, 乍臣乍叛, 詭謀難測, 預備之策, 不可不慮.

一. 富山·鹽浦並近對馬島, 實倭船會泊之所, 使客及商船, 小不下
二十餘隻, 若居貨倭, 則男婦或百人, 累年留浦, 悉通語音, 混處軍卒,
兵備虛實·船楫利鈍, 靡不知之, 若一朝構釁, 出其不意, 竊舟浮海, 將
何以及? 臣愚以爲去海二三日程洛東津·宜寧浦及水路相通昌寧·
靈山·宜寧·草溪等處江邊, 設倭館, 申嚴烽火, 倭船若來, 則遣兵船
迎問其意, 考其書契, 差通事考察, 泝流而上, 接待于館, 若其船大, 不
克到館者, 遞載小船, 其商倭及恒居倭, 亦依此例, 皆徙置館下, 從願
興販資生, 其捕魚爲生者, 差使員給行狀, 每行不過二三名, 令騎小船,
出海捕魚, 毋得久滯. 如是則素畜異心者, 初不就館, 已就于館者, 不
敢自肆, 商倭由此稍減, 而恒居之倭, 亦自漸除矣.

一. 擇曾經顯秩公廉正直者二人, 定爲倭館監考, 輪番留館禁亂, 又
以守令, 定爲差使員, 更相考察, 使不得擅自出入.

一. 海門兵船, 陸鎭軍馬, 益加戒飭, 以嚴守禦, 使在內之寇無由生
變, 在外之賊不敢運謀."

命兵曹與政府諸曹, 同議以啓.

경상좌도 처치사處置使가 아뢰기를,

"기해년에 동정東征[51]한 뒤로부터 왜구들이 이미 천위天威[52]에 굴복하여 감히 포학暴虐을 부리지 못하나, 승냥이 같은 야심을 품고 잠시 붙어서 신하로 섬기다 잠시 동안에 배반하여 간사한 꾀를 헤아리기 어려워, 예비책을 생각지 않을 수 없습니다.

1. 부산과 염포鹽浦[53]는 모두 대마도와 가까워서 왜선이 모여 닿는 곳이라 사객使客 및 장삿배가 적어도 20여 척보다 적지 않으며, 거화왜居貨倭[54]는 남녀가 혹은 1백 명 가량이 여러 해 동안 포 안에 머물러 있어서, 모두 다 말을 통하고 군졸들과 섞여 있어서 병비의 허실과 배들의 빠르고 둔한 것을 알지 못함이 없으니, 만약 하루아침에 흔단[55]을 만들어 내어 뜻하지 않을 때 배를 훔쳐 타고 바다에 떠서 가면 장차 어떻게 하겠습니까? 신의 어리석은 생각으로는 바다에서 거리가 2~3일 거리가 되는 낙동진洛東津[56] · 의령포宜寧浦[57] 및 뱃길이 서로 통하는 창녕昌寧 · 영산靈山[58] · 의령宜寧 · 초계草溪[59] 등의 강가에 왜관倭館을 설치하고 봉화를 엄하게 단속하여, 왜선이 오거든 병선을 보내어 맞아 그의 온 뜻을 묻고, 그가 가진 서계書契[60]를 잘 살펴보고 통사를 보내어 고찰하며, 상류로 거

---

51 1419년 기해년(세종 1)에 이종무가 이끈 대마도 정벌을 일컫는다.
52 제왕의 위엄을 말한다.
53 현재의 울산광역시 북구 염포동에 있던 포구로 조선시대에 일본인들이 머물며 교역할 수 있는 왜관을 두었다. 세종 8-1-18-3, '염포' 주석 참조.
54 항거왜인(恒居倭人)과 흥리왜인(興利倭人)을 합친 말로 생각된다.
55 틈이나 사이가 벌어지는 시초나 단서 즉 사건이 벌어지는 것을 말한다.
56 현재의 경상북도 의성군 단밀면 낙정리이다. 조선시대에는 배가 나가고 들어오던 나루였다.
57 현재의 경상북도 의령군 지역이다.
58 경상남도 창녕의 옛 지명이다.
59 경상남도 합천 지역의 옛 지명이다.
60 조선시대 전기에 조선과 대마도 및 일본 각지의 통교자와 주고받은 공식 외교문서를 말한다. 조선 후기에는 통신사 파견을 제외하면 대마도와 통교하였으므로 서계는 대마도와 주고받게 되었다.

슬러 올라와서 왜관에게 접대하게 하되, 만약 그 배가 커서 관館에 이를 수 없는 것은 작은 배로 바꾸어 실어 들어오게 하며, 장사하는 왜인과 상시로 거주하는 왜인도 이대로 하여 모두 관 아래에 옮겨 두게 하고 자원하는 대로 장사를 하여 살게 하며, 고기를 잡아 생계를 삼는 자에게는 차사원差使員[61]이 행장行狀[62]을 주되, 한 번 가는 데 2~3명에 지나지 않게 하며, 작은 배를 타고 바다에 나아가 고기를 잡게 하되 오래 머무르지 못하게 할 것입니다. 이와 같이 하면 본시 다른 마음을 품은 자는 애초에 관에 나가지 않으려 할 것이고, 이미 관에 나간 자는 감히 제 마음대로 방자하지는 못할 것이오니, 장사하는 왜인들은 이로 말미암아 줄어들 것이고, 상시로 거주하는 왜인들도 점차로 없어질 것입니다.

1. 일찍 높은 벼슬을 지내고 청렴 정직한 두 사람을 골라 뽑아서 왜관감고倭館監考[63]로 정하여, 윤번輪番[64]으로 관에 머물면서 어지러운 일을 금하게 하며, 또 수령을 차사원으로 정하여 서로 번갈아 고찰하여 마음대로 출입하지 못하게 할 것입니다.

1. 해문海門의 병선과 육진陸鎭의 군마軍馬에 더욱 단속을 강화하여 수어守禦[65]를 엄하게 하여, 안에 있는 도적이 변란을 일으킬 수 없고, 밖에 있는 도적이 감히 음모를 행할 수 없게 하옵소서"

하니, 병조에 명하여 의정부와 제조諸曹[66]가 함께 의논하여 아뢰게 하였다.

---

61 중요한 임무를 지워, 관찰사 등이 파견하던 임시관원이다.
62 조선 전기에, 왜인이 조선에 드나들 때 갖고 다니게 한 여행허가서이다.
63 감고는 조선시대 정부의 재정부서에서 전곡(錢穀) 출납의 실무를 맡거나 지방의 전세·공물 징수를 담당하던 하급관리이다. 왜관감고는 여기에만 보인다.
64 두 사람이 교대로 근무하는 것을 말한다.
65 밖으로부터 오는 적의 침입을 막는 것이다.
66 이조, 호조, 예조, 병조, 형조, 공조를 총칭하는 말이다.

4月 13日(癸未) 5번째 기사

박안신이 왜구를 막을 병선을 제조할 것을 상소하다.

兵曹參議朴安臣上書曰, "爲國之道, 惟當鑑於前, 而慮於後, 以圖其長治久安也. 我國家三面濱海, 而倭島甚近, 在昔三國之時, 倭寇侵掠, 考諸往史, 班班可見. 及高麗末葉, 倭奴始寓我近島, 或行丐乞, 或行貨利, 有如今日之事, 歲庚寅, 始以脅奪, 漸以虜掠, 民不知戰, 望賊奔波, 沿邊之地, 盡爲賊藪, 遂以其船授疲卒, 去岸留泊, 深入諸郡, 或至旬月, 恣行殺掠, 饜意乃返, 返而復來, 自春至秋, 略無虛月. 間欲備兵禦之, 倭船驃疾, 旋轉如飛, 視若指東, 返侵於西, 我兵奔難, 遇賊蓋寡, 雖或與戰, 勝捷幾希, 於是深遲州郡, 亦爲賊藪. 馴至戊午, 泊于海豐, 欲寇京城, 又舟過漢江, 遂泊月溪, 唇亡齒寒, 若是之慘. 惟我太祖大王, 參謀國政, 始設兵船, 以備制賊, 歲庚申, 賊船百艘, 來寇鎭浦, 兵船圍攻, 盡數焚蕩, 賊勢窮蹙, 周行二道, 太祖奮兵追擊, 大捷雲峯, 餘賊竄伏智異山, 結桴生還者, 百有一二. 歲壬戌, 賊忿鎭浦之敗, 欲以水戰決勝, 乃大擧船艘, 來泊昆南, 邊將鄭池·崔茂宣·羅瑞, 率兵船十餘艘以禦之, 賊以衆寡不敵, 乘興挑戰, 兵船奮擊, 投以火炮, 焚滅賊船, 賊乃遁避, 追奪大船九隻. 自是以後, 莫與兵船抗拒, 往往雖或寇邊, 有同鼠竊, 不得安然留泊深入爲寇. 歲戊辰, 賊知我國有攻遼之役, 而戰艦空疎, 乃來泊鎭浦, 歷至慶尙, 入寇以歸. 惟我太祖在潛邸, 握兵機, 赫然有怒, 翌年己巳, 謀遣邊將, 率兵船往泊對馬, 焚賊船數十而返, 賊相與戒曰, '高麗兵船, 若是來攻, 則將不得居於此島.' 挈家移徙者, 頗有之. 歲己亥, 賊乘其不虞, 來泊庇仁, 焚兵船·殺邊將, 惟我太宗斷以神策, 命將率舟師, 問罪對馬, 焚奪賊船, 幾至數百, 賊乃墜膽, 款塞歸順, 未有如今日之切也. 由是言之, 陸兵數十萬之禦賊, 不若兵船數隻之制賊, 其明效大驗爲可鑑矣. 兵船之重若此, 而其材必用松木, 松木之長, 幾至百年, 乃可造船, 而一船之材, 幾數百株矣. 夫以松木全盛壯長之時, 始造兵船, 纔五十年, 而四境之內, 松木已爲殆盡, 則將未數十年, 而人力所及之地, 船木絶無, 可知矣. 船木絶無, 而戰艦未造, 則前日之禍, 恐自此而始, 非細故也. 主上殿下, 深燭是理, 歲甲辰, 出自宸衷, 特降綸音, 至曰, ‘當今船木殆盡, 予痛心焉. 其禁伐禁焚, 培養之.’ 今備載典策, 慮患思危之意, 至矣盡矣. 臣愚以爲未長之材, 禁焚培養, 固方來之深慮, 旣長之材, 撙節待用, 尤今日之急務也. 願以松木壯盛爲限, 諸道無軍空船, 姑令全除, 貢船站船與夫京外私船, 亦皆減數, 營官舍·造民居, 一禁松木, 則庶乎其從權適變長治久安之策也. 或曰, ‘無軍兵船, 所以備不虞, 不可不造.’ 臣愚以爲當倭寇方熾, 兵船始設之時, 各所兵船, 視其緩急, 定爲常數, 相望泊立, 足以備邊, 及至己亥征倭之後, 姑設空船, 以備不虞而已, 初非永久之計也. 況撙節其材, 以待其用, 則須及倭興之日, 猶可造用, 何可當此倭寢之時, 預造空船, 以費殆盡之材乎! 又曰, ‘公船國用, 私船民利, 不可減數也.’ 臣愚以爲見小利, 則大事不成矣. 倭寇四侵, 脣亡齒寒, 其害爲大, 多造公私船, 以資其用, 其利爲小, 何可計小利, 而忘大患乎? 至若官舍民居, 亦所不廢也, 然倭寇侵掠, 室廬焚蕩, 民不得息, 則高居廈屋, 亦安用哉? 兵船堂堂, 倭不得侵, 國家寧靜, 則雖用雜木以營居, 尙可以燕燕居息, 以樂太平矣. 且申嚴焚禁培養之令, 以待松木盛壯, 遍于山野, 不可勝用, 然後聽其取用, 何害哉? 孔子曰, ‘人無遠慮, 必有近憂.’ 孟軻曰, ‘七年之病, 求三

年之艾, 苟爲不畜, 終身不得.' 皆譏其不知慮患噬臍無及之意也. 臣
生長嶺南, 其於倭患, 旣耳聞而目覩之矣, 又奉使扶桑, 粗知倭島之事
變, 敢以管見, 仰煩天聽, 伏惟聖鑑裁擇施行."

命下兵曹與政府諸曹同議. 僉曰, "無軍空船全除之, 貢船站船減
數, 令工曹磨勘. 營官舍·造民居, 宜仍舊." 從之.

병조 참의 박안신朴安臣이 상서하기를,

"나라를 위하는 도리는 오직 마땅히 지난 일을 거울삼아 뒷일을 염려
하여, 그 장구히 다스려지고 오래 편안하기를 도모하는 데 있습니다.
우리나라는 삼면이 바다이고 왜도倭島와 심히 가까워서, 예전 삼국 시대
에 있어서도 왜구의 침략은 지난 역사를 상고하면 똑똑히 알 수 있습니
다. 고려 말엽에 미쳐 왜놈들이 비로소 우리나라 가까운 섬에 와 붙어
서 혹 구걸도 하고 혹 장사도 하여 오늘의 일과 같았었는데, 경인년[67]에
협박하여 빼앗기를 시도하고 점점 노략질을 하니, 백성들은 싸움할 줄
을 알지 못하여 왜적을 바라보면 달아나서, 바다 연변沿邊의 지방은 모
두 왜적의 소굴이 되고, 드디어 그 배는 피로한 군졸들에게 주어 언덕을
떠나서 머물러 있게 하고, 여러 고을로 깊이 들어와서 혹 열흘이나 한
달 동안 함부로 마구 죽이고 노략질하다가 제 욕심이 차면 돌아가고, 돌
아갔다가 또 다시 와서 봄부터 가을까지 조금도 빈 달이 없었습니다.
그 사이에 혹시 군사를 준비하여 방어하려 하였으나, 왜적의 배는 너무
빨라서 돌리고 가기를 나는 듯이 하여, 동쪽을 지향하는 듯하다가 어느
사이에 배를 돌려 서쪽을 침범하니, 우리 군사가 달려 쫓아가도 적을 만

---

67 1350년이다. 이때부터 왜구의 침입이 빈번해지고 규모가 커졌다.

나는 일이 대개 적고, 비록 혹 같이 싸워도 이기는 일이 거의 없으므로 이에 깊고 먼 고을도 또한 적의 소굴이 되고 말았습니다. 무오년[68]에 이르러서는 해풍海豊[69]에 배를 대고 서울을 침략하고자 하며, 또 배가 한강을 지나 드디어 월계月溪[70]에 닿았으니, 입술이 없으면 이가 시리다는 말처럼 참혹함이 이와 같았습니다. 우리 태조 대왕께서 국정에 참모參謀[71]하여 비로소 병선을 설치하고 적을 제어하는 준비를 하셨더니, 경신년[72]에 적선賊船 1백 척이 진포鎭浦[73]에 와서 침략하므로, 병선이 포위 공격하여 모조리 불 질러 없애니, 적의 형세가 곤궁하여 두 도道로 두루 돌아다니므로, 태조 대왕께서 군사를 떨쳐 추격하여 운봉雲峯[74]에서 크게 이기시니, 남은 도적들이 지리산에 들어가 숨었다가 떼桴[75]를 묶어서 타고 살아 돌아간 자가 일백 한두 명이었습니다. 임술년에 적이 진포에서 패전함을 분하게 여겨, 수전으로 반드시 이기고자 하여 크게 배를 몰고 와서 곤남昆南[76]에 닿았는데, 변장邊將[77] 정지鄭池[78]·최무선崔茂

68 1378년이다. 왜구들이 강화도 손돌목(窄梁)에 집결하여 고려의 수도인 개경을 침입하려고 했다. 최영·양백연과 더불어 이성계의 정예 기병 1천명이 격퇴하였다.

69 경기도 개풍군 지역의 옛 지명이다.

70 현재의 서울특별시 노원구 월계동 지역이다. 조선시대에 경기도 양주목 노원면에 속하였다.

71 논의에 참여하는 것을 말한다.

72 1380년이다. 왜구를 크게 무찌른 진포대첩과 황산대첩이 있었다.

73 현재의 충청남도 서천군 남쪽에 있었던 포구이다. 금강 내륙수로의 하류 지역에 해당하며, 어느 한 특정 지역을 지칭하는 지명은 아니었고, 임천(林川) 고다진(古多津)에서 서천포(舒川浦)에 이르는 지역을 통칭한 것이다. 조선시대에 서천포영(舒川浦營)이 있었다(『한국민족문화대백과』).

74 전라북도 남원 지역의 옛 지명이다. 현재의 인월에서 이성계가 아지발도가 이끄는 왜구를 물리쳤다.

75 뗏목을 말한다. 왜구들이 500척으로 배로 진포에서 상륙하였는데, 최무선이 이 배를 모두 불태웠다(진포대첩).

76 진주(晉州)에 소속되었던 곤명현(昆明縣)을 남해현(南海縣)과 합하여 승격시켜 곤남군(昆南郡)을 만들었다. 현재의 경상남도 사천시 북서부와 남해도 전역에 해당한다.

77 변경을 지키는 장수(將帥)라는 뜻으로 첨사(僉使, 종3품), 만호(萬戶, 종4품)와 권관(權管, 종9품)을 통틀어 일컫는 말이다.

宣[79]·나서羅瑞[80] 등이 병선 10여 척을 거느리고 막으니, 적이 저희들은 많고 우리는 적어서 상대가 안된다고 흥겨워하며 도전하므로, 병선이 분격奮擊[81]하여 화포를 쏘아 적선을 태워 버리자, 적이 이에 도망하므로 쫓아서 큰 배 아홉 척을 빼앗았습니다. 이 뒤로부터는 우리 병선에게 항거하지 못하고 이따금 혹 해변을 침범하였으나, 좀도적에 지나지 않아서 마음 놓고 물러 있거나 깊이 들어와서 도둑질을 할 수는 없었습니다. 무진년에 적이 우리나라에서 요동을 치는 일이 있어서 전함戰艦이 허소함을 알고 이에 진포에 와서 머물면서 경상도를 지나 들어와서 도둑질하고 돌아갔습니다. 이때 우리 태조 대왕께서 잠저潛邸[82]에 계실 적에 병권兵權을 잡고 계셨는데 이에 크게 노하셔서, 이듬해 기사년[83]에 꾀하여 변장을 보내어 병선을 거느리고 대마도에 가서 적선 수십 척을 불사르고 돌아오니, 적이 서로 경계하기를, '고려 병선이 이처럼 와서 공격하니 장차 이 섬에 살 수 없을 것이라' 하고, 가족을 데리고 이사하는 자가 꽤 있었습니다. 기해년[84]에 적이 우리의 준비 없는 틈을 타서 비인庇仁[85]에 와 닿아 병선을 불 지르고 변장邊將을 죽이니, 우리 태종 대왕께서 계책을 결단하시고 장수에게 명하여 수군을 거느리고 대마도에

---

78 정지(鄭地)의 오자로 보인다. 정지(1347~1391)는 고려시대의 무신이다. 순천, 낙안, 영광, 광주, 담양, 남원, 남해 관음포에서 왜적을 대파했고 요동 정벌 때 이성계의 위화도 회군에 동조했다.
79 화약 제조에 성공하였으며, 각종 화기도 발명하였다. 진포대첩에서 왜구의 배 500척을 불태웠다.
80 여기에만 보인다.
81 분발(奮發)하여 공격하는 것이다.
82 아직 왕위에 오르기 전에 살던 집을 이르는 말이다.
83 1389년이다. 고려 조정이 박위에게 전함 백여 척과 1만여 명의 군사를 주어 대마도를 정벌하게 하였다. 그는 왜선 3백여 척을 불태우고 붙잡혀 있던 고려인 백여 명을 찾아 돌아왔다.
84 1419년이다. 기해동정이 있었다.
85 충청남도 서천 비인면(庇仁面) 일대의 옛 지명이다. 왜구들이 도두음곶의 수군진과 비인현을 공격하였다.

가서 그 죄를 문책하고, 적선을 불태우며 빼앗은 것이 거의 수백 척에 이르니, 적이 이에 간담이 떨어져서 항복을 청하고 귀순하였으니 오늘처럼 절박한 일은 없었습니다. 여기에 말미암아 말씀하오면, 육병陸兵 수십 만이 적을 방어하는 것이 병선 수 척으로 적을 제어함만 같지 못함은 그 밝은 효험과 큰 경험으로 거울로 삼을 만합니다. 병선의 중함이 이와 같사온데, 그 재목은 반드시 소나무를 써야 하며, 소나무는 거의 1백 년을 자라야 배를 만들 수 있고, 배 한 척에 소용되는 재목은 거의 수백 주가 됩니다. 대개 소나무가 많이 성하고 크게 자랄 때에 시작하여 병선을 계속하여 짓는다 해도 겨우 50년 후에는 전국 내의 소나무는 거의 다 없어질 것이므로, 앞으로 수십 년이 못 가서 인력이 미치는 곳에는 배를 만들 나무가 아주 없게 될 것을 가히 알 것입니다. 배를 만들 재목이 없어서 전함戰艦을 만들지 못하면 전일에 있었던 화禍가 이로부터 다시 시작될까 두려우니, 이만저만한 사고가 아닙니다. 주상 전하께서는 이런 사리事理를 깊이 통촉하셔서, 지난 갑진년[86]에 친히 생각하셔서 특별히 윤음綸音[87]을 내리시기를, '이제 배를 만들 만한 재목이 거의 다 하였으매, 내가 마음이 아프도다. 그 벌채를 금하고 화재를 막아 잘 가꾸라'고 하신 말씀은 이제 갖추어 법전典冊에 실려 있으니, 후환을 염려하시고 위태로움을 생각하시는 뜻이 지극하시고 극진하십니다. 신의 어리석은 생각으로는 자라지 않은 재목은 화재를 방지하고 잘 가꾸는 것이 더욱 오늘날의 급무입니다. 원컨대, 소나무가 장성할 때까지로 한

---

86 1424년이다. 세종이 병선을 건조하기 위한 소나무를 확보하기 위하여 소나무를 기르는 기술과 병선을 유지할 수 있는 방법을 조사하여 아뢰라고 하였다(세종 6-4-17-3).
87 임금의 말씀이나 명령을 뜻한다.

정하고 여러 도道의 군사 없는 빈 배는 아직 전부 군에서 폐지하며, 공선貢船[88] · 참선站船[89] 및 서울 밖에 있는 사유선私有船[90]도 모두 그 수를 감하고, 관사官舍와 민가를 건축하는 데에도 일체 소나무 쓰는 것을 금하면, 권도權道[91]에 따르고 사변에 맞춰서 장구히 다스리고 오래 편안할 계책이 될까 합니다. 혹은 말하기를, '비록 군사가 없을지라도 병선을 두는 것은 불의의 변을 예비하자는 까닭인즉 만들지 않을 수 없다' 하오나, 신의 어리석은 생각으로는 왜구가 바야흐로 성할 때를 당하여 병선을 비로소 설시設施[92]할 때에, 각처의 병선을 그 완급緩急을 보아 합당한 수효를 정하여 서로 바라보며 정박하여 서 있으면 족히 변경을 방비할 것인데, 지난 기해년에 이르러 왜구를 정벌한 뒤로 잠시 빈 배를 설치하여 불의의 사변에 대비하였을 따름이오며, 애초에 영구한 계책은 아니었습니다. 하물며 그 재목을 절약하여 그 쓸 때를 기다리면 모름지기 왜구가 일어날 때에 미쳐서 오히려 만들어 쓸 수 있을 텐데, 어찌 이 왜구가 잠잠한 때를 당하여 미리 빈 배를 만드느라고 거의 다 되어 가는 재목을 허비하겠습니까! 또 말하기를, '공선公船은 나라에서 쓰는 것이요, 사선私船은 민간에서 이용하는 것인즉, 그 수를 감할 수 없다'고 하나, 신의 어리석은 생각으로는 조그만 이익을 보자면 큰일을 이룩하지 못합니다. 왜구가 사방으로 침노하여 마치 입술이 없으면 이가 시리다는 격으로, 이곳이 실패하면 저곳도 따라 망할 것이니, 그 해는 큰 것인

---

88 공물(조세)을 실어 나르는 배를 말한다.
89 조선시대에, 조운선의 수난(水難)을 막기 위하여 수로에서 앞장서서 인도하던 작은 배를 말한다.
90 개인 소유의 배를 말한다.
91 그때그때의 형편을 따라 일을 처리하는 방도를 말한다.
92 설치 · 배치한다는 뜻이다.

데, 공선과 사선을 많이 만들어서 이용함으로 얻는 이익은 작은 것이니, 어찌 작은 이익을 계교하여 큰 근심을 잊을 것입니까? 관사와 민가를 짓는 것에 이르러는 역시 폐하지 못할 일이겠으나, 그러나 왜구가 침략하여 집을 불태워 없애고 백성들이 편안히 쉴 수 없이 되면, 높고 큰 집이 무슨 소용이 있겠습니까? 병선이 당당하여 왜구가 침범하지 못하고 국가가 편안하면, 비록 잡목雜木을 써서 집을 지어도 편안히 살면서 태평 시대를 즐길 수 있을 것입니다. 또 산에 화재를 금하고 나무를 잘 가꾸도록 법령을 거듭 엄하게 하여, 소나무가 무성하고 산과 들에 재목이 가득하여, 이루 다 쓸 수 없게 된 뒤에 그를 베어 쓰도록 허락하면 무엇이 해롭겠습니까? 공자는 '사람이 먼 일을 생각함이 없으면 반드시 가까운 근심이 있다' 하셨고, 맹자는 말하기를, '7년 묵은 병에 3년 묵은 쑥을 구할 때에, 진실로 지금이라도 쑥을 구해 묵히도록 하지 않으면 종신토록 3년 묵은 쑥을 얻지 못할 것이다' 하였으니, 이는 모두 그 후환을 염려할 줄 모르면 일을 당하고서 후회해도 미칠 수 없음을 경계한 뜻입니다. 신은 영남에서 생장하여 왜구의 환난에 대하여는 이미 귀로 듣고 눈으로 보았고, 또 사명을 만들고 왜국에 가서 왜국의 사정을 대강 알고 있으므로, 감히 좁은 소견으로 우러러 천청天聽[93]을 번거롭게 하오니, 거룩하고 밝으심으로 채택하여 시행하시기를 엎드려 바라옵니다"

하니, 그대로 따랐다.

명하여 병조와 의정부 제조에 내려 함께 의논하게 하였다. 모두 말하기를,

---

93 임금의 귀를 말한다.

"군사가 없는 빈 배는 모두 없애고, 공선과 참선은 수를 줄이되, 공조로 하여금 마감하게 하십시오. 관사를 조영하고 백성들의 거처를 만드는 것은 전과 같이 하십시오"
라고 하였다.

4月 23日(癸巳) 1번째 기사
판우군부사 변계량의 졸기

判右軍府事卞季良卒. 季良字巨卿, 號春亭, 密陽府人, 玉蘭之子. 自幼聰明, 四歲誦古詩對句, 六歲始綴句. 十四中進士試, 十五中生員試, 十七登第, 補典校注簿, 累遷司憲侍史, 歷成均樂正·直藝文館·司宰少監兼藝文應敎·藝文直提學. 丁亥重試, 擢乙科第一人, 特拜禮曹右參議, 己丑, 進藝文館提學. 乙未, 大旱, 上甚憂之, 季良上言, "本國祭天, 雖云非禮, 事旣迫切, 請禱圓壇." 卽命季良製文以祭之. 丁酉, 拜藝文大提學, 明年, 轉禮曹判書, 尋遷議政府參贊. 又明年, 倭奴侵我南鄙, 多殺掠, 太宗取季良之言, 議征討. 丙午, 判右軍都摠制府事, 至是卒, 年六十二. 訃聞, 輟朝三日, 命攸司致祭賜賻及棺, 東宮亦賻米豆幷三十石. 謚文肅, 學勤好問文, 執心決斷肅. 季良典文衡幾二十年, 事大交隣詞命, 多出其手, 掌試取士, 一以至公, 盡革前朝冒濫之習, 論事決疑, 往往出人意表. 然以主文大臣, 貪生畏死, 事神事佛, 至於拜天, 靡所不爲, 識者譏之. 初娶鐵原府使權緫之女, 去之, 又娶吳氏, 死, 又娶李村女, 數月而去之, 又娶都摠制使朴彦忠之女, 以有妻娶妻, 爲攸司所劾. 竟無子, 婢妾子曰英壽.

판우군부사 변계량이 죽었다. 계량의 자는 거경巨卿이요, 호는 춘정春

亭이니, 밀양부 사람 옥란玉蘭의 아들이었다. 어려서부터 총명하여 4살에 고시대구古詩對句를 외고 6살에 벌써 글귀를 지었다. 14살에 진사 시험에 합격하고 15살에 생원 시험에 합격하였으며, 17살에 문과에 급제하여 전교 주부典校主簿에 보직되어 여러 번 옮겨 사헌 시사司憲侍史가 되고, 성균 악정成均樂正을 지나 직 예문관直藝文館·사재 소감 겸 예문 응교司宰少監兼藝文應敎·예문 직제학藝文直提學을 지냈다. 정해년 중시重試에서 을과乙科의 제1등으로 뽑혀서 특별히 예조 우참의에 임명되고, 기축년에 예문관 제학에 승진하였다. 을미년에 크게 가물어서 임금이 심히 근심하니, 계량이 아뢰기를,

"본국에서 하늘에 제사하는 것은 비록 예禮가 아니라고 말할 것이나, 일이 이미 박절하오니 원단圓壇에 기도하옵소서"

하니, 곧 계량에게 글을 지어 제사지내라고 명하였다. 정유년에 예문 대제학에 임명되고 이듬해에 예조 판서로 옮겼다가 이내 의정부 참찬으로 옮겼다. 그 다음 해에 왜놈들이 우리나라 남쪽 변경을 침략하여 죽이고 약탈함이 많았는데, 태종 대왕이 계량의 말을 취하여 정벌하기로 하였다. 병오년에 판우군 도총제 부사가 되었다가 이에 이르러 죽으니, 나이 62살이었다. 부고를 듣자 사흘 동안 조회를 정지하고, 유사에게 명하여 치제致祭하고 부의와 관棺을 하사하며, 동궁도 부의로 쌀과 콩을 아울러 30석을 내리었다. 시호를 문숙文肅이라 하니, 배우기에 부지런하고 묻기를 좋아함이 문文이요, 마음을 굳게 잡고 일을 결단함이 숙肅이다. 계량이 문형文衡을 거의 20년 동안이나 맡아서 대국을 섬기고 이웃 나라를 교제하는 사명詞命이 그 손에서 많이 나왔고, 시험을 주장하여 선비를 뽑는 데 한결같이 지극히 공정하게 하여, 전조前朝의 함부로 부정不正

하게 하던 습관을 다 고쳤으며, 일을 의논하고 의문을 해결하는 데에 이따금 다른 사람의 상상 밖에 나오는 일이 있었다. 그러나 문文을 맡은 대신으로서 살기를 탐하고 죽음을 두려워하며, 귀신을 섬기고 부처를 받들며, 하늘에 절하는 일까지 하여 하지 않는 바가 없으니, 식자들이 조롱하였다. 처음에 철원 부사 권총權總의 딸에게 장가들었다가 버리고, 또 오씨吳氏에게 장가들었는데 죽고, 또 이촌李村의 딸에게 장가들어 몇 달 만에 버리고, 또 도총제 박언충朴彦忠의 딸에게 장가드니, 아내가 있으면서 다른 아내에게 장가들었다는 일로서 유사들의 탄핵하는 바가 되었다. 마침내 아들이 없고, 비첩婢妾의 아들은 이름이 영수英壽이다.

5月 7日(丙午) 2번째 기사
종정성이 토산물을 바치다

宗貞盛遣人, 請還被留人口, 仍獻土物, 回賜正布四匹, 遂還其人.

종정성宗貞盛[94]이 사람을 보내어 억류된 인구를 돌려보내기를 청하고, 더불어 토산물을 바치므로, 정포 4필을 회답으로 주고 드디어 그 사람들을 돌려보냈다.

5月 15日(甲寅) 4번째 기사
대마도 종무직이 사람을 보내어 토산물을 바치다

對馬島宗茂直遣人, 告島內生業甚艱, 仍獻土物, 回賜正布十匹 · 別賜米豆幷六十石.

---

94 대마도 도주이다. 1권 제1부 「중요인물」 '종정성' 참조.

대마도 종무직宗茂直[95]이 사람을 보내어 섬 안에 살기가 매우 곤란함을 고하고, 토산물을 바치므로, 정포 10필을 답례로 주고 특별히 쌀과 콩 아울러 60석을 주었다.

5月 15日(甲寅) 5번째 기사

예조에서 정대랑병위가 데려온 포로였던 자들의 처리 방안을 아뢰다

禮曹啓, "井大郞兵衛帶來, 寶城人小斤毛知·衿川人鄭德等, 請與父母族親完聚, 若無族親, 量給閑田及衣糧存恤. 舊例率被虜人來者每一名, 賞縣布十匹, 今井大郞, 曾於東征時有功, 且其父張甫嘗侍衛本朝, 爲國捐軀, 故去戊申年, 亦賜米十石. 請除縣布, 賜米豆幷二十石." 從之.

예조에서 아뢰기를,

"정대랑병위井大郞兵衛[96]가 데리고 온 보성 사람 작은 모지小斤毛知와 금천 사람 정덕鄭德 등을, 청하건대 부모 친족과 더불어 모여 살게 하고, 만일 친족이 없거든 노는 밭閑田과 의복·양식을 적당히 주어서 구휼하소

---

95 인위종씨(仁位宗氏)의 중심인물인 종하무(宗賀茂)의 아들이며 인위군(仁位郡, 혹은 卦老郡) 군수로서 사수포(沙須浦)에 거주하였다. 종하무의 아들로는 종무수(宗茂秀)·종무직(宗茂直)·종만무(宗滿茂)가 있었고, 이들은 종정성·종언칠과 함께 대마도의 실질적인 지배자로 군림하였다. 무수는 아들이 없어서 종무직의 아들인 종정수(宗貞秀, 彦九郞)를 양자로 삼았다.

96 정대랑병위(井大郞兵衛)와 동일인물로 생각된다. 『해동제국기』에는 정대랑(井大郞)으로 보인다. 가시포(可時浦)에 호군(護軍) 정가문수계(井可文愁戒)가 있는데, 아버지는 적도(賊徒)의 괴수 정대랑(井大郞)인데, 기해년(1419, 세종 원년)에 동정(東征)했을 때 공이 있었다. 을유년(1465, 세조 11)에 도서를 받았다. 한 해 동안에 쌀과 콩을 합하여 10섬을 주기로 하였다. 임오년(1462, 세조 8)에 아비의 관직을 세습하였다고 하였다. 한편 『세종실록』에서는 대랑병위의 아버지인 장보(張甫)가 나라에 공이 있었고, 그 아들 역시 기해동정 당시에 물을 길어 군졸들의 기갈을 면하게 해주었다고 하였다(세종 10-3-6-4). 또한 정대랑(井大郞)이 (기해)동정할 때 공이 있다고도 하였다(세종 12-5-15-5). 따라서 정대랑·정대랑병위·대랑병위·정대랑병위가차는 동일인물로 아버지는 장보이고 아들은 정가문수계임을 알 수 있다.

서. 전례前例에 포로된 사람을 거느리고 온 자에게는 한 사람마다 무명 10필씩 상으로 주었는데, 지금 정대랑[97]은 일찍이 동정東征할 때에 공이 있었고, 또 그 아비 장보張甫[98]가 일찍이 우리나라에서 시위侍衛하다가 나라를 위하여 몸을 바칠 까닭으로 지난 무신년에도 쌀 10석을 주었으니, 청하건대 무명은 그만두고 쌀과 콩 아울러 20석을 주게 하소서" 하니, 그대로 따랐다.

5月 16日(乙卯) 3번째 기사
외방 군사로 하여금 7월부터 교대로 번들게 하도록 명하다

初, 上謂左右曰, "水之於舟, 莫仁於瞿塘, 而莫不仁於溪澗也. 故古之帝王, 以皆安不忘危, 理不忘亂. 我國比年以來, 幸賴上天之眷・祖宗之祐, 東絶野人之患, 南無島夷之憂, 士不荷戈, 民皆奠枕, 我國之安, 莫今日若也. 大抵人情習於久安, 則漸以陵夷, 雖有倉卒之患, 必忘守禦之謀. 兵戎, 國之大事也. 近來盛農嚴寒之時, 不令外方軍士番上者有年矣. 慮或安於怠惰, 忘其戒飭, 可令外方軍士自七月番上, 不計時候, 連番遞直." 於是兵曹啓, "各道侍衛牌, 分爲十二番, 一年一度, 每朔輪番侍衛, 已曾立法, 而或因沍寒, 或因農時, 特命放還. 因此軍裝馬匹, 或不修整, 軍政陵夷, 有違國家安不忘危之意. 請自今每朔必輪番侍衛." 從之.

처음에 임금이 좌우에게 이르기를,

---

97 정대랑병위가차(井大郞兵衛家次)를 말한다.
98 대랑병위의 아버지인 장보의 묘소가 충청도에 있어서 성묘하도록 허락한 것으로 보아 대랑병위가 정대랑과 동일인임을 알 수 있다(세종 10-3-6-4).

"물에 있어 배舟에게 구당瞿塘만큼 어진 것이 없고, 계간溪澗만큼 어질지 못한 것이 없다.[99] 그러므로 예전 제왕帝王들은 모두 나라가 편안할 때에는 위태로움이 있을 것을 잊지 않고, 나라가 태평할 때는 어지러움이 있을 것을 잊지 않았는데, 우리나라는 근년에 와서 다행히 하늘의 돌보심과 조종祖宗의 도우심을 힘입어, 동쪽으로는 야인의 걱정이 그쳐지고, 남쪽으로는 왜적의 근심이 없었으므로, 군사들이 창을 메지 아니하고 백성들이 편히 잠을 자고 있으니, 우리나라가 오늘날처럼 편한 적이 없었다. 대체로 인심이 오래 편안한즉 점점 맥이 풀리고 게을러져서 비록 창졸히 급한 변이 있어도 반드시 수어守禦할 계책을 생각지 않을 것이다. 군사軍事는 나라의 큰일인데 근래에 농번기와 추운 겨울에 외방外方의 군사들로 하여금 번番들러 올라오게 하지 않은 것이 몇 해가 되었으매, 혹 게으름에 편하여 경계하고 신칙함을 잊을까 염려되니, 외방 군사로 하여금 7월부터 번들러 올라오게 하되 시기를 헤아리지 말고 연번連番으로 번이 갈리도록 하라"

하니, 이에 병조에서 아뢰기를,

"각도의 시위패侍衛牌를 12번으로 나누어서 1년에 한차례씩 당번하게 하여 한 달마다 윤번으로 시위하기로 일찍이 법을 세웠사온데, 혹은 겨울 추위로 인하여, 혹은 농사철로 인하여 특별히 돌려 보내기를 명하셨으니, 이로 인하여 군사의 장비裝備와 말馬을, 혹 수리도 않고 혹 정비도 않고, 군정軍政이 해이해져서 국가의 태평 시대에서도 위험한 일이 있을

---

99 구당은 장강의 구당협으로 물살이 세어 배가 지나기 힘든 난소이고, 계간은 시냇물로 물살이 약한 곳이다. 배를 만들거나 부릴 때, 물살이 약한 곳만 다니면 쉽게 생각하고 구당협을 다니면 신중해진다는 뜻이다.

것을 생각하는 뜻에 어그러짐이 있으니, 청하건대 지금부터 매월 반드시 윤번으로 시위하게 하소서"

하니, 그대로 따랐다.

5月 19일(戊午) 3번째 기사
예조에서 각 포구의 병선과 군기를 점검할 것을 건의하다

禮曹啓, "大護軍李藝言, '大內殿嘗與小二殿戰, 奪小二殿筑前州之地, 御所仍賜之, 且賜書云, '一岐州, 若自相戰無統, 則汝可立奪.' 故佐志殿, 已歸順于大內殿, 而筑前州所管對馬島宗貞盛, 則元不服事, 小二殿之子亦來本島, 故大內殿將或加兵矣. 大內所領之衆, 至數萬人, 常備軍需兵器, 故九州民同心仰戴, 雖御所亦畏之. 一岐州近我邊境, 而威重兵强, 大可慮也. 然大內殿自其祖考, 待我國至誠, 固無所疑, 若伐對馬島, 則將發所管赤間關以上海賊, 使之攻戰, 倘糧餉不繼, 則賊謀難測. 且四州之倭, 數千餘艘, 常聚爲賊, 若隨攻對馬賊船而來, 則悉知我國海路遠近夷險, 後日之變, 亦可慮也. 今當無事之時, 宜遣人審視各浦兵船軍器, 如有不實, 隨卽修葺, 以備不虞. 且江南·琉球·南蠻·日本諸國之船, 皆用鐵釘粧之, 積日而造, 故堅緻輕快, 雖累月浮海, 固無滲漏, 縱遇大風, 亦不毀傷, 可至二三十年矣. 本國兵船, 則粧用木釘而造之, 又急速, 未得牢固輕快, 不出八九年, 而已至毀傷. 隨毀隨補, 松木繼難, 其弊不貲. 請自今依諸國造船例, 勿令急速, 粧以鐵釘, 使得堅緻輕快. 其上粧之制, 亦依諸國船例, 令中高外下, 雨水從邊流出, 而不入船內, 以便行船. 鼻巨刀船, 則捕魚追倭, 甚爲便利, 然不載兵甲, 若遇賊船, 必見虜獲. 請自今於劍船, 以一尺槍

劍, 列節船舷, 使賊不得拔劍上船, 每劍船一隻, 從以鼻巨刀二三隻,
使之助戰, 若見賊倭, 則以鼻巨刀急追拘留, 劍船從而急攻, 則庶得捕
倭. 諸國大中小船, 各有鼻巨刀, 隨本船大小造之, 或以全木爲之, 行
船則載於本船中, 有用輒下, 本國兵船, 則本皆體大, 又以鼻巨刀, 懸
於船尾, 非唯舟行遲緩, 如遇大風, 則不能救護, 懸索或絶, 棄之而去,
請自今, 於大船·孟船·劍船, 皆置大造鼻巨刀及全木鼻巨刀各一隻,
留浦則用大鼻巨刀, 行船則用全木鼻巨刀, 載之船上以行. 又於慶尙
左右道, 各造日本往還船一隻, 竝用鐵釘粧之, 所載旗麾, 亦用新造有
光彩者.' 請將上項條件, 令兵曹磨勘." 從之.

　예조에서 아뢰기를,

　"대호군[100] 이예李藝[101]의 말에 '일본의 대내전大內殿[102]이 일찍이 소이
전小二殿[103]과 싸워서 소이전의 축전주筑前州[104] 땅을 빼앗으니, 어소御
所[105]에서도 이에 그 땅을 주고 또 글을 내려 주어 이르기를, '일기주一岐
州[106]가 만약 서로 싸워 통일이 없으면 너희가 아울러 빼앗아도 괜찮다'

100　조선시대 오위(五衛)의 종3품 관직이다.
101　조선 초에 활약한 인물로 일본을 여러 차례 왕래하며 포로 송환 등에 공을 세웠다. 이종무를
　　도와 대마도 왜적 소탕에도 공을 세웠다. 일본을 40여 차례나 왕래하면서 포로송환, 무역 등
　　의 실무를 담당했다. 1권 제1부「중요인물」'이예' 참조.
102　일본 남북조 시대부터 실정시대까지 주방(周防), 장문(長門), 풍전(豐前), 축전(筑前) 일대를
　　지배한 수호대명(守護大名)이다. 1425년에는 내대성견(大內盛見)이 소이만정을 물리치고 박
　　다(博多)를 점령하였고, 1433년에는 대내지세(大內持世)가 소이만정을 전사시켰다. 1권 제1
　　부「중요인물」'대내씨' 참조.
103　북구주 지역의 유력 무사 가문으로 대마도 종씨의 주군이다. 1권 제1부「중요인물」'소이만정'
　　참조.
104　일본 고대 이래의 행정단위인 축전국(筑前國)을 말한다. 대체로 현재의 복강현(福岡縣, 후쿠
　　오카현) 일대이다. 고대 이래 축전국의 중심은 대재부(大宰府)였으며, 구주지역 전체를 관할
　　하였다. 그러나 교역에 유리한 박다가 점차 발전하게 되었다. 이 싸움으로 소이씨는 박다를
　　상실하게 되었다.
105　천황 등 존귀한 자가 사는 장소를 뜻하며, 여기서는 실정막부(室町幕府)의 장군을 가리킨다.
106　대마도와 북구주사이에 있는 섬을 말하며 북구주 송포(松浦) 지역의 세력이 분할하여 지배하였다.

고 하였기 때문에, 좌지전佐志殿107이 이미 대내전에게 귀순하였는데, 축전주의 소관所管인 대마도 종정성宗貞盛은 원래 복종하여 섬기지 않았고, 소이전의 아들108도 대마도에 와있기 때문에 대내전이 장차 군사를 들어 칠 것이다'라고 합니다. 대내전이 거느리는 무리가 수만 명에 이르고, 항상 군수품과 병기를 준비한 까닭에, 구주九州의 백성들이 한마음으로 추대하므로 비록 어소에서도 두려워하고 있으며, 일기주는 우리 변경과 가까운데, 위세가 중하고 군사가 강하니 크게 염려됩니다. 그러나 대내전은 그 조부 때로부터 우리나라를 지성으로 대접하였음은 참으로 의심할 바가 없으나, 만약 대마도를 친다면 장차 소관하는 적간관赤間關109 이상의 해적들을 조발調發110하여 싸워 치게 할 것이오니, 만일에 군량을 이어가지 못하게 되면 적의 꾀를 측량하기 어렵습니다. 또 사주四州111의 왜선 수천여 척이 항상 모여 있어 도둑질을 하고 있으니, 만일 대마도를 치는 적선賊船을 따라오게 되면, 우리나라 바닷길의 멀고 가까움과 편안하고 험한 것을 자세히 알게 될 것이므로, 후일의 병이 있을 것도 또한 염려해야 할 것입니다. 이제 무사한 때를 당하여 마땅히 사람을 보내어 각 포구의 병선과 군기를 살펴보아 만일 충실하지 못함이 있거든 즉시 따라 수리하여 만일의 경우에 대비하옵소서.

---

107 북구주 송포(松浦) 좌지 지역을 근거지로 한 왜구의 우두머리이다.
108 소이만정(少貳滿貞)의 아들은 자사(資嗣) 가뢰(家賴)와 교뢰(敎賴)가 있다. 1425년 대내성견(大內盛見)가 싸워 소이만정이 박다(博多)를 잃게 되자, 자사 등이 대마도로 건너갔던 것으로 생각된다. 1433년에도 소이만정이 막부가 파견한 대내지세(大內持世)와 싸우다가 축전(筑前)의 추월성(秋月城)에서 전사하고 장자인 자사(資嗣) 역시 비전(肥前) 여하장(與賀庄) 전투에서 죽자, 가뢰와 교뢰는 대마도로 피신하였다.
109 하관(下關, 시모노세키)을 말한다.
110 징발한다는 뜻이다.
111 사국(四國)을 뜻한다. 아파(阿波)·찬기(讚岐)·이예(伊豫)·토좌(土佐)의 네 국(國)이 있기 때문에 사국이라고 부른다.

또 강남江南·유구琉球·남만南蠻·일본 등 여러 나라의 배는 모두 쇠 못을 써서 제작하고, 또 많은 날을 들여서 만들었기 때문에 견실하고 정밀하며, 가볍고 빨라서 비록 여러 달을 떠 있어도 진실로 물이 새는 일이 없고, 비록 큰 바람을 만나도 허물어지거나 상하지 않아서 2, 30년은 갈 수 있습니다. 우리나라 병선은 나무못을 써서 제작하며, 또 만들기를 짧은 시간에 급히 하여 견고하지 못하고 빠르지도 못하며, 8∼9년이 못가서 허물어지고 상하게 됩니다. 따라서 상하는 대로 보수하기에 소용되는 소나무 재목도 이어가기 어려우니, 그 폐단이 적지 않습니다. 청하건대, 이제부터 여러 나라의 배 만드는 방법에 따라서 급하게 만들지 말고, 쇠못으로 꾸며서 단단하고 정밀하며, 가볍고 빠르게 하고, 그 위의 구조도 여러 나라의 배와 같이 가운데는 높고 밖은 낮게 하여, 물이 뱃전으로 흘러 내려가게 하여 배 안에 들어가지 못하게 하여, 배 다니기에 편리하게 하옵소서.

비거도선鼻巨刀船[112]은 고기를 잡고 왜적을 쫓는 데에 매우 편리하지만, 그러나 병기兵器를 싣지 않아서 만약 적선을 만나면 반드시 사로잡힘을 당할 것이니, 청하건대 이제부터 검선劒船[113]에는 한 자 되는 창과 칼을 뱃전에 벌려 꽂아서, 적이 칼을 뽑아 들고 배에 오르지 못하게 하며, 검선 1척마다 비거도선 2, 3척을 쫓아 따르게 하여 싸움을 돕게 하며, 만약 왜적을 보거든 비거도선으로서 급히 쫓아 붙잡게 하고, 검선이 따라서 급히 치면 왜적을 잡을 수 있을 것입니다. 여러 나라의 대·

---

112 조선시대 왜구를 잡는 데 썼던 거룻배 모양의 작고 날렵한 배를 말한다.
113 접전시에 적이 배에 뛰어들지 못하도록 뱃전에 짧은 창칼槍劒을 빈틈없이 꽂아놓은 배. 칼을 빼들고 배 안으로 뛰어드는 왜구의 전술 방식에 대응해 고안된 배이다.

중·소의 배에 각각 비거도선이 있는데, 비거도선은 본선本船의 대소에 따라 만들되, 혹은 통나무全木로 만들기도 하여 행선行船할 때는 본선 안에 실었다가, 쓸 일이 있으면 곧 내려놓는데, 우리나라의 병선은 본디 몸이 모두 크고 또 비거도선을 뱃꼬리에 달고 다니므로, 배가 다니기에 느릴 뿐 아니라, 큰 바람을 만나면 능히 구조할 수 없으며, 잡아 맨 줄이 혹 끊어지면 버리고 가게 되니, 청하건대 이제부터는 대선大船·맹선猛船[114]·검선에는 모두 크게 만든 비거도선 및 통나무 비거도선을 각각 1척씩 두어, 포구에 머물 적에는 큰 비거도선을 쓰고, 행선할 적에는 통나무 비거도선을 쓰도록 하되, 배 위에 싣고 다니게 하옵소서. 또 경상좌우도에는 각각 일본에 왕래하는 배 1척씩을 만들게 하되 모두 쇠못을 써서 제작하고, 실은 바 기휘旗麾[115]도 역시 광채가 있는 것으로 새로 만들어 쓰게 하소서' 하였습니다. 청하건대, 위의 조건대로 병조에 명령하여 마련磨勘하게 하옵소서"

라고 하니, 그대로 따랐다.

5月 22日(辛酉) 5번째 기사
대마도 육랑차랑과 축천주의 등원조신만정이 토산물을 바치다

對馬島六郎次郎, 遣人獻土宜, 回賜正布三十七匹, 筑前州藤原朝臣滿貞, 遣人獻土宜, 回賜紬十五匹·正布十二匹.

대마도 육랑차랑六郎次郎[116]이 사람을 보내어 토산물을 바치므로, 정포

---

114 조선 전기 전투와 조운(漕運)을 겸할 수 있게 만든 군선이다.
115 군의 깃발과 휘장이다.
116 대마도 왜구의 우두머리인 조전좌위문대랑의 아들이다. 1권 제1부「중요인물」, '조전좌위문태랑' 참조.

37필을 회답으로 주고, 축전주筑前州[117] 등원조신만정藤原朝臣滿貞[118]이 사람을 보내어 토산물을 바치므로, 명주 15필과 정포 12필을 회답으로 주었다.

5月 28日(丁卯) 3번째 기사
종언칠성국이 사람을 보내어 토산물을 바치다

宗彦七盛國, 遣人獻土物, 且求賜物, 賜米豆各四十石·正布三十匹.

종언칠성국宗彦七盛國[119]이 사람을 보내어 토산물을 바치고, 또 물건 주기를 청구하므로 쌀과 콩 각 40석과 정포 30필을 주었다.

5月 28日(丁卯) 5번째 기사
병조에서 경상 전라도 각 포구의 병선과 기계의 점고를 추수 후에 바로 하게 할 것을 건의하다

兵曹啓, "慶尙·全羅道各浦, 實是倭人泊船初程, 其兵船器械, 當竢秋成遣人發摘, 姑令監司處置, 使不時考察." 從之.

병조에서 아뢰기를,

"경상도·전라도의 각 포구는 실로 왜인의 배가 닿는 첫 길이므로, 그 병선과 기계를 점고하되 마땅히 추수하기를 기다려서 사람을 보내

---

117 일본 고대 이래의 행정단위인 축전국(筑前國)을 말한다. 대체로 현재의 후쿠오카현 일대이다. 고대 이래 축전국의 중심은 대재부(大宰府)였으며, 구주 지역 전체를 관할하였다. 그러나 교역에 유리한 박다가 점차 발전하게 되었다.

118 소이만정(少貳滿貞)이다. 등만정(藤滿貞), 등원조신만정(藤原朝臣滿貞), 등원만정(藤原滿貞) 등으로 나타나는 북구주의 유력 무사이다. 1권 제1부 「중요인물」 '소이만정' 참조.

119 종성국(宗盛國, 1467년 전사)이다. 종자국(宗資國)의 손자이며, 대마도8대 도주 종정무(宗貞茂)의 아들이고, 대마도 11대 도주 종정국의 아버지이다. 1권 제1부 「중요인물」 '종정국' 참조.

어 적간^{摘奸}하게 하고, 아직은 감사·처치사^{處置使}로 하여금 수시로 상고

해 살피게 하소서"

하니, 그대로 따랐다.

6月 1日(庚午) 6번째 기사

일본에서 칼 만드는 법을 배워 칼을 한 자루 바친 심을에게 옷 등을 하사하다

宜寧住船軍沈乙, 嘗入日本, 傳習造劍之法, 鑄一劍以進, 與倭劍無

異, 命除軍役, 賜衣一襲·米豆幷十石.

의령^{宜寧}에 거주하는 선군^{船軍}120 심을^{沈乙}121이 일찍이 일본에 건너가

서 칼 만드는 법을 배워 칼 한 자루를 만들어 올리니, 일본 칼과 다름이

없으매, 명하여 군역을 면제시키고 옷 한 벌과 쌀·콩 아울러 10석을 하

사하였다.

6月 1日(庚午) 8번째 기사

신상이 기해년에 잡아온 왜인의 본국 송환을 건의하다

禮曹判書申商啓, "己亥年分置各道及屬賤之倭, 願還本土者頗多,

何以處之?" 上曰, "初因商販及通使而來者, 聽其自願, 刷還若何?" 商

對曰, "我國生齒日繁, 山野可耕之地, 靡不開墾, 吾民尙患無田, 彼輩

雖在我國, 實無益, 若悉刷送, 則彼無愁嘆, 其主亦益以感戴矣." 上允

之, 命兵曹推刷以聞.

예조 판서 신상^{申商}이 아뢰기를,

---

120 수군(水軍)과 같은 말이다.
121 여기에만 보인다.

"기해년에 각도에 나누어 둔 왜인과 천인으로 삼은 왜인들이 본토로 돌아가고자 원하는 자가 자못 많으니, 어떻게 처리하는 게 좋겠습니까?"

하니,

임금이 말하기를,

"당초에 장사꾼商販과 통사通事로 인하여 온 자에게는 그 자원을 들어주어서 돌려보내는 것이 어떨까?"

하였다.

상이 대답하기를,

"우리나라에는 출생하는 인구가 날마다 번성하여 산과 들에 경작할 만한 땅은 개간하지 않은 것이 없어, 우리 백성들도 오히려 전토가 없어 걱정입니다. 저들이 비록 우리나라에 있을지라도 유익함이 실로 없으며, 만약 다 쓸어 보낸다면 저들은 근심과 한탄이 없을 것이며, 그 임금도 역시 더욱 감복해 할 것입니다"

하니, 임금이 윤허하고, 병조에 모두 찾아 모아서 돌려보내고 아뢰라고 명하였다.

6月 3日(壬申) 6번째 기사

종정성이 사람을 보내어 토산물을 바치다

宗貞盛遣人來獻土宜, 回賜正布四十五匹·燒酒三十瓶.

종정성宗貞盛[122]이 사람을 보내어 토산물을 바치니, 정포 45필과 소주 30병을 회답으로 주었다.

---

122 대마도 도주이다. 1권 제1부 「중요인물」 '종정성' 참조.

6月 4日(癸酉) 4번째 기사

제주 경차관 박호문이 정의 대정현의 이동을 건의하다

　濟州敬差官司僕少尹朴好問啓, "旌義·大靜兩縣城內, 皆無水泉, 故旌義則汲水于十五里許, 大靜則五里許, 倘有倭寇圍城累日, 則海中孤島, 無由活命. 請移旌義于兔山, 大靜于甘山." 命判府事崔閏德·工曹參判朴坤等同議. 僉曰, "旌義·大靜城內, 若無井泉, 則當依好問所啓. 兩處移設便否及可移處, 更令敬差官同按撫使看審." 命下兵曹.

　제주 경차관敬差官 사복 소윤司僕少尹 박호문朴好問이 아뢰기를,

　"정의旌義·대정大靜 두 현縣의 성내에 모두 샘물이 없기 때문에, 정의현에서는 15리 밖에서 물을 길어 오고, 대정현에서는 5리 밖에서 물을 길어 오니, 만일 왜구가 들어와서 성을 여러 날 에워싼다면 바다 속의 외로운 섬으로서 목숨을 구할 길이 없을 것입니다. 청컨대 정의현은 토산兔山123으로 옮기고, 대정현은 감산甘山124으로 옮기게 하소서"

　하니, 판부사 최윤덕과 공조 참판 박곤朴坤 등에게 명하여 같이 의논하게 하였다. 모두 말하기를,

　"정의와 대정 두 성내에 만약 우물과 샘이 없으면 마땅히 호문이 아뢴 대로 두 곳으로 옮기는 것이 적당한가 여부와 옮길 만한 곳을 다시 경차관으로 하여금 안무사按撫使와 같이 살펴보게 하소서"

　하였다. 명하여 병조에 내리었다.

---

123 현재의 제주도 서귀포시 표선면 토산리 일대이다. 현재 정의현 객사는 표선면 성읍리에 있다.
124 제주도 대정현 읍성의 동편 16리 되는 곳에 있는 지명이다. 감산리(甘山里)는 가물어도 마르지 않는 샘이 있고 화살이 미치지 않으므로 현성을 옮긴 만하다고 하였다(세종 25-1-10-3). 현재의 제주도 서귀포시 안덕면 창천리 일대이다.

6월 5일(甲戌) 5번째 기사

대마도 종만무가 사람을 보내어 토산물을 바치다

對馬島宗滿茂, 遣人獻土宜, 回賜正布七十八匹.

대마도 종만무宗滿茂[125]가 사람을 보내어 토산물을 바치므로, 정포 78필을 회사하였다.

6월 11일(庚辰) 2번째 기사

대마도 종정징이 사람을 보내어 토산물을 바치다

對馬島宗貞澄, 遣人獻土宜, 回賜正布六十七匹・米豆各五十石.

대마도 종정징宗貞澄[126]이 사람을 보내어 토산물을 바치므로, 회답으로 정포 67필과 쌀과 콩 각각 50석을 주었다.

6월 13일(壬午) 1번째 기사

대마도 종정성이 억류된 묘성 등을 돌려보내 달라고 청하다

宗貞盛致書請還被留人口妙性等, 答書送還.

대마도 종정성宗貞盛[127]이 글을 보내어 억류된 묘성妙性[128] 등을 돌려보내 달라고 청하므로, 답서하고 돌려보내었다.

---

125 대마도 인위 군주(仁位郡主) 종만무(宗滿茂)이다(세종 1-2-29-3). 종하무의 아들이고 종성가의 아버지이다. 대마주(對馬州)의 유종(唯宗) 신농수(信濃守) 만무(滿茂), 대마주(對馬州)의 유종신농수만무(惟宗信濃守滿茂) 등으로 보인다. 종씨의 원래 성은 유종(唯宗)이었다.
126 대마도 도주 종정무의 동생이다. 1408년에 대마주 수호대직(守護代職)을 물려받았다.
127 대마도 도주이다. 1권 제1부 「중요인물」 '종정성' 참조.
128 여기에만 보인다. 기해동정 당시 조선에 억류되어 있던 왜인 중 한 사람으로 생각된다.

6月 20日(己丑) 2번째 기사

병조에서 충청도에서도 화포 쏘는 법을 군사를 뽑아 익힐 수 있게 해줄 것을 건의하다

兵曹據忠淸道都節制使牒呈啓, "軍門器械之重者, 莫先於火砲, 而他道營屬各浦傳習放射之法者非一, 獨本營則放射軍, 只有一人, 無他傳習者. 請依慶尙道 合浦本營例, 擇閑良及營鎭屬軍, 可者十人預習, 其他各浦各鎭, 亦令預習." 從之.

병조에서 충청도 도절제사의 첩정牒呈에 의거하여 아뢰기를,

"군문軍門의 기계로서 중요한 것이 화포보다 더한 것이 없는데, 다른 도의 영營에 소속된 각 포浦에는 쏘는 법을 배우고 익히게 하는 곳이 한둘이 아니나, 홀로 본영本營만은 쏠 줄 아는 군사가 다만 한 사람이 있고, 그 밖에 배워서 익힌 자가 없습니다. 청컨대 경상도 합포合浦 본영의 예에 따라 한량閑良 및 영營·진鎭에 소속된 군사 중에서 할 만한 자 열 사람을 골라서 미리 익히게 하고, 기타 각 포와 각 진에도 미리 익히게 하소서"

하니, 그대로 따랐다.

6月 23日(壬辰) 1번째 기사

병조에서 순천부에 군정을 더 붙여서 방어할 것 등을 건의하다

兵曹啓, "自全羅道高興鎭至慶尙道泗川鎭, 相去八息, 然兩鎭中央有蟾津, 其江口左右, 則慶尙道平山浦及全羅道順天府內禮梁等處, 兵船泊於相望之地, 故倭船一二艘, 則固難徑入爲寇, 如或大擧而至, 遮截兵船, 則高興鎭之兵, 必不能及機而應變矣, 於順天府, 不必設新鎭,請依忠淸道庇仁縣例, 仍前本府守城軍三十三名, 量加軍官, 刷各官住新白丁・閑散人等, 使分番守城. 倘有賊變, 則高興鎭兵未至之間, 可得及戌矣. 今考敬差官宋仁山所籍三道各官船軍, 推移定屬, 程途息數, 自順天距平山浦五息九里, 自光陽至平山浦四息十五里, 自求禮距平山浦四息八里. 各道深遠山郡, 船軍所赴番戌之處, 非唯四五息程, 或六七息, 或至十二三息, 若令上項順天・光陽・求禮船軍, 赴平山浦, 則其程途, 比他例未爲懸隔, 然慶尙道各浦兵船多少及防禦緊慢, 分辨推移, 定屬于平山浦便否, 令其道監司・都節制使・處置使訪問啓達, 然後更議施行. 且長興・康津・海珍・靈巖等官濱海深入之地, 北距茂珍古內廂四五息, 東距高興鎭五六息, 其間沿海之處, 居民甚衆, 倘有倭變, 朝夕可虞, 故已移內廂於康津, 誠爲防禦緊要之處, 而議者以爲, '康津在濱海一隅, 難於出入.' 欲於茂長及燧院洞等地, 勞民移徙, 實爲未便, 仍舊何如?"

命依所啓, 但順天府軍丁加屬防禦, 則令政府諸曹同議以聞. 僉曰, "順天府軍丁, 加屬防禦, 宜依兵曹所啓. 軍丁則刷閑散人及各官日守・書員・人吏・奉足加屬." 從之.

병조에서 아뢰기를,

"전라도 고흥진高興鎭[129]에서 경상도 사천진泗川鎭[130]까지의 거리가 8식息[131]이나, 두 진의 중간에 섬진강이 있고, 그 강 어구의 좌우에는 경

---

129 전라좌도 고흥현에 있던 포구이다. 수군좌도 도만호영 아래 소속된 축두만호가 고흥포에 있었으며 중선 6척, 별선 2척과 군사 5백 12명과 뱃사공 4명을 거느렸다(『세종실록』 「지리지」 「전라도」).
130 경상우도 사천현에 있던 조선시대 군진이다. 군관 3백 명, 수성군 49명이 있었다(『세종실록』 「지리지」 「경상도」).
131 1식은 30리이다.

상도 평산포平山浦¹³²와 전라도 순천부順天府¹³³ 내례량內禮梁¹³⁴ 등의 곳에, 병선이 서로 바라볼 만한 땅에 정박하고 있으므로, 왜선 한두 척쯤으로는 진실로 들어와서 도적질하기가 어려우나, 만일 혹시 크게 일어나 들어와서 병선을 막아 끊으면, 고흥진의 군사가 반드시 때에 다다라 응변하지 못할 것이니, 순천부에 새로 진鎭을 설치할 필요가 없습니다. 충청도 비인현庇仁縣¹³⁵의 예에 따라 그 전대로 본부本府 수성군守城軍¹³⁶을 33명으로 하여 군관을 적당히 늘이고, 각 고을에 거주하는 신백정新白丁¹³⁷과 한산인閑散人¹³⁸ 등을 뽑아서 번을 나누어 성을 지키게 하소서. 만일 적변賊變¹³⁹이 있더라도 고흥진의 군사가 도달하지 못하는 동안은 막을 수가 있을 것입니다. 지금 경차관敬差官¹⁴⁰ 송인산宋仁山이 가진 바

---

132 경상우도 곤남군 남해도의 서남부에 있는 포구의 이름이자 수군진의 이름이다. 곤남군에서 90리 거리인데, 노량(露梁) 수군 만호(水軍萬戶)가 수어한다고 하였다(『세종실록』「지리지」,「경상도」「곤남군」). 원래 진주목 노량에 있던 노량만호가 세종 대에 남해 평산도에 기박(寄泊)하고 있었다.

133 현재 전라남도 순천시 지역에 있던 조선시대 행정구역이다. 순천도호부로 여수현, 돌산현, 부유현을 속현으로 거느렸다.

134 조선 전기 전라남도 여수시 국동에 있던 수군기지이다. 1396년 이래 진례에 있던 만호진이 1423년에 내례량으로 옮겨, 거제도에 있던 경상도 우수영의 서편을 관장하는 남해도의 평산포 만호진과 마주보도록 하였다.

135 현재 충청남도 서천군 비인면 지역에 있던 조선시대 행정구역이다.

136 각 지역의 성을 지키는 군인이다. 문종 대 이후에는 수성 도감에 소속되었다.

137 유랑 천민의 하나로 원래 양수척(楊水尺)·수척(水尺)·무자리라고 하였다. 관적(貫籍)과 부역이 없고 떠돌아다니면서 사냥 도축 유기 제조를 업으로 삼았다. 1423년(세종 5)에 재인(才人)과 함께 백정이라고 개칭하였고, 새로 백정이라는 이름을 갖게 되었다 하여 신백정이라고 부른 것이다.

138 한량·무인으로 아직 관직을 받지 못한 사람을 말한다. 한량은 고려 말기와 조선 초기에 걸쳐서 직첩(職牒)·직함(職銜)은 있으나 직사(職事)가 없는 무직사관(無職事官)과 직(職)·역(役)이 없는 사족(士族)의 자제 등을 가리키는 말이었다(『한국민족문화대백과』).

139 적이 쳐들어오는 일과 같은 변고를 말한다.

140 조선시대 중앙 정부의 필요에 따라 특수 임무를 띠고 지방에 파견된 관직이다. 경차관이 파견된 것은 1396년(태조 8) 8월 신유정(辛有定)을 전라·경상·충청 지방의 왜구 소탕을 목적으로 파견한 것이 처음이다. 경차관은 태종 때부터 그 임무가 대폭 늘어났다. 국방·외교상의 업무, 재정·산업상의 업무, 진제(賑濟)·구황의 업무, 옥사·추쇄(推刷, 불법으로 도망한 노비를 찾아내 원주인 또는 본고장으로 돌려보냄)의 업무 등이었다(『한국민족문화대백과』).

문적을 자세히 살펴보건대, 삼도三道[141] 각 고을의 선군을 이리저리 옮겨서 소속을 정하는 데 거리息數는, 순천에서 평산포까지 5식息 9리里, 광양에서 평산포까지 4식 15리, 구례에서 평산포까지 4식 8리입니다. 각 도의 깊고 먼 산골山郡에 선군이 나아가서 번[142]들고 지키는 곳은 4, 5식의 노정이 될 뿐 아니라, 혹 6, 7식, 혹 12, 13식에 이르러, 만일 순천·광양·구례 등의 선군으로서 평산포에 나아가게 한다면, 그 길의 거리가 다른 예例에 비하여 그리 멀지 않지마는, 경상도 각 포浦의 병선의 다소와 방어의 긴급하고 아니한 것을 분별하여, 평산포로 옮겨서 정속定屬[143]하는 것이 좋을지를 그 도의 감사와 도절제사 및 처치사處置使[144]로 하여금 방문하여 아뢰게 한 뒤에 다시 의논하여 시행할 것입니다. 또 장흥長興·강진康津·해진海珍[145]·영암靈巖 등 바닷가에서 깊숙이 들어간 지방은 북쪽으로 무진茂珍[146] 고내상古內廂[147]과의 거리가 4, 5식이고, 동쪽으로 고흥진高興鎭과의 거리가 5, 6식인데, 그 사이 바다에 연접한 곳은 거주민이 심히 많아, 만일 왜적의 변이 있게 되면 아침저녁이 염려

141 조선시대 경상도·전라도·충청도를 이르는 말이다.

142 교대제로 근무하는 것을 말한다.

143 정하여 소속시킨다는 뜻이다.

144 조선시대 때 나라에서 임시로 정하여 파견한 군대의 사령관으로 절제사와 비슷하다.

145 전라도의 진도(珍島)와 해남(海南)을 합하여 해진군(海珍郡)으로 만들고, 녹산역(鹿山驛) 옛 터에 성을 쌓고 읍을 옮겼다(태종 9-2-3-2).

146 공민왕 11년에 무진(武珍)을 무진부(茂珍府)라 개칭했다. 혜종(惠宗)의 휘(諱)를 피해서 무(武) 자를 무(茂) 자로 고쳤다. 22년 다시 광주라 칭하고 목(牧)을 삼았으며 조선에 와서도 그대로 따랐다. 세종 12년에 그 고을 사람 노흥준(盧興俊)이 목사(牧使) 신보안(辛保安)을 때렸으므로, 노흥준을 장형(杖刑)에 처하여 변방으로 쫓아 보내고 강등하여 무진군(茂珍郡)으로 만들었다가 문종 원년에 옛날대로 복구하고, 성종 20년에 판관(判官) 우윤공(禹允功)이 날아온 화살에 맞았는데 조정에서는 그 고을 사람의 행위인가 의심해서 강등하여 현을 만들고 광산군(光山郡)으로 고쳤다(『신증동국여지승람』). 세종 12년까지는 광주목이었는데, 무진군으로 만들었으므로, 『세종실록』 편찬 단계에서 광주목을 무진군으로 소급하여 기록한 것으로 볼 수 있다.

147 종래에 내상이 있었던 곳이라는 뜻이다. 내상은 각도 도절제사(都節制使)의 군영(軍營)을 뜻한다.

되므로, 이미 내상內廂을 강진으로 옮겼으니 진실로 방어에 있어 긴요한 곳인데, 의논하는 자들이 말하기를, '강진은 바닷가 한 모퉁이에 있어서 드나들기가 어렵다'고 하여, 무장茂長148 및 수원동燧院洞149 등지에 백성들을 수고롭게 옮기고자 함은 실로 합당치 못하니 예전대로 두는 것이 어떻겠습니까?" 하니,

명하여 아뢴 대로 하되, 다만 순천부의 군정軍丁을 더 붙여서 방어하는 것은 의정부와 제조諸曹로 하여금 같이 의논하여 아뢰게 하였다.

모두 말하기를,

"순천부의 군정을 더 붙여서 방어함은 마땅히 병조에서 아뢴 대로 할 것이며, 군정은 한산인 및 각 관官의 일수日守150나 서원書員151·인리人吏152·봉족奉足153 등을 불러 모아서 더 붙이게 하소서"

하니, 그대로 따랐다.

---

148 전라우도 나주목 무장현으로 현재의 전라북도 고창군 무장면의 옛 지명이다. 전라우도 고창현의 서쪽, 영광현의 북쪽에 위치하였으며, 선운산이 무장현에 있었다.
149 전라우도 영암군에 있던 역원(驛院)이다. 군의 북쪽 25리에 있다고 하였다(『신증동국여지승람』).
150 지방의 각 관아나 역에서 잡무에 종사하던 자로 일수양반(日守兩班)이라고도 하였다. 이들은 관일수(官日守)와 역일수(驛日守)로 구분되었는데 각 관과 역의 대소에 따라 그 정액이 고정되어 있었다. 조선 후기에는 칠반천역의 하나로 꼽혔다(『한국민족문화대백과』).
151 조선시대 중앙과 지방의 각 관서에 배속되어 주로 행정 실무를 담당하던 이속(吏屬)이다. 서원은 고려시대 이래 향리의 중심층을 지칭했던 기서지원(記書之員)인 '기관(記官)'이 조선의 개국과 함께 개칭되면서 비롯되었다(『한국민족문화대백과』).
152 관아의 말단 실무를 맡아보던 향리이다.
153 조선시대에 평민이나 천민이 나라의 역사(役事)에 나가는 경우 그 집에 가서 집안 일을 도와주고 역사(役事)에 나가지 않던 장정(壯丁)을 말한다.

7月 7日(乙巳) 4번째 기사

형조에서 일본인과 사사로이 저포 등과 금을 바꾼 통사 윤인보의 처벌을 건의

하다

刑曹啓, "通信使通事尹仁甫, 齎貿易紬苧布四百三十二匹, 潛與所

識倭人, 買七品金五十二兩二錢以來, 比本國市直, 加給正布四百六

十四匹二十尺, 律該杖六十‧徒一年. 金工金生以隨從, 杖一百, 追物

入官, 徵仁甫二分, 金生一分, 使副朴瑞生‧李藝不能考察, 笞四十."

從之. 金生減二等, 藝‧瑞生, 勿論.

형조에서 아뢰기를,

"통신사의 통사通事 윤인보尹仁甫[154]가 무역용 주紬[155]‧저포苧布[156] 4백

32필을 가지고 그가 아는 왜인에게 은밀히 주고 칠품금七品金[157] 52냥

兩[158] 2전錢[159]을 사가지고 왔는데, 본국 시장 가격에 비하여 정포 4백 64

필 20척이나 더 주었으니, 율에 의하면 장杖[160] 60대에, 도徒[161] 1년에 해

당합니다. 금공金工[162] 김생金生[163]은 그의 수종隨從이므로 장 1백에 처하

---

[154] 1414년(태종 14) 왜관통사(倭官通事)로 처음 보이고, 기해동정 이후 최초로 조선 회례사의 통
사로 일본에 건너갔다. 그의 보고는 이후 조선의 대일정책에 큰 영향을 끼쳤다. 1424년 왜통사
(倭通事)‧군(護軍) 등을 역임하였고, 세종 21년과 25년에도 각각 통신사의 부사가 되어 일본에
다녀왔다. 1450년(문종 즉위년) 상호군으로, 대마도 상인들이 많이 오는 것을 엄하게 경계하도
록 상소하였다. 1455년(세조 1) 상호군으로 좌익원종공신(佐翼原從功臣) 3등에 책록되었다.

[155] 중질의 견사로 제직한 평견직물을 말한다.

[156] 쐐기풀과에 속하는 모시풀의 인피섬유로 제직한 직물로 여름 옷감으로 쓰였다.

[157] 조선시대에 금이나 은을 10등급으로 나누었는데, 그중 7등급의 금이다. 10등급이 최상급이다.

[158] 한 돈의 열 배를 말한다.

[159] 전은 돈을 말한다. 무게 1돈은 10푼이고, 10돈은 한 량이다.

[160] 오형(五刑) 중의 장형(杖刑)을 집행할 때 사용하던 이른바 곤장을 말한다. 길이는 3척 5촌이
고 대두(大頭) 쪽의 지름은 3푼 2리이고 소두(小頭) 쪽의 지름은 2푼 2리이었다.

[161] 조선시대에 죄인을 중노동에 종사시키던 형벌을 말한다.

[162] 금속(金屬)을 세공(細工)을 하는 사람을 말한다.

[163] 태종 대의 장인(匠人) 김생(金生)(태종 16-10-12-4), 세종 대의 은장(銀匠) 김생(金生)(세종 11-12-23-2)
과 동일인물로 생각된다.

고 물품을 추징追徵[164]하여 입관入官[165]시키되, 인보에게 2푼, 김생에게는 1푼을 징수하게 하며, 정사使[166]와 부사副[167] 박서생朴瑞生[168]·이예李藝[169]는 이를 능히 살피지 못하였으니 태答[170] 40에 처하게 하소서"

하니 그대로 따르되, 김생은 2등을 감하게 하고, 이예와 박서생은 논하지 말게 하였다.

7月 27日(乙丑) 3번째 기사

태재소이 등이 예조에 글을 보내 미곡과 저포 등을 내려줄 것을 간청하다

太宰小二·小法師瓦, 致書禮曹云, "自去年冬來, 寓對馬州, 願加護恤, 且欲致禮京都, 乞賜絲紬或苧布一千匹及米穀." 仍獻土宜, 答書, 回賜正布三十六匹. 左議政黃喜·右議政孟思誠等以謂, "師瓦所遣人, 但當厚接, 且回賜所進之物, 其求請則勿聽." 贊成許稠以爲, "九州人米粖之請, 若輕易聽從, 則後日請之者必多, 不從則必生釁, 米粖

---

164 형법상, 몰수할 수 있는 물건의 전부 또는 일부가 소비되었거나 하여 몰수할 수 없게 되었을 때, 그 몰수할 수 없는 부분의 가액(價額)을 징수하는 일이다.

165 부당하게 거래된 액수만큼 관아에 들이게 하는 것이다.

166 통신사행의 정사를 말한다.

167 통신사행의 부사를 말한다.

168 생몰년 미상. 조선 전기의 문신. 본관은 비안(比安). 자는 여상(汝祥), 호는 율정(栗亭). 할아버지는 윤보(允甫)이고, 아버지는 중랑장(中郞將) 점(漸)이다. 대표관직으로는 공조참의, 병조참의, 판안동대도호부사가 있다. 1428년 11월 통신사로 일본에 건너가 대내전(大內殿)와 소이전(小二殿)에게 회사품을 전달하였다.

169 조선 전기의 문신으로 대일 외교에 큰 활약을 하였다(1373~1445). 1400년(정종 2) 어린 나이로 왜적에게 잡혀간 어머니를 찾기 위해 자청해 회례사(回禮使) 윤명(尹銘)을 따라 일본의 삼도(三島)에 갔으나 찾지 못하고 돌아왔다. 그 뒤 1410년까지 해마다 통신사가 되어 삼도에 왕래하면서 포로 500여 명을 찾아오고, 벼슬도 여러 번 승진해 호군이 되었다. 1419년(세종 1) 중군병마부수사(中軍兵馬副帥使)가 되어 삼군도체찰사 이종무(李從茂)를 도와 왜구의 본거지인 대마도를 정벌하기도 하였다. 조선 초기에 사명으로 일본에 다녀온 것이 모두 40여 차례나 되었다 한다. 1권 제1부 「중요인물」 '이예' 참조.

170 태형에 쓰는 매는 대두경 2분 7리, 소두경 1분 7리, 길이 3척 5촌이다. 작은 형나무 가지로 만들되 옹이나 눈은 깎아버려야 한다(『한국고전용어사전』).

之請, 不可從也. 但小二雖在九州, 其子師瓦, 今來對馬島, 則是亦對
馬島人也. 前此對馬島人米耗之請, 無不聽從, 至於師瓦, 獨不與之,
必生忿怨, 不可不與. 然不可太多, 多不過三四十石, 縣紬苧布, 亦不
可太多." 禮曹判書申商・參判崔府等以爲, "師瓦乃大內殿之次大友
殿之外孫也. 今者失土窮困, 來寓對馬島, 專人告乏, 若不聽從, 必生
忿怨. 依戊申年給其父小二殿例, 賜米布." 命賜米四十石・紬十匹.

태재太宰 소이小二[171]와 소법사와小法師瓦[172]가 예조에 글을 보내기를,

"지난해 겨울부터 대마주에 와서 우거[173]하고 있사오니 보호 구제해 주
시기를 원하옵니다. 또 경도京都[174]에 예물을 보내고자 하오니, 바라옵건
대, 면주 혹은 저포 1천 필과 미곡을 하사해 주소서"

하고, 더불어 토산물을 바쳐 왔으므로, 답서하고 정포 36필을 내려 주었다.

좌의정 황희黃喜・우의정 맹사성孟思誠 등이 아뢰기를,

"사와師瓦[175]가 보낸 사람을 마땅히 후히 접대하고 또 바쳐 온 예물에
대하여 회사해야 할 것이나, 그 청구하는 것은 들어 주지 마소서"

하고, 찬성 허조는 아뢰기를,

"구주九州 사람들이 미곡을 청구한 것을 쉽게 들어 줄 것 같으면 뒷날
에 청구하는 일이 반드시 많아질 것이요, 좇지 않는다면 반드시 흔단釁

---

171 일본 고대 관사인 대재부(太宰府)의 차관이라는 뜻이다. 소이씨의 무가관위이기도 하다. 여
기서는 소이만정(少貳滿貞)을 뜻한다.

172 소이교뢰(少貳敎賴, 1426~1469)의 아명인 송법사환(松法師丸, 쇼오보오시마루)의 오기로 보
인다. 송(松)과 소(小), 소(少)는 모두 일본어로는 '쇼오'로 음이 같지만, 와(瓦)는 환(丸, 마루)의
오기이다. 교뢰는 소이만정(少貳滿貞)의 아들로 만정 사후에 소이씨 당주가 되었다. 1433년 아
버지 소이만정(少貳滿貞)과 형 소이자사(少貳資嗣)가 대내지세(大內持世)와의 싸움에서 전사
하자, 대마도로 피신하여 종정성의 도움을 받기에 이르렀다.

173 남의 집이나 타향에서 임시로 거처하는 것을 말한다.

174 도읍(都邑)이라는 뜻이지만, 여기서는 실정막부의 장군이 있는 경도(京都, 교토)를 뜻한다.

175 소이교뢰(少貳敎賴)의 아명인 송법사환(松法師丸)의 오기이다.

端176이 생길 것이나, 미곡의 청구는 좇을 수 없을 것입니다. 다만 소이는 비록 구주에 있으나, 그 아들 사와가 이제 대마도에 와서 있으니 이자도 역시 대마도 사람입니다. 앞서 대마도 사람들의 미곡의 청구를 다 들어 주고 유독 사와에게만 주지 않는다면 반드시 분노와 원한을 살 것이오니 주지 않을 수도 없습니다. 그러하오나 너무 과다하게 줄 수도 없는 일이니 많이 준다 해도 3, 40석을 넘지 않게 하고, 면주·저포도 너무 많이 줄 수는 없습니다"

하고, 예조 판서 신상申商·참판 최부崔府 등은 아뢰기를,

"사와는 곧 대내전大內殿177의 다음 가는 사람이요 대우전大友殿178의 외손外孫입니다. 이제 그 땅을 잃고 궁지에 몰려 대마도에 와서 우거해 있으면서 일부러 사람을 보내어 그의 궁핍을 고해 왔는데, 만약 들어 주지 않는다면 반드시 분노와 원한을 살 것입니다. 무신년에 그 아버지 소이전小二殿179에게 준 예에 의하여 미곡과 포布를 하사하소서"

하니, 명하여 쌀 40석과 주紬 10필을 내려 주었다.

---

176 서로 사이가 벌어지는 시초(始初)나 단서를 말한다.
177 일본 남북조시대부터 실정시대까지 주방(周防), 장문(長門), 풍전(豐前), 축전(筑前) 일대를 지배한 수호대명(守護大名)이다. 1권 제1부 「중요인물」 '대내씨' 참조.
178 대우씨(大友氏)이니, 북구주 풍후국(豐後國)의 대수호이다. 시조는 좌근장감(左近將監) 등 원능직(藤原能直)이며, 원뢰조(源賴朝)의 유력한 가신(家臣)이다. 3대 뇌태(賴泰)가 몽고의 난 때 공을 세워 구주지방 굴지의 호족이 되었다. 족리장군가(足利將軍家) 밑에 있었으나 수호대명(守護大名)으로서 독립된 지위를 누렸다. 응인의 난 때 동군(東軍)에 가담하여 서군의 대내(大內)씨와 싸웠는데, 이 무렵 명문(名門)들이 거의 멸망했으나, 그는 더욱 세력을 키워 용조사(龍造寺)씨 등과 구주 삼분(九州三分)의 형세를 이루었다. 부내(府內) 박다(博多)를 통한 대명(對明) 무역으로 경제력 증진, 해외 문화 섭취를 도모했다. 18대 의진(義鎭)의 시절이 전성기였는데, 그는 전래된 기독교에 귀의하여 포교 활동을 보호했고, 포르투갈 상선과의 무역도 시작했다. 아들 의통(義統)이 도진씨에게 패하고, 1593년(선조 26)에는 조선에 건너갔으나 패배하여 마침내 멸망했다.
179 소이만정(少貳滿貞)을 말한다. 1권 제1부 「중요인물」 '소이만정' 참조.

8月 14日(壬午) 2번째 기사

사신 창성이 호신용 운검을 빌려달라고 청하다

命知申事許誠, 邀兩使臣, 昌盛辭以足疾, 請之再三乃至. 上迎入慶會樓, 設溫斟宴, 尹鳳得疾先還. 盛謂上曰, "願借防身倭劍, 及還還之." 上曰, "知之." 俄而盛請見備身雲劍, 元閔生以啓. 命以大護軍李尙恒所奉雲劍示之, 盛執而謝, 仍齎去.

지신사 허성(許誠)에게 명하여 두 사신을 부르니, 창성(昌盛)이 발이 아프다고 사양하다가, 거듭 청하니 비로소 왔다. 임금이 영접하여 경회루(慶會樓)로 들어가 온짐연(溫斟宴)[180]을 베풀었는데, 윤봉(尹鳳)은 병이 나서 먼저 돌아갔다. 창성이 임금에게 말하기를,

"호신용 왜검(倭劍)[181]을 빌려주시면 돌아갈 무렵에 도로 반환해 드리겠습니다"

하니, 임금이 말하기를,

"알았소"

하였다. 그리고 조금 있다가 창성이 호신용 운검(雲劍)[182]을 보고 싶어 한다고 원민생(元閔生)이 아뢰었다. 대호군 이상항(李尙恒)이 받들고 있는 운검을 보이도록 명하니, 창성이 잡고서 치사하고, 이내 가지고 갔다.

---

180 중국 사신이 조선에 온 지 사흘째 되는 날에 국왕이 그들을 위하여 베푸는 잔치이다.
181 일본도를 말한다. 예리한 일본도를 조선에서 국왕의 호신용으로 사용한 것으로 보인다. 『무예도보통지』에도 왜검에 관한 내용이 있다.
182 운검(雲劍)의 정식 명칭은 별운검(別雲劍)이다. 조선시대 무반(武班) 두 사람이 큰칼(雲劍)을 차고 임금의 좌우에 서서 호위하는 2품 이상의 임시 관직이다. 여기서는 칼 자체를 가리킨다.

왜인을 잡아 죽인 제주도인에 대한 상의 수여 여부를 의논하다

受常參, 視事. 兵曹判書趙啓生啓, "今濟州捕倭人, 臣以爲不可論功. 此倭無甲兵之具, 未可以賊船論也, 倭人不戰而服, 則當擒獲之, 今乃盡殺, 其設心以爲儻一人生, 則必語其不拒戰之由, 故盡殺滅口, 而要賞於國, 其計姦惡, 不如不賞." 上曰, "若在兵亂之世, 則此爲微功, 不足褒賞, 今昇平日久, 四方無虞, 雖如此細功, 亦可賞矣. 況濟州非倭人行商之處乎? 但不生擒, 是誠有罪, 然反加罪, 則無勸勵後人之義." 啓生曰, "雖有其功, 職分當爲, 何必加賞?" 上曰, "然則雖大功, 亦皆臣子職分之當爲也. 盡忠立功, 臣子之事, 論功行賞, 人主之權, 古昔聖王之所不廢也, 其與左右議政議啓."

상참을 받고, 정사를 보았다. 병조 판서 조계생趙啓生이 아뢰기를,

"이번에 제주에서 왜인을 잡은 사람은 신의 생각으로는 논공할 수 없을 것으로 봅니다. 이 왜인은 갑옷과 병기 등의 갖춤이 없었으니 해적의 선박으로 논할 수 없으며, 왜인이 싸우지 않고 항복하였으면 반드시 사로잡아야 하는 것인데 다 죽여 버렸으니, 이것은 혹시 한 사람이라도 살려 두면 그 싸움에서 항거하지 않은 연유를 반드시 말할 것이라고 생각한 나머지 다 죽여 그의 누설을 막고 나라에 상을 요구한 것이니, 그 계책이 간사하고 잔인하여 상을 주지 말아야 하겠습니다"

하니, 임금이 이르기를,

"병란 중에 있는 세상이라면 이런 미세한 공이야 포상할 만한 것도 못되지만, 지금은 태평한 날이 계속된 지 오래고 사방에 근심거리가 없는 때인지라, 비록 이와 같은 미세한 공일지라고 역시 상을 줄 만하오.

더욱이 제주는 왜인들이 행상行商하는 곳이 아닌가? 다만 생포하지 않았으니, 이것이 진실로 죄가 되는 것이나, 도리어 죄를 준다면 뒷사람에게 권장 격려하는 의의가 없게 될 것이오"

하였다. 계생이 아뢰기를,

"비록 그런 공이 있사오나 직분상 당연히 할 일인데, 일부러 상을 줄 필요가 있겠습니까?"

하니, 임금이 말하기를,

"그렇다면 비록 큰 공로라 할지라도 또한 모두가 신자臣子의 직분으로 당연히 할 일이 아니겠는가. 충성을 다하여 공을 세우는 것은 신자의 일이며, 공로를 논의하여 상전賞典을 행하는 것은 인주人主[183]의 권한으로서 옛날 밝고 어진 제왕들이 폐하지 않은 것이니, 좌·우의정과 같이 논의하여 아뢰도록 하라"

하였다.

8月 25日(癸巳) 6번째 기사

병조에서 왜인에게 잡혀갔다 다시 돌아온 차원길의 딸의 정착을 건의하다

兵曹據慶尙道監司關啓, "東萊縣人車元吉女子小斤, 嘗被虜於倭, 居對馬島五十年, 生女及孫. 今率子孫, 隨商倭逃至東萊倭館, 請就元吉完聚以生." 命依所啓, 且給衣糧.

병조에서 경상도 감사의 관문關에 의거하여 아뢰기를,

"동래현東萊縣 사람 차원길車元吉[184]의 딸 소근小斤[185]이 일찍이 왜인에

---

[183] 사람들의 주인 즉 임금을 말한다.
[184] 여기에만 보인다.

게 잡혀 가 대마도에서 50년간[186]을 거주하면서 딸과 손자를 낳았습니다. 이제 그 딸과 손자를 데리고 장사하는 왜인을 따라 동래 왜관東萊倭館[187]으로 도망해 와서는 원길에게 가서 함께 같이 살기를 청하고 있습니다"

하니, 명하기를, 아뢴 대로 하고 또 의복과 양곡을 주라고 명하였다.

8月 29日(丁酉) 2번째 기사

예조에서 왜학의 부흥책을 건의하다

禮曹啓, "去乙未年受敎, '設倭學, 令外方鄕校生徒良家子弟入屬, 合于司譯院, 依蒙學例遷轉.' 本學非他學之例, 往還滄波劍戟間, 實爲可憚, 故求屬者少, 而生徒三十餘人, 唯用一遞兒遷轉, 故生徒多托故不仕. 雖或一二人僅存, 不解文字, 只通言語, 非徒通事者難繼, 譯解倭書, 恐將廢絶. 請從初受敎, 依蒙學例加給一遞兒, 每二人遷轉, 以勸後來." 從之.

예조에서 아뢰기를,

"지난 을미년 수교受敎[188]에, '왜학倭學[189]을 설치하고 외방 향교鄕校의

---

185 여기에만 보인다. '작은'이라고도 읽을 수 있다.

186 1430년으로부터 50년 전은 1380년으로 경인년이다. 경인년부터 왜구의 침략이 빈번해지고 규모가 커졌다.

187 경상좌도 동래현 부산포(현재 부산광역시 동구 범일동·좌천동 일대)에 있던 왜관을 말한다.

188 조선시대 각 관청이 국왕으로부터 받은 각종 행정 명령서를 말한다. 교(敎)는 법(法)·율(律)·영(令)의 효력을 가지는 왕명을 의미하는 것인데, 이 왕명을 문자화한 것이 교서(敎書)이고, 각 관청이 교서를 받는 것을 수교라고 하였다. 수교는 의정부·이조·호조·예조·병조·형조·공조·한성부·장례원 및 각도 등, 경·외 각 관과 관련되었다. 수교는 대개 승정원승지나 지제교(知製敎)를 겸대한 집현전·예문관·홍문관 등의 관원이 작성했고, 극소수는 국왕이 친히 작성하기도 하였다.

189 조선시대 역학(譯學) 중 하나인 왜어 즉 일본어를 학습하는 것이다.

생도와 양가良家190의 자제들로 하여금 입속하게 하여, 사역원司譯院191에 합하여 몽학蒙學192의 예에 따르라' 하였으나, 본학本學은 다른 학의 예와는 달리 거센 파도와 위험한 검극劍戟193 사이를 왕래하는 것이라서, 실상 꺼리는 일이기 때문에 이에 입속을 구하는 자가 적으며, 생도 30여 명이 다만 한 체아직遞兒職194에만 전임되기 때문에 생도들이 흔히 연고를 핑계하고 나오지 않습니다. 혹 한두 명이 겨우 붙어 있다 하더라도 문자를 해독하지 못하고 다만 언어만 통하고 있어, 한갓 통사通事를 이어대기가 어려울 뿐 아니라, 왜서倭書를 역해譯解195한다는 것도 장차 끊어지지 않을까 염려됩니다. 당초의 수교대로 몽학蒙學의 예에 따라 한 체아遞兒를 더 주어 2명씩 옮겨 나가도록 하여 뒷날을 권장하소서"

하니, 그대로 따랐다.

8月 29日(丁酉) 3번째 기사

예조에 전지하여 대마도에서 왜저를 구해오게 하다

傳旨禮曹, "遣人于對馬島, 求得造冊紙倭楮以來."

예조에 전지하기를,

---

190 양인(良人) 가문이라는 뜻으로 천인(賤人)을 제외한 일반적인 사람들이다.
191 조선시대 외국어의 통역과 번역에 관한 일을 관장하기 위해 설치되었던 관서이다.
192 조선시대 역학(譯學) 중 하나인 몽골어 학습을 말한다.
193 칼과 창(槍)이라는 뜻으로, 당시 일본열도를 왕래할 때는 왜구나 해적들을 만날 가능성이 있었기 때문에 그 위험성을 가리킨 것이다.
194 정해진 녹봉이 없이 계절마다 근무 성적을 평가하여 녹봉을 지급하는 관직으로 직전은 지급되지 않았으며, 대부분 거관(去官) 이후 체천(遞遷)될 자리가 없는 경우 체아직에 임명되었다. 조선시대의 관직에는 실직과 산직이 있었고, 실직에는 녹관과 무록관이 있었는데, 녹관은 정직과 체아직으로 구분되었다(『한국고전용어사전』).
195 번역하여 풀이하는 것이다. 문헌을 번역하는 것이 아니라, 한문을 제대로 쓰지 못하는 왜인이 쓴 각종 글을 번역하였던 것으로 생각된다.

"대마도에 사람을 보내어, 책 만들 종이 왜저倭楮196를 구해 오게 하라"
하였다.

9월 1일(己亥) 4번째 기사
경상우도 처치사가 경상좌도의 예에 의해 국고의 미곡을 대·중·소 선박에
나누어 싣게 해달라고 건의하다

慶尚右道處置使啓, "道內各浦船軍私備餱糧, 一朔相遞赴防, 倘有
倭賊見於海外, 則分騎助戰, 或風水不調, 或追尋賊船, 行至遠海, 糧
必乏絕, 不可無補添也. 一道之內, 左道各浦, 則以國庫米穀, 分載大
中小船, 中大船則每一隻載五六石, 中孟船載四五石, 劍船載三四石,
已爲恒式, 乞依此例, 以各官國庫米穀, 分大中小船, 并令加造追倭船
分載之, 以備不虞."

命下兵曹磨勘. 本曹啓, "依從所申施行, 但各浦營田所出有餘者,
用其穀補之." 從之.

경상우도 처치사處置使가 아뢰기를,

"도내道內 각 포의 선군船軍이 각기 후량餱糧197을 사사로이 준비해 가지
고 1개월 마다 서로 번갈아가며 부방赴防198하고 있는데, 혹 왜적이 해상
에 나타나면 나누어 타고 싸움을 돕는데 혹 바람과 물결이 순조롭지 않
을 경우나, 혹은 적의 배를 추격할 경우는 먼 해상에까지 가게 되어 준비

---

196 일본에서 나는 닥나무이다. 『반계수록』에서도 우리나라 닥나무로 만든 종이는 무겁고 보풀이
생기는데, 일본 닥나무는 가볍고 윤택이 있고 촘촘하다고 하였다(『반계수록』「전제(田制)」.
"我國之楮, 亦宜於造紙. 然重且起毛, 不如倭楮之輕澤精緻. 平時所印書冊, 今或有遺傳者, 多是倭
楮造紙, 極是可寶. 今漸絕無矣").
197 먼 길 가는 사람이 지니고 다니는 마른 양식(糧食)을 말한다.
198 변경(邊境)에 나아가 수비하는 것을 말한다.

한 식량이 반드시 핍절하게 되오니 보충이 없을 수 없습니다. 한 도道 가운데서 좌도左道의 각 포에서는 국고國庫의 미곡을 대·중·소의 선박에 나누어 적재하는데, 중·대의 선박에는 1척에 5, 6석石을 싣고, 중맹선中孟船에는 4, 5석을 실으며, 검선劍船[199]에는 3, 4석을 싣는 것이 이미 항식恒式으로 되었습니다. 이 예에 의하여 각 고을의 국고의 미곡을 대·중·소의 선박에 나누어 싣게 하고, 아울러서 왜선을 추격할 선박을 더 제작하여 이에 나누어 실어 뜻하지 않은 변란에 대비 하옵소서"

하니, 이를 병조에 내려 마감하도록 명하였다.

병조에서 아뢰기를,

"신청한 바에 따라 시행하되, 다만 각 포의 영전營田[200]에서 생산이 여유가 있는 곳은 그 곡식으로 보충하게 하소서"

하니, 그대로 따랐다.

9월 24日(壬戌) 2번째 기사

종정성이 토산물을 바치다

宗貞盛遣人獻土物, 回賜正布二十二匹, 仍刷還被留倭二十名. 六郎次郎致書, 請就固城浦仇羅梁來往興利, 仍獻土物, 回賜正布三十三匹. 石見州藤觀心遣人獻土物, 回賜正布七十四匹.

종정성宗貞盛[201]이 사람을 보내어 토산물을 바치니, 정포 22필을 회사하고, 거듭하여 억류된 왜인 20명을 돌려보냈다.

---

199 창검선이라고도 하며, 뱃전에 창과 칼을 꼽아 왜구가 배에 오르지 못하게 한 것이다.
200 조선시대 각 영문(營門)에 딸린 둔전(屯田)을 말한다.
201 대마도 도주이다. 1권 제1부 「중요인물」 '종정성' 참조.

육랑차랑六郎次郎[202]이 글을 보내어 고성포固城浦[203] · 구라량仇羅梁[204] 등지를 내왕하면서 장사하기를 청하고 거듭하여 토산물을 바쳤으므로, 정포 33필을 회사하였다. 석견주石見州[205]의 등관심藤觀心[206]도 사람을 보내어 토산물을 바쳐 왔으므로, 전포 74필을 회사하였다.

9月 24日(壬戌) 4번째 기사
최윤덕이 충청도에서 읍성을 건조할 적처를 아뢰다

都巡察使崔閏德啓, "忠淸道 庇仁 · 保寧兩縣, 最是海寇初程, 而庇仁邑城則平地, 保寧邑城則高丘, 皆不合城基. 又以雜石, 交土造築, 低微狹窄, 且無井泉, 實非久安之地. 庇仁縣竹寺洞新基及保寧縣古邑池內里新基, 則三面據險, 內且寬闊, 水泉亦足, 宜置邑城, 且距本縣不過一里, 固無遷徙之弊. 請於上項新城基, 以本道禾穀稍稔各官, 量授尺數, 十月始役, 令監司都節制使監築." 從之.

도순찰사都巡察使 최윤덕崔閏德이 아뢰기를,

"충청도 비인庇仁 · 보령保寧의 두 현縣은 해구海寇들이 가장 먼저 발길

---

202 대마도 왜구의 우두머리이자 수직왜인인 조전좌위문태랑의 아들이다. 1권 제1부 「중요인물」 '조전좌위문태랑' 참조.
203 경상우도 고성현으로 생각된다. 현의 관아가 바다로부터 가까운 곳에 위치하고 있었기 때문에 고성포라고 한 것으로 보인다. 현재의 경상남도 고성군 지역이다.
204 구량량(仇良梁)이라고도 하며, 조선 전기의 수군진으로 경상도 진주(晉州)의 임내(任內)인 각산향(角山鄕)에 있었다. 각산향은 현재의 경상남도 사천시 각산 주변에 있었던 곳으로 생각된다. 구라량의 수군진은 이후 경상도 진주 구량량 만호진을 사량도(현 사량면 금평리)로 옮겨 사량만호진이라 칭했다.
205 석견국을 말한다. 석견국(石見國, 이와미노쿠니)은 우리나라 동해에 면한 곳으로 현재의 도근현(島根縣, 시마네켄) 중에서 출운시(出雲市)를 제외한 지역이다. 서쪽에서부터 해안부의 익전시(益田市) · 빈전시(濱田市) · 대전시(大田市)와 내륙 산간부로 구성된다.
206 석견국 지역의 통교자이다. 등관심은 주포겸중(周布兼仲)의 승명이며, 주포겸정(周布兼貞)의 아버지이다(세종 21-4-10-1). 1권 제1부 「중요인물」 '주포겸중' 참조.

을 들여놓는 지대인데, 비인의 읍성은 평지에 위치하여 있고, 보령의 읍성은 높은 구릉에 위치하고 있어 모두 성터로 맞지 않습니다. 또 잡석雜石을 흙과 섞어서 축조한지라 보잘 것이 없고 협착한 데다가 또한 우물과 샘泉마저 없으니, 실로 장기간 보전할 땅이 아닙니다. 비인현 죽사동竹寺洞의 새 터와 보령현 고읍古邑 지내리池內里의 새 터는 삼면이 험준한 산을 의지하고 있는데다가, 그 내면도 넓고 샘물도 또한 풍족하여 읍성을 설치하기에 마땅할 뿐 아니라, 본현과의 거리도 불과 1리밖에 되지 않아서 진실로 옮겨 가고 오는 폐단도 없습니다. 윗항의 새 터에 본도 중에서 벼농사가 잘된 각 고을에 적당히 척수尺數를 안배해 주어 10월부터 역사를 시작하게 하고, 감사와 도절제사로 하여금 그 축조를 감독하게 하옵소서"

하니, 그대로 따랐다.

9月 25日(癸亥) 3번째 기사

형조에서 거짓으로 왜적을 생포했다고 아뢴 제주 안무사의 처벌을 건의하다

刑曹啓, "濟州按撫使金洽, 捕獲興販倭, 邀其功, 詐以勒捕賊倭啓聞, 律該杖一百・徒三年." 命除徒年贖之.

형조에서 아뢰기를,

"제주 안무사安撫使 김흡金洽이 상품을 무역하는 왜인을 붙잡고는 그 공을 받으려고 왜적을 추격 생포했다고 사칭하여 보고하였으니, 율律이 장杖 1백 대에, 도徒 3년에 해당합니다"

하니, 도형의 기간은 없애고 속贖바치게 하라고 명하였다.

10月 7日(甲戌) 4번째 기사

예조에서 조선에 거주하기를 희망하는 왜인들에게 유휴지를 주어 복호시킬 것을 건의하다

禮曹啓, "宣德五年六月初一日敎旨, '各官分置倭人內, 己亥年因公出來及商倭等, 從願送還本土, 其願仍居者, 勿爲奴安置.' 請自願還歸者, 待其土主使人, 錄名書契付送, 其願仍居者, 給閑田復戶, 如有父母夫婦相離者, 從願完聚." 從之.

예조에서 아뢰기를,

"선덕宣德 5년 6월 초하루 일자로 내리신 교지에, '각 지방에 나누어 둔 왜인 가운데서 기해년 정벌[207] 때 공적인 일로 나온 사람과 무역하는 왜인 등은, 그들의 희망에 따라 본토에 돌아가려 하는 자는 돌려보내고, 그대로 여기에 거주하기를 희망하는 자는 노예로 만들지 말고 편안하게 정착시키라'고 하셨습니다. 청컨대 스스로 돌아가기를 원하는 자는 도주의 사자가 오기를 기다려 이름을 기록하여 문서를 만들어 딸려 보내고, 계속 살고자 하는 자는 노는 땅을 지급하고 복호復戶[208]하고, 만일 부모나 부부가 서로 헤어져 있는 자에게는 그들의 희망에 따라서 한 곳에 모여 살게 하소서"

하니, 그대로 따랐다.

---

207 1419년의 기해동정을 말한다.
208 군인·양반·충신·효자의 일부 및 궁중의 노비 등 특정한 대상자에게 조세(租稅)나 그 밖의 국가적 부담을 면제하여 주던 일을 말한다.

10月 11日(戊寅) 5번째 기사

경상도 감사가 왜어 학습 진흥책을 아뢰다

慶尙道監司啓, "今以倭語傳習之事, 訪于金海·梁山·東萊等官及乃而·富山等浦, 皆云, '若聚各官傳習, 則以有數通事當番, 及率倭上京之時, 無教訓人, 宜聚倭人, 到泊各浦, 使當番通事教訓, 而擇各浦鎭撫之解文字者, 定爲監考, 以察勤慢, 則庶便於傳習.' 如以閑良子弟傳習, 則必欲以父兄, 爲奉足, 若從所願, 則其父兄率皆水陸軍丁, 充補爲難. 請於倭人到泊各浦船軍內, 擇年少姓(性)敏者, 乃而·富山浦各十名, 鹽浦六名, 待其當番傳習, 或有自願者, 各其居近處, 幷聚教訓." 命下禮曹, 與政府諸曹同議. 僉曰, "可." 從之.

경상도 감사가 아뢰기를,

"이제 왜어倭語 학습을 시키는 문제로 김해·양산·동래 등 지방과 내이乃而·부산 등 포浦에 조사하여 보니, 모두 이르기를, '만일 각기 제 고을에 모아서 가르친다면 여러 사람의 통사通事가 당번當番을 보아야 할 것이며, 또 왜인을 데리고 서울에 올라가게 될 때에는 가르칠 사람이 없게 될 것이니, 마땅히 왜인이 와서 머무는 여러 포에다 모아놓고 거기에서 당번을 보는 통사가 가르치게 하고, 각 포에 있는 진무鎭撫[209] 가운데서 글자를 아는 사람을 뽑아서 감고監考[210]로 정하여 가지고 그들의

---

209 조선 초기에는 중앙군의 군령을 맡은 삼군진무소(三軍鎭撫所)나 오위진무소(五衛鎭撫所)의 도진무(都鎭撫)가 있었듯이, 왕명을 받들어 외방에서 군사를 지휘하는 장수인 병마도절제사, 수군도안무처치사(水軍都安撫處置使)의 밑에도 도진무를 두었다.
1466년(세조 12)의 관제 개혁에서 병마도절제사도진무는 병마우후, 수군도안무처치사도진무는 수군우후로 각각 개칭되었다. 이로부터 도원수·원수 등으로 출정하는 장수 밑에서 군령을 담당하는 직책의 호칭 역시 도진무에서 우후로 바뀌게 되었다(『한국민족문화대백과』).
210 궁가(宮家)와 각 관아에서 금품과 곡물이나 물품의 출납과 간수를 보살피고, 혹은 잡무에 종사하던 사람이다.

공부하는 성적을 감독한다면, 곧 가르치기에 편리할 것이다'라고 합니다. 만일 한량閑良의 자제들을 배우게 하려 한다면 반드시 그들의 부형으로 봉족奉足을 삼으려 할 터이니, 만일 그들의 소원을 들어 준다면, 곧 그의 부형은 모두가 수군이나 육군의 장정이기 때문에 일일이 보충시키기가 어려울 것입니다. 바라옵건대, 왜인들이 들어와서 머무르는 각 포에 있는 선군船軍 가운데서 나이가 적고 재치 있는 사람을 뽑아서, 내이포乃而浦[211] · 부산포富山浦[212]에 각각 10명, 염포鹽浦[213]에 6명을 선발하여 그 당번을 기다려서 배우게 하고, 간혹 스스로 희망하는 자가 있다면 각기 그들이 사는 근처에다 모두 모아 가지고 가르치게 하옵소서"

하니, 명령을 내리어 예조에 회부하여 정부와 여러 조와 함께 의논하게 하라 하였다. 모두 "좋다"고 하므로 이에 따르게 하였다.

10月 13日(庚辰) 7번째기사

이조에 명을 내려 박호문 등을 국문케 하라고 하다

命吏曹, "復以金洽爲濟州按撫使, 下少尹朴好問 · 判官李苗于刑曹
劾之." 好問回自濟州, 告兵曹曰, "吾見其啓草, 有興利船, 不無疑慮之

---

211 현재의 경상남도 진해시 웅천동에 있던 포구의 이름이다. 이곳에는 왜인들이 거주할 수 있는 왜관이 있었다.
212 경상도 동래에 있던 포구의 이름이다. 세종 대까지는 경상좌도 수군 도안무처치사 본영(左道水軍都按撫處置使本營)이 동평현 남쪽 7리 되는 부산포(富山浦)에 있었다(『세종실록』「지리지」). 1402년(태종 2)에 부산포라는 명칭이 처음 보이며, 『경상도지리지』 · 『세종실록』「지리지」, 『경상도속찬지리지』 등에 "동래부산포(東萊富山浦)"라 하였고, 1471년 편찬된 『해동제국기』에도 "동래지부산포(東萊之富山浦)"라 하고, 같은 책의 「삼포왜관도(三浦倭館圖)」에도 "동래현부산포(東萊縣富山浦)"라고 기록하였다. 그러나 성종 대에 이르면 부산포(釜山浦)라는 명칭이 처음 나타난 이후, 거의 대부분 후자의 한자 표기가 사용되었다.
213 현재의 울산광역시 북구 염포동에 있던 포구로 조선시대에 일본인들이 머물며 교역할 수 있는 왜관을 두었다.

語, 今啓本內, 洽削不以聞." 命苗往訊其由, 苗拷訊州人, 竟不得情而
還. 有司曰, "以洽奏事, 詐不以實, 贖杖一百. 至是, 上知好問所見, 不是
啓草, 實爲差使員報草, 且知洽之不詐, 召左議政黃喜·右議政孟思誠
等議曰, "今濟州捕倭之所, 自古倭人不到之地也. 國家久無虞, 故人爭
欲因事成功, 適見倭人獲之, 雖非賊船, 予初欲賞功, 以長其心. 自古邊
將立功, 庭議有異, 使之解體, 今乃抵洽杖一百, 民亦受訊杖三次, 誠可
憫也. 人必以爲捕獲倭人非美事, 將必不獲矣. 予欲還洽本任, 賜受杖
人以物, 何如?" 喜曰, "臣亦見前判官太石鈞, 聞其本末, 悔洽遞任, 上敎
誠然." 命還洽職, 仍命兵曹, 品第捕倭有功者以聞. 上護軍高得宗, 因
輪對, 詳陳濟州捕倭之事, 故有是命.

이조에 명을 내리어,

"다시 김흡金洽을 제주 안무사에 임명하고, 소윤少尹 박호문朴好問, 판
관 이줄李苗을 형조에 내려 국문하라"

하였다. 호문好問이 제주에서 돌아와서 병조에 보고하기를,

"제가 그 장계의 초안草案을 볼 때, 흥리선興利船이란 말이 있어 의심되
고 염려되는 말이 없지 않았었는데, 지금 계본啓本 가운데에는 김흡이
이것을 삭제하고 보고하지 않았습니다"

하여, 이줄에게 명하여 가서 그 내력을 조사해 오라 했더니, 이줄이 제
주의 사람을 심문하여 보았으나, 마침내 사실을 파악하지 못하고 돌아
왔다. 유사有司가, 김흡의 일을 속이고 사실로 하지 않았다고 아뢰어, 장
1백을 속하였다.

이 때에 이르러 임금은 호문이 본 것이 장계의 초안이 아니고 차사원差
使員의 보고서 초안이었다는 것을 알고, 또한 김흡이 허위 보고한 것이 아

님을 알았다. 좌의정 황희, 우의정 맹사성 등을 불러서 의논하기를,

"지금 제주에서 왜인을 체포한 장소는 예로부터 왜인이 오지 않던 곳이다. 국가에서 오랫동안 사고가 없었는데, 사람들은 기회를 엿보아 공을 세우려 하여 마침 왜인을 보고 이를 잡은 것이다. 비록 해적의 배는 아니라 할지라도 나는 처음에 그 공에 대하여 상을 주어 그들의 마음을 권장하려 한 것이다. 예로부터 변경의 장군이 공을 세우면 조정에서는 또 다른 의견들이 있기 마련이므로 그것을 해체해 버린 것인데, 이제 김흡에게 장 1백 대를 치고, 백성들도 신장訊杖을 세 차례나 받았으니 정말 안타깝다. 사람들은 앞으로 반드시 왜인을 잡는 것은 좋지 못하였다고 생각하여 반드시 잡아들이지 않을 것이다. 그러므로 나는 김흡에게 과거의 관직을 그대로 주고, 신장을 받은 사람들에게 물품을 내려 주려 하는데 어떻겠는가"

하니, 황희가 아뢰기를,

"신도 전 판관 태석균太石鈞을 만나서 그 사건의 본말을 듣고 김흡을 파면시킨 것을 후회하였었는데, 지금 성상께서 가르치시는 것은 진실로 당연합니다"

하였다. 명을 내리어 김흡은 본래의 관직을 돌려주고, 거듭하여 병조에 명하여 왜인을 잡는 데 공로가 있었던 사람의 등급을 정하여 보고하게 하였다. 이것은 상호군 고득종²¹⁴이 아뢰는 기회에 제주에서 왜인을 잡은 사실을 상세히 보고하였으므로 이러한 명령이 있게 된 것이다.

---

214 조선 전기에 활동한 문신이다(1388~1452). 본관은 제주, 자는 자부(子傅), 호는 영곡(靈谷). 고순원(高順元)의 증손으로, 할아버지는 고신걸(高臣傑)이며, 아버지는 상장군 고봉지(高鳳智)이다. 제주도 출신으로 세종의 각별한 총애를 받았다(세종 1-11-15-4, '고득종' 참조).

10月 25日(壬辰) 4번째기사

병조에서 왜인 여시로 등의 정착을 허락해 줄 것을 건의하다

兵曹據慶尙道監司關啓, "去己酉年出來對馬島倭餘時老·汝每時羅等, 願居本國, 請安置自願處." 命給田舍口糧, 俾不飢寒, 守令常加存恤.

병조에서 경상도 감사의 관문^{關文}에 의거하여 아뢰기를,

"지난 기유년에 나온 대마도의 왜인 여시로^{餘時老}215와 여매시라^{汝每時羅}216 등이 우리나라에 거주하기를 원하니, 그들이 희망하는 곳에 정착하게 하여 주옵소서"

하니, 토지·가옥·먹을 양식을 주어 춥고 굶주리지 않게 하고 수령이 늘 돌보아 주게 하라고 명하였다.

10月 29日(丙申) 5번째 기사

형조에서 박호문의 처벌을 건의하다

刑曹啓, "司僕少尹朴好問, 見太石鈞捕倭報草, 以爲啓草妄冒啓達, 以致按撫使金洽誣構受罪, 請杖八十." 以功臣之後, 命收職牒三等.

형조에서 아뢰기를,

"사복 소윤^{司僕少尹} 박호문^{朴好問}217이 태석균^{太石鈞}218의 왜인을 잡은 데

---

215 여기에만 보인다.

216 세종 21년에 육랑차랑(六郎次郎), 삼미삼보라(三未三甫羅), 도구라(都仇羅) 등과 함께 중국에 도적질을 하러간 여매시라와는 다른 사람으로 보인다(세종 21-2-4-2). 세종 21년 조의 여매시라는 조선 사람들을 죽이고 난 후, 삼미삼보라에게 죽임을 당했다(세종 21-5-18-2). 우위문사랑(右衛門四郎)이라는 일본 인명의 음가를 한자로 옮긴 것이다.

217 조선 전기의 무신. 평안도절제사 최윤덕(崔潤德)의 부장(部將)으로 압록강 중류의 야인을 정벌하였다. 회령도호부판사, 공조참판, 진하부사(進賀副使) 등을 지냈다. 사후 호조판서가 추증되었다.

대한 보고서의 초안을 보고, 이것을 장계의 초안^{啓草}으로 생각하고 함부로 잘못 계달하여, 안무사 김흡^{金洽}을 허위로 사건을 꾸몄다 하여 죄를 받게 하였으니, 장^杖 80대를 처하소서"

하니, 공신의 후손이므로 명하여 직첩^{職牒} 3등을 회수하게 하였다.

11月 2日(己亥) 2번째 기사

종정성·육랑차랑 등이 토산물을 바치다

宗貞盛致書禮曹, 請於加背·仇羅兩梁, 豆毛·西生兩浦捕魚, 又請還左衛門五郎, 皆不許. 六郎次郎, 遣人獻土物, 回賜正布二十八匹. 藤七又獻土物, 回賜正布四十三匹. 寄書志左源公云, "往年貴鎭被留人彥五郎等十一名, 我殿下命本曹刷還間, 適因藤七回船, 仍令帶去, 照名收聚." 又寄書佐志源公云, "往年被留貴鎭人三郎四郎等十一名, 我殿下命本曹刷遣間, 適因藤七回船, 令帶前去, 惟照名收領."

종정성^{宗貞盛219}이 예조에 서한을 보내어, 가배량^{加背梁220}·구라량^{仇羅梁221}과 두모포^{豆毛浦222}·서생포^{西生浦223}에서 고기를 잡게 하여 주며, 또

---

218 세종 12년에 사재 주부(司宰注簿) 태석균(太石鈞)에서 제주 감목관(濟州監牧官)으로 부임한 후 말(馬)이 많이 죽었으나 이를 고하지 않고 숨기려 하다가 장 1백 대를 맞은 기록이 있다(세종 12-11-14-4). 황희는 1430년 좌의정으로서, 감목(監牧)을 잘못해 국마(國馬) 1,000여 필을 죽인 일로 해서 사헌부에 구금된 태석균(太石鈞)의 일에 개입해 선처를 구했다. 그러나 일국의 대신이 치죄에 개입함은 부당할 뿐더러, 사헌부에 개입하는 관례를 남기게 되므로 엄히 다스려야 한다는 사헌부의 탄핵을 받아 파직되었다.

219 대마도 도주이다. 1권 제1부 「중요인물」 '종정성' 참조.

220 경상도 고성현 남쪽 17리에 있던 수군진이다. 기해동정 때 거제도 옥포로 옮겨 주둔하게 하였다. 현재는 경상남도 통영시 도산면에 속하는 지역으로 생각된다. 조선 후기(1604)에는 거제도 서남쪽의 오아포로 옮겼고, 이 때문에 거제도에 가배리라는 이름이 생겼다(長節子, 『中世國境海域の倭と朝鮮』, 吉川弘文館, 2002, pp.159~167).

221 구라량(仇羅梁)이라고도 하며, 조선 전기의 수군진으로 경상도 진주(晋州)의 임내(任內)인 각산향(角山鄕)에 있었다. 각산향은 현재의 경상남도 사천시 각산 주변에 있었던 곳으로 생각된다. 구라량의 수군진은 이후 경상도 진주 구량량 만호진을 사량도(현 사량면 금평리)로

좌위문오랑左衛門五郎[224]을 돌려보내 주기를 요청하였는데, 모두 허락하지 아니하였다. 육랑차랑六郎次郎[225]이 사람을 보내어 토산물을 바치니 답례로 정포 28필을 주었다. 등칠藤七[226]이 또 토산물을 바치니 답례로 정포 43필을 주었다.

지좌志左[227] 원공源公에게 서한을 부쳐 보내기를,

"이전에 억류당한 귀진貴鎭[228] 출신 언오랑彦五郎[229] 등 11명을 우리 전하께서 본조에 명하여 돌려보내라고 하셨는데, 마침 등칠의 돌아가는 배편에 데리고 가게 하였으니, 명부와 대조하여 인수하라"

하고, 또 좌지佐志[230]의 원공源公[231]에게 서한을 부쳐 보내기를,

"이전에 억류당한 귀진 출신 삼랑사랑三郎四郎[232] 등 11명은 우리 전하께서 본조에 명하여 돌려보내라고 하셨는데, 마침 등칠이 돌아가는 배편에 데리고 가게 하였으니, 명부와 대조하여 인수하라"

하였다.

옮겨 사랑만호진이라 칭했다. 세종 1-7-15-6, '구량량' 주석 참조.

222 현재의 서울특별시 성동구 옥수동 동호대교 북단에 있었던 조선시대의 포구이다.

223 현 울산광역시 울주군 서생면 서생리이다.

224 세종 20년에 남편 있는 조선 여자를 간음하였으나 석방되었다(세종 20-3-7-5). 그러나 후에 변방의 백성에게 피살당하였다(성종 1-9-1-5).

225 육랑차랑(六郎次郎)은 대마도 적중만호이자 왜구의 우두머리인 조전좌위문태랑과 묘유(妙由) 사이에서 태어났다. 1권 제1부 「중요인물」 '육랑차랑' 참조.

226 등구랑(藤九郎)의 아버지이다. 세종 때 여러 차례 토산물을 바쳤다.

227 지좌는 일본 장기현(長崎縣) 송포시(松浦市) 지좌정(志佐町) 일대이다. 실정시대(室町屍臺)에는 송포반도의 거의 중앙에 위치한 비전국(肥前國) 송포군(松浦郡)을 거점으로 지좌씨(志佐氏)가 활동하였다.

228 북구주 송포(松浦) 지역의 지좌를 뜻한다.

229 세종 18년에 거제(巨濟) 지세포(知世浦) 등처에 이르러 바닷가의 산기슭 사이에서 백성을 붙잡아 의복과 양식을 모두 빼앗았다(세종 18-3-19-2). 제주 인민의 의복과 양식을 빼앗은 기록도 있다.

230 일본 구주 좌하현(佐賀縣) 북서부에 있는 도시인 당진(唐津, 카라쯔)에 속한 지역이다. 동송포반도를 거점으로 한 이른바 왜구 세력의 하나였다.

231 북구주 송포 지역에 있는 좌지(佐志)의 원윤(源胤)으로 생각된다.

232 여기에만 보인다.

11月 6日(癸卯) 5번째 기사

예조에서 육랑차랑 등이 요구한 강아지를 주지 말 것을 건의하다

禮曹啓, "今來藤七及六郎次郎等齎來書契, 乃求狗兒, 狗兒進獻之物, 請勿給." 從之.

예조에서 아뢰기를,

"지금 들어온 등칠과 육랑차랑^{六郎次郎} 등이 가져온 서한에 강아지를 달라고 요청하였는데, 강아지는 황제께 바칠 물건이오니 주지 말게 하소서" 하니, 그대로 따랐다.

11月 15日(壬子) 5번째 기사

종정성이 토산물을 바치다

宗貞盛遣人獻土物, 回賜正布四十七匹. 仍發還往年被留黑房等十三名. 宗彦七盛國致書, 謝賜米豆及送還人口, 仍獻土物, 復請悉還被留人口. 答書云, "諭及人口, 曾奉王旨, 從願發還." 回賜正布六十匹.

종정성^{宗貞盛}[233]이 사람을 보내어 토산물을 바치니, 답례로 정포 47필을 주었다. 또 지난해에 억류되었던 흑방^{黑房}[234] 등 13명을 돌려보냈다. 종언칠성국^{宗彦七盛國}[235]이 글월을 올리어 쌀과 콩을 준 것과 사람을 돌려보내 준 것에 대하여 감사하고, 거듭하여 토산물을 바치고 다시 억류당한 사람을 모두 돌려보내기를 요청하였다. 답서하여 말하기를,

"요청한 사람에 대하여는 일찍이 임금의 지시를 받들어 희망에 따라

---

233 대마도 도주이다. 1권 제1부 「중요인물」 '종정성' 참조.
234 여기에만 보인다.
235 종성국(宗盛國, 1467년 전사)이다. 종자국(宗資國)의 손자이며, 대마도8대 도주 종정무(宗貞茂)의 아들이고, 대마도 11대 도주 종정국의 아버지이다. 1권 제1부 「중요인물」 '종정국' 참조.

돌려보냈다"

하고, 정포 60필을 회사하였다.

11月 22日(己未) 1번째 기사

병조에서 연호군으로 축성할 것을 건의했으나 듣지 않다

受常參, 視事. 兵曹據慶尙左道處置使李思儉關啓, "今諸處築城, 一時竝擧, 幷役船軍, 倘有倭變, 則恐不及防禦. 請以烟戶軍造築." 上曰, "當閑暇之時, 徐以築城, 素計也. 果如思儉所啓, 則甚爲不可."

상참을 받고, 정사를 보았다.

병조에서 경상좌도 처치사^{處置使} 이사검^{李思儉}236의 공문에 의거하여 아뢰기를,

"지금 여러 곳에서 성을 쌓는 공사가 한꺼번에 시작되고 있으며, 아울러 선군^{船軍}을 부리고 있으니, 만일 왜인들의 사변이라도 일어난다면 미처 방어할 수 없을까 염려됩니다. 바라옵건대, 연호군^{烟戶軍}237으로 성을 축조하게 하옵소서"

하였다. 임금이 말하기를,

"한가한 틈을 이용하여 천천히 성을 쌓고 싶은 것이 평소의 생각이었다. 과연 사검^{思儉}이 아뢴 대로라면 매우 옳지 못한 일이다"

하였다.

---

236 조선 전기의 무신. 절도사로 있으면서 왜적이 비인과 해주 연안에 침입했을 때 왜적에게 체포되었다. 진응사로 매를 가지고 명나라에 다녀왔고 공조참판, 중추원 동지사 등을 지냈다.
237 각 호(戶)에 배당되어 부역에 나아가는 정부(丁夫)를 말한다(『한국고전용어사전』).

12月 1日(丁卯) 6번째 기사
일본 석성 종금이 토산물을 바치다

日本石城宗金, 遣人獻土物, 回賜正布一十匹・綿紬二十匹, 幷刷
還大友人孫七等十八名.

일본 석성石城[238] 종금宗金[239]이 사람을 보내어 토산물을 바치니, 답례
로 정포 10필, 면주 20필을 주고, 아울러 대우인손칠大友人孫七[240] 등 18명
을 돌려 보냈다.

12月 20日(丙戌) 6번째 기사
박초가 상서하여 전진에 대하여 가르치고 바다에서는 승리하는 방법을 연습케 하라라고 하다

前摠制朴礎上書曰, "今之習射, 俱用木矢, 又不被甲持兵, 而衣冠輕
狹. 願自今申嚴戰陣教習之令, 中外習射, 悉遵上國之制, 尺量度數, 築
堠塗白, 而騎步射者, 皆令被甲冑・佩弓劍, 箭用金鏃, 騎槍亦然, 選武
科中可爲師範者, 稱戰陳訓導官, 分遣各營・各鎭・各浦, 循環教之,
海道則常習大中小船運行取勝之算, 且令洗淨熏烟, 運行不已, 則輕
快而不朽.

一. 水陸將師競畜鷹犬, 日事游畋, 成効莫聞. 願分遣朝官, 覈其習
陳教戰之實, 禁其窮兵畋獵. 各浦萬戶, 或有陸處, 而私養馬者, 願撤

---

238 고려와 몽골 연합군의 정벌로 북구주의 중심 지역인 박다(博多, 현재의 후쿠오카시)가 소실
되었다(1274). 재침에 대비하여 박다 연안부에 방어용 석담을 세웠는데 이를 원구방루(元寇
防壘)라고 부른다. 이 석담 때문에 박다를 석성(石城)이라고도 부르게 되었다.
239 구주 박다(博多)의 승려이자 상인이다. 1권 제1부「중요인물」'종금' 참조
240 여기에만 보인다.

軍營馬廐, 常令萬戶領卒守船, 監司常察軍官防禦與否, 如有闕防受虛料者, 將士皆罪之."

전 총제摠制 박초朴礎가 상서하기를,

"지금 활쏘는 것을 연습함에 있어 나무 화살을 사용하며, 또 갑옷도 입지 않고 무기도 갖지 아니하여, 의관衣冠이 가볍고 좁습니다. 바라옵건대, 지금부터는 전진戰陣에 대하여 가르치며 배우는 법령을 엄하게 하시고, 중앙이나 지방에서 활 쏘는 것을 연습하는 데에 모두 중국의 제도에 따라, 도수度數를 자로 재어 표말堠을 쌓고 흰 칠을 하여, 기사騎射·보사步射는 모두 갑주甲冑를 갖추고 활과 칼을 차고 화살은 쇠촉을 사용하며, 기창騎槍도 또한 그렇게 하고, 무과 출신 중에서 사범師範이 될 만한 자를 뽑아 전진훈도관戰陣訓導官이라 하여 각 영營·진鎭·포浦에 나누어 보내어 돌아가면서 가르치게 하십시오. 바닷길에는 언제나 큰 배·중간 배·작은 배를 운행하며 승리하는 방법을 연습하게 하고, 또 연기 그으름을 깨끗이 씻게 하여 쉬지 않고 타고 다니면, 곧 배가 경쾌하고 썩지도 않을 것입니다.

1. 수군이나 육군의 장수들이 매와 사냥개를 다투어 사육하여 날마다 사냥만을 일삼아 아무런 성과도 들리지 않습니다. 바라옵건대, 조관朝官을 나누어 보내어 진 치는 법을 연습하고 전투하는 법을 가르치는 실정을 조사하게 하고, 군대를 부리어 사냥하는 것을 금지하소서. 각 포의 만호萬戶가 육지에 거주하면서 사적으로 말을 기르는 자는 군영軍營의 마구에 풀어 놓게 하고, 언제나 만호로 하여금 군대를 거느리고 배를 지키게 하시며, 감사監司는 항상 군관의 방어 여부를 살피게 하고, 만일 방수防戍를 비워 두고 봉급만 받는 자가 있으면 장교나 군사를 물론하고 모두 죄를 주게 하소서"

하였다.

12月 25日(辛卯) 2번째 기사
종정성이 예조에 서한을 보내오다

宗貞盛致書禮曹云, "女阿馬曾居貴國藏義洞, 今其族親, 心欲常見, 乞
遣還." 仍獻土物, 答書, 回賜正布十四匹. 仍諭阿馬在逃未得發遣之意.

종정성宗貞盛**241**이 예조에 서한을 보내기를,

"아마阿馬**242**라는 여자가 귀국의 장의동藏義洞**243**에 살고 있었는데, 지
금 그의 친족이 늘 보고 싶어 하니 돌려보내 주기를 바랍니다"

하고, 아울러 특산물을 바쳤다. 이에 대하여 답서를 보내고, 답례로 정
포 14필을 보냈다. 거듭하여 아마는 도망친 상태이므로 보내지 못하는
취지를 일렀다.

閏12月 8日(甲辰) 4번째 기사
종정성이 사람을 보내어 토산물을 바치다

宗貞盛遣人來獻土物, 回賜正布十六匹.

종정성이 사람을 보내어 토산물을 바치니, 답례로 정포 16필을 주었다.

---

241 대마도 도주이다. 1권 제1부 「중요인물」 '종정성' 참조.
242 여기에만 보인다.
243 현재의 서울특별시 종로구 신영동을 말한다.

閏12月 9日(乙巳) 2번째 기사

종정성이 예조에 서한을 보내오다

宗貞盛致書禮曹, 求虎豹皮及米穀, 仍獻土物, 賜米豆各五十石·
虎皮十張·正布一百五十三匹.

종정성이 예조에 서한을 보내고, 호피·표피 및 양곡을 청하고, 거듭
하여 토산물을 바치므로, 쌀과 콩 각 50석과 10장, 정포 1백 53필을 주
었다.

閏12月 13日(己酉) 3번째 기사

일본국 대내전이 쌀과 표피를 요청하다

日本國大內殿求米與豹皮, 上謂申商曰, "贊成許稠嘗言, '對馬島土
地瘠薄, 衣食專仰本國, 凡所求請, 聽從可也, 日本本國則土地肥厚, 雖
許之以多, 未滿其欲, 則不喜. 且每每求請, 則難應無窮之欲, 況我國相
距甚遠, 雖不聽, 固無害也.' 此議似然. 然書狀內稱別例, 則許米一百石
及豹皮何如? 其更議之."

일본국 대내전大內殿[244]이 쌀과 표피를 요청하였다. 임금이 신상申商
에게 이르기를,

"찬성 허조許稠가 일찍이 말하기를, '대마도는 토지가 척박하여, 의식
衣食을 순전히 우리나라만을 쳐다보고 있으니, 그들의 요청을 들어주어
도 좋으나, 일본 본국은 토지가 비옥하여, 우리가 그들의 요구를 후하
게 들어줄지라도, 그들의 욕구에 만족하지 않으면 좋아하지 않을 것이

---

244 일본 남북조시대부터 실정시대까지 주방(周防), 장문(長門), 풍전(豐前), 축전(筑前) 일대를
지배한 수호대명(守護大名). 1권 제1부 「중요인물」 '대내씨' 참조.

요, 또한 번번이 청구하게 되면 한없는 욕심에 응할 수 없고, 더구나, 우리나라와는 거리가 멀어서, 들어주지 않을지라도 별로 해를 끼치는 일이 없을 것이라' 했는데, 그 말이 그럴 듯하다. 그러나 그들이 보낸 서장書狀에, 별례別例[245]라 하였으니, 쌀 1백 석과 표피를 허락함이 어떠한가? 다시 의논하라"

하였다.

閏12月 15日(辛亥) 4번째 기사
예조에서 왜인에게 피로되었던 이라삼보라 등의 정착을 들어줄 것을 건의하다

禮曹據慶尙道監司關啓, "鹽浦出來倭而羅三甫羅等, 本我國人, 嘗被擄於倭, 今願居鹽浦倭館近處, 捕魚以生." 上曰, "此輩雖願留浦, 生業實難. 其置近處各官, 給閑田衣糧, 比他加恤."

예조에서 경상도 감사의 관문關文에 의거하여 아뢰기를,

"염포鹽浦[246]에 나와 있는 왜인 이라삼보라而羅三甫羅[247] 등은 본시 우리나라 사람으로서 과거에 왜에게 포로가 되었던 자인데, 지금 염포의 왜관倭館 근처에서 고기잡이를 하며 살기를 원합니다"

하니, 임금이 말하기를,

"이 무리들이 포浦에 거주하고자 하더라도 생활이 사실 어려울 터이

---

245 정례(定例)에 없는 특별한 예(例)를 말한다.
246 현재의 울산광역시 북구 염포동에 있던 포구로 조선시대에 일본인들이 머물며 교역할 수 있는 왜관을 두었다.
247 1423년에 원도진의 명을 받고 객인(客人)으로 조선에 파견된 인물로 이라삼보라가 보이지만, 동일인물은 아닌 것 같다.

니, 근처의 각 고을에 두고 한전閑田과 의복과 식량을 주어 다른 사람보다 더 보호하도록 하라"

하였다.

閏12月 23日(己未) 2번째 기사

경연에서 중국 사람과 일본 사람의 성격 등에 대해 이야기하다

御經(經)筵, 講至遼主奔訛沙烈, 上曰, "夷狄心本純厚, 故其待之之厚如此. 今倭人甚爲强惡, 然事上死節者頗多有之." 鄭麟趾對曰, "其心一故也." 上曰, "中國之人, 擧止便便, 言語穎悟. 然其心術不肯, 風俗澆薄, 無一人愛上者. 若內官, 不足責也, 然金滿至遼東, 聞太宗皇帝崩, 飮酒食肉, 起舞且樂, 略無哀痛之情曰, '聖旨未到.' 其不肯如此, 何中國之人之若是也? 其京師人衆而然歟?" 麟趾曰, "以我國一鄕視之, 村民淳朴, 州內之人便便."

경연에 나아가서 강講하다가 요遼의 임금인 분와사열奔訛沙烈248의 대목에 이르러 임금이 말하기를,

"이적夷狄은 마음이 본시 순후純厚하므로, 그들이 대우하는 것도 이렇게 후하다. 지금 왜인이 매우 강악强惡하지만, 윗사람을 섬김에 있어서 절조를 위하여 죽는 사람이 상당히 많이 있다"

하니, 정인지鄭麟趾가 대답하기를,

"그들의 마음이 단순하기 때문입니다"

하였다.

---

248 여기에만 보인다. 요 역대 황제 중 한 인물의 거란어 음차인 것으로 추정된다.

임금이 말하기를,

"중국 사람은 거지擧止도 똑똑하고 말도 재치 있다. 그러나 그 심술이 좋지 못하고 풍속이 박하여, 한 사람도 임금을 사랑하는 자가 없다. 내 관內官 같은 것들은 책망할 가치조차 없다. 그러나 김만金滿[249]이 요동에 가서 태종 황제太宗皇帝[250]께서 돌아가셨다는 말을 듣고도 술을 마시고 고기를 먹으며 일어나서 춤을 추고 조금도 애통해 하는 심정이 없어 보였고, 그는 '황제의 명령이 아직 이르지 않았다'고 하니, 그가 이렇게 못되었다. 어쩌면 중국 사람이 이 모양일까? 아마도 북경에는 사람이 많아서 그런 것이 아닌가?"

하니, 정인지가 아뢰기를,

"우리나라만 가지고 보더라도 시골 백성은 순박하고 시내州內의 사람은 똑똑합니다"

하였다.

閏12月 26日(壬戌) 3번째 기사

통사 김원진이 유구국에서 돌아오다

通事金源珍回自琉球國. "琉球國長史梁回, 謹書端肅回奉朝鮮國王府執禮官足下. 兹有本國人氏, 乘使小船遭風, 前到貴國, 仍蒙奏聞, 賜給衣糧等物, 撥在日本國飛鸞渡池囉是郎船上, 遞送回國. 於五月初四日啓聞, 我王深開怡悅, 重承厚命・撫遠人, 按本國自先王至今,

---

249 여기에만 보인다. 요주 즉 요나라의 임금 이름인지, 요나라 임금이 와사열로 도망쳤다는 뜻인지 분명하지 않다.

250 요(遼)의 태종은 2대 황제 야율덕광(耶律德光)이다.

頗有貴邦流離人等, 亦當轉送, 宜國宜家, 靡皆有望."

통사通事 김원진金源珍[251]이 유구국에서 돌아왔다.

(서한에) "유구국 장사長史[252] 양회梁回[253]는 삼가端肅[254] 조선국 왕부朝鮮 國王府 집례관執禮官 귀하에게 글을 올립니다. 이제 본국의 백성이 작은 배를 타고 풍랑을 만나서 귀국에 이르렀다가, 드디어 나라에 보고함을 받자와 의복과 식량 등의 물품을 내리시고, 일본국 비란도飛鸞渡[255] 지라 시랑池囉是郎[256]의 배에 인계되어 본국에 돌아오게 되었습니다. 5월 4일 에 우리 국왕에게 보고하였더니, 우리 임금께서 매우 기뻐하는 빛을 나 타내며 두터우신 명령으로 먼 곳 사람을 보호하여 주신 데 대하여 감사 의 뜻을 표하였습니다. 본국에도 선왕 때부터 지금까지 귀국 사람으로 서 표류하여 들어온 사람이 상당히 있으니 마땅히 돌려보내야 될 것이 나, 모두 이 나라에서 가정을 이루고 정착된 생활을 하기 때문에 돌아가 기를 희망하는 자가 없습니다"

하였다.

---

251 구주 전평전 원성의 사자로 조선에 파견되었다. 원래 조선인이었다가 왜구에 포로가 되었거 나 그 부모가 포로가 되었던 것으로 생각된다. 처음은 왜인·왜통사로 불리웠으나, 조선이 김원진의 딸에게 집을 주고 또 김원진이 유구에서 조선인들을 쇄환해 오자 나중에는 본국인 으로 여겼다.

252 유구에서는 명대에 외교 업무를 담당하는 관직이었으며, 진공(進貢) 사절로 파견되기도 하 였다. 주로 구미촌(久米村) 출신들이 임명되었다.

253 『명실록(明實錄)』에 1428년부터 1455년까지 6회에 걸쳐 진공사로 나타난다. 오강(吳江) 양씨 (梁氏의) 가보(家譜)에 이름이 보인다(『那覇市史』家譜資料 2, 1980).

254 서한 등에서 상대방에게 경의를 표하는 말이다.

255 평호(平戸, 히라도)의 음차표기이다. 현재의 장기현(長崎縣) 북서부의 평호도(平戸島)와 그 주변 섬들. 생월도(生月島), 도도(度島) 등을 행정구역으로 하는 평호시에 속하며, 장기현과 구주(九州) 본토의 시로서는 최서단에 위치한다.

256 여기에만 보인다. 차랑사랑(次郎四郎)의 음사로 보인다.

閏12月 27日(癸亥) 2번째 기사

일본국 하주 태수 원전이 특산물을 바치다

日本國河州太守源傳, 遣人獻土物, 回賜正布四十二匹. 肥州太守
源貞致書云, "兩三年間絶音信, 似怠隣敬之禮, 得罪不少. 願得豹皮,
冀加矜賜." 仍獻土物. 答書云, "往年貴鎭被留人乙五郎等二十名, 我
殿下已令刷遣, 適有金源珍之歸, 仍令帶去, 惟照名收領." 回賜正布
三十五匹.

일본국 하주[257] 태수河州太守 원전源傳[258]이 사람을 보내어 특산물을 바
치므로, 답례로 정포 42필을 주었다.

비주[259] 태수肥州太守 원정源貞[260]이 글을 올리기를,

"두세 해 동안에 소식이 끊어져서 이웃 나라에 대하여 공경하는 예절
을 태만히 하였으니 적지 않게 죄를 지었습니다. 표피를 얻기를 원하오
니 특별히 생각하여 주소서"

하고 더불어 특산물을 바쳤다. 이에 답서하여 이르기를,

"이전에 귀진貴鎭[261]에 사는 사람으로 억류당한 을오랑乙五郎[262] 등 20
명에 대하여 우리 전하께서 벌써 돌려보내라는 명령이 있었는데, 마침

---

257 일본 고대 이래의 행정구역인 삼하국(三河國)을 뜻한다. 현재의 애지현(愛智縣) 동부에 해당한다.
258 북구주 송포(松浦) 지역의 통교자이다. 압타(鴨打) 삼천수(三川守) 원전(源傳)으로 처음 보
이고(태종 6-9-26-3), 압타(鴨打) 삼하수(三河守) 원전(源傳)으로 보인다(태종 7-5-24-4). 삼천
과 삼하는 모두 일본어로 '미카와'로 읽으므로, 동일한 무가관위이다.
259 일본 구주의 비전(肥前) 지방과 비후(肥後) 지방의 총칭이다. 그러나 원정(源貞)은 비전주(肥
前州) 태수로 보인다(세종 10-1-12-5).
260 『해동제국기』에 '정해년(1467, 세조 13)에 사신을 보내와서 관음보살이 현상한 것을 치하하
였다. 서장에는, 비전주 하송포 대도태수 원조신 정(肥前州下松浦大島太守源朝臣貞)이라 일
컬었다. 대도(大島)에 거주하였으며, 휘하의 병졸이 있었다'라고 하였다.
261 원정(源貞)의 근거지인 하송포(下松浦) 대도(大島)를 말한다. 평호(平戶) 북쪽에 있는 적산
대도(的山大島)로 생각된다.
262 여기에만 보인다.

김원진金源珍의 돌아가는 인편이 있어서 데리고 가게 하였으니, 명단에
의하여 받아들이기 바랍니다"
하고, 답례로 정포 35필을 주었다.

세종 13년

(1431 辛亥/일본 영향(永享) 4年)

1月 1日(丙寅) 1번째 기사

여러 신하와 함께 하정례를 행하고 하례 받다

上率群臣行賀正禮, 御勤政殿受群臣賀禮, 倭客三十七人亦隨班.
始用新制雅樂, 儀章聲樂, 粲然可觀. 百官遂行中宮及東宮賀禮, 宴于
思政殿打毬, 大君以下諸宗親及竹城君安孟聃入侍. 賜六曹參判以上
及駙馬異姓諸君宴于議政府.

임금이 여러 신하를 거느리고 하정례賀正禮를 행하고, 근정전勤政殿에
나아가 여러 신하의 하례를 받았는데, 왜인 사객使客 37명도 반열에 따
랐다. 처음으로 새로 제정한 아악雅樂을 사용하니, 그 의용儀容과 법도와
성악聲樂이 선명하고 위엄이 있어 볼만했다. 백관百官이 드디어 중궁中宮
과 동궁東宮에게 하례를 행한 뒤에 사정전思政殿에서 잔치를 베풀고 구毬
를 치니, 대군 이하 여러 종친과 죽성군竹城君 안맹담安孟聃이 들어와 모
셨다. 육조 참판 이상과 부마駙馬, 그리고 이성異姓으로 군君에 봉한 자들
도 의정부에서 잔치를 내려 주었다.

1월 11日(丙子) 3번째 기사

맹사성·허조·신상·정초·황보인 등으로 하여금 다음과 같은 일을 의논케
하다

召右議政孟思誠·贊成許稠·禮曹判書申商·吏曹參判鄭招·藝
文提學尹淮·前摠制申檣·禮曹參議李兢(李兢), 令知申事皇甫仁議
事, (…中略…) 其二曰, "倭通事金源珍回自琉球國, 傳其言曰, '朝鮮爲
國, 境壤邈遠, 禮儀詳備, 素爲中國所敬, 今來書契, 禮曹判書圖書, 何
其小也?' 彼琉球國嘗通中國, 曾受印章, 自今每於通信, 亦用印章何
如? 若倭人則散亂無統, 各用圖書, 故我國回答, 亦用圖書. 自今特鑄
禮曹郞廳印章, 通信之際, 隨其等秩, 皆用印章若何?" 僉議以爲, "倭人
本無禮義, 不告其主, 擅用圖書, 我國回答, 獨用印章, 未便. 琉球國事
大甚勤, 而不知文學, 故朝廷獨遣王官, 來敎禮文, 我國以圖書相通,
出於偶爾, 聞於中國, 似爲無妨. 若用印章, 則事關大體, 中國聞之, 則
必以爲私交, 仍舊爲便." (…後略…)

우의정 맹사성孟思誠·찬성 허조許稠·예조 판서 신상申商·이조 참판
정초鄭招·예문관 제학 윤회尹淮·전 총제摠制[1] 신장申檣·예조 참의 이
긍李兢을 불러 지신사[2] 황보인皇甫仁으로 하여금 일을 의논하게 하였다.
(…중략…)

두 번째 의제에 이르기를,

---

1 무관의 관직명이다. 조선 초 고려의 제도를 계승하여 최고 군사기관으로 삼군동총제부를 두
   었다. 그 장관은 도총제이고, 그 아래가 총제이다. 태조 2년에 의흥삼군부로 바꾸었고, 태종 9
   년에 삼군진무소, 세종 28년에 의흥부, 문종 원년에 오위진무소, 세조 12년에 오위도총부로
   이름이 바뀌었다. 관직명도 상진무, 도진무, 도총관으로 바뀌었다.
2 왕명의 출납을 담당하는 관직이다. 태종 원년에 승추부를 설치하고 승정원을 통합하면서, 도
   승지를 지신사, 좌우승지를 좌우대언으로 개칭하였다.

"왜 통사 김원진金源珍이 유구국으로부터 돌아와서 그들의 말을 전하기를, '조선이란 나라는 그 국토가 멀리 뻗쳐 있고 예의禮儀가 상세하게 갖추어 있어, 본시 중국이 중히 여기는 바가 되어 왔는데, 이번에 온 서계書契의 예조 판서의 도서圖書가 어찌 그렇게도 작으냐고 하였습니다' 저 유구국이 일찍이 중국과 통래하여 벌써부터 인장印章[3]을 받아 왔던 것이니,[4] 이제부터 통신을 전할 때마다 역시 인장을 사용하는 것이 어떻겠는가? 왜인은 어지럽게 흩어져 있고 명령 계통이 없이 각기 도서를 사용하기 때문에, 우리나라에서 회답하는 데도 역시 도서를 사용하고 있으나, 이제부터는 특히 예조 낭청禮曹郞廳의 인장을 주조鑄造하여 통신을 교환할 때에 그 등급에 따라 모두 인장을 사용하는 것이 어떻겠는가?"

하니, 여러 사람이 의논하여 아뢰기를,

　　"왜인은 본래 예의가 없어, 그 군주에게 고하지 않고 제 마음대로 도서를 사용하고 있는데, 우리나라의 회답 서계에만 인장을 사용한다는 것은 문제가 있습니다. 유구국은 (중국을 섬기기를) 매우 근실히 하고 있으나, 문학을 모르기 때문에 명나라에서 유독 관원을 파견하여 예의와 문학을 가르치고 있는데, 우리나라가 도서로서 상통하고 있는 것은 우연에서 나온 것이어서, 중국에 알려도 무방할 것 같습니다. 그러나 만약 인장을 사용한다면 그 일이 국가의 대체와 유관한 것으로서, 중국에서 이 사실을 듣는다면 반드시 사교私交를 벌이고 있다고 이를 것이므로 종전대로 두는 것이 온당할 것입니다"

하였다. (…후략…)

3　예조 명의로 시행되는 문서에 찍는 공인(公印)을 말한다.
4　중산왕 찰도(察度)가 명의 홍무제로부터 은제 유구국 왕인을 받은 사실이 있다.

정수홍이 성보공사의 폐단에 대하여 글을 올리다

前判羅州牧使鄭守弘上書曰, 凡天下之事·勢而已. 不量其勢, 而
躁爲之, 則民受其害, 而怨讟興矣. 方今聖明御極, 群彦效職, 法令嚴
明, 而備禦有策, 兵甲堅利 而士卒用命, 自有東方以來一盛際也. 是以
倭寇畏縮, 藏形匿影, 略不敢動, 實百年間未易復熾之勢也. 不量此勢,
期限十年, 遠海郡縣, 亦置城堡, 是猶鹽·白州之人, 畏虎將至, 棄其家
事, 而修其垣墉也. 虎不至於平曠之野, 寇不侵於平治之國, 是皆理勢
之然也. 孟子曰, "地利不如人和." 是故古之賢君, 寧重人和, 不以地利
爲急. 一失人和, 雖有金城湯池, 終安用哉? 臣去秋以老病告代言司,
歸臥全州農墅, 臨陂築城之狀, 備嘗見聞. 去秋全州道甚旱, 耒耜不入
地, 及至九十月之交, 雨澤一降, 民皆悅懌, 秋耕纔作, 而臨陂之役大
興, 不量城之尺數, 惟務軍額之多, 所耕三結, 必出一丁, 閭閻盡空, 秋
耕失時, 全州一道兩麥之田, 歲前成苗者罕矣. 又因此役, 非命夭扎者
非一二也. 如此之類, 其父母妻子, 豈無痛入骨髓, 而至今怨懟者乎?
其他糧費力竭·風餐露宿細碎之弊, 不可盡擧, 臣愚臆計, 其他築城
之處, 弊瘼大槪, 必如此也. 又兵法, 有示强示弱之權, 臣愚以爲此役
失於示弱, 亦不爲盛朝取也. 昔秦皇築城萬里, 禦胡之策, 似乎得矣,
而大失人和, 遂爲天下後世笑, 是乃萬世之龜鑑也. 必限十年此役不
休, 臣恐民不堪苦, 怨讟日增, 而人和乖矣. 又因此役, 大相銜命, 備諸
僚佐, 曠年在外, 其供奉迎送之際, 亦豈無弊乎? 伏望殿下悉停此役,
休養民力, 待倭寇復興, 將有難遏之勢, 然後築之猶未晩也. 又願自今
以後, 唯大敵臨境, 事勢倉皇外, 平時之役, 勅禁三結出一丁之令, 以

存古人不盡人力之義, 豈非明時之美意乎? 且謂天數難測, 治亂相尋, 脫有隋·唐侵討之患, 我國人民, 皆竄山谷, 而平地所築星分碁布, 悉爲敵資. 儻値此日, 雖萬萬悔恨, 噬臍何及? 然則今日長遠之計, 反爲後日之悔, 是亦不可不慮也. 以臣管見, 唯山上古城, 可避大患之處, 及此昇平之日, 不限年月, 堅修牢築, 以備不虞, 庶乎合於長遠之計矣. 記曰, '君子居廟堂之高, 則憂其民, 處江湖之遠, 則憂其君.' 臣受殿下拔擢之恩, 官至二品, 桑楡已晩, 雖在散地, 是正處江湖憂君之日也. 有所蘊而不言, 則是負殿下之恩, 而不憂其君者也. 所見如此, 敢陳不諱. 芻蕘之言, 聖人取之, 伏望殿下優容寬恕, 以示樂從人言之美, 豈非史冊萬世之光耀乎?"

不允.

전 판나주목사判羅州牧使 정수홍鄭守弘이 상서하기를,

"무릇 천하의 일이란 사리事理와 형편뿐입니다. 그 사리와 형편을 헤아리지 않고 조급하게 진행하면 백성이 그 해를 입게 되어 원망과 비방이 이는 법입니다. 지금 성명聖明께서 위에 임하시고, 수많은 현명한 신하들이 그 직책을 다하고 있어, 법령이 엄정 공명한 데다가 외적 방어의 계책을 얻어, 병기와 장비가 견고 예리하고 장수와 군졸이 명을 받들어 행하니, 이는 이 동방이 생긴 이래의 한 성세聖世이옵니다. 그런 까닭에 왜구들이 두려워하고 위축되어 그 모습을 일체 감추고 조금도 감히 준동蠢動하지 못하니, 이는 실로 백년간은 저희들이 쉽사리 다시 일어나기 어려운 사세입니다. 이러한 사세를 헤아리지 않고 10년을 기한하고 먼 해변의 군현郡縣까지도 성보城堡를 설치한다는 것은 이는 마치 염백주鹽白州의 사람들이 호랑이가 장차 올 것을 두려워하여, 그 집의 모든 일을 버려두고 담墻을 수축하는 것과 같은 것입니다. 광막한 평야에서 호랑이가 오지 않으며, 잘 다스려지는 나라에는 외구外寇가 침략하지 않는 것은 이 모두가 사리를 형세로 보아 당연한 것입니다. 맹자는 말하기를, '지리상의 유리함이 인화人和만 못하다' 하였습니다. 그러하기에 옛날의 현명한 임금은 차라리 인화를 중히 여길지언정 지리의 유리함을 얻는 것으로 급무를 삼지 않았던 것이니, 한번 인화를 잃는다면 비록 견고한 성보가 있다 하더라도 마침내 무슨 소용이 있겠습니까?

신臣이 지난 가을에 늙고 병 있음을 대언사代言司에 보고하고 전주全州의 농막農幕으로 돌아가 누워 있으면서, 임피臨陂에서 성을 쌓고 있는 실황을 고루 들은 바 있습니다. 지난 가을 전주는 온 도내가 몹시 가물어서 쟁기로 땅을 갈아 보지 못하다가 9, 10월 사이에 이르러서야 비가 내려, 백성들이 모두 기뻐들 하다가 가을갈이가 겨우 시작되면서 임피 성보의 공사가 크게 벌어졌던 것인데, 성의 척수도 헤아리지 않고 오직 군정이 많아야 한다는 데만 힘써, 경작지 3결結에 반드시 1정丁을 내게 하여 여염집이 다 비게 되고 가을갈이가 시기를 잃어 전주 한 도내의 양맥兩麥의 밭에서 세전歲前에 싹이 제대로 난 것이 드물었으며, 또 이 역사로 말미암아 비명非命에 죽은 자도 한둘이 아니었습니다. 이와 같은 무리들은 그의 부모처자가 그 아픈 마음이 골수까지 들어가 있을 것이니, 지금까지도 이를 원망하는 자가 어찌 없겠습니까? 그 밖에 식량의 소모와 재력의 탕진으로 풍찬 노숙하는 세쇄한 폐단을 이루 다 열거할 수 없으니, 신의 어리석은 억측으로는 그 밖의 축성하고 있는 곳의 폐해도 대개는 반드시 이러하리라는 것입니다. 또 병법에 강함을 보이고 약함을 보이는 권변權變이 있다 하였는데, 신의 어리석은 소견으로는 이 역사가

(상대방에게) 약세를 보이는 한 실책이며, 성조盛朝의 취할 바가 아니라고 봅니다. 옛날 진시황이 만리의 장성을 쌓으니, 오랑캐를 방비하는 계책을 얻은 것 같았으나, 인화를 크게 잃어 드디어 천하 후세의 웃음거리가 되고 말았으니, 이는 곧 만대의 귀감이 되고 있는 것입니다. 반드시 10년을 기한으로 하여 이 역사를 쉬지 않고 진행한다면, 신은 아마도 백성들이 그 노고를 견디지 못하여 원망과 비난이 날로 늘어날 것이며, 인화를 유지하지 못할 것으로 봅니다. 또 이 역사로 연유하여 대신大臣이 명을 받들고는 그의 보좌관을 갖추고 여러 해를 외방에 머물러 있으면, 그를 접대하고 또는 맞아들이고 보내고 하는 데 어찌 폐단이 없겠습니까?

바라옵건대 전하께서 이 역사를 모두 정지하게 하시고, 백성의 힘을 아끼고 기르다가 왜구가 다시 일어남을 기다려서 장차 막기 어려운 사태가 있은 뒤라야 이를 쌓아도 오히려 늦지 않을 것입니다. 또 원하옵건대, 지금부터 다만 강대한 외적이 우리 지경에 임박한 (극히) 창황倉皇한 사태 이외에 평시의 공역에는 3결에 1정丁씩 내는 명령을 금하시어, 옛사람들이 백성들의 힘을 다하지 않게 하던 뜻을 살리시면 이 어찌 맑고 밝은 시대의 아름다운 뜻이 아니겠습니까? 또 천운이란 예측하기 어려운 것으로서, 치治와 난難은 서로 번갈아 찾아드는 법이온데, 만일 수隋와 당唐이 침입하던 것과 같은 환란이 있다면, 우리나라 인민들은 모두 산골로 도망하고, 평지에 쌓아 포치布置한 성보는 모두가 적의 좋은 침략의 기지가 되고 말 것입니다. 혹시 이런 날을 당한다면 비록 만 번 후회한들 무슨 소용이 있겠습니까? 그렇다면 오늘의 그 장원長遠한 계책이 도리어 뒷날의 후회를 가져올 수 있을 것이니, 이도 역시 생각하지 않을 수 없는 일입니다. 신의 좁은 소견으로는 오직 산 위에 있는 옛성으로 큰 환란을 피할 수 있는 곳만을 이 승평昇平한 날을 타서 시일을 한정하지 말고 견고하게 수축하여 불우지변不虞之變에 대비한다면, 거의 그 장원한 계책에 부합하리라고 믿습니다. 옛 글에 이르기를, '군자가 조정의 높은 지위에 있으면 그 백성의 일을 근심하고, 면 강호江湖에 처해 있어서는 그 임금의 일을 근심한' 하였습니다. 신이 전하께서 발탁하신 후은을 받사옵고 벼슬이 2품에 이르고 보니, 천한 나이도 이미 저물었습니다. 비록 산지散地에 있긴 하오나, 이것이 바로 강호 사이에 있으면서 임금을 근심하는 날이 아니겠습니까. 속에 품은 바 있으면서 말하지 않는다면, 이는 전하의 은혜를 저버리고 그 임금을 근심하지 않는 자가 될 것입니다. 소견이 이와 같으므로 감히 기휘忌諱하지 않고 말씀을 올립니다. 천한 자의 말도 성인은 취한다 하니, 바라옵건대 전하께서 너그럽게 용납하시고 사람의 말에 즐겨 좋으시는 아름다운 덕을 보이시면, 사책史冊 만대萬代의 빛이 아니겠습니까?'

하였으나, 윤허하지 아니하였다.

1月 21日(丙戌) 2번째 기사
야인과 왜인의 사객의 아회 참예시 동서로 나누어 세울 것을 결정하다

上謂左右曰, "前此野人·倭客, 立參衙會, 則其班次, 野人在前, 倭客在後." 贊成許稠對曰, "倭客在後, 則必有憤心, 中國聞之, 恐有外交之嫌, 願毋令一時立參." 上曰, "倭之往來我國, 朝廷豈不知之? 且本國火者, 選入中朝者頗多, 其知我國通好倭人甚明, 況倭人亦言, '帝嘗云, 朝鮮國王能服倭客而來庭也.'" 此言雖不可盡信, 然朝廷必知之矣, 予意以爲野人·倭客, 分入東西爲便." 禮曹判書申商曰, "東西分

立, 已有受教, 中國雖聞之, 必以爲不得已而强和, 非眞交好也, 一時
竝參, 固無害也." 上然之.

　임금이 좌우 신하들에게 이르기를,

　"전날 야인과 왜인의 사객使客이 함께 아회衙會에 참예하면, 그 반열의
서차序次는 야인이 앞에 있고 왜인의 사객이 뒤에 있었다"

하니, 찬성 허조許稠가 대답하기를,

　"왜의 사객이 뒤에 있게 되면 반드시 분노를 품을 것이요, 중국이 이
를 들으면 왜인과 외교를 벌이고 있다는 혐의를 가지게 될 것이니, 일시
에 같이 참예하지 말도록 하옵소서"

하매, 임금이 말하기를,

　"왜인이 우리나라에 왕래하는 것을 명나라가 어찌 모르겠는가? 또 본
국의 화자火者가 중국으로 뽑혀 간 자가 꽤 많은데, 그들이 우리나라가
왜인과 관계를 맺고 있는 사실을 명백히 알고 있으며, 더욱이 왜인들도
말하기를, '황제께서 일찍이 이르기를, '조선의 국왕이 능히 왜객을 열
복悅服시켜 왕정王庭에 오게 했다'고 하였다' 하였으니, 이 말을 비록 다
믿을 수는 없으나, 나의 생각으로는 야인과 왜객을 동서로 나누어서 들
어오게 하는 것이 편하겠다"

하니, 예조 판서 신상申商이 아뢰기를,

　"동·서로 나누어 세우라고 이미 하교를 받았으니, 중국에서 비록 이
사실을 듣더라도 반드시 마지못해 억지로 화친한 것이지, 진정 서로 우
호 관계를 맺은 것은 아니리라고 할 것이니, 일시에 함께 참예하게 한다
해서 해로울 것이 없습니다"

하매, 임금이 옳게 여겼다.

1月 26日(辛卯) 2번째 기사

등원귀구 등이 와서 토산물 바치니 정포를 회사하다

藤原貴久·藤原賴久·六郎次郎等, 來獻土宜, 回賜正布六百十一匹.

등원귀구藤原貴久[5]와 등원뢰구藤原賴久[6]·육랑차랑六郎次郎[7] 등이 와서 토산물을 바치니, 정포 6백 11필을 회사하였다.

2月 11日(丙午) 1번째 기사

일본 국왕이 보낸 사신 등을 인견하다

受朝參. 日本國王使送十七人·宗金使送五人·宗貞盛使送二人· 斡朶里千戶阿甫等五人·加下車等二人, 來獻土宜. 上引見國王所遣 舍溫曰, "爾等, 何時起程?" 對曰, "年前六月也." 上曰, "爾等親受書契 於王城乎?" 對曰, "國王傳送書契于臣等, 臣等傳受而來." 上曰, "已知 之." 舍溫伏地失措變色.

조참을 받았다. 일본 국왕이 보내 온 사자使者 17명, 종금宗金[8]이 보내 온 사자 5명, 종정성宗貞盛[9]이 보내 온 사자 2명, 그리고 알타리斡朶里 천 호 아보阿甫 등 5명과 가하차加下車 등 2명이 와서 각기 토산물을 바쳤다. 임금이 일본 국왕이 보낸 사온舍溫[10]을 인견引見하고 말하기를,

---

5 이름은 원귀구(源貴久)·등원귀구(藤原貴久)이고 원구풍의 아들이다(세종 5-10-27-4). 살마 주 태수라고 자칭하기도 하였다(세종 25-11-17-5).
6 태조 4년부터 세종 16년까지 등장하며 이집원 태수(伊集院太守)·이집원우진(伊集院寓鎭)·살 마주태수(薩摩州守)로 나타난다. 스스로를 신(臣)이라 칭하며 토산물을 바쳤다(태조 4-4-25-3).
7 대마도 왜구의 우두머리이자 수직왜인인 조전좌위문태랑의 아들이다. 1권 제1부 「중요인물」 '조전좌위문태랑' 참조.
8 구주 박다(博多)의 승려이자 상인이다. 1권 제1부 「중요인물」 '종금' 참조
9 대마도 도주이다. 1권 제1부 「중요인물」 '종정성' 참조
10 실정막부의 장군 족리의교가 파견한 국왕사인데, 여기에만 보인다.

"그대들은 언제 발정發程하였는가?"

하니, 대답하기를,

"전 해의 6월에 길을 떠났었습니다"

하매, 임금이 말하기를,

"그대들은 직접 서계書契를 왕성王城에서 받았는가?"

하니, 대답하기를,

"국왕께서 서계를 신들에게 전해 보내셨기에 신들이 받아 가지고 왔습니다"

하였는데, 임금이 말하기를,

"이미 알고 있었다"

하니, 사온이 땅에 엎드려 어찌할 바를 모르고 낯빛을 변하였다.

2月 24日(己未) 3번째 기사
일본국 사신·선주와 압물에게 옷 등을 하사하다

賜日本國使副衣笠靴及紬苧麻布各三匹·雜彩花席五張·人蔘五斤, 船主押物紬苧麻布各一匹.

일본국 정사와 부사에게 옷·갓·신과 주紬·저포·마포 각 3필, 잡채화석雜彩花席[11] 5장, 인삼 5근을 하사하고, 선주船主와 압물押物에게도 주·저포·마포 각 1필을 하사하였다.

---

11 왕골을 여러 가지 색깔로 물들여 무늬가 생기도록 짠 자리를 말한다. 권두 「교역물품」, '채화석' 참조.

2月 25日(庚申) 1번째 기사

영전의 어염을 선군에게 주는 것에 관해서 논의하다

受常參, 視事. 上謂左右曰, "各道營田魚鹽所出, 盡給船軍, 以助赴
防之糧若何?" 戶曹判書安純·右議政孟思誠等對曰, "營田魚鹽, 徒
困船軍, 利不及焉, 故船軍等言, '寧齎糧赴防, 不願爲營田等事.' 船軍
等赴防之初, 各自贏糧而至, 故官給之料, 或遺留營鎭撫, 或以釀酒,
誠無益於船軍, 不如不爲之爲愈也." 上曰, "船軍勞苦莫甚, 宜加憐恤,
以國庫之米, 補給不足可矣, 然赴防無事, 則皆遊手, 以遊手而耕荒
田, 無乃可乎?" 思誠曰, "船軍雖不耕田, 必不荒矣." 上曰, "何也?" 對
曰, "近處之民, 皆得耕墾矣." 上曰, "予更思之."

상참을 받고 정사를 보았다. 임금이 좌우 신하들에게 이르기를,

"각도 영전營田과 어염魚鹽을 다 선군船軍들에게 주어 부방赴防하는 데
식량을 돕게 하는 것이 어떤가?"

하니, 호조 판서 안순安純·우의정 맹사성孟思誠 등이 대답하기를,

"영전과 어염이란 한갓 선군을 괴롭힐 뿐이요, 그 혜택이 미치지 않습
니다. 그렇기 때문에 선군들은 말하기를, '차라리 식량을 가지고 부방할
망정 영전의 일을 하는 것은 원하지 않는다'는 것입니다. 선군들이 처음
부방할 때 각자 식량을 넉넉하게 가져오기 때문에, 관에서 지급하는 식료
를 혹은 유영 진무鎭撫[12]에게 주거나 혹은 술을 빚는 등 실상 선군에겐 전

---

12 조선 초기에는 중앙군의 군령을 맡은 삼군진무소(三軍鎭撫所)나 오위진무소(五衛鎭撫所)의
도진무(都鎭撫)가 있었듯이, 왕명을 받들어 외방에서 군사를 지휘하는 장수인 병마도절제사,
수군도안무처치사(水軍都安撫處置使)의 밑에도 도진무를 두었다. 진무에는 유직 진무와 유
영 진무가 있어서 양자의 직무에 차이가 있었던 것으로 생각된다.
1466년(세조 12)의 관제 개혁에서 병마도절제사도진무는 병마우후, 수군도안무처치사도진
무는 수군우후로 각각 개칭되었다. 이로부터 도원수·원수 등으로 출정하는 장수 밑에서 군

혀 무익한 일이오니 하지 않는 것이 오히려 낫습니다"

하였다. 임금이 말하기를,

"선군의 노고란 막심한 것으로서 마땅히 애휼과 보호를 가해야 할 것이니, 국고의 미곡으로 부족한 양을 보급해야 옳을 것이요, 그러나 부방하여 일이 없으면 모두 일 없이 노는 사람이 될 것이니, 이 일 없이 노는 사람들로 하여금 황폐한 전지를 경작하게 하는 것이 옳지 않겠는가?"

하니, 맹사성이 아뢰기를,

"선군이 꼭 밭을 경작하지 않더라도 반드시 황폐하지는 않을 것입니다"

하였다. 임금이 말하기를,

"무슨 이유인가?"

하니, 대답하기를,

"근처에 사는 백성들만으로도 모두 개간 경작할 수 있습니다"

하매, 임금이 말하기를,

"내 다시 이를 생각해 보겠노라"

하였다.

2月 26日(辛酉) 2번째 기사

종언칠 등이 토물을 보내다

宗彦七所遣四人·兀良哈千戶都乙溫等四人, 來獻土物, 回賜彦七正布十五匹, 都乙溫等縣布二十匹及衣笠靴.

종언칠宗彦七[13]이 보내 온 4명과 올량합兀良哈 천호 도을온都乙溫 등 4명

령을 담당하는 직책의 호칭 역시 도진무에서 우후로 바뀌게 되었다(『한국민족문화대백과』).
13 종정무(宗貞茂)의 아들 종성국(宗盛國)으로 생각된다. 언칠은 대대로 전해지는 이름 즉 습명

이 와서 토산물을 바치므로, 언칠에는 정포 15필을, 도을온 등에게는 면포 20필과 옷·갓·신을 회사하였다.

2月 29日(甲子) 6번째 기사
종금·도성에서 인삼을 주다

戶曹據禮曹關啓, "宗金及道性等, 以廣綃扇子及花流木, 贈于禮曹, 請回贈宗金人蔘五斤·道性二十斤." 命給宗金十斤, 道性三十斤.

호조에서 예조의 관문關文에 의하여 아뢰기를,

"종금宗金[14]과 도성道性 등이 광초廣綃·부채 및 화류목花流木[15]을 예조에 보내왔으니, 청하건대 종금에게 인삼 5근, 도성에게 20근을 답례로 회증하게 하소서"

하니, 종금에게 10근, 도성에게 30근을 주라고 명하였다.

3月 6日(庚午) 1번째 기사
무례한 일본 사절에 대한 답례에 관해 맹사성·정초 등과 논의하다

受朝參, 視事. 上謂左右曰, "昔日本通使于我, 乃遣宋希璟, 爲回禮使, 倭人謂我國恭事上國, 必窺覘而來, 待之甚薄. 其後來請『大藏經』, 給之, 自是相與通好, 今來通信書契, 非國王之書, 甚無禮義, 予欲不答書契, 又不回贈, 何如?" 右議政孟思誠曰, "彼雖無禮, 不可不回贈, 宜不答書, 以回贈之物錄, 折簡送之." 上曰, "陽貨饋孔子蒸豚, 孔子瞰

(襲名)이다. 종성국의 아들은 종언칠정국(宗彦七貞國), 손자는 종언칠정수(宗彦七貞秀)·종언칠성정(宗彦七盛貞)이다. 1권 제1부 「중요인물」 '종정성 및 종언칠정수' 참조.

14 구주 박다(博多)의 승려이자 상인이다. 1권 제1부 「중요인물」 '종금' 참조.

15 여기에만 보인다.

其亡也, 而往拜之. 彼之待我, 旣不以禮, 我不識其意, 而答書回贈, 無
乃不可乎? 卿等各言之." 工曹判書鄭招曰, "諸島之倭, 亦皆賜米, 苟有
所進, 無不回賜, 獨此不答, 則恐或生釁矣." 上曰, "彼雖無禮, 在我之
道, 不可不盡, 當更熟思乃定."

조참을 받고 정사를 보았다. 임금이 좌우 신하들에게 이르기를,

"전에 일본이 우리에게 사절을 통해 왔기에 송희경宋希璟[16]을 회례사
로 보냈더니, 왜인들은 우리나라가 중국을 극진히 섬기고 있어 반드시
엿보러 왔다고 생각하고 몹시 박하게 대하였다. 그 뒤에 또 와서 『대장
경大藏經』을 청하기에 이를 주었던바 이로부터 통호하였는데, 이번에 온
통신 서계通信書契는 국왕의 글이 아니며, 심히 예의가 없어 나는 서계를
회답하지도 않고, 또 회례의 물품도 주지 않으려고 하는데 어떤가?"
하니, 우의정 맹사성孟思誠이 아뢰기를,

"저들은 비록 무례하더라도 회증만은 하지 않을 수 없을 것이오니, 답
서는 하지 말고 회증하는 물록物錄만을 써서 절간折簡[17]하여 보내소서"
하매, 임금이 말하기를,

"양화陽貨가 공자에게 찐 돼지蒸豚를 보내주자, 공자는 그가 없는 틈을
타서 집으로 가서 치사했다는 것이 아닌가. 저들이 우리를 대하기를 예
로써 하지 않는데, 우리가 그 의사도 모르고 글을 답하고, 예물을 회증한
다는 것은 불가하지 않겠는가? 경들은 각기 이에 대하여 의견을 말하라"
하였다. 공조 판서 정초鄭招가 아뢰기를,

---

16 종성국(宗盛國, 1467년 전사)이다. 종자국(宗資國)의 손자이며, 대마도8대 도주 종정무(宗貞茂)
　　의 아들이고, 대마도 11대 도주 종정국의 아버지이다. 1권 제1부 「중요인물」 '종정국' 참조.
17 간단한 편지글을 말한다.

"여러 섬의 왜인에게도 모두 미곡을 하사하셨고, 혹 바쳐 오는 것만 있으면 회사하시지 않은 것이 없는데, 유독 이번에만 답이 없다면 혹시 흔단釁端이 생기지나 않을까 염려됩니다"

하니, 임금이 말하기를,

"저들은 비록 무례할지라도 우리의 도리는 다하지 않을 수 없을 것이니, 다시 깊이 생각한 후에 정하겠다"

하였다.

3月 6日(庚午) 4번째 기사
육랑차랑이 토산물을 바치니 회사하다

六郎次郎遣人, 來獻土宜, 回賜正布六匹.

육랑차랑六郎次郎이 사람을 보내어 토산물을 바치니, 정포 6필을 회사하였다.

3月 8日(壬申) 1번째 기사
사객들이 아회에 참석할 때의 의장과 강무의 예를 논하다

受常參, 視事. 上謂左右曰, "中國鹵簿有大駕小駕之殊, 本朝儀仗, 亦有大駕小駕之別. 今客人來去, 必於衙會隨參, 故凡儀仗與軍士, 一依大朝會之例. 野人之來, 但在冬節, 倭人則其來無時, 故客人不參之日甚少, 而每設大駕儀仗, 似爲煩冗, 除特賜見外, 諸小島客人隨班之日, 只設小駕儀仗何如?" 左右對曰, "上敎誠然." 命下兵曹議啓. 又謂代言等曰, "講武晝停, 盛設蔬菜, 然予皆不食. 聞皇帝於草次, 但肉一器進酒而已, 草次之禮, 以簡爲貴."

상참을 받고 정사를 보았다. 임금이 좌우 신하들에게 이르기를,

"중국의 노부鹵簿에 대가大駕·소가小駕의 차이가 있고, 본조本朝의 의장儀仗에도 역시 대가·소가의 구별이 있다. 이제 사객使客들이 오갈 때에 반드시 아회衙會에 참석하기 때문에 그 의장과 군사들을 한결같이 대조회大朝會의 예例에 따라 하였고, 야인野人들이 오는 것은 다만 겨울철에 한해 있으나, 왜인들은 무시로 오는 까닭에 사객이 불참하는 날이 매우 적은데, 매양 대가大駕의 의장을 배설하는 것은 번잡스럽고 필요도 없을 것 같으니, 특별히 사견賜見하는 경우를 제외하고는 모든 작은 섬의 사객들이 반열에 참예하는 날은 다만 소가小駕의 의장만을 배설케 하는 것이 어떻겠는가?"

하니, 좌우의 신하들이 대답하기를,

"성상의 말씀이 진실로 옳습니다"

하여, 이를 병조에 내려 의논하여 아뢰라고 명하였다. 또 대언들에게 이르기를,

"강무講武할 때의 주정晝停에 소채蔬菜를 많이 차리곤 하나, 내가 다 먹지 않는다. 들건대 황제도 들에 나와 묵을 때는 다만 고기 한 그릇으로 술을 진어進御할 뿐이라 하니, 들에서 머물 때의 예禮란 간략한 것을 귀하게 여기는 것이다"

하였다.

3月 12日(丙子) 6번째 기사
수군 첨절제사 등도 조사한 뒤에 부임하게 하다

兵曹啓, "水軍僉節制使·都萬戶·萬戶·副萬戶·千戶·副千戶等, 國家藩衛, 其任匪輕, 前此在外除授人員, 許令除朝辭任赴, 請自今依守令例, 竝令朝辭後, 就本曹堂參赴任." 從之.

병조에서 아뢰기를,

"수군첨절제사水軍僉節制使·도만호都萬戶·만호萬戶·부만호副萬戶·천호千戶·부천호副千戶 등은 국가의 변방을 수호하는 관직으로서 그 임무가 가볍지 않으니, 앞서는 외방에 있으면서 이 관직에 제수된 자는 조사朝辭를 생략하고 그 부임을 허용하였으나, 지금부터 수령의 예에 의하여 모두 조사朝辭한 뒤에 본조本曹로 나가서 당참堂參하고 부임하게 하소서"

하니, 그대로 따랐다.

3月 13日(丁丑) 2번째 기사
일본 국왕의 사신을 대접하고, 답서하다

日本國王使臣辭, 命饋之. 答書曰, "所惠禮物, 照數收訖, 土宜, 具在書後." 黑細麻布·紅細苧布·白細綿紬各十匹·人蔘五十斤·豹皮·虎皮各五領·雜彩花席·滿花方席各十張·各色斜皮五領.

일본 국왕의 사신이 하직을 고하매, 명하여 음식을 대접하게 하였다. 답서하기를,

"보내신 예물은 수량대로 영수하였으며, 토산물은 글 뒤에 갖추어 있소" 하였는데, 흑세마포黑細麻布·홍세저포紅細苧布·백세면주白細綿紬 각각 10필, 인삼 50근, 표피·호피 각각 5영領, 잡채화석雜彩花席**18**·만화방석滿花方席 각각 10장, 각색 사피斜皮 5영領이었다.

---

18 왕골을 여러 가지 색깔로 물들여 무늬가 생기도록 짠 자리를 말한다. 권두 「교역물품」 '채화석' 참조.

3月 16日(庚辰) 1번째 기사

일본 정대랑병위 등이 토산물을 바치니 회사하다

受朝參. 日本井大郎兵衛·宗上總守等五人來獻土宜, 回賜正布五十匹.

조참을 받았다. 일본 정대랑병위井大郎兵衛[19]와 종상총수宗上總守[20] 등 5명이 와서 토산물을 바치니, 정포 50필을 하사하였다.

4月 9日(癸卯) 2번째 기사

전폐를 널리 사용하기 위한 술책과 방친의 서용에 관해 논의하다

召政府六曹議曰, "錢幣, 歷代所寶, 本國自行錢幣以來, 民不興行, 有司請嚴刑立禁, 使民興用, 予猶不允. 獻議者曰, '假之數年, 當見其效.' 姑從之, 適有天變, 因罷刑禁, 到于今日, 民不興用, 錢幣至賤, 予甚憫焉. 然以刑禁導之, 則便不可也, 亦未可別立一切稅錢之法也. 予聞中國所過關門, 必徵稅錢, 以廣用錢之路, 故民皆興用. 至如倭邦, 頑無禮義, 然亦使民興行, 蓋必有其術矣. 而前此講論未精, 故未得興行之術. 予欲以丙午年以上未償還上, 聽民自願納錢, 以廣錢路, 卿等

---

19 정대랑(井大郎)과 동일인물로 생각된다. 『해동제국기』에는 정대랑(井大郎)으로 보인다. 가시포(可時浦)에 호군(護軍) 정가문수계(井可文愁戒)가 있는데, 아버지는 적도(賊徒)의 괴수 정대랑(井大郎)인데, 기해년(1419, 세종 원년)에 동정(東征)했을 때 공이 있었다. 을유년(1465, 세조 11)에 도서를 받았다. 한 해 동안에 쌀과 콩을 합하여 10섬을 주기로 하였다. 임오년(1462, 세조8)에 아비의 관직을 세습하였다고 하였다. 한편 『세종실록』에서는 대랑병위의 아버지인 장보(張甫)가 나라에 공이 있었고, 그 아들 역시 기해동정 당시에 물을 길어 군졸들의 기갈을 면하게 해주었다고 하였다(세종 10-3-6-4). 또한 정대랑(井大郎)이 (기해)동정할 때 공이 있다고도 하였다(세종 12-5-15-5). 따라서 정대랑·정대랑병위·대랑병위·정대랑병위가차는 동일인물로 아버지는 장보이고 아들은 정가문수계임을 알 수 있다.

20 종무직(宗茂直)이다 종무수(宗茂秀)의 아우이며 대마도 사수포(沙愁浦)에 거주하였다(『해동제국기』). 무가관위는 상총수(上總守)이다. 1433년에 사람을 보내어와 범종과 도서(圖書)를 청구하였다. 이때 도서를 받았다(세종 15-6-16-3).

以爲如何? 太祖以上分派旁親, 於予爲七八寸矣, 非卽位之君之後, 故
不在宗親之例, 且朝士嫌於宗室之親, 不以薦擧, 頗見沈滯, 未受官爵,
誠可憐憫. 予欲使宗簿寺掌之, 簡選文武才幹, 以薦量才敍用, 何如?"
僉議以爲, "銅錢興用之條, 上敎允當, 旁親敍用則請稽古文施行."

의정부와 육조를 불러 의논하기를,

"전폐錢幣는 역대로 귀하게 여기는 바이다. 본국에서 전폐를 시행한
이래로 백성들이 잘 사용하지 아니하므로, 유사有司가 엄한 형벌로 금법
禁法을 세워 백성들로 하여금 널리 사용하게 하기를 청하였으나, 내가
오히려 윤허하지 않았다. 헌의獻議하는 자가 말하기를, '몇 년이 지나면
반드시 그 효력을 볼 것이라'고 하기에 잠정적으로 이에 따랐었는데, 마
침 천변天變이 있어 형금刑禁을 파하였더니, 오늘날에 이르러 백성들이
잘 사용하지 아니하여, 전폐의 가치가 매우 천해졌으니, 내 심히 민망
하였다. 그러나 형금으로써 이를 사용하게 하는 것은 불가한 일이며,
또 별도로 일체一切 세전稅錢의 법을 세울 수도 없는 일이다. 내가 들으
니, 중국에서는 관문關門을 지나면 반드시 세전을 징수하여 용전用錢의
길을 넓히기 때문에, 백성들이 모두 잘 사용하고 있으며, 왜국과 같은
나라에 이르러서도, 완악頑惡하여 예의가 없는 나라이나 역시 백성들로
하여금 널리 사용하게 하고 있다니, 대저 반드시 그 술책이 있을 것이
다. 이 앞서 정밀하게 강론하지 못한 까닭으로 널리 사용하게 할 술책
을 얻지 못하였다. 내가 병오년 이전의 상환하지 못한 환상곡還上穀을 백
성들이 자원하여 돈으로 바치는 것을 들어 주어서 돈 쓰는 길을 넓히고
자 하는데, 경들의 생각은 어떠한가?

태조太祖 이상에서 분파된 방친旁親이 나에게는 7, 8촌寸이 되나, 즉위

한 임금의 후손이 아니기 때문에 종친의 범위에 들지 않는다. 또 조사^朝士들이 종실宗室의 친족인 것을 혐의하여 천거하지 아니하므로 매우 침체沈滯하여 벼슬을 받지 못하니, 진실로 가엾고 민망하였다. 내가 종부시로 하여금 이들을 맡아서 문무의 재간才幹을 가리어 추천하게 하여 재능에 알맞게 서용하고자 하는데 어떠한가?"

하니, 여러 사람이 의논하기를,

"동전을 널리 사용하도록 할 조목은 상교上敎가 지당합니다. 방친旁親을 서용하는 것은 옛 글을 상고하여 시행하도록 하소서"

하였다.

4月 9日(癸卯) 8번째 기사

교지를 어긴 왜인 금망내를 벌하다

刑曹啓, "倭人金亡乃, 以敎禁銅錢十一貫及縣紬十五匹, 囑倭如豆多知, 齎去其國, 請杖亡乃一百, 沒入錢文." 從之.

형조에서 아뢰기를,

"왜인 금망내金亡乃가 교지敎旨로써 금지한 동전銅錢 11관과 면주縣紬 15필을 왜인 여두다지如豆多知에게 부쳐 그 나라에 가지고 갔으니, 청컨대 망내에게 장 1백 대를 치고 돈을 몰수하소서"

하니, 그대로 따랐다.

5月 6日(己巳) 2번째 기사

종정징이 토산물을 바치니 답례하다

筑前州 宗貞澄, 使人來獻土宜, 回賜正布十二匹.

축전주筑前州[21]의 종정징宗貞澄이 사람을 보내어 토산물을 바치므로, 답례로 정포 12필을 내려 주었다.

5月 6日(己巳) 4번째 기사

대마주의 종정징이 토산물을 바치다

對馬州宗貞澄, 使人來獻土宜.

대마주의 종정징이 사람을 보내어 토산물을 바쳤다.

5月 11日(甲戌) 5번째 기사

종정징이 구제를 원하니 쌀과 콩 1백 석을 내리다

禮曹啓, "宗貞澄遣人表阿仇羅言, '本島常賴上恩以生, 今小二殿之子到本島, 費盡些少米穀, 願賜救活.' 請依前例, 賜米豆幷一百石." 從之.

예조에서 아뢰기를,

"종정징이 표아구라表阿仇羅를 보내어 말하기를, '본도本島는 항상 성은聖恩을 입고 사는데, 지금 소이전小二殿의 아들[22]이 본도에 이르러, 적은 미곡米穀을 다 허비하였으니, 구제하여 살려 주시기를 원합니다' 하니, 전례에 의하여 쌀과 콩 아울러 1백 석을 주도록 하소서"

하니, 그대로 따랐다.

---

21 일본 고대 이래의 행정단위인 축전국(筑前國)을 말한다. 대체로 현재의 후쿠오카현 일대이다. 고대 이래 축전국의 중심은 대재부(大宰府)였으며, 구주 지역 전체를 관할하였다. 그러나 교역에 유리한 박다가 점차 발전하게 되었다.

22 소이만정(少貳滿貞)의 아들 소이교뢰(少貳敎賴, 1426~1469)를 말한다.

5月 11日(甲戌) 6번째 기사

이유없이 방어를 빠진 각진·포의 구전 군관들을 논죄케 하고, 공좌부를 만들
어 규찰케 하다

兵曹啓, "永樂十六年五月日本曹受教, '各道水陸都節制使·各浦
萬戶千戶·道軍官, 簡擇差定, 仕多者敍用, 退避者科罪.' 然近來各道
各鎭各浦口傳軍官, 無故不赴防者頗多, 赴防未久, 而多方托故謀避
者亦多, 節制使·處置使·兵馬使·萬戶千戶等, 以一時人情, 亦不報
曹. 上項無故闕防禦軍官已推考者, 請令所居官論罪, 督令赴防. 自今
公座簿成置, 每日書名, 監司不時糾摘, 雖已與父母疾病, 必考其官陳
省, 計程給暇." 命與政府諸曹同議, 判書申商·安純·權軫以爲, "仕多
者敍用之法, 并申明擧行." 從之.

병조에서 아뢰기를,

"영락 16년 5월 일 본조本曹의 수교受敎에, '각 도의 수륙 도절제사水陸都
節制使와 각 포의 만호萬戶·천호는 도道의 군관을 골라서 차정差定하되,
근무를 많이 한 자는 서용敍用하고, 퇴피하는 자는 죄를 주라' 하였습니
다. 근래에 각 도의 각 진鎭·각포의 구전 군관口傳軍官들이 까닭없이 부
방赴防하지 않는 자가 자못 많으며, 부방한 지 오래지 아니하여 갖가지
방법으로 이유를 대고 모피謀避하는 자가 또한 많습니다. 그러나 절제
사·처치사·병마사·만호·천호 등이 일시의 인정으로 역시 조에 보
고하지 않습니다. 위와 같이 아무런 이유 없이 방어를 빠진 군관으로서
이미 추고된 자는, 그곳 관청으로 하여금 논죄하게 하여 부방하기를 독
촉하소서. 이제부터 공좌부公座簿를 만들어 두고 매일 이름을 써서, 감
사가 불시에 규찰하여 적발하도록 하십시오. 본인이나 부모의 병으로

인한 것일지라도 반드시 고을의 진성陳省을 상고하여, 노정路程을 계산해서 휴가를 주도록 하소서"

하므로, 의정부와 제조가 함께 논의하기를 명하니, 판서 신상·안순·권진 등이 아뢰기를,

"근무를 많이 한 자를 서용하는 법을 아울러 밝혀서 거행하소서"

하니, 그대로 따랐다.

5月 14日(丁丑) 2번째 기사

시험선의 속도를 시험하게 하다

摠制李蕆上書曰, "今造試驗船, 功勞多而造作難, 人皆厭之, 領船萬戶等不顧大體, 不用心修治, 則上漏下濕, 未久而朽敗矣. 臣謂此船體大而輕浮, 若與他兵船爭馳, 則其輕快可見, 宜令隨時修治, 以待經久. 去己亥年東征時, 護軍尹得民, 騎新造船而行, 往還數月之間, 刓傷水潤爲甚, 臣親見之, 此無他, 蟲好食生木故也. 今試驗船, 亦生木, 若泊於花之梁等處, 無蟲之水, 則未知蟲食與否, 恐非試驗之意, 宜移泊有蟲處以試之. 昔朴熙中歸全羅道, 監造甲船, 以鈍棄之, 臣謂船之鈍快, 不在甲造與否, 實由體製之使然爾. 臣嘗見東征時取來倭大船, 其甲造之術, 外用月外松板裹之【松之理直易坼者, 俗謂之月外松.】中無灰隔, 其輕快勝於兵船逈矣. 乞自今依此術造之, 其板木必須經年乾久, 而後用之."

命兵曹, 與都鎭撫共驗快鈍.

총제 이천李蕆이 상소하기를,

"지금 만든 시험선試驗船은 공력이 많이 들고 만들기가 어려워서, 사

람들이 모두 만들기를 싫어하는데, 영선 만호領船萬戸 등이 대체大體를 돌보지 않고 마음을 써서 수리하지 않으면, 위는 새고 아래는 젖어서 오래되지 않아 썩어 버릴 것입니다. 신의 생각으로는 이 배가 몸은 크고 가벼우므로, 만약 다른 병선과 달리기를 겨루면 경쾌함을 알 수 있을 것이니, 마땅히 수시로 수리하도록 하여 오래 가게 하소서. 지난 기해년 동정東征할 때에 호군護軍 윤득민尹得民이 새로 만든 배를 타고 행하여 왕복하는 몇 달 사이에 벌레가 먹고 물에 불어 많이 상하였는데, 신이 직접보니 이는 다름이 아니라 벌레가 생나무 먹기를 좋아하기 때문입니다. 지금 시험선도 생나무인데, 만약 화지량花之梁 등지의 벌레가 없는 물에정박한다면 벌레가 먹는 여부를 알지 못하여 시험하는 의의가 없을 듯하니, 벌레가 있는 곳으로 옮겨 정박하게 하여 시험하는 것이 마땅합니다. 예전에 박희중朴熙中[23]이 전라도에 돌아가서 갑선甲船[24]을 감독해 만들었으나 느리기 때문에 버렸습니다. 신은 생각하기를, 배가 느리고 빠른 것은 외판甲을 만든 여부에 있지 않고 체제體製에 달렸다고 봅니다. 신이 일찍이 동정 때에 가지고 온 왜대선倭大船을 보니, 그 외판을 만든방법이, 밖에는 월외송月外松으로 싸고【소나무의 속이 곧고 쉽게 쪼개

---

23 조선 전기의 문신으로 전라도 경차관 시절 벽골제를 수축했고 병조정랑, 이조정랑, 영암군수, 전농시소윤, 예문관직제학, 남원부사 등을 지냈다. 1422년 10월 회례사(回禮使)로서 부사 이예(李藝)·서장관 오경지(吳敬之)·통사(通事) 윤인보(尹仁甫) 등과 함께 일본 국왕사 회례와 피로인 쇄환 회례 및 대장경 하사를 위해 일본에 건너갔다. 길을 떠나기에 앞서 옷 한 벌과모관(毛冠)·갯쏘]·신[靴]·약품 등을 하사받았다. 왜구를 막고 포로를 쇄환한 공으로 예문관직제학(藝文館直提學)에 올랐다. 1424년 3월 26일 좌사간(左司諫) 박관(朴冠) 등이 상소를올려, 박희중이 일본에 사신 가서 오직 이익만 탐하고 중국인 등 사람들을 몰래 거느리고 와서 자기의 종으로 삼는 등 폐단이 많다고 탄핵을 청하여, 직제학에서 파직되었다. 『해동필원(海東筆苑)』에 이름이 오를 정도로 명필가였다(『조선시대 대일외교 용어사전』).
24 갑선은 쇠못을 쓰고 외판(外板)을 이중으로 만드는 중국식 조선법으로 만든 배를 말한다. 갑조선(甲造船)·복조선(複造船)이라고도 한다.

지는 것을 시속에서 월외송이라고 이른다.】가운데를 회^灰로 막지 않았

는데, 경쾌하기가 병선보다 훨씬 낫습니다. 앞으로는 이 방법에 의하여

배를 만들되, 그 판목^{板木}은 반드시 해가 지나도록 오랫동안 말린 뒤에

쓰게 하소서"

하니, 병조와 도진무^{都鎭撫}25에 명하여 빠르고 느림을 함께 실험하게 하

였다.

5月 16日(己卯) 6번째 기사

서계가 없이 구두로 청한 까닭에 종정징에게 50석만 주게 하다

承文院提調右議政孟思誠・贊成許稠・提學尹淮・同知摠制申檣

等議謂, "前日議賜宗貞澄米豆一百石, 請姑賜五十石." 工曹判書鄭

招謂, "但從使人之言, 賜米未便. 待修書請之, 然後賜給." 上曰, "前日

許稠言, '日本國王使臣出來時, 諸島之倭修書請之, 則例賜百石或五

十石, 日本儻請米穀, 則不可只給二百石.' 今稠議謂, '但賜五十石.'

其遣人問其由." 稠對曰, "臣無他意, 只以無書契, 而口請未便, 故斷

以五十石." 命賜五十石.

승문원 제조 우의정 맹사성・찬성 허조・제학 윤회・동지총제 신장

등이 논의하여 아뢰기를,

"전일에 논의하여 종정징에게 하사하게 한 쌀과 콩 1백 석은 우선 50

---

25 조선 초기에는 중앙군의 군령을 맡은 삼군진무소(三軍鎭撫所)나 오위진무소(五衛鎭撫所)의
도진무(都鎭撫)가 있었듯이, 왕명을 받들어 외방에서 군사를 지휘하는 장수인 병마도절제사,
수군도안무처치사(水軍都安撫處置使)의 밑에도 도진무를 두었다.
1466년(세조 12)의 관제 개혁에서 병마도절제사도진무는 병마우후, 수군도안무처치사도진
무는 수군우후로 각각 개칭되었다. 이로부터 도원수・원수 등으로 출정하는 장수 밑에서 군
령을 담당하는 직책의 호칭 역시 도진무에서 우후로 바뀌게 되었다(『한국민족문화대백과』).

석만 주게 하시기 바랍니다"

하니, 공조 판서 정초가 아뢰기를,

"다만 사인使人의 말을 듣고 쌀을 주는 것은 옳지 못하니, 서신을 보내어 청하거든 주게 하소서"

하였다. 임금이 말하기를,

"전일에 허조가 말하기를, '일본 국왕의 사신이 (우리나라로) 나올 때에, 여러 섬의 왜倭가 서신을 보내어 미곡을 청하면 으레 1백 석 혹은 50석을 주는데, 일본이 만약 미곡을 청한다면 2백 석만 줄 수 없다'고 하였는데, 지금 허조가 '50석만 주라'고 하니, 사람을 보내어 그 이유를 물으라"

하였다. 조가 대답하기를,

"신은 다른 뜻이 없고, 다만 서계書契가 없이 구두로 청하는 것이 옳지 못하기 때문에 50석으로 결단한 것입니다"

하므로, 명하여 50석을 주게 하였다.

5月 17日(庚辰) 6번째 기사
수차의 설치를 위하여 이온·오치선·박결·조곤 등을 각도에 나누어 보내다

知印李克剛啓, "臣到鐵原·水原, 觀排設水車之狀, 機械皆具, 令人激水, 隨卽滲漏, 不得灌漑." 上御思政殿, 引見知申事安崇善曰, "太宗時禹希烈, 以監築堤堰爲己任, 不避衆責, 太宗稱之. 厥後所築堤防, 頗多不實, 然可用灌漑處亦多, 民受其利. 今於國家事, 夙夜盡心者蓋寡, 良可嘆也. 水車之設, 本以備旱, 奉行官吏, 皆不用心, 排置沙石之地, 以至無用, 甚爲不當. 上自中國, 下至倭邦, 皆受水車之利, 豈於我國, 獨不能行. 予之拳拳於此, 匪棘其欲, 視民利耳. 予欲必收成効, 宜選可

任此事者, 分遣各道." 遂遣敬差官前護軍李韞于京畿・江原・咸吉
道, 前署令吳致善于忠淸・全羅道, 經歷朴絜于慶尙道, 護軍趙昆于
平安・黃海道.

지인^{知印} 이극강^{李克剛}이 아뢰기를,

"신이 철원과 수원에 가서 수차^{水車}를 설치한 상황을 살펴보니, 기계
는 모두 갖추어졌으나, 사람을 시켜서 물을 올리게 하니, 즉시 새어 버
려 관개^{灌漑}할 수가 없었습니다"

하였다. 임금이 사정전에 나아가 지신사 안숭선을 인견하고 이르기를,

"태종 때에 우희열^{禹希烈}이 제방^{堤防}을 감독해 쌓는 일을 자기의 임무
로 삼고, 여러 사람의 질책을 무릅쓰고 하므로 태종께서 칭찬하셨다.
그 뒤에 쌓은 제방이 완실하지 못한 것이 퍽 많았으나, 관개에 이용할
만한 곳도 많아서 백성들이 많은 이익을 받았다. 지금 국가의 일에 밤
낮으로 마음을 다하는 자가 적으니 진실로 탄식할 일이로다. 수차의 설
치는 원래 한재를 대비하기 위한 것인데, 받들어 행하는 관리가 모두 마
음을 쓰지 아니하고 자갈땅에 설치하여 쓰지 못하게 되니 심히 부당하
다. 위로는 중국으로부터 아래로는 왜국에까지 모두 수차의 이익을 받
는데, 어찌 우리나라에서만 행하지 못한단 말인가. 내가 여기에 마음을
두고 잊지 못하는 것은 급하게 욕심을 내는 것이 아니라, 백성의 이로움
을 볼 따름이다. 나는 반드시 성공시키고야 말 것이니 꼭 이일을 맡을
만한 사람을 골라서 각 도에 나누어 보내도록 하라"

하고, 드디어 경차관^{敬差官}으로 전 호군^{護軍} 이온^{李韞}을 경기・강원・함
길도에 보내고, 전 서령^{署令} 오치선^{吳致善}을 충청・전라도에, 경력 박혈^朴
^絜을 경상도에, 호군 조곤^{趙昆}을 평안・황해도에 보냈다.

일본 좌무위의 알현·답례품·청구품 등에 관해 논의하다

上曰, "前此如大內殿等所使人, 亦且賜見, 參議朴瑞生言, '左武衛,
日本當國者也, 欲修隣好, 宜賜見所送人.' 處之何如?" 僉曰, "宜賜見."
上曰, "賜見則何以賜言?" 僉曰, "今當暑時, 艱苦遠來. 且聞武衛厚待
本朝使臣, 喜悅." 上曰, "左武衛處回賜及所求之物, 一時並給乎? 將別
給乎?" 僉曰, "宜一時並給." 上曰, "國王所求之物, 何以答之?" 僉曰, "非
本國所産. 金襴龍眼荔芰鸚哥外, 鶴與白鷳, 宜給之." 上曰, "國王及左
武衛所求之物, 俱不在書契, 今回答時, 錄於書契乎否?" 僉曰, "回答書
契, 令禮曹修送, 但國王所求之物, 錄於別幅, 付于書契之內." 從之.

임금이 이르기를,

"이 먼저 대내전大內殿[26] 등과 같은 자가 보낸 사람에게도 만나보기를
허락하였는데, 참의 박서생이 말하기를, '좌무위左武衛는 일본에서 나라
를 담당한 자로서 이웃 나라와 수호修好하려고 하니, 보낸 사람에게 알
현을 허락하심이 옳은 일입니다'라고 하는데, 어떻게 처리하는 것이 좋
겠는가?"

하니, 모두 아뢰기를,

"알현을 허락하시는 것이 옳은 일입니다"

하였다. 임금이,

"만나보기를 허락하면 어떻게 말을 내릴 것인가?"

---

26 일본 주방탄(周防灘) 일대에서 세력을 떨친 가문이다. 백제인의 후손으로 자처하며, 주방주(周防
州) 양포(良浦)에 정착해 다다량(多多良)으로 성(姓)을 삼고 대내(大內)로 씨(氏)를 삼았다고
한다. 조선과 자주 교류하고 사신을 보내 조공을 바쳤다. 또한 박다 지역을 둘러싸고 소이씨와
대립하였다. 이때 대내전은 대내성견(大內盛見)이다. 1권 제1부 「중요인물」 '대내성견' 참조.

하니, 모두 아뢰기를,

"지금 한창 더울 때이면 멀리 오는데 수고가 많았다. 또 무위武衛가 본 조本朝의 사신을 후하게 대접한다는 말을 들으니 기쁘다고 말씀하소서"

하였다. 임금이,

"좌무위에게 답례로 보낼 물품과 청구한 물품이 일시에 함께 주어야 할까? 별도로 주어야 할까?"

하니, 모두,

"일시에 아울러 주는 것이 옳겠습니다"

하였다. 임금이 말하기를,

"국왕이 요구하는 물건을 어떻게 답할까?"

하니, 모두 아뢰기를,

"본국의 소산이 아닌 금란金欄 · 용안龍眼 · 여지荔枝 · 앵가鸚哥 외에, 학鶴과 흰 오리白鴨를 주는 것이 옳겠습니다"

하였다. 임금이,

"국왕과 좌무위의 요구하는 물건이 모두 서계書契에는 기록되지 않았는데, 지금 회답할 때에 서계에 기록할 것인가, 아니할 것인가?"

하니, 모두,

"회답하는 서계는 지금 예조에서 만들어 보내고, 다만 국왕의 요구하는 물건은 별폭別幅에 기록하여 서계 안에 붙이옵소서"

하니, 그대로 따랐다.

5月 21日(甲申) 3번째 기사

일본국 원의순 등을 대접하고 옷·갓·신 등을 하사하다

日本國源義淳, 致書禮曹曰, "今宗金回, 就領書幷珍貺, 喜慰. 去歲
貴國專使至, 隣好不渝, 甚感." 仍獻彩扇大刀練絹等物, 命饋之, 賜上
副官人衣笠靴, 上官人曰, "殿下待慰甚厚, 雖說與本邦人, 誰知恩寵
若此乎? 請借絲花一朶以侈之." 命賜之.

일본국 원의순源義淳[27]이 예조에 글을 보내기를,

"지금 종금宗金[28]이 돌아와서 글월과 함께 진귀한 물품을 영수하오매
기쁘고 감사하옵니다. 지난해에 귀국의 전사專使가 이르매 이웃 나라의
좋은 정이 변하지 않았으니 대단히 기뻤습니다"

하고, 아울러 채선彩扇·대도大刀·연견練絹 등의 물건을 바치니, 잘 대접
하도록 명하고, 상·부관인上副官人에게 옷·갓·신 등을 하사하였다.
상관인上官人이 아뢰기를,

"전하께서 대접하고 위로하기를 심히 후하게 하시니, 비록 저희나라
사람에게 이야기를 하더라도 누가 은총恩寵이 이 정도였을 거라고 믿어
주겠습니까? 그러하니, 사화絲花 한 송이一朶를 내리시어 아름답게 하여
주시기를 청합니다"

하니, 하사하기를 명하였다.

---

27 실정막부(室町幕府) 관령(管領) 사파의순(斯波義淳, 1397~1434)을 말한다.
28 구주 박다(博多)의 승려이자 상인이다. 1권 제1부 「중요인물」 '종금' 참조.

5月 22日(乙酉) 8번째 기사

선군에 그 자손들을 취재하여 서용하게 하다

慶尙道右道處置使據船軍等狀告啓, "海領受職船軍子孫, 從願許入仕敍用, 雖本非船軍子孫, 不入甲士及他仕路者, 亦勿論有無職, 竝屬船軍, 則軍務勞逸, 庶幾平均, 水陸軍職, 無所貴賤." 命下兵曹磨勘. 本曹啓, "永樂十四年九月日受敎'船軍三年一次授海領職, 陞至三品', 旣有仕路. 近因陳言受敎, '船軍內自願從仕者, 許令從仕', 故謀避船軍者, 雖不合從仕, 皆求屬各司吏典及別軍皂隷之類, 各官守令未能充立, 今後船軍自願從仕者, 一禁. 又本年正月日受敎, '船軍內騎步射有能自願甲士者, 依侍衛牌例取才.' 請上項海領受職人子孫, 依閑良例取才敍用." 從之.

경상우도 처치사가 선군船軍들의 장고에 의거하여 아뢰기를,

"해령海領의 벼슬을 받은 선군의 자손은 자원대로 입사入仕하게 하여 서용하기를 허락하고, 본래는 선군의 자손이 아닐지라도 갑사甲士나 다른 벼슬길에 들지 않은 자에게는 벼슬의 있고 없음을 물론하고 모두 선군에 속하게 하면 군무軍務의 괴롭고 편한 것이 거의 고르게 되며, 수군과 육군의 역직에 귀천이 없을 것입니다"

하므로, 병조에 내려 마감하기를 명하니, 본조에서 아뢰기를,

"영락 14년 9월의 수교에 '선군은 3년에 한차례씩 해령직海領職을 주어 3품까지 오르게 한다' 하여 이미 벼슬길이 있는데, 근래에 진언으로 인하여 수교하기를, '선군 안에서 자원하여 종사를 원하는 자에게는 종사를 허락하게 하라'고 한 까닭에, 선군을 모피謀避하는 자가 비록 종사하기에 적합하지 못하여도 모두 각사의 이전吏典 및 별군 조례와 같은 것

에 속하기를 구하므로, 각 고을의 수령들이 대충해 세울 수가 없으니 금후로는 선군에 종사하기를 자원하는 자를 일절 금하소서. 또 금년 정월의 수교에, '선군 안의 기·보사騎步射에 능한 자로서 갑사를 자원하는 사람이 있으면 시위패侍衛牌의 예에 의하여 취재取才한다' 하였으니, 상항上項의 해령직을 받은 사람의 자손을 한량閑良의 예에 따라 취재하여 서용하소서"

하니, 그대로 따랐다.

5月 27日(庚寅) 5번째 기사
왜주와의 교역을 위해 잣새와 꿩을 준비하게 하다

上謂禮曹判書申商曰, "昔魏主睿, 遣人於吳, 以馬易珠璣·翡翠·玳瑁, 吳主權曰, '此皆孤所不用, 而可以得馬, 孤何吝焉? 遂與之. 古尙如此, 況我國之於倭邦乎? 倭主再爲失禮, 不從其請宜矣. 然古人云, '彼僻我忠.' 豈以彼之失禮, 而虧吾之禮義乎? 予聞倭主年少, 切求戱玩之物, 銅觜鳥與野雉, 可預備之." 商曰, "雉本耿介, 恐難馴擾." 上曰, "往者講武所獲白雉, 亦且馴擾, 放於後苑, 何不擾之有?" 商曰, "雉則令慶尙道預備." 上曰, "可也."

임금이 예조 판서 신상에게 이르기를,

"예전 위魏나라 임금 조예曹睿가 오吳나라에 사람을 보내어 말馬로써 주기朱璣·비취翡翠·대모玳瑁 등을 바꾸니, 오나라 임금 손권孫權이 말하기를, '이는 모두 내가 쓰지 않는 물건인데다가 말을 얻을 수 있으니 내가 어찌 아끼리요?' 하고 주어 버렸다. 예전에도 이러하였는데 지금 우리나라가 왜국에 대한 경우야 더욱 말해서 무엇 하겠는가? 왜주倭主가

두 번이나 실례를 하였으니 그 청을 듣지 않는 것이 마땅하지만, 옛 사
람이 이르기를, '저이가 간사하거든 나는 진심으로 대하라'고 하였으니,
저희들이 실례하였다고 하여 우리의 예의를 무너뜨릴 수야 있겠는가?
내가 듣기로는 왜주는 나이가 젊어서 노리개의 물건을 간절히 구한다
고 하니, 잣새銅鶬鳥와 들꿩野雉을 미리 준비하는 것이 좋겠다"

하니, 상이 아뢰기를,

"꿩은 본래 고집이 있어서 길들이기 어려울까 합니다"

하자, 임금이,

"지난번에 강무장講武場에서 흰 꿩을 잡았는데 역시 길들여서 후원에
놓았으니, 어찌 길들지 않는다고 할 수 있겠느냐?"

하였다. 상이,

"꿩은 경상도에서 미리 준비하게 하소서"

하니, 임금이,

"옳다"

하였다.

5月 29日(壬辰) 4번째 기사
일본 좌무위의 사인을 인견할 시기에 관해 논의하다

傳旨, "來朔日朝賀, 欲見左武衛使人. 若雨不得受朝, 則再詣闕, 而
一不接見, 無奈不可乎? 太宗嘗引見大內殿使人于廣延樓, 今欲於慶
會樓下, 設儀仗·陳軍士, 引見若何? 其議可否以啓."

右議政孟思誠·吏曹判書權軫·贊成許稠·禮曹判書申商等議
曰, "倭客歸期不迫, 何必汲汲賜見乎? 慶會樓上, 固不可引見, 樓下則

卑濕, 退進爲難. 況引見客人, 則必備儀物禮樂, 然後乃可, 宜待天晴賜見爲便."

전지하기를,

"오는 초하루 조하朝賀 때에 좌무위左武衛의 사인使人을 보려고 하는데, 만약 비가 와서 조하를 받지 못하면 두 번 예궐하여도 한 번도 만나 보지 못하게 되는 것이니, 옳지 못한 일이 아닌가? 태종께서 일찍이 대내전의 사인을 광연루廣延樓에서 인견引見하셨으니, 지금 경회루 아래서 의장儀仗을 베풀고 군사를 진열하여 인견하는 것이 어떨까? 그 가부를 논의하여 아뢰라"

하니, 우의정 맹사성・이조 판서 권진・찬성 허조・예조 판서 신상 등이 논의하기를,

"왜객이 돌아갈 기한도 급박하지 아니한데 그렇게 급하게 만나 볼 것이 무엇입니까? 경회루 위에서는 인견할 수 없고, 아래는 땅이 질척질척하여 진퇴하기가 어렵습니다. 하물며 객인을 인견함에는 반드시 의장과 예악을 갖춘 뒤에 하는 것이 옳겠으니, 날이 개기를 기다려서 뵈옵게 하는 것이 옳겠습니다"

하니, 그대로 따랐다.

6月 3日(乙未) 4번째 기사
박서생의 건의에 따라 수차를 만들어 시험하게 하다

工曹參議朴瑞生上言, "頃者奉使日本, 見舂砧之車, 樂其無人力而自斡, 使學生金愼往察灌漑之車, 亦無人力而自注, 廻還之日, 造其形以上焉, 庶助殿下務本厚生之政. 卽蒙下命工人, 造而試之, 其灌漑之易, 優於中國之車矣. 然大體相同, 而其細微之制, 未盡善, 故重澁而難幹. 此無他, 工人不審金愼之言, 而自用其智以造之故也. 臣之汲汲於設此者, 爲其無人力之勞, 而自能灌漑也, 今工人之所造, 非惟體制未盡善, 欲其人踏而升之, 故輻大板厚, 體重而難自幹也. 人踏而升之者, 倭國所不爲, 臣但因自幹之車, 得臆料之便, 而幷以上聞耳. 近聞外方監司定差使員, 俾造設焉, 差使員亦效京中造設之法, 不以自幹爲尙, 而皆設踏升之車, 故民見人力之費, 而惡之矣. 然則設之雖勤, 何益之有? 是車之用, 其等有二, 流川則自幹而灌之上也, 止水則踏而升之下也. 踏升之車, 雖費人力, 而遇旱災, 不可不用, 故其堅緻牢密, 一如今之所造, 而不至於易毁可也. 自幹之車, 則一以輕便爲主, 而不以厚重爲尙也. 蓋敎民之事, 不示之以難, 而示之以易, 然後民皆樂而效之矣. 今造之車, 締造艱苦, 規模牢密, 不如日本之車簡朴而易造也. 人之見之者皆曰, ‘非畎畝細民之所能造也.’ 故造此者不以斲刻精巧爲尙, 而伐木爲輻, 縛板懸桶, 使民易造而已. 臣生長外方, 嘗觀築川灌漑之難矣, 守令以時差遣色吏, 各率農民, 赴而役之, 防築大則必用數百人之力, 中則用數十人, 小則用十餘人, 累日乃成, 或有水至而決潰, 則亦如之, 其民力之勞, 誠多矣. 今此車則不然, 雖以匹夫之力, 猶能爲之矣, 況自幹之車, 一成而設之, 則不用人力, 而晝夜自灌乎! 自幹之術有四焉. 輻之長短大小, 咸得其中, 一也, 激水之板, 長短・廣狹・厚薄, 咸得其中, 二也, 挹水之桶, 大小稀密, 咸得其中, 三也, 變漫流爲急水而設之, 四也. 岸高水深, 則輻宜長, 岸低水淺, 則輻宜短, 而大小, 則相水之强弱而裁之也. 川之流稍急稍深, 則板之厚, 宜乎四五分, 而稍短且狹矣. 川之流急而深, 則板之厚, 宜乎七八分, 而長且廣矣. 川之流大急大深, 則板之厚, 宜乎一寸, 而又加長廣矣. 挹水之桶, 多則過重而難斡, 小則過稀而難挹, 其大小闊窄亦然, 宜審水之漫急, 而疎密得中, 大小適宜, 不使至於今之所造之誤也. 凡此諸術, 只就其地, 相水之强弱, 而爲之裁制, 不可以臆度, 而預爲之也. 自斡之車, 在漫流固不可施, 日本人, 有築川通溝, 而設之者矣. 今於漫流, 小加防築, 通一小溝而設之, 則可以爲急流而自斡矣. 今奉使者, 亦不知其術而妄作, 有乖於殿下愛民重農之至意, 故仰陳所懷, 伏望殿下, 以此下諭諸道, 仍命金愼, 校正於一方, 示之以易, 而使諸造者取法焉, 則庶幾水車正, 而灌漑之利成矣."

知申事安崇善啓, "瑞生職掌工曹, 同金愼令本曹匠人造作試驗." 從之.

공조 참의 박서생이 말씀을 올리기를,

"지난번 일본에 사명을 받들고 가서 물레방아를 보고, 그것이 인력이 없어도 스스로 돌아가는 것을 좋아하여 학생 김신金愼으로 하여금 관개차灌漑車를 가서 살펴보게 하였더니, 역시 인력이 없이 스스로 물을 퍼 올리므로, 돌아오는 날에 그 모형을 만들어 올려서, 전하의 근본을 힘쓰고 민생을 후하게 하시니 정책에 도움이 되기를 바라였습니다. 곧 공인에게 명을 내려 제조해 시험하게 하시니, 그 관개하기 쉬움이 중국의 수차보다 우수합니다. 그러나 대체는 서로 같아도 그 세밀한 제도는 다 잘되지 못했기 때문에 무겁고 연하지 못하여 돌아가기 어렵습니다. 이는 다름이 아니라, 공인이 김신의 말을 살피지 않고 스스로 지혜를 짜내서 만들었기 때문입니다. 신이 급급히 이것을 설치하려는 것은 인력의 노고가 없이 스스로 능히 물을 댈 수 있기 때문이며, 이제 공인들이 만든 것은 체제가 다 잘되지 못하였을 뿐 아니라, 사람이 밟아서 물을 올리게 하였으므로, 바퀴는 크고 판板은 두터운 데다가, 몸이 무거워서 스스로 돌아가기 어려운 것입니다. 사람이 밟아서 올리는 것은 왜국에서도 하지 않는 바인데, 신이 다만 스스로 돌아가는 수차로 인하여 억측으로 편리한 점을 헤아려 아울러 아룁니다. 근래에 들건대, 외방의 감사가 차사원差使員을 정하여 만들어 설치하게 하였더니, 차사원이 또한 서울 안에서 만들어 설치하던 법을 본받아서 스스로 돌아가는 것을 숭상하지 아니하고, 모두 밟아서 올리는 것을 설치한 까닭으로 백성들이 인력의 허비됨을 보고 나쁘게 생각합니다. 그런즉, 설치하기를 비록 부지런히 할지라도 무슨 이익이 있겠습니까? 이 수차를 쓰는 데에 두 방식이 있으니, 흐르는 냇물에는 스스로 돌아서 퍼서 올리는 것이고, 갇힌 물에는 밟아 올려서 쏟아 내리게 하는 것입니다. 밟아 올리는 수차는 비록 인력은 소비되나 한재를 만나면 쓰지 않을 수 없는 것이므로, 그것은 튼튼히 하고 치밀하게 하여 모두 지금 만드는 것과 같이 쉽게 허물어지는 데 이르지 않게 함이 가합니다. 스스로 돌아가는 수차는 한결같이 경편함을 위주로 하고, 두텁고 무거운 것을 숭상하지 않을 것입니다. 대저 백성을 가르치는 일은 어려운 것을 보이지 말고 쉬운 것을 보인 뒤에야, 백성들이 모두 즐거워하여 본받을 것입니다. 지금 만드는 수차는 만들기가 곤란하고 규모가 튼튼하고 치밀하나, 일본의 수차와 같이 간략하고 질박하여 쉽게 만들도록 하지 않았습니다. 사람들이 보고 모두 말하기를, '농촌의 세민細民으로서는 능히 만들지 못할 것이다'라고 하므로, 이를 만드는 이는 깎고 새기기에 정교하기를 숭상하지 말고, 나무를 베어 바퀴를 만들고 판板을 얽어 통을 달아서 백성들로 하여금 쉽게 만들도록 해야 할 것입니다. 신이 지방에서 일찍이 내를 쌓아 물을 대는 어려움을 보았는데, 수령이 때때로 읍리邑吏를 보내어 각각 농민들을 거느리고 부역에 나가 내를 막아 쌓되, 큰 것은 반드시 수백 명의 인력을 쓰고, 중간 것은 수십 명을 쓰며, 작은 것은 10여 명을 써서 여러 날만에야 이룩되는데, 혹 물이 닥쳐서 터지고 무너지면 또 그와 같이 하니, 그 인력의 노고가 진실로 많습니다. 지금 이 수차水車는 비록 한 사람의 힘으로도 오히려 능히 할 수 있는데, 하물며 스스로 돌아가는 수차를 한번 만들어 설치한다면 인력을 쓰지 아니하여도 밤낮으로 제대로 물을 풀 것입니다. 스스로 돌아가게 하는 술법은 네 가지가 있는데, 바퀴의 장단長短과 대소大小를 알맞게 함이 그 한가지요, 물을 푸는 판자의 장단과 나비와 두께를 모두 알맞게 함이 그 두 가지이며, 물 푸는 통把水桶의 대소와 간격의 드물고 촘촘한 것을 모두 알맞게 하는 것이 세 가지이며, 느리게 흐르는 물을 급류로 만들어서 설치하는 것이 네 가지입니다. 언덕이 높고 물이 깊으면 바퀴를 마땅히 길게 하여야 하고, 언덕이 낮고 물이 얕으면 바퀴를 마땅히 짧게 하여야 하니, 크고 작은 것은 물의 힘이 세고 약한 것을 보아서 만들어야 합니다. 냇물의 흐름이 조금 급하고 깊으면 판자의 두께厚는 4, 5푼分으로 하되, 조금 짧고 좁은 것이 마땅합니다. 냇물의 흐름이 급하고 깊으면 판자의 두께는 7, 8푼으로 하되, 길고 넓어야 합니다. 냇물의 흐름이 크게 급하고 깊으면 판자의 두께는 한 치로 하고, 또 길이와 나비를 더해야 마땅합니다. 물을 푸는 통이 많으면 너무 무거워서 돌아가기 어렵고, 적으면 너무 드물어서 푸기 어려우며, 그 대소와 넓고 좁은 것도 이와 같으니, 마땅히 물의 느림과 급한 것을 살펴서 드물고 촘촘함이 정도에 맞고, 크고 작은 것이 알맞아서, 지금 만든 것과 같이 잘못 됨이 없게 하여야 할 것입니다. 무릇 이 여러 가지 방법은 다만 그 자리에 가서 물의 세고 약함을 보아서 재량해 만들 것이요, 억측으로 하여 미리 할 수 없습니다. 스스로 돌아가는 수차는 느리게 흐르는 물에는 진실로 시설할 수 없으나, 일본 사람은 내를 쌓아 도랑을 통하게 하여 설치한 것이 있습니다. 지금 느리게 흐르는 물에 조금 막고 쌓아서 한 작은 도랑을 통하여 설치하면, 가히 급류가 되어 스스로 돌아갈 것입니다. 지금 사명을 받든 자도 그 술법을 알지 못하고 망령되게 만들어, 전하께서 백성을 사랑하시고 농사를 중히 여기시는 지극한 뜻에 어그러짐이 있기 때문에, 우러러 소회를 진술하니, 엎드려 바라옵건대, 이로써 여러 도에 하유下諭하시고, 거듭하여 김신에게 명하여 한편으로 고치고 바로잡아 쉬운 것을 보여, 여러 만드는 자로 하여금 법을 취하게 하신다면, 수차가 거의 바르게 되어 관개하는 이익이 이루어질 것입니다"

하였는데, 지신사 안숭선이 아뢰기를,

"박서생은 직책이 공조를 맡았으니, 김신과 같이 본조의 장인으로 하여금 만들게 하여 시험하옵소서."

6月 11日(癸卯) 1번째 기사
(일본) 좌무위가 보낸 사인을 인견하였다

受朝參. 引見左武衛所遣上副官人于殿上

조참을 받았다. 좌무위左武衛가 보낸 상·부관인上副官人을 전상殿上에서 인견하였다.

신상이 좌무위에게 준 화사품의 박함과 군용 경차관을 경회루에 보내 건의하다

禮曹判書申商啓, "今見回賜左武衛物件, 以日本物價較之, 則回賜之物, 不過三四分之一, 交隣之義似薄. 況光綃一匹直, 綿布八九匹, 扇子則雖中原, 一柄準黃金二兩, 其直至重. 今戶曹於光綃一匹, 準縣布二匹, 扇子五柄準正布五匹, 實是太輕. 雖不準本價, 宜折半以給." 上曰, "予意亦然. 光綃一匹準綿布五匹, 扇子一柄布子一匹, 更磨勘以啓." 商又啓, "今命分遣軍容敬差官于諸道, 臣謂七月雖曰農隙, 然晚穀除草及秋耕等事尙未艾, 守令聞此, 必令修補城堡, 以致耕耘失時, 遠村之民, 因點考軍器, 常聚官門, 其弊不貲. 且前此亦無七八月發遣之例, 待冬而遣, 猶未晩也." 從之.

예조 판서 신상이 아뢰기를,

"지금 좌무위左武衛에게 회답으로 준 물건을 보건대, 일본 물건과 값을 비교하면, 3, 4분의 1에 불과하니, 이웃 나라를 사귀는 의리에 박한 것 같습니다. 더욱 광초光綃는 가치가 면포 8, 9필에 해당하며, 부채는 비록 중국에서도 1자루 가치가 황금 2냥쭝에 준하니, 그 값이 지극히 중합니다. 지금 호조에서는 광초 1필을 면포 2필에 준하고, 부채 5자루를 정포 5필에 준하였으니, 실로 이는 너무 가볍습니다. 비록 본값에 준하지는 못할지라도 절반으로 주는 것이 마땅하옵니다"

하니, 임금이 말하기를,

"나의 뜻도 그러하다. 광초 1필에 면포 5필로 준하고, 부채 1자루에 포자[29] 1필로 하여 다시 마감하여 아뢰라"

고 하였다. 신상이 또 아뢰기를,

"지금 군용 경차관軍容敬差官을 여러 도에 나누어 보내기를 명하였으나, 신은 생각하기를, 7월이 비록 농한기라고 하나 늦벼의 제초와 추경秋耕 등의 일이 아직 끝나지 않는데, 수령들이 이를 들으면 반드시 성보城堡를 보수하게 하여 농사를 실시失時하게 할 것이며, 원촌遠村의 백성들이 군기점고軍器點考로 인하여 항상 관문關門에 모일 것이니, 그 폐단이 적지 않을 것입니다. 또 이 앞서에도 7, 8월에 내어 보내는 예에 없었으니, 겨울을 기다려서 보내어도 늦지 않습니다"
하니, 그대로 따랐다.

6月 25日(丁巳) 3번째 기사
좌무위가 흰 오리 1쌍, 큰 개 1마리를 청하니 주기를 명하다

禮曹啓, "左武衛使送籠甘味, 求白鴨一雙·大狗一隻." 命給之.

예조에서 아뢰기를,

"좌무위左武衛가 사람을 시켜 농감미籠甘味**30**를 보내고, 흰 오리 1쌍과 큰 개 1마리를 청구합니다"
하니, 주기를 명하였다.

6月 27日(己未) 2번째 기사
좌무위가 보낸 상·부관인과 선주·압물 등에게 하사품을 내리다

賜左武衛使送上副官人, 各紬苧麻布各六匹·彩花席十張·人蔘十斤, 船主押物, 各細麻布各壹匹.

---

29 삼, 무명, 명주로 짠 천을 말하지만, 주로 삼실로 짠 삼베를 뜻하였다.
30 여기에만 보인다.

좌무위가 사절로 보낸 상上·부副 관인에게 각각 명주·모시·삼베 각 6필과 채화석彩花席31 10장, 인삼 10근을 주고, 선주船主와 압물押物에게는 각각 명주와 삼베 각 1필씩을 주었다.

6月 28日(庚申) 1번째 기사
좌무위가 보낸 사람들이 하직을 고하니 대접하고 답서하다

受常參. 左武衛所遣人辭, 命饋之. 禮曹答書曰, "專人惠書, 副以禮物, 謹啓收訖, 兹將白細苧布黑細麻布各十匹·雜彩花席十張·虎皮五領·人蔘五十斤·紫狢皮靴三對·青斜皮靴三對·澱青皮韂三副·青斜皮五領·紫狢皮五領·大狗三隻·大雄鷄三隻·白鳩三雙, 就付回价, 諭及貴國殿下所索物件, 俱在別錄. 白鶴一隻·白鴨雌雄各三隻·各色鳩雌雄各三隻·白鵝雌雄各二隻·銅觜雌雄各一隻·野鷄雌雄各二隻."

上覽之曰, "日本所索之物甚多, 今只送本國所産之物, 其未送之物, 於書契內具由以答若何?" 知申事安崇善啓, "日本書契之辭, 不合於禮, 況事大之禮, 則宜纖悉修答, 若倭邦則只錄所送之物, 其未送之物, 在其中矣." 從之.

상참을 받았다. 좌무위가 보낸 사람이 하직을 고하니, 음식 대접하기를 명하였다. 예조에서 답서하기를,

"사람을 보내어 혜서惠書와 예물을 부처 보내었기로, 삼가 아뢰고 영수하기를 마치고, 이에 백세저포白細苧布·흑세마포黑細麻布 각 10필, 잡

---

31 왕골을 여러 가지 색깔로 물들여 무늬가 생기도록 짠 자리를 말한다. 권두 「교역물품」 '채화석' 참조.

채화석 10장, 호피 5영領, 인삼 50근, 자전피화紫狻皮靴 3켤레, 청사피화青
狻皮靴 3켤레, 전청피첨濺青皮韂 3부副, 청사피青狻皮 5영, 자전피紫狻皮 5영,
큰 개 3마리, 수탉 3마리, 흰 비둘기 3쌍을 돌아가는 하인에게 부칩니다.
부탁한 귀국 전하가 찾는 물건은 모두 별록別錄에 갖추었습니다. 백학 1
마리, 흰 오리 자웅雌雄 각 3마리, 갈색 비둘기 자웅 각 3마리, 흰 거위 자
웅 각 3마리, 동취銅觜 자웅 각 1마리, 꿩 자웅 각 2마리입니다"
하였는데, 임금이 보고 말하기를,

"일본에서 찾는 물건이 매우 많은데 지금 본국에서 소산되는 물건만
보내니, 그 보내지 못하는 물건은 서계書契 안에 사유를 갖추어 답하는
것이 어떨까?"
하니, 지신사 안숭선이 아뢰기를,

"일본 서계의 말은 예禮에 합당하지 못한데, 하물며 대국을 섬기는 예
라면 상세하게 답서하는 것이 마땅하나, 왜국 같은 데에는 보내는 물건
만 기록하면 보내지 않는 것은 그 안에 포함된 것입니다"
하니, 그대로 따랐다.

7月 1日(癸亥) 2번째 기사
종정성이 억류된 구방 등 5명을 돌려보내 달라고 청하다

宗貞盛致書禮曹, 請還被留鳩方等五名, 仍進大刀. 答書曰, "諭及
鳩方等, 安土樂業, 情願不回, 未得起遣, 唯往年被留未津介陸郎·麻
子古前等, 推刷發還." 回賜正布五匹.

종정성宗貞盛[32]이 예조에 글을 보내어 억류된 구방鳩方 등 5명을 돌려
보내 달라고 청하고, 거듭하여 대도大刀를 올렸다. 답서하기를,

"구방 등에게 돌아가라고 타일러도, 그들은 이 땅에 살기를 편안히 여기고, 자기 직업을 즐거워하여 돌아가지 않겠다고 하므로 억지로 보낼 수 없으며, 우선 이전에 억류된 미진개육랑未津介陸郎·마자고전㕆子古前 등을 찾아 모아서 돌려보내노라"

하고, 정포 5필을 회사하였다.

7월 6일(戊辰) 3번째 기사
등칠이 토산물을 바치니 회사하고 억류된 손삼랑을 돌려 보내다

藤七遣人獻土物, 回賜正布二百七十一匹, 刷遣被留人孫三郎.

등칠藤七이 사람을 보내어 토산물을 바치므로 정포 2백 71필을 회사하고, 억류된 사람 손삼랑孫三郎을 돌려보내었다.

7월 16일(戊寅) 3번째 기사
왜인 여구마이로 등이 내이포 모친을 보고자 하니 이를 허락하다

禮曹據慶尙道監司關啓, "富山浦出來倭如仇麿而老·古未而老等二名, 欲見乃而浦恒居母親, 請從願相見, 自今情願留居人外, 父母族親相見還歸者, 其道監司直斷行移." 從之.

예조에서 경상도 감사의 관문關文에 의거하여 아뢰기를,

"부산포富山浦**33**에 들어 온 왜인 여구마이로如仇麿而老·고미이로古未而

---

32 대마도 도주이다. 1권 제1부 「중요인물」 '종정성' 참조.
33 경상도 동래에 있던 포구의 이름이다. 세종 대까지는 경상좌도 수군 도안무처치사 본영(左道水軍都安撫處置使本營)이 동평현 남쪽 7리 되는 부산포(富山浦)에 있었다(『세종실록』 「지리지」). 1402년(태종 2)에 부산포(富山浦)라는 명칭이 처음 보이며, 『경상도지리지』·『세종실록』 「지리지」, 『경상도속찬지리지』 등에 "동래부산포(東萊富山浦)"라 하였고, 1471년 편찬된 『해동제국기』에도 "동래지부산포(東萊之富山浦)"라 하고, 같은 책의 「삼포왜관도(三浦倭館

^老 등 두 명이 내이포^{乃而浦}에 오래 머물고 있는 그 모친을 보고자 하오니, 원하는 대로 서로 보게 해 주며, 지금부터는 거류하기를 정원하는 사람 외에 부모 친족을 서로 만나보고 돌아가는 자는 그 도 감사가 직단^{直斷}하여 행이^{行移}하게 하옵소서"

하니, 그대로 따랐다.

7月 17日(己卯) 8번째 기사
이선과 시라삼보라의 사건을 판결하다

刑曹啓, "乃而浦留居倭時羅三甫羅, 因興販到巨濟縣, 官奴李先乘醉恐嚇時羅三甫羅, 執到船泊處, 探其所載物, 繫其髮欲付官, 時羅三甫羅逃走入水, 李先追執之, 相與浮沈, 時羅三甫羅登船, 擠李先溺死. 請依律徵錢四十二貫, 給付先家." 上曰, "李先先執時羅三甫羅, 時羅三甫羅欲脫走入水, 李先不放, 遂至溺死. 是自取也, 勿論."

형조에서 아뢰기를,

"내이포에 머물러 사는 왜인 시라삼보라^{時羅三甫羅}[34]가 장사하기 위하여 거제현에 이르렀는데, 관노 이선^{李先}이 술에 취하여 시라삼보라를 위협하여 붙잡아 가지고 배가 정박한 곳에 이르러, 그 배에 실은 물건을 뒤지고 그의 머리털을 잡아매어서 관가^官로 잡아 가려고 하니, 시라삼보라가 도망하여 물에 들어가자, 이선이 쫓아가 붙들고 서로 같이 뜨락 잠기락 하였다가, 시라삼보라가 배에 오르며 이선을 밀쳐 물에 빠뜨려

圖)」에도 "동래현부산포(東萊縣富山浦)"라고 기록하였다. 그러나 성종 대에 이르면 부산포(釜山浦)라는 명칭이 처음 나타난 이후, 거의 대부분 후자의 한자 표기가 사용되었다.

34 현재의 경상남도 진해시 웅천동에 있던 포구의 이름이다. 이곳에는 왜인들이 거주할 수 있는 왜관이 있었다.

죽였습니다. 청컨대, 율에 의하여 돈 42관貫을 벌금으로 받아서 선의 집
에 주게 하옵소서"

하니, 임금이 말하기를,

"이선이 먼저 시라삼보라를 잡았기 때문에 시라삼보라는 벗어나려
고 달아나 물에 들어갔는데, 이선이 놓지 아니하고 드디어 익사하는 데
까지 이르렀다. 이는 이선이 스스로 저지른 것이니, 논하지 말라"

하였다.

7월 30일(壬辰) 1번째 기사

최윤덕이 화살에 칠 칠하기, 성 보수 공사 사신의 호위군사 등에 관해 아뢰다

視事. 判府事崔閏德啓, "臣嘗入朝中國, 見磨箭接羽之端, 筋結而
漆之, 我國則不結不漆, 故雨雪之日, 箭羽脫落. 臣於往歲征日本時,
頗嘗試之. 且倭人之性, 好戰於雨濕之日. 請自今以筋結而漆之." 上
曰, "予甚嘉之, 然常時國用之漆不足, 奈何?" 閏德曰, "雖不盡漆, 半漆
之亦可也." 命下兵曹. 閏德又啓, "臣於年前, 巡視下三道各官城基, 一
邑內至有五六處可改者, 悉令改築, 唯沃溝·臨陂等官, 無石可築, 沃
溝有小城, 至爲窄狹, 若有變急, 民無可藏之地, 至全州有可依處, 相
距四息, 故令改築之. 城郭當築於無事之時, 倘不於此時築之, 而後之
人主, 優游不斷, 則城邑之築, 未可知也, 今當閑暇之時, 宜悉改築."
上曰, "何必欲速? 期以十年, 役其官人民, 當農隙築之可也. 其與兵曹
及參議朴坤等, 同議以啓." 閏德又啓, "近年欽依勅諭, 待使臣專不贈
遺. 今使臣頭目, 多至百五十, 臣意以謂於其接見之際, 宜多備侍衛之
士." 閏德出. 上曰, "曩者星山君李稷語予以此事, 予意以爲不可, 何用

衛士之多乎?" 尹粹對曰, "雖不加數, 宜精擇有實之士, 爲雲劍差備, 不可只取容貌." 上曰, "不然. 一二衛士, 雖有實才, 將安用之?"

정사를 보았다. 판부사 최윤덕이 아뢰기를,

"신이 일찍이 중국에 갔을 때에 화살에 살촉을 갈고 깃羽을 붙이는 것을 보니, 그 끝을 심줄로 잡아매고 칠을 하는데, 우리나라에서는 잡아매지도 아니하고 칠도 하지 아니하기 때문에, 비와 눈이 내리는 날에는 화살의 깃箭羽이 벗어져 떨어지게 됩니다. 신이 이전에 일본을 칠 때에 꽤 많이 시험하였습니다. 그리고 또 왜인들은 성질이 비 오고 습한 날에 싸우기를 좋아하니, 지금부터는 심줄로 잡아매고 칠을 하게 하옵소서"

하니, 임금이 말하기를,

"내가 매우 좋게 여기나 항상 나라에서 쓰는 칠漆도 부족하니 어찌할까?"

하매, 윤덕이 아뢰기를,

"비록 다 칠하지 아니하고 반만 칠하여도 가합니다"

하니, 이를 병조에 내리었다. 윤덕이 또 아뢰기를,

"신이 연전年前에 하삼도 각 고을의 성터를 돌아보니, 한 고을 안에 5, 6군데 고쳐야 할 곳이 있어 모두 고쳐 쌓게 하였으나, 오직 옥구沃溝·임파臨陂 등 고을만은 쌓을 만한 돌이 없고, 옥구에는 작은 성이 있으나 지극히 협착하여, 만약 급한 변이 있으면 백성을 숨길만한 땅이 없으며, 전주全州까지 오면 의지할 만한 곳이 있기는 하나, 거리가 4식정息程이 되므로 고쳐 쌓도록 해야 되겠습니다. 성곽은 반드시 일이 없을 때에 쌓아야만 합니다. 만일 이때에 쌓지 않았다가 뒤의 임금이 우유부단하면 성읍을 쌓을는지 알 수 없을 것이니, 지금 한가한 때를 당하여 모두 고쳐 쌓는 것이 좋겠습니다"

하니, 임금이 말하기를,

"어찌 반드시 빨리 하려고만 하느냐? 10년을 기한하고 그 고을의 인민들을 부려 농사 틈을 타서 쌓게 함이 옳다. 그 일을 병조 및 참의 박곤 등과 의논하여 아뢰라"

하였다. 윤덕이 또 아뢰기를,

"근년에 황제의 칙유勅諭에 따라 사신을 대접하되 전혀 물품을 주지 않았는데, 이제 사신과 두목의 인명수가 1백 50명에 이르니, 신의 뜻으로는 접견할 즈음에 시위侍衛하는 군사를 많이 준비하는 것이 마땅하였다고 생각하옵니다"

하였다. 윤덕이 나간 뒤에 임금이 말하기를,

"전번에 성산군星山君 이직李稷도 나에게 이런 말을 하기에 나의 뜻으로 불가하다고 하였다. 무엇 때문에 호위하는 군사를 많이 쓰겠느냐?"

하니, 윤수가 대답하기를,

"비록 수를 더하지 않을지라도 실력 있는 사람을 정밀하게 골라서 운검 차비雲劍差備를 삼을 것이며, 용모만을 취하는 것은 불가합니다"

하니, 임금이 말하기를,

"그렇지 않다. 한두 호위하는 군사가 비록 실재實才가 있을지라도 장차 어디에 쓰겠는가?"

하였다.

7月 30日(壬辰) 4번째 기사

초하루 조하의 조의에 대해 전지하다

傳旨, "每當朔日朝賀, 備設朝儀軒架, 未便. 自今霾雨及冬節, 則只

設建鼓‧應鼓‧朔鼓各一, 編鍾‧編磬各四, 若倭‧野人隨班朝賀則
備設."

전지하기를,

"초하루의 조하^{朝賀}하는 날이 돌아올 때마다 조의^{朝儀}로 헌가^{軒架}를 갖
추어 설비함은 불편하다. 지금부터는 흙비가 오는 날이나 겨울철에는
다만 건고^{建鼓}‧응고^{應鼓}‧삭고^{朔鼓} 각 하나씩 편종^{編鍾}‧편경^{編磬} 각 네
틀씩을 설비하되, 만약 왜인이나 야인이 반열에 따라 조하할 적에는 갖
추어 설비하라"

하였다.

9月 6日(丁卯) 3번째 기사
예조에서 유구국 객인의 접대하는 예에 대해 아뢰다

禮曹據慶尙道監司關啓, "琉球國客人, 來泊乃而浦, 若國王使人, 則
其支待之禮, 請依日本國王使臣例, 若因興販, 私自出來者, 依諸島客
人例." 從之.

예조에서 경상도 감사의 관문에 의거하여 아뢰기를,

"유구국 객인이 내이포^{乃而浦}[35]에 와서 정박하였는데, 만약 국왕의 사
신이라면 그 접대하는 예^禮를 일본 국왕의 사신의 예^例[36]에 의할 것이며,
만약 장사하기 위하여 사사로이 온 것이라면 여러 섬들의 객인^{客人}의 예
에 의하기를 청합니다"

---

35 제포(薺浦)라고도 하였으며, 우리말 '냉이포'를 한자로 나타낸 것이다.
36 『해동제국기』「조빙응접기(朝聘應接紀)」에 (일본) 국왕사가 보인다. 사선(使船)의 정수(定數),
　　접대, 상경인수(上京人數), 통행하는 도로, 체재일수, 사급 품목 등에 대한 자세한 규정이 있다.

하니, 그대로 따랐다.

8月 11日(癸卯) 3번째 기사

등차랑이 구주의 쟁란 상황을 알려오다

藤次郎致書禮曹云, "今九州爭亂, 大內殿將兵七百三十名, 屯波蘭
多縣, 小二殿之子亦率兵, 與草野殿·左志殿·鴨打殿·丹州殿·上
松浦等, 同力相戰, 大內殿·數見殿·馬音波殿等勇士二十一人戰死,
多由殿中矢而逃."

등차랑藤次郎**37**이 예조에 글을 보내기를,

"지금 구주에서 쟁란이 있어서, 대내전大內殿**38**은 군사 7백 30명을 거느
리고 파란다현波蘭多縣에 주둔하고, 소이전小二殿의 아들**39**도 군사를 거느리
고 초야전草野殿**40**·좌지전左志殿**41**·압타전鴨打殿**42**·단주전丹州殿**43**·상
송포上松浦**44** 등과 더불어 합세하여 서로 싸웠는데, 대내전·수견전數見

---

^殿・마음파전^{馬音波殿} 등 용사 21명이 전사하고, 다유전^{多由殿}은 화살을 맞고 달아났습니다"

하였다.

9月 19日(庚辰) 2번째 기사

대마도 육랑차랑 등이 토산물을 바치니 회사하다

對馬島六郎次郎致書禮曹云, "去年以宗貞盛之命, 到琉球國, 適值兵亂, 未卽回還, 姑遣人致禮." 仍獻土物. 其母妙由亦獻土物, 回賜六郎次郎正布五十三匹・妙由七匹.

대마도 육랑차랑^{六郎次郎}[45]이 예조에 글을 보내어 이르기를,

"지난해에 종정성^{宗貞盛}[46]의 명령으로 유구국에 갔다가 마침 병란^{兵亂}을 만나[47] 즉시 돌아오지 못하였기로, 우선 사람을 보내어 예를 바칩니다"

라고 하고, 아울러 토산물을 바치고, 그 어미 묘유^{妙由}[48]도 토산물을 바치므로, 육랑차랑에게 삼베 53필과 묘유에게 7필을 회사하였다.

10月 1日(壬辰) 6번째 기사

변상을 추핵하고 고문하다

初, 倭人藤七及金源珍・邊相等, 會于向化藤賢家飮酒, 相責源珍曰,

---

45 대마도 왜구의 우두머리이자 수직왜인인 조전좌위문태랑의 아들이다. 1권 제1부 「중요인물」 '조전좌위문태랑' 참조.

46 대마도 도주이다. 1권 제1부 「중요인물」 '종정성' 참조.

47 지난해는 1430년이며 병란은 1430~1431년에 걸친 대내씨(大內氏)와 대우(大友)・소이(少貳)・국지씨(菊池氏) 연합군 사이의 전투일 가능성이 크다. 1429년에 실정막부가 축전 지역의 관할권을 대내성견(大內盛見)에게 넘겨주자, 이 지역에 영지를 가지고 있던 대우씨가 소이씨・국지씨와 손잡고 대내씨를 공격하여 1431년 6월에 대내성견은 자살하였다.

48 육랑차랑의 어머니이므로 조전좌위문태랑의 부인인 셈이다. 여기에만 보인다.

"設置慶尙道巨濟處置使者, 汝之謀也." 禮曹具啓, 下刑曹推劾. 相妻上言, 乞貸夫罪, 命下政府議之. 黃喜等以爲, "邊相姦猾莫甚, 若不治罪, 後患可慮. 況其事證明白, 而抗拒不承, 宜痛加拷訊, 無貽後患." 從之.

처음에 왜인 등칠藤七[49]과 김원진金源珍[50] · 변상邊相[51] 등이 향화인 등현藤賢[52]의 집에 모여서 술을 마셨는데, 변상이 김원진을 꾸짖기를,

　"경상도 거제 처치사巨濟處置使[53]를 설치한 것은 너의 꾀이다"

하였다. 예조에서 갖추어 아뢰므로 형조에 내려 추핵推劾하니, 변상의 아내가 말씀을 올려 남편의 죄를 용서해 주기를 청하였다. 명하여 정부에 내려 의논하게 하니, 황희黃喜 등이 아뢰기를,

　"변상은 간사하고 교활함이 아주 심하였으니, 만약 죄를 다스리지 않는다면 후환이 염려됩니다. 더욱이 그 사실의 증거가 명백한데도 항거하여 복종하지 않으니, 마땅히 엄격하게 고문을 더하여 후환이 없어 하여야 될 것입니다"

하니, 그대로 따랐다.

49　세종 10년에 사람을 보내어 자신의 아버지가 조선에서 태어난 사람이라고 하였다. 일기지주(一岐知主)의 명으로 집사의 역할을 맡고 있었다(세종 10-2-2-2). 세종 11년에는 도서를 만들어 주기를 청하므로 이를 들어 주었다(세종 11-9-17-3). 이후 여러 차례에 걸쳐 조선과 통교하였으며, 그의 아들 등구랑(藤九郎) 역시 조선과 통교하였다.

50　구주 전평전 원성의 사자로 조선에 파견되었다. 원래 조선인이었다가 왜구에 포로가 되었거나 그 부모가 포로가 되었던 것으로 생각된다. 처음은 왜인 · 왜통사로 불리웠으나, 조선이 김원진의 딸에게 집을 주고 또 김원진이 유구에서 조선인들을 쇄환해 오자 나중에는 본국인으로 여겼다.

51　귀화한 왜인이다. 세종 11-4-6-3, '변상' 주석 참조.

52　귀화한 왜인인 현준(賢准)의 조선 이름이다(태조 7-2-17-2).

53　도안무처치사(都按撫處置使)를 말한다. 1466년에 수군절도사 즉 수사로 개칭하였다.

10月 9日(庚子) 5번째 기사

선위사를 보내 유구국 사신을 데려오게 하다

禮曹啓, "琉球國中山王所遣人, 請依日本國王使臣例, 令其道驛丞伴來." 知申事安崇善啓, "琉球與日本不同, 特遣官人伴來爲便." 從之, 遂以藝文直提學裵桓爲宣慰使.

예조에서 아뢰기를,

"유구국 중산왕中山王이 보낸 사람을, 청하건대, 일본 국왕의 사신의 예에 의거하여 그 도의 역승으로 하여금 데리고 오도록 하소서"

하니, 지신사 안숭선이 아뢰기를,

"유구는 일본과 같지 않으니 특별히 관원을 보내어 데리고 오도록 함이 편할 것입니다"

하니, 그대로 따르고, 마침내 예문 직제학 배환裵桓을 선위사로 삼았다.[54]

10月 15日(丙午) 1번째 기사

유구국 사신의 접견 여부를 의논하다

視事. 上謂申商曰, "琉球國人爲何事而來? 前此其國飄風人到本國, 禮而遣之, 無乃致謝來乎?" 商曰, "意必如此. 且其人具中朝冠服, 稍知禮義, 待之之禮, 宜加諸島之倭." 上曰, "今中朝使臣來矣, 接見此輩于城內乎否?" 商曰, "此輩以時朝見中國, 非他諸島倭賊之比. 且交隣之禮, 自古有之, 雖中國知之, 何害?" 上曰, "遣使答禮乎?" 商曰, "海路險

---

54 세종 4년부터 국왕사를 위하여 3품의 조관(朝官)이 삼포(三浦)까지 맞이하러 가는 사례가 보인다. 역승(驛丞)이 삼포에서 한양까지 동행하는 경우와 선위사가 내려가서 맞이하는 과도기에 해당한다.

遠, 今此輩, 偶與商倭船偕來, 前此, 本朝未嘗脩回使之禮."

　정사를 보았다. 임금이 신상에게 이르기를,

　"유구국 사람이 무슨 일로 왔는가? 이보다 먼저 그 나라의 풍파를 만난 사람[55]이 본국에 도착했으므로 예로써 접대하여 보내었는데 사례하러 온 것이 아닌가?"

하니, 신상이 아뢰기를,

　"생각건대, 반드시 그와 같을 것입니다. 더구나 그 사람이 중조의 관복을 갖추고 예의를 조금 아니, 그를 접대하는 예는 마땅히 여러 섬의 왜인보다 나아야 될 것입니다"

하였다. 임금이 말하기를,

　"지금 중조의 사신이 왔는데, 이 무리들을 성내에서 접견할 것인가. 아니할 것인가?"[56]

하니, 신상이 아뢰기를,

　"이 무리들은 때때로 중국에 조현朝見하고 있으니, 여러 섬의 왜적에 비할 바는 아닙니다. 또 이웃 나라와 사귀는 예는 예전부터 있으므로 비록 중국이라도 이를 알고 있으니 무엇이 해롭겠습니까?"

하였다. 임금이 말하기를,

　"사신을 보내어 답례할 것인가?"

하니, 신상이 아뢰기를,

　"바다길이 험하고 먼데, 지금 이 무리들이 우연히 장사하는 왜선과 함께 오게 된 것이며, 이보다 먼저 본조本朝에서 일찍이 회사回使를 보낸

55　세종 11년에 유구국인 포몽고라(包蒙古羅) 등 14인을 표류한 사실을 가리킨다.
56　세종 13년 8월에 명의 사자 창성(昌盛) 등이 소를 얻기 위하여 조선에 와 있었다.

예가 없었습니다"

하였다.

10月 15日(丙午) 3번째 기사

종무직·종금이 토산물을 바치므로 정포를 회사하다

宗茂直·宗金等, 遣人獻土物, 回茂直正布九十二匹, 宗金五十一匹.

　종무직宗茂直[57]·종금宗金[58] 등이 사람을 보내어 토산물을 바치므로, 무직茂直에게 정포 92필, 종금에게 51필을 회사하였다.

10月 18日(己酉) 2번째 기사

죽은 도총제 곽승우에게 사제하다

　賜祭于卒都摠制郭承祐. 教曰, "折衝禦侮, 爲臣之懋功, 將禮加恩, 有國之彛典. 惟卿稟資雄偉, 操行眞純. 係出於將門, 才長於武略. 屢捷倭寇, 夙成靜邊之勳, 克殲野人, 茂著平賊之効. 是用嘗見器於昭考, 累委任以元戎. 可謂爲王爪牙, 爲國藩翰, 而一代之勇將也. 予嘉舊績, 鎭玆南方, 庶展膂力之强, 倚爲干城之將, 何訃音之忽至, 俾予衷而盡傷! 爰遣禮官, 就致菲奠. 於戲! 死生脩短, 雖理數之難逃, 哀榮始終, 豈幽明之有間! 故玆敎示, 想宜知悉."

　죽은 도총제 곽승우에게 사제하였다. 그 교지에 이르기를,

---

57 인위종씨(仁位宗氏)의 중심인물인 종하무(宗賀茂)의 아들이며 인위군(仁位郡, 혹은 卦老郡) 군수로서 사수포(沙須浦)에 거주하였다. 종하무의 아들로는 종무수(宗茂秀)·종무직(宗茂直)·종만무(宗滿茂)가 있었고, 이들은 종정성·종언칠과 함께 대마도의 실질적인 지배자로 군림하였다. 무수는 아들이 없어서 종무직의 아들인 종정수(宗貞秀,彦九郞)를 양자로 삼았다.
58 구주 박다의 승려이자 상인이다. 1권 제1부 「중요인물」 '종금' 참조.

"적군을 무찌르고 외모를 막는 것은 신하의 큰 공이요, 예로 은혜를 더하는 것은 국가의 떳떳한 법이도다. 경은 타고난 자질이 씩씩하고 뛰어났으며, 조행은 진실하고 순수하였도다. 가계家系는 장수將帥의 가문에서 나왔고, 재주는 무략에 뛰어났도다. 여러 번 왜구에게 이겼으니, 일찍부터 변방을 안정시킨 훈공을 이루었고, 야인을 능히 섬멸했으니, 크게 적을 평정한 공로가 나타났도다. 이로써 일찍이 소고昭考[59]에게 중히 여김을 받아 여러 번 대장大將으로 위임되었도다. 왕의 조아爪牙가 되고 나라의 번한藩翰이 되어, 한 시대의 용감한 장수라고 할 수 있었도다. 내가 그전 공적功績을 가상히 여겨 이 남방을 지키게 했으니, 여력의 강함을 움직여 간성의 장수로 의지하려 했는데, 어찌 부음이 갑자기 이르러 내 마음을 상하게 하는가! 이에 예관을 보내어 변변치 못한 제물을 드리노라. 아아! 사람의 죽고 삶과 목숨이 길고 짧음은 비록 천 리와 운수의 피하기 어려운 것이나, 생전과 사후에 모두 영예로우니, 어찌 저승과 이승의 간격이 있으랴! 이에 교시敎示하노니 마땅히 지실知悉할지어다"

하였다.

10月 28日(己未) 5번째 기사
장미 · 황염 · 유분 등의 효자와 감물이 등의 절부에 대한 포상을 주청하다

禮曹啓, "(…前略…) 龍安縣住高天桂, 己亥年征對馬島時, 代父以行, 被虜拘留, 至庚子年乃還, 父已死, 行喪三年, 養其母盡孝. (…中略…) 上項孝子節婦內, 未蒙褒賞者, 依他例復戶, 孝子才堪從仕者,

---

59 세종의 부왕인 태종을 말한다.

量才敍用." 從之.

예조에서 아뢰기를,

"(…전략…) 용안현에 사는 고천계高天桂는 기해년에 대마도를 정벌할 때에 아버지를 대신해 가서 사로잡혀 구류되었다가 경자년에 이르러서야 돌아왔는데, 아버지가 이미 죽었으므로 3년 동안 상복을 입고 그 어머니를 봉양하여 효성을 다했습니다. (…중략…) 위의 항목의 효자·절부節婦 가운데서 포상을 받지 못한 사람은 다른 예에 의거하여 복호復戶하고, 효자로 재주가 벼슬할 만한 사람은 재주를 헤아려 서용敍用하소서"

하니, 그대로 따랐다.

10月 28日(己未) 6번째 기사
이징석이 선군의 둔전·육물(陸物)의 역사를 면제해 줄 것을 청하다

摠制李澄石上言, "乃而浦, 倭館所在, 而本處置使防禦之所也. 今兵船少, 而以秩卑千戶差下, 非徒示弱於倭, 亦恐生變, 宜加兵船倍於前數, 以玉浦都萬戶, 移差于乃而浦, 乃而浦千戶, 移差于玉浦, 與見乃梁萬戶同力防禦, 則兩處防禦, 可得而實矣. 南海島土地沃饒, 民多入居, 脫有倭寇, 則水陸之兵, 皆未及救, 深爲可慮. 宜於本道中央築城, 差遣武人, 令其守禦, 則可無疑慮矣. 船軍者, 所以整兵船鍊軍器, 以待敵至者也, 而專事屯田陸物之役, 防禦甚爲虛疎. 屯田則徒勞戍卒, 而無益於國家, 陸物雖除三件, 但備二件, 亦無不足, 若省屯田陸物之役, 則防禦自實, 而民力亦裕矣."

下兵曹, 與政府諸曹同議. 僉曰, "訪問其道監司處置使, 然後更議施行." 從之.

총제 이징석李澄石이 상언하기를,

"내이포乃而浦는 왜관이 있는 곳이며, 본 처치사本處置使가 방어하는 곳입니다. 지금 병선도 적은데 관질이 낮은 천호로 임명하면, 다만 왜적에게 약점을 보일 뿐만 아니라 또한 변고가 생길까 두려우니 마땅히 병선을 전의 수효보다 배나 증가하고, 옥포 도만호玉浦都萬戶로 내이포에 옮겨 임명하고, 내이포 천호千戶를 옥포玉浦에 옮겨 임명하여, 견내량 만호見乃梁萬戶와 힘을 합쳐서 방어하게 한다면 두 곳의 방어가 충실해질 것입니다. 남해도南海島는 토지가 비옥하여 백성들이 많이 들어가서 살고 있는데, 혹시 왜구가 있다면 수군과 육군이 모두 미처 구원하지 못하게 될 것이니, 매우 염려가 됩니다. 마땅히 본도本道의 중앙에 성을 쌓고, 무인을 임명해 보내어 지키고 방어하도록 한다면 의심과 염려가 없을 것입니다. 선군은 병선을 정돈하고 군기를 단련하여 적군이 오기를 기다리는 사람인데도, 오로지 둔전과 육물陸物[60]의 역사만 일삼고 방어는 심히 허술하게 합니다. 둔전은 수졸戍卒을 괴롭힐 뿐이고 국가에는 아무 이익이 없으며, 육물은 비록 3건은 덜어내고 다만 2건만 준비하여도 부족함이 없으니, 만약 둔전과 육물의 역사만 덜어 버리면 방어가 저절로 충실해지고, 백성의 힘도 또한 넉넉하게 될 것입니다"
하였다.

병조에 내려서 정부와 여러 조曹와 함께 의논하게 하니, 여러 사람이

---

60 육물(陸物)은 육물(六物)과 같은 말로, 모든 배에 일상적으로 쓰이는 정(釘), 고(藁), 죽(竹), 저(苧), 절판(折板), 절주(折柱), 범연(帆筵) 등 배에 필요한 각종 물품을 말한다. 선군들에게 배에 필요한 물품을 직접 마련하게 한 것이다.

아뢰기를,

"그 도道의 감사監司와 처치사에게 물은 후에 다시 의논하여 시행하소서"
하니, 그대로 따랐다.

10月 30日(辛酉) 2번째 기사
판서 안순이 수차 사용에 관해 아뢰다

判書安純啓, "今以倭水車與吳致善所造水車, 激水試之, 倭水車可
用於灌漑, 致善水車可汲井, 不可灌漑. 倭水車於農事甚便益, 請分送
工匠于諸道, 造而用之." 上曰, "一人造之, 而可及明年之農事乎? 令諸
道見樣以造可矣. 農事至重, 若大小官吏用意勸農, 則何患民食國用
之不裕乎!" 純又曰, "農桑重事, 古者大司農之職, 專掌農桑, 今典農寺,
只管各司奴婢身貢, 而不管農桑, 有違古制. 請令專管農桑." 上曰, "令
集賢殿考古制以啓."

판서 안순安純이 아뢰기를,

"지금 왜수차倭水車와 오치선吳致善이 만든 수차를 물에 넣어 시험해 보
니, 왜수차는 논에 물을 대는 데 쓸 수 있고, 치선이 만든 수차는 우물물
을 끌어 올리는 데는 쓸 수 있어도 논에 물을 대는 데는 쓸 수 없습니다.
왜수차는 농사짓는 데 매우 편리하고 유익하니, 청하건대, 공장을 여러
도에 나누어 보내어서 만들어 쓰게 하소서"
하니, 임금이 말하기를,

"한 사람이 이를 만들어서야 명년 농사 때가지 미칠 수 있겠는가? 여
러 도道에서 모형을 보고서 만들게 함이 옳을 것이다. 농사는 지극히 중
대하니, 만약 대소 관리大小官吏들이 정신을 차려 농사를 권장한다면, 백

성의 식량과 국가의 용도가 어찌 넉넉하지 못하다고 걱정하겠는가!"

하니, 안순이 또 아뢰기를,

"농업과 양잠은 중대한 일입니다. 옛적에는 대사농大司農이란 직책이
있어서 농업과 양잠을 오로지 맡았었는데, 지금은 전농시典農寺에서 다
만 각 관사官司의 노비의 신공身貢만 맡고, 농업과 양잠은 맡지 않으니,
옛날의 제도와 어긋난 점이 있습니다. 청하건대, 전농시에서 농업과 양
잠을 오로지 맡도록 하소서"

하니, 임금이 말하기를,

"집현전으로 하여금 옛날의 제도를 상고하여 아뢰도록 하라"

하였다.

11月 6日(丁卯) 1번째 기사
유구 국왕의 사인이 오니 동평관에 거처하게 하다

琉球國王使人來, 命舍于東平館, 又命禮官問慰.

유구 국왕의 사인이 오니 동평관東平館61에 거처하게 하고, 또 예관에
게 위문하도록 명하였다.

---

61 조선 전기에 일본 사신을 대접하기 위하여 마련한 관사(館舍). 1409년 2월 민무구(閔無咎)와
민무질(閔無疾)의 한양에 있는 집을 헐어서 그 재목과 기와로 동평관(東平館)과 함께 서평관
(西平館)을 지었다. 동평관을 동평관 1소, 서평관을 동평관 2소라 부르기도 한다. 낙선방(樂
善坊)에 있었는데, 왜관이 있던 곳이라 하여 왜관동(倭館洞)이라 일컫기도 하였다(『조선시
대 대일외교 용어사전』).

황희·맹사성 등을 불러 의논하다

召黃喜·孟思誠·權軫·許稠·申商·鄭招等議之, 其一曰, "卿等
言, '今來琉球國王使人, 於至日朝賀, 不可與本國群臣同序於庭, 宜
停至日接見. 必若接見, 則引見于時座所.' 予更思之, 隣國使臣至京,
累日不見, 則殊無主人之意. 且不於至日備禮之時, 而見于移御狹窄
之處, 無乃不可乎?" 喜等對曰, "琉球國, 乃皇帝錫命封爵之邦, 非野
人·倭客之比. 與本國群臣同班行禮未便, 宜於受朝之後, 入序西班
三品之列行禮, 仍賜引見." 其一曰, "前日已議書筵官除兼官, 改以祿
官之事. 其祿官之數與衙門之次·官員職銜, 何以爲之?" 喜等曰, "員
數與職銜, 則輔德·弼善·文學·司經·正字各二, 官名則仍舊稱書
筵." 上曰, "仍舊稱書筵, 則於官吏職銜, 棄官名而稱世子輔德, 有違
他官之制, 更議以啓." 喜等曰, "書筵官, 旣爲世子僚屬, 則官吏職銜,
除世子, 稱書筵輔德爲便." 從之.

황희·맹사성·권진·허조·신상·정초 등을 불러 의논하게 했는
데, 첫 번째로,

"경들이 말하기를, '지금 온 유구 국왕의 사인을 동짓날의 조하에 본
국의 여러 신하들과 함께 뜰에 서게 할 수 없으니, 마땅히 동짓날의 접
견을 정지해야 될 것입니다. 반드시 접견하려 한다면 시좌소^{時座所}[62]에
서 불러 보아야 될 것입니다' 하는데, 내가 다시 생각해 보니, 이웃 나라
의 사신이 서울에 온 지 여러 날이 되었는데, 보지 않는다면 전혀 주인

---

[62] 시어소라고도 하며, 왕의 임시 거처를 말한다.

된 도리가 아닐 것이다. 또한 동짓날 예를 갖출 때가 아니더라도 옮겨 가서 좁은 곳에서라도 보는 것이 옳지 않겠는가?"

하니, 황희 등이 대답하기를,

"유구국은 곧 황제께서 명을 내려 봉작한 나라錫命封爵[63]이니, 야인과 왜객에게 비할 것이 아닙니다. 본국의 많은 신하들과 반열을 같이 하여 예를 행하는 것은 옳지 못하니, 마땅히 조하를 받고 난 후에 들어와서 서반 3품[64]의 서열에 서서 예를 행하게 하고, 그대로 불러 보도록 하옵소서"

하였다. 다음으로,

"전일에 이미 의논한 서연관은 겸관을 없애고 녹관으로 고쳐 임명하겠다는 일은, 그 녹관의 수효와 아문의 위차位次에 관원의 직함을 어떻게 하겠는가?"

하니, 황희 등이 아뢰기를,

"관원의 수효와 직함은 보덕輔德 · 필선弼善 · 문학文學 · 사경司經 · 정자正字 각각 2명으로 하고, 관명은 그전대로 서연관으로 일컫게 하소서"

하였다. 임금이 말하기를,

"그전대로 서연관이라 일컫는다면, 관리의 직함에 있어서 관명을 버리고 세자 보덕이라 일컫는 것이 다른 관직의 제도에 어긋남이 있으니, 다시 의논하여 아뢰어라"

하니, 황희 등이 아뢰기를,

"서연관이 이미 세자의 요속이 되었으니, 관리의 직함도 세자란 명칭은 없애고 서연 보덕이라 일컫는 것이 편리할 것입니다"

---

63 석명(錫命)은 천자가 명령을 내리는 것, 봉작(封爵)은 영토를 주고 작위를 주는 것을 말한다.
64 태조 원년에 유구 사신은 동반(東班, 文官) 5품의 아래에 위치하였다.

하니, 그대로 따랐다.

축성의 명을 받은 최윤덕이 시찰 결과를 보고하다.

判府事崔潤德上言, "臣受築城子之命, 沿海諸郡, 則自前年始築, 慶
尙道監司緩於布置, 今年始役太晚, 故命放之. 臣以爲當此之時, 聖德
覃被海域, 居民無事. 然倭寇之心, 未可知也. 己亥年, 攻倭擒千餘人
以爲奴, 小臣又奪倭艘四十, 倭人向我國, 嫌隙已起. 然其心以爲, '我
國必嚴備禦.' 不敢生變. 今當無事, 若不豫防, 雖有後患, 其將何及? 古
者沿海之地, 無有居民, 倭人深入爲寇, 如引月・沙斤驛之戰是已. 今
海邊居民稠密, 倭寇下船, 則虜掠不難, 數小船軍, 必不勝矣. 須當此
時, 堅築城子, 有事則固門防禦, 無事則盡趨田野, 爲治之要務也. 且
今民生狃於安逸, 以築城爲勞民, 然孰不使民以爲治乎? 臣嘗往咸吉
道, 見道內各官皆有城基, 問諸各邑, 披閱古籍, 備載王太祖設州郡築
城之意, 若取而覽之, 則築城之意, 盡知之矣." 上嘉納.

판부사 최윤덕이 상언하기를,

"신이 성을 쌓으라는 명령을 받아, 연해 지방의 여러 고을에는 지난해
부터 비로소 쌓았는데, 경상도 감사는 배치를 늦게 하여 금년에 역사를
시작했으니, 너무 늦었으므로 그만두도록 명했습니다. 신은 생각하건
대, 이때에 성덕이 해역에까지 널리 베풀어져서 거주하는 백성들이 무
사합니다. 그러나 왜구의 마음은 알 수가 없습니다. 기해년에 왜적을 쳐
서 1천여 명을 사로잡아 종을 삼았으며, 소신이 또 왜적의 배 40척을 빼
앗았으므로, 왜인이 우리나라에 대하여 미워하여 틈이 이미 벌어졌습

니다. 그러나 그들의 마음은 '우리나라에서 반드시 방비를 엄중히 할 것이라' 생각하여 감히 변고를 일으키지 못합니다. 지금 무사한 때에 미리 방비하지 않으면 비록 뒷날에 걱정한들 무엇 하겠습니까? 옛날에는 연해 지방에 거주하는 백성이 없었으므로, 왜인이 (내륙) 깊이 들어와서 도적질을 했으니, 인월역引月驛・사근역沙斤驛의 싸움과 같은 것이 이것입니다. 지금은 해변에 백성이 조밀하게 거주하니, 왜구가 배에서 내린다면 노략질하기가 어렵지 않으며, 소수의 선군으로서는 반드시 이기지 못할 것입니다. 모름지기 마땅히 이때를 당하여 성을 견고하게 쌓아서, 사변이 있으면 문을 굳게 닫고 방어하며, 사변이 없으면 모두 전야田野에 나가게 하는 것이 정치하는 요긴한 일입니다. 또 지금 백성들이 안일한 데에 젖어 있어 성 쌓는 것으로 백성을 괴롭힌다고 여기나, 누가 백성을 사역하지 아니하고 다스리겠습니까? 신이 일찍이 함길도에 갔는데 도내의 각 고을에 모두 성터가 있는 것을 보고, 각 고을에 묻고 고적을 열람하여 왕태조王太祖의 주군州郡에 성을 쌓은 뜻을 갖추어 기재하였으니, 만약 가져다가 보신다면 성을 쌓는 뜻을 다 아실 것입니다"
하니, 임금이 옳게 여겨 받아들였다.

11月 9日(庚午) 1번째 기사
경복궁에서 망궐례를 행하고 유구국 사신의 자문을 받다

幸景福宮, 率王世子及群臣, 行賀冬至望闕禮, 御勤政殿, 受王世子及群臣賀禮, 琉球國王使夏禮久・副使宜普結制及船主等, 立于西班三品之列. 拜訖, 引見使副于殿內, 夏禮久奉咨文跪進. 咨曰, "琉球國中山王尙巴志致書曰, 照得, 洪武至永樂年間, 自祖王・先父王, 遣使

齎禮馳獻, 又承累蒙貴國遣使到國及惠珍貺, 厥後本國爲無能諳海道
之人, 以致疎曠多年. 竊念隣國交通, 亦尙往來之義, 行人傳命, 用堅
和好之盟. 今專遣正使夏禮久等, 順搭便道日本國對馬州客商來船一
隻, 齎捧菲儀, 前詣國王殿下奉獻, 少伸微誠, 幸希叱納. 所有今差去
人員附搭物貨, 仍乞寬容貿易, 早爲打發回國, 便益. 禮物, 蘇木二千
觔・白礬一百觔."

上覽之曰, "時寒水路, 艱苦而來." 夏禮久等對曰, "自我國祖王・父
王, 相修交好之禮, 厥後倭人阻隔, 久廢修好. 年前欲修前好, 粧船待
風, 殆將數月, 風不順便, 卒未來聘. 去六月, 對馬賊首六郎次郎商船
到國, 借騎而來, 且貴國被虜人物留我國者, 百有餘人, 欲率而來, 船
隻狹窄, 風且不便, 未得率來." 上曰, "知王厚意."

경복궁에 거둥하여 왕세자와 많은 신하들을 거느리고 동지를 하례
하는 망궐례를 거행하고, 근정전에 나아가서 왕세자와 많은 신하들의
하례를 받았다. 유구 국왕의 사신 하례구夏禮久[65]와 부사 의보결제宜普結
制[66]와 선주 등이 서반 3품의 반열에 서서 배례를 마치매, 사신과 부사를
근정전 안에서 불러 보니, 하례구가 자문咨文을 받들어 꿇어앉아서 올리
었다. 그 자문에는,

"유구국 중산왕中山王 상파지尙巴志는 서신을 올립니다. 홍무洪武에서
영락 연간에 이르도록 조왕과 선부왕께서 사신을 보내어 예물을 가지
고 가서 바쳤으며, 또 여러 번 귀국에서 사신을 보내어 우리나라에 이르
매[67] 진귀한 물품을 주셨는데, 그 후로 우리나라에서 바닷길을 잘 아는

---

65 유구국왕사의 정사로 세종 13년 12월 6일에 하직하였다.
66 유구국왕사의 부사로 세종 13년 12월 6일에 하직하였다.

사람이 없었기 때문에 여러 해 동안 가지 못했습니다. 이웃나라와 교통하는 일을 간절히 생각하고, 또한 왕래하는 의로움을 중시하여, 사신을 보내어 명을 전달함으로써 화호하고자 하는 약속을 굳히고자 합니다. 지금 특히 정사 하례구 등을 일본국 대마주 객상으로 온 배 1척隻에 편승시켜 지름길로 보내어 변변치 못한 물품을 받들어 국왕 전하께 올려 작은 정성이나마 표하려 하니, 다행히 꾸짖으시고 받아주시기 바랍니다. 가진 것이라고는 지금 보낸 인원에게 부친 물화物貨뿐이오니, 바라건대, 무역을 관용하여 빨리 출발시켜 돌려보내 주신다면 편리하고 이익이 되겠습니다. 예물은 소목[68] 2천 근과 백반白礬 1백 근입니다"[69]

하였다. 임금이 이를 보고 말하기를,

　"날씨가 찬데 물길을 고생하며 왔구나"

하니, 하례구 등이 대답하기를,

　"우리나라 조왕祖王[70]과 부왕 때부터 서로 교호의 예를 닦아 왔는데, 그 후에 왜인이 가로 막아서 오랫동안 수호를 폐지했던 것입니다. 몇 해 전에 전일의 호의를 닦고자 하여 배를 정돈하여 바람을 기다린 지가 거의 몇 달이 되었으나, 바람이 순조롭지 못하므로 마침내 오지 못했습니다. 지난 6월에 대마도 적의 괴수 육랑차랑六郎次郎의 상선이 우리나라

67　1416년(태종 16)에 이예(李藝)를 파견하였고 1430년(세종 12)에 김원진(金源珍)이 유구국에서 돌아왔다.

68　소방목(蘇枋木)・적목(赤木)・홍자(紅紫)라고도 하며, 학명은 Caesalpinia sappan L이다. 목재의 부위에 따라 한약재와 염료로 사용한다. 열대 지역의 나무이며 조선에서는 나지 않아서 세종 대에는 9년 간 7만 근을 수입하기도 하였다. 권두 「교역물품」 '소목' 참조.

69　유구국 사료인 『역대옥안(歷代玉案)』에 이 자문의 내용이 보인다. 그러나 「세종실록」의 자문과 다소 차이가 있다. "琉球國王中山王尙巴志, 爲禮義事, 切思本邦於洪武至永樂年間 (…中略…) 今將奉獻諸禮物數目, 開坐于後, 合咨知會, 須至咨者. 今開, 蘇木二千斤, 白礬一百斤. 正使夏禮久, 副使宜普結制. 右咨朝鮮國. 宣德六年六月十九日. 咨"로 되어 있다.

70　조왕(祖王)은 찰도(察度)이고 부왕(父王)은 사소(思紹)를 가리킨다.

에 이르렀으므로 빌려 타고 오려 했는데, 또 사로잡힌 귀국 사람으로 우리나라에 남아 있는 사람이 1백여 명이나 되므로 이들을 거느리고 오고자 했으나, 배가 좁고 바람도 편하지 못해서 거느리고 오지 못했습니다"

하니, 임금이 말하기를,

"왕의 후한 뜻을 알겠도다"

하였다.

11月 9日(庚午) 3번째 기사
유구국 사신의 반열에 대해 논의하다

上曰, "前日議定琉球國使臣, 依權豆例, 序於三品班次, 然權豆雖受中朝官職, 居本國境內, 今琉球國使臣, 乃敵國之使, 序於從二品班次若何?" 黃喜以爲, "琉球國客人, 旣不與本朝群臣一時行禮, 豈計其班次高下. 宜序於三品之行." 孟思誠·權軫·許稠等以爲, "前此日本國王使人, 序於本國三品之列, 其來尙矣, 今琉球國王使人, 亦依日本國王使臣例, 序於三品班次, 似不失宜." 申商以爲, "琉球國小於日本. 日本國王使人, 已序於三品之行, 則今此客人, 不宜序於二品之列." 從之.

임금이 말하기를,

"전일에 유구국의 사신은 권두權豆[71]의 예에 의거하여 3품의 반열에 서도록 의논해 정했으나, 권두는 비록 중조의 관직은 받았지마는 본국

---

71 여진인(女眞人)의 이름이다. 1431년(세종 13) 정월부터 조선에 내빙하였다. 권두는 관독(管禿)이라고도 표기하며, 동맹가첩목아(童猛哥帖木兒)의 적자이며, 명으로부터 건주위 지휘라는 관직을 받았다. 이 무렵 건주여진의 본거지는 두만강 중류역의 함경도 회령 부근이었다(和田淸, 『東亞史硏究(滿洲編)』, 東洋文庫, 1958, p.431).

의 지경 안에 있으니, 지금 유구국의 사신은 곧 적국敵國[72]의 사신이므로 종 2품의 반열에 서게 하는 것이 어떻겠는가?'

하니, 황희가 아뢰기를,

"유구국의 객인은 이미 본조의 많은 신하들과는 일시에 예를 행할 수는 없으니, 어찌 그 반열의 높고 낮음을 헤아릴 수 있겠습니까. 마땅히 3품의 항렬에 서게 해야 될 것입니다"

하고, 맹사성·권진·허조 등은 아뢰기를,

"이보다 먼저 일본 국왕의 사인을 본국의 3품의 반열에 서게 한 지가 벌써 오래되었으니, 지금 유구 국왕의 사인도 또한 일본 국왕의 사신의 예에 의거하여 3품의 반열에 서게 하는 것이 적당할 것 같습니다"

하고, 신상은 아뢰기를,

"유구국이 일본보다 적은데 일본 국왕의 사인도 이미 3품의 항렬에 서게 했으니, 지금 이 객인을 2품의 반열에 서게 하는 것은 옳지 않습니다"

하니, 그대로 따랐다.

11月 13日(甲戌) 4번째 기사
유구 국왕의 사신과 부사 등에게 의복을 하사하다

賜琉球國王使送使副使衣各二領, 餘人各一領.

유구 국왕이 보낸 사신과 부사에게 의복을 각각 두 벌씩 내리고, 나머지 사람에게는 의복을 각각 한 벌 씩을 내렸다.

---

72 대등한 나라라는 뜻이다.

11月 14日(乙亥) 3번째기사

유구국 정사와 부사가 오매목·호초 등을 바치자 정포를 회사하다

琉球國正使夏禮久, 進烏梅木七十四斤·深中靑二十兩·胡椒二十斤·蔓藤一百箇, 副使宜普結制, 進束香八斤十三兩·靑磁盃一事. 回賜夏禮久正布六十匹, 宜普結制三十匹.

유구국의 정사正使 하례구夏禮久가 오매목烏梅木[73] 74근, 심중청深中靑[74] 20냥쭝, 호초胡椒 20근, 만등蔓藤 1백 개를 바치고, 부사副使 의보결제宜普結制는 속향束香[75] 8근 13냥쭝, 청자배靑磁盃 1벌을 바쳤다. 하례구에게 정포 60필을, 의보결제에게는 정포 30필을 회사하였다.

11月 15日(丙子) 1번째 기사

상참을 받고, 정사를 보다

受常參, 視事. 上謂左右曰, "今琉球國王移咨本國, 若使攸司修書契以答, 似違於禮, 以咨修答, 則非隣國交通之禮, 何以處之? 以書契答之, 彼雖有怒於大小强弱, 何畏! 然琉球國交通中朝, 至受爵命, 非倭人之比. 中朝必見本國修答之文, 不可不合於禮也. 雖以書契答之, 勿用圖書安印若何? 故人有言曰, '彼雖無禮, 我不可以無禮待之.' 當稽古文以答." 孟思誠曰, "宜稽古文以答." 申商曰, "琉球乃至小之國, 無衣裳之制·禮義之事, 今咨文云, '右咨朝鮮國.' 此必是指咨公廳

---

73 오키나와, 중국 남부, 대만, 태국 인도 등에 분포하며 심재도 검은색으로 치밀하다. 오목(烏木, 黑檀)과 구별하기 위하여 붙인 이름일 가능성이 있다. 권두 「교역물품」 '오매목' 참조.
74 심중청(深重靑)이라고도 하며 감청석(紺靑石, 藍銅鑛)으로 산출되며 안료로 사용한다.
75 속향(速香)과 같은 것으로 생각되며, 침향(沈香) 중에서 침착·응집된 기간이 짧아서 품질이 낮은 것을 말한다.

也. 臣意修書契以答, 似無害也." 上曰, "咨內初面書名, 咨下著署, 亦
非咨文之例, 然指予也, 非指公廳也, 予更思之." (…後略…)

상참을 받고 정사를 보았다.[76] 임금이 측근의 신하에게 이르기를,

"지금 유구 국왕이 본국에 자문을 보내 왔는데, 만약 유사로 하여금
서계를 만들어 답하게 하면 예절에 어긋날 것 같으며, 자문으로 답한다
면 이웃 나라와 교통하는 예가 아니니, 어떻게 이를 처리하겠는가? 서
계로 답한다면 저들이 비록 노할지라도, 우리나라는 크고 강하며, 저
나라는 작고 약하니 무엇이 두렵겠는가! 그러나 유구국은 중조中朝에 교
통하여 작명까지 받았으니 왜인과 비교할 수 없다. 중조에서 반드시 본
국의 답한 글을 볼 것이니 예절에 합하지 않아서는 안 될 것이다. 비록
서계로 답하더라도 도서에 인을 찍는 것을 쓰지 않는 것이 어떠하겠는
가? 옛날 사람이 말하기를, '저들은 비록 무례하나, 우리는 무례하게 대
접할 수는 없다'고 했으니, 마땅히 옛글을 상고하여 답할 것이다"

하니, 맹사성은 아뢰기를,

"마땅히 옛글을 상고하여 답해야 될 것입니다"

하고, 신상은 아뢰기를,

"유구국은 지극히 작은 나라로서 의상의 제도와 예의의 일도 없으니,
지금 자문에, '우자右咨 조선국'이라고 한 것은, 이것은 반드시 공청에 자
문한 것을 가리킨 것으로 생각됩니다. 신의 생각으로서는 서계를 만들
어 답하는 것이 해로움이 없을 듯합니다"

---

76 유구국에서 온 자문(咨文)과 그에 대한 답서에 관하여 논의하였다. 세종은 명의 자문이 교린
을 위한 문서가 아니라고 판단하였고, 또한 유구국왕이 보낸 문서는 원래 자의 용례나 형식
에서 벗어나므로, 국왕 개인에게 보낸 것으로 이해하였다. 따라서 세종은 자문이 아닌 서한
으로 답하기로 하였다.

하니, 임금이 말하기를,

"자문 가운데 첫머리에는 이름을 쓰고 자문에 서명했으니, 또한 자문을 쓰는 예가 아니다. 그러나 나를 가리킨 것이고 공청을 가리킨 것은 아니니, 내가 다시 이를 생각해 보겠다"

하였다. (…후략…)

11月 18日(己卯) 1번째 기사
왜인 사신의 접견문제를 논의하다

受常參, 視事. 申商啓, "今使臣入京, 倭人亦慕義而來, 不可拒之. 請令變服入來, 勿令使臣知之." 上曰, "凡事莫顯莫見, 曩者張淸被虜於倭, 到本國, 議欲留之, 以華人不可匿, 故給衣還送. 本國與日本交通, 中國已知之矣. 事大以誠, 而獨此小事秘之, 後若發覺, 則不直甚矣, 不可爲也." 許稠啓, "今來倭人, 皆要興販, 不專爲獻琛也. 自今除通信倭人外, 但持行狀往來者, 舍于京畿近處各官, 令通事來進所獻之物, 不許親入京都." 上曰, "然. 其語倭人曰, '適今使臣來京, 事甚煩劇. 爾等除肅拜, 所獻之物, 傳授禮曹郞廳以進.' 其國王及九州節度使送人, 許令肅拜."

상참을 받고 정사를 보았다. 신상申商이 아뢰기를,

"지금 (중국) 사신이 서울에 들어왔는데, 왜인들도 의를 사모하여 왔으니 이를 거절할 수는 없습니다. 청컨대, 왜인들에게 변복變服을 하고 들어오도록 하여 사신에게 이를 알게 하지 마소서"

하니, 임금이 말하기를,

"모든 일은 드러나지 아니하는 것이 없다. 지난번에 장청이 왜인에게 사로잡혔다가 본국에 도착했으므로, 이를 억류하고자 의논했으나, 중국 사람을 숨길 수 없음으로써 의복을 주어 돌려보냈는데, 본국이 일본과 교통하고 있는 것은 중국이 이미 이를 알고 있다. 대국을 성심으로 섬기면서도 유독 이런 작은 일을 숨기다가, 만약 발각이 나면 매우 정직하지 못하게 되니 그렇게 할 수는 없다"

하였다. 허조가 아뢰기를,

"지금 온 왜인들은 모두 무역하기 위한 것이고 오로지 공물을 바치기 위한 것은 아닙니다. 지금부터는 통신하는 왜인을 제외하고는 다만 행장行狀만 가지고 왕래하는 사람은 경기 근처의 각 고을에 머물러 있게 하고, 통사로 하여금 와서 바칠 물건을 올리도록 하고 몸소 서울에 들어오는 것을 허가하지 말아야 될 것입니다"

하니, 임금이 말하기를,

"그렇다. 왜인들에게 말하기를, '마침 지금 중국 사신이 서울에 왔으므로 일이 매우 바쁘다. 그대들은 숙배肅拜를 그만두고 바칠 물건은 예조 낭청에 전해 주어서 올리도록 하라' 하되, 그 국왕과 구주 절도사九州 節度使가 보낸 사람은 숙배하도록 허가하라"

하였다.

11月 18日(己卯) 3번째 기사

왜수차와 당수차의 사용을 권장하다

戶曹啓, "水車監造官手本內, '倭水車, 若於田未盡乾時用之, 則二人一日之役, 可灌數畝之田', 宜移文各道, 預備造車之材, 令匠人指導造作, 竝就陂澤, 習激水之狀, 使農民樂用. 唐水車, 亦竝造作, 外方匠人有能傳習, 利於灌漑者, 令監司考其實效, 啓聞賞功."

從之.

호조에서 아뢰기를,

"수차 감조관水車監造官의 수본手本 가운데에, '만약 전답田畓이 다 마르지 않은 때에 왜수차倭水車[77]를 쓴다면, 2인이 하루 동안의 역사役事로서 여러 무畝의 전답을 관개할 수가 있다'고 하였으니, 마땅히 각도에 공문을 보내어 미리 수차水車 만들 재목을 준비하게 하여 장인匠人들에게 만들도록 하고, 아울러 둑과 물가에 나아가서 세찬 수세水勢를 익히게 하여 농민으로 하여금 즐겨 쓰도록 하소서. 당수차唐水車[78]도 아울러 만들도록 하고, 외방의 장인들이 능히 전해 익혀서 관개하는 데 이롭게 하는 사람이 있으면, 감사에게 그 실제의 효과를 상고하여 아뢰어 그 공을 상주게 하소서"

하니, 그대로 따랐다.

11月 19日(庚辰) 2번째 기사
황희·맹사성·권진·허조 등을 불러 남해와 동래에 선군을 부려 성을 쌓아야 한다는 최윤덕의 보고를 의논하다

召黃喜·孟思誠·權軫·許稠議事. (…中略…) 其三曰, "崔閏德獻議曰, '慶尙道南海·東萊相望對馬島, 倭賊最先之地, 宜速築城, 以備不虞. 若以役農民爲不可, 則當令船軍築之.' 此論何如?" 喜等曰,

---

77 일본에서 사용하는 수차를 말한다. 통신사로 갔던 박서생이 일본에서 본 것 중 시행할 만한 내용을 아뢰었는데, 이때 일본의 수차에 대하여 자세히 언급하였다(세종 11-12-3-5).
78 중국의 수차를 말한다.

"京畿船軍, 猶曰不可役使, 況此地, 防禦緊要之處, 尤不可役船軍也."
上曰, "大臣所議, 予甚嘉之." (…後略…)

황희·맹사성·권진·허조를 불러 일을 의논하게 하였다. (…중략…)
셋째로,

"최윤덕이 의견을 올리기를, '경상도의 남해와 동래는 대마도와 서로
바라보고 있으므로, 왜적이 가장 먼저 침입하는 땅이니 마땅히 빨리 성
을 쌓아서 뜻밖의 변고에 대비해야 할 것입니다. 만약에 농민들을 역사
시키는 것을 옳지 못하다고 한다면 마땅히 선군으로 하여금 성을 쌓아
야 될 것입니다' 하는데, 이 의논이 어떠한가?"
하니, 황희 등이 아뢰기를,

"경기의 선군도 오히려 사역해서는 안 될 것인데, 더군다나 이 땅은
적을 방어하는 데 긴요한 곳이니 더욱 선군을 사역할 수는 없습니다"
하니, 임금이 말하기를,

"대신들의 의논한 바를 내가 매우 옳게 여기는 바이다"
하였다. (…후략…)

11月 19日(庚辰) 3번째 기사
종정성이 미곡을 주기를 청하니 1백 50석을 내리다

禮曹啓, "宗貞盛修書遣藤次郞, 求賜米穀, 今年正月, 已賜米豆幷
百石, 請賜一百五十石." 從之.

예조에서 아뢰기를,

"종정성宗貞盛[79]이 서신을 만들어 등차랑藤次郞[80]을 보내어 미곡米穀을
주기를 청하는데, 금년 정월에 이미 쌀·콩 모두 1백 50석을 내렸으니,

청하건대, 1백 50석 만을 내리소서"

하니, 그대로 따랐다.

11月 20日(辛巳) 4번째 기사

유구 국왕의 사신과 부사 등에게 의복을 하사하다

賜琉球國王使送使副使衣各二領, 餘人各一領.

유구 국왕이 보낸 사신과 부사[81]에게 의복을 각각 두 벌씩 내리고, 나머지 사람에게는 의복을 각각 한 벌씩을 내렸다.

11月 23日(甲申) 2번째 기사

대마도의 육랑차랑이 와서 토산물을 바치다

對馬島六郎次郎等, 來獻土宜.

대마도의 육랑차랑六郎次郎[82] 등이 와서 토산물을 바쳤다.

11月 28日(己丑) 3번째 기사

왜객인에게 회증하는 포자를 성수에 따라 계산하게 하다

傳旨戶禮曹, 今後倭客人所進物件, 回贈布子準計之時, 若有零數,

---

79 대마도 도주이다. 1권 제1부「중요인물」'종정성' 참조.

80 등차랑(藤次郎)은 기해동정 때 좌위문삼랑(左衛門三郎)과 함께 조선에 포로로 잡혔다. 나중에 그들이 대마도 호족이라는 사실이 밝혀지자 태종이 음식, 의복은 물론 노비와 집, 심지어 양가집 딸까지 주며 대우해 주었다(태종 17-윤5-19-2, 세종 4-12-20-4, 세종 2-11-1-2, 세종 3-7-20-2, 세종 24-12-26-3).

81 유구국왕 상파지가 보낸 하례구와 의보결제를 말한다(세종 13-11-9-1, 세종 13-11-14-3, 세종 13-12-6-2).

82 대마도 왜구의 우두머리이자 수직왜인인 조전좌위문태랑의 아들이다. 1권 제1부「중요인물」'조전좌위문태랑' 참조.

三四匹則以五匹, 八九匹則以十匹加之, 十一二匹則以十匹, 六七匹則以五匹減之, 從其成數施行.

호조와 예조에 전지하기를,

"금후로는 왜객인이 바치는 물건에 대하여 회증하는 포자布子를 헤아려 계산할 때에 만약 우수리零數가 있거든 3, 4필은 5필로, 8, 9필은 10필로써 보태어 계산하고, 11, 12필은 10필로, 6, 7필은 5필로써 감하여 계산하여, 그 성수成數[83]에 따라서 시행할 것이다"

하였다.

12月 6日(丁酉) 2번째 기사

유구 국왕의 사신과 대마도의 육랑차랑 등이 하직하니 물건을 내리다

琉球國王使送夏禮久・宜普結制及對馬島六郎次郎等辭, 引見曰, "不忘故意, 專使修好, 予心喜之, 歸告汝王." 夏禮久等對曰, "我王知路之後, 願修誠款, 令臣等知路." 上曰, "予甚嘉之." 答琉球國王書曰, "我國與貴邦, 世敦信睦, 緣海路遼敻, 以致多年疎曠. 今王思繼先君之好, 專使來聘, 仍惠禮貺, 更示以交通往來之意, 寡人深用喜謝. 庶堅此心, 以永終譽, 豈不美哉? 不腆土宜, 聊表微誠, 竊希領納." 苧・麻布各十五匹, 人蔘一百斤, 滿花席十五張, 虎皮五張, 松子二百斤.

유구 국왕이 사신으로 보낸 하례구夏禮久[84]・의보결제宜普結制[85]와 대마도의 육랑차랑六郎次郎[86] 등이 하직하니, 임금이 불러 보고 말하기를,

---

83 5와 10의 배수를 뜻한다.
84 1430년에 유구국왕의 자문을 가지고 유구국 사신이다(세종 12-11-9-1).
85 하례구와 함께 온 유구국 사신이다.
86 대마도 왜구의 우두머리이자 수직왜인인 조전좌위문태랑의 아들이다. 1권 제1부「중요인물」

"예전의 호의를 잊지 않고 전사專使로서 수호修好하니, 내가 마음으로 이를 기쁘게 여긴다. 돌아가서 그대의 왕에게 알리라"

하니, 하례구 등이 대답하기를,

"우리 왕께서 길을 알고 난 후에 수호하기를 원하여 신 등에게 길을 알아 오라고 했습니다"

하였다. 임금이 말하기를,

"내가 매우 가상히 여긴다"

하였다, 유구 국왕에게 답하는 서신에 이르기를,

"우리나라는 귀국과 대대로 신의와 화목을 돈독히 하여왔는데, 바다 길이 멀므로 인하여 여러 해 동안 내왕이 없게 되었도다. 지금 왕이 선군의 호의를 계승하여 전사로서 사신을 보내오고 이내 예물까지 바쳐 다시 교통 왕래하려는 뜻을 보이니, 과인이 매우 기뻐서 사례하는 바이다. 이러한 마음을 굳게 가지고 영구히 칭예稱譽를 마치게 된다면 어찌 아름다운 일이 아니겠느냐? 변변치 못한 토산물로 조그마한 정성을 표시하니 수령하기를 바란다"

하였다.[87] (토산물은) 저포・마포 각각 15필, 인삼 1백 근, 만화석滿花席 15장, 호피 5장, 송자松子 2백 근이었다.

'조전좌위문태랑' 참조.

87 이 서한은 유구국 사료『역대옥안(歷代玉案)』에 수록되어 있다. 이후 유구국왕사는 22년 후인 단종 원년(1453)에 조선의 표류민 송환을 위하여 파견된다.

12월 12일(癸卯) 3번째 기사

등차랑이 서신을 가지고 미두를 청하니 주다

禮曹啓, "藤次郞修書乞米豆, 請給三十石." 從之.

예조에서 아뢰기를,

"등차랑藤次郞[88]이 서신을 가져 와서 쌀과 콩을 청하니 30석을 주소서"

하니, 그대로 따랐다

12월 25일(丙辰) 4번째 기사

왜수차·당수차를 만드는 장인을 각도에 파견하다

工曹啓, "倭水車及唐水車造作匠人, 請於京畿·忠淸道幷一名, 全羅·慶尙道幷一名發遣." 從之.

공조에서 아뢰기를,

"왜수차와 당수차唐水車를 만드는 장인을 경기도와 충청도에 모두 1명을, 전라도와 경상도에 모두 1명을 뽑아 보내게 하소서"

하니, 그대로 따랐다.

---

88 등차랑(藤次郞)은 기해동정 때 좌위문삼랑(左衛門三郞)과 함께 조선에 포로로 잡혔다. 나중에 그들이 대마도 호족이라는 사실이 밝혀지자 태종이 음식, 의복은 물론 노비와 집, 심지어 양가집 딸까지 주며 대우해 주었다(태종 17-윤5-19-2, 세종 4-12-20-4, 세종 2-11-1-2, 세종 3-7-20-2, 세종 24-12-26-3).

세종 14년
(1432 壬子/일본 영향(永享) 5年)

1月 8日(戊辰) 4번째 기사

예조에서 왜인 사신의 상경 경로를 아뢰다

禮曹啓, "日本國王及左武衛·大內殿使人外, 諸島客人, 則差使員, 已曾備藏米豆鹽醬酒米, 或三日或五日一次給之, 魚物柴木之類, 各其萬戶令船軍, 隨宜備給. 三浦到泊客人, 雖由水路上京, 必經尙州·聞慶·忠州·金遷江, 故各官各驛之民, 奔走失農, 漸以流亡. 自今客人到泊乃而浦者, 經由昌原·星州·沃川·淸州·竹山·龍仁·漢江, 到泊富山浦者, 經由東萊·梁山·密陽·淸道·大丘·仁同·尙州·聞慶·忠州·驪興·廣州, 到泊鹽浦者, 經由蔚山·彦陽·慶州·安東·榮川·丹陽·堤川·原州·楊根·平丘入京, 驛路民戶, 迎送勞逸, 庶得均平." 下政府諸曹同議, 僉曰, "由鹽浦來者, 經蔚山·慶州·安東·榮川·丹陽·忠州·驪興·楊根·平丘, 由富山浦來者, 經東萊·梁山·密陽·淸道·大丘·仁同·尙州·聞慶·延豐·槐山·陰城·陰竹·利川·廣州·廣津, 由乃而浦來者, 經昌原·星州·沃川・淸州・鎭川・竹山・龍仁・漢江入京. 其各浦供饋及解氷時水路往還, 請依啓目施行." 從之.

예조에서 아뢰기를,

"일본 국왕과 좌무위左武衛[1] 대내전大內殿[2]의 사인 이외에 제도諸島의 객인들에게는, 차사원[3]이 이미 일찍이 미두와 염장鹽醬[4]과 주미酒米[5]를 준비 저장하여서 어떤 때는 3일에 한 번, 어떤 때는 5일에 한 번씩 내어 주며, 어물魚物과 땔나무 등류도 각각 그곳 만호萬戶[6]가 수군水軍으로 하여금 적절하게 준비 공급하고 있습니다. 삼포三浦[7]에 이르러 정박한 객인들은 비록 수로를 경유하여 상경하더라도, 반드시 상주・문경・충주・김천강金遷江[8]을 경유하기 때문에 각 고을 각역의 백성들은 분주하여 농사 때를 놓치게 되므로 점점 유리流離[9]하고, 도망합니다. 지금부터는 객인으로서 내이

---

1 일본 고대의 중앙군사조직인 좌우병위부(兵衛府)를 중국식으로 우무위(右武衛)와 좌무위(左武衛)라고 불렀다. 좌무위는 실정막부의 직명 중 관제(管提) 다음으로 높은 직명으로, 세종 11년 당시의 좌무위는 원의순(源義淳, 斯波義淳, 足利義淳)으로 의중(義重)의 적자(嫡子)이다. 1433년에 사망하였다. 사파씨(斯波氏)의 당주(當主)가 대대로 좌무위독(左武衛督) 및 좌무위좌(左武衛佐)에 임명되었으므로 좌무위는 곧 사파씨의 적류를 뜻한다.
2 대내씨(大內氏)의 11대 당주인 대내성견(大內盛見)가 1431년에 전사하고 그 뒤를 이은 12대 당주 대내지세(大內持世)이다. 다만 이 기사에서는 실정막부 장군, 사파씨(斯波氏), 대내씨 자체를 가리킨다.
3 조선시대 각종 특수 임무의 수행을 위하여 임시로 차출, 임명되는 관원으로 정3품 이하의 당하관 중에서 임명되었다. 중앙정부에서 지방으로 파견되는 경우와 각도에서 중앙으로 보내는 경우의 두 종류가 있었다.
4 소금과 간장을 아울러 이르는 말로 음식의 간을 맞추는 양념을 통틀어 염장이라고 한다.
5 술을 빚는 데 쓰는 쌀이다.
6 병마만호(兵馬萬戶)와 수군만호(水軍萬戶)를 함께 가리키는 말로 조선시대 각도의 여러 진에 두었던 서반 외관직이다. 고려의 제도를 이어 받아 도만호・상만호・만호・부만호를 두고, 그 품계를 3품 이상 혹은 4품으로 하였다. 국초에 3품 이상을 만호, 4품에서 6품까지를 천호라고 일컬었던 것을 1413년(태종 13)부터는 3품직을 만호로, 4품직을 부만호로, 5품직을 천호로, 6품직을 부천호로 개칭하였다(『한국고전용어사전』).
7 세종 때 일본과의 통신, 교역을 목적으로 개항한 지금의 부산진(釜山鎭)에 해당하는 동래(東萊) 부산포(釜山浦), 지금의 경남 진해시에 해당하는 웅천(熊川) 내이포(乃而浦:薺浦), 지금의 경상남도 방어진(方魚津)과 장생포(長生浦) 사이에 해당하는 울산 염포(鹽浦)를 말한다.
8 충청북도 충주시 금천면의 금천강(金遷江)을 가리킨다.

포乃而浦[10]에 도착 정박한 자는 창원·성주·옥천·청주·죽산竹山[11]·용인·한강을 경유하게 하고, 부산포富山浦[12]에 도착 정박한 자는 동래·양산·밀양·청도·대구·인동仁同[13]·상주·문경·충주·여흥驪興[14]·광주를 경유하게 하며, 염포鹽浦[15]에 도착 정박한 자는 울산·언양·경주·안동·영천榮川[16]·단양·제천·원주·양근楊根[17]·평구平丘[18]를 경유하여 서울에 들어오게 하면, 역로에 있는 민호들의 송영送迎[19]에 대한 수고로움과 안일함이 아마 균평均平[20]하게 될 것 같습니다"

하니, 정부와 제조諸曹[21]에 내려 주어 같이 의논하게 하였다. 모두가 아뢰기를,

"염포鹽浦에서 오는 자는 울산·경주·안동·영천·단양·충주·여흥·양근·평구를 경유하게 하고, 부산포에서 오는 자는 동래·양

9　근거지를 떠나 정처 없이 떠도는 것을 말한다.

10　현재의 경상남도 진해시 웅천동에 있던 포구의 이름이다. 이곳에는 왜인들이 거주할 수 있는 왜관이 있었다.

11　경기도 안성 지역의 옛 이름이다.

12　경상도 동래에 있던 포구의 이름이다. 세종 대까지는 경상좌도 수군 도안무처치사 본영(左道水軍都按撫處置使本營)이 동평현 남쪽 7리 되는 부산포(富山浦)에 있었다(『세종실록』「지리지」). 1402년(태종 2)에 부산포(富山浦)라는 명칭이 처음 보이며, 『경상도지리지』·『세종실록』「지리지」, 『경상도속찬지리지』 등에 "동래부산포(東萊富山浦)"라 하였고, 1471년 편찬된 『해동제국기』에도 "동래지부산포(東萊之富山浦)"라 하고, 같은 책의 「삼포왜관도(三浦倭館圖)」에도 "동래현부산포(東萊縣富山浦)"라고 기록하였다. 그러나 성종 대에 이르면 부산포(釜山浦)라는 명칭이 처음 나타난 이후, 거의 대부분 후자의 한자 표기가 사용되었다.

13　경상북도 구미 지역의 옛 이름이다.

14　경기도 여주(驪州)의 옛 이름이다.

15　현재의 울산광역시 북구 염포동에 있던 포구로 조선시대에 일본인들이 머물며 교역할 수 있는 왜관을 두었다.

16　경상북도 영주 지역의 옛 이름이다.

17　경기도 양평 지역의 옛 이름이다.

18　경기도 남양주시의 양정동(養正洞) 일대를 이른다.

19　떠나는 사람을 보내는 일과 오는 사람을 맞아들이는 일을 말한다.

20　균등하고 공평한 것을 말한다.

21　여러 조(曹)라는 뜻으로, 조선의 중앙행정부서인 육조(六曹)를 달리 이르는 말이다.

산·밀양·청도·대구·인동·상주·문경·연풍延豐22·괴산·음성
陰城23·음죽陰竹24·이천·광주·광진廣津25을 경유하게 하며, 내이포
에서 오는 자는 창원·성주·옥천·청주·진천鎭川·죽산竹山·용인·
한강을 경유하여 입경入京하게 하고, 각 포구에서의 공궤供饋26와 얼음
이 풀린 때의 수로에 의한 왕래는 예조의 계목啓目27에 따라 시행하기를
청합니다"
하니, 그대로 따랐다.

2月 13日(壬寅) 1번째 기사
상참을 받고, 정사를 보다

受常參, 視事. 上謂左右曰, "煮取焰硝, 其功不易, 所儲不多. 若用
於攻城陷陣, 則焰硝之費甚多. 若因儲費之少, 不習火砲, 則亦無以
臨機應變. 如欲廣備焰硝, 日習火砲, 將如之何?" 贊成許稠·判書申
商啓, "焰硝煮取之所, 慶尙·全羅·忠淸三道而已. 倭人性本巧, 而
居下道者亦多, 若見其術, 必能傳習. 禍將不測, 宜於東西兩界, 亦皆
煮取, 常習爲便." 上又曰, "水牛力壯, 可使耕田, 予欲奏請易換. 但本
國, 與中朝南方風氣不同, 恐或不盛." 商曰, "臣聞水牛耕田, 倍於常
牛. 全羅道風氣, 與南方相似, 可以畜養." 稠亦言其利, 上曰, "高麗奏

---

22 충청북도 괴산 지역의 옛 이름이다.
23 충청북도 음성군이다.
24 음죽(陰竹)은 지금의 충청북도 음성군과 경기도 이천시의 일부 지역에 있던 행정구역 명칭이다.
25 광나루라고도 하며, 현재의 서울특별시 광진구 광장동의 도선장이다. 서울에서 광주로 통하
　는 교통의 요지였다.
26 음식물을 나누어 주는 것 또는 연장자에게 음식물을 공손하게 바치는 것을 뜻한다.
27 조선시대에 중앙의 관부에서 국왕에게 올리던 문서 양식의 하나로, 중대한 일을 아뢸 때는 계
　본(啓本)의 서식을 썼고, 작은 일을 아뢸 때는 계목을 사용하였다.

請, 欲換駝驢, 帝還其價, 賜駝驢三十匹, 仍諭曰, '予欲頒賜中外, 但
畜養之數少而未果.' 今請水牛, 無害於義, 可咨禮部請換. 禮部不許,
具辭奏達如何?' 僉曰, "可."

상참[28]을 받고 정사를 보았다. 임금이 좌우의 신하들에게 말하기를,

"염초焰硝[29]를 굽는 일은 그 공이 쉽지 않으며 저장된 것도 많지 않다.
만약 이것을 성城을 공격하고 진陣을 함락시키는 데 사용한다면 염초의
소비량은 매우 많을 것이다. 만약 저장하고 염초의 소비를 적게 하기
위하여 화포를 익히지 않는다면, 또한 필요한 시기를 당하여 응변應變[30]
하지 못할 것이다. 만약 널리 염초를 준비하여 날마다 화포술을 연습하
게 하려면 장차 어떻게 하면 좋겠는가?"

하니, 찬성[31] 허조와 판서[32] 신상이 아뢰기를,

"염초를 굽는 곳은 경상도 · 전라도 · 충청도의 세 곳뿐입니다. 왜인
들은 본래 성질이 간교하고 또 하도下道[33]에 와서 사는 자도 많으니, 만
약 그들이 염초를 굽는 기술을 본다면 반드시 능히 전습[34]하여 갈 것입
니다. 그렇게 되면 화禍를 장차 예측할 수 없을 것이니, 마땅히 동계東
界[35] · 서계西界[36] 양계에서도 또한 다 염초를 굽게 하며 항상 화포를 익

---

28 의정 대신(議政大臣)을 비롯하여 중신(重臣)과 시종관(侍從官)들이 매일 아침 편전에서 임금
에게 정사(政事)를 아뢰는 일이다.
29 박초(朴硝)를 개어서 만든 약재로 유황과 함께 화약의 핵심 원료로 사용하였다. 염초는 질산
칼륨 성분이 있는 돌[朴硝]을 한 번 구워서 만든 약재이자, 화약을 가리키는 말로 쓰이기도 하
였다(『조선시대 대일외교 용어사전』).
30 변란에 때를 맞춰 대응하는 것이다.
31 의정부의 차관인 종1품 관직이다.
32 조선시대 육조(六曹)의 장관. 정2품의 관직이다.
33 충청(忠淸), 경상(慶尙), 전라(全羅)의 세 도(道)로 하삼도(下三道)라고도 한다.
34 기술, 지식 등을 다른 사람으로부터 배워서 익히는 것을 말한다.
35 현재의 함경도 지역을 말한다.
36 현재의 평안도 지역을 말한다.

히게 하는 것이 좋겠습니다"

하였다. 임금이 또 말하기를,

"물소는 힘이 세고 밭 가는데 사용할 수 있다고 하니, 내가 중국 황제에게 주청하여 바꿔 오고자 한다. 다만 우리나라는 중국의 남쪽 지방과는 기후가 같지 않아서 물소가 우리나라에서 번성하지 않을까 봐 두렵다"

하니, 상이 아뢰기를,

"신은 들으니, 물소가 밭을 가는 것이 보통 소의 두 배나 된다고 합니다. 전라도의 기후는 중국의 남방과 비슷하니 사양飼養37할 수 있을 것입니다"

하고, 조도 또한 그것이 유리하다고 말하였다. 임금이 말하기를,

"고려에서 타려駝驢38를 교역하고 싶다고 중국 조정에 주청하였더니, 황제가 그 값을 돌려보내고 타려 30필을 하사하고, 이어 유시하기를,39 '내 타려를 중외40에 나누어 주고자 하나, 다만 사양한 수가 적어서 뜻대로 하지 못한다'고 하였었다. 지금 물소를 청하여도 도리에 잘못 될 것이 없으니 중국 예부에 자문을 보내어 바꾸기를 청하는 것이 좋겠다. 예부에서 허락하지 아니하는 경우에는 사연을 갖추어 황제에게 주달하는 것이 어떻겠는가?"

하니, 모두가 아뢰기를,

"좋습니다"

하였다.

---

37 길러서 키우는 것이다. 사육과 비슷한 말이다.
38 낙타와 검은 말을 말한다.
39 가르쳐 보인다는 말로, 상급자나 연장자가 하급자나 연소자에게 내리는 가르침이다.
40 나라 안과 밖을 아울러 이르는 말이다.

2月 25日(甲寅) 4번째 기사

전라도 처치사에게 백산도 왜인의 동정을 알아보라 명하다

傳旨全羅道處置使, "道內白山島, 人物非不通也. 前此金斌吉因偵候倭人往觀之, 其時處置使不用心訪問, 但取丁仁己, 不知本島之言以啓, 甚爲不可. 今値農時, 勿聚遠人, 姑問水邊古老以聞."

전라도 처치사[41]에게 전지[42]하기를,

"도내의 백산도白山島[43]에는 사람과 물화物貨가 통하지 못하는 것이 아닌데, 전번에 김빈길金斌吉[44]에게 왜인을 정탐하게 하기 위하여 가 보게 하였더니, 그 때에 처치사는 그곳을 방문하는 일에 마음을 쓰지 않고 다만 정인기丁仁己[45]가 본도의 말을 알지 못한다는 것만을 들어서 보고한 것은 매우 옳지 않다. 지금 농사철을 당하였으니 먼 곳 사람들을 모으지 말고 우선 물가의 고로古老들에게 물어서 아뢰라"

하였다.

3月 3日(壬戌) 5번째 기사

종정성 등이 토산물을 바치므로 정포 등을 하사하다

宗貞盛·宗茂直等, 遣人獻土物, 回賜貞盛正布九十匹·茂直十五匹.

종정성宗貞盛[46]·종무직宗茂直[47] 등이 사람을 보내어 토산물을 바치므

41 조선시대에는 주요 포구에 처치사(處置使)·절제사(節制使)를 두었다. 세종 대에는 주진에 수군도안무처치사(水軍都按撫處置使, 뒤에 水軍節度使)를 두었으며, 진영(鎭營)의 크기에 따라 첨절제사(僉節制使)·만호(萬戶) 등을 두었다.

42 1443년(세종 25)에 내린 전지에 의해서 임금이 전교(傳敎)하는 일을 교지라고 하고, 세세한 일에 관련된 것을 전지라고 하였다(세종 25-8-29-2).

43 1444년에 흑산도와 함께 보이지만 어느 섬인지는 분명하지 않다(세종 26-4-7-1).

44 김빈길(金贇吉, ?~1405)은 전라도 수군첨절제사와 전라도 수군도절제사를 지낸 무인이다.

45 여기에만 보인다.

로 정성에게 정포 90필을, 무직에게 15필을 회사하였다.

3月 8日(丁卯) 2번째 기사
왜인 변상의 난언 사건을 결정하다

召黃喜·孟思誠·權軫·許稠等曰, "倭人邊相亂言之事, 推鞫已久,
相猶不服. 予意相之亂言, 欲害本朝, 則死有餘辜, 若以誇己之功而
發, 則其情可恕." 喜等曰, "今看義禁府獄辭, 證佐具在, 似難發明. 宜
置典刑, 然罪疑惟輕, 聖王之政, 屛諸幽僻之地, 禁其出入, 以保餘生."

황희·맹사성·권진·허조 등을 불러서 말하기를,

"왜인 변상邊相[48]의 난언亂言 사건[49]은 추국推鞫[50]한 지가 이미 오래되
었으나, 상이 오히려 복죄服罪[51]하지 않는다. 내 생각으로는 상의 난언
이 우리나라를 해치고자 한 것이라면 사형을 하여도 죄가 남겠지만, 만
약 제 공功을 자랑하기 위하여 나온 말이라면 그 정상이 용서할 수도 있
는 것이다"

하니, 황희 등이 아뢰기를,

"이제 의금부의 옥사獄辭[52]를 보니, 증거가 갖추어 있어서 변명하기

---

46 대마도 도주이다. 1권 제1부 「중요인물」, '종정성' 참조.

47 인위종씨(仁位宗氏)의 중심인물인 종하무(宗賀茂)의 아들이며 인위군(仁位郡, 혹은 卦老郡)
군수로서 사수포(沙須浦)에 거주하였다. 종하무의 아들로는 종무수(宗茂秀)·종무직(宗茂
直)·종만무(宗滿茂)가 있었고, 이들은 종정성·종언칠과 함께 대마도의 실질적인 지배자로
군림하였다. 무수는 아들이 없어서 종무직의 아들인 종정수(宗貞秀, 彦九郎)를 양자로 삼았다.

48 귀화한 왜인이며 부사의·부산직 관직을 받았다.

49 1431년에 김원진, 왜인 등칠·변상이 향화왜인 등현의 집에 모여서 술을 마시면서 변상이 거
제도 경상우도 처치사를 둔 것이 김원진 때문이라고 하였다. 이에 변상을 형조에 내려 처벌
한 사건이다(세종 13-10-1-6).

50 왕명으로 의금부에서 수행한 중죄인의 심문 또는 그 절차를 말한다.

51 자신의 죄를 인정하는 것을 말한다.

52 피의자가 자백한 내용의 기록이나 재판의 판결문을 일컫는다.

어려울 것 같습니다. 마땅히 법대로 형벌에 처해야 하겠으나, 죄가 의심날 때에는 가벼운 것을 좇는다는 것은 착한 임금의 형정刑政[53]인 것이니, 그를 유벽幽僻[54]한 곳에 안치[55]시켜서 그 출입을 금지한 채 여생을 보전하게 하소서"

하였다.

3月 22日(辛巳) 3번째 기사

종정성이 토산물을 바치므로 회사품을 내리다

宗貞盛遣人獻土物, 回賜正布六十五匹.

종정성宗貞盛[56]이 사람을 보내어 토산물을 바쳐 왔으므로, 회사품回賜品으로 정포 65필을 내렸다.

4月 16日(甲辰) 3번째 기사

강희려가 남해도의 남쪽, 미조항·장항 등에 병선을 정박시켜야 한다는 상서를 올리다

前光陽縣監姜希呂上書曰, "南海島南面如彌助項·獐項·冬毛浦等處, 可泊兵船. 然曾不設防, 倭變可畏, 請罷不緊赤梁兵船九隻, 移泊於彌助項, 又除一隻, 移泊於獐項, 又除平山浦泊立兵船九隻內二隻, 移泊於冬毛浦, 則倭寇退縮, 島內未闢陳地畢墾, 農民無畏懼疊入之嘆. 赤梁泊立船軍, 不顧大體, 憚於彌助項之遠, 不樂移泊. 雖經萬戶之任,

---

53 예악(禮樂)과 함께 백성을 교화하는 수단으로 정치(政治)와 형벌을 말한다.
54 깊숙하고 궁벽진 것이나, 한적하고 구석진 것을 말한다.
55 유배지에서 거주의 제한을 가하는 형벌이다.
56 대마도 도주이다. 1권 제1부「중요인물」'종정성' 참조.

不察彌助項移泊之便益, 一無獻策者. 小臣以爲赤梁元立船軍, 分移
於附近各梁, 以境內昆南及河東・珍城之人, 泊立於彌助項, 則民皆便
之. 彌助項新泊船軍, 與撲島・蛇梁相對戍禦, 則倭變遄息矣." 下兵曹,
與政府諸曹同議以聞.

전 광양 현감^{光陽縣監} 강희려^{姜希呂}가 상서하기를,

"남해도^{南海島}의 남쪽, 미조항^{彌助項}[57]・장항^{獐項}[58]・동모포^{冬毛浦}[59] 등
과 같은 곳은 병선을 정박시켜야 할 곳입니다. 그러나 일찍이 방어의
시설을 하지 않아서 왜변^{倭變}을 당하여 막을 때에는 염려되니, 청컨대,
긴요하지 아니한 적량^{赤梁}[60]의 병선 9척을 폐지하여 미조항에 옮겨 정박
시키고, 또 1척을 폐지하여 장항에 옮겨 정박시키며, 또 평산포^{平山浦}[61]
에 정박시킨 병선 9척 가운데서 2척을 폐지하여 동모포에 이박^{移泊}[62]시
킨다면 왜구가 퇴축^{退縮}하게 될 것이며, 섬 안의 개간하지 않은 진지^{陳地}
를 죄다 개간하면 농민이 두려워하여 들어가기를 겁내는 일은 없을 것
입니다. 적량에 정박하는 선군들이 전체의 사세를 돌아보지 않고 미조
항의 먼 것을 꺼려서 옮겨 정박하기를 좋아하지 않습니다. 비록 만호의
직임을 지낸 자일지라도 미조항에 이박하는 것이 편익^{便益}하다는 것을

---

57 현재의 경상남도 남해군 미조면(彌助面)에 있던 포구이다. 경상우도 남해현의 동남쪽 87리
    에 있다고 하였다(『신증동국여지승람』 「경상도」).
58 현재의 경상남도 남해군 서면 서상리에 있던 포구이다. 여수가 서남쪽으로 약 10km 거리에 있다.
59 여기에만 보인다. 경상남도 남해군의 남부에 있는 포구일 것으로 추정된다.
60 현재의 경상남도 남해군 창선면 적량(赤梁)이다.
61 경상우도 곤남군 남해도의 서남부에 있는 포구의 이름이다. 곤남군에서 90리 거리인데, 노량
    (露梁) 수군 만호(水軍萬戶)가 수어한다고 하였다(『세종실록』 「지리지」 「경상도」 「곤남군」).
    원래 진주목 노량에 있던 노량만호가 세종 대에 남해 평산도에 기박(寄泊)하고 있었다. 경상
    도 노량(露梁)을 평산포로 개명하였음을 알 수 있다(세종 20-4-17-2).
62 배를 다른 지역으로 옮겨 정박시키는 것이다. 특히 만호 등이 거느리는 군선을 다른 포구로
    옮기도록 하는 것이다.

살피지 않아서 헌책獻策⁶³하는 자가 한 사람도 없습니다. 소신은 생각하기를, 적량에 원래부터 정립한 선군을 부근의 각 양에 나누어 옮기고, 관내의 곤남昆南⁶⁴과 하동河東·진성珍城⁶⁵의 사람을 미조항에 입번시킨다면 백성들이 모두 그것을 편리하게 여길 것입니다. 미조항에 새로 정박하는 선군이 박도撲島⁶⁶와 사량蛇梁과 마주보며 수자리하여 방어한다면 왜변이 없어질 것입니다”

하니, 병조에 내려, 의정부와 여러 조가 함께 의논하여 보고하도록 하였다.

4月 17日(乙巳) 9번째 기사
공조에서 경상우도의 염창을 옮기는 일에 대해 보고하다

工曹啓, “今訪問慶尙右道鹽倉移排便否, 昆南郡人, 則欲於城內合屬, 將汰場官而兼有之, 鹽干之徒, 則憚於合屬, 欲別立場官而專事煮鹽. 兩處情願各異, 然觀其地勢, 則吉岸古基距昆南及水路不遠, 乃鹽干所居之中, 而便於貢鹽之輸, 且外有興善島·南海島·蛇梁·露梁·赤梁, 四面要衝, 皆有兵船, 固無倭寇之憂. 宜從鹽干之願, 徙于古基.” 命與政府諸曹及本道監司已行二品已上同議, 皆曰, “宜從所啓.” 從之.

---

63 어떤 일에 대한 계책·방책을 올리는 것이다.
64 곤양현과 남해현을 아울러 만든 행정구역 명칭이다.
65 조선 정종(定宗) 때 경상우도 산청군(山淸郡) 지역에 있었던 강성현(江城縣)과 명진현(溟珍縣)을 합하여 설치하였던 현(縣)이다. 세종 때에 다시 분리하여 명진현은 거제현(巨濟縣)에 붙이고, 강성현은 단계현(丹溪縣)과 합하여 단성현이라 하였다.
66 경상우도 고성현에 속한 섬으로 상박도와 하박도가 있었다. 둘레가 각각 24리와 50리라고 하였다(『신증동국여지승람』 「경상도」 「고성현」).

공조에서 아뢰기를,

"이번에 경상우도慶尙右道[67]의 염창鹽倉[68]을 옮겨서 배치하는 것이 좋은가 아닌가를 현지에 찾아가서 물어 보았더니, 곤남군昆南郡 사람들은 성내에 두고 태장관汰場官[69]에 합속合屬시켜서 양쪽을 겸임하게 하기를 바라고, 염간鹽干[70]의 무리들은 합속되는 것을 꺼려하며, 따로 염장을 세워서 소금 굽는 일을 전문으로 하게 하기를 원합니다. 두 곳의 정원情願이 각각 다르오나, 그곳의 지세地勢를 살펴보니 길안吉岸[71]의 옛 터는 곤남과의 거리와 물길이 멀지 않아서 염간鹽干들이 살고 있는 중간이며, 공염貢鹽[72]을 수송하는 데에 편리하고 또 밖에는 흥선도興善島[73]·남해도南海島·사량蛇梁[74]·노량露梁[75]·적량赤梁[76] 등이 있어서 사면四面이 모두 요충인 곳으로서 다 병선을 배치하고 있으므로, 진실로 왜구가 침입할 우려는 없습니다. 마땅히 염간 등의 소원하는 대로 고기古基[77]로 옮

---

67 조선시대에 낙동강을 중심으로 서쪽에 있는 경상도 지역을 일컫는 말이었다. 성주·선산·합천·함양·의령·남해·거창·사천·하동·고성·창원 등이 이에 속하였다.

68 소금을 끓이는 데에 쓰는 가마로, 염장관이 감독하고 지켰다.

69 염장(鹽場)을 관리하는 염장관(鹽場官)과 관련이 있는 것 같으나 본 기사 외에 자료가 없다.

70 조선시대에 제염장(製鹽場)에서 일하던 사람으로, 염호(鹽戶), 염노(鹽奴)라고도 하며, 신분은 양인에 속하면서도 천역을 맡았던 신량역천(身良役賤)의 계층이었다(세종 7-7-25-4).

71 강주(康州, 경상남도 진주의 옛 지명)에 속한 지역이다.

72 나라에 공납하는 소금 혹은 소금을 바치는 일이다.

73 경상남도 남해군 창선도(昌善島)의 옛 이름이다.

74 현재의 경상남도 통영시 사량면에 있던 수군진을 말한다.『세종실록』「지리지」에서는 사량(蛇梁)은 고성현 남쪽에 있는데, 수로(水路)로 70리이며 구량량 만호(仇良梁萬戶)의 병선이 여기로 옮겼다. 구량량은 본디 진주(晉州) 임내(任內)인 각산향(角山鄕)에 있었다고 하였다(『세종실록』「지리지」「경상도」「고성현」).

75 남해도 평산포에 있던 수군진을 말한다. 곤남군에서 90리 거리인데, 노량(露梁) 수군 만호(水軍萬戶)가 수어한다고 하였다(『세종실록』「지리지」「경상도」「곤남군」). 원래 진주목 노량에 있던 노량만호가 세종 대에 남해 평산도에 기박(寄泊)하고 있었다.

76 창선도 적량에 있던 수군진을 말한다. 원래 적량(赤梁) 진주(晉州)에 속하였던 적량진이 지금은 가을곶(加乙串)으로 옮겼고, 병선 13척, 군사 7백 20명이 소속된 거진이었다(『세종실록』「지리지」「경상도」). 현재 적량이라는 지명은 창선도의 동부 중앙에 있으나, 적량이라는 이름은 좁은 해협을 뜻하므로, 원래 남해도와 창선도 사이를 뜻하는 말이었을 것으로 추측된다.

기는 것이 좋겠습니다"

하니, 정부·제조諸曹 및 본도의 감사로서 이미 2품 이상을 지낸 사람들과 더불어 함께 의논하라고 명하였더니, 모두 말하기를,

"아뢴 대로 좇는 것이 좋겠습니다"

하므로, 그대로 따랐다.

4月 20日(戊申) 5번째 기사

청주의 왜인 죄수 보라를 참형에 처하다

刑曹啓, "(…前略…) 淸州囚倭奴甫羅歐殺船軍姜松萬, 律該處斬." 從之.

형조에서 아뢰기를,

"(…전략…) 청주淸州의 죄수 왜놈 보라甫羅[78]는 선군 강송만姜松萬을 때려 죽였으므로 율이 참형에 해당합니다"

하니, 그대로 따랐다.

5月 4日(辛酉) 7번째 기사

일본 국왕의 사자 범령이 부산포에서 죽다

日本國王使人梵齡, 在富山浦死.

일본 국왕의 사자 범령梵齡[79]이 부산포富山浦[80]에서 죽었다.

---

77 옛 터라는 뜻으로 앞에서 말한 '길안(吉岸)의 옛 터'이다.

78 왜노 보라를 참형에 처한 사실이 9월에 다시 보인다(세종 14-9-1-4). 보라만으로는 일본 인명으로 보기 어려우므로, 조선에 살면서 삼보라(三甫羅, 三郎)라는 원래 이름을 줄여서 쓴 것으로 보인다.

79 일본 국왕 사신으로 온 승려로 세종5년 12월 25일부터 끊임없이 조선에 대장경판을 요구하였다.

80 경상도 동래에 있던 포구의 이름이다. 세종 대까지는 경상좌도 수군 도안무처치사 본영(左道水軍都安撫處置使本營)이 동평현 남쪽 7리 되는 부산포(富山浦)에 있었다(『세종실록』「지리지」).

5月 8日(乙丑) 2번째 기사

대마도 육랑차랑이 토산물을 바치니 회사하다

對馬島六郞·次郞, 遣人獻土物, 回賜正布二十匹.

대마도의 육랑차랑六郞次郞[81]이 사람을 보내어 토산물을 바치니, 정포 20필을 회사하였다.

5月 15日(壬申) 1번째 기사

권전을 보내 범령에게 치제하게 하다

遣軍器監正權專, 致祭于梵齡.

군기감정軍器監正[82] 권전權專을 보내어 범령梵齡[83]에게 치제致祭[84]하게 하였다.

1402년(태종 2)에 부산포라는 명칭이 처음 보이며,『경상도지리지』·『세종실록』「지리지」,『경상도속찬지리지』 등에 "동래부산포(東萊富山浦)"라 하였고, 1471년 편찬된『해동제국기』에도 "동래지부산포(東萊之富山浦)"라 하고, 같은 책의「삼포왜관도(三浦倭館圖)」에도 "동래현부산포(東萊縣富山浦)"라고 기록하였다. 그러나 성종 대에 이르면 부산포라는 명칭이 처음 나타난 이후, 거의 대부분 후자의 한자 표기가 사용되었다.

81 조전좌위문태랑(早田左衛門大郞)의 아들이다. 1권 제1부「중요인물」'육랑차랑' 참조.

82 조선 초기 병기·기치·융장·집물(什物) 등의 제조와 보관에 관한 일을 맡아 보던 관청인 으로 1392(태조 원년)에 설치하고, 관원으로 판사(判事)·감(監)·소감(少監)·승(丞)·주부(注簿)·직장(直長)·녹사(錄事) 등을 두었다가, 1414년(태종 14)에 감을 정(正), 소감을 부정(副正), 승을 판관(判官)으로 고쳤다.

83 범령 장주(梵齡藏主). 장주는 불경을 보관하는 경장을 관리한다는 뜻으로 승려의 소임이다. 범령은 여러 차례 일본 국왕사로 조선에 파견되었으며, 1432년에 국왕사의 정사로 왔다가 부산포에서 죽었다(세종 14-5-4-7).

84 임금이 제물과 제문을 보내어 죽은 신하를 제사 지내던 일이다.

5月 16日(癸酉) 3번째 기사

일본에 대한 회사품과 명나라에 조선 공장과 물소를 주청하는 사안을 의논
하다

右副代言權孟孫啓, "日本國王新卽位, 嘗命朴瑞生通信, 及瑞生之
還, 日本不卽答禮, 云, '後當遣人報聘.' 今之來使, 蓋報瑞生之行也.
今又欲遣回禮使, 臣意以爲宜將禮物, 就付來使." 上曰, "太宗朝, 與
日本連歲修好, 使价不絕, 及其後也, 每以禮物付來价. 彼以誠而通
信, 我以誠而報禮, 何害之有?" 孟孫又啓, "曾有上敎云, '船匠及水牛,
將奏請上國.' 今謝恩之行, 奏請否?" 上曰, "前朝恭愍王時, 奏請火藥,
高皇帝特賜火砲火藥. 此乃一視同仁之大度也. 我國東隣倭賊, 不得
已而備戰艦, 未踰歲月, 已至朽敗, 蓋以工匠未盡造船之術也. 今宜
先錄高皇帝賜火藥故事, 繼請造船良匠, 以爲禦倭之備. 朝廷雖不欲
奏請, 然有高皇帝賜火藥之事, 必不能防之矣. 若水牛則或以爲珍禽
奇獸, 不當奏請, 然此物不是奇獸, 耕田服車, 所繫甚重. 但今朝廷所
求牛一萬隻, 若未措辦而請免, 則不可奏也. 其令李兢·金聽等, 議于
承文院提調以啓."

우부대언右副代言[85] 권맹손이 아뢰기를,

"일본 국왕[86]이 새로 즉위하였을 때에 일찍이 박서생朴瑞生[87]을 명하
여 통신사로 보냈던 바, 서생이 돌아올 때에 즉시 답례하지 않고, '뒤에
마땅히 사람을 보내서 답례로 방문하게 하겠다'고 하였습니다. 지금 온

---

85 조선 초기 승정원에 소속된 정3품 관직이다.
86 실정막부(실정막부) 제6대 장군 족리의교(足利義敎)를 말한다.
87 1428년 11월 대사성으로 통신사가 되어 일본에 갔다가 다음해 12월에 돌아왔다.

일본의 사자는 대체로 서생이 갔던 것을 보답하기 위한 것입니다. 지금 또 회례사를 보내려고 하나, 신의 생각으로는 마땅히 예물은 저쪽에서 온 사자使者에게 부쳐 보내는 것이 옳겠습니다"

하니, 임금이 말하기를,

"태종조太宗祖 때에는 일본과 더불어 매년 계속하여 수호修好하는 사신이 끊이지 않았더니, 그 뒤에는 번번이 예물을 저쪽에서 온 일본 사자에게 부치었다. 저들이 성의를 가지고 통신하니 우리도 성의로 예에 보답하는 것이 무엇이 해롭겠는가?"

하였다. 맹손이 또 아뢰기를,

"일찍이 주상께서 분부하옵시기를, '배 만드는 공장工匠과 물소水牛를 명나라 조정에 주청하라'고 하셨는데, 이번 사은사謝恩使[88]가 가는 길에 주청하게 하시겠습니까?"

하니, 임금이 말하기를,

"전조 공민왕 때에 화약을 달라고 주청하였더니 명나라의 고황제高皇帝[89]가 특히 화포와 화약을 하사하였다. 이것은 일시동인一視同仁의 큰 법인 것이다. 우리나라가 동쪽으로 왜적과 이웃하고 있으므로, 부득이 전함戰艦을 준비하였으나, 그러나 한 해를 넘기지 못하고 이미 부패하게 되었으니 대체로 공장工匠의 조선 기술이 완전하지 못하기 때문이다. 이제 마땅히 먼저 고황제가 화약을 하사한 옛일을 기록하고, 이에 배 짓는 훌륭한 기술자를 청하여 왜구를 막을 준비를 하여야 하겠다. 중국 조정에서 비록 황제에게 주청하지 않고자 할지라도 고황제의 화약 하사의 일

---

88 조선시대 때 명나라와 청나라에 비정기적으로 보냈던 답례 사신을 말한다.
89 명나라 태조 주원장을 가리킨다.

이 쓰여 있기 때문에 반드시 막지 못할 것이다. 물소 같은 것은 진기한 새 혹은 기이한 짐승이라 하여 주청하는 것이 부당하다고 할지도 모르겠으나, 이 동물은 기이한 짐승이 아니고 밭을 갈며 수레를 끄는 등 소용되는 것이 매우 중요한 것이다. 다만 지금 명나라 조정에서 요구하는 소 1만 필을 만약 마련하지 못하고 면제하여 주기를 주청한다면 (물소를 달라고) 주청할 수는 없는 것이다. 그것을 이긍李兢·김청金聽 등으로 하여금 승문원 제조承文院提調에게 의논하여 아뢰라"

하였다.

5月 23日(庚辰) 1번째 기사
일본 국왕의 사신 이라가 불경을 청구하다

御勤政殿, 見日本國王所使副官人而羅于殿內曰, "滄波險阻, 艱難遠來. 上介纔入我境, 纏疾殞命, 予甚悼焉." 而羅對曰, "小人之情, 難以盡啓." 國王書曰, "貴國密邇於我, 舟楫往來, 通問修好, 自古而然, 不止一時. 比者三數歲, 以封內事殷, 間缺報信, 非緩也. 今遣梵齡, 討釋氏大藏二部, 冀賜兪允." 禮物, 佛像·水精珠·畫扇·甘草·胡椒·銅大刀·槍·屛風·朱盆·玳瑁托子·黑漆托子·梅花皮·砂魚皮·練絹·藤. 石城宗金致書禮曹曰, "往歲銜命往拜, 雖慰平日跂望之志, 煩貴朝將命, 不爲不多. 今我國遣梵齡修好, 就求釋典, 令僕幼子副之." 仍獻土物, 回賜正布十五匹.

근정전에 거둥하여 일본 국왕의 사자使者 부관인副官人 이라而羅[90]를 전

---

[90] 일본 국왕사의 정사였던 범령이 부산포에서 죽었으므로, 부관인 즉 부사였던 이라가 세종을 알현한 것이다.

내殿內에 인견하고 말하기를,

"바다 물결이 험조險阻한데 어렵게 멀리 와서, 상사가 겨우 우리나라 땅에 들어오자마자 병에 걸리어 목숨을 잃었으니 내 매우 애도하노라"

하니, 이라가 대답하기를,

"소인小人의 심정은 다 아뢰기 어렵습니다"

하였다.

일본 국왕의 서신에 이르기를,

"귀국이 우리와 매우 가깝게 있어서 배가 서로 왕래하며, 통신하고 문안하여 우호의 예를 닦은 것은 옛날부터 그러한 것으로써 한 때도 그치지 않았습니다. 근래의 3년 동안은 국내에 일이 많아서 그 사이에 통신을 보사報謝[91]하지 못하였으나, 성의가 해이한 것은 아닙니다. 이제 범령梵齡[92]을 보내어 석씨釋氏의 대장경 2벌部을 청구하오니, 윤허를 내려 주시기 바랍니다"

하고, 예물로 불상 · 수정주水精珠 · 그림 부채畵扇 · 감초甘草 · 호초胡椒[93] · 구리로 만든 큰 칼 · 창 · 병풍 · 붉은 항아리朱盆 · 대모탁자玳瑁托子[94] · 흑칠탁자黑漆托子[95] · 매화피梅花皮[96] · 사어피鯊魚皮 · 흰 비단練綃[97] · 등藤[98]이었

---

91 은혜를 갚고 사례를 한다는 뜻으로 실정막부(室町幕府)에서 사신을 파견하지 않은 것을 말한다.
92 범령 장주(梵齡藏主). 장주는 불경을 보관하는 경장을 관리한다는 뜻으로 승려의 소임이다. 범령은 여러 차례 일본 국왕사로 조선에 파견되었으며, 1432년에 국왕사의 정사로 왔다가 부산포에서 죽었다(세종 14-5-4-7).
93 후추를 뜻한다.
94 바다거북 종류 중 하나인 대모(玳瑁)의 등껍질로 만든 받침대를 말한다.
95 검은빛의 옻을 칠한 받침대를 말한다.
96 가오리의 껍질을 말한다. 매화 모양의 무늬가 있어서 도검을 장식하는 데 사용하였다. 일본어로는 '카이라기'라고 한다.
97 연초(練綃)는 연사(練絲, 잿물에 삶아 희고 부드럽게 만든 명주)로 만든 얇은 비단으로 생각된다. 초(綃)에 얇은 비단천이라는 뜻이 있다.
98 등나무 껍질로 생각된다.

다.

석성 종금宗金**99**이 예조에 서신을 보내어 말하기를,

"지난해에 봉명 사신奉命使臣**100**으로 귀국에 가서 뵈옵게 되어 비록 저의 평소에 발돋움하고 바라보던 뜻은 위로할 수 있었으나, 귀국의 조정을 번거롭게 할 명령을 받들고 간 것이 많지 않았다고 말할 수 없었습니다. 이제 우리나라에서 범령을 보내어 우호의 예를 닦고, 나아가 불경佛經을 청구합니다. 저의 어린 아들**101**로 부사副使를 삼았습니다"

고 하고, 이어 토산물을 바치니, 정포 15필을 회사하였다.

5月 23日(庚辰) 5번째 기사

일본 국왕사 이라 등에게 의복 · 인삼 등을 하사하다

賜日本國王使送副官人, 而羅衣笠靴及紬苧麻布各三匹 · 雜彩花席五張 · 人蔘五斤, 餘人賜物有差.

일본 국왕이 보낸 사신의 부관인副官人 이라而羅**102**에게 옷 · 갓 · 신 · 명주 · 저포 · 마포 각각 3필씩, 잡채화석雜菜花席**103** 5장, 인삼 5근을 하사하고, 나머지 사람들에게도 물품을 차등 있게 하사하였다.

---

99 실정 시대의 박다(博多, 하카타)의 상인으로 처음에는 구주탐제 삽천만뢰(澁川滿賴, 源道鎭), 대우씨(大友氏)의 부하로 명나라나 조선과의 무역에서 활약하였고, 대마도 정벌 이후에는 막부 장군이나 사파씨(斯波氏), 삽천씨(澁川氏), 대우씨(大友氏), 소이씨(少貳氏) 등의 구주 지역의 사절로서 조선 무역을 대행하였다. 1권 제1부「중요인물」'종금' 참조.
100 임금의 명령을 받들고 다른 나라로 가는 사신(使臣)을 말한다.
101 종금의 아들은 차랑오랑(次郎五郎, 而羅古羅)이다.
102 1432년 5월에 범령과 함께 온 일본 국왕사의 일원으로 생각된다. 범령이 부산포에 도착한 직후 죽었기 때문에 이라가 상관인(上官人)의 역할을 대신한 것으로 보인다. 이라는 차랑(次郎, 지로오)를 음사한 것인데, 이름이 온전하지 않다. 그러나 종금이 자신의 아들을 보냈다고 한 점으로 미루어, 이라가 곧 종금의 아들 이라고라(而羅古羅)임을 알 수 있다.
103 왕골을 여러 가지 색깔로 물들여 무늬가 생기도록 짠 자리를 말한다. 권두「교역물품」'채화석' 참조.

6月 3日(庚寅) 5번째 기사

(대마도) 종정성이 토산물을 바치니 정포를 회사하다

宗貞盛遣人獻土宜, 回賜正布二十五匹.

종정성宗貞盛[104]이 사람을 보내어 토산물을 바치니, 정포 25필을 회사하였다.

6月 5日(壬辰) 1번째 기사

일본에 사자를 보내 회례하는 일을 논의하다

視事. 上曰, "今日本國王遣人來聘, 欲遣使回禮, 然曾聞日本自相爭國, 莫適爲主. 遣之乎否?" 兵曹參議朴瑞生啓, "去己酉年奉使日本回還之時, 聞與姪爭國未定."

정사를 보았다. 임금이 말하기를,

"지금 일본 국왕이 사람을 보내어 예방禮訪하였으므로, 사자使者를 보내어 회례하고자 하나 일찍이 들으니, 일본은 자기네끼리 서로 나라를 다투어서 아무도 완전한 임금 노릇을 하지 못한다고 한다. 사자를 보낼 것인가?"

라고 하니, 병조 참의 박서생朴瑞生[105]이 아뢰기를,

"지난 기유년에 일본에 봉명 사신으로 갔다가 돌아올 때에 들으니, 조카와 나라를 다투어 결정이 나지 않았다는 것을 들었습니다"

라고 하였다.

---

104 대마도 도주이다. 1권 제1부 「중요인물」 '종정성' 참조.
105 1428년 11월 대사성으로 통신사가 되어 일본에 갔다가 다음해 12월에 돌아왔다.

6月 11日(戊戌) 2번째 기사

일본 사신을 광주에 가서 위로하게 하다

上謂代言等曰, "今待日本國王使人之禮, 意以爲薄也. 初, 客使欲留京都, 大臣議謂, '使臣適至, 若知交通日本, 必聞于中朝, 宜移處廣州.' 予乃從之, 彼必謂我國薄待, 予心未安. 昔朴訔·朴信等獻議太宗曰, '交通日本, 不可使聞於中朝, 其被虜日本·唐人逃至我國, 不可刷還中朝.' 河崙以爲, '慕義而來者, 不拒而待之, 雖中朝聞之, 何害?' 近者唐人張淸被虜日本, 隨我回禮使而來, 欲遣還中朝, 大臣之議, 頗有不同, 卞季良獨以爲, '交通日本, 中朝聞之, 無害於義.' 予從其議遣還, 今來日本使客, 雖留東平舘可也. 而因大臣之議, 移處廣州, 接待之禮, 無乃薄乎? 禮曹判書久居其職, 凡待使客之禮, 悉知之矣. 旣往則固無所失, 但待此客, 意其薄也." 安宗善啓, "張淸遣還之後, 被虜唐人, 連續解送, 何至今日而諱乎? 宜令禮曹郎廳親往廣州待之." 上曰, "卿與諸相議之, 待之極厚可也. 凡事, 付之有司, 而莫肯奉行, 故於事大之事, 予必親之."

임금이 대언 등에게 말하기를,

"지금 일본 국왕의 사자를 대우하는 예가 내 생각에는 박薄하다고 생각된다. 애초에 일본 사자가 서울에 머물러 있고자 한 것을 대신들이 의논하여 말하기를, '중국의 사신이 마침 오는데 만약 우리가 일본과 사귀어 통한다는 것을 알면 반드시 중국 조정에 알려질 것이니, 마땅히 광주廣州로 처소를 옮기는 것이 좋겠습니다'라고 하기에 내가 드디어 그대로 좇았으나, 저 사람은 반드시 우리나라가 자기를 박대薄待한다고 할 것이니 내 마음에 편안하지 않다. 예전에 박은朴訔·박신朴信 등이 태종에게 헌의獻議106하기를, '일본과 외교를 통하고 있는 것을 중국 조정에 알게 하여서는 안 되겠으니, 일본에 포로되었던 중국 사람이 우리나라에 도망해 온 것을 중국에 돌려보낼 수 없습니다' 하매, 하윤이 아뢰기를, '(일본이) 우리나라의 의로움을 사모하여 온 것을 거절하지 않고 대접한 것이니, 비록 중국 조정이 듣더라도 무슨 해로울 것이 있겠습니까?' 하였다. 요사이 중국 사람 장청張淸107이 일본에 사로잡혔다가 우리의 회례사를 따라 왔기에 중국에 돌려보내고자 하니, 대신들의 의견이 자못 나와 같지 않은 데가 있었다. 오직 변계량卞季良만은 말하기를, '일본과 사귀어 통하고 있는 것을 중국 조정이 들었다고 의리에 해로울 것이 없습니다' 하였다. 내가 그 의논에 좇아서 중국에 돌려보냈으니, 지금 온 일본 사객使客이 비록 동평관東平館108에 머무른다고 해도 좋을 것이다. 그러나 대신의 의논에 따라 처소를 광주廣州로 옮긴 것은 접대하는 예가 박하지 않은가? 예조 판서는 그 벼슬에 오래 있었으니 모든 사객을 대우하는 예를 죄다 알 것이다. 이전에는 진실로 잘못된 일이 없었는데 다만 이 사객을 대우한 것이 내 생각에는 박한 것 같다"

하니, 안숭선이 아뢰기를,

"장청이 돌아간 뒤로 포로가 되었던 중국 사람들을 잇따라 돌려보냈으니 어찌 오늘에 이르러 숨기겠습니까? 마땅히 예조의 낭청郞廳109으

---

106 신하들이 정사(政事)에 관한 의견들을 논의하여 그 결과를 임금에게 올리는 것이다.
107 1423년에 장청이 왜구로부터 풀려나 조선에 왔다(세종 5-12-25-4).
108 조선 전기에 일본과의 외교와 무역에 중요한 구실을 하던 곳으로 왜관(倭館)이라고도 한다. 위치는 서울 남산 북쪽 기슭의 남부 낙선방에 있었으며, 147년(태종 7)에 설치된 것으로 보인다. 임진왜란 때 불타고 폐지되었다.
109 낭관(郞官)과 같은 의미로, 육조(六曹)에 설치한 각 사(司)의 실무 책임을 맡은 정랑(正郞)과 좌랑(佐郞)을 아우러 부르는 말이다.

로 하여금 친히 광주에 가서 대접하게 해야 하겠습니다"

하였다. 임금이 말하기를,

"경이 여러 재상들과 의논하여 매우 후하게 대우하는 것이 좋겠다.
모든 일은 유사有司에게 맡기면 봉행하기를 즐겨하지 않는다. 그런 까
닭에 사대하는 일에는 내가 반드시 친히 하고 있는 것이다"

하였다.

6月 12日(己亥) 1번째 기사

선위사로 배환을 광주에 보내 일본 국왕의 사인을 위로하다

遣宣慰使藝文直提學裵桓于廣州, 宴慰日本國王使人.

선위사宣慰使[110]로 예문 직제학藝文直提學[111] 배환裵桓[112]을 광주에 보내
어 연회를 열어 일본 국왕의 사인을 위로하게 하였다.

6月 13日(庚子) 1번째 기사

일본사자가 관반 이맹상을 교체해 달라 청하다

裵桓回啓, "副管人修書, 請改差館伴李孟常." 卽議于政府及許稠·
申商等, 僉曰, "監護之任, 誠以待之, 以示厚意, 嚴以守法, 使不至冒濫,
今孟常徒固執法, 見忌於客, 雖無所失, 宜卽改差." 乃以繕工監正安玖
代之.

---

110 조선시대 여러 나라의 사신이 입국하였을 때 그 노고를 위문하기 위하여 파견한 관리이다.
111 조선시대 홍문관·예문관·규장각의 정3품 관직이며, 예문관의 직제학은 도승지가 겸하였다.
112 고려 말 조선 초의 문신(1378~1448)으로, 의주삭주도경차관을 거쳐 예문관직제학과 선위
  사를 겸직하여 광주에서 일본 사신을 접견하였다. 병조참의 및 선위사가 되어 명나라에 사신
  으로 다녀오기도 하였다.

배환이 돌아와 아뢰기를,

"부관인副管人이 편지를 보내어 관반館伴[113] 이맹상李孟常을 바꿔 주기를 청하였습니다"

하였다. 즉시 정부와 허조·신상 등에게 의논토록 하니, 모두 아뢰기를,

"외국의 사객을 감호監護하는 임무는 성의로써 그들을 접대하여 후의를 보이면서 엄격하게 법을 지켜서 참람되고 지나치는 일이 없게 하여야 하는 것인데, 지금 맹상의 무리가 법만을 고집하여 사신에게 기피를 당하였으니 비록 잘못한 것이 없더라도 마땅히 곧 고쳐 임명하여야 하겠습니다"

하므로, 드디어 선공감정繕工監正[114] 안구安玖를 대신 임명하였다.

6월 14日(辛丑) 5번째 기사

옥포 도만호·내이포 도만호의 처리 문제를 아뢰다

兵曹啓, "今以玉浦都萬戶移差乃而浦便否, 議于政府諸曹, 僉曰, '玉浦都萬戶則仍舊, 於乃而浦, 別遣秩高萬戶.'" 從之.

병조에서 아뢰기를,

"지금 옥포 도만호玉浦都萬戶[115]를 내이포 도만호乃而浦都萬戶로 전임시키는 일의 가부를 정부와 여러 조曹가 의논하니, 모두가 말하기를, '옥포 도만호는 그대로 두고 내이포에는 따로 품질이 높은 만호를 보내라' 합니다"

---

113 외국 사신의 접대와 향응을 담당하던 관직으로 '관반관(館伴官)'이라고도 하며, 줄여서 '관반(館伴)'이라고 하였다. 대개 정3품 이상의 고위관리 가운데 문장이 뛰어나고 견문이 풍부한 사람을 임시로 임명하였다.

114 토목과 영선(營繕)을 담당하는 선공감의 장관으로 정3품 관직이다.

115 옥포는 거제도 동부 지역에 있는 포구이다. 거제현에서 동쪽으로 25리에 있는데, 가배량 도만호와 견내량 만호가 지킨다고 하였다. 옥포에 주둔하던 수군은 원래 고성현에 속한 가배량 도만호가 이끄는 수군이었음을 알 수 있다(『세종실록』「지리지」「경상도」「진주목」).

하니, 그대로 따랐다.

7月 19日(乙亥) 3번째 기사
예조에서 종정성이 진상한 물건과 서계를 수납하지 말 것을 아뢰다

禮曹啓, "宗貞盛因宗貞澄, 使人付送進上之物及書契, 請勿納之." 下詳定所議之. 黃喜以爲, "彼雖不識禮義, 不可不一例待之. 前此宗貞直因人付送進上之物及書契, 不受, 今受貞盛請托之物, 臣恐未安." 孟思誠 · 許稠 · 鄭招等以爲, "島夷不識禮義, 不足與較, 受之何如?" 從思誠等議.

예조에서 아뢰기를,

"종정성宗貞盛[116]이 종정징宗貞澄[117]을 통하여 사람을 시켜 진상하는 물건과 서계書契[118]를 부송付送[119]했으니, 이를 수납하지 말기를 청합니다"
하므로, 상정소에 내려 이를 의논하게 하니, 황희가 아뢰기를,

"저들이 비록 예절과 의리를 알지 못하오나 같은 예例로써 대우하지 않을 수 없습니다. 이보다 먼저 종정직宗貞直[120]이 사인使人을 통하여 진상하는 물건과 서계를 부송한 것을 받지 아니하였는데, 지금 정성貞盛의 청탁하는 물건을 받는 것은 신은 아마도 옳지 못할까 생각합니다"
하고, 맹사성 · 허조 · 정초 등은 아뢰기를,

---

116 대마도 도주이다. 1권 제1부 「중요인물」 '종정성' 참조.
117 종정무의 동생으로 축전주수(筑前州守)를 자칭하였다. 세종 7-7-15-10, 세종 9-6-29-2, 세종 11-3-27-3, 세종 12-6-11-2, 세종 13-5-6-2의 '종정징' 참조.
118 조선시대 일본과 내왕한 공식외교문서로 막부장군에게는 국서(國書)를, 대마도주나 막부의 관리들에게는 상대방의 직위에 따라 그에 상응한 직명으로 서계가 작성되었다.
119 물건을 부쳐 보낸다는 뜻이다.
120 『세종실록』에 한차례 더 보이지만 자세히 알 수 없다(세종 14-9-21-1).

"섬 오랑캐가 예절과 의리를 알지 못하므로 견줄 것이 못되니, 이를 받는 것이 어떻겠습니까?"

하니, 사성 등의 의논에 따랐다.

7月 21日(丁丑) 7번째 기사
종정성이 토산물을 바치므로, 정포 40필을 회사하다

宗貞盛遣人獻土物, 回賜正布四十匹.

종정성이 사람을 보내어 토산물을 바치므로, 정포 40필을 회사하였다.

7月 26日(壬午) 1번째 기사
상호군 이예와 호군 김구경을 보내어 일본에 회빙하다

遣上護軍李藝·護軍金久冏, 回聘于日本. 答國王書曰, "我兩國世修隣好, 常敦信義, 今又專使報聘, 喜慰喜慰. 所惠禮物, 敬已領受, 玆遣臣李藝等, 往申謝意. 不腆土宜及所示『藏經』, 俱在別錄, 切希領納." 中國板印『大藏經』二部·白綿布幕一座·白布帳二條·雜彩花席裌地衣一副·黑細麻布·白細苧布各二十匹·白細綿紬三十匹·滿花方席·滿花席各一十張·雜彩花席二十張·虎豹皮各一十領, 藍紅斜皮各五領·人蔘一百斤·松子四百斤·淸蜜二十斗.

禮曹致書大內多多良公曰, "今者貴國殿下專使修好, 我殿下差人回禮, 冀拔船護送. 不腆土宜, 白細綿紬苧布各一十匹·雜彩花席一十五張·豹皮二領·虎皮四領." 致書九州都元帥源公如右, 贈白細綿紬苧布各五匹·彩花席一十張·豹皮一領·虎皮二領. 致書關西道大友源公, 贈白細綿紬·苧布各五匹·雜彩花席一十張·豹皮一領·虎皮二領. 致書左武衛源公曰, "我國人民, 曾爲寇賊刼掠, 轉傳鬻賣, 散居九州等處, 父子懸望, 爲日久矣. 惟冀啓達殿下, 推刷發還. 土宜白細縣紬黑細麻布各一十五匹·雜彩花席一十五張·豹皮二領·虎皮四領, 放回拘留對馬·一歧等處住人男婦共二十三名." 致書西海路一歧州太守佐志平公, 贈白細縣紬苧布各五匹·雜彩花席一十張. 致書對馬州右馬助宗貞澄, 贈白細縣紬苧布各三匹·雜彩花席五張. 致書對馬州太守宗貞盛, 贈白細縣紬苧布各五匹·雜彩花席十張, 刷還被留男婦共六名.

상호군^{上護軍} 이예^{李藝}121와 호군^{護軍} 김구경^{金久冏}122을 보내어 일본에 회빙^{回聘}123하였다. 일본 국왕에게 답하는 서신에 말하기를,

"우리 두 나라는 대대로 이웃 나라의 호의^{好誼}를 닦아 항상 신의를 돈독히 했는데, 지금 또 전사^{專使}로 보빙^{報聘}124하니 매우 기쁘고 위로가 됩니다. 선사한 예물은 삼가 이미 영수^{領受}하였으며, 이에 신하 이예 등을 보내어 가서 사례하는 뜻을 표합니다. 변변치 못한 토산물과 부탁한 바『대장경^{大藏經}』은 모두 별록^{別錄}에 적었으니 영납하기 바랍니다"

하였다. 중국판인^{中國板印}125『대장경』2부, 백면포막^{白緜布幕}126 1좌, 백포장^{白布帳}127 2조^條, 잡채화석^{雜彩花席} 협지의^{裌地衣}128 1부^副, 흑세마포^{黑細麻}

---

121 세종 대를 중심으로 대일 외교관계에서 크게 활약한 관인이다. 1권 제1부「중요인물」'이예' 참조.
122 조선 전기의 문신으로 1432년 호군(護軍)으로 부회례사(副回禮使)가 되어 회례사 이예를 따라 일본을 다녀왔다.
123 빙례(聘禮)에 회답한다는 뜻이다.
124 이웃 나라의 사신이 온 데 대한 답례로 그 나라에 사신을 보내는 것이다.
125 중국에서 만들어진 대장경판으로 인쇄한 불경이라는 뜻이다. 송·요 등에 대장경판을 제작하였다.
126 흰 명주포로 만든 군막이나 휘장이다.
127 흰 베로 만든 휘장(揮帳)이다.
128 여기에만 보인다. 잡채화석을 두 겹으로 댄 큰 자리를 말하는 것으로 보인다. 잡채화석은 왕

布^{129}와 백세저포白細苧布^{130} 각각 20필, 백세면주白細綿紬^{131} 30필, 만화방석滿花方席 · 만화석滿花席^{132} 각각 10장, 잡채화석雜彩花席 20장, 호피 · 표피 각각 10령領,^{133} 남색 사피斜皮^{134} · 홍색 사피斜皮 각각 5영, 인삼 1백 근, 잣松子 4백 근, 꿀淸蜜 20말이었다. 예조에서 대내다다량공大內多多良公^{135}에게 서신을 보내기를,

"지금 귀국의 전하께서 전사專使를 보내어 수호修好하므로, 우리 전하께서 사람을 보내어 회례하시니, 배를 움직여 호송하기를 바랍니다. 변변치 못한 토산물은 백세면주 · 저포 각각 10필, 잡채화석 15장, 표피 2령, 호피 4령입니다"

하고, 구주 도원수九州都元帥^{136} 원공源公^{137}에게 서신을 위와 같이 보내고, 백세면주 · 저포 각각 5필, 채화석 10장, 표피 1령領, 호피 2령을 증정하였다. 관서도關西道 대우 원공大友源公^{138}에게 서신을 보내고, 백세면주 · 저포 각각 5필, 잡채화석 10장, 표피 1령, 호피 2령을 증정하였다.

골르을 여러 가지 색깔로 물들여 무늬가 생기도록 짠 자리이며, 협은 두 겹이라는 뜻이고, 지의는 큰 자리를 말한다.

129 검은 빛깔의 삼베이다. 흑세마포(黑細麻布)는 명나라 임금들이 진보(珍寶)로 여겨 방물의 큰 것으로 일컬어졌음.

130 흰 모시로 만든 베이다.

131 흰 명주로 만든 베이다.

132 왕골을 여러 가지 색깔로 물들여 무늬가 생기도록 짠 자리를 말한다. 권두「교역물품」, '채화석' 참조.

133 가죽을 세는 단위이다.

134 담비 가죽을 말한다.

135 일본 구주 지역의 소이씨(少貳氏)와 대립 관계였던 대내씨(大內氏)의 11대 당주인 대내성견(大內盛見)은 1431년에 전사하였다. 그러므로 여기서 대내다다량공(大內多多良公)은 12대 당주 대내지세(大內持世)일 것으로 추정된다. 1권 제1부「중요인물」, '대내지세' 참조.

136 구주탐제(九州探題)를 말한다.

137 구주탐제인 삽천의준(澁川義俊)일 것이다.

138 북구주(北九州) 풍후국(豐後國)의 수호(守護)인 대우씨 12대 당주 대우지직(大友持直)이거나 13대 당주 대우친강(大友親綱)일 것이다.

좌무위左武衛 원공源公139에게 서신을 보내기를,

　"우리나라의 인민들이 일찍이 도적들에게 약탈되어, 팔리고 팔려서 구주九州 등지에 흩어져 살고 있었는데, 아버지와 아들이 서로 마음에 그리는 지가 오래되었습니다. 오로지 전하에게 계달啓達140하여 죄다 찾아서 돌려보내 주시기를 바랍니다. 토산물은 백세면주·흑세마포 각각 15필, 잡채화석 15장, 표피 2령, 호피 4령을 보내며, 대마도와 일기도一岐島 등지에 구류하고 있던 대마도와 일기도 등지에서 살던 사람 남녀 모두 23명을 돌려보냅니다."

하였다. 서해로西海路141 일기주 태수一岐州太守 좌지평공佐志平公142에게 서신을 보내고, 백세면주·저포 각 5필, 잡채화석 10장을 증정하였다. 대마주 우마조右馬助143 종정징宗貞澄144에게 서신을 보내고, 백세면주·저포 각각 3필, 잡채화석 5장을 보냈다. 대마주 태수對馬州太守 종정성宗貞盛145에게 서신을 보내고, 백세면주·저포 각 5필, 잡채화석 10장을 보내고, 억류되어 있던 남녀 모두 6명을 돌려보냈다.

---

139 좌무위(左武衛)는 관명이며, 사파씨(斯波氏)가 주로 임명되었다. 원공(源公)은 원의순(源義淳) 즉 사파의순(斯波義淳, 1397~1434)일 것이다(세종 12-2-19-6).
140 상대에게 알려 전하는 것이다.
141 구주(九州) 지역을 총칭하는 서해도(西海道)를 말한다.
142 좌지(佐志)는 북구주 상송포 반도의 당진(唐津) 인근에 있는 지명이다. 송포 지역 왜구들의 근거지 중 한 곳이다.
143 우마조는 우마료(右馬寮)의 차관을 뜻하는 무가관위이다.
144 대마도 도주 종정무의 동생으로 축전주수(筑前州守)를 자칭하였다.
145 대마도 도주이다. 1권 제1부 「중요인물」, '종정성' 참조.

8월 9일(乙未) 1번째 기사

일본 국왕의 사신이 하직하다

日本國王使人四郞等辭, 御勤政殿, 引見四郞等.

일본 국왕의 사신 사랑四郞[146] 등이 하직하므로, 임금이 근정전에 나아가서 사랑 등을 불러 보았다.

8월 16일(壬寅) 6번째 기사

종정성과 종정징 등이 토산물을 바치므로, 정포를 회사하다

宗貞盛·宗貞澄等, 遣人獻土物, 回賜貞盛正布三十五匹, 貞澄五十匹.

종정성宗貞盛과 종정징宗貞澄 등이 사람을 보내어 토산물을 바치므로, 정성에게 정포 35필을, 정징에게 정포 50필을 회사하였다.

8월 22일(戊申) 3번째 기사

예조에서 아도고·피고 등이 남아서 거주하기를 원하니 돌려보내지 말 것을 아뢰다

禮曹據忠淸道監司關啓, "今請還倭人公州住阿道古·彼古時羅·伊老時老等, 皆願留居, 請勿刷遣." 從之.

예조에서 충청도 감사의 관문關文에 의거하여 아뢰기를,

"지금 돌려보내기를 청한 왜인으로 공주公州에 거주하는 아도고阿道古[147]·피고시라彼古時羅[148]·이로시로伊老時老[149] 등이 모두 남아서 거주

---

146 사랑(四郞)만으로 누구인지 알 수 없으나, 가장 가까운 시기의 일본 국왕 사신이 5월경에 보이므로 그때 같이 온 사신으로 생각된다. 종금의 아들인 차랑오랑의 오기일 가능성도 있다.

하기를 원하고 있으니, 돌려보내지 마소서"

하니, 그대로 따랐다.

8月 28日(甲寅) 4번째 기사
예조에서 종정성이 사찰을 세우고자 요청한 미곡을 허락하지 말도록 아뢰다

禮曹啓, "宗貞盛欲重創寺刹, 請米穀, 若因歉告糴, 則宜給之, 今以
修寺爲辭, 宜不許." 命與詳定所同議, 僉曰, "可." 從之.

예조에서 아뢰기를,

"종정성宗貞盛150이 사찰寺刹을 다시 세우고자 하여 미곡을 요청했는데,
만약 흉년으로 인하여 곡식을 팔라고 한다면 마땅히 주어야 되지마는, 지
금 절을 수리한다고 말하니 마땅히 허락하지 말아야 될 것입니다"

하니, 명하여 상정소詳定所151와 함께 의논하게 하였다. 여러 사람들이 아
뢰기를,

"그 말이 옳습니다"

하므로, 그대로 따랐다.

---

147 여기에만 보인다.
148 언사랑(彦四郎)이라는 일본 이름의 음사로 생각된다.
149 차랑사랑(次郎四郎)이라는 일본 이름의 음사로 생각된다.
150 대마도 도주이다. 1권 제1부 「중요인물」 '종정성' 참조.
151 조선시대 국가의 법규·법전을 제정하거나 정책 및 제도를 마련하기 위해 설치한 임시기구이다.
상정소에는 육전상정소(六典詳定所)를 비롯하여 예조상정소(禮曹詳定所)·공안상정소(貢案
詳定所)·전제상정소(田制詳定所)·의례상정소(儀禮詳定所) 등이 있으며, 사안(事案)에 따라
여러 종류의 상정소가 설치되어 전문 학자와 관료가 상정관(詳定官)으로 임명되었다.

9月 1日(丙辰) 2번째 기사

종정성이 토산물을 바치니 정포 11필을 회사하다

宗貞盛遣人來獻土宜, 回賜正布十一匹.

종정성이 사람을 보내어 토산물을 바치므로, 정포 11필을 회사하였다.

9月 1日(丙辰) 4번째 기사

형조에서 사노 용대·막동, 왜노 보라를 참형에 처할 것을 아뢰다

刑曹啓, "私奴龍大殺私奴其金, 私奴莫同殺私奴作金, 倭奴甫羅殺船軍姜松萬, 律立處斬." 從之.

형조에서 아뢰기를,

"사노私奴 용대龍大는 사노 기금其金을 죽이고, 사노 막동莫同은 사노 작금作金을 죽이고, 왜노倭奴 보라甫羅[152]는 선군船軍 강송만姜松萬을 죽였사오니, 형률에 의거하면 모두 참형에 처해야 될 것입니다"

하니, 그대로 따랐다.

9月 21日(丙子) 1번째 기사

대마도의 종정직이 토산물을 바치므로, 정포 30필과 쌀·콩 각 30석을 내리다

對馬島宗貞直, 遣人獻土物, 回賜正布三十匹, 別賜米豆各三十石.

대마도의 종정직宗貞直[153]이 사람을 보내어 토산물을 바치므로, 정포 30필을 회사하고, 특별히 쌀·콩 각각 30석을 내렸다.

---

152 선군 강송만을 죽인 죄로 참형에 처해졌다(세종 14-9-1-4).
153 1432년 7월에 이름이 보이지만 자세히 알 수 없다(세종 14-7-19-3)

9月 26日(辛巳) 2번째 기사

정대랑병위와 중국 사람 장화 등에게 옷·갓·신을 내리다

賜井大郎兵衛及唐人 張華等衣笠靴.

(왜인) 정대랑병위井大郎兵衛154와 중국 사람 장화張華155 등에게 옷·갓·신을 내렸다.

10月 20日(乙巳) 1번째 기사

임금이 약재를 화매하여 백성의 병을 구제할 것에 관해 이르다

受常參, 視事. 上謂左右曰, "藥材和賣之事, 已命承文院提調擬議, 我國所産已足矣, 然唐藥鮮少, 或有未劑者. 今皇帝以厚禮待我, 往來絡繹, 和賣藥材, 救民之病何如? 我國買賣, 中國已曾痛禁, 然藥材雖移咨禮部, 不以爲瀆. 且諸史百家, 亦欲幷買, 五經四書, 已頒中外, 何煩奏請?" 右議政權軫啓, "藥之貴者, 雖求請, 於義無妨." 上謂禮曹判書申商曰, "朱砂龍腦, 雖曰貴藥, 求之中國, 則猶可得也, 沈香則雖中國, 未易得之. 往者倭人齎沈香來者比比有之, 我國折價甚輕, 故不更齎來. 沈香不産倭邦, 乃旁求他國而來, 雖倍其價可也, 禮曹其議以啓."

상참156을 받고 정사를 보았다. 임금이 좌우 근신에게 이르기를,

---

154 정대랑병위가차(井大郎兵衛家次)와 동일인물로 생각된다. 『해동제국기』에는 정대랑(井大郎)으로 보인다. 가시포(可時浦)에 호군(護軍) 정가문수계(井可文愁戒)가 있는데, 아버지는 적도(賊徒)의 괴수 정대랑(井大郎)인데, 기해년(1419, 세종 원년)에 동정(東征)했을 때 공이 있었다. 을유년(1465, 세조 11)에 도서를 받았다. 한 해 동안에 쌀과 콩을 합하여 10섬을 주기로 하였다. 임오년(1462, 세조 8)에 아비의 관직을 세습하였다고 하였다. 한편 『세종실록』에서는 대랑병위의 아버지인 장보(張甫)가 나라에 공이 있었고, 그들들 역시 기해동정 당시에 물을 길어 군졸들의 기갈을 면하게 해주었다고 하였다(세종 10-3-6-4). 또한 정대랑(井大郎)이 (기해)동정할 때 공이 있다고도 하였다(세종 12-5-15-5). 따라서 정대랑·정대랑병위·대랑병위·정대랑병위가차는 동일인물로 아버지는 장보이고 아들은 정가문수계임을 알 수 있다.

155 여기에만 보인다.

"약재를 화매和賣하는 일은 이미 승문원 제조承文院提調에게 명하여 의논하게 하였는바, 우리나라의 소산所産도 이미 족하나, 그러나 당약唐藥은 드물고 귀하여 아직도 약을 짓지 못하는 일이 있다. 이제 황제께서 우리를 후례厚禮로써 대우하시매 왕래가 끊이지 않으니, 약재를 화매하여 백성의 병을 구제함이 어떨까? 우리나라와의 매매 행위를 중국에서는 벌써부터 엄금하였으나, 그러나 약재만은 비록 예부禮部에 이첩하여 묻는다 하더라도 귀찮게 여기지 않을 것이다. 또 여러 사서와 백가서百家書의 책도 아울러 사들이고자 하나, 오경五經과 사서四書를 이미 중외에 반포하였으니 어찌 번거로이 주청을 하랴?"

하나, 우의정 권진權軫이 아뢰기를,

"약의 귀한 것은 비록 청구한다 하더라도 의리에 있어 무방합니다"

하였다. 임금이 예조 판서 신상申商에게 이르기를,

"주사朱砂[157]와 용뇌龍腦[158]는 비록 귀한 약이라 하더라도 중국에 가서 구하면 오히려 얻을 수 있으나, 침향沈香[159]으로 말하면 비록 중국에서라도 쉽사리 얻지 못할 것이다. 지난 번 왜인들이 가져 오는 침향이 흔

---

156 고려와 조선시대에 의정 대신(議政大臣)을 비롯하여 중신(重臣), 시종관(侍從官)들이 매일 편전에서 임금에게 정사(政事)를 아뢰던 일이다.

157 색이 붉어 주사(朱砂)라고 불리는데 수정과 같은 육방정계(六方晶系)에 속하는 광석으로 황화수은을 함유한다. 편상의 경면(鏡面)주사를 선별하여 법제(法製) 과정을 거쳐야 약으로 사용할 수 있다. 약성은 차고 유독(有毒)하며 맛은 달다. 갈면 빨간색 천연물감이 나온다. 권두 「교역물품」, '주사' 참조.

158 용뇌는 약재에 귀중하다는 의미를 부여하기 위하여 용을 붙인 명칭이며 희고 반짝이는 얼음과 같고 매화꽃잎 같은 것이 좋다는 뜻으로 빙편뇌(氷片腦)라고 부르며 혹은 매화뇌(梅花腦)라고 부른다. 이 약의 맛은 맵고 쓰며 성질은 서늘하며 막힌 것을 통하게 하고 정신을 맑게 하는 등의 효능이 있다. 권두 「교역물품」, '용뇌' 참조.

159 서향과에 속하는 상록성 교목인 침향과 백목향의 목재, 약재의 하나로, 동남아시아 지역에서만 생산된다. 『조선왕조실록』에서 나타나는 침향의 수입 경로는 대부분 일본이다. 권두 「교역물품」, '침향 참조.

히 있었는데, 우리나라에서 값 깎기를 너무 헐하게 하였으므로 다시는 가지고 오지 않는다. 침향은 왜국에서도 나지 않는지라 널리 다른 나라에서 구하여 가져오는 것이니, 비록 그 값의 갑절을 준다 하더라도 가하니, 예조에서는 그것을 의논하여 아뢰라"

하였다.

10月 20日(乙巳) 7번째 기사
전라도 도순찰사 정흠지가 수영을 목포에 옮겨 설치할 것을 아뢰다

全羅道都巡察使鄭欽之啓, "本道水營移排于木浦, 木浦兵船移泊于黃原南面周梁, 而於珍島西面蘇可浦, 以水營兵船三四隻, 每朔輪番泊立守護." 命下政府諸曹三軍都鎭撫同議. 僉曰, "宜從所啓." 從之.

전라도 도순찰사都巡察使 정흠지鄭欽之가 아뢰기를,

"본도의 수영水營을 목포에 옮겨 설치하고, 목포의 병선을 황원黃原[160]의 남면南面 주량周梁[161]에 옮겨 정박하게 하고, 진도의 서면西面 소가포蘇可浦[162]에 수영의 병선 3, 4척을 매달 윤번으로 세워 정박하여 수호하게 하옵소서"

하므로, 이를 의정부·제조諸曹·삼군 도진무三軍都鎭撫[163]에 명을 내려

---

[160] 전라좌도 해남현에 있던 지명이다. 본래 백제의 황술현(黃述縣)이었는데 신라의 영토가 된 뒤 경덕왕 때 황원으로 고쳐 양무군(陽武郡, 지금의 강진)의 영현으로 하였다. 고려 현종 때 영암군으로 이속하였다가 조선시대에 해남현에 귀속시켰다. 이 지역은 화원반도(花源半島)의 중간을 차지하는 하나의 분지를 이루며 해남에서 이곳을 거쳐 목포·진도에 이르는 도로가 발달하였다. 조선시대에는 서쪽에 우수영이 있었고, 매옥산(埋玉山)에서는 납석이 생산되었으며, 남리역(南利驛)이 있었다(『한국민족문화대백과』).

[161] 주량(周梁)은 해남현의 서쪽 75리에 있다고 하였다(『신증동국여지승람』「전라도」「해남현」).

[162] 전라좌도 진도군에 속한 포구의 이름이다. 소가포(所可浦) 군의 서쪽 15리에 있으며 염분이 있다고 하였다(『신증동국여지승람』). 한자의 표기가 서로 다르다.

[163] 1466년(세조 12)의 관제 개혁에서 병마도절제사도진무는 병마우후, 수군도안무처치사도진

함께 의논하게 하니, 모두가

"아뢴 바에 따르심이 옳겠습니다"

하므로, 그대로 좇았다.

11月 1日(丙辰) 2번째 기사

종정성이 토산물을 바치니 정포 30필을 회사하다

宗貞盛遣人獻土物, 回賜正布三十匹.

종정성宗貞盛**164**이 사람을 보내어 토산물을 바치니, 정포 30필을 회사
하였다.

11月 6日(辛酉) 2번째 기사

육랑차랑이 토산물을 바치매 정포 90필을 회사하다

六郎次郎遣人獻土物, 回賜正布九十匹.

육랑차랑六郎次郎**165**이 사람을 보내어 토산물을 바치매, 정포 90필을
회사하였다.

11月 28日(癸未) 1번째 기사

예조 판서 신상이 왜객에게 회사하는 베에 대해서 아뢰다.

受常參, 視事. 禮曹判書申商 (…中略…) 又啓, "向者回賜倭客之布,

무는 수군우후로 각각 개칭되었다. 이로부터 도원수·원수 등으로 출정하는 장수 밑에서 군
령을 담당하는 직책의 호칭 역시 도진무에서 우후로 바뀌게 되었다『한국민족문화대백과』)
164 대마도 도주이다. 1권 제1부「중요인물」, '종정성' 참조.
165 육랑차랑(六郎次郎)은 대마도 적중만호이자 왜구의 우두머리인 조전좌위문태랑의 아들이다.
아버지의 도만호 직을 습직하였고, 세종 12년부터 26년까지 43회에 걸쳐 조선과 통교하였다.

因其所獻多少, 給以十數, 而亦有零數. 所獻甚少, 則或無十數, 而但
有零數. 承文院提調以爲, '所獻之物雖薄, 給以零數, 甚爲猥碎, 宜從
成數.' 臣意以爲大內殿使人, 則當用成數, 若宗貞盛之類, 則地隣我
國, 利其興販之便, 執些少土宜, 一年之內, 數往數來, 絡繹不絶, 豈可
常以成數給之乎? 請依前例幷用零數." 上曰, "䌷布, 我國所産, 所進
雖微, 回賜之布, 不下十數可也. 更議以啓."

상참을 받고 정사를 보았다. 예조 판서 신상이 (…중략…) 또 아뢰기를,

"종래 왜객에게 베를 회사할 때, 그들이 바친 바의 많고 적음에 따라
십수十數[166]로서 주되, 또한 영수零數[167]인 경우도 있었습니다. 바친 것
이 매우 적으면 혹 십수는 없고, 단지 영수로만 주었습니다. 승문원 제
조가 말하기를, '바친 바의 물건이 비록 박하다 하더라도 영수로서 하는
것은 매우 좀스러우니, 마땅히 성수成數[168]를 따르소서' 하였는데, 신의
생각으로는 대내전大內殿[169]의 사인使人은 마땅히 성수를 쓰시고, 종정성
과 같은 부류는, 그들의 사는 곳이 우리나라와 인접하였고, 그 흥판興販
의 편리를 이용하여 사소한 토산물을 가지고 일 년 내에 자주 오가 끊임
이 없으니, 어찌 성수로써 늘 줄 수 있겠습니까? 청컨대 전례前例에 의하
여 아울러 영수零數를 쓰시옵소서"

하니, 임금이 말하기를,

---

166 베 10필, 20필과 같이 10의 배수를 말한다.
167 1~9필과 같이 10이 되지 않는 단수를 말한다.
168 10필, 20필, 30필과 같이 단수가 없이 10의 배수가 되는 것을 말한다.
169 일본 주방탄(周防灘) 일대에서 세력을 떨친 가문이다. 백제인의 후손으로 자처하며, 주방주(周
防州) 양포(良浦)에 정착해 다다량(多多良)으로 성(姓)을 삼고 대내(大內)로 씨(氏)를 삼았다고
한다. 조선과 자주 교류하고 사신을 보내 조공을 바쳤다. 또한 박다 지역을 둘러싸고 소이씨와
대립하였다. 이때 대내전은 대내성견(大內盛見)이다. 1권 제1부 「중요인물」 '대내성견' 참조.

"거친 베麤布는 우리나라에서 나는 것이니 바친 것이 비록 적다 하더라도 회사하는 베는 십수보다 적지 않게 하는 편이 옳겠으니, 다시 의논하여 아뢰라"

하였다.

12月 3日(戊子) 5번째 기사
일본국 원융강이 토산물을 바치니, 정포 75필을 회사하다

日本國源融剛遣人獻土物, 回賜正布七十五匹.

일본국 원융강源融剛[170]이 사람을 보내어 토산물을 바치니, 정포 75필을 회사하였다.

12月 11日(丙申) 5번째 기사
석견주의 등관심이 토산물을 바치니, 정포 30필을 회사하다

石見州藤觀心遣人獻土宜, 回賜正布三十匹.

석견주石見州[171]의 등관심藤觀心[172]이 사람을 보내어 토산물을 바치매, 정포 30필을 회사하였다.

---

170 여기에만 보인다.
171 구주 서쪽의 지역 명칭으로 현재의 도근현(島根縣, 시마네현)에 해당한다.
172 조선왕조실록에서 일본 석견주(石見州) 주포(周布) 인번자사(因幡刺史) 등관심(藤觀心)이라고 나오며 주포(周布)는 석견국(石見國)에 속한 지명이다. 자사는 관직명으로 조정에서 여러 지방에 파견한 지방관이며, 일본에서는 '국수(國守)'를 자사라고 부르기도 하였다. 『조선왕조실록』에 나타나는 주포겸정(周布兼貞)은 등관심(藤觀心)의 아들이다(세종 21-4-10-1).

세종 15년
(1433 癸丑/일본 영향(永享) 6年)

1月 1日(乙卯) 1번째 기사

임금이 망궐례를 행하고, 왕세자와 신하들의 하례를 받았다.

上率王世子及文武群臣, 行望闕禮, 御勤政殿受王世子賀, 仍受群臣賀, 倭人·野人亦參. 議政府進表裏鞍馬, 諸道進箋及方物. 文武群臣仍以朝服, 行中宮賀禮.

임금이 왕세자 및 문무 군신을 거느리고 망궐례望闕禮를 행하고, 근정전勤政殿에 나아가서 왕세자의 하례를 받고 거듭하여 여러 신하들의 하례를 받았는데, 왜인과 야인도 참예하였다. 의정부에서 의복의 안팎감과 안장 갖춘 말을 올리고, 제도諸道에서 전문箋文과 방물을 올렸다. 문무 군신들은 이어 조복 차림으로 중궁中宮에게 하례하였다.

1月 15日(己巳) 2번째 기사

예조에서 본국의 동전을 왜상에게 파는 자와 고하는 자의 상벌에 관해 아뢰다

禮曹啓, "自今將本國銅錢, 賣與商倭者, 依盤詰奸細律處斬, 知情不告者, 與同罪, 不能糾察當該官吏, 依失於盤詰律杖一百, 有能捕告者, 官給縣布五十匹." 從之.

예조에서 아뢰기를,

"지금부터 본국의 동전을 왜상倭商에게 파는 자는 반힐간세율盤詰奸細律[1]에 의하여 처참하고, 실정을 알고도 고하지 아니하는 자에게도 죄를 같이 하며, 능히 규찰하지 못한 해당當該 관리는 반힐盤詰[2]을 잘못한 율律에 의하여 장 1백 대에 처하고, 능히 잡아서 고하는 자는 관에서 면포 50필을 주게 하옵소서"

하니, 그대로 따랐다.

1월 16日(庚午) 7번째 기사
예조에서 왜인이 소식을 알리기 위해 오면 요를 주고, 양식을 주라고 아뢰다

禮曹啓, "倭人非因興利, 專爲報聲息而來, 則依他例散料, 仍給過海糧." 從之.

예조에서 아뢰기를,

"왜인이 장사하기 위함이 아니고 오로지 소식을 알리기 위해 오면, 산료散料[3]를 주는 다른 예例에 의거하여, 바다를 건너는 데 필요한 양식을 주게 하옵소서"

---

1 대명률의 규정이다. 변경(邊境)의 관새(關塞)와 국내의 중심 지대에서 간첩이 국내의 소식을 외국인에게 암통(暗通)하였거나, 경외(京外)의 간첩이 국내에 들어와 정탐한 자를 검속(檢束)하여, 모의한 자와 접선한 자를 국문해서 범죄 사실이 드러나면 모두 참형에 처하고, 경과한 곳의 파수인(把守人)이 이를 알면서도 놓아주었거나, 숨기고 관에 고발하지 아니한 자도 범인과 죄가 같으며, 검문을 잘못한 자는 장 1백 대에, 군병은 장 90대에 처한다.
2 자세히 캐물어 조사하는 것이다.
3 네 계절로 나누어 주던 녹봉을 다달이 주는 것을 말한다.

하니, 그대로 따랐다.

1月 16日(庚午) 8번째 기사

대마주 육랑차랑이 종사랑과 더불어 본국의 회례사를 호송하고 치서하여 보고하다

對馬州六郎次郎與宗四郎, 修船護送本國回禮使, 馳書報告, 上令禮曹修書回答, 仍各賜米豆共六十石.

대마주⁴육랑차랑_{六郎次郎}이 종사랑_{宗四郎}⁵과 더불어 배를 수리하여 본국의 회례사를 호송하고 치서_{馳書}⁶하여 보고하니, 임금이 예조로 하여금 수서_{修書}⁷하여 회답하게 하고, 각각 쌀과 콩 합하여 60석을 하사하였다.

1月 18日(壬申) 1번째 기사

동전을 왜인에게 파는 자가 있다

上曰, "予聞或有銷鎔鑄器者, 或有賣與倭人者, 卿言然矣."

임금이 말하기를,

"내가 듣건대, 혹 돈을 녹여서 그릇을 만드는 자도 있고, 혹 왜인에게 파는 자도 있다고 하니, 경의 말이 그럴 듯하다"

하였다.

---

4 대마도 왜구의 우두머리이자 수직왜인인 조전좌이문태랑의 아들이다. 1권 제1부 「중요인물」 '육랑차랑(六郎次郎)' 참조.
5 대마도 인위군(仁位郡) 종사랑직가(宗四郎職家)로 생각된다.
6 역마를 이용하여 신속하게 문서를 전달하는 것을 말한다.
7 조선 사신의 배를 수리하고 호송한 공로를 치하는 글을 쓰게 한 것이다.

1月 19日(癸酉) 2번째 기사

평안도 도절제사 최윤덕 · 도진무 김효성 · 경력 최치운 등이 사조하다

平安道都節制使崔潤德 · 都鎭撫金孝誠 · 經歷崔致雲等辭, 上引見
曰, "禦戎之道, 古無良策, 三代帝王, 來則撫之, 去則不追, 但羈縻之而
已. 然無明籍, 未得詳知, 自漢以下, 史策可考. 漢高祖以英明俊逸之
資, 勘定天下, 其伐凶奴, 宜若振槁, 然終見危, 僅以身免, 復議和親. 呂
太后, 亦女主之英俊也, 冒頓之書, 雖甚無禮, 終不致討, 和親而已, 武
帝多事四夷, 天下虛耗. 唐 · 宋之事, 瞭然明白. 故古人比之蚊蝱, 驅
之而已. 古人所以如此者, 國無大小, 蜂蠆有毒. 彼此之間, 無罪之民,
豈無受害乎? 然婆猪江賊異於是. 去壬寅年間, 侵我閭延, 其後爲忽刺
溫所迫逐, 失其巢穴, 携其家屬, 乞住江濱, 國家憐之, 許令寄住我國,
卵育之恩, 不爲少矣, 今者負德背恩, 無故入侵, 殺掠平民, 窮兇極惡,
罪不容誅. 若不征討, 後無悔悟, 每年必有如此之事矣. 況今昇平日久,
四境無虞. 孟子云, '無敵國外患者, 國恒亡.' 今日之事, 雖野人所爲, 實
天之所以警戒於我者也. 今李滿住 · 童猛哥 · 尹內官之書, 皆云, '忽
刺溫所爲.' 然詳思之, 則豈無引之者乎? 近林哈剌到閭延言, '吾奴婢,
隱匿不出, 後必有患.' 其言有由然矣. 昔日慶源韓興富之事, 河崙言不
可伐, 趙英武言可伐, 太宗從英武之策, 命征之. 後日對馬島之事, 或
言可伐, 或言不可伐, 太宗斷以大義, 命將致討. 其事雖不快心, 彼賊
等終有恐懼之志." 閏德對曰, "對馬之事, 百年之備, 今日之事, 僅十年
之備, 況同是野人, 稍有東西之別, 李滿住近於遼東, 非猛哥比也." 上
曰, "卿言是矣, 但審知其來賊之實, 則整理軍馬, 晝夜兼行, 攻打一二
里, 亦足矣." 閏德對曰, "古之良將, 豈獨用軍力哉? 亦因時數, 互爲勝

敗耳. 今者地氷水溢, 待四五月春水已渴可行也. 若有事機, 則當請勇士二十餘人." 上曰, "卿所言, 予何不聽? 至於軍士進退, 則聽卿處分." 仍敎曰, "致雲久在近侍, 卿於幕府, 與論古事可也." 閏德對曰, "若有探候賊境之事, 欲竝遣致雲." 上又命孝誠曰, "爾則軍旅之事, 已知之矣, 戒之戒之." 賜閏德鞍馬及弓矢, 賜孝誠馬一匹.

평안도 도절제사[8] 최윤덕·도진무 김효성·경력 최치운崔致雲[9] 등이 사조辭朝[10]하니, 임금이 인견引見[11]하고 말하기를,

"오랑캐를 방어하는 방도가 예전에도 좋은 계책이 없었다. 삼대三代의 제왕들은 오면 어루만지고, 가면 쫓지 아니하여, 다만 횡포하지 못하도록 하였을 뿐이다. 그러나 확실한 문적文籍[12]이 없어서 자세히 알 수는 없고, 한漢나라 이후로 역사를 상고할 수 있다. 한 고조漢高祖는 영명준일英明俊逸[13]한 자질로 천하를 평정하여 흉노를 칠적에, 마땅히 마른 풀을 베는 것처럼 할 것인데, 마침내 위태로움을 당하여 겨우 몸에 화를 면하여 다시 화친하기를 논의하였다. 여태후呂太后도 또한 여자로서 영걸英傑[14]하여 묵특冒頓[15]의 글이 비록 매우 무례하였으나, 마침내 치지 아니하고 화친하였을 뿐이었으며, 무제武帝[16]는 사이四夷[17]에 군사

---

8 조선 초기에 2품 이상의 재상이 임명되던 군직(軍職)으로, 고려시대의 도병마사(都兵馬使)나 병마사(兵馬使)를 조선시대에 들어와서 고쳐 부른 호칭이다(『한국민족문화대백과』).

9 1433년(세종 15) 경력(經歷)이 되어 평안도도절제사 최윤덕(崔潤德)의 종사관(從事官)이 되어 야인정벌에 공을 세우고 돌아와 지승문원사(知承文院事)가 되었다.

10 새로 임명된 관리가 부임하거나 외국의 사신이 떠나기에 앞서 임금께 하직 인사를 드리던 일이다.

11 신하나 사람들을 불러서 보는 것을 말한다.

12 글로 기록된 책을 말한다.

13 영민하고 총명하며 재능이 빼어나다는 뜻이다.

14 빼어나고 뛰어나는 뜻이다.

15 흉노의 우두머리 묵특 선우(禪于)를 말한다.

16 한(漢)나라 제7대 황제 무제(武帝)를 말한다.

17 중국에서 한족(漢族) 이외(以外)의 변방의 이민족을 오랑캐로 일컫던 말이다. 동이(東夷), 서

의 일이 많아서 천하가 허모虛耗[18]하였고, 당·송의 일은 더욱 명백하였다. 그러므로 옛 사람들이 이를 마치 모기처럼 여겨 쫓아버릴 뿐이었다. 옛 사람이 이와 같이 한 까닭은 나라의 크고 작음이 없이 벌蜂에 독이 있는 것과 같다. 피차 간에 무죄한 백성이 어찌 해를 받음이 없겠느냐? 그러나 파저강婆猪江[19]의 도적은 이와 다르다. 지난 임인년 사이에 우리 여연[20]을 침노하였고, 그 뒤에 홀라온[21]에게 쫓긴 바가 되어 그 소굴을 잃고는, 그 가족을 이끌고 와서 강가에 살기를 애걸하기에, 나라에서 가엾이 여겨 우리나라에 붙어 살 것을 허락하였으니, 보호한 은혜가 적지 아니한데, 지금 은덕恩德을 저버리고 무고히 쳐들어와서 평민을 죽이고 잡아갔으니, 궁흉극악窮凶極惡[22]한 죄는 베어 용서할 수 없다. 만약 정토征討[23]하지 아니한다면 뒤에 뉘우치고 깨달음이 없어, 해마다 반드시 이와 같은 일이 있을 것이다. 더군다나 지금은 나라가 태평한 지오래되어서 사방에 근심이 없으니, 『맹자』에 이르기를, '적국敵國과 외환外患이 없으면 나라가 항상 망한다'고 하였으니, 오늘날의 일은 비록야인들이 한 짓이나, 실은 하늘이 우리를 경계하기 위한 것이다. 지금이만주李滿住[24]·동맹가童猛哥[25]·윤내관尹內官[26] 등의 글에 모두 홀라온

융(西戎), 남만(南蠻), 북적(北狄)을 말한다.

18 헛되이 소모한다는 뜻이다.

19 중국 요녕성(遼寧省) 환인현(桓仁縣)을 흐르는 강으로, 요녕성에서 남쪽으로 흘러 압록강에 합류한다. 염난수(鹽難水), 비류수(沸流水), 대충강(大蟲江) 등으로 불리기도 한다. 세종 15년 파저강전투(婆猪江戰鬪)를 일으켜 야인(여진족)들을 토벌하였다.

20 조선 초기 사군육진(四郡六鎭)을 개척할 때 사군 중의 하나로 설치되었던 군이다. 함길도(咸吉道) 갑산군(甲山郡)의 여연촌(閭延村)을 중심으로 여연군을 만들었다.

21 만주 및 내몽고 북부 지역 일대 유목민족 중국동북 지역 최대 종족이다. 만주 최북방 야인 여진족 중의 한 갈래이다.

22 몹시 흉측하고 악독하다는 뜻이다.

23 군사를 동원하여 적군이나 반역도(反逆徒) 등을 치는 일이다.

24 여진족 오랑캐(兀良哈)의 추장이다. 건주위의 토호 여진족으로 조선에 여러 차례 왕래했으

의 소위라고 하나, 자세히 생각해 보면, 어찌 이들을 끌어들인 자가 없었겠는가? 근래에 임합라林哈剌[27]가 여연에 이르러 말하기를, '나의 노비를 숨기고 내어 주지 아니하면 뒤에 반드시 근심이 있을 것이다'라고 하였으니, 그 말이 이유가 있어 그러한 것이다. 옛날 경원慶源[28] 한흥부韓興富[29]의 사건에, 하윤河崙[30]은 칠 수 없다고 말하고, 조영무趙英武[31]는 쳐야 한다고 말하였는데, 태종께서 영무의 계책에 좇아 치기를 명하셨고, 후일에 대마도의 일에 혹은 쳐야 한다고 말하고, 혹은 칠 수 없다고 말하였는데, 태종께서 대의大義로써 결단하고 장수들에게 명하여 토벌하게 하셨다. 그 일이 비록 마음에 만족스럽지는 못하였으나, 뒤에 적賊들이 마침내 두려워하는 마음을 가지게 되었다"

하니, 윤덕이 대답하기를,

"대마도의 일은 백 년 동안의 준비이고, 오늘날의 일은 겨우 10년 동안의 준비이온데, 더군다나 같은 야인이라도 조금은 동서의 차별이 있사오니, 이만주는 요동과 가까와서 맹가猛哥에 비할 것이 아닙니다"

하였다. 임금이 말하기를,

"경의 말이 옳으나, 다만 그 내침^{來侵}한 도적의 실상만 살펴 알면야, 군마^{軍馬}를 정리해 밤낮으로 행군하여 한두 마을을 쳐부수어도 족하다"
하니, 윤덕이 대답하기를,

"예전의 훌륭한 장수들은 어찌 군력만을 썼사오리까? 또한 때와 운수運數로 인하여 서로 이기고 패하였습니다. 지금은 땅이 얼고 물이 흘러 넘치니 4, 5월 봄물이 마르기를 기다려서 행군하는 것이 가하옵니다. 만약 일의 기미가 있으면 마땅히 용사^{勇士} 20여 명을 청하겠나이다"
하였다. 임금이 말하기를,

"경의 말한 바를 내가 어찌 듣지 않겠는가? 군사의 진퇴에 이르러서는 경의 처분대로 따르겠다"
하고, 인해 전교하기를,

"치운^{致雲}이 오랫동안 근시^{近侍}에 있었으니, 경이 막부^{幕府}에서 더불어 고사^{古事}를 논함이 가하다"
하니, 윤덕이 대답하기를,

"만약 적경^{賊境}32에 정탐하는 일이 있으면 치운을 함께 보내고자 하옵니다"
하였다. 임금이 또 효성에게 명하기를,

"그대는 군사의 일을 이미 알았으니 경계하고 경계하라"
하였다. 윤덕에게는 안장 갖춘 말 및 활과 화살을 하사하고, 효성에게는 말 한 필을 하사하였다.

---

32 적과 맞닿은 경계 지역을 말한다.

1月 21日(乙亥) 1번째 기사

근정전에서 조회를 받다. 종언칠이 토산물을 바치고, 소고로가 말 한 필을 바치다

御勤政殿受朝. 對馬州宗彦七, 遣人來獻土宜, 兀良哈指揮所古老, 遣人獻馬一匹.

근정전에 나아가 조회를 받았다. 대마도 종언칠^{宗彦七}[33]이 사람을 보내어 토산물을 바치고, 올량합^{兀良哈}[34]의 지휘 소고로^{所古老}[35]가 사람을 보내어 말 한 필을 바쳤다.

2月 6日(庚寅) 4번째 기사

원묘 악장을 새로 찬정하다

新撰原廟樂章. 初獻, "桓桓聖祖, 受命溥將, 功光古先, 符應休祥. 天人協順, 奄有東方. 貽謀裕後, 惠我無疆. 疊疊太宗, 天實篤生, 扶翼聖祖, 景業以成. 旣揚武烈, 丕闡文明, 神功聖德, 永啓隆平."

亞獻, "曰維皇天, 監四方・眷東方, 啓佑有德, 乃命主神人. 於赫皇祖, 神武聖文, 龍潛盛德夙升聞. 麗運將終, 民罹禍殃, 東征西討寧四方, 沙賊・納胡・倭寇皆奔. 威化義旋安黎元, 夢協符祥, 功蓋一時. 假哉天命終難辭, 創業宏模, 夐越古先, 昭哉來許永相傳. 肇修禋祀, 迄用有成, 於千萬年致昇平. 維天心眷有德啓昌期, 必生聖哲繼世隆丕基. 於皇太宗勇智英明, 千年應運蹶厥生. 推戴聖祖, 開國興王, 安民濟世功益光. 首觀天庭, 優荷皇恩, 旣受帝祉施子孫. 尊崇嫡嗣, 重

---

33 종성국(宗盛國, 1467년 전사)이다. 종자국(宗資國)의 손자이며, 대마도 8대 도주 종정무(宗貞茂)의 아들이고, 대마도 11대 도주 종정국의 아버지이다. 1권 제1부 「중요인물」 '종정국' 참조.
34 옛날 몽고 동부와 조선의 두만강 일대에 살던 여진족이다.
35 올량합의 지휘, 즉 우두머리로 추정된다.

靖禍機, 人心天意終有歸. 澤洽生靈, 威振夷戎, 爰興禮樂垂無窮. 於昭在上, 申錫無疆, 綿縣宗祀與天長."

원묘 악장原廟樂章[36]을 새로 찬정撰定하였다. 초헌初獻[37]에는,

"씩씩한 성조聖祖[38]여, 명을 받음이 넓고 크시니, 공은 예古보다 빛나고 부符는 아름다운 상서에 응하였네. 하늘과 사람이 합하고 순함이 문득 동방을 맡았네. 계책을 주어 후손을 넉넉히 하사, 우리에게 은혜로 우심이 끝이 없네. 부지런하신 태종이여, 하늘이 실로 내시었네. 성조聖祖를 붙들어 큰 업을 이룩하였네. 이미 무위武威를 드날리고 크게 문명을 밝혔으니, 신성한 공덕 길이 태평을 열었네"

하고, 아헌亞獻[39]에는,

"황천皇天[40]이 사방을 보살피고 동방을 돌보사, 덕이 있는 이를 도와 열으시어 신神과 사람의 임금으로 명하셨네. 밝으신 황조皇祖[41]께서 신무성문神武聖文[42]하사, 용잠龍潛[43]의 성한 덕이 일찍이 드러났네. 고려의 운수가 끝나려 할 제 백성들이 앙화殃禍[44]에 걸렸는데, 동쪽으로 치고 서쪽

---

36 종묘(宗廟) 외에 따로 세운 별묘(別廟)를 말한다. 고려시대의 경령전(景靈殿)과 조선시대의 문소전(文昭殿)·광효전(廣孝殿) 같은 것인데, 세종 14년(1432) 1월에 중국의 봉선전(奉先殿)과 같은 궁전을 경복궁의 북쪽에 마땅한 곳에 새로 세워 합사하여 속례(俗禮)에 따라 받들게 하였다. 그리고 원묘에는 신주만 모시게 하였다. 원묘를 설치하는 것은 대를 이은 임금이, 돌아간 이를 생존 시에 섬기던 것같이 섬기려고 하므로 모든 천향(薦享)을 한결같이 생존시와 같이 하여 종묘의 제사와 구별하기 위한 것이라 한다(『한국고전용어사전』). 악장은 나라의 제전(祭典)이나 연례에 주악할 때 부른 가사를 뜻한다. 부왕 태종의 신주를 모시기 위한 것으로 생각된다.
37 제사 때, 첫 번으로 술을 신위(神位)에 드리는 것인데, 종묘 등의 제사에서는 음악과 노래와 춤을 함께 바쳤다.
38 거룩한 조상이라는 뜻으로 태조 이성계를 뜻한다.
39 제사지낼 때 두 번째 잔을 올리고, 네 번 절하는 의례를 말한다.
40 황천은 호천(昊天)·민천(旻天)·창천(蒼天)과 같이 하늘의 속성을 일컫는 것이다. 태조 이성계가 조선을 건국한 것은 황천이 살펴보고 미리 정한 것이라는 의식을 반영하고 있다.
41 돌아가신 자기 할아버지를 높여 이르는 말로 태조 이성계를 뜻한다.
42 신무(神武)는 뛰어난 무용, 성문(聖文)은 훌륭한 문덕을 뜻한다.
43 이성계가 국왕이 되기 이전 시기를 말한다. 『용비어천가』의 내용과 연관되어 있다.

으로 쳐서 사방을 편케 하시고, 사적沙賊45 · 납호納胡46 · 왜구 모두 달아 났네. 위화도에서 회군하여 백성을 편히 하고, 꿈이 상서에 합하여 공이 한때에 덮었네. 크디큰 하늘의 명을 마침내 사양하기 어려웠도다. 창업創業47한 큰 규모는 예전에 없었으니, 밝히 후세에 길이 전하리로다. 비로소 종묘를 닦아 마침내 이룩됨이 있었으니, 천만년 이르도록 태평 시대 되리로다. 천심이 덕 있는 이를 돌보아 창성한 시대를 열고, 반드시 성철聖哲48을 내시어 대를 이어 큰 터전을 융성하게 하네. 크신 태종이시여, 용지영명勇智英明49하사 천 년의 운에 응하여 빼어나셨네. 성조를 추대하여 나라를 열고 임금을 일으켜서, 백성을 편케 하고 세상을 구제하여 공이 더욱 빛났네. 제일 먼저 중국에 문안하여 황은皇恩50을 많이 입었고, 황제의 복을 받아 자손에게 베풀었네. 적사嫡嗣51를 존숭하여 거듭 화기禍機52를 안정시키니, 인신과 천의天意53가 마침내 돌아감이 있었네. 은혜는 백성에게 흡족하고 위엄은 오랑캐에 떨치니, 이에 예악禮樂54을 일으

---

44 어떤 일로 말미암아 생기는 재앙을 말한다.

45 원 나라 말년에 중국 하남 지방에서 일어난 홍건적(紅巾賊)은 수령이 사유(沙劉)라는 사람인데, 원 나라의 대도(大都, 지금의 북경)를 함락시키고 요동을 거쳐서 우리나라에 침입하여 송도까지 함락하였으나, 최후에 안우(安祐) · 이방실(李芳實) · 김득배(金得培) 등 세 원수에게 섬멸당하였다.

46 납합출(納哈出, 나하추)가 이끄는 오랑캐를 말한다. 납합출은 중국 원말~명초의 무장(武將)으로 원 말기가 되자 스스로를 심양행성승상(瀋陽行省丞相)으로 칭하고, 만주지방에서 세력을 떨쳤다. 고려 공민왕 때 동북면(東北面) 쌍성(雙城)을 침입했으나, 동북면 병마사(東北面兵馬使) 이성계에게 격퇴당했다.

47 나라를 처음으로 세운 것을 말한다.

48 임금이 모든 일에 통달하고 이치에 밝음을 이르는 말이다.

49 용기와 지혜와 빼어남과 총명함을 갖추었다는 말이다.

50 황제의 은총을 말한다.

51 계승할 자손 즉 적자를 뜻한다. 정종이 즉위하도록 한 사실을 말하는 것으로 보인다.

52 재변(災變)이 일어날 조짐을 말한다.

53 하늘의 뜻이다.

54 예법(禮法)과 음악이다. 형정(刑政)과 더불어 백성을 다스리는 방법이다.

켜서 무궁토록 드리웠네. 밝게 위에 계시어 보호해 주심이 끝이 없으니,
종사宗祀[55]는 하늘과 더불어 길이길이 이으리로다"
하였다.

2月 15日(己亥) 2번째 기사
의정부·육조 등에게 파저강 야인에 대한 접대 방식과 토벌할 계책 등을 진술하게 하다

上將討婆猪江野人, 欲試大臣, 密令政府六曹三軍都鎭撫等, 各陳接待之方·聲罪之辭·攻伐之策. (…中略…) "己亥對馬島之役, 朝野皆不欲征, 太宗斷自聖心, 六月興師, 以討其罪, 倭人畏威懷惠, 至今臣服, 民受其賜, 此已然之明效也. 今之議者皆曰, '彼雖實爲寇盜, 托以忽刺溫爲辭, 國家似若不知, 固我守備, 待之愈厚, 不可與之構怨.'" 臣愚以謂此一時偸安之計, 非永世久安之長策也. (…後略…)

임금이 장차 파저강婆猪江 야인을 토벌하려고 대신에게 시험하고자 하여, 비밀히 의정부·육조·삼군 도진무 등에게 (저들을) 접대할 방법과 죄를 성토聲討[56]할 말과 토벌할 계책 등을 각각 진술하게 하였다. (…중략…) "기해년 대마도의 정역征役[57]에 조아朝野[58]에서 모두 치고자 아니하였으나, 태종께서 성심聖心으로 스스로 결단하시어 6월에 군사를 일으켜 그 죄를 토벌하니, 왜인들이 위엄을 두려워하고 은혜를 생각하여, 지금까지 신하로 복종하고 백성들이 그 은혜를 받으니, 이는 이미

---

55 가장 으뜸가는 제사, 종묘의 제사, 왕실의 제사라는 뜻이다.
56 국가나 사회 또는 어떤 조직의 잘못을 여러 사람이 모여 폭로 또는 비판하며 규탄하는 것이다.
57 정벌하는 전쟁을 뜻한다.
58 조정(朝庭)과 민간(民間)이다.

그러한 밝은 공효입니다. 지금의 논의하는 자는 모두 말하기를, '저들이 비록 실지로 도둑질하였을지라도 홀라온을 칭탁해 말하니, 국가에서는 모르는 체하고 우리의 수비를 굳게 하여 대접하기를 더욱 후하게 할 것이고, 더불어 원수를 맺을 수 없다'고 하나, 신의 어리석은 생각으로는, 이는 일시의 편함을 도모하는 계책이지 대대로 영구히 편히 할 좋은 계책은 아니라 생각됩니다." (…후략…)

2月 21日(乙巳) 3번째 기사
황희·권진·하경복 등을 불러 평안도에서 쓸 병장 잡물의 수량 등을 논의하다

召領議政黃喜·右議政權軫·都鎭撫河敬復·李順蒙·趙賚·判書鄭欽之·崔士康·參判鄭淵·皇甫仁·中樞院副使崔海山等議事, 其一曰, "今兵曹所啓平安道所用兵仗雜物之數何如?" 喜等曰, "臣等之心, 以爲允當." 敬復曰, "他物, 宜依所啓. 甲則一千五百二十五部過多, 宜減三分之一." 其一曰, "馬步軍數, 當用幾何?" 賚曰, "馬兵一千, 步兵二千." 敬復·順蒙·欽之·海山·淵·仁議曰, "馬兵一千, 步兵一千可矣." 軫曰, "馬步兵三千爲可, 然馬兵步兵之數, 令主將臨機定之." 其一曰, "步卒所着甲冑, 送軍器監所藏乎? 用何處甲冑乎?" 欽曰, "擇用本道各官所藏爲便." 其一曰, "濟師之時, 用舟楫乎? 用浮橋乎?" 欽曰, "力役雖重, 過涉便易, 莫若浮橋." 其一曰, "軍士皆調發于平安道乎? 幷發他道乎?" 淵·仁·海山議曰, "黃海道五百, 平安道二千五百." 喜·敬復·順蒙·賚議曰, "除黃海道, 竝調發平安道." 士康曰, "黃海道六百, 平安道二千四百." 欽之曰, "黃海道四百, 平安道二千六百." 其一曰, "行軍時與赴征, 時習陣何如?" 欽曰, "習陣則彼賊先知, 隱伏潛師, 突入可矣." 皆從喜等之議, 唯騎步兵之數從軫議, 令主將臨機定數. 又議曰, "中軍左右軍主將, 誰可者?" 僉曰, "宜以崔閏德爲中軍, 順蒙爲左軍, 海山爲右軍." 上曰, "可矣." 崇善啓曰, "順蒙與臣言, '大抵軍士之進退, 專在中軍, 臣受左軍, 則何以成功? 臣謂以閏德爲中軍上將, 以臣爲中軍副將, 以海山爲左軍, 以江界節制使李恪·戶曹參議金孝誠爲右軍, 臣率精騎五六百爲先鋒, 潛入彼土, 若勢可擊則擊之, 不可則退屯, 以待後軍.'" 上令崇善密議于三議政, 仍命曰, "昔征對馬島, 太宗賜赴征將士弓矢, 今順蒙·海山之行, 當賜何物? 幷議之." 軫曰, "順蒙·海山, 皆狂妄之徒, 不宜專付軍士, 請依前議, 賜物則弓矢與甲." 孟思誠曰, "以閏德爲中軍上將, 順蒙爲副將, 海山爲左軍, 恪爲右軍可也, 賜物則依權軫之議." 喜曰, "分三軍則依孟思誠之議, 賜物則只給馬爲可." 崇善回啓, 上曰, "當賜弓矢與馬, 分三軍, 從黃喜·孟思誠之議." 命崔海山先往平安道, 造浮橋於鴨綠江. 令安崇善修事目, 使海山傳說於崔閏德, 皆上命意也.

一. 以都節制所啓供招之辭, 議諸群臣而反復思之, 則婆猪之寇, 詐稱忽剌溫, 情見事白, 斷無疑矣. 惟彼獷俗, 居相望之地, 不念舊恩, 懷奸肆毒, 剽殺邊民, 謀免後患, 反以忽剌溫爲辭, 上欺中國, 下誣本朝, 罪惡貫盈, 不可不討. 間有議者曰, '彼寇以忽剌溫爲辭, 已奏于帝, 則不可以婆猪爲咎而急征之也.' 予則以謂皇帝一視同仁之量, 焉有以婆猪爲信, 而歸咎於本國哉? 必無是理, 儻或詰問, 當具事由以聞. 且引太宗皇帝宣諭聖旨以奏, 則終見兪允. 肆定征討之擧, 軍數以三千爲率, 二千五百出平安道, 五百出黃海道, 其騎兵步卒之數, 臨機議定.

一. 江深難以濟師, 是誠可慮. 如有灘上可涉之處, 則可矣, 若無可涉處, 與都節制使同議, 毋令喧動, 造浮橋於二三處.

一. 江界·閭延等江邊接居無知之民, 曾因營産, 潛往彼土, 官吏又不知而不禁, 疎闊至此. 今當大事, 漏透聲息, 則非細故也, 密令官吏嚴加考察, 以絶往來.

一. 使人伺其部落多小·山川險易, 然後定其往征之期, 將兵偏裨, 磨鍊以啓.

一. 步卒所着甲冑, 以道內各官所藏, 揀擇用之.

一. 造浮橋, 毋發烟戶丁夫, 以役附近各官船軍.

一. 大軍旣過江之後, 賊若出其不意, 或竊入逞欲, 或斷取浮橋, 以絶師行, 此亦可慮, 分卒堅守待變."

영의정 황희·우의정 권진·도진무 하경복·이순몽·조뇌·판서 정흠지·최사강·참판 정연·황보인·중추원 부사 최해산 등을 불러서 일을 논의하였다. 첫 번째로,

"지금 병조에서 아뢴 평안도에 쓸 병장 잡물兵仗雜物[59]의 수량이 어떠한가?"

하니, 황희 등은,

"신 등의 생각으로는 적당하다고 여겨집니다"

하고, 하경복은,

"다른 물건은 아뢴 대로 함이 마땅하나, 갑옷은 1천 5백 25부部가 너무 많으므로 3분의 1을 감하는 것이 마땅하옵니다"

하였다. 다음으로,

---

59 병기와 각종 물자를 뜻한다.

"마병과 보병의 수를 얼마나 써야 마땅할까?"

하니, 조뇌는 "마병 1천, 보병 2천이 좋겠습니다"라고 말했다. 하경복·이순몽·정흠지·최해산·정연·황보인 등은 "마병 1천, 보병 1천이 좋겠습니다"라고 하였다. 권진은,

"마병·보병 합해서 3천으로 함이 가하나, 마병의 수와 보병의 수는 주장主將⁶⁰으로 하여금 시기時機에 임하여 적당히 처리하여 정하게 하옵소서"

하였다. 다음으로,

"보병들이 착용할 갑옷과 투구를 군기감軍器監에서 간직한 것을 보낼까? 어느 곳의 갑주甲胄를 쓸 것인가?"

하니, 모두가 아뢰기를,

"본도本道의 각 고을에 간직한 것을 골라서 쓰는 것이 편합니다"

하였다. 다음으로,

"군사가 강을 건널 때에 배를 쓸 것인가, 부교浮橋⁶¹를 쓸 것인가"

하니, 모두가 아뢰기를,

"일은 비록 많으나 건너가기에 편리한 것은 부교만 못합니다"

하였다. 다음으로,

"군사는 모두 평안도에서만 조발調發⁶²할 것인가? 다른 도에서도 아울러 조발할 것인가?"

하니, 정연·황보인·최해산 등의 논의로는,

"황해도에서 5백 명, 평안도에서 2천 5백 명으로 할 것입니다"

---

60 우두머리 역할의 장수이다.
61 임시로 강 위로 놓은 다리를 말한다.
62 징발이라는 뜻으로, 사람이나 말 또는 군용품을 백성들로 하여금 내게 하는 것이다.

하고, 황희·하경복·이순몽·조뇌 등의 논의로는,

"황해도는 없애고 모두 평안도에서 조발할 것입니다"

하고, 최사강은,

"황해도에서 6백 명, 평안도에서 2천 4백 명으로 할 것입니다"

하고, 정흠지는,

"황해도에서 4백 명, 평안도에서 2천 6백 명으로 할 것입니다"

하였다. 다음으로,

"행군할 때와 출정할 때에 진법陣法을 연습하는 것이 어떨까?"

하니, 모두 아뢰기를,

"진법을 익히면 저 도둑들이 먼저 알고 숨을 것이니, 가만히 행군하
여 돌격해 들어가는 것이 가합니다"

하니, 모두 황희 등의 논의에 따르고, 오직 기병과 보병의 수는 권진의
논의에 좇아, 주장主將으로 하여금 시기에 임하여 적당히 처리하여 수를
정하게 하였다. 또 논의하기를,

"중군中軍과 좌·우군左右軍의 주장으로는 누가 가하냐?"

하니, 모두가 아뢰기를,

"최윤덕으로 중군을 삼고, 이순몽을 좌군으로, 최해산은 우군으로 삼
는 것이 마땅합니다"

하니, 임금이 말하기를,

"좋다"

하였다. 숭선이 아뢰기를,

"순몽이 신에게 말하기를, '대저 군사의 진퇴를 마음대로 하는 것은
오로지 중군에 있는데, 신臣이 좌군을 맡으면 어찌 성공하리오? 신의 생

각으로는 윤덕을 중군의 상장上將으로 삼고, 신을 중군의 부장副將으로 삼고, 해산을 좌군으로 삼고, 강계⁶³ 절제사 이각李恪과 호조 참의 김효성을 우군으로 삼아, 신이 정기精騎⁶⁴ 5, 6백 명을 거느리고 선봉先鋒이 되어 몰래 저들의 땅에 들어가서, 만약 형세가 칠 만하면 치고, 칠 수 없으면 물러나 주둔하여 후군後軍을 기다리겠습니다'라고 하였습니다"

하니, 임금이 숭선으로 하여금 비밀리 세 의정에게 논의하게 하고, 인하여 명하기를,

"예전에 대마도를 정벌했을 때에 태종께서 출정하는 장병들에게 활과 화살을 하사하셨으니, 지금 순몽과 해산이 길을 떠남에 어떤 물건을 주어야 마땅할는지, 이것도 아울러 논의하라"

하였다. 권진은 말하기를,

"순몽과 해산은 모두 광망狂妄⁶⁵한 무리이므로, 오로지 군사를 맡기는 것은 옳지 못하오니, 청컨대 전자의 논의에 의하여, 하사할 물건은 활·화살·갑옷 등으로 하옵소서"

하고, 맹사성은,

"윤덕으로 중군 상장군을 삼고, 순몽을 부장으로, 해산을 좌군으로, 각恪을 우군으로 삼음이 가하며, 하사할 물건은 권진의 논의대로 하옵소서"

하고, 황희는,

"삼군三軍을 나누는 것은 맹사성의 논의에 의하고, 하사하는 물건은 다만 말을 주는 것이 가하옵니다"

---

63 평안북도 북동부에 있었던 군으로 세종 시기에 도절제사영(都節制使營)을 두었다.
64 날쌔고 용맹한 정예 기병(騎兵)이다.
65 걷잡을 수 없이 망령되어서 이치에 맞지 않는다는 뜻이다.

고 하였는데, 승선이 돌아와 아뢰니, 임금이 말하기를,

"마땅히 활과 화살과 말을 하사하고, 삼군을 나누어 정하는 것은 황희와 맹사성의 논의에 좇을 것이다"

하였다. 최해산에게 명하여 먼저 평안도에 가서 압록강에 부교浮橋를 만들게 하고, 안숭선으로 사목事目[66]을 작성하여 해산으로 하여금 최윤덕에게 말을 전하게 하였는데, 모두 임금이 명한 뜻이다. (사목의 내용은 다음과 같다.)

1. 도절제사가 아뢴 공초供招[67]의 말을 여러 신하들과 논의하고 반복해 생각하니, 파저강의 도적이 거짓 홀라온을 칭탁한 것은 사실이 명백하게 드러나서, 단정코 의심이 없다. 오직 저 오랑캐의 풍속은 서로 바라보는 땅에 살면서 옛 은혜를 생각지 아니하여 간사함을 품고 사나움을 베풀어 변민邊民[68]들을 찔러 죽이고는, 후환을 면하기를 꾀하여 도리어 홀라온을 칭탁해 말하여, 위로는 중국을 속이고 아래로는 우리 조정을 속였으니, 토벌하지 아니할 수 없다. 사이에 논의하는 자가 말하기를, '저 도적들이 홀라온을 칭탁해 말하여 이미 황제에게 아뢰었으니, 파저강을 허물하여 급히 칠 수 없다' 하나, 나는 생각하기를, 황제가 차별 없이 한가지로 사랑하는 도량으로서 어찌 파저강을 믿고 우리나라에게 허물을 돌릴 것이랴? 반드시 이럴 이치가 없으며, 가사 혹 힐문할지라도 마땅히 사유를 갖추어 알리고, 또 태종 황제가 선유宣諭한 성지聖旨를 끌어서 아뢰면 마침내 윤허함을 얻을 것이다. 이러므로 토벌하는

---

66 공사(公事)에 관하여 정한 규칙을 말한다.
67 죄인이 범죄 사실을 진술한 말이다.
68 변경(邊境)에 사는 백성을 말한다.

일을 정하여 군사의 수는 3천 명을 거느리되, 2천 5백 명은 평안도에서 내고, 5백 명은 황해도에서 내며, 그 기병과 보병의 수는 기회에 임하여 의논해 정한다.

1. 강이 깊어서 군사를 건너기가 어려우니 이것이 진실로 염려된다. 만일 여울 위로 건널 만한 곳이 있다면 가하거니와, 만약 건널 만한 곳이 없으면 도절제사와 더불어 같이 의논하여, 떠들고 들리지 말게 하여 두세 곳에 부교를 만들 것이다.

1. 강계·여연 등 강가에 머물러 사는 무지한 백성들이 일찍이 영리^{營利}를 위하여 몰래 저들의 땅에 가는데, 관리들도 알지 못하여 금하지 않으니 허술함이 이와 같다. 지금 큰 일을 당하여 소문이 새면, 작은 사고가 아니니, 비밀히 관리로 하여금 엄하게 고찰을 더하여 왕래를 끊게 하라.

1. 사람을 시켜 그 부락의 많고 적은 것과 산천의 험하고 평탄한 것을 엿본 뒤에, 가서 그 토벌할 기한을 정하고, 장병將兵⁶⁹과 편비褊裨⁷⁰를 마련하여 아뢰라.

1. 보졸들이 착용할 갑옷과 투구는 도내道內의 각 고을에 간직한 것으로 골라서 쓰도록 하라.

1. 부교를 만들 때에 연호煙戶⁷¹의 정부丁夫⁷²를 쓰지 말고, 부근 각 고을의 선군船軍⁷³을 사역하라.

1. 대군大軍이 이미 강을 건넌 뒤에 적이 만약 불의不意에 나와서 혹 몰

---

69 장교(將校)와 사병(士兵)을 통틀어 일컫는 말이다.
70 각 군영(軍營)에 둔 부장(副將)이다. 대장(大將)을 보좌하며 소속 부대를 지휘하던 무관직으로 편장(偏將), 부장(副將), 비장(裨將)이라고도 한다. 편비(褊裨)는 편비(偏裨)의 잘못으로 보인다.
71 연기가 나는 집 즉 사람이 사는 집으로 일반 백성들을 뜻한다.
72 정역(丁役)의 일과 잡역의 일을 하는 장정(壯丁)을 말한다.
73 조선 초기 각 포에 배속되어 해안 방어를 담당하던 수군이다.

래 들어와 마음대로 날뛰거나, 혹 부교를 끊어서 군사의 다니는 길을 끊으면 이것도 가히 염려할 것이니, 군사를 나누어 굳게 지켜서 변이 있기를 기다리게 하라.

2月 28日(壬子) 4번째 기사
대마주 태수 종정성이 가배량·구라량 등처에 내왕하면서 흥판하기를 청하다

對馬州太守宗貞盛, 遣人請於加背梁·仇羅梁·豆毛浦·西生浦等處, 往來興販. 上令禮曹回答曰, "曾許富山·乃而浦·鹽浦三處往來販鬻, 足矣, 難以從請."

대마주 태수太守 종정성宗貞盛[74]이 사람을 보내어 가배량加背梁[75]·구라량仇羅梁[76]·두모포豆毛浦[77]·서생포西生浦[78] 등처에 내왕하면서 흥판興販[79]하기를 청하니, 임금이 예조로 하여금 회답하기를,

---

74 대마도 도주이다. 1권 제1부 「중요인물」, '종정성' 참조.
75 경상도 고성현 남쪽 17리에 있던 수군진이다. 기해동정 때 거제도 옥포로 옮겨 주둔하게 하였다. 현재는 경상남도 통영시 도산면에 속하는 지역으로 생각된다. 조선 후기(1604)에는 거제도 서남쪽의 오아포로 옮겼고, 이 때문에 거제도에 가배리라는 이름이 생겼다. 長箭子, 『中世國境海域の倭と朝鮮』, 吉川弘文館, 2002, pp.159~167.
76 구량량(仇良梁)이라고도 하며, 조선 전기의 수군진으로 경상도 진주(晉州)의 임내(任內)인 각산향(角山鄕)에 있었다. 각산향은 현재의 경상남도 사천시 각산 주변에 있었던 곳으로 생각된다. 구라량의 수군진은 이후 경상도 진주 구량량 만호진을 사량도(현 사량면 금평리)로 옮겨 사량만호진이라 칭했다.
77 현재의 부산광역시 동구 수정동에 있던 조선시대 수군 만호영이다. 『신증동국여지승람』에 의하면 조선 건국 직후 두모포 만호영(豆毛浦萬戶營)은 기장현의 동쪽 2.8km(7리)에 있었다고 한다. 두모포 만호영은 왜구로부터 기장 지역의 해안 방어를 위해 설치되었다(『한국향토문화전자대전』).
78 조선 태종 대 만호진을 두었는데 세종 대는 도만호진(都萬戶鎭)을 두었다가 다시 만호진을 두었다. 울산 서생포(西生浦)가 군의 남쪽 44리에 도만호가 수어하며 병선 20척, 군인 7백 67명이라고 하였다(『세종실록』 「지리지」).
79 물건을 판매하여 이익을 얻는 것을 말한다. 흥리(興利)라고 한다.

"부산·내이포乃而浦[80]·염포鹽浦[81] 등 세 곳에 왕래하면서 장사하기를 허락하였으니 충분하므로, 청함을 좇기 어렵다"

하였다.

3月 1日(甲寅) 2번째 기사

대마주의 육랑차랑이 토산물을 바치다

對馬州六郎次郎, 來獻土宜.

대마주의 육랑차랑六郎次郎이 와서 토산물을 바쳤다.

3月 19日(壬申) 3번째 기사

대마도 종대선이 토산물을 바치다

對馬州宗大膳, 遣人來獻土宜.

대마도 종대선宗大膳[82]이 사람을 보내어 토산물을 바쳤다.

---

80 제포라고도 한다. 현재의 경상남도 진해시 웅천동에 있던 포구의 이름이다. 이곳에는 왜인들이 거주할 수 있는 왜관이 있었다. 세종 7-4-23-3, '내이포' 주석 참조.

81 현재의 울산광역시 북구 염포동에 있던 포구로 조선시대에 일본인들이 머물며 교역할 수 있는 왜관을 두었다. 세종 8-1-18-3, '염포' 주석 참조.

82 대마도의 도주가문 종씨의 일족인 종무수(宗茂秀, 『해동제국기』 대마도 패로군 조)이며 종무직(宗茂直)의 형이라고 하였다(세종 21-윤2-15-3). 대선(大膳)은 무가관위로 대선직(大膳職)을 줄인 말이다. 『해동제국기』에서는 패로군 혹은 인위군의 군수인 종무수가 1433년(세종 15)에 사자를 보내왔고, 출우수(出羽守) 종대선(宗大膳) 무수(茂秀)라고 일컬으며, 아들이 없어 무직의 아들 종언구랑정수(宗彦九郎貞秀)를 아들로 삼았다고 하였다. 또한 무수의 아버지 하무(賀茂)가 도주 영감(靈鑑)을 축출하고 도주가 되었는데, 영감의 아들 정무(貞茂)가 도로 빼앗으며, 무수를 도대관(都代官)으로 삼았다고 하였다. 다만 무수의 양자인 정수는 대선조(大膳助)이라는 무가관위를 사용하지 않고 1461년(세조 7)부터 조선과 통교하였다. 그 대신 종무우(宗茂友)가 대선조(大膳助)를 칭하고 있다(세조 11-11-14-1). 종무수는 아들이 없어 정수를 양자로 들였다고 하였고, 종무직(宗茂直)과 종만무(宗滿茂)가 형제로 나타나므로 종무수와 종무우의 관계는 분명하지 않다.

3月 27日(庚辰) 2번째 기사

예조 참의 윤수가 대마주 태수 종정성에게 회례사의 배를 내어 호송할 것을
치서하다

禮曹參議尹粹致書對馬州太守宗貞盛曰, "今聞 '回禮使李藝等回
舶在海, 被賊刦掠, 所齎物件, 盡行見奪, 僅存性命, 留在赤間關'. 卽具
啓達, 差左軍副司正皮尙宜, 往給衣糧, 道經貴界, 惟足下撥船護送."

예조참의禮曹參議 윤수尹粹가 대마주 태수對馬州太守 종정성宗貞盛[83]에게
글을 보내기를,

"이제 듣건대, '회례사 이예李藝[84] 등이 돌아오는 배가 바다에서 도둑
에게 약탈을 당하여, 가진 물건을 모두 빼앗기고 겨우 목숨만 보전하여
적간관赤間關[85]에 머물러 있다'고 하므로, 곧 갖추어 아뢰어 좌군 부사정
左軍副司正 피상의皮尙宜[86]를 임명해 보내어 옷과 양식을 가져다 주게 하였

---

83 대마도 도주이다. 1권 제1부 「중요인물」 '종정성' 참조.

84 1권 제1부 「중요인물」 '이예' 참조.

85 일본 본주(本州)의 서쪽 끝부분에 있으며, 관문(關門)해협을 사이에 두고 구주(九州)와 마주
보고 있다. 조선시대에는 조선에서 막부(幕府) 장군에게 파견한 사자(使者)인 통신사가 강호
(江戶)까지 왕래할 때 통신사를 접대하였던 지역 가운데 한 곳이었다. 추번(萩藩) 모리씨(毛
利氏)의 영지인 주방(周防)과 장문(長門) 두 개의 국(國) 중에서 주방국 웅모군(熊毛郡) 조호
관(竈戶關)을 상관(上關)이라고 하고, 장문국 풍포군(豊浦郡) 적간관을 하관(下關)이라고 불
렀다(『조선왕조실록 전문사전』).

86 조선 초기에 일본에서 귀화한 투화왜인(投化倭人)인 피사고(皮沙古)의 아들이다. 피상의(皮
尙宜)의 아버지 피사고는 1399년에 조선으로 건너와서 임금을 모시며 호위한 인물로, 부사직
(副司直)을 역임하였다. 피상의는 조선에서 태어난 인물로, 태종조에 처음으로 시위(侍衛)하
였고, 세조조에 원종공신(原從功臣)이 되었다. 1443년 5월 이키(壹岐)의 왜구가 명나라의 해
녕위(海寧衛) 지방을 침입했다가 격퇴당하고 대마도로 귀환하는 길에 서여서도(西餘鼠島)에
서 제주의 공선(貢船) 1척을 공격하여 사람을 죽이고 재물을 약탈해 가자, 7월 일기도의 상만
호(上萬戶) 도구라(都仇羅)를 조선으로 불러들이기 위해 통사(通事)로 파견되었다. 1457년
상호군(上護軍)에 제수되었다. 1462년 본향(本鄕)을 내려달라고 청하여 세조로부터 '동래(東
萊)'를 하사받았다. 이에 동래 피씨가 되었다. 76세이던 1470년, 검직(檢職, 나이 많은 원로(元
老)를 대접하기 위한 허직(虛職)으로 녹봉만 받고 하는 일은 없는 관직)에 제수되기를 원하여
허락받았다(『조선시대 대일외교 용어사전』).

으니, 길이 귀하의 경계에 지나거든 족하足下[87]가 배를 내어 호송하기를
바란다"
하였다.

4月 8日(辛卯) 2번째 기사
박서생이 수차의 이익을 역설하니, 임금이 김종서에게 사용 여부를 묻다

初, 朴瑞生奉使日本回還, 極言水車之利, 上信之, 都承旨安崇善亦
獻議以爲可行, 上顧左承旨金宗瑞曰, "爾意何如?" 對曰, "前此禹希烈
多作水車, 行之數年, 竟不見其利而罷之, 臣意恐未可也." 上曰, "中國
及倭邦皆利其用, 我國介在其間, 安有不可用之理? 但行之者不用力,
或未得其要耳." 對曰, "本國土性鹵疎, 泉水汚下, 雖百倍其功, 一日所
灌, 不過一畝, 而功輟則滲漏, 臣親見其狀." 上曰, "大抵人情, 憚於新
作." 即分遣敬差官于各道, 多置水車, 久無其效, 上疑之. 至是, 令宦
寺田吉洪, 置水車於行宮近處, 役百人激之, 一日所灌, 止一畝, 而亦
盡滲漏. 又令崇善往觀之, 崇善啓曰, "宗瑞終始皆言不可用, 請與俱
行, 詰其利害." 命許之. 俱往, 役八十餘人終日激之, 所灌不及一畝,
而皆滲漏. 崇善等回啓其狀. 命屬從宰相議之, 皆曰, "不可用." 即命
還各道敬差官, 其水車藉人力者皆罷之, 唯自激水車不罷.

처음에 박서생朴瑞生[88]이 일본에 사신으로 갔다가 돌아와서 수차水車[89]
의 이익을 역설하였는데, 임금도 이것을 믿었고, 도승지 안숭선安崇善[90]

---

87 종정성(宗貞盛)에 대한 존칭으로 사용하였다.
88 1428년 11월 대사성으로 통신사가 되어 일본에 갔다가 다음해 12월에 돌아왔다.
89 물레바퀴를 물의 힘으로 돌려 곡식을 찧거나, 물을 자아올리는 기계를 말한다.
90 조선 전기의 문신으로 세종 때 형조판서·중추원지사·집현전 대제학 등을 역임하였고 춘추

도 건의하여 행함 직하다고 하였는데, 임금이 좌승지[91] 김종서金宗瑞를 돌아보고 이르기를,

"그대의 뜻은 어떤가?"

하니, 대답하기를,

"전에 우희열禹希烈[92]이 수차를 많이 만들어서 수년 동안 써 보았으나 마침내 이익을 보지 못하여 파하고 말았으니, 신은 좋지 못하다고 생각합니다"

하였다. 임금이 말하기를,

"중국과 왜국에서는 모두 이용하는데 우리나라는 그 사이에 있으면서 어찌 쓰지 못할 이치가 있겠는가? 다만 이것을 사용하는 사람이 힘을 쓰지 않았거나, 혹은 그 요령을 알지 못했을 것이다"

하니, 대답하기를,

"본국은 토질이 나쁘고 샘물이 낮아서, 백 배나 공력을 들여도 하루에 물 대는 것은 1무畝에 불과하고, (수차를) 그치면 물이 땅 속으로 스며 들어 가는데, 신이 그 상황을 직접 보았습니다"

하였다. 임금이 말하기를,

"일반적으로 사람들은 다 새로 만드는 것을 꺼리는구나"

하고, 곧 경차관敬差官[93]을 각도에 나누어 보내어 수차를 많이 설치하였으나, 오래도록 효력이 없어 임금이 의심하였다. 이때에 이르러 환시宦

관지사로 『고려사』 수찬에 참여하였다.

91 조선시대 승정원의 정3품 당상관(堂上官)이다.

92 조선 전기의 문신으로서 전국의 수리시설 축조에 공을 세우는 등 농업전문가로 활약하였다.

93 조선시대 중앙 정부의 필요에 따라 수시로 특수 임무를 띠고 지방에 파견된 관직. 3~5품관 중에서 경차관(敬差官)을 뽑았다.

侍[94] 전길홍田吉洪[95]을 시켜서 수차를 행궁[96] 근처에 설치하고, 사람 백명을 써서 물을 올려도 하루의 물 대는 것이 1무에 그치고, 또한 물이 다 새어버렸다. 또 숭선을 보내었더니, 숭선이 아뢰기를,

"종서는 처음부터 끝까지 쓸 수 없다고 말하였으니, 함께 가서 그 이해利害를 따지게 하여 주소서"

하므로, 임금이 이를 허락하니 (종서가) 함께 가서 80여 명의 사람을 써서 종일 물을 올려도, 물 대는 것이 1무에도 미치지 못하고, 물이 모두 새었으므로, 숭선 등이 돌아와서 그 상황을 아뢰었다. 호종扈從[97]하는 재상들에게 의논하여도 '모두 쓸 수 없다'고 하였다. 곧 각도 경차관을 돌아오게 하고 인력으로 돌리는 수차는 모두 없애고, 스스로 도는 수차는 없애지 말도록 하였다.

5月 11日(癸亥) 3번째 기사
안숭선에게 명하여 야인들의 마소와 재산, 최해산의 논공 문제 등을 의논하다

命安崇善, 議于領議政黃喜·右議政權軫等曰, "彼人牛馬家財, 頒給閭延被賊破産人民, 其馬之大者, 以爲種馬何如?" 喜等曰, "上教至當." 又議曰, "崔海山渡江日時, 不從都節制使所定, 而翌日乃渡, 且行師逗留, 因此彼人逃遁, 以千餘之衆, 所獲比諸將最少, 宜論違誤軍機之罪, 然事在赦前, 不可追論, 依他將論功, 似乎不可, 何以處之?" 軫曰,

---

"此行全師而還, 主將斬獲之數且多, 亦可論賞." 喜曰, "若非赦宥, 宜加不及軍機之罪. 今雖會赦免罪, 不必賞功, 只賞管下斬賊之人何如?" 又議曰, "昔在己亥征對馬島, 都統使柳廷顯之回, 命代言柳穎往迎, 都體察使李從茂之廻, 予陪上王幸樂天亭迎慰. 歲久難記, 然意謂從茂親往對馬島, 加於廷顯之例也. 今婆猪江征伐之擧, 比之對馬島, 其功倍矣. 崔閏德・李順蒙・李澄石・崔海山等廻還之日, 何以迎之? 予謂閏德, 則親出迎於慕華館, 李順蒙以下, 則欲令大君若大臣往迎, 何如? 若曰太重則閏德, 令大君知申事往迎, 順蒙以下, 則令大臣若代言往迎何如? 稽之古制, 唐之李晟討朱泚, 收復京城, 德宗拜晟司徒, 賜永寧里第・涇陽上田・迎平門之林園・女樂八人. 晟入賜第, 帝特賜宴女樂錦綵銀器, 又令太常教坊備樂, 京兆供饌具, 鼓吹以爲榮觀. 後周莊宗時, 平鎭州之將回來, 出城迎慰, 就第宴樂. 古之帝王待將帥如此其榮, 今則何如?" 喜等啓曰, "上王迎慰從茂於樂天亭, 偶幸樂天亭, 而適從茂回至耳, 非欲異於廷顯也. 且天下之事, 時異事殊. 彼唐・周之君寵待將帥者, 當此之時, 不如此, 則不足以結其心. 今日之事, 非如收復之功, 又非大擧, 只征小寇而已, 何必出迎? 崔閏德, 則命知申事迎慰, 李順蒙以下, 則命集賢殿官迎慰, 亦足爲一時之榮觀矣." 又議曰, "崔閏德・李順蒙・崔海山・李澄石入京後迎慰之日, 賜夏衣一襲, 令服赴宴何如?" 喜等曰, "上教是矣." 上皆從喜等之議. 喜又啓曰, "昔在庚寅, 東北面所擄兀良哈, 不久放還, 又於己亥對馬島所擒人物, 發還本土, 今婆猪之人聞此, 必望送還, 若婆猪之人請奏上國, 帝降還送之詔, 則恩出於上國, 婆猪之人, 必不德我. 今遣擄人之年老者一二, 開導征討之由及若誠心歸順, 則還其妻子, 待之如初, 以觀彼人之志何如?" 上曰,

"所言是矣." 命書事目, 送于江界節制使, 擇被擄年老一二人, 開諭事
目以送, 令傳說於同類人. 其事目曰, "一. 汝等屯居本國近境, 每蒙恩
恤, 得遂生理, 固當感德懷惠. 今汝等擄掠上國人丁, 潛用爲奴, 其爲奴
者逃來本國, 本國解送上國, 非有嫌於汝等, 乃事大之常禮. 汝等不此
之顧, 徒自含恨, 請誘忽刺溫, 犯我邊邑, 殺擄人民, 又掠家財牛馬, 以至
懷中小兒棄置雪上, 其虐太甚. 又於本國及張天使之行, 托爲忽刺溫
所爲, 旣欺上國, 又瞞本國, 罪惡貫盈, 故命將問罪, 誠不獲已. 若汝等
悔罪納款, 則可以赦罪, 稔惡不悛, 則終必見滅. 是皆自取, 豈怨於人?
一. 汝等自今以後, 誠心歸附, 不敢有異志, 則本國俘虜妻孥, 皆可還遣,
存恤之厚, 亦當如初, 若汝輩猶不知悔, 梗化不順, 則本國豈强汝等使
之歸順?"

上遣內豎, 問于許稠·安純·河敬復曰, "崔海山不及軍機, 依他論
賞乎?" 許稠等曰, "若非遇赦, 宜置於法, 旣不論罪而復賞之, 似乎未
便. 只奪其職, 以戒後人何如?" 上曰, "知之."

안숭선에게 명하여 영의정 황희·우의정 권진 등에게 의논하기를,

"야인들의 마소와 재산을 여연에서 도둑을 맞아 파산한 인민에게 나
누어 주고, 그 말의 큰 것은 종마種馬로 삼는 것이 어떤가?"
하니 황희 등이,

"상교가 지당합니다"
하였다. 또 의논하기를,

"최해산이 강을 건너는 시일을 도절제사가 정한 대로 하지 아니하고
이튿날 강을 건넜으며, 또 행군을 지체하여 이로 인해 야인들이 도망해
버렸으며, 천여 명의 무리로서 얻은 것이 다른 장수에 비하여 가장 적으

니, 마땅히 군기軍機를 어기고 그르친 죄로 논할 것이나, 사면을 내리기 전에 있었던 일이므로 추론할 수 없는 것이다. 그러나 다른 장수와 같이 논공할 수는 없을 듯하니, 어떻게 처리할까?"

하니, 권진은,

"이번 길에 군사가 안전히 돌아왔고, 주장의 베고 잡은 수도 많으니 또한 논하여 상을 주는 것이 좋겠습니다"

하고, 황희는,

"만약 사면해 주는 것이 아니라면 마땅히 군기에 미치지 못한 죄를 더 주어야 할 것인데, 이제 비록 사면으로 인하여 죄를 면하였다 할지라도 상줄 필요는 없고, 다만 그 관하의 적을 벤 사람에게만 상을 주는 것이 어떻겠습니까?"

하였다. 또 의논하기를,

"예전 기해년에 대마도를 정벌하고 도통사都統使[98] 유정현柳廷顯이 돌아올 적에, 대언 유영柳穎에게 명하여 가서 맞이하게 하였고, 도체찰사[99] 이종무李從茂가 돌아올 적에는 내가 상왕上王을 모시고 낙천정樂天亭[100]에

---

98 고려 후기 출정군 최고 사령관으로 도원수(都元帥) 이하 여러 장수들을 통솔하였다. 조선시대에 와서도 출정군의 최고 사령관으로 보인다.

99 조선시대 나라의 중대한 일이 있을 때 의정(議政)의 자급(資級)에서 뽑아 임명하던 임시 군직이다. 주로 정1품의 관원으로 임명되었으며, 일을 결단할 수 있는 전권을 위임받았다(『한국고전용어사전』).

100 태종이 한강 가에 지은 정자이다. 변계량은 「낙천정기」에서 "낙천정은 우리 상왕전하(태종)께서 때때로 유람하시는 곳이다. 전하께서 왕위에 있은 지 19년 가을 8월에 우리 주상전하(세종)에게 선위(禪位)하시고, 이에 농한기에 동교(東郊)에 거둥하시어 유람하였다. 한 언덕이 있는데 높고 둥그스레한 모양이 가마를 엎어 놓은 것 같은데 이름이 대산(臺山)이다. 거기에 올라서 사방을 돌아보니 큰 강과 둘러싼 연못이 얽힌 채 넘실대며 흐르는데, 연이은 봉우리와 겹쳐진 멧부리가 차례로 나타나고 겹겹이 나와 언덕을 고리처럼 둘러 조회(朝會)하는 듯하고 뭇 별이 북신(北辰)을 둘러싼 듯하여, 과연 하늘이 만든 훌륭한 곳이었다"라고 하였다 (『동문선』「낙천정기」).

나아가 맞이하여 위로하였다. 오래되어 기억하기 어려우나, 생각건대 종무가 대마도에 친히 간 것이 정현의 예例보다 중하기 때문인 듯하다. 지금 파저강을 정벌한 것이 대마도에 비하여 그 공이 갑절이나 된다. 최윤덕·이순몽·이징석·최해산 등이 돌아오는 날에 어떻게 맞이할까? 내 생각으로는 윤덕은 친히 모화관[101]에 나가서 맞이하고, 이순몽 이하는 대군大君이나 대신으로 하여금 가서 맞이하게 하려고 하는데 어떤가? 만약 너무 중하다면, 윤덕은 대군과 지신사로 하여금 가서 맞이하게 하고, 순몽 이하는 대군이나 대신으로 하여금 맞이하게 하는 것이 어떤가? 옛날의 예를 상고하니, 당나라 이성李晟[102]이 주자朱泚[103]를 토벌하고 서울을 수복하자, 덕종德宗[104]이 이성을 사도司徒[105]에 임명하고 영녕리永寧里의 집과 경양涇陽의 좋은 토지와 영평문迎平門의 임원林園과 여악女樂 8명을 하사하였다. 이성이 하사한 집에 들어오자, 황제가 특히 잔치를 베풀고 여악과 비단과 은기銀器를 하사했고, 또 태상 교방太常敎坊으로 하여금 악을 갖추고, 경조京兆로 하여금 안주를 공급하게 하며, 풍악을 올리면서 그 어버이를 영광스럽게 하였다. 후주後周[106]의 장종莊宗[107] 때 진주鎭州를 평정한 장수가 돌아올 적에 성문에 나가서 맞이해 위로하고, 집에 나가서 잔치와 풍악을 베풀었다. 옛날 제왕들이 장수

---

101 조선시대 명나라와 청나라의 사신을 영접하던 곳이다. 세종 11년에 모화루(慕華樓)에서 모화관으로 이름을 바꾸었다.

102 당나라의 장수로 토번과 싸운 적이 있다.

103 당나라 유주(幽州) 창평(昌平) 사람으로 진(秦)을 세우고 흥원(興元) 원년(784) 나라 이름을 고쳐 한(漢)이라고 칭하였다. 이성(李晟)이 경사를 수복한 후 팽원(彭原)에서 부장에게 살해당하였다.

104 당나라 황제 이적(李適)이다. 조용조(租庸調)를 폐지하고 양세법(兩稅法)을 실시했다.

105 당나라 시대의 삼공(三公)의 하나로 법을 맡은 관직이다.

106 중국 5대 10국 시대 마지막 왕조로, 곽위가 후한(後漢)을 없애고 세웠다.

107 중국 5대 후당(後唐)을 건국한 이존욱(李存勖)이다.

를 대접하는 데 이같이 영광스럽게 하였으니, 지금은 어떻게 할까?"

하니, 황희 등이 아뢰기를,

"상왕께서 종무를 낙천정에서 맞이해 위로한 것은 우연히 낙천정에 행차하셨다가 마침 종무가 도착한 것이고, 정현과 다르게 대접하려고 한 것이 아니었습니다. 또 세상일은 시대에 따라 다른 것입니다. 저 당唐·주周의 임금이 장수를 우대한 것은 그 때에는 이같이 하지 아니하면 그 마음을 결합시킬 수 없었던 것입니다. 오늘의 일은 수복收復한 것과 같은 공이 아니고, 또 큰 전쟁도 아니며, 다만 작은 도둑을 친 것뿐이니 나가서 맞이할 필요가 있겠습니까? 윤덕은 지신사108로 하여금 맞아서 위로하고, 이순몽 이하는 집현전 관원으로 하여금 맞아서 위로하여도 일시의 큰 영광이 될 것입니다"

하였다. 또 논의하기를,

"최윤덕·이순몽·최해산·이징석 등이 서울에 들어온 뒤에 맞이해 위로하는 날에는 여름옷 한 벌을 하사하여, 입고 잔치에 나오게 함이 어떤가?"

하니, 황희 등이 이르기를,

"상교가 옳습니다"

하매, 임금이 모두 황희 등의 논의에 따랐다. 황희가 또 아뢰기를,

---

108 조선시대 왕명의 출납을 담당하던 승추부(承樞府)·승정원(承政院)의 최고위 관직인 도승지(都承旨)의 별칭이다. 정2품으로 왕명의 출납을 맡았다. 정종 2년(1400)에 중추원을 의흥삼군부(義興三軍府)에 병합하고 새로 승정원을 둠에 따라 중추원의 도승지(都承旨)와 승지(承旨)가 승정원에 딸리게 되었다가, 그 이듬해인 태종 원년(1401)에 의흥삼군부를 승추부로 고침에 따라 승정원의 도승지를 승추부의 지신사로, 승지를 대언(代言)으로 고쳤고, 동왕 5년(1405)에 승추부를 병조(兵曹)에 합속시킴에 따라 다시 승정원에 딸리게 되었는데, 세종 15년(1433)에 지신사를 도승지로, 대언을 승지로 고쳤다(『한국고전용어사전』).

"옛날 경인년[109]에 동북면東北面[110]에서 포로로 잡은 올량합兀良哈을 오래지 아니하여 돌려보냈고, 또 기해년[111] 대마도에서 사로잡은 사람을 본토로 돌려보냈으니, 이제 파저강 사람이 이를 듣고 반드시 돌려보내리라고 바랄 것인데, 만약 파저강 사람이 중국에 주청하여, 황제가 돌려보내라는 조서를 내리면, 은혜가 중국에서 나왔기 때문에 저 파저강 사람들도 우리나라를 고맙게 여기지 않을 것이다. 이제 나이가 늙은 포로 한두 사람을 보내어, 토벌한 이유와 만약 성심으로 귀순하면 그 처자를 돌려보내고 처음과 같이 대접할 것을 효유하여, 그들의 뜻을 보는 것이 어떠합니까?"

하니, 임금이,

"말한 바가 옳다"

하고, 사목事目을 적어서 강계 절제사에게 보내서, 늙은 포로 한두 사람을 골라서 사목을 잘 설명해 보내어 동류들에게 말을 전하게 하였다. 그 사목에 이르기를,

"1. 너희들이 우리나라 가까운 경계에 뭉쳐 살면서 매양 은혜와 구휼을 받아 생활을 하고 있으니, 당연히 은덕을 감사히 생각해야 할 것이다. 그런데 이제 너희들이 중국 사람을 노략하여 종으로 삼았으며, 종이 되었던 자들이 본국으로 도망해 온 것을 본국에서 중국으로 돌려보냈는데, 이것은 너희들에게 혐의가 있어서가 아니라, 대국을 섬기는 떳떳한 예절이기 때문이다. 너희들이 이것을 이해하지 아니하고 원한만

---

109 1380년이다.
110 고려 문종 시기에 동북면(東北面)이라고 불렀으며 현재 함경도 지역이다.
111 1419년이다. 기해동정이 있었다.

을 품고, 홀라온을 유인해서 우리의 변경 마을을 침범하여 인민을 죽이고 사로잡으며, 또 재산과 마소를 약탈하고, 심지어 품속에 있는 어린 아이를 눈 위에 버려두었으니, 그 악함이 너무나 심하다. 또 우리나라 사절과 장 천사張天使가 갔을 적에, 홀라온의 소위라고 칭탁하여 중국을 속이고 또 본국을 속여 죄악이 가득 차 있으므로, 장수를 보내서 죄를 묻게 한 것이니 진실로 부득이한 일이었다. 만약 너희들이 죄를 뉘우치고 귀순하면 죄를 용서할 것이나, 악한 짓을 계속하여 고치지 않으면 멸망할 것이다. 이는 모두 스스로 취한 것이니 어찌 남을 원망하랴?

1. 이제부터 성심으로 귀순하여 감히 다른 뜻을 품지 않으면, 본국에서 포로한 너희 처자妻子들을 모두 돌려보내고, 또 전과 같이 후하게 구휼할 것이나, 만약 너희들이 후회하지 아니하고 강경하게 순종하지 아니한다면, 본국에서 어찌 강제로 너희들을 귀순시키겠느냐?"

하였다. 임금이 내수內竪112를 보내어 허조·안순·하경복 등에게 묻기를,

"최해산113은 군기軍機에 미치지 못하였는데, 다른 사람과 같이 논상할 것인가?"

하니, 허조 등이 아뢰기를,

"만약 사赦를 만나지 않았으면 당연히 처벌해야 할 것이온데, 이미 죄를 논하지 아니하고, 또 상을 주는 것은 적당치 못합니다. 다만 관직을 삭탈하여 뒷사람을 경계하는 것이 어떠합니까?"

하니, 임금이 알았다고 하였다.

---

112 환관(宦官)을 일컫는 말이다.
113 최무선(崔茂宣)의 아들로 조선 초기 화포 제조 분야에서 공이 큰 인물이다.

5月 28日(庚辰) 3번째 기사

황희·맹사성·권진 등을 불러 정사를 논의하게 하다

召領議政黃喜·左議政孟思誠·右議政致仕權軫·右議政崔閏
德·吏曹判書許稠·判中樞院事李順蒙·河敬復·戶曹判書安純·
贊成盧閈·知中樞院事李澄石·中樞院副使洪師錫等, 命知申事安
崇善·左代言金宗瑞議事, (…中略…) 其六曰, "我國近因昇平, 習陣
疎闊, 欲於各道肄習陣法. 然而又慮征討之後, 童猛哥帖木兒方有疑
懼搖動之意, 而若於平安·咸吉道, 聚兵習陣, 則彼必益疑. 且南道則
密邇倭邦, 彼人得聞, 則亦必疑之, 處之如何?" 黃喜·權軫·崔閏德·
許稠·河敬復·盧閈·李澄石·洪師錫曰, "各道訓兵, 固爲美矣. 平
安·咸吉道, 近年事多民困, 且有築城之役, 待後年肄習何如?" 孟思
誠·安純·李順蒙曰, "平安·咸吉道則立番軍士, 除習陣, 但令讀陣
說, 他道則定都會所, 聚會習陣." 命令兵曹立法以啓. (…後略…)

영의정 황희·좌의정 맹사성·우의정으로 치사致仕한 권진·우의정
최윤덕·이조 판서 허조·판중추 원사 이순몽·하경복·호조 판서 안
순·찬성 노한·지중추원사 이징석·중추원 부사 홍사석 등을 불러서,
지신사 안숭선과 좌대언 김종서에게 명하여 정사를 논의하게 하였다.
(…중략…)

여섯째는,

"우리나라는 근래에 평화가 계속되어 진법陣法 훈련을 소홀히 하고 있
으므로 각도에 진법을 훈련시키려고 한다. 그러나 염려되는 것은 북정한
뒤 동맹가첩목아[114]가 의구심을 품고 요동하고 있는데, 만약 평안도와 함
길도에 군사를 모아 진법을 훈련하면 저들이 반드시 더욱 의심을 낼 것이

다. 또 남도는 왜국과 가까우므로, 왜인이 듣고 역시 의심할 것이니 어떻게 할까"

하니, 황희·권진·최윤덕·허조·하경복·노한·이징석·홍사석 등은,

"각도의 군사를 훈련하는 것은 진실로 아름다운 일이나, 평안도와 함길도는 근년에 일이 많아 백성이 곤궁하고, 또 성을 쌓는 일이 있으니, 수년 후에 훈련하는 것이 어떻겠습니까?"

하고, 맹사성·안순·이순몽은,

"평안도와 함길도는 번番을 서는 군사에게 진법 훈련을 시키지 말고 다만 진설陣設[115]을 읽게 하며, 다른 도에는 도회소都會所[116]를 정하고 군사를 모아서 진법을 훈련시키도록 하소서"

하니, 병조로 하여금 계획을 세워서 올리게 하였다. (…후략…)

6월 7日(戊子) 2번째 기사

일본 회례 부사 김구경이 해적선에 관해 상언하다

日本回禮副使金久冏, 回到對馬島, 因六郎次郎使送人上言曰, "到日本王京, 事完而還. 去四月十三日, 船膠海中倉猝危急之際, 忽有海賊三十五船, 來奪日本國書契禮物及本國貿易雜物, 以至官軍衣服糧物, 亦皆奪去. 乘破般依岸, 赤身徒步, 向大內殿, 或乞食·或飢困, 奔走八日, 到赤間關, 使通事金元, 赴訴倭王, 上護軍李藝·從事官房

---

114 조선 초기에 두만강 오음회(吾音會) 지역의 건주좌위(建州左衛)에 거주하던 알타리(斡朶里) 여진족을 거느리고 있었던 우두머리이다.

115 진설(陣設)은 진설(陣說)으로 오기로 보인다. 진설(陣說)은 조선시대의 병서로, 함경도 도순찰사(都巡察使) 한효순이 지은 것이다.

116 조선시대 중앙에 바칠 공물을 모으거나 향시(鄕試) 등의 이유로 사람들을 소집할 때 각 도의 중심지가 되는 곳이다. 대개가 교통이 편리하거나 지방관의 치소(治所)가 있는 곳으로 지정하였다.

九成等十六人留待, 久冏與押物率伴從人軍人幷七十五人, 賴大內·
大友·小二殿諸人護送之力, 五月二十四日, 還到對馬島."

일본 회례 부사回禮副使[117] 김구경金久冏[118]이 대마도에 돌아와서 육량
차랑六郎次郎[119]의 사송使送[120] 편에 상언하기를,

"일본 서울에 이르러 일을 다 마치고 돌아오다가, 4월 13일에 배가 바
다 가운데 좌초하여 창졸 간 위급한 때에, 홀연히 해적선 35척이 나타나
일본국 서계書契[121]와 예물 및 본국의 무역한 잡물과 관군官軍의 의복·
양식까지 모두 빼앗아 갔습니다. 깨어진 배를 타고 해안에 도착하여 맨
몸으로 걸어서 대내전大內殿[122]으로 향하여 얻어먹기도 하고 굶주리기
도 하면서, 8일 동안 달려서 적간관赤間關[123]에 이르러, 통사[124] 김원金元
을 왜왕에게 보내어 호소하게 하였는데, 상호군[125] 이예李藝와 종사
관[126] 방구성房九成 등 16명은 머물러서 기다리게 하고, 구경久冏[127]과 압

---

117 1432년에 일본에 파견한 회례사의 부사이다. 상호군 이예를 정사로 하여, 실정막부 장군 족
리의교(足利義敎)에게 『대장경』을 보냈다.
118 본관은 광산(光山). 일찍이 진사로 출가하여 중이 되어 사람들의 비난을 받았으나, 태종 5년 진사
시에 합격하여 성균관학유(成均館學諭)가 되었고, 147년 4월에 인정전(仁政殿)에서 실시하는
친시문과에 을과로 급제, 봉상시주부(奉常寺注簿)와 집현전직학사(集賢殿直學士)를 지냈다.
119 대마도 왜구의 우두머리인 조전좌위문대랑의 아들이다. 1권 제1부 「중요인물」 '조전좌위문
태랑 참조.
120 돌아오는 회례사에게 서계를 맡긴 것이다.
121 조선시대 전기에 조선과 대마도 및 일본 각지의 통교자와 주고받은 공식 외교문서를 말한다.
조선 후기에는 통신사 파견을 제외하면 대마도와 통교하였으므로 서계는 대마도와 주고받
게 되었다. 대마도주나 막부 관리에게 보내는 서계는 대개 국서의 양식과 같았는데, 그 길이
는 2척 4촌, 너비는 5촌 5푼이고, 매첩 4행씩이었다.
122 조선시대 우리나라에 사신을 보내오던 일본 호족의 하나. 14세기 중엽부터 일본의 구주 동북
부와 본주의 서부에서 세력을 떨쳤다. 그 가보(家譜)에 따르면 백제의 시조 온조(溫祚)의 후손
으로서 백제가 망하자 성명왕(聖明王)의 셋째 아들 임성(林聖)이 일본으로 건너가서 주방(周
方)의 다다량빈(多多良濱)에 정착하였고, 그 후손은 대내촌(大內村)에서 살았다고 하여 성(姓)
을 다다량, 씨(氏)를 대내라 하였다고 한다. 이때는 대내씨 당주는 대내지세(大內持世)였다.
123 현재의 하관(下關, 시모노세키)을 말한다.
124 사역원에 속하여 의주나 동래(東萊) 등지에서 통역하는 일을 맡아보던 관인들을 말한다.
125 조선시대 오위(五衛)에 두었던 정3품 서반 무관직으로 정원은 8원이다.

물관押物官¹²⁸은 반종인伴從人¹²⁹과 군인 합계 75명을 거느리고 대내大
內¹³⁰·대우大友¹³¹·소이전小二殿¹³² 등 여러 사람의 호송하는 힘을 얻어
5월 24일에 대마도로 돌아왔습니다"
하였다.

6月 16日(丁酉) 3번째 기사

대마도의 상총수 종무직이 토산물을 바치고, 범종과 도서를 청구하다

對馬州上總守宗茂直, 遣人來獻土宜, 仍求梵鍾及圖書. 令禮曹答
以梵鍾, 日本諸鎭求去殆盡, 難以準請. 但賜圖書一顆及燒酒十五瓶·
正布一百匹.

대마도의 상총수上總守¹³³ 종무직宗茂直¹³⁴이 사람을 보내어 토산물을

---

126 중국에 보내던 하정사(賀正使)나 일본에 보내던 조선통신사를 수행 하던 삼사 가운데 하나이다. 직무는 사행 중 정사(正使)와 부사(副使)를 보좌하면서 매일 매일의 사건을 기록하였다가 귀국 후 국왕에게 견문한 바를 보고하는 것이다.
127 회례사의 부사인 김구경(金久冏)이다.
128 조선시대 중국·일본과의 사행(使行) 왕래시에 수행한 각종 예물을 호송하는 관인이다.
129 자신이 모시는 상관이나 주인의 신변을 호위하거나 명령을 받들기 위해 따라다니는 사람들이다.
130 조선시대 우리나라에 사신을 보내오던 일본 호족의 하나. 14세기 중엽부터 일본의 구주 동북부와 본주의 서부에서 세력을 떨쳤다. 그 가보(家譜)에 따르면 백제의 시조 온조(溫祚)의 후손으로서 백제가 망하자 성명왕(聖明王)의 셋째 아들 임성(林聖)이 일본으로 건너가서 주방(周方)의 다다량빈(多多良濱)에 정착하였고, 그 후손은 대내촌(大內村)에서 살았다고 하여 성(姓)을 다다량, 씨(氏)를 대내라 하였다고 한다. 1권 제1부 「중요인물」, '대내씨' 참조.
131 북구주 풍후국(北九州豐後國)의 수호이다.
132 일본 구주지방(九州地方)의 북부에 세력을 둔 호족으로 대마도 종씨(宗氏)의 주군이었다. 구주의 전란에서 패하여 대마도에 피신해 있었다. 원래 등원씨(藤原氏)에서 나온 일파로서 조상이 태재부 소이(太宰府少貳)의 벼슬을 지냈으므로 소이씨가 되었다. 소이씨의 가독(家督)을 소이전이라고 한다. 이때 가독은 소이만정(少貳滿貞)이었다.
133 종무직의 무가관위로 상총국(上總國)의 국수(國守) 즉 장관이라는 뜻이다. 그러나 실제 관직은 아니고 무사의 위상을 나타내는 표지이다.
134 인위종씨(仁位宗氏)의 중심인물인 종하무(宗賀茂)의 아들이며 인위군(仁位郡, 혹은 卦老郡) 군수로서 사수포(沙須浦)에 거주하였다. 종하무의 아들로는 종무수(宗茂秀)·종무직(宗茂直)·종만무(宗滿茂)가 있었고, 이들은 종정성·종언칠과 함께 대마도의 실질적인 지배자로 군림하였다. 무수는 아들이 없어서 종무직의 아들인 종정수(宗貞秀, 彦九郎)를 양자로 삼았

바치고, 아울러 범종梵鍾과 도서圖書135를 청구하였다. 예조로 하여금 범종은 일본의 여러 진鎭에서 구해 가서 하나도 없으므로 청구에 응하기 어렵다는 것으로 회답하게 하였다. 다만 도서 한 과顆136와 소주 15병, 정포正布137 1백 필을 하사하였다.

6月 19日(庚子) 4번째 기사
대마주 태수 종정성이 토산물을 바치니, 예조로 하여금 회답하게 하다

對馬州太守宗貞盛, 遣人來獻土宜, 令禮曹回答, 仍致意曰, "近因足下, 戒勒本島, 彼此無虞, 豈不爲美! 不意今年正月間, 島船一隻, 到慶尙道玉浦等處, 遇見本國採取海物船, 逞兇作耗, 殺死船內人一名. 凡島船到來本國地面者, 齎足下文引, 方得來往. 今次作亂者, 未知何人, 究問得獲, 明正其罪, 須卽回報."

대마주 태수 종정성宗貞盛138이 사람을 보내어 토산물을 바치니, 예조로 하여금 회답하게 하고 거듭하여 뜻을 전하기를,

"근자에 족하足下가 본도本島를 잘 경계하고 제어하여 피차에 근심이 없으니, 어찌 아름다운 일이 아니랴! 뜻밖에 금년 정월 사이에 본도의 배 한 척이 경상도 옥포玉浦139 근처에 이르러, 해물을 채취하는 본국의

다. 무가관위는 상총수(上總守)이다.

135 조선정부가 일본 통교자를 통제하기 위하여 쓰시마도주 등에게 통교 증명으로 발급해 준 구리 도장. 조선에서는 관인(官印)을 인장(印章), 사인(私印)을 도서(圖書)라고 하여 서로 구분했으며, 도서는 인면(印面)에 사용자의 실명이나 성명을 새겨 넣은 구리로 만든 도장이다.

136 인장을 세는 단위이다.

137 품질이 좋은 베로, 조선시대에 관리의 녹봉으로 주던 오승포(五升布)이다. 권두 「교역물품」 '정포' 참조.

138 대마도 도주이다. 1권 제1부 「중요인물」 '종정성' 참조.

139 옥포는 거제도 동부 지역에 있는 포구이다. 거제현에서 동쪽으로 25리에 있는데, 가배량 도만호와 견내량 만호가 지킨다고 하였다. 옥포에 주둔하던 수군은 원래 고성현에 속한 가배량

배를 보고 흉악한 마음으로 도둑질하여 배 안의 사람 한 명을 죽였다. 무릇 그 섬의 배가 우리나라 땅에 오려면, 족하의 문인(文引)을 가져야 내왕할 수 있는 것이다. 이번에 난동을 부린 자가 어떤 사람인지 알지 못하니 조사해 잡아서 그 죄를 밝히고 즉시 회보하라"

하였다.

6月 29日(庚戌) 1번째 기사
상참을 받고 정사를 보다. 임금이 일본과의 교통 문제·파저강의 정벌 문제를 말하다

受常參, 視事. 上謂諸臣曰, "禮部尙書問我國與日本交通與否, 金乙玄不知本國指意, 故權辭以對曰, '倭人來本國海島, 捉魚買鹽, 賴此資生, 肆倭人庸或往來.' 不明言其交通. 崔眞告禮部尙書曰, '朝鮮之於倭邦, 給其印信, 相爲交通.' 尙書又問金乙玄, 乙玄對曰, '彼倭人以生理, 往來本國海濱耳, 我國本無成給印信之事.' 崔眞又問於朝見倭客, 倭客又答之曰, '無成給印信之事.' 後明上國有更問之者, 何以對之?" 禮曹判書申商啓曰, '崔眞如此區區者, 欲自顯其知朝鮮事也. 倭邦近在我國, 相與交通, 然後邊海無虞, 中國雖知其交通, 不害於義." 上曰, "然." 上曰, "中朝都督聞本國往征婆猪, 乃非之曰, '朝鮮擅擧兵入邊境.' 然予以爲太宗文皇帝宣諭聖旨, 昭然可信, 況又今皇上勅諭云, '相機處置, 勿爲野人所侮.' 以此知皇帝必不以往征爲非也. 且孟捏哥來·崔眞等, 來閏八月, 發向建州, 與本國, 推刷兩處被擄人物, 各還本處, 予

도만호가 이끄는 수군이었음을 알 수 있다(『세종실록』「지리지」「경상도」「진주목」).

以爲初征建州, 欲其示威靈也. 彼人誠心來投, 則予欲盡還, 不悛其惡,
而數犯閭延等處, 故分置南道. 若待皇帝勅諭, 然後還其被擄人物, 則
是野人徒以爲皇帝之德, 而不以爲我國之恩也. 江界留置野人二名, 還
送本處, 諭之曰, '汝等誠心來降, 則擄來人物, 當盡還之. 汝等不改前
過, 而窺伺邊境, 故至今不還.' 又諭之曰, '汝之妻孥衣服飮食, 無有失
時, 强暴之徒, 不得侵逼, 安心居生.' 彼野人等聞此言誠心來投, 我國盡
還, 則彼知前日之威·今日之恩, 恩威竝行而不相悖矣." 判書許稠曰,
"上敎至當." 命安崇善, 往議于黃喜·孟思誠·權軫之第.

　상참을 받고 정사를 보았다. 임금이 여러 신하들에게 이르기를,

　"예부 상서가 우리나라에서 일본과 더불어 교통하는가 않는가를 묻
자, 김을현[140]이 본국의 뜻을 알지 못하고 임기응변으로 대답하기를,
'왜인들이 본국 섬에 와서 고기를 잡고 소금을 사서 생활하므로, 지금
왜인들이 혹 왕래한다'고 말하고, 정식으로 교통하는 것은 분명히 말하
지 아니하였는데, 최진[141]이 예부 상서에게 고하기를, '조선에서 왜국에
게 인신印信을 주고 서로 교통한다'고 하므로, 상서가 다시 김을현에게
물었다. 을현이 대답하기를, '왜인들이 생리를 위하여 본국의 바닷가에
왕래할 뿐이요, 우리나라에서 본디 인신을 만들어 준 일은 없다'고 하였
으며, 최진이 또 조공하려고 온 왜사倭使[142]에게 물으니, 왜사도 '인신을
만들어 준 일이 없다'고 대답하였다 한다. 후일에 명나라에서 다시 묻는
일이 있으면 어떻게 대답할까?"

---

140 조선 전기의 역관으로 1423년(세종 5) 압마관으로 요동에 다녀온 뒤 『요동견문록』을 썼다.
141 조선 전기의 인물로 명나라에 귀화하여 명나라 관인이 되었다.
142 일본국 사신이다.

하니, 예조 판서 신상이 아뢰기를,

"최진이 이와 같이 구구한 짓을 하는 것은 그가 조선의 일을 잘 아는 것을 나타내려는 것입니다. 왜국이 우리나라와 가까이 있으므로 서로 교통해야 바닷가에 근심이 없을 것이니, 중국에서 비록 교통하는 것을 안다 할지라도 의리에 해롭지 않습니다"

하니, 임금이 '그렇다고' 말하였다. 임금이 말하기를,

"중국 도독都督이 본국에서 파저강을 정벌하였다는 것을 듣고, '조선이 마음대로 군사를 일으켜 변경에 쳐들어갔다'고 비난하나, 나는 생각하기를 태종 문황제太宗文皇帝의 선유宣諭한 성지聖旨가 분명하여 믿을 만하고, 더구나 지금 황제가 칙유勅諭하기를, '기회를 보아 처치하여 야인의 업신여기는 바가 되지 말라'고 하였으니, 이것으로서 황제는 반드시 정벌한 것을 잘못이라고 하지 않을 것으로 안다. 또 맹날가래孟捏哥來¹⁴³와 최진 등이 오는 윤8월에 건주建州¹⁴⁴와 본국을 향해 떠나서, 두 곳의 포로 된 사람과 물건을 찾아서 각각 본 곳으로 돌려보낸다고 한다. 나는 생각하기를, 당초에 건주를 정벌한 것으로 그 위엄을 보이고자 함이다. 저들이 성심으로 와서 투항하면 내가 모두 돌려보내려고 하였는데, 악함을 고치지 아니하고 여연 등지에 자주 침범하므로 남도南道에 나누어둔 것이다. 만약 황제의 칙유를 기다린 뒤에 포로를 돌려보내면, 야인이 다만 황제의 덕으로만 생각하고 우리나라의 은혜로는 생각지 않을 것

---

143 1433년에 명나라에서 온 사신의 이름이다(세종 15-8-10-1 등).

144 중국 명나라 초기에 두만강과 압록강 유역 남만주 일대의 여진을 초무(招撫)하기 위하여 영락(永樂) 원년(1403)에 설치한 위소(衛所)이다. 올량합(兀良哈)의 추장 아합출(阿哈出, 於虛出)이 영도하였으며, 영락 3년(1405)에 알타리(斡朶里)의 동맹가첩목아(童猛哥帖木兒)가 입조하여 건주위 도지휘사(建州衛都指揮使)가 되었으나, 그 후 건주좌위(建州左衛)가 설립되었다(『한국고전용어사전』).

이다. 강계에 머물러 둔 야인 두 명을 본 곳으로 돌려보내서 효유하기를, '너희들이 성심으로 와서 항복하면 포로를 다 돌려보낼 것이다. 너희들이 전의 행동을 고치지 아니하고 변경을 엿보기 때문에 지금까지 돌려보내지 아니한 것이다' 하고, 또 효유하기를, '너희들 처자의 의복과 음식은 때를 잃지 않게 하고, 강포한 무리들이 핍박하지 못하게 하여 안심하고 살고 있다'고 하여, 야인들이 이 말을 듣고 성심으로 와서 투항하고, 우리나라에서 다 돌려보내면, 저들이 전일의 위엄과 오늘의 은혜를 알 것이요, 은혜와 위엄을 아울러 행하여 어긋나지 아니할 것이다" 하였다. 허조가 아뢰기를,

"상교가 지당합니다"

라고 하니, 안숭선에게 명하여 황희·맹사성·권진 등의 집에 가서 논의하게 하였다.

7月 19일(庚午) 1번째 기사

유구국의 배 짓는 기술자가 모형으로 만든 작은 배를 올리니, 사수색에 내려보내다

琉球國船匠進見樣小船, 下司水色.

유구국[145]의 배 짓는 기술자船匠가 모형으로 만든 작은 배를 올리므로, 사수색司水色[146]에 내려 보냈다.

---

145 유구국은 동중국해의 남동쪽에 위치한 왕국으로 1429년에 중산국이 유구열도를 통일하였다. 1609년 일본 구주 남단의 살마(薩摩, 사쓰마)가 유구국을 신속시켰으며, 1879년에 일본에 병합되었으며, 현재의 충승현이다.
146 세종 14년에 전함 건조와 관련된 일을 담당하는 관사로 설치되었다. 세종 18년에 수성전선색(修城戰船色)으로 고쳤다.

대마주 육랑차랑이 토산물을 바치다

對馬州六郎次郎, 送人獻土宜.

대마주의 육랑차랑六郎次郎이 사람을 보내어 토산물을 바쳤다.

7月 22日(癸酉) 1번째 기사

임금이 왜인의 내왕이 전과 같이 많지 않음을 말하다

視事. 上曰, "前此倭客之來頗多, 近者何不如前?" 申商啓曰, "九州兵亂, 自相誅戰, 故來往稀罕." 上曰, "昔者本國使人往茂陵, 遇風漂於倭國, 倭國悉皆護恤而送, 予忘之, 何島人也." 商啓曰, "石見州人也." 上曰, "其後相通乎?" 商對曰, "其後一二度來本國, 本國厚待而送. 近來不來, 蓋因往來之險也."

정사를 보았다. 임금이 말하기를,

"요전까지는 왜인들의 오는 것이 꽤 많더니 근자에는 어찌 전과 같지 아니한가?"

하니, 신상申商이 아뢰기를,

"구주九州 지방에 난리가 나서 저희끼리 서로 죽이고 싸우기 때문에 내왕이 드뭅니다"

하였다. 임금이 말하기를,

"예전에 우리나라에서 보낸 사람이 무릉茂陵¹⁴⁷으로 가다가 바람을 만나서 왜국에 표착하였는데, 왜국에서 모두 보호하고 구휼하여서 보

---

147 울릉도의 다른 이름이다.

냈었는데, 내가 어느 섬사람인지 그것을 잊었노라"

하니, 상商이 아뢰기를,

　"석견주石見州**148** 사람입니다"

하였다. 임금이 말하기를,

　"그 후에도 서로 내왕이 있는가?"

하니, 상이 대답하기를,

　"한두 차례 본국에 왔었는데 본국에서 후대하여 보냈사옵니다. 근래
에 오지 않는 것은 대개 왕래하기가 위험하기 때문일 것입니다"

하였다.

7月 22일(癸酉) 4번째 기사

육랑차랑에게 쌀·콩 합쳐 50석을 내려 주다

賜六郎次郎米豆共五十石, 以請送琉球國船匠也.

　육랑차랑六郎次郎에게 쌀·콩 합쳐 50석을 내려 주었는데, 유구국의
배 짓는 기술자를 청하여 보내왔기 때문이었다.**149**

8月 1日(辛巳) 3번째 기사

예조에 사신에게 일·월식의 유무를 묻고, 외방 고을에도 공문으로 고증하게
하다

---

148 석견국을 말한다. 석견국(石見國, 이와미노쿠니)은 우리나라 동해에 면한 곳으로 현재의 도
　근현(島根縣, 시마네켄) 중에서 출운시(出雲市)를 제외한 지역이다. 서쪽에서부터 해안부의
　익전시(益田市)·빈전시(濱田市)·대전시(大田市)와 내륙 산간부로 구성된다.
149 세종 15년 7월 19일에 유구국의 선장(船匠)이 작은 배를 모형으로 만들어 바쳤다고 하였는
　데, 이 사람을 육랑차랑이 보낸 것으로 생각된다.

傳旨禮曹, "在前日月食之變, 天陰則不見, 故不知其日之食否, 甚爲未便. 今後赴京人及日本奉使人回還, 必問日月食有無, 外方各官, 亦必行移考驗."

예조에서 전지하기를,

"종래에는 일·월식의 변이 있을 때에 날씨가 흐리면 보지 못하기 때문에 그날의 일식이나 월식의 하고 아니함을 모르게 되어 매우 미편하다. 앞으로는 북경에 가는 사신이나 일본에 가는 사신이 돌아올 때에 반드시 일·월식의 있고 없음을 묻고, 외방 각 고을에도 또한 반드시 공문을 보내어 고증하게 하라"

하였다.

8月 6日(丙戌) 4번째 기사
종무직이 회례사 호송을 말하고 범종·도망간 노비의 송환을 청하다

對馬州上總守宗茂直, 遣人自言護送回禮使之意, 仍請梵鍾, 又言, "奴婢和豆亐等五名, 逃往固城, 請令刷還." 上令禮曹答曰, "梵鍾則貴國求去已盡, 奴婢則尋訪未獲, 竝難從請. 以護送回禮使之故, 特賜白苧布十匹·縣紬十匹·虎皮五領·人蔘二十斤."

대마주의 상총수上總守 종무직宗茂直[150]이 사람을 보내어 제가 우리 회례사를 보호하여 보낸다는 뜻을 말하고, 아울러 범종梵鍾을 청구하고, 또 말하기를

---

150 인위종씨(仁位宗氏)의 중심인물인 종하무(宗賀茂)의 아들이며 인위군(仁位郡, 혹은 卦老郡) 군수로서 사수포(沙須浦)에 거주하였다. 종하무의 아들로는 종무수(宗茂秀)·종무직(宗茂直)·종만무(宗滿茂)가 있었고, 이들은 종정성·종언칠과 함께 대마도의 실질적인 지배자로 군림하였다. 무수는 아들이 없어서 종무직의 아들인 종정수(宗貞秀, 彦九郎)를 양자로 삼았다.

"노비 화두우^{和豆亏}151 등 5명이 도망가서 고성^{固城}에 있다고 찾아 보내기를 청합니다"

라고 하였다.

임금이 예조를 시켜서 회답하기를,

"범종은 귀국에서 청구해 가서 이미 다 없어졌고, 노비는 찾아보아도 잡지 못하여서 모두 청한 것을 들어 줄 수 없으나, 회례사를 호송한 연고로 하여 특별히 백저포152 10필, 명주 10필, 호피 5장, 인삼 20근을 하사하노라"

하였다.

8月 15日(乙未) 4번째 기사

병조에서 각 고을에 분치된 왜국 사람의 구휼과 병역 감면에 관해 아뢰다

兵曹啓, "各官分置倭人, 無所耕及所耕數少, 居計艱難者, 量給衣糧閑田完恤, 年老者, 蠲免軍役." 從之.

병조에서 아뢰기를,

"각 고을에 분치된 왜국 사람으로서 경작할 땅이 없는 자와 경작하여도 수량이 적어서 생계가 곤란한 자를 조사하여 옷과 양식과 노는 땅을 주어서 완전히 구휼하게 하고, 나이 늙은 자는 병역을 감면하소서"

하니, 그대로 따랐다.

---

151 여기에만 보인다.
152 흰 모시천을 말한다.

8月 16日(丙申) 2번째 기사

종정성이 토산물을 바치다

宗貞盛使人來獻土宜.

종정성宗貞盛**153**이 사람을 보내어 토산물을 바쳤다.

8月 17日(丁酉) 5번째 기사

황희·맹사성과 일본에 갔던 회례사 이예·김구경 등의 위로 방법에 대해 의논하다

命安崇善, 議于黃喜·孟思誠曰, "日本回禮使李藝·副使金久冏及從事官·伴從人·格軍等, 海中遇賊, 幸全性命而還, 誠爲可恤, 何以勞之?" 喜等啓曰, "元有職者, 竝皆加資, 無職者, 授副司正, 格軍等, 賜米豆共四石何如?" 又議曰, "太平館造成時人物致死者三, 監役官吏, 下攸司推之, 會赦不得科罪, 姑停行償, 近日提調李蕆曰, '人物致死時不干官吏與下番匠人, 依他論賞何如?' 此言似矣. 其行賞與否, 僉議以聞." 喜等曰, "不干官吏加資, 下番匠人賜米何如?" 上皆從之.

안숭선에게 명하여 황희와 맹사성에게 의논하기를,

"일본에 갔던 회례사 이예**154**와 부사 김구경 및 종사관과 수행하던 사람과 격군格軍**155**들이 해중에서 도적을 만나서 다행히 목숨은 보존하여 돌아왔으나 진실로 딱한 일이니, 어떻게 위로해야 할까?"

하니, 황희 등이 아뢰기를,

---

153 대마도 도주이다. 1권 제1부 「중요인물」 '종정성' 참조.
154 계해약조의 체결을 이끌어내는 등 세종 대에 크게 활약한 인물이다. 1권 제1부 「중요인물」 '이예' 참조.
155 조선시대에 사공이 배를 모는 일을 돕던 수부(水夫) 즉 노를 젓는 사람들이다.

"원래 관직이 있는 자는 모두 가자加資[156]를 해 주고, 관직이 없는 자는 부사정副司正[157]을 제수하고, 격군들은 쌀과 콩 합해서 4섬을 주는 것이 어떻겠습니까?"

하였다. 또 의논하기를,

"태평관太平館[158]을 지을 때에 죽은 자가 셋이었는데, 역사 감독하던 관리를 법에 붙이어 심문하다가 마침 은사를 만나서 형을 주지 않았고, 상줄 행사도 우선 정지하고 있었더니, 근일에 제조 이천李蔵이 말하기를, '사람이 죽던 그 당시에 관여되지 않았던 관리와 당번 아니었던 직공들은 다른 예에 의하여 상주는 것이 어떻습니까?' 하니, 그 말이 그럴 듯한지라 상줄 여부를 여럿이 의논하여 아뢰라"

하니, 희 등이 아뢰기를,

"관여되지 않은 관리는 가자를 하여 주고, 당번 아니던 직공들은 쌀을 주는 것이 어떻습니까?"

하니, 임금이 모두 그대로 따랐다.

閏8月 4日(甲寅) 2번째 기사
전라도 도안무처치사 왕인이 왜선 1척을 붙잡아 노획물을 올리다

全羅道都按撫處置使王麟, 使鎭撫文繼元啓曰, "遣軍官文繼元等, 將猛船二隻·居刀船四隻, 搜探諸島. 繼元等到西餘鼠島, 圍四面搜探, 撞見倭船二隻, 欲捕之際, 倭船逃向大洋, 我軍逐之, 乃捕一隻. 所

---

156 조선시대의 인사 제도에서 관리들이 임기가 찼거나 근무 성적이 좋은 경우 자급(資級)이나 품계를 올려 주던 일이다.
157 조선시대의 오위에 딸린 종7품 무관직이다.
158 조선시대에 중국 사신이 조선에 왔을 때 머물던 객관(客館)으로 현재의 서울 태평로에 있었다.

騎倭人十三名, 中箭溺水者六, 斬首七級. 所獲軍器槍一·箭一·中刀子三·倭衣三十七·倭裙三, 皆授繼元以進." 卽賜繼元衣二領. 命吏曹正郎李師孟, 宣慰王麟, 賜衣二領, 仍命師孟, 第其軍功以啓.

전라도 도안무처치사[159] 왕인王麟이 진무鎭撫[160] 문계원文繼元을 시켜서 아뢰기를,

"군관 문계원 등을 보내어 맹선猛船[161] 2척과 거도선居刀船[162] 4척을 거느리고 여러 섬을 수색하게 하였습니다. 계원 등이 서여서도西餘鼠島[163]에 이르러 사면을 에워싸고 수색하여 왜선 2척을 발견하여 잡으려고 할 즈음에, 왜선이 큰 바다로 도망해 가므로 우리 군사가 쫓아가서 한 척을 붙잡았습니다. 타고 있던 왜적 13명에 화살에 맞아서 물에 빠진 자가 6인이요, 목을 벤 것이 7인이오며, 노획한 군기는 창 하나, 화살 하나, 중간 칼 3, 왜옷 37벌, 왜치마 3개인데, 모두 계원에게 주어서 올리나이다" 하니, 즉시로 계원에게 옷 2벌을 하사하고, 이조 정랑 이사맹李師孟[164]에게 명하여 왕인을 위로하게 하고 옷 두 벌을 하사하게 하고, 더불어 사맹에게 명하여 그 공적을 차례로 아뢰게 하였다.

---

159 도안무처치사(都按撫處置使)를 말한다. 1466년에 수군절도사 즉 수사로 개칭하였다.
160 조선 초기 여러 군영에 두었던 군사실무 담당 관직이다.
161 조선 전기 전투와 조운(漕運)을 겸할 수 있게 만든 군선이다.
162 비거도선을 말한다. 통나무 등으로 만든 작고 빠른 배이다. 고기를 잡기도 하고 왜구의 배를 추격하기도 하였다. 그러나 무기를 싣지 않아서 사로잡힐 위험이 있었다. 이에 검선(劍船)을 만들고 비거도선 2~3척과 함께 움직이도록 하였다. 또한 통나무로 만든 비거도선을 대선이나 맹선 등에 싣고 다니는 방안을 논의하기도 하였다(세종 12-5-19-3).
163 여서도(麗瑞島)라고도 표기한다. 『해동여지도』(강진)에는 '餘鼠島'로, 『완도군읍지』에는 '余瑞島'로 표기되어 있다. 전라남도 완도군의 청산도에서 동남쪽으로 약 25km에 위치한 도서이며, 행정구역상 청산면 여서리에 속한다.
164 조선 전기의 문신이다. 세종 때 『용비어천가』의 제작에 참여하였고 병조판서를 지냈다.

閏8月 4日(甲寅) 3번째 기사

병조에서 병기 제작에 쓰는 철재를 왜인에게 방매한 자를 처단할 것을 아뢰다

兵曹據慶尙左道處置使牒啓, "以堪作軍器之鐵, 放賣於倭者, 嚴加禁斷." 從之.

병조에서 경상좌도 처치사[165]의 공문에 의거하여 아뢰기를,

"병기 제작에 쓰일 수 있는 철재를 왜인에게 방매하는 자를 엄중히 처단하게 하소서"

하니, 그대로 따랐다.

閏8月 9日(己未) 3번째 기사

전라도 수군 처치사가 왜적이 본국 사람 3인을 죽이고 갔다고 보고하다

全羅道水軍處置使馳報, "聞有倭賊, 到於慶尙道蓮花島等處, 遣人搜之, 至西餘鼠島, 未見倭賊, 但有本國人男女共四人, 在本島, 捉拿以來問, 曰, '係大靜人民金石伊. 我等七人爲因飢餓, 撑駕小船, 就食海珍族親之家, 遭風失船, 留在本島, 忽有倭船到來, 盡奪我等衣服, 將一起人眞金等三人, 殺之而去.'"

전라도 수군 처치사가 급히 보고하기를,

"왜적이 경상도 연화도蓮花島[166] 등지에 왔단 말을 듣고 사람을 보내어 수색하게 하였사온데, 서여서도西餘鼠島에까지 이르러도 왜적은 보지 못하고 다만 본국 사람만 남녀 모두 네 사람이 이 섬에 있으므로 붙잡아

---

165 도안무처치사(都安撫處置使)를 말한다. 1466년에 수군절도사 즉 수사로 개칭하였다.
166 경상남도 통영시 욕지면(欲知面) 연화리(蓮花里)를 이루는 섬이다. 매물도의 서쪽, 욕지도의 동쪽, 비진도의 서남쪽에 위치한다.

와서 물으니 '대정大靜[167]에 사는 백성 김석이金石伊라 합니다. 우리들 일곱 사람이 먹을 것이 없어서 조그만 배를 타고서 해진海珍[168]의 일갓집으로 얻어먹으러 가다가 바람을 만나 배를 잃고 이 섬에 머물러 있었는데, 난데없이 왜적이 와서 우리들의 의복을 모두 빼앗고 일행 중의 진금眞金[169] 등 3인을 죽이고 갔다'고 합니다"

하였다.

閏8月 14日(甲子) 8번째 기사
의정부와 여러 조에 명령하여 진도에 수령관을 두는 것이 편리한가를 의논하게 하다

令議政府諸曹, 議珍島置守便否, 領議政黃喜等議曰, "今珍島居民一百十三戶, 其人數必不下五六百. 若盡令出陸, 則民有失巢之歎, 若令仍居, 必爲倭寇所掠, 且水旱田共一千餘結, 其於軍需, 不爲無補, 宜築城置守, 以禦外寇, 使民安業也. 然臣等未曾親見, 更令觀察使審其置守便否後, 更議." 判書許稠啓曰, "珍島立郡, 則守護船軍出處爲難, 請勿置守, 刷出居民後, 有潛入者, 痛行禁止." 從喜等議.

의정부와 여러 조에 명령하여 진도珍島에 수령관을 두는 것이 편리한가 어떤가를 의논하게 하니, 영의정 황희 등이 의논하기를,

"이제 진도에 사는 백성이 1백 13호이니, 그 인구수가 필시 5,6백 명보

---

167 제주도 남제주군 서부(西部)의 읍이다.
168 전남 해남군의 옛 지명이다. 해남은 본래 백제의 새금현(塞琴縣)이었으며, 신라에서는 침명현(浸溟縣)이었다. 이후 고려시대에 지금의 이름으로 고치고 영암군(靈巖郡)에 소속시켰으며, 조선 태종 9년(1409)에 진도현(珍島縣)과 합쳐 해진현(海珍縣)이 되었다가, 세종 19년에 해남과 진도를 다시 나누고 현감으로 하였다.
169 여기에만 보인다.

다 적지 않을 것입니다. 만약 모두 육지로 나오게 한다면 백성들이 집을 잃게 될 것이고, 만약 그대로 살게 한다면 반드시 왜구의 노략질하는 바가 될 것이며, 또 논과 밭이 도합 1천여 결結이어서, 그것이 군수軍需[170]에 도움이 없지 아니하니 마땅히 성城을 쌓고 수령관을 두어서 외적을 막고, 백성들이 생업에 안심하게 할 것입니다. 그러나 신 등이 전에 몸소 보지 못하였사오니 다시 관찰사를 시켜서 거기에 수령관을 두는 것이 편할까 편치 않을까를 살펴보게 한 후에 다시 의논하게 하옵소서"

하고, 판서 허조는 아뢰기를,

"진도에 고을을 설립하면 수호할 선군船軍[171]이 나오기가 어려우니, 수령관을 두지 말고 사는 백성을 몰아내고, 뒤에 몰래 들어가는 자가 있으면 철저하게 금지하게 하옵소서"

하니, 황희 등이 의논을 따랐다.

閏8月 27日(丁丑) 1번째 기사
제주도 안무사 김인이 진무 박원의 등을 보내어 잡은 왜인들을 죽일 것을 치보하다

濟州道按撫使金裀馳報, "遣鎭撫朴元意等, 領小船二十五艘, 搜賊諸島, 遇倭中船一艘於舟子島南面大洋中追之, 小船十四艘追及相戰, 射殺倭十一名, 倭人等盡以甲冑槍劍, 投之於水, 乞降凡十四名, 臣分

---

170 군사에 필요한 물자를 말한다.
171 기선군(騎船軍)이라고도 하며 배를 타고 싸우는 수군(水軍)을 뜻한다. 『경국대전』에서 수군으로 명명되기까지는 일반적으로 선군 또는 기선군으로 불렸다. 선군, 즉 수군은 육군인 정병(正兵)과 더불어 양인의 주요 의무 군역이었다. 1475년(성종 6)의 통계에 의하면, 총 군병 14만 8849명 중 수군이 4만 8800명, 정병이 7만 2109명이었다. 이들 수군은 연해민(沿海民)뿐만 아니라 산군인(山郡人)들로도 충원했다(『조선왕조실록 전문사전』).

囚各官, 州人高俊·文謹等二十人曰, '倭寇自丙辰至于乙未, 乘間突入, 虜掠人口, 殺其父母妻子, 破蕩家産, 吾等不共戴天之讎也. 今之擒倭, 不殺存留, 若逃還本土, 備知我州之戶口多少·道路浦串, 構黨入寇, 則後患難測, 願皆殺之, 以副人望.' 臣亦以爲今此倭寇, 初非自降, 力窮勢迫乃降, 伏惟上裁." 召議政府六曹判書以上議曰, "己亥年分置之倭, 非爲寇也, 乃爲興利而來. 其時政府六曹議曰, '幷婦人小子盡殺之可也.' 予獨曰, '不可.' 太宗從之. 其夏, 尹得洪於黃海道捕賊一艘, 生擒數十人, 乃庇仁之賊也, 國家盡殺之無遺. 今之倭寇窺伺邊境, 殺掠濟州之人, 無異庇仁之賊, 雖盡殺之, 無害於義." 政府六曹諸臣等議之, 或言可殺, 或言勿殺, 上曰, "訊問事變, 然後盡殺之可也."

제주도 안무사[172] 김인金裀이 치보馳報[173]하기를,

"진무鎭撫 박원의朴元意 등을 보내어서 작은 배 25척을 거느리고 여러 섬에서 왜적을 수색하다가, 주자도舟子島[174] 남쪽 큰 바다에서 왜적의 중선 1척을 만나 쫓아가서, 작은 배 14척으로 추격하여 서로 싸우는데 왜적 11명을 쏘아 죽이니, 왜인들이 갑주甲冑와 창과 칼을 모두 바다에 던져 버리고 항복하기를 빌어온 자가 14명이었습니다. 신이 나누어서 각 고을에 가두었는데, 고을 사람 고준高俊·문근文謹 등 20인이 말하기를, '왜구가 병진년으로부터 을미년에 이르기까지 틈을 타서 뛰어 들어와서, 인구를 노략질해 가고 그 부모처자들을 죽이고 가산을 결단내버리니, 우리들에게 불공대천의 원수입니다. 이제 사로잡아 온 왜적들을 죽

---

172 지방에 변란 등 어려운 일이 발생하였을 때 왕명으로 특별히 파견되어 백성들을 위무하는 일을 맡았다(『한국고전용어사전』).
173 지방에서 역마(驛馬)를 달려 중앙에 급히 보고하던 일을 말한다(『한국고전용어사전』).
174 추자도(楸子島)의 옛 지명이다. 한반도 남서부와 제주도의 중간 지점에 위치한 섬이다.

이지 않고 남겨 두었다가는 만약 저희 본토로 도망해 돌아가게 되면, 우리 고을 호구의 많고 적음과 도로와 포구와 곳串 같은 것을 갖추 아는지라, 떼를 모아 가지고 침범해 올 것 같으면 후환이 말할 수 없을 것이니, 그 놈들을 다 죽여 없애어 백성들의 바라는 바에 맞게 하여 주기를 원합니다' 하옵는데, 신도 역시 생각하기를, 이번에 잡힌 이 왜적들은 처음부터 자진하여 항복한 것이 아니옵고 힘이 모자라고 형세가 급박하여서 항복한 것이오니, 위에서 재량하시기를 엎드려 바라옵니다"

하니, 의정부와 육조의 판서 이상을 불러서 의논하기를,

"기해년[175]에 나누어 배치한 왜인들은 도적질하기 위하여 온 것이 아니고 장사하기 위하여 왔던 것이다. 그 때의 정부와 육조에서 의논하기를, '부녀자와 어린애들까지 모두 죽이는 것이 가하다' 하였지만, 내가 홀로 불가하다고 말하여서 태종께서 따르시었다. 그 해 여름에 윤득홍 尹得洪[176]이 황해도에서 적선 1척을 붙잡아서 수십 인을 사로잡았는데, 그것이 바로 비인庇仁[177]에 왔던 왜적들이므로 국가에서 모두 죽이고 남기지 아니하였다. 이제의 왜적은 변방 지방을 엿보다가 제주 사람들을 죽이고 노략질하였으니 비인의 도적들과 다를 것이 없다. 비록 다 죽인다 하더라도 의리에 해될 것이 없을 것이다. 정부와 육조의 여러 신하들은 의논해 보라"

하매, 혹은 죽이는 것이 옳다고 하고, 혹은 죽이지 말자고 하니, 임금이

---

175 1419년에 대마도를 정벌하기에 앞서 수군의 동향이 누설되는 것을 막기 위하여 조선에 와 있던 왜인들을 억류하거나 내륙으로 옮겨두었다.

176 1419년 백령도를 침범한 왜구의 선박 1척과 왜인의 머리를 벤 공으로 상을 받았다. 경기수군첨절제사로 있으면서 왜구를 물리친 공으로 우군첨총제가 되고, 이듬해에 동지총제가 되었다.

177 현재의 충청남도 서천 지역의 옛 지명이다. 1419년 5월에 왜구들이 도두음곳과 비인현을 침입하였다.

말하기를,

　"사변事變을 신문한 뒤에 다 죽여도 가할 것이다"

하였다.

　閏8月 27日(丁丑) 3번째 기사

　병조에서 제주에서 붙잡은 왜구들을 신문한 후에 크게 징벌할 것을 아뢰다

　兵曹啓, "訊問濟州所捕倭寇舟子島等處出來之由何謀·出來船數·

所居地名·前此作賊地面, 然後從濟州人等所願, 大懲何如?"上從之,

其微弱者, 勿竝殺之.

　병조에서 아뢰기를,

　"제주에서 나포한 왜구들을 신문하여 주자도 등지로 나온 이유와, 공

모하고 나온 배의 수효와, 살고 있는 지명과, 그 전에 도적질한 지방 등

을 안 연후에 제주 사람들의 소원에 따라서 크게 징벌하는 것이 어떠할

까 하옵니다"

하니, 임금이 그대로 따르고, 그 미약한 자는 함께 죽이지 말라 하였다.

　閏8月 29日(己卯) 3번째 기사

　북경의 국자감에 자제 입학을 요청하도록 주본을 고쳐 쓰다

　(…前略…) 上又曰, "遣子弟入學, 予每思之, 父母妻子相離之情, 誠

不忍也, 然本國事大之要, 專在漢語與吏文, 今本國通事粗知自說, 而

不能審聽華人之語, 所係非輕, 不可不慮. 昔在太宗之世, 嘗欲奏請, 判

府事卞季良止之曰, '本國通事所習之語, 猶可以事大, 何煩奏達?'其事

遂寢, 在太祖高皇帝時, 琉球國遣宰相子弟入學, 皇帝甚嘉其事. 予以

爲吏文則本國之人, 雖未盡解, 猶可以文辭達之, 至於往中國, 以言語
奏達之事頗多, 中國之人所言之旨, 尙未審聽, 安能專對乎? 夫言語, 毫
釐之間, 萬事差誤, 誠爲可慮. 故命承文院修草, 請於遼東鄕學入學, 朝
廷以外國子弟入學爲美事. 然但請入學遼東, 似爲未盡, 況北京道路
頗近, 請於北京國子監, 或遼東鄕學入學, 載於奏本何如?" 許稠・申商
曰, "可." 卽命金聽改修奏本. (…後略…)

　(…전략…) 임금이 또 말하기를, "자제들을 보내어서 입학하는 일은
내가 매양 생각하니, 부모 처자와 서로 이별하는 정은 진실로 참을 수 없
는 일이나, 그러나 우리나라가 중국과 사귀는 데에 요긴한 것은 오로지
중국어漢語와 이문吏文[178]에 있는데, 이제 우리나라 통사가 겨우 자기의
할 말은 할 줄 알되, 중국 사람의 말은 잘 알아듣지 못하여서 관계되는 것
이 가볍지 아니하니 염려하지 않을 수 없다. 전날 태종 때에 진작부터 (자
제들의 입학을) 요청하려고 하다가 판부사 변계량卞季良이 말리면서 아뢰
기를, '우리 통사들의 아는 말만 가지고도 중국과 교제할 수 있는데 무엇
때문에 번거롭게 청할 필요가 있습니까?' 하여, 그 일이 그만 중지되었는
데, 명 태조 황제 때에 유구국이 재상의 자제를 보내어 입학하게 하니, 황
제가 그것을 매우 가상하게 여기었다.[179] 나는 생각하기를, 이문吏文은
우리나라 사람이 비록 다 알지는 못할지라도 그래도 문자로 통할 수가
있지만, 중국에 가서는 언어로서 통화하는 일이 퍽 많은데, 중국 사람의
말하는 뜻을 잘 알아듣지 못하면서 어떻게 잘 대답할 수 있겠는가? 대체

---

178 고려시대 중국과 주고받는 외교문서 및 조선의 관청 공문서 등에 사용되던 독특한 한문의 문
　체를 말한다.
179 명 홍무 25년(1392)에 찰도(察度)가 종자 일자매(日孜每)・활팔마(闊八馬), 채관(寨官)의 아들
　인열자(仁悅慈)를 명의 국자감에 보낸 이래 왕족 및 채관(寨官)의 자제가 국자감에 입학하였다.

로 언어라는 것은 털끝만한 차이로 만사가 그릇될 수 있으니 진실로 염려되는 것이다. 그러기에 승문원承文院[180]에 명하여 초안을 써서 요동 향학鄕學[181]에 입학하기를 청하게 한 것이니, 중국 조정은 외국 자제의 입학하는 것을 아름다운 일이라 할 것이다. 그런데 단지 요동에 입학할 것만 청하는 것은 좀 미흡한 것 같고, 더구나 북경은 길도 꽤 가까우니 북경의 국자감이나 혹은 요동 향학에 입학할 것을 주본奏本[182]에 기재하는 것이 어떠할까?"

하니, 허조와 신상이 아뢰기를, "가합니다" 하므로, 즉시 김청金聽에게 명하여 주본을 고쳐 쓰게 하였다. (⋯후략⋯)

9月 8日(丁亥) 1번째 기사

윤처공으로 안무사 김인에게 가서 위로하게 하다

以尹處恭爲濟州宣慰別監, 往慰按撫使金裀, 賜裀衣一襲, 仍使處恭, 第其捕倭軍功及訊問倭寇事變以來.

윤처공尹處恭으로 제주 선위 별감宣慰別監[183]을 삼아서 안무사 김인金裀에게 가서 위로하게 하고, 김인에게 옷 한 벌을 하사하고, 더불어 처공으로 하여금 그의 왜적 잡은 군공軍功을 등급매기고 왜구의 사변을 신문해 가지고 오게 하였다.

---

180 조선시대 사대교린(事大交隣)에 관한 문서를 관장하기 위해 설치했던 관서. 아울러 이문(吏文)의 교육도 담당하였다. 괴원(槐院)이라고도 하였다. 조선 개국 초에 문서응봉사(文書應奉司)가 설치되어 사대교린에 관한 문서를 관장했는데, 이를 응봉사(應奉司)라고도 하였다(『한국민족문화대백과』).
181 명대에는 지방의 부(府), 주(州), 현(縣), 도사(都司), 위소(衛所)에 각각 학교를 두었다.
182 중국 황제에게 올리는 글을 말한다.
183 임금의 명을 받아 선위하는 일을 맡은 임시직으로 3품 이상으로 임명하였다.

10月 6日(乙卯) 4번째 기사

해적에게 빼앗긴 물건 문제로 회례사 이예가 일본에 갔다 돌아와 보고하다

回禮使李藝, 回自日本啓曰, "逢海賊後, 具錄被奪之物, 令通事金元, 還白國王, 國王大怒, 令諸島代官搜探輸送, 且令大內殿專掌糾察. 大內殿適領兵出戰, 差遣二人, 來止赤間關. 然辭以島賊逃散, 不得推獲, 只將進上方物及船軍雜物以送."

회례사 이예李藝가 일본에서 돌아와서 아뢰기를,

"해적을 만난 뒤에 빼앗긴 물건을 자세히 기록하여 통사通事 김원金元을 시켜서 돌아가 일본 국왕에게 사뢰게 하였더니, 국왕이 크게 노하여 모든 섬의 대관大官184에게 수색하여 찾아서 수송하라고 명령하고, 또 대내전大內殿185에게 명령하여 전적으로 맡아서 규찰하게 하였습니다. 대내전은 그때 마침 병사를 거느리고 싸움터에 나가있었으므로, 두 사람을 파견하여 와서 적간관赤間關186에 머물게 하였습니다. 그러나 섬의 도둑들이 도망쳐 흩어졌으므로 체포하지 못하였다고 말하고, 다만 진상 방물進上方物187과 선군船軍들의 잡물만을 보내 왔을 뿐입니다"

하였다.

10月 22日(辛未) 3번째 기사

대마주의 종무씨·일기의 혜방 등이 예물을 보내오므로 미두를 하사하다

對馬州宗茂氏·六郎次郎·早田, 以護送回禮使而來, 宗金子及一

---

184 지방의 유력자들로 수호대명(守護大名)을 가리키는 것으로 보인다.
185 대내지세(大內持世)를 가리킨다. 1권 제1부「중요인물」'대내전' 참조.
186 본주 서단의 하관(下關, 시모노세키)를 말한다.
187 조선시대에 지방의 토산물을 감사(監司)나 수령이 임금이나 윗사람에게 바치는 것이다.

歧惠方等, 亦遣人護送, 仍各獻禮物. 賜宗茂氏六郎·次郎·早田, 各米豆共三十石, 宗金子縣紬二十匹, 惠方米豆共三十石. 又特賜宗貞盛米豆共二百石·燒酒二十甁, 宗彦七米豆共八十石, 宗茂直·宗大膳各米豆共六十石, 竝付宗茂氏以送.

대마주의 종무씨宗茂氏[188]·육랑차랑六郎次郎·조전早田[189] 등이 회례사를 호송하여 오고, 종금宗金[190]의 아들과 일기一岐의 혜방惠方[191] 등도 또한 사람을 보내어 회례사를 호송하여 와서는 각각 예물을 바쳤다. 종무씨와 육랑차랑, 조전에게는 각각 쌀과 콩을 합하여 30석을 하사하고, 종금의 아들에게는 면주縣紬[192] 20필을, 혜방惠方에게는 미두米豆 합하여 30석을 하사하였다. 그리고 특히 종정성宗貞盛[193]에게 미두 합하여 2백석, 소주 20병을, 종언칠宗彦七[194]에게 미두 합하여 80석을, 종무직宗茂直[195]과 종대선宗大膳에게 각각 미두 합하여 60석을 하사하여, 모두 종무씨에게 부쳐서 보냈다.

---

188 1433년(세종 25) 회례사를 호송해 온 대마도 사람으로, 종무씨육랑(宗茂氏六郎)이라고 한다. 육랑은 통명이다.
189 조전좌위문태랑(早田左衛門太郎)으로 생각된다. 1권 제1부「중요인물」, '조전좌위문태랑' 참조.
190 축주(筑州) 석성 관사(石城管事)의 직함으로 조선과 통교하였으며, 조선의 도서를 받았다. 1권 제1부「중요인물」, '종금' 참조.
191 일기도(一岐州)의 왜인으로, 회례사 이예(李藝)를 호송해 온 바 있다.
192 중질의 견사로 제작한 평견직물을 말한다. 권두「교역물품」, '면주' 참조.
193 대마도 도주이다. 1권 권두제1부「중요인물」, '종정성' 참조.
194 종성국(宗盛國, 1467년 전사)이다. 종자국(宗資國)의 손자이며, 대마도8대 도주 종정무(宗貞茂)의 아들이고, 대마도 11대 도주 종정국의 아버지이다. 1권 제1부「중요인물」, '종정국' 참조.
195 인위종씨(仁位宗氏)의 중심인물인 종하무(宗賀茂)의 아들이며 인위군(仁位郡, 혹은 卦老郡) 군수로서 사수포(沙須浦)에 거주하였다. 종하무의 아들로는 종무수(宗茂秀)·종무직(宗茂直)·종만무(宗滿茂)가 있었고, 이들은 종정성·종언칠과 함께 대마도의 실질적인 지배자로 군림하였다. 무수는 아들이 없어서 종무직의 아들인 종정수(宗貞秀, 彦九郎)를 양자로 삼았다.

11月 5日(甲申) 1번째 기사

종금의 아들 가무가 보내온 토산물을 논의하고 받아들이다

先是, 宗金子家茂, 遣人獻土宜, 禮曹啓, "非素所通信之人, 不當受."
令詳定所議之. 詳定所啓, "日本諸島散居, 無所統屬, 本朝羈縻撫綏,
來者不拒. 如婦女融仙與賊中萬戶進上之物, 亦且納之, 況宗金輸款
有舊. 今朝于上國, 其子家茂使人來獻方物, 於禮亦不大戾. 恐不可絶,
宜依前撫納." 從之.

이보다 앞서 종금宗金196의 아들 가무家茂197가 사람을 보내 와서 토산
물을 바치니, 예조에서 아뢰기를,

"평소에 통신하지 않던 사람이니 받는 것이 마땅치 않습니다"
하므로, 상정소詳定所198로 하여금 의논하게 하였다. 상정소에서 아뢰기를,

"일본의 여러 섬에 흩어져 사는 통속統屬이 없는 자들을 우리나라에
서 연계하고 어루만져 편안하게 하여, 오는 자를 거부하지 않았습니다.
부녀婦女 융·선融仙199이 적중 만호賊中萬戶200와 함께 진상한 물건 같은 것
도 또한 받아들였으며, 더욱이 종금은 오래전부터 우리에게 성의를 다
하였습니다. 지금 중국에 조회하러 갔으므로 그의 아들 가무가 사람을
시켜 와서 방물을 바치는 것이니, 예절에도 크게 잘못되지는 않은 것입
니다. 아마 거절할 수 없을 것 같으니 전례에 따라 어루만져 받아들이
는 것이 좋겠습니다"

196 박다(博多)의 승려이자 상인이다. 1권 제1부 「중요인물」 '종금' 참조.
197 종금(宗金)의 아들이다. 종금의 아들로는 종성춘(宗性春)이라는 이름도 보인다.
198 조선시대 국가의 법규·법전을 제정하거나 정책 및 제도를 마련하기 위해 설치한 임시 기구이다.
199 준주태수(駿州太守)를 자처하는 원성(源省)의 처이다.
200 왜구들 가운데 있는 만호라는 뜻이다. 조선은 왜구들에게 관직을 주고 조선 조정에 조회하
   게 함으로써 왜구를 통제하고자 하였다. 이러한 사람들은 수직왜인(受職倭人)이라고 한다.

하매, 그대로 따랐다.

11月 6日(乙酉) 1번째 기사

왜국의 종무직이 사람을 보내 와서 토산물을 바치다

倭宗茂直遣人獻土宜.

왜국의 종무직宗茂直이 사람을 보내 와서 토산물을 바쳤다.

11月 23日(壬寅) 4번째 기사

대마주 태수 종정성이 사람을 보내 토산물을 바치고 가메파우·도시라를 돌려 줄 것을 청하다

對馬州太守宗貞盛, 遣人來獻土宜, 仍請還加袂波亏及都時羅等. 令禮曹答曰, "加袂波亏等, 初不付籍, 都時羅自願仍居." 並不從請.

대마주 태수 종정성宗貞盛[201]이 사람을 보내 와서 토산물을 바치고, 이어 가메파우加袂波亏[202]와 도시라都時羅[203]를 돌려주기를 청하였다. 예조로 하여금 대답하게 하여 말하기를,

"가메파우 등은 처음부터 호적에 붙이지 않았으며, 도시라는 그대로 살기를 스스로 원하였다"

하고, 청을 모두 들어 주지 않았다.

---

201 1권 제1부 「중요인물」 '종정성' 참조.

202 여기에만 보인다.

203 등차랑(藤次郎)의 아들이다. 등사랑(藤四郎)이라는 이름의 음가를 나타낸 것으로 보인다. 등차랑의 아들로 등사랑이 보인다(세종 20-9-21-1).